Wassily Kandinsky

Wege zur Abstraktion

Günter Brucher

Wassily Kandinsky
Wege zur Abstraktion

Prestel
München · London · New York

Auf dem Umschlag:
Wassily Kandinsky, *Impression 3* (Konzert), vgl. Abb. S. 312
Frontispiz:
Kandinsky vor seinem Gemälde ›*Kleine Freuden*‹, 1913 (Gabriele Münter- und Johannes Eichner-Stiftung, München)

Die Deutsche Bibliothek
CIP-Einheitsaufnahme:
Brucher, Günter:
Wassily Kandinsky: Wege zur Abstraktion / Günter Brucher. – München; London; New York: Prestel, 1999
ISBN 3-7913-2056-4

Prestel Verlag
Mandlstraße 26, 80802 München
Telefon (089) 38 17 09-0
Telefax (089) 38 17 09-35

Bildnachweis Seite 605

Lektorat: Eckhard Hollmann
Umschlaggestaltung:
Daniela Petrini, München
Herstellung und Satz:
Stefan Engelhardt, Mühldorf am Inn
Gesetzt aus der Sabon und Syntax
Lithographie:
ReproLine, München
Druck und Bindung:
Friedrich Pustet, Regensburg

Printed in Germany
ISBN 3-7913-2056-4

Inhalt

Einführung

> *»Die Menschen denken, hören, reden, rauchen, trinken, aber sehen nicht, – dieser Sinn ist vernachlässigt, es ist, als ob er neu geboren werden müsse.«*
> Emil Nolde, Mein Leben

Sehen wie Beschreiben sind für ein adäquates Werkverständnis unverzichtbar und bisweilen selbst als »Kunst« zu betrachten. Daran erinnern auch Gottfried Boehm und Helmut Pfotenhauer, die dem von ihnen 1995 herausgegebenen Buch den sprechenden Titel ›Beschreibungskunst-Kunstbeschreibung‹ gegeben haben. »Aber es ›wissen‹, heißt nur: es beschreiben können.« Dieser Satz stammt von Ludwig Wittgenstein, wodurch die Metapher »Beschreibungskunst« auch ihre philosophische Nobilitierung erfährt. Nicht anders verhält es sich mit dem Sehen, das Rudolf Arnheim in seinem Hauptwerk ›Kunst und Sehen‹ direkt mit dem Kunst-Begriff junktimiert hat. Der Ahnherr dieser Idee ist Conrad Fiedler, für den »Sehen ein Neuschaffen von Wirklichkeit« bedeutet. Seine Forderung, »das Sehen um seiner selbst zu treiben«, wird erst etwa ein Jahrhundert später vor allem von Max Imdahl aufgegriffen, der zwischen »sehendem Sehen« und »wiedererkennendem Sehen« differenziert. Vor allem für ein Verständnis moderner, nicht-abbildhafter Kunst ist »sehendes Sehen« die Voraussetzung schlechthin, für die sich allerdings ein beträchtlicher Teil der Kandinsky-Forschung als wenig empfänglich erweist. Statt dessen orientiert man sich hartnäckig am »wiedererkennenden Sehen« und versucht selbst noch in Kandinskys abstraktesten Bildern Restgegenständlichkeit aufzuspüren. Daß dieser überholte Methodenansatz die auf Dynamik und Universalität zielenden künstlerischen Bestrebungen Kandinskys total verkennt, liegt auf der Hand. Was die Scheu vor genauen Bildbeschreibungen betrifft, so sei daran erinnert, daß diese Enthaltsamkeit in krasser Opposition zu Kandinsky steht, der den Betrachter ausdrücklich dazu auffordert, seine »Untersuchung peinlich genau und pedantisch exakt« zu betreiben und betont: »Nur auf diesem Wege einer mikroskopischen Analyse wird die neue Kunstwissenschaft zur umfassenden Synthese führen …« Naturgemäß kann dann eine solche »mikroskopische Analyse« die Rezeptionsbereitschaft auch überfordern.

Angeregt durch die Schriften Arnheims und das Buch ›Psychologie der Kunst‹ von Kreitler und Kreitler sowie von Paul Overys ›Kandinsky – Die Sprache des Auges‹ ermutigt, nimmt in vorliegender Abhandlung die Gestaltpsychologie, zu deren Wegbereitern Kandinsky selbst zählt, als methodologisches Hilfsmittel der kunstwissenschaftlichen Analyse eine besondere Stellung ein. Ausgangspunkt ist das Problem der visuellen Wahrnehmung. Diese beruht auf der Erfahrung visueller Kräfte und spiegelt, so Arnheim, »das Eindringen äußerer Kräfte in den Organismus, die das Gleichgewicht des Nervensystems stören«; unter »äußere Kräfte« ist die Einbeziehung sämtlicher synästhetischer Effekte zu verstehen. Als methodologischer Ansatz dafür dient das psychologische Phänomen der Homöostase, mit dem sich im bildnerischen Kontext vor allem Kreitler und Kreitler – ausgehend vom Problem der »Guten Gestalt« – beschäftigt haben. In der Homöostase dokumentiert sich das überlebensdienliche Streben nach Gleichgewicht und Einfachheit (=Prägnanzstreben) sowie – für die künstlerische Praxis und Rezeption gleichermaßen wichtig – die Ambivalenz zwischen spannungsfördernder, tatkräftiger Lebensenergie und Entspannung. Für das bildnerische wie perzeptive Bewußtsein hat dies tiefgreifende Folgen, die in erster Linie mit dem Problem der Anschauungsdynamik zusammenhängen. Dementsprechend lautet einer der wichtigsten Grundsätze der Gestaltpsychologie: Jede Form ist ein Produkt visueller Kräfte und existiert in einem Kraftfeld. Für den künstlerischen Prozeß resultiert daraus: »Die dynamische Weltschau und der Hang alle Objekte als handelnde, aktive Dinge zu erfassen, werden in eine Dimension symbolischer Bedeutung zusammengefaßt.« (Kreitler und Kreitler)

Definieren wir, nach Arnheim, »Gestalt« als ein Feld, dessen Kräfte in einem in sich geschlossenen und gleichgewichtigen Ganzen organisiert sind. Demzufolge sieht »das Auge das fertige Muster [d.h. die Komposition] zusammen mit den Wechselbeziehungen seiner Teile als eine Ganzheit.« Das führt uns wieder zum Phänomen des »sehenden Sehens«. Danach basiert das Sehen auf der Wahrnehmung von gerichteten Spannungen und bedeutsamen Strukturmustern in einer Ganzheit, wobei hier unter »Struktur« die neuronalen Verknüpfungen des Betrachters zu verstehen sind. So gedacht, ist Anschauungsdynamik nicht Illusion, Mimesis oder Einbildung von Bewegung, sondern die wahrnehmungsmäßige Entsprechung von Bewegung in einem statischen Medium. Akzeptiert man diese Gedankengänge als Rezeptionsbasis für Kunstwerke, dann ist Sehen schöpferische Tätigkeit des menschlichen Geistes. Alles Beobachten ist dann auch »Erfinden« und sogar »Abstrahieren«, wie es Arnheim formuliert hat.

Auf dieser Grundlage bekommt der Betrachter einen ganz neuen Stellenwert. Er ist nicht mehr der passiv Aufnehmende, sondern der interaktiv und dialektisch am Kunstwerk Beteiligte – er wird geradezu zum »Mitarbeiter des Künstlers«, wie Kreitler betont. Da das statische Medium der Bildnerei erst im Nervensystem des Betrachters Dynamik entfaltet, dort erst zum ganzheitlich-gestaltlich lebendigen Wesen wird, kann man den radikalen Standpunkt vertreten: ohne Betrachter kein Kunstwerk, oder, weniger affirmativ: erst der Betrachter vollendet das Kunstwerk. Daß auch Kandinsky diese Theorie gefallen haben könnte, scheint er in einem Essay zu bestätigen, wo er die »Anregung der Phantasie des Empfängers, welcher am Werke ›weiterschafft‹«, betont. Das gilt sowohl bei formaler als auch inhaltlicher Betrachtung. Auf die »Offenheit« des Kunstwerks anspielend, konstatiert Kandinsky: »Je mehr Möglichkeiten der Interpretation durch die Phantasie, umso besser.«

Abgesehen von Ansätzen bei Brisch, Overy, Thürlemann und Lassaigne spielt der methodologische Aspekt der Gestalttheorie in der Kandinsky-Forschung keine Rolle. Dagegen steht die »hermetisch-ikonographische« Vorgehensweise, wie sie vor allem von R. Washton-Long vertreten wird, noch immer in Übung, mit der beklagenswerten Folgeerscheinung, daß dieser einseitige Methodenansatz spätestens dann versagt, wenn es in Kandinskys Œuvre keine Gegenstandsderivate mehr zu enträtseln gibt. Dabei dominiert jene informationstheoretische Beschreibungstechnik, welche die Sehdinge in additiver Sequenz aufzählt und relationale wie dynamische Aspekte entweder vernachlässigt oder überhaupt nicht bemerkt. Basierend auf dem reichen Fundus der Gestalt- bzw. Sehgesetze (Wolfgang Metzger), steht in den folgenden Bildanalysen die Behandlung des »dynamischen Themas« im Vordergrund, selbstverständlich immer gestützt durch ikonographische und andere Prämissen. Denn erst mit der Erörterung des dynamischen Themas mag es gelingen, zum Wesen des Kunstwerks vorzudringen, zumal dann, wenn es bereits abstrakte oder auch nur semiabstrakte Züge aufweist. Dies betrifft die Intention jedes Künstlers – über den vordergründig ikonographischen Anlaßfall hinaus –, eine universale Aussage über das Wesen des menschlichen Daseins zu treffen. Arnheim hat dies so formuliert: »Der Künstler benützt seine Form- und Farbkategorien, um etwas allgemein Bedeutendes am Einzelfall darzustellen.« Geht man davon aus, daß das dynamische Thema gegenüber der gegenständlichen Episode ein klares Plus zu verzeichnen hat, dann deckt sich dies mit Max Wertheimers auch für eine Bilddeutung relevanter Gestalt-Definition, derzufolge das Ganze »mehr« ist als die Summe der Einzelteile. Analog dazu läßt sich das dynamische Thema mit seinem universalen Anspruch folgendermaßen definieren: Es ist »mehr« als das konkrete Bildsujet, es gilt, laut Arnheim, für »zahllose Situationen in der psychischen und physischen Welt, es dient dazu, in einer Bildkomposition einem unsichtbaren Allgemeinen Gestalt zu verleihen«. Es ist demnach symbolisch im weiteren Sinn und erreicht mitunter jene kosmische Tragweite, die Kandinsky in seinem Theorie-Werk immer wieder erwähnt.

Im interdisziplinären Kontakt mit der Kunstwissenschaft zielen die Intentionen der Gestalttheorie primär darauf ab, den Bildbetrachter auf die Wahrnehmung von durchkomponierten Ganzheiten und dynamischen Strukturen zu verweisen. Daß dieses Erfassen von Ganzheit gleichzeitig erfolgt, ist zwar gestalttheoretisch konsequent gedacht, deckt aber die Analyse-Interessen des Betrachters nur bedingt ab. Zwar mag sich dem Rezipienten das Werkganze im Bewußtsein gleichzeitig vergegenwärtigen, aber ebenso möchte dieser wissen, was der Künstler zur Ganzheit gebracht hat. Mit anderen Worten: Die Bildanalyse beschäftigt sich simultan mit der Gesamtkomposition und mit deren Teilelementen, und diese können in sehr unterschiedlicher Weise Temporalität hervorrufen. Dabei ist zwischen der subjektiven Betrachter- sowie Erlebniszeit und der objektiven Bildzeit zu differenzieren. Wie die Dynamik wird auch die Zeiterfahrung erst im Sensorium des Betrachters manifest. Denn die Bildzeit an sich ist nicht sichtbar, aber sie wird sichtbar durch Bewegung, Raum und Qualitätsveränderung (»von etwas her zu etwas hin«). Sie ist kinetisch und steht damit in unmittelbarem Zusammenhang mit der Anschauungsdynamik. Da das Zeit-Phänomen – von der Außerzeitlichkeit zur Dauer bis zur rasch verstreichenden Zeit – sich überwiegend in der Sukzessivität äußert, scheint sie im Widerspruch zum Simultanitätsanspruch der ganzheitlichen Gestalt zu stehen. Dies ist aber keineswegs der Fall. Anstatt Dichotomie liegt ein Dualitätsverhältnis vor. Denn nur über die Zeitlichkeit des Seienden gelangen wir zum »Zugleich« des gestaltlichen Seinsganzen, und zwar, im Sinne der visuellen Wahrnehmungspraxis gesprochen, in ständigem Wechsel zwischen fokalem und ambientem Sehen. Nach Dagobert Frey besteht eine Ambivalenz zwischen »Wirkendem und Gewirktem« oder, anders formuliert, eine »Spannung zwischen Überzeitlichkeit der Darstellung und Zeitlichkeit des Dargestellten«. Kurz: Gestalttheoretisch bestimmte Analysetechnik und Bildzeitproblematik finden auf einer gleichsam höheren Ebene zur Synthese.

Ausgehend davon, daß »alles, was ein erscheinendes Dasein hat, der Zeit unterliegt« (Goethe), ist Zeitlichkeit der Grund des Daseins und jede Kulturäußerung eine Stellungnahme zur Zeit. Daher hat sich bei manchen Kunsthistorikern die Auffassung durchgesetzt, daß, um zu einer möglichst kompetenten Bildinterpretation zu gelangen, eine die Analysetätigkeit flankierende Erörterung der jeweiligen Zeitgestalt und Zeitform unerläßlich ist. Vor allem Götz Pochat und Heinrich Theissing haben dazu den Forschungsstand eingehend dargelegt. Signifikant ist indessen, daß Kandinskys bildnerisches Zeitverständnis in der kunstwissenschaftlichen Literaturaußer einigen Passagen bei Grohmann bislang keine Beachtung gefunden hat, obschon es im Schrifttum des Künstlers dazu etliche Äußerungen gibt. In Kenntnis dieses Desideratums wird in den folgenden Werkanalysen der Auseinandersetzung mit der Bildzeit-Frage besondere Bedeutung beigemessen.

1993 hat Jelena Hahl-Koch den bislang umfassendsten Versuch einer Monographie über Kandinsky veröffentlicht. Basierend auf Kandinskys Selbstzeugnissen und authentischen Quellen aus dessen Umkreis sowie Bezug nehmend auf archivalische und andere Quellen, wird über das Leben, die geistige Interessenlage sowie die Position des Künstlers in seiner Zeit und seinem Kulturkreis berichtet. Ob die auf dem Sektor der Kandinsky-Forschung noch junge Kunstwissenschaft in Rußland diesbezüglich ergänzende Ergebnisse vorlegen wird, bleibt abzuwarten.

Im Unterschied zu Hahl-Koch, die sich auf eher kurz gefaßte Bildhinweise beschränkt, steht im Mittelpunkt dieser Publikation die Werkanalyse. Schon in ihrem Vorwort bemerkt Hahl-Koch, daß sie nichts mehr als »seitenfüllende Bildbeschreibungen« ablehnt; letzteres überläßt sie dem Leser. Dieser Standpunkt ist riskant, zumal Aufwand wie Schwierigkeitsgrad der visuellen Wahrnehmung und deren verbale Umsetzung – vor allem, wenn die Malerei in die Phase der Abstraktion mündet – nicht zu unterschätzen sind.

Schon der Untertitel des Buchs ›Wege zur Abstraktion‹ verrät, daß die vorliegende Auseinandersetzung mit Kandinskys Œuvre 1914 endet. In diesem Jahr steht er am Ziel seiner künstlerischen Entwicklung, und im Rückblick auf seine erste und wichtigste Schaffensperiode ist er davon überzeugt, dem Umbruch der Malerei zur »klassischen Moderne« den entscheidenden Impuls verliehen zu haben. Problematisch ist allerdings der im Untertitel verankerte Begriff »abstrakt«, insofern er sich als wenig tauglich erweist, den gegebenen Sachverhalt zu charakterisieren. Versuche, diesen mehrdeutigen Begriff abzuschaffen, waren in der kunstwissenschaftlichen Praxis erfolglos, wiewohl er immer aufs neue kritisiert wurde. Faktum ist, daß man sich mit ihm gleichsam gewohnheitsrechtlich abgefunden hat, was auch in unserem Text, wo er korrekterweise mit Anführungsstrichen zu versehen wäre, unentwegt seinen Niederschlag findet. Kandinsky selbst war sich schon im klaren, daß »abstrakt« durch andere Begriffe wie »dematerialisiert«, »gegenstandslos«, »objektiv«, »reinkünstlerisch«, »absolut«, »real« usw. ersetzt werden müßte. Erst 1938, im Anschluß an Theo van Doesburg, ringt er sich zum Terminus »konkrete Kunst« durch, bedauert aber, daß sich »die alte Bezeichnung ›abstrakte Kunst‹ bereits eingebürgert hat«. Abgesehen davon, daß sich »nicht-abbildhaft« besser als »konkret« eignet, muß sich jeder, der sich noch zum Begriff »abstrakt« bekennt, dessen bewußt sein, daß er damit einer Paradoxie Vorschub leistet. Denn »abstrakte Kunst« ist nichts weniger als ein »Von etwas Abgezogenes«, eben »Abstraktes«. Am überzeugendsten hat dies – aus Sicht der Gestalttheorie, deren methodologische Hilfeleistung allein zur Erkenntnis des dynamischen Themas im Bildwerk befähigt – Arnheim auf den Punkt gebracht: »Eine solche ›abstrakte‹ Kunst ist nicht ›reine Form‹, denn wir haben ja gefunden, daß selbst die einfachste Linie sichtbare Bedeutung ausdrückt und deshalb symbolisch ist. Sie bietet auch keine verstandesmäßigen Abstraktionen, denn nichts ist konkreter als Farbe, Form und Bewegung. Sie beschränkt sich nicht auf das Innenleben des Menschen oder auf das Unbewußte, denn für die Kunst ist die Unterscheidung zwischen der äußeren und der inneren Welt und zwischen dem Bewußten und Unbewußten eine künstliche Trennung.« In Worten Kandinskys: »Die Form ist der materielle Ausdruck des abstrakten Inhalts.«

Ungeachtet dessen, daß zur Problematik »Abstraktion« auch hier keine terminologische Entscheidung getroffen wird, ist es vielleicht kein zu großes Wagnis, folgende These vorzuschlagen: Insofern die »abstrakte« Malerei ohne gegenständliche Ablenkung, also auf direktem Weg, Erkenntnisse des Wesentlichen und Erfahrungen aus der »inneren« Welt vermittelt, ist sie – prädestiniert durch ihre vorrangig dynamische Konzeptualität – vermutlich ausdrucksfähiger und mit ihrer universalen Aussagekraft auch »inhaltsvoller« als die gegenständliche, die den Betrachter stärker an die Äußerlichkeit des ikonographischen Sujets bindet.

Abschließend sei bemerkt: Eine Hauptintention des vorliegenden Buchs zielt darauf ab, das Œuvre Kandinskys bis 1914 anhand ausgewählter Beispiele und möglichst chronologisch nach den oben geschilderten, methodologischen wie problemspezifischen Kriterien analytisch zu untersuchen. Das chronologische Ordnungsprinzip ist am ehesten dazu geeignet, Kandinskys Wege zur Abstraktion forschend darzustellen. Diese Vorgehensweise resultiert primär aus der These eines bestimmten Entwicklungsprozesses, obschon zu betonen ist, daß dieser nur selten linear beziehungsweise mit kausal kontinuierlicher Zielgerichtetheit verlief. Dem ist chronologisch nur bedingt beizukommen, es sei denn, man versteht darunter ein relatives Schema, das in bezug auf verschiedene Phasen in Kandinskys künstlerischem Werdegang dem Phänomen »fortgeschrittener«, retardierender und oft genug gleichzeitig unterschiedlicher Stillagen – etwa im Sinne von Pinders »Gleichzeitigkeit des Ungleichzeitigen« – einen entsprechenden Spielraum gewährt.

Um die methodologische Bestandsfähigkeit jeder einzelnen, mit eigener Kapitelüberschrift versehenen Werkanalyse sicherzustellen, wurden etliche Textstellen – sei es aus Kandinskys Theoriewerk oder der kunstwissenschaftlichen und gestaltpsychologischen Literatur – des öfteren zitiert, auch auf die Gefahr hin, die Geduld des um Lektüre-Kontinuität bemühten Lesers gelegentlich zu strapazieren.

Frühe Schlüsselerlebnisse

I

Nach seiner von künstlerischen Experimenten und auch von Identitätsproblemen gesäumten Entwicklung der Münchener Jahre konnte sich Kandinsky in seinen 1913 im Berliner ›Sturm-Album‹ erschienenen ›Rückblicken‹ – aktuelle Standortbestimmung und Zielsetzung in einem – als Initiator der abstrakten Malerei betrachten. Zitieren wir daraus einige signifikante Sätze: »Ich glaube, daß die künftige Philosophie, außer dem Wesen der Dinge, auch ihren Geist mit besonderer Aufmerksamkeit studieren wird. Dann wird die Atmosphäre gebildet, die den Menschen im allgemeinen die Fähigkeit ermöglichen wird, den Geist der Dinge zu fühlen, diesen Geist, wenn auch ganz unbewußt, zu erleben, so wie noch heute das Äußere der Dinge unbewußt von den Menschen im allgemeinen erlebt wird, was den Genuß des Publikums an der gegenständlichen Kunst erklärt. Dadurch aber wird den Menschen im allgemeinen erst das Erleben des Geistigen in den materiellen Dingen bedingt. Und durch diese neue Fähigkeit, die im Zeichen des ›Geistes‹ stehen wird, kommt der Genuß der abstrakten = absoluten Kunst zustande.«[1] Es erscheint zielführend, Kandinskys über viele Windungen und Gabelungen führenden Weg zur sogenannten Abstraktion im Gefolge seiner künstlerisch einschneidenden Stationen und im Licht sukzessiven Erkenntnisgewinnes nachzuzeichnen. Einleitend sei festgestellt, daß Kandinsky später den Begriff »abstrakt« durch Begriffe wie etwa »konkret«, »absolut«, »reinkünstlerisch«, »kompositionell«, »reinmalerisch« und »real« ersetzt wissen wollte.

Wassily Kandinsky wurde am 4. Dezember 1866 in Moskau als Sohn des aus Sibirien stammenden Teehändlers Wassily Kandinsky sen. und der Moskauerin Lydia Ticheeva geboren. 1871 übersiedelt die Familie nach Odessa, wo Kandinsky ab 1876 das Gymnasium besucht. 1886 nimmt er an der Universität Moskau das Studium der Nationalökonomie und der Rechtswissenschaft auf. 1893 promoviert er mit einer Dissertation ›Über die Gesetzmäßigkeit der Arbeitslöhne‹. Mit der Ernennung zum Attaché der Juristischen Fakultät der Universität Moskau bahnt

1 Wassily Kandinsky, *Rückblicke*, Bern 1977, S. 32, wird im folgenden mit *Rückblicke* abgekürzt.

sich, beachtlich früh, eine akademische Karriere an, die mit dem Angebot einer Dozentur an der Universität Dorpat (1896) ihren ersten Höhepunkt erreicht, Kandinsky lehnt diesen Ruf ab und entscheidet sich mit seiner Übersiedlung nach München für eine künstlerische Laufbahn.

Obwohl Kandinsky erst als Dreißigjähriger beschließt, eine schon klar konturierte akademische Karriere aufzugeben und sich statt dessen ganz der Kunst zu widmen, gibt es schon während seiner Kindheit und Jugend Erfahrungen und tiefgreifende Erlebnisse, die diesen Schritt begreiflich machen. Schon früh fasziniert ihn die Farbenwelt, mit der ihn eine sinnliche Affinität verbindet. Mit 13 oder 14 Jahren erwirbt er einen Malkasten und beschreibt seine Begeisterung, als er die Farben aus den Tuben hervorquellen sieht: »Jauchzend, feierlich, nachdenklich, träumerisch, in sich vertieft, mit tiefem Ernst, mit sprudelnder Schalkhaftigkeit, mit dem Seufzer der Befreiung, mit dem tiefen Klang der Trauer, mit trotziger Kraft und Widerstand … mit empfindlicher Unbeständigkeit des Gleichgewichts kamen eines nach dem anderen diese sonderbaren Wesen, die man Farbe nennt … es schien mir manchmal, daß der Pinsel, der mit unbeugsamem Willen Stücke von diesem lebenden Farbenwesen riß, bei diesem Reißen einen musikalischen Klang hervorrief.«[2] Zwei Aspekte fallen auf: zum einen eine ausgeprägt synästhetische Neigung (»musikalischer Klang«), zum anderen ein in Widersprüchen bzw. Konflikten kulminierendes, seine künftige Kunstauffassung vorwegnehmendes Harmonieempfinden (»Unbeständigkeit des Gleichgewichts«). Mit dem Studium der Rechtswissenschaft und Nationalökonomie signalisiert Kandinsky zunächst den Primat des Verstandes über das Gefühl. Daraus resultieren Abstraktionsvermögen und diskursives Denken. Im übrigen bleibt gegenüber seiner stets postulierten Kongruenz von Fühlen und Denken eine in der künstlerischen Praxis nicht immer leicht überwindbare Dichotomie bestehen.

Äußerst anregend gestaltete sich 1889 eine Expedition nach Wologda, wo sich Kandinsky, wie ein Skizzenbuch beweist, von der Begegnung mit ländlicher Bauweise und bäuerlichem Kunstgewerbe wahrscheinlich noch mehr als vom Studium des autochthonen Strafrechts beeindruckt sah. In den ›Rückblicken‹ schildert er einige, seine künftige Bildauffassung mitbestimmende Eindrücke: »Die großen, mit Schnitzereien bedeckten Holzhäuser werde ich nie vergessen. In diesen Wunderhäusern habe ich eine Sache erlebt, die sich seitdem nicht wiederholt hat. Sie lehrten mich, im Bilde mich zu bewegen, im Bilde zu leben. Ich weiß noch, wie ich zum ersten Mal in die Stube trat und vor dem unerwarteten Bilde an der Schwelle stehen blieb. Der Tisch, die Bänke … die

2 *Rückblicke,* S. 22, 23

Schränke und jeder Gegenstand waren mit bunten, großzügigen Ornamenten bemalt. Auf den Wänden Volksbilder ...« und weiter: »Als ich endlich ins Zimmer trat, fühlte ich mich von allen Seiten umgeben von der Malerei, in die ich also hineingegangen war.«[3] Mittels seiner eidetischen Begabung wird sich Kandinsky später noch häufig an diesen faszinierenden Vorfall erinnern. Dies belegen auch seine theoretischen Ausführungen, in denen er den Betrachter implizit auffordert, die Distanz zum Bildwerk aufzuheben, im Bilde »spazieren« zu gehen und sich zur »selbstvergessenen Auflösung im Bilde zu zwingen«.[4] Hinter diesem Appell stand zweifellos Kandinskys immer aufs neue formulierte Wunschvorstellung, dem solchermaßen sensibilisierten Betrachter zum Erlebnis »seelischer Vibrationen« beziehungsweise zur synästhetischen Erfahrung »innerer Klänge« zu verhelfen.

Erhellend war auch eine Begegnung Kandinskys mit Rembrandts *Danae*-Gemälde in der Eremitage von St. Petersburg. Eine der wichtigsten Eigenschaften von Rembrandts Bildern bestand für ihn darin, daß sie »lange dauern«, daß auf dem Weg über das vielschichtige Hell-Dunkel der Farbgebung das Zeitelement im Bild lebendig werden kann. Dazu sein Kommentar: »Meine vor zehn bis zwölf Jahren in München gemalten Bilder sollten diese Eigenschaft bekommen. Ich habe bloß drei oder vier solcher Bilder gemalt, wobei ich in jedem Teil eine ›unendliche‹ Reihe erst verborgener Farbentöne hineinstecken wollte. Sie mußten erst ganz versteckt, besonders im dunklen Teil, sitzen und nur mit der Zeit dem vertieften aufmerksamen Beschauer erst unklar und gleichsam prüfend sich zeigen und dann immer mehr und mehr, mit wachsender, ›unheimlicher‹ Kraft herausklingen. Zu meinem Erstaunen merkte ich, daß ich im Rembrandt-Prinzip arbeite.«[5] In der Tat sind Phänomene, wie »das Versteckte, die Zeit und das Unheimliche« noch Jahre später, und in zunehmender Weise, in Kandinskys Œuvre anzutreffen.

1896, im Jahr seiner Übersiedlung nach München, besuchte Kandinsky in Moskau eine Ausstellung französischer Impressionisten, wo ihn eines der Monet-Gemälde aus der Heuhaufen-Serie besonders fesselte. Möglicherweise war dieses Erlebnis sogar ausschlaggebend dafür, daß er den Ruf an die Universität Dorpat ablehnte und sich für die Künstlerlaufbahn entschied. Was an Monets Werk – gemessen etwa an der realistischen Kunst Ilja Repins und der »Peredwischniki« (Wandermaler) – zunächst schockierend wirkte, schlug unvermittelt in Begeisterung um. Dazu der Künstler selbst: »Vorher kannte ich nur die realistische Kunst,

3 Ebda., S. 18
4 Ebda., S. 20
5 Ebda., S. 17

eigentlich ausschließlich die Russen ... Und plötzlich zum ersten Mal sah ich ein ›Bild‹. Daß das ein Heuhaufen war, belehrte mich der Katalog. Erkennen konnte ich ihn nicht. Dieses Nichterkennen war mir peinlich. Ich fand auch, daß der Maler kein Recht hat, so undeutlich zu malen. Ich empfand dumpf, daß der Gegenstand in diesem Bild fehlt ... Das alles war mir unklar, und ich konnte die einfachen Konsequenzen dieses Erlebnisses nicht ziehen. Was mir aber vollkommen klar war – das war die ungeahnte, früher mir verborgene Kraft der Palette, die über alle meine Träume hinausging. Die Malerei bekam eine märchenhafte Kraft und Pracht. Unbewußt war aber auch der Gegenstand als unvermeidliches Element des Bildes diskreditiert.«[6] Wahrscheinlich zeichnete sich schon damals eine Vorstellung von Abstraktion ab, deren Realisierung in Kandinskys Schaffen indes noch jahrelang auf sich warten ließ. Zur »märchenhaften Kraft« von Monets Palette gesellte sich eine zweite Farbvision hinzu: die faszinierende Farbenpracht des in der Abenddämmerung aufglühenden Moskauer Kremls, ein geradezu magisches, jedenfalls unvergeßliches Koloritschauspiel, das wahrscheinlich für Kandinskys spätere Formulierung einer psychologisierenden Farbendefinition entscheidend war: »Im allgemeinen ist also die Farbe ein Mittel, einen direkten Einfluß auf die Seele auszuüben.«[7] Die »Kreml-Vision«, wichtiger Bestandteil in Kandinskys Ikonographie, ist nicht nur Nachweis für eine tiefgehende Farbsensibilität, sie ist auch aufschlußreich, weil sie von substantiellen Musikassoziationen begleitet wird. Ausgehend von einem musischen Elternhaus, das schon frühzeitig für Klavier- und Cellounterricht gesorgt hatte, war diese Begabung, Töne nicht nur zu hören, sondern auch in Farben zu sehen, vor allem anläßlich einer Aufführung von Richard Wagners ›Lohengrin‹ an der Moskauer Oper 1889 plötzlich in Erscheinung getreten. Hier »sah ich alle meine Farben im Geiste«, und weiter schreibt Kandinsky in ›Rückblicke‹: »Lohengrin schien mir aber eine vollkommene Verwirklichung dieses Moskau zu sein.«[8] Hier werden Erlebnisfaktoren wie »seelische Vibration« und »innerer Klang« schon vorausschauend erwähnt. Die »innere« Kongruenz zwischen ›Lohengrin‹ und Moskau, die Symbiose von Musik und Farbe, schildert Kandinsky folgendermaßen: »Die Sonne ist schon niedrig und hat ihre vollste Kraft erreicht, nach der sie den ganzen Tag suchte, zu der sie den ganzen Tag strebte. Nicht lange dauert dieses Bild: noch einige Minuten und das Sonnenlicht wird rötlich vor Anstrengung, immer rötlicher, erst

6 Wassily Kandinsky, *Gesammelte Schriften*, hrsg. von Hans Konrad Roethel und Jelena Hahl-Koch, Bd. I, Bern 1980, S. 32 f.

7 Wassily Kandinsky, *Über das Geistige in der Kunst*, Bern 1965^{8}, S. 64, wird im folgenden mit ÜGK abgekürzt.

8 *Rückblicke,* S. 14

kalt und dann immer wärmer. Die Sonne schmilzt ganz Moskau zu einem Fleck zusammen, der wie eine tolle Tuba das ganze Innere, die ganze Seele in Vibration versetzt. Nein, nicht diese rote Einheitlichkeit ist die schönste Stunde! Das ist nur der Schlußakkord der Symphonie, die jede Farbe zum höchsten Leben bringt, die ganz Moskau wie das fff eines Riesenorchesters klingen läßt und zwingt. Rosa, lila, gelbe, weiße, blaue, pistaziengrüne, flammenrote Häuser, Kirchen ... Diese Stunde zu malen, dachte ich mir als das unmöglichste und höchste Glück eines Künstlers ... Dieses gesamte äußere und innere Moskau halte ich für den Ursprung meiner künstlerischen Bestrebungen. Es ist meine malerische Stimmgabel.«[9]

9 Ebda., S. 9, 10

II Anfänge

Wie Alexej von Jawlensky übersiedelt auch Kandinsky 1896 nach München, in das »Athen an der Isar«, wo er in den Dunstkreis des Jugendstils gerät, ohne jedoch diesem allzuviel abgewinnen zu können.[10] Indes ist nicht zu leugnen, daß Kandinsky den Abstraktionsbestrebungen etwa Hermann Obrists, August Endells und Hans Schmithals' doch ein gewisses Interesse entgegengebracht haben muß. So wird er zum Beispiel Endells Forderung nach einer »Kunst mit Formen, die nichts bedeuten und nichts darstellen und an nichts erinnern, die unsere Seele so tief, so stark erregen, wie es nur immer die Musik in Tönen vermag« seine Zustimmung nicht versagt haben – freilich mit der entscheidenden Einschränkung, daß gegenstandsfreie Kunst eben doch etwas »bedeuten« muß, andernfalls sie sich im rein Dekorativen erschöpft; und letzteres wird für Kandinsky ein stets ernstzunehmender Vorwurf bleiben. So erwies sich schließlich der Jugendstil mit seiner vorrangig am Ornamentalen orientierten Grundeinstellung, der kaum um die Ineinssetzung von »Zeichen und Bedeutung« bemüht war, für ihn als eine Sackgasse.

Ab 1897 besucht Kandinsky für zwei Jahre die private Malschule des Naturalisten Anton Azbè, dessen Unterrichtsschwerpunkt Aktzeichnen er als belastend, letztlich sogar als kontraproduktiv betrachtet haben muß. »Nur draußen in der Straße«, betont er, »konnte ich wieder frei aufatmen, unterlag nicht selten der Versuchung, die Schule zu ‹schwänzen› und mit dem Malkasten das Schwabing, den Englischen Garten oder die Isaranlagen auf meine Art abzufangen. Oder ich blieb zu Hause und versuchte auswendig, nach Studie oder phantasierend ein Bild zu machen, das mit den Naturgesetzen nicht allzuviel zu tun hatte.«[11] Dessen ungeachtet war es, laut P. Weiss, Azbè, der seinem Schüler empfahl, sich bei den Studien im Freien der Spachteltechnik zu bedienen. Erst 1900 wechselt Kandinsky seine Ausbildungsstätte, er übersiedelt an die Akademie zu Franz von Stuck, der zwar seine »ausdrucksvollen Landschaften« lobt,

10 Peg Weiss, *Kandinsky in Munich. The Formative Jugendstil Years*, Princeton 1985; Jelena Hahl-Koch, *Kandinsky*, Stuttgart 1993, S. 60, 61 und 386. Im übrigen stößt die von Peg Weiss reichlich übertrieben dargestellte Affinität Kandinskys zum Jugendstil in der neueren Forschung fast durchgehend auf Ablehnung.

11 *Rückblicke*, S. 26

aber seine »Extravaganzen mit der Farbe« kritisiert. Sinnvoller sei es, so der Lehrer, »erst schwarz-weiß zu malen, um nur die Form zu studieren«.[12] Obwohl Kandinsky Stucks geringe »Farbenempfindlichkeit« bemängelt, fügt er sich doch dessen Rat und wendet sich den Ausdrucksmöglichkeiten der Graphik zu, ein Entschluß, der ihm auf seinem Weg zur Abstraktion noch äußerst hilfreich sein sollte. 1901 gründet Kandinsky die Künstlergruppe ›Phalanx‹, gibt an der ihr angegliederten Malschule Unterricht – Gabriele Münter ist seine begabteste Schülerin – und sieht seine Hauptaufgabe darin, Ausstellungen von Werken regionaler wie auch ausländischer Künstler zu organisieren. Wie Hahl-Koch betont, geschah letzteres primär aus Protest »gegen das damalige Jurywesen und gegen gewisse Mißstände bei der Künstlergenossenschaft und Sezession«.[13] Präsentiert wurden zunächst Arbeiten der wichtigsten Jugendstil-Künstler, Werke deutscher Freilichtmaler (zum Beispiel Lovis Corinth und Wilhelm Trübner), Alfred Kubins und Bilder französischer Maler mit Monet im Mittelpunkt; letzterer wurde übrigens erstmalig in München vorgestellt. Bemerkenswert – von der Kritik freilich überwiegend negativ beurteilt – war eine Ausstellung französischer Neoimpressionisten, wobei Kandinsky Paul Signacs divisionistischer Methode besonderes Interesse entgegenbrachte. 1904 erfolgt die Auflösung der ›Phalanx‹, Kandinsky gibt seine Lehrtätigkeit auf und entfaltet mit Münter eine langjährige, von zahllosen Eindrücken und auch offiziellen Erfolgen (z.B. von 1904 bis 1910 jährlich Ausstellungsbeteiligung im Pariser Salon d'Automne; Verleihung des Grand Prix) geprägte Reisetätigkeit, ehe er 1908 in München bzw. in Murnau wieder festen Fuß faßt.

1 *Plakat der 1. »Phalanx«-Ausstellung*, 1901, Farblithographie (47,3 x 60,3 cm), München, Städt. Galerie im Lenbachhaus

12 Ebda., S. 28
13 Hahl-Koch (Anm. 10), S. 79

Grohmann hat für das zwischen 1900 und 1908 geschaffene Œuvre Kandinskys eine Einteilung in vier Sparten vorgeschlagen. Er unterscheidet zwischen Holzschnitten, Temperabildern, Ölstudien und den eigentlichen Bildern.[14] Präziser sollte anstatt von Holzschnitten und Ölstudien von Druckgraphik und Öl-Landschaftsskizzen die Rede sein. In jedem dieser Bereiche hat Kandinsky dessen jeweils eigentümliche Ausdrucksmöglichkeiten erprobt, um auf diesen stilistisch sich nur selten überkreuzenden Schienen bedächtig und doch experimentierfreudig seinen Entwicklungsweg zu gehen, dabei wohl kaum ahnend, wohin diese Expedition ihn führen wird. Erst aus retrospektiver Sicht wird klar, daß sich in jedem seiner gestalterischen Erkenntnisschritte aufbauende Elemente verbergen, die sich erst nach jahrelangen Bemühungen zum revolutionären Gebäude einer gegenstandsfreien Bildwelt zusammenschließen werden.

Schon das Plakat der ersten ›Phalanx‹-Ausstellung von 1901, eine Farblithographie, macht evident, wie Kandinkys Zielsetzung lautet. Noch unter dem Einfluß jugendstilhaften Linienspiels, ist, so Hahl-Koch, der ›Geist‹ doch grundverschieden – und nicht nur der ›Geist‹, möchte man ergänzen.[15] An Stucks Villenfassade erinnernd, ist das Bild triptychal von vier Säulen unterteilt. In der breiteren Mitte stürmen zwei antik gerüstete Kämpfer voran, um als Verfechter des Geistigen eine links aufragende, vielleicht die reaktionäre Akademie symbolisierende Burg zu erobern, während rechts die Geier des Materialismus avantgardistische Streiter hinmetzeln. Damit hat Kandinsky schon beinahe sein gesamtes Lebens- und Kunstprogramm vorformuliert: den Kampf des Geistigen gegen das Materielle oder, genauer, die Prophetie vom Sieg der Kunstwirklichkeit über die Naturwirklichkeit. In Opposition zu Stucks Plakat der Sezession von 1893 mit dem statisch und penibel geschilderten Pallas-Athene-Kopf versetzt der Künstler seine beiden Krieger mittels Überschneidungen, Formenreduktion und Asymmetrie in einen prozessualen Zustand spannungserregender Dynamik. Rechts herrscht ein nicht leicht entwirrbares Formengetümmel, das durch eine bewußt herbeigeführte Verunklärung bzw. Austauschbarkeit der Figur-Grund-Relation bewirkt wird: Hier wird dem Betrachter erstmalig eine Vorstellung abstrahierender Gestaltungsweise vermittelt.

Von solchen Tendenzen ist in Kandinskys kleinformatigen Öl-Landschaftsskizzen nur selten etwas zu spüren. Um Stucks akademischem Schulbetrieb zu entgehen, malt Kandinky 1900 unter anderem *Kochel – Wasserfall I* (vermutlich den Kesselbergfall bei Kochel). Farbstilistisch

Siehe Abbildung 39, Seite 161

14 Will Grohmann, *Wassily Kandinsky. Leben und Werk*, Köln 1958, S. 43

15 Hahl-Koch (Anm. 10), S. 80

gesehen hat sich der Künstler noch nicht allzuweit von der dem Lokalkolorit verpflichteten Freilichtmalerei etwa eines Max Liebermann entfernt. Indem er die Konsistenz der Gegenständlichkeit auflöst und in ein vibrierendes Farbengeflecht verwandelt, entspricht er einem stilistischen Entwicklungsstand, der an expressiv aufgeladenen Spätimpressionismus erinnert. Worauf es ihm in erster Linie ankommt, ist, die Farben mittels lebhafter Spachteltechnik in heftige, unentwegt kursierende Bewegungsströme umzusetzen. Den verfließenden Formen der Gegenstände angepaßt, wechselt der Spachtelstrich ständig seine Bewegungsrichtung. Ein Herunter und Hinauf, ein sich Dehnen und Zusammenziehen evozieren beim Betrachter Spannungen, die sich, mitbedingt durch die Enge des Hochformats, unter anderem im Niederprasseln des schäumenden Wildbachs und im kraftvollen Aufsteigen des bildhohen Baums rechts niederschlagen. Für Kandinskys künstlerische Entwicklung bedeutet dies eine Lockerung der Handschrift, die lebendige Energien freisetzt und im Betrachter ein mimetisch-motorisch verursachtes Gefühl von Empathie wachruft. Gemeint ist damit das wahrnehmungspsychologische Gesetz der »Einfühlung«, dessen wissenschaftliche Formulierung durch Theodor Lipps Kandinsky nachweislich bekannt war; diesen auch für den Beschauer relevanten Ansatz gilt es im folgenden stets im Auge zu behalten.[16] Zu den Ölskizzen – Motivationshinweis und technischer Kommentar in einem – hat sich der Künstler so geäußert: »Im Studie[n]malen ließ ich mich gehen. Ich dachte wenig an Häuser und Bäume, strich mit dem Spachtel farbige Streifen und Flecken auf die Leinwand und ließ sie so stark singen, wie ich nur konnte. In mir klang die Moskauer Vorabendstunde ... Nachher besonders zu Hause, immer eine tiefe Enttäuschung. Meine Farben schienen mir schwach, flach ...«[17] Wie in seinen frühen Schlüsselerlebnissen regt sich hier neuerlich der musikalische Aspekt. Der Betrachter vermag das Kunstwerk kinästhetisch und synästhetisch zu erleben. »Ein Kunstwerk muß klingen«, so lautet fortan eine der wichtigsten Forderungen Kandinskys.

In *München – Nordfriedhof* (1901) kommt es zu einer Verstärkung der Spachteltechnik, und zwar in einem Maße, daß sich die Gegenständlichkeit (abgesehen von der Häuserzeile) fast gänzlich auflöst; Forminhalt dominiert über Sachinhalt. Und gäbe es nicht die entsprechende Bildtitel-Präzisierung in Kandinskys Hauskatalog, käme man mittels Bildevidenz allein wohl schwerlich zu einer Ortsidentifikation. »Der ›Inhalt‹ der Malerei ist Malerei. Hier braucht nichts entziffert zu werden: der Inhalt

16 Theodor Lipps, ›Ästhetische Einfühlung‹, in: *Zeitschrift für Psychologie und Physiologie der Sinnesorgane* 22 (1900), S. 415 – 450
17 *Rückblicke,* S. 17

2 *München – Nördlicher Friedhof*, 1901, Öl auf Leinwandkarton (32,7 x 23,5 cm), Paris, Musée National d'Art Moderne, Centre Georges Pompidou

redet freudeerfüllt zu dem, für den jede Form lebendig, also inhaltsvoll ist.«[18] Diese von Kandinsky erst 1937 getroffene, pointierte Aussage mag schon hier ihre erlebnishafte und gedankliche Vorprägung erfahren haben. Wichtiger als die sachbezogene Formulierung einer Friedhofsanlage mit ihren in Pflanzenwuchs eingebetteten Grabsteinen ist das von der Bildstruktur bewirkte Dynamik-Erlebnis. Flächenprojektiv angeordnet, nimmt ein wild bewegtes Geflecht von fünf konzentrisch positionierten Busch- und Baumgruppen eine eng verzahnte, überwiegend weiß aufgetupfte Masse von Grabsteinen in die Mitte. Die Folge ist eine visuelle Kompression, aus deren Verklammerung sich nur wenige Grabsteine – über die engen Passagen des Vegetationsnetzes zur rechten unteren Bildperipherie drängend – zu lösen vermögen. Die Friedhofslandschaft wird nicht als themenadäquate Zuständlichkeit, sondern als ein mit antagonistischen Formelementen und spannungsförderndem Konfliktpotential angereichertes Geschehen geschildert. Hinzu tritt ein spezifisches Kolorit, das (abgesehen von Weiß- und Rotakzenten) nur selten einen gesättigten Farbklang aufkommen läßt. Statt dessen dominiert in den Baumgruppen eine in mehreren Strichlagen übereinander geschichtete, von Grün, Ocker, Blau bis Schwarz reichende Farbtrübungsachse, die sich eindeutiger Farbbenennung entzieht und somit den Betrachter zu optischer Vertiefung einlädt. Im Betrachter wird durch die prozessuale Pinselschrift energiemobilisierende Empathie freigesetzt. Anstelle der perspektivischen Sicht tritt eine andere Raumdimension, mit der – evoziert durch unentwegte, aber ziellose Farbqualitätsveränderung – eine Dauer verheißende Zeitgestalt einhergeht.[19] Daß Bilder »lange dauern« können, war eine Einsicht, die Kandinsky schon anläßlich seines Rembrandt-Erlebnisses gewonnen hatte. So gesehen könnte sich der später in ›Rückblicke‹ formulierte Satz »zu meinem großen Erstaunen merkte ich, daß ich im Rembrandt-Prinzip arbeite« unter anderem auch auf *München – Nordfriedhof* beziehen.[20] Der an der materiellen Oberfläche wogenden Farb- und Formdynamik begegnet im geistigen Inneren eine der Friedhofsthematik entsprechende Ruhe eines transzendierenden Zeitgefühls. Ausgehend von einer ambivalenten Geisteshaltung, bahnt sich mithin schon in diesem Frühwerk ein Harmonieverständnis an, in dem sich die Darstellung von Gegensätzlichem als oberstes Gestaltungsprinzip erweist.

18 Wassily Kandinsky, ›Zugang zur Kunst‹, in: *Essays über Kunst und Künstler*, hrsg. und kommentiert von Max Bill, Bern 1973³, S. 208
19 Vgl. Heinrich Theissing, *Die Zeit im Bild*, Darmstadt 1987
20 *Rückblicke*, S. 1

3 *München – Die Isar*, 1901, Öl auf Leinwandkarton (32,5 x 23,6 cm), München, Städt. Galerie im Lenbachhaus

Kandinskys Entwicklungsweg verläuft keineswegs geradlinig, der Künstler ist stets bereit, mit unterschiedlichen Ausdrucksformen zu experimentieren. Ungefähr gleichzeitig mit *München – Nordfriedhof* entsteht *München – Die Isar* (1901), eine Landschaftsskizze, die nur geringfügiges Abstraktionsbemühen zeigt, statt dessen die an sich längst überholten Stilmittel des Impressionismus rezipiert.[21] In radikalem Gegensatz zu *Nordfriedhof* verraten Ufersaum und Flußlauf in ihrer fluchtenden, zur Brücke strebenden Linienführung ein klares Bekenntnis zur Perspektive, der sich – man beachte die sich im Wasser spiegelnden Brückenpfeiler! – die impressionistische Licht-Farbe-Problematik hinzugesellt; dem gleichen Stilprinzip folgt der im Bild dominierende Blau-Orange-Komplementärakkord. Im übrigen erkannte Kandinsky, daß eine an den Ideen des Impressionismus orientierte Bildauffassung für ihn nur ephemer-experimentellen Charakter haben konnte, seinem künstlerischen Werdegang kontraproduktiv im Wege gestanden wäre. Mehrfach hat er in seinen Schriften die »rein naturalistischen Ziele« des Impressionismus[22] kritisiert: »Das Licht- und Luftproblem der Impressionisten interessierte mich sehr wenig. Ich fand immer, daß die klugen Gespräche über dieses Problem sehr wenig mit der Malerei zu tun haben. Wichtiger erschien mir später die Theorie der Neoimpressionisten, die im letzten Grund von der Farbwirkung sprach und die Luft in Ruhe ließ.«[23]

1902 schuf Kandinsky eine Ansicht des mittelalterlichen Städtchens Rothenburg ob der Tauber (*Alte Stadt II*), und zwar »auswendig gemalt«, wie er betont; ein Beweis mehr für seine eidetische Begabung. »Auch in diesem Bild«, berichtet er, »habe ich eigentlich nach einer gewissen Stunde gejagt, die immer die schönste Stunde des Moskauer Tages war und bleibt.«[24] Die durch eine »klingende« Mittelalter-Imagination modifizierte Realität in eine träumerische, poetische Stimmung umzuwandeln, war gewiß Kandinskys Anliegen, das er durch unwirklich anmutende Farbintensität zu realisieren vermochte. »Die Dächer«, bemerkt er, »machte ich so grellrot, wie ich damals nur konnte«. Das Gemälde unterscheidet sich von den Landschaftsskizzen durch ein größeres Format (52 x 78,5 cm) und eine relativ konventionelle Machart. Der Umstand, daß es in der zweiten ›Phalanx‹-Ausstellung gezeigt wurde, verdeutlicht,

Siehe Abbildung 40, Seite 162

21 Die von H. K. Roethel mit 1901 vorgeschlagene Datierung ist jener von R. Gollek (1903) aus stilistischen Gründen vorzuziehen. Hans K. Roethel und Jean K. Benjamin, *Kandinsky. Werkverzeichnis der Ölgemälde*, Bd. I, 1900–1915, München 1982, Nr. 13, S. 59; Rosel Gollek, *Wassily Kandinsky. Frühe Landschaften*, München-Zürich 1990^4, S. 10 und 59

22 ÜGK, S. 49

23 *Rückblicke*, S. 46

24 Ebda., S. 9

4 *Dame mit Fächer*, 1903, Farbholzschnitt von zwei Stöcken (24,4 x 14,6 cm), New York, The Solomon R. Guggenheim Museum

welche Vorstellungen Kandinsky zum damaligen Zeitpunkt von einem »fertigen« Ölbild hatte. Trotz realistischer Anklänge besitzt es etliche, von der traditionellen Münchener wie russischen Landschaftsmalerei abweichende Merkmale. Neben dem in märchenhaftem Dämmerlicht erglühenden Kolorit sind es insbesondere die bizarren Schatten, die, so Roethel, »wie ein Versprechen auf die Zukunft« wirken.[25] Neben den Schlagschatten der Zaunplanken rechts unten, der wandelnden Frauengestalt und dem zentralen Buschwerk treten in der linken unteren Bildecke und rechts außen breite Schattengebilde in Erscheinung, die, frei von kausaler Bindung, als autonome »Sehdinge« anzusehen sind. Alle Schatten weisen von rechts unten nach links oben und bilden einen kompositionellen Diagonalzug, der in Gegenrichtung vom Wegverlauf durchkreuzt wird. Die Ausschaltung der Horizontalkomponente und die zukunftweisende Raumauffassung setzen im Widerspiel die visuellen Kräfte frei. Letzteres bezieht sich vor allem auf die Wegrichtung, die, unterstützt vom mittleren, vektoral nach vorne weisenden Rasenstück, den Betrachter nicht in die Bildtiefe lenkt, vielmehr auf ihn zuführt. Verstärkt wird dieser Bewegungstrend durch den auch für manche späteren Straßenbilder der Murnau-Zeit charakteristischen Umstand, daß sich der zunächst schmale Weg im Vordergrund unversehens zur breiten, nach unten in die Fläche gekippten Straße wandelt. Dies wirft auch ein bezeichnendes Licht auf die Bildzeit-Thematik, wonach dem Betrachter,

25 Hans Konrad Roethel, *Kandinsky*, München-Zürich 1982, S. 56

5 *Promenade*, 1902, Farbholzschnitt von zwei Stöcken (14,6 x 24,8 cm), Bern Privatsammlung

analog zur Frauengestalt, ein Gang aus der Vergangenheit der mittelalterlichen Stadtanlage in die durch die erwähnten Schrägschatten blockierte Gegenwart nahegelegt wird.[26] Das Heil liegt wie immer bei Kandinsky im Geistigen, das von den vor hohem Horizont, blauem Berg und Himmel emporstrebenden Stadttürmen – den Zukunftsaspekt einer von Kandinsky immer aufs neue beschworenen »großen geistigen Epoche« evozierend – symbolisiert wird.[27]

Gleichzeitig mit den Landschaftsskizzen beschäftigt sich Kandinsky mit der Druckgraphik, vor allem mit dem Holzschnitt. Angeregt durch den Flächenstil Félix Vallottons, den er 1904 in der 10. ›Phalanx‹-Ausstellung präsentiert, und die japanische Farbholzschnitt-Technik (Verwendung von Aquarellfarben), findet er Gelegenheit, sich in Formdisziplinierung zu üben und die ersten, für seinen künftigen Schaffensprozeß so bedeutsamen formvereinfachenden Maßnahmen zu treffen. Beispielhaft dafür ist der 1903 entstandene Farbholzschnitt *Dame mit Fächer*. Umgeben vom Flair des Geheimnisumwobenen, ist die Frauengestalt nach der Mode des Biedermeier gekleidet. Entscheidend ist, daß der schwarze Grund – dem Gestaltgesetz der Geschlossenheit entgegenwirkend – von allen Seiten in die Figur eindringt und deren weiße Robe netzartig parzelliert. Das gleiche gilt für die flackernd verlaufende rote

26 Vgl. Theissing (Anm. 19)
27 Wassily Kandinsky, Über die Formfrage, in: *Der Blaue Reiter*. Dokumentarische Neuausgabe, hrsg. von Klaus Lankheit, München-Zürich 1987⁶, S. 143

Stola, den rechten Arm (der linke bleibt verborgen) und das Antlitz, dessen rechte, vom Grund verschattete Hälfte den hellen Gesichtsteil in eine Profilansicht verwandelt. Vom schwarzen Grund absorbiert, ist eine Kopfbedeckung lediglich zu erahnen. Nur zögernd glaubt man deren Kontur in einem vom Hals der Dame aufsteigenden blauen Band, das zugleich an einen kurvig verlaufenden Pfad erinnert, zu erkennen. Seine Fortsetzung findet dieser Streifen sowohl in einer nach links führenden Wegspur als auch in der nach unten weisenden Wellenbewegung der Stola, woraus sich, gestaltgesetzlich gesehen, der Sachverhalt »durchgehender Linien« ergibt.[28] Damit ist der letzte Rest an Raumanspruch aufgegeben, und selbst die links oben vor blauem Himmel befindliche klassizistische Villa ist aufgrund ihres farblichen Gleichklangs mit dem weißen Kleid in die Flächenprojektion eingebunden; sie existiert nur als Zeichen, gleichsam als gedankliche Chiffre.

Schon ein Jahr zuvor, 1902, hat Kandinsky im Farbholzschnitt *Promenade* formauflösende Tendenzen im Sinn einer Verschmelzung von Figur und Grund ins Spiel gebracht. In Begleitung eines Herrn flanieren zwei im Biedermeierkostüm gekleidete Damen durch eine Parkanlage. Neu ist die vom Künstler fortan mit Vorliebe verwendete, letztlich vom Neoimpressionismus entlehnte und in leuchtenden Farben gehaltene Tupfentechnik, mit der er das ornamentale Muster der ausladenden Frauenkleider – bei dominierender Durchlässigkeit des schwarzen Grundes – charakterisiert. Eingeschränkt auf die optische Restevidenz von Kopf, Händen und Füßen scheint die Gestalt des galanten Herrn fast gänzlich in den dunklen Grund zu versinken. Mit diesem körperlichen Schattenwesen und dem Widerspruch von »Nachtschwärze bei hellichtem Tag« bekommt eine an sich alltägliche Szene eine fast irreale Dimension.

Laut Peg Weiss unterhielt Kandinsky schon seit 1903 Beziehungen zu symbolistischen Künstlern des Stefan George-Kreises.[29] Vor allem mit dem Dichter Maurice Maeterlinck, dem er »nichtmaterielles Streben und Suchen der dürstenden Seele« attestiert, verband ihn eine tiefe Seelenverwandtschaft. Maeterlinck, so versichert er, »führte uns in die Welt, die man phantastisch oder richtiger übersinnlich nennt.«[30] Etliche, in Kandinskys Schrifttum immer wiederkehrende Begriffe wie »innerer Klang« und »innere Schönheit« sind nachweislich aus dem Wortschatz des Dichters übernommen.[31] Im Farbholzschnitt *Abschied – Große Fassung* (1903) erblicken wir das erste, in diese geistige Richtung weisende Werk.

28 Max J. Kobbert, *Kunstpsychologie. Kunstwerk, Künstler und Betrachter*, Darmstadt 1986, S.104.
29 P. Weiss (Anm. 10), S. 81 f.
30 ÜGK, S. 44
31 Hahl-Koch (Anm. 10), S. 193

6 *Abschied – Große Fassung*, 1903, Farbholzschnitt von zwei Stöcken (31,2 x 31,2 cm), Paris, Musée National d'Art Moderne, Centre Georges Pompidou

Dargestellt ist ein Ritter (vermutlich handelt es sich laut P. Weiss um Stefan George), der sich von seiner Geliebten verabschiedet. Mit der Wahl eines mittelalterlichen Sujets fand Kandinsky die Möglichkeit, sich in eine Traumwelt zu versenken bzw. »etwas Reales, aber nicht mehr Existierendes« darzustellen.[32] Gleichermaßen erschien ihm diese Rückblende als eine Rechtfertigung für einen freieren Umgang mit den bildnerischen Mitteln. Über der in Rückenansicht wiedergegebenen, hellgrün gekleideten Frauengestalt schwebt auf schwarzem Grund das klar gezeichnete Antlitz des Ritters, dessen Körper im dunklen Grund einzusinken scheint. Was die Frau zu fassen bekommt, ist ein entkörperlichtes Wesen, dessen Abschied von der Geliebten schon der Vergangenheit angehört, dessen Sinnen nur noch der Zukunft gilt: einer geistigen Zukunft, die zu erobern auch voraussetzt, das zwischen Traum und

32 Peg Weiss, Kandinsky und München: Begegnungen und Wandlungen, in: *Kandinsky und München: Begegnungen und Wandlungen 1896–1914*, hrsg. von Armin Zweite, Ausstellungskatalog (München, Städtische Galerie im Lenbachhaus), München 1982, S. 53. – *Der frühe Kandinsky 1900–1910*, hrsg. von Magdalena M. Moeller, Ausstellungskatalog (Berlin, Brücke-Museum), München 1994, Taf. 35

Wirklichkeit, Realem und Fantastischem sowie Evidenz und Geheimnis bestehende Spannungsfeld zu durchmessen. Den Dualismus von Wirklichkeit und Imagination gestaltend zu versinnbildlichen, dazu diene, so der Künstler später, »das Sprechen vom Geheimen durch Geheimes«. Dem entspricht auch das scheinbare Paradoxon der Einheit von Ruhe und Bewegung. So garantiert das quadratische Bildformat zunächst Dauer und Beständigkeit, doch genügt schon eine leichte, von der Vertikalachse abweichende Schräglage der bildteilenden Lanze, um die Szene in gerichtete Spannung zu versetzen. Über diese magische Grenzziehung hinweg flutet das Schattenreich des Grundes mit dem die Lanze unterlaufenden, lichtkonturierten Pferdekopf nach links, um hier, in die dunklen Baumstämme einfließend, die restliche Tageshelligkeit, der auch das Ritterfräulein angehört, zu absorbieren.

Ohne Zweifel ist es die sperrige Holzschnittechnik, die den Künstler in Richtung eines abstrahierenden Kurses lenkt, ihn geradezu zwingt, »seine Ausdrucksmittel auf komprimierte, flächige Formen und wenige klare Farbkontraste zu reduzieren«.[33] Der Farbholzschnitt *Die Sängerin* (1903) dokumentiert dies vielleicht am besten. Die ersten Takte einer Liedkomposition anschlagend, wächst der Pianist fast scherenschnitthaft aus dem schwarzen Bodengrund empor. Links vor dem Flügel steht die Sängerin, deren Abendkleid – darin dem Ritterfräulein aus *Abschied* vergleichbar – in leicht gewellten Linienzügen sanft zu Boden fließt. Der Wechsel von hellen und schwarzen Gewandsträhnen macht evident, daß sie, vom Schwarz-Grund durchdrungen, ein gleichsam entkörperlichtes, den auch visuell erfahrbaren Klangwellen hingegebenes Wesen ist. Nur die Größen- und Helligkeitsdifferenz der beiden Gestalten läßt den Eindruck einer gewissen Räumlichkeit entstehen. Den synästhetischen Vorstellungen der symbolistischen Poesie folgend, manifestiert sich hier geradezu mustergültig die Durchdringung von Musik und bildnerischer Form; eine Symbiose, die sich dem sensibilisierten Betrachter als »innere, seelische Vibrationen« erzeugende Klangwelt mitteilt. Solche Resonanz hervorzurufen, ist fortan Kandinskys Hauptziel – geprägt von der Überzeugung: »Der musikalische Ton hat einen direkten Zugang zur Seele. Er findet sofort einen Widerklang.« Und auf die Farbwelt übertragen, betont er: »Im allgemeinen ist also die Farbe ein Mittel, einen direkten Einfluß auf die Seele auszuüben. Die Farbe ist die Taste. Das Auge ist der Hammer. Die Seele ist das Klavier mit vielen Saiten. Der Künstler ist die Hand, die durch diese oder jene Taste zweckmäßig die menschliche Seele in Vibration bringt. So ist es klar, daß die Farbenharmonie nur auf dem

33 Ulrike Becks-Malorny, *Wassily Kandinsky. 1866–1944. Aufbruch und Abstraktion*, Köln 1993, S.18

7 *Die Sängerin*, 1903. Farbholzschnitt von drei Stöcken (19,5 x 14,5 cm), München, Städt. Galerie im Lenbachhaus

8 *Kallmünz – Gabriele Münter beim Malen II*, 1903, Öl auf Leinwand (58,5 x 58,5 cm), München, Städt. Galerie im Lenbachhaus

Prinzip der zweckmäßigen Berührung der menschlichen Seele ruhen muß. Diese Basis soll als Prinzip der inneren Notwendigkeit bezeichnet werden.«[34] So gedacht bildet *Die Sängerin* einen fast schon programmatischen Auftakt zu einem schöpferischen Versprechen, dessen Einlösung Kandinsky bekanntlich erst nach langjähriger Erprobung unterschiedlichster bildnerischer Mittel geglückt ist. Noch ein Vierteljahrhundert später erinnert er sich an diesen beschwerlichen Prozeß: »So ging ich über den ›Expressionismus‹ zur abstrakten Malerei über – langsam, durch unendlich viele Versuche, Verzweiflung, Hoffnung, Entdeckungen« – und setzt warnend nach: »Was glatt und schnell vor sich geht, ist immer eine Null.«[35]

Zu den frühen »expressionistischen« Bildern zählt *Gabriele Münter beim Malen in Kallmünz* (1903), ein spontan »vor der Natur« erfaßtes Werk, das allein schon aufgrund seines relativ großen Formats, darin von

34 ÜGK, S. 44 und 64

35 Interview Nierendorf – Kandinsky, in: *Essays* (Anm. 18), S. 213 und 215

9 *Der Blaue Reiter*, 1903, Öl auf Leinwand (55 x 65 cm), Zürich, Sammlung Bührle

den kleinen Ölskizzen abweichend, den »eigentlichen« Bildern zuzuordnen ist. In Rückenansicht vor einer Staffelei stehend, wird Münters blaue Gestalt von einem Boden-»Grund« unterlaufen, dessen in Schräglagen gebündelte Farbspuren – merklich an van Goghs Pinselduktus erinnernd – zielstrebig zu einer Terrasse führen, auf der eine »expressionistisch« verzerrte Häusergruppe lagert.

Noch in der ›Phalanx‹-Zeit entstanden, ist das ebenso als »fertiges« Gemälde behandelte Bild *Der blaue Reiter* (1903) auf einem bildnerischen wie semantischen Gegenpol angesiedelt. Als »etwas Unheimliches in Faktur und Farbe« rechnet es Grohmann zu Kandinskys Werkgruppe der »auswendig gemalten, romantisch-lyrischen« Bilder.[36] Wie schon erwähnt, sind »das Versteckte, die Zeit und das Unheimliche« aus Kandinskys Wortschatz stammende und in dessen Schaffensprozeß stets mitschwingende Faktoren, die – weitergefaßt – der visuell-gedanklichen Mitarbeit des Betrachters bedürfen. Kandinsky rechnet ausdrücklich mit

36 Grohmann (Anm. 14), S. 51

der »Anregung der Phantasie des Empfängers, welcher am Werke ›weiterschafft‹«.[37] Laut Schreier handelt es sich hier »um eine rätselhafte Stimmung, genauer … um die Evokation dreier unbeantworteter Fragen: Woher kommt dieser einsame Reiter, welchen Auftrag hat er zu erfüllen, und welches Ziel verfolgt er?« Bedenkt man indessen den Stellenwert, den der Reiter – häufig in den Kontext der St. Georgs-Legende eingebunden – in Kandinskys Œuvre schon von Anfang an einnimmt, dann wird die Deutung des »rätselhaften« Geschehens erheblich erleichtert, zumal der Autor selbst den universellen Rang dieser Zentralgestalt treffend erläutert hat. Demzufolge »bleibt der Ritter-Reiter immer Repräsentant einer anderen, das Empirische transzendierenden Wirklichkeit, immer bleibt er Symbol einer geistigen Erneuerung …«[38] So befindet er sich vermutlich auf der Flucht vom Materiellen zum Geistigen. Von solchen Assoziationen abgesehen, ist in diesem Bild der narrative Kern zunächst verborgen, ist eine »rätselhafte Stimmung« vorherrschend. Mit geringfügigen Rotakzenten versehen, sprengt der »blaue Reiter« – etwa neun Jahre später vielleicht der Anlaß zur Titelfindung des Almanach – auf weißem Pferd, dem ein ebenfalls blauer, keilförmig zugespitzter Schlagschatten vorauszueilen scheint, von rechts zur Bildmitte. Substrat ist ein weiter, sphärisch von links nach rechts aufsteigender Wiesengrund, seine von magischer Leuchtkraft erfüllten Farbströmungen, gesprenkelt aufgetragen und zwischen den Polen »kalt-warm« von Grün zu Gelborange wechselnd, entziehen sich in fast schon mystischer Weise dem Versuch konkreter Koloritbestimmung. Offenbar unabhängig von kausaler Gegenständlichkeit erstreckt sich unten eine zusehends schmäler werdende Dunkelzone, rechts überhöht von einer bedrohlichen, scheinbar zuschnappenden Schattenschere, deren Bezug zum »blauen Reiter«, dessen Fluchtbewegung beschleunigend, unverkennbar ist. Dieses unentwegte Schwanken zwischen Evidenz und Geheimnis birgt ein enormes Spannungspotential. Kalkulierbar ist allenfalls die räumliche Distanz zwischen der rechten unteren, Nähe signalisierenden Schattenecke und der in die Ferne weisenden, blauen Himmelszone links oben. Letztere ist offenkundig – aufgrund der Geistiges verheißenden Blau-Korrespondenz – Ziel des nach neuen Ufern strebenden Reiters, dessen spezifische Ausformung, Positionierung und Bewegungspotential die zentrale Frage nach der Bildzeit aufwirft. Die wohl zu rasch formulierte Antwort darauf: »wo Bewegung, da Zeitlichkeit« bedarf einiger Vorbemerkungen.

37 Wassily Kandinsky, ›Über Bühnenkomposition‹, in: *Essays* (Anm. 18), S. 50

38 Christoph Schreier, *Bild mit schwarzem Bogen. Eine Kunst-Monographie*, Frankfurt a. M.–Leipzig 1991, S. 15 f.

Auszugehen ist von zwei wichtigen gestaltpsychologischen Leitsätzen: Zum einen ist »die Anschauungsdynamik keine Illusion von Fortbewegung, sondern die wahrnehmungsmäßige Entsprechung von Fortbewegung in einem statischen Medium«, zum anderen erscheint Form als »ein Produkt visueller Kräfte und existiert in einem Kraftfeld«.[39] Solche Grundgedanken der Wahrnehmungspsychologie scheint Kandinsky bereits vorausgeahnt zu haben, als er das Phänomen »Bewegung« durch »Spannung« ersetzt wissen wollte und dafür in seinem Theoriewerk ›Punkt und Linie zu Fläche‹ folgende Definition vorschlug: »Die Spannung ist die dem Element innelebende Kraft, die nur einen Teil der schaffenden ›Bewegung‹ bedeutet. Der zweite Teil ist die ›Richtung‹, die auch von der ›Bewegung‹ bestimmt wird.«[40] Ohne Zweifel manifestieren sich in der »Richtung« wie in der »dem Element innelebenden Kraft« bedeutsame Kriterien zur Bestimmung der »Zeitform« des »blauen Reiters«, dem, nach Theissing, die zeitbedingende Positionsveränderung des »Von etwas her zu etwas hin« geradezu beispielhaft eignet. Demnach markiert der knappe Abstand zwischen rechtem Bildrand und Pferd das Zeitelement des »Nicht-Mehr«, während sich dem vorauseilenden Schatten die Zeitperspektive des »Noch-Nicht« eröffnet. Daraus resultiert ein »Zeithof«, der das Vergangene, Gegenwärtige und Zukünftige im Sinne von Gombrichs »fruchtbarem Moment« zusammenfaßt und in den Zustand relativer Dauer versetzt.[41] Tatsächlich scheint der Reiter, dem sich überdies ein Steinhaufen in den Weg stellt, nicht schnell voranzukommen, zumal sich die Farbqualitätsveränderung – auch ein wichtiger Faktor der Zeitbestimmbarkeit! – nicht in der Laufrichtung, sondern von oben nach unten erstreckt. Daneben ist auch die sphärische Form des Wiesengrunds, die den kompositionellen Gedanken eines Kreissektors anklingen läßt, zu beachten. Exakt auf dessen Begrenzungslinie erhebt sich über dem Reiter ein in warmen Orange-Farben gehaltenes Birkenwäldchen, das, vom Bildrand überschnitten, nach oben tendiert, somit eine dem Reiter zur Erreichung seines Ziels zweckdienliche Zentrifugalkraft entfaltet. Auch vor der blauen Himmelsfolie laufen merkwürdige Ereignisse ab, die, symbolistisch erhöht, dem Bewegungsthema des Reiters eine zusätzliche Note verleihen. Dazu sei angemerkt, daß Kandinsky allen Dingen der Schöpfung, auch den unscheinbarsten, ein lebendiges, ja beseeltes Wesen zubilligt. Von dieser animistischen Attitüde gibt ein

39 Rudolf Arnheim, ›Eigenschaften der Bewegungsantwort‹, in: *Zur Psychologie der Kunst*, Köln 1977, S. 86

40 W. Kandinsky, *Punkt und Linie zu Fläche. Beitrag zur Analyse der malerischen Elemente*, Bern 1964, S. 58, wird im folgenden mit PLF abgekürzt.

41 Ernst H. Gombrich, *Bild und Auge. Neue Studien zur Psychologie der bildlichen Darstellung*, Stuttgart 1984, S. 40 f.

Passus aus ›Rückblicke‹ beredtes Zeugnis: »Alles ›Tote‹ erzitterte. Nicht nur die bedichteten Sterne, Mond, Wälder, Blumen, sondern auch ein im Aschenbecher liegender Stummel, … ein Hosenknopf, ein fügsames Stück Baumrinde … alles zeigte mir sein Gesicht, sein innerstes Wesen, die geheime Seele, die öfter schweigt als spricht. So wurde für mich jeder ruhende und jeder bewegte Punkt (= Linie) ebenso lebendig und offenbarte mir seine Seele.«[42] Demzufolge sind hier Motive wie Steinhaufen, Bäume und Wolken lebendige, mit Bewegungspotential angereicherte Wesenheiten. Ausgehend vom Wahrnehmungsgesetz, wonach das kleinere gegenüber dem größeren Sehding die Rolle der gerichteten Spannung übernimmt, scheint sich das vereinzelte, den blauen Horizont durchbrechende Bäumchen vom Birkenwald losgelöst zu haben – es paraphrasiert gewissermaßen die Fluchtbewegung des Reiters. Ähnliches gilt für das darüber schwebende, sich von der größeren Wolkenbank absetzende Wölkchen. Der Eindruck symbolistischer Bezüge verstärkt sich. Natasha Kurchanova weist auf Verbindungen Kandinskys mit der russischen mythologischen Schule bzw. mit Aleksandr N. Afanasievs sprachwissenschaftlich wie folkloristisch gestützten Bildmetaphorik hin.[43]

Von Beginn an nahm die Temperamalerei (die ähnliche Gouache-Technik inbegriffen) in Kandinskys Schaffen einen wichtigen Stellenwert ein, zumal ihm diese einen freieren, autonomen Umgang mit der Farbwelt – im Gegensatz zu den Öl-Landschaftskizzen mit ihrem anfänglich eher gegenstandsgebundenen Kolorit – ermöglichte. Zudem sah der Künstler in ihr eine geeignete Plattform zur Erschließung märchenhafter, oft auch folkloristisch historisierender, jedenfalls stets imaginärer Szenerien. Deshalb schätzte er seine Temperabilder, von ihm auch »farbige Zeichnungen« genannt, weit höher ein als die beinahe an »Fingerübungen« erinnernden Ölskizzen. Standen die Tempera-Gouachebilder zu Beginn – wie etwa *Der Komet (Nächtlicher Reiter)* von 1900 oder der *Russische Reiter* (1901/02) – noch merklich im Zeichen der ornamentalen Linienkunst des Jugendstils, so erfolgte um 1903 ein Stilumbruch in Richtung einer vom Neoimpressionismus beeinflußten Favorisierung einer Farbtupfen- und Farbfleckentechnik. Ähnliches hatte sich schon im Jahr zuvor, zum Beispiel in *Promenade*, auf dem Sektor der Farbholzschnittkunst vollzogen.

---

42 *Rückblicke*, S. 10

43 Natascha Kurschanova, ›Die Volksmythologie: eine visuelle Sprache?‹, in: *Der frühe Kandinsky 1900–1910*, Ausstellungskatalog, München 1994, S. 57 f. Für die Erforschung von Kandinskys ikonographischem Repertoire, vor allem der frühen Jahre, bietet Afanasievs Hauptwerk ›Die poetischen Anschauungen der Slawen über die Natur‹, St. Petersburg 1864–79 im Hinblick auf seine detailliert aufgelistete Metapherndeutung eine unverzichtbare Grundlage.

Im Temperabild *Die Braut* hat sich eine *Russische Schöne* (wie sie auch betitelt wird) in monumentaler Größe auf einer mit zahllosen weißen und grünlichen Farbtupfen übersäten Rasenbank niedergelassen, wobei das kalte Farbmuster in seiner Leuchtkraft insofern gesteigert wird, als der graubraune Karton als Malgrund vor allem in der unteren Bildhälfte, dunkel-kontrastierend, reichlich zum Vorschein kommt. Im oberen Wiesenteil wandelt sich der Tupfenregen in ein Geflecht breit fließender, noch einen Hauch von Jugendstil verratender Farbströme, die mangels eines Farbsättigungsgefälles nur wenig Raumtiefe bewirken. Die beiden Bildhälften überbrückend, ist die *Russische Schöne* in ein durch rhythmisch in weiße und rosafarbige Flecken aufgelöstes mittelalterliches Festgewand gekleidet; ein mit nervös zuckendem Pinselduktus gemalter, helltürkiser Schleier senkt sich von ihrer diademartigen Haube. Darüber schwebt, einer zweiten Krone vergleichbar, ein kuppelreicher Kreml, der aufgrund seiner farblichen Affinität zur *Braut*, die flächige Bindung an diese inbegriffen, zum doppelt symbolischen Zeichen für Kirche und Krone emporwächst.

Siehe Abbildung 41, Seite 163

Angesichts solcher »unwirklicher« und gegenstandsparzellierender Farben weht über dem Ganzen eine märchenhafte Stimmung, die Grohmann fragen läßt, ob Kandinsky auf seinen häufigen Reisen nach Moskau nicht auch die »mehr symbolistisch als naturalistisch« inszenierten Aufführungen von Märchenopern Glinkas oder Rimskij-Korssakows gesehen habe, und tatsächlich sieht die »Russische Schöne aus wie eine Märchenfigur auf der Opernbühne, die auf ihr Stichwort wartet«.[44] Die Deutung der Gestalt als Operndiva unter kulissenhaft blau gemaltem Himmel hat im Hinblick auf die damals international gewürdigte Theaterkunst Rußlands durchaus etwas Reizvolles an sich. Überzeugender ist freilich M. Moellers Hinweis auf die links am Bildrand stehende Birke (ein altes russisches Symbol für Liebe und Heirat), die eindrücklich den Gedanken an eine feierlich geschmückte Braut wachruft. Symbolisch überhöht gedacht, könnte es sich auch um die »Inkarnation Rußlands, der russischen Seele« handeln.[45] Ja mehr noch: Vielleicht ist es sogar die als »Braut« posierende Mutter Kandinskys, die dieser mit seiner Geburtsstadt Moskau vergleicht: »Meine Mutter ist eine geborene Moskowitin und vereint in sich die Eigenschaft, die für mich Moskau verkörpert: äußere, auffallende, durch und durch ernste und strenge Schönheit, feinrassige Einfachheit, unerschöpfliche Energie, eigenartig aus starker Nervosität und imponierender, majestätischer Ruhe und heldenhafter Selbstbeherrschung geflochtene Vereinbarung von Tradition und echtem

44 Grohmann (Anm. 14), S. 51
45 Moeller (Anm. 32), Text zu Taf. 28

10 *Altes Städtchen*, 1903, Tempera auf Pappe (29,6 x 53 cm), München, Städt. Galerie im Lenbachhaus

Freigeist. Kurz – in menschlicher Gestalt die ›weißsteinige‹, ›goldhäuptige‹ ›Mutter-Moskau‹«.[46] »Weißsteinig« (weiße Farbflecken), »majestätische Ruhe« usw. – alles Hinweise, die neben den übrigen Deutungsversionen auf eine memoriale Verherrlichung der Mutter schließen lassen.

Wie schon in *Abschied* versetzt Kandinsky auch die Szene im Temperabild *Altes Städtchen* (1903), Traum und Wirklichkeit vermischend, in die Zeit des Mittelalters. Nur wenige Figuren, wie ein einzeln voranschreitender Edelmann, ein Paar zu Pferd, ein im Gespräch vertieftes Paar und eine Gänsemagd, bevölkern den Straßenzug, dessen dunkelbraune Färbung vom optisch mitwirkenden Kartongrund herstammt. Im selben »Grund«-Kolorit ist auch der (scheinbar) nächtliche Himmel gehalten, dessen Düsternis – gemäß den metaphorischen Vorstellungen vom »dunklen« Mittelalter – einen merkwürdig verfremdenden, phantastischen Tenor in die das menschliche Treiben erst ermöglichende Tageshelle einbringt. Besonderes Interesse gebührt der durch oberpfälzische Ortsansichten angeregten Häuserzeile, der Kandinsky mit bunt leuchtenden Farben ein märchenhaft spielzeugähnliches Aussehen verliehen hat.[47] Das Märchenhafte rührt wohl daher, daß sich die Häuser mit ihrem Hochstreben, Sichducken, Zurücksinken und Einanderbedrängen wie lebendige, mit individuellen Physiognomien bedachte Wesen verhal-

46 *Rückblicke*, S. 33

47 Erika Hanfstaengl, *Wassily Kandinsky, Zeichnungen und Aquarelle im Lenbachhaus München*, Katalog der Sammlung in der Städtischen Galerie, bearb. von Erika Hanfstaengl, München 1981², Nr. 26, S. 23

11 *Der Rhein*, 1903, Holzschnitt (15,8 x 6,9 cm), München, Städt. Galerie im Lenbachhaus

ten, oder, in der Diktion des Künstlers, beseelt und mit eigenem »inneren Klang« ausgestattet sind. Bemerkenswert ist weiters das Bestreben, mittels nach unten fluchtender Dachfirste den Häusern, zum Teil auf Kosten der Perspektive, den Eindruck eines dynamischen Hochwachsens zu verleihen. Dies alles erinnert daran, daß Kandinsky in seinem späteren Aufsatz ›Über die Formfrage‹ neben der »großen Abstraktion« auch die Existenzberechtigung der »großen Realistik«, wie sie seines Erachtens vor allem durch Henri Rousseau vertreten wird, betont hat. Um 1903, und auch noch später, war jedenfalls noch nicht absehbar, für welche der beiden Richtungen sich Kandinsky entscheiden würde. Vergleicht man indessen das *Alte Städtchen* mit seinen homogen aufgetragenen Farblagen mit den formauflösenden Tendenzen in der *Braut*, so wird klar, daß der Künstler schon damals in seiner Temperamalerei über zweierlei Gestaltungsmodi verfügte, wobei er sich in der Folge – sukzessiv die »große Realistik« aus den Augen verlierend – zunehmend der konturleugnenden, formfreieren Farbtupfen- und Farbfleckentechnik zuwandte.

Wie die Temperamalerei stand auch die Holzschnittkunst bei Kandinsky nach wie vor hoch im Kurs. Ob bei der ›Phalanx‹ in München oder auch andernorts, wie 1903 etwa in Budapest, Prag, Venedig, Wiesbaden und Berlin, stets ist diese ein wichtiger Eckpfeiler in Kandinskys Ausstellungstätigkeit.[48] Anläßlich eines Rußland-Besuchs im Herbst 1903 fertigt er für den Band ›Gedichte ohne Worte‹ eine Serie von zwölf

48 Evmarie Schmitt, ›Lebensdaten‹, in: Moeller (Anm. 32), S. 29

Schwarz-Weiß-Holzschnitten, die in Moskau veröffentlicht wird. Inhaltlich steht im Mittelpunkt die Auseinandersetzung mit romantischen, biedermeierlichen Motiven sowie auch russischen und mittelalterlichen Szenen, wobei allen Darstellungen das »Zeitlich-Entrückte« und »Unwirklich-Märchenhafte« gemeinsam ist.[49] Neben der thematischen Reprise von *Altes Städtchen*, *Abschied* und *Die Nacht* ist vor allem *Der Rhein* erwähnenswert, sowohl in bezug auf seine knappe Formulierung als auch hinsichtlich seines Stellenwerts in Kandinskys künftigem Œuvre. Wie immer, ist bereits die Wahl des Formats für die künstlerische Aussage wichtig. Auf steilem Fels erhebt sich die Burg im oberen Bilddrittel. Scherenschnitthaft wirft sie ihren schwarzen Schatten auf das wie im Mondlicht aufleuchtende Gewässer, auf dem ein Ruderer, gegen das »Gewicht« der herabströmenden Dunkelheit ankämpfend, seinen herrscherlichen Passagier voranzubringen trachtet. Mit Blick auf Kandinskys zukünftiges Schaffen, innerhalb dessen die Motive Ruderboot und Burg eine zentrale Stellung einnehmen, kann die gefährlich anmutende Überfahrt als Streben zum Geistigen gedeutet werden. Zunächst allerdings, auf Kandinskys symbolisierender Ausdrucksebene von 1903, ist es eher eine von »Geheimnis und Gefahr« umwitterte Situation, wobei »die suggestive Wirkung zum Teil aus dem Umstand resultiert, daß der narrative Kern des vorgestellten Geschehens sich ins Unbekannte, Vage, Ahnungsvolle verflüchtigt.«[50]

Im April/Mai 1904 organisierte Kandinsky eine Neoimpressionisten-Ausstellung, Kulminationspunkt und Abschluß seiner ›Phalanx‹-Tätigkeit. Im Zentrum der Schau steht der von ihm hochgeschätzte Paul Signac, dessen 1903 ins Deutsche übersetzte Abhandlung ›Von Delacroix zum Neo-Impressionismus‹ ihm sicher bekannt war, und dessen divisionistisch-pointillistischer Farbtechnik er schon zuvor in modifizierter Form seine Referenz erwiesen hatte. Für die zwölfte und letzte Veranstaltung der ›Phalanx‹ ist Kandinsky nur noch als Konsulent tätig. Präsentiert werden Liebermann, Slevogt, Corinth, Trübner und Leistikow mit Arbeiten, die den damals aktuellsten Stand der deutschen Malerei spiegeln. In dieser Auswahl manifestiert sich – vor allem in bezug auf Liebermann – Kandinskys Interesse an der mittlerweile expressiv weiterentwickelten Freilichtmalerei, von der sich seine bis zur Murnauer Zeit gefertigten Landschaftskizzen nicht wesentlich unterscheiden. Die Reputation, die er damals genoß, dokumentiert eine fast europaweite, Rußland inbegriffene, Ausstellungstätigkeit. Darüber hinaus findet sie ihren

49 Moeller (Anm. 32), Text zu Taf. 37

50 Armin Zweite, ›Kandinsky zwischen Tradition und Innovation‹, in: *Kandinsky und München* (Anm. 32), S. 153

Niederschlag in der Wertschätzung Max Liebermanns, die ihm die Mitgliedschaft beim ›Deutschen Künstlerbund‹ ermöglicht. Besonders erfolgreich war er in Paris, wo seine Beteiligung am ›Salon d'Automne‹ mit der Zuerkennung einer Medaille honoriert wurde; fortan beteiligt er sich bis 1912 jährlich an den Ausstellungen dieses Salons.[51]

51 Schmitt (Anm. 48), S. 30

III Auf Reisen. Zwischen Natur, Historie und Märchen

Nach seinem Austritt vom ›Phalanx‹-Verein ging Kandinsky mit Münter auf Reisen, die ihn im Laufe von fast vier Jahren quer durch Europa führten, wobei sich zunächst ein Holland-Aufenthalt im Mai und Juni 1904 als künstlerisch besonders ertragreich erwies. In der Ölskizze *Amsterdam – aus dem Fenster* (1904) öffnet sich der Blick von einem Hotelfenster auf Singelgracht und Vondelpark, dessen Vegetation ähnlich wie schon früher in *München – Nordfriedhof* mit nervös bewegtem Spachtel und in unterschiedlich dunklen, übereinander gesetzten Farblagen wiedergegeben ist. Neu ist, daß etliche, den Helligkeitsbereich der Straßenzüge charakterisierende Partien des Malgrunds (hellgraue Pappe) frei bleiben. Hinsichtlich des Spiegelungseffekts auf der Wasserfläche der Gracht liegt gewiß auch eine Anregung von Monet vor, den Kandinsky im Jahr zuvor in der siebenten ›Phalanx‹-Ausstellung präsentiert hatte.[52] Von der Amsterdamer Ansicht beträchtlich abweichend, ist die Ölskizze *Strandkörbe in Holland* (1904) »ungewöhnlich und in der Sparsamkeit der Mittel nicht wiedererreicht«, wie Gollek betont. Sie fügt hinzu: »… flüchtig und wie unbeabsichtigt … scheinen sich die Gegenstände im Bilde aufgelöst zu haben, es entsteht kein Abbild der Natur, sondern etwas anderes, eine Art Spiegelung der Natur mit anderen Mitteln, durch ein anderes Medium.«[53] Daß Kandinsky hier an der forminhaltlichen Autonomisierung der spontan vorgetragenen Farbfleckentechnik mehr gelegen war als an einer sachbezogenen Darstellung, beweist das locker verteilte und enorm grunddurchlässige, gelbockrige Fleckenmuster, in das nur wenige Blau- und Rotakzente eingestreut sind. Bei zurückhaltendem Umgang mit der Spachteltechnik verdichtet sich im oberen Bilddrittel die Farbtextur. In leichter Schrägführung scheinen sich die Strandkörbe, lebendigen Wesen vergleichbar, zum Ufersaum hinzubewegen. Unwillkürlich kommt einem Kandinskys Moskauer Monet-Erlebnis in den Sinn.

Siehe Abbildung 42, Seite 164

Auch auf dem Sektor des Farbholzschnitts gelangte Kandinsky zu völlig neuartigen Ausdrucksergebnissen, angeregt nicht zuletzt durch die

52 Moeller (Anm. 32), Text zu Taf. 12

53 Gollek (Anm. 21), S. 11 und 14

12 *Amsterdam – Aus dem Fenster*, 1904, Öl auf Leinwandkarton (23,9 x 33,1 cm), New York, The Solomon R. Guggenheim Museum

Technik des japanischen Farbholzschnitts, dem unter Verwendung eines einzigen Druckstocks eine monotypieartige Farbwirkung eigen ist. Wie etwa *Mondaufgang* (1904) beweist, distanziert sich der Künstler von seiner bislang beachteten Schwarz-Dominanz. Statt dessen regiert ein blasses Kolorit, das die letzten Reste an Formkonturierung verdrängt. Die Farben scheinen an manchen Stellen ineinander zu verschwimmen. Sie befinden sich in unentwegt oszillierender Fließbewegung, aus der, fast wie zufällig, die eine oder andere Form erwächst. Auf einem hellbläulich aquarellhaft behandelten, beinahe immateriellen Feld ist ein verschwindend kleines Paar im Anblick des hinter blauem Horizont rotorange aufsteigenden Mondes vertieft – eine zutiefst romantische, symbolistisch angereicherte Szene. Ein von Binnenstrukturierung unberührter grüner Baum erhebt sich vor der Folie heraneilender Wolkenzüge bis zur oberen Bildgrenze. Die rechte Hälfte verformt sich durch die fließende Farbe in der Laufrichtung der Wolkenbänke. Freigesetzt vom Spannungspotential seiner asymmetrischen Struktur, scheint ihm – man erinnert sich an Afanasievs animistische Naturwelt – ein lebendig ausgreifendes Wesen zu entspringen. Hier zeigt sich eine gewisse Nähe zur Druckgraphik der Nabis. Richtig ist auch Moellers Hinweis auf eine »bis dahin nicht gekannte Sinnlichkeit der Oberflächenstrukturen und ein Gefühl für

13 *Mondaufgang*, 1904, Farbholzschnitt von einem Stock (26 x 15,5 cm), Paris, Musée National d'Art Moderne, Centre Georges Pompidou

farbliche Nuancen«; ob sich daraus ein »sensibles Raumgefüge« ergibt, wäre noch zu prüfen.[54] Zutreffender ist es, von einem Flächengefüge zu sprechen, einer idealen Ebene, die, wie schon angedeutet, die traumhafte Erscheinungsform einer entmaterialisierten, eben unräumlichen Bildwelt garantiert.

Ebenso faszinierend, nun aber streng nach den Regeln der Perspektive konzipiert, ist das Tempera-Gemälde *Mühle (Holland)*. Von den unteren Bildecken streben zwei Kanäle fluchtlinienartig konvergierend zur Mühle hin, deren Windflügel in Diagonalkreuzlage positioniert sind, so daß die Wasserläufe optisch ins untere Flügelpaar zu münden scheinen; die Weite der holländischen Landschaft, an deren Horizont man die See erahnen kann, wird betont. Ein Tulpenmeer, dessen pünktchenartiger Farbauftrag sich zunehmend verflüchtigt und somit nach dem Gesetz des Größen- und Verdichtungsgefälles zur Erschließung des Perspektivraums wesentlich beiträgt, wogt über die Felder. Im Vordergrund huschen dunkle Schatten über den Boden – dahinter lichtüberflutetes Terrain, das mit der Nachtschwärze des Himmels irreal kontrastiert. Das perspektivische Gefälle erfaßt auch das Firmament, wo sich gespenstisch dahineilende, weiße Wolken am Horizont verlieren. Zweierlei ist noch zu beachten: zum einen die gewaltige Mühle, die mit ihrem überwiegend schwarzen Mauerwerk bindend in den Himmelsgrund taucht, damit zu wahrzeichenhafter Monumentalität aufwächst und die Wolkenbänke mit

54 Moeller (Anm. 32), Text zu Taf. 58

14 *Mühle (Holland)*, 1904, Tempera auf schwarzem Karton (34,7 x 50,3 cm), Paris, Musée National d'Art Moderne, Centre Georges Pompidou

ihren Flügeln dynamisch voranzupeitschen scheint. Zum anderen mutet es merkwürdig widersprüchlich an, wenn die zahlreichen Bildgegenstände – weiß konturierte dunkle Häuser, zum Trocknen aufgehängte Wäsche, eine umzäunte Rindergruppe, Bäuerinnen – auch in der Bildtiefe nichts an Detailtreue einbüßen, somit die Gesetzmäßigkeit des perspektivischen Licht- und Farbgefälles außer Kraft setzen. Letzteres macht zudem deutlich, daß sich Kandinsky wie schon in *Altes Städtchen* die »große Realistik« noch immer als möglichen künstlerischen Weg vorstellen kann.

1905 hielt sich Kandinsky mehr als drei Monate in Tunesien auf, wo er, wie einst Delacroix, unter dem grellen Licht der afrikanischen Sonne künstlerische Erfahrungen sammelte. Die Folge ist eine beträchtliche Aufhellung seiner Palette, die sich bei weiterhin pastoser Kolorittextur und farbvermengender Spachtelstruktur vor allem in den Landschaftskizzen niederschlägt. Targats Beobachtung bestätigt, daß »jeder andere Ort einen neuen Kandinsky zeigt«, einen Künstler, der permanent nach seinem eigenen Stil sucht.[55] Im Gegensatz zur holländischen *Mühle* wird im Temperagemälde *Arabische Stadt* (1905), einer Ansicht von Sousse, raumerschließenden Fluchtlinien eine klare Absage erteilt. Während das ockerfarbige Vorfeld in Draufsicht gezeigt wird, ist für die oben befindliche Stadtvedute die Frontalprojektion maßgebend. Die in Rückenansicht wiedergegebene weiße Gestalt scheint die Position des Betrachters ein-

55 Francois le Targat, *Kandinsky*, Recklinghausen 1987, S. 11

15 *Arabische Stadt*, 1905, Tempera auf Karton (67,3 x 99,5 cm), Paris, Musée National d'Art Moderne, Centre Georges Pompidou

zunehmen. Im Verzicht auf ein perspektivisches Raumkontinuum bedarf es eines beträchtlichen Raumsprungs, um zur befestigten Stadt zu gelangen. Mittels des von rechts dynamisch vordrängenden, weiß ummauerten Gartenstücks wird sogar eine in Querrichtung drängende visuelle Barriere angedeutet, die von den wenigen, horizontal auf dem ockrigen Wüstenboden verstreuten Farbpünktchen unterstrichen wird. Bezeichnenderweise fehlt dem nur punktuell markierten Weg mit den beiden Bäumchen jegliche raumforcierende Funktion; er dient lediglich zur Akzentuierung bzw. Abschrägung der Bildecke. Einmal mehr ergibt sich zwischen der von Hellgrau bis Weiß getönten, somit dem prallen Sonnenlicht ausgesetzten Festung und dem dunkelbraunen Firmament eine zum Irrealen tendierende Dichotomie, die beinahe den Eindruck einer Fata Morgana vermittelt. Bedenkt man weiters, daß Stadtmauer und Kasba aus dem 9./10. Jahrhundert stammen, kann man die »Bildzeit«, gefördert durch den Perspektive-Verzicht, als zwischen Gegenwart und Vergangenheit angesiedeltes Zeitintervall deuten. Dem von der Wirklichkeit abgehobenen Märchencharakter scheint diese Interpretation durchaus angemessen.[56]

Ein etwa zweieinhalb Monate dauernder Aufenthalt in Dresden unterbricht eine hektische Reisetätigkeit, die Kandinsky auch nach Ruß-

56 Moeller (Anm. 32), Text zu Taf. 69

land geführt hatte, wo er Zeuge politischer Unruhen und Umwälzungen wurde. In Dresden entstehen unter anderem Temperabilder mit Biedermeierszenen, die zwar nichts wesentlich Neues bringen, die Verantwortlichen des Pariser Herbstsalons aber doch motivieren, den Künstler erneut mit einer Medaille auszuzeichnen. Die Anerkennung reicht soweit, daß ihm vom Salon sogar eine Jury-Mitgliedschaft angeboten wird.

Erst Anfang 1906, in Rapallo an der italienischen Riviera, gönnte sich Kandinsky einen ungefähr vier Monate währenden Zwischenaufenthalt, den er vor allem in bezug auf die Weiterentwicklung seiner Ölstudien nutzte. Neu ist, wie *Rapallo-Bucht* belegt, ein verstärkter Einsatz gesättigter Buntfarben, die im Verband mit den in Spachteltechnik kühn neben- und übereinandergesetzten Farbflecken bzw. Farbbändern zu erheblicher Leuchtkraft gesteigert werden. Der Künstler gelangt jedoch nicht wesentlich über die dem Impressionismus verpflichtete Freilichtmalerei hinaus. Trotzdem ist anzunehmen, daß sich seine anfängliche Unzufriedenheit mit den Ölskizzen (»nachher ... immer eine tiefe Enttäuschung. Meine Farben schienen mir schwach, flach, die ganze Studie – eine erfolglose Anstrengung, die Kraft der Natur zu fangen«) mittlerweile gemildert hatte. Nun lautet seine Devise: »Zehn Blicke auf die Leinwand, einen auf die Palette, ein halber auf die Natur. So habe ich gelernt, mit der Leinwand zu kämpfen, sie als meinem Wunsch (= Traum) widerspenstiges Wesen kennenzulernen und sie gewalttätig diesem Wunsch zu beugen.«[57] Und später, vermutlich auf die Murnau-Zeit bezogen, wird er betonen: »Es ist leichter die Natur zu malen, als mit ihr zu kämpfen.«[58] In diese Richtung zielende Gestaltungstendenzen kündigen sich in den *Rapallo*-Studien zumindest an.

Im Mai 1906 übersiedelte Kandinsky nach Paris, wo er sich bis Juni 1907 aufhielt, die neuesten Kunstströmungen, wie den Fauvismus, kennenlernte und eine erfolgreiche Tätigkeit entfaltete. So ist er im Herbstsalon mit 21 Arbeiten vertreten, und in der Zeitschrift ›Les Tendances Nouvelles‹ veröffentlichte er von der Kritik viel beachtete Holzschnitte. Dem Großstadtgetriebe entfliehend, hielt er sich indes die längste Zeit in Sèvres bei Paris auf. Sein Interesse an Öl-Landschaftskizzen, bei gesteigerter Spachteltextur, bleibt ungebrochen. Bezugnehmend auf die eine oder andere Ansicht von Sèvres, preist Moeller zutreffend seine »Virtuosität des Farbauftrags, die den Gegenstand zugunsten des Spiels von Form und Farben nahezu unbedeutend werden läßt, das heißt der Gegenstand wird versteckt unter abstrahierten Farbformen«, und nachsetzend bemerkt die Autorin: »Die letzten Ölstudien sind somit direkte

57 *Rückblicke,* S. 23
58 ÜGK, S. 122

16 *Park von St. Cloud – Dunkle Allee*, 1906, Öl auf Leinwand (48 x 65 cm), Paris, Musée National d'Art Moderne, Centre Georges Pompidou

Vorläufer der 1909/10 einsetzenden abstrakten Bilder.«[59] Diese entwicklungsgeschichtliche Qualifikation ist meines Erachtens nicht aufrechtzuerhalten, zumal Kandinskys Bilderserie mit Ansichten des Parks von Saint-Cloud, gemessen etwa an den Ergebnissen des Fauvismus oder an etlichen eigenen Ölstudien (z.B. *Sèvres I*), auf konventionell anmutenden Kompositionsschemata basiert. Typisch dafür ist etwa *Der Park von Saint-Cloud, schattige Allee* (1906). Zwar ist die Expressivität der Spachtellagen kaum zu überbieten, im Festhalten an der Perspektive macht sich aber eine retrospektive Stilattitüde bemerkbar. Fast meßbar in der strengen Beachtung der Größen- und Abstandsgradienten bilden die Bäume zwei schräg verlaufende Alleeachsen. Zudem ist eine Lichtkausalität vorherrschend – für den Fauvismus zum Beispiel ein überholtes Phänomen –, die der Künstler in ein lebhaftes, sich am Waldboden ausbreitendes Schattengeflecht umzusetzen weiß. Abgesehen von den wenigen herbstlichen Buntfarbakzenten ist überdies eine tief dunkelnde Tonigkeit vorherrschend. Hinzu kommt noch, daß der in mittlerem Blau gehaltene Baumbestand im Hintergrund noch Anklänge an die Licht- und Farbperspektive erkennen läßt. Nochmals sei betont: Arbeiten dieser Art können

59 Moeller (Anm. 32), Text zu Taf. 20

keinesfalls als Vorläufer von Kandinskys späterem Schaffen gesehen werden; ja, selbst die letzten, anläßlich eines Südtirol-Aufenthalts im Mai 1908, also kurz vor der Murnau-Periode, gefertigten Ölskizzen werden diesem Anspruch nicht gerecht. Dies zeigt sich beispielhaft in *Baumblüte in Lana*, einem eindeutigen »Rückfall« in den Impressionismus. Solche stilistische Rezessionen müssen Kandinskys Selbstvertrauen, der wohl wußte, wie sehr er den aktuellen französischen Kunstströmungen nachhinkte, empfindlich gestört haben. Sicherlich stehen nervliche Beschwerden, die einen Kuraufenthalt in Bad Reichenhall nach sich zogen, auch mit dieser künstlerischen Stagnation in Verbindung.

Einen höheren künstlerischen Ertrag als in seinen naturgebundenen Ölskizzen erhoffte sich Kandinsky offensichtlich auf dem Sektor der Tempera- und Ölmalerei, der ihm eine freiere Auseinandersetzung mit der Kolorit-, Bildlicht- und Raumproblematik zu sichern schien. Im Zentrum steht die phantasieanregende, von äußerlichen Naturzwängen befreite Thematik der russischen Mythen- und Sagenwelt, deren künstlerische Realisierung sich schon 1903 (z.B. in *Die Braut*) angebahnt hatte, um schließlich in der Pariser Zeit ihren Höhepunkt zu erreichen. Kandinsky hatte solche Ausdrucksmöglichkeiten schon während seiner Studienreise von 1889 in die Provinz Wologda geahnt. Darüber schreibt er in ›Rückblicke‹: »Ich kam in Dörfer, wo plötzlich die ganze Bevölkerung von oben bis unten grau gekleidet war und gelblich grüne Gesichter und Haare hatte, oder plötzlich eine Buntheit der Trachten zeigte, die wie bunte lebende Bilder auf zwei Beinen herumliefen.«[60] Doch kehren wir zurück ins Jahr 1904, in dem zwei extrem breitformatige, friesartige Bilder – teils durch Skizzen vorbereitet, teils auch im Holzschnitt verarbeitet – mit szenischen Darstellungen aus dem alten Rußland entstehen. Im Tempera-Gemälde *Altrussisches* sehen wir festlich gekleidete Paare vor einer ummauerten, von Türmen und Kuppeln gekrönten Stadt und rechts einen Ritter, der sein weißes Roß in Richtung einer Birke lenkt. Möglicherweise kommt er einer Frau in Brauttracht zu Hilfe, die vor einem Mann flüchtet. Nicht auszuschließen ist, daß die mysteriöse Szene auf einen Vorgang aus dem altrussischen Brauchtum hindeutet. Im Gegensatz zu *Die Braut*, wo kalte Farben einen deutlich distanzierenden Akzent setzen, sind hier die Farben zu großer Bunt- und Leuchtkraft gesteigert, wobei sich die Gegenständlichkeit – unter Einbeziehung der braunen Kartonfläche – mittels einer nervös flackernden Fleckentechnik aufzulösen scheint. Ein an Münter gerichteter Brief vom 10. Februar 1904 enthält Passagen, die sich auch auf dieses Bild beziehen könnten: »Leidenschaftliche, tiefe, feierliche Farben, die als ein ff im Orchester

60 *Rückblicke*, S. 18

17 *Altrussisches*, 1904, Tempera auf Karton (23 x 54,7 cm), Paris, Musée National d'Art Moderne, Centre Georges Pompidou

klingen müssen. Leidenschaftliche, freche Behandlung im Aufsetzen.«[61] Ähnlich musikalisch, »als ff eines Riesenorchesters«, schildert Kandinsky in ›Rückblicke‹, wie schon zitiert, seine visionäre Erfahrung mit der Moskauer Vorabendstunde.

Deutlich weniger formauflösend und erheblich raumgliedernder gestaltet sich das Geschehen im wahrscheinlich fast gleichzeitig, 1904, geschaffenen Ölbild *Sonntag (Altrussisch)*, dessen figurale Szenerie einen trachtenkundlich versierten Kandinsky verrät. Ohne auf Details näher einzugehen, sei doch auf beträchtliche, den kompositionellen Aufbau betreffende Analogien (Kreml usw.) zu *Altrussisches* hingewiesen. Unterschiedlich ist allerdings das rechte Bilddrittel formuliert, wo anstelle der »hochzeitlichen« Verfolgung sich eine Reiterschar nähert. Plausibel erscheint Moellers Interpretation, demzufolge hier ein christlich-orthodoxes Fest im Gang ist, das hinsichtlich der berittenen Gruppe auf den Einzug Christi in Jerusalem anspielt und vermutlich Heidnisches und Christliches miteinander vermengt.[62]

Auch 1905 lieferte Kandinsky einen wichtigen Beitrag zu seinem mythisch-historischen Rußland-Themenkreis, das großformatige Tempera-Gemälde *Ankunft der Kaufleute*. Ausgehend von einer brieflichen

61 Moeller (Anm. 32), Text zu Taf. 61
62 Ebda., Taf. 61

18 *Ankunft der Kaufleute*, 1905, Tempera auf Leinwand (92,5 x 135 cm), Privatsammlung

Mitteilung des Künstlers an Will Grohmann, wonach er in diesem Bild nicht nur seine Sehnsucht nach Rußland, sondern auch das musikalische Wesen des Landes zum Ausdruck bringen wollte, erweist sich ein den »inneren Klang« betreffender Vergleich mit dem in derselben Maltechnik gearbeiteten Werk *Altrussisches* als sehr aufschlußreich. Vermittelt dieses einen weitaus gegenstandsauflösenderen und atmosphärisch verschwommenen Eindruck, so präsentiert sich jenes in glasklarer Schärfe, präziser Formkonturierung und kompakter Farbakzentuierung. Musikalisch ausgedrückt: Es ist lauter, voller in der Orchestrierung.[63] Die Geschichte, in logischer Zeitsequenz ablaufend, ist rasch erzählt: Aus dem Tor einer kuppelübersäten Stadtanlage quillt eine dichte Menschenmasse über einen steilen Berghang hinab zum Hafen, wo Schiffe angelegt haben und Händler ihre Töpferware anbieten; das Ganze erinnert an ein alle Stände umfassendes Volksfest.

Auffällig ist das Fehlen jeglicher Farbperspektive. Selbst die kleinsten Farbpünktchen im Hintergrund, etwa im Stadttorbereich, bewahren ihren vollen Sättigungsgrad, der dem Ganzen eine mosaikartige Wirkung verleiht. Im übrigen sorgt die strenge Beachtung des Größengefälles für eine kontinuierliche Staffelung des Raumgefüges. Links ergibt sich

63 Ebda., Taf. 72. Der Meinung Moellers, das Bild sei in seiner Inhaltlichkeit verschlüsselt, kann ich nicht folgen.

sogar ein räumlicher Tiefenzug, der in eine ferne Flußlandschaft führt, um am Horizont in einen farblich gleichbehandelten Himmel überzugehen. Von dort greifen grüne, blaue und schwarze Wolkenstreifen, bedrohlich zum buntglänzenden Kreml hindriftend, ins Bildgeschehen ein. Der »innere Klang« des Gemäldes wird nicht zuletzt von diesem kalten Farbdreiklang, mit hellerem Blau und Grün auf das abschüssige Burgvorfeld übersetzend, wesentlich mitbestimmt. Damit kontrastiert der in der Menschenmenge dominierende Rot/Blau-Akkord, wie er bei den beiden diskutierenden Männergestalten in der Nähe des unteren Bildrands leittonartig angeschlagen wird. Das Männerpaar und der oben aufragende Eckturm der Stadt markieren die bildteilende Vertikalachse, womit sich dem Betrachter die Frage nach dem »Kompositionellen« stellt. »Schon von Anfang an«, schreibt Kandinsky in ›Rückblicke‹, »klang für mich das Wort ›Komposition‹ wie ein Gebet. Es erfüllte meine Seele mit Ehrfurcht.« Selbstverständlich subsumiert er unter »Komposition« weit mehr als eine sinnvolle Korrelation der Bildphänomene oder eine nur nach geometrischen Gesichtspunkten vorgenommene Flächen- und Raumaufteilung. Er betont später, »Komposition [sei] nichts weiter als eine exakt-gesetzmäßige Organisierung der in Form von Spannungen in den Elementen eingeschlossenen lebendigen Kräfte«.[64] Dazu bedarf es einer adäquaten Betrachtungsweise, die dem dynamischen Wesen des Kunstwerks gerecht wird und nicht von der irrigen Meinung ausgeht, daß einem vermeintlich statischen Medium eine starre, gleichsam geometrische Lokalisierung der Sehdinge angemessen sei. Bewirkt wird dies durch die Wahrnehmung des Zusammenpralls von dunkel bewölktem Himmel und irreal aufleuchtender Stadt sowie des aufstrebenden, farblich oszillierenden Wiesenhangs mit der in Gegenrichtung herabströmenden Bevölkerung und den Spannung erzeugenden Kalt/Warm-Farbkontrast. Dazu kommen die von rechts ins Bild gelenkten Schiffe, die, obwohl bereits verankert, sich mit noch immer aufgeblähten Segeln eine Passage durch die Menschenmenge zu erzwingen scheinen. Kurzum: Kandinskys künftig noch weit wirksameres Motto »Gegensätze und Widersprüche, das ist unsere Harmonie« findet in Ansätzen schon hier seine Realisierung. So gesehen leisten auch die beiden, gegenüber den benachbarten Gestalten geradezu sprunghaft vergrößerten und vom unteren Bildrand überschnittenen Protagonisten einen wesentlichen Beitrag zur Deutung der Szenerie. Während der rechte, fürstlich gekleidete die vor Anker liegenden Schiffe beobachtet, sein Augenmerk materieller Betriebsamkeit widmet, ist der andere dem Betrachter zugewandt. Er ist offenbar der einzige, der am geschäftigen Treiben keinen Anteil nimmt.

64 PLF, S. 86

Mehr an der geistigen Innenwelt als an der äußeren Wirklichkeit interessiert, richtet er seinen Blick versonnen zu Boden. Das zwischen den beiden Akteuren befindliche Knabenpaar scheint in spielerischer Unbefangenheit von all dem unberührt.

Wie schon vor vier Jahrzehnten in der Dissertation von Brisch wurden auch jüngst in einem Katalog über Kandinskys Frühwerk, mit Ausnahme der Öl-Landschaftskizzen, alle übrigen, vor 1908 entstandenen Werke des Künstlers unter dem Leitbegriff »Märchenbilder« zusammengefaßt.[65] Obwohl die meisten dieser Bilder, vor allem im Bereich der Druckgraphik, »märchenhaft« scheinen, bedarf es einer differenzierten Sicht des ikonologisch nicht leicht faßbaren Sachverhalts. Zunächst besteht wenig Anlaß, in den biedermeierlich »kostümierten« Bildern den Märchencharakter hervorzuheben. So handelt es sich in *Helle Luft* (1901), *Promenade* (1902) oder *Gegen Abend* (1905) um historische, durchaus konkrete, von jeglichem Mythos freie Gesellschaftsszenen. Unberührt von historisierender Kostüm-Reminiszenz sind jene holländischen und tunesischen Bilder, in denen aktuelle Schilderungen des Volkslebens dominieren und in denen von märchenhafter Metaphorik gänzlich abgesehen wird (*Arbeitende Neger*, 1905). Bleiben die russischen Motive, bei denen das Märchenhafte – ungeachtet dessen, daß sich hier als Identifikationshilfe nur äußerst selten eine literarische Quelle öffnet – noch am ehesten anzutreffen ist. Doch auch hier ist zu unterscheiden: Zum einen handelt es sich um historisierende Schilderungen aus dem Alltagsleben (zum Beispiel *Ankunft der Kaufleute*; *Sonntag-Altrussisch*) oder um Beschreibungen kultischer Zeremonien (z. B. *Begräbnis*, 1907), wobei das den Märchencharakter eines Bildes konstituierende Merkmal des »Versteckten« oder Mehrdeutigen nur eingeschränkt zum Tragen kommt. Zum anderen gibt es Werke, wie etwa *Der blaue Reiter*, *Die Braut*, *Abschied*, *Das bunte Leben* usw., deren semantische Dichotomien von der poetischen Kraft des Gleichnishaften, von der Intention zum »Neuschaffen von Wirklichkeit« (C. Fiedler) Zeugnis geben. Frei von literarisch-stofflicher Gebundenheit, fühlt sich der Betrachter vor solchen Werken dazu aufgerufen, die jeweilige Bildgeschichte gleichsam weiterzuerzählen. Die Legitimation dafür – fortwirkend bis zu den gegenstandslosen Werken – stammt von Kandinsky selbst: »Je mehr Möglichkeiten für Phantasie und Interpretation, desto besser«. Grohmann hat auf den Begriff »Märchenbilder« überhaupt verzichtet. Statt dessen spricht er von »auswendig gemalten romantischen« bzw. »lyrischen« Bildern. Diese differenziertere Begriffsbildung, die Zusammen-

65 Klaus Brisch, *Wassily Kandinsky. Untersuchung zur Entstehung der gegenstandslosen Malerei an seinem Werk von 1900–21*, ungedr. Diss., Bonn 1955, S. 136

19 *Lied*, 1906, Tempera auf Karton (49 x 66 cm), Paris, Musée National d'Art Moderne, Centre Georges Pompidou

hänge zwischen den »unliterarischen« Märchen und Vorstellungen der Romantik wachruft, erinnert an einen signifikanten Satz von Novalis: »Ein Märchen ist wie ein Traumbild, ohne Zusammenhang. Ein Ensemble wunderbarer Dinge und Gegebenheiten – die Welt des Märchens ist die durchaus entgegengesetzte Welt der Wahrheit und eben darum ihr so durchaus ähnlich, wie das Chaos der vollendeten Schöpfung.«[66]

Solche Gedanken sind zu berücksichtigen, ehe man Werke, wie etwa das während Kandinskys Paris-Aufenthalt entstandene Temperabild *Lied* (auch *Wolgalied* genannt), unter die Märchenbilder reiht. Diesem Gemälde einen märchenhaften Stellenwert beizumessen, ist kaum überzeugend, nicht einmal, wenn man die Kompositionsweise mit Kandinskys Schlußpassage aus ›Über das Geistige in der Kunst‹ in Zusammenhang bringt: »... wenn man das Gegenständliche entfernt und dadurch das Kompositionelle entschleiert ...«[67] Dem ist zu entgegnen, daß hier

66 Zitiert nach Olga Freiin von Koenig-Fachsenfeld, *Wandlungen des Traumproblems von der Romantik bis zur Gegenwart*, Stuttgart 1935, S. 12. – Die Wurzeln der Gegenstandslosigkeit in der Malerei der Romantik aufgedeckt zu haben, ist ein Verdienst von Klaus Lankheit: ›Die Frühromantik und die Grundlagen der »gegenstandslosen« Malerei‹. In: *Neue Heidelberger Jahrbücher* (1951), S. 55 f.

keine Entgegenständlichung vorliegt und demzufolge Entschleierung unnötig ist, Kandinsky somit wohl kaum dieses Gemälde im Auge hatte, als er den für seine künftigen Werke so relevanten Schlüsselsatz formulierte. Es ist anzumerken, daß eine Gleichsetzung von »Komposition« mit Kandinskys synonym auf Abstraktes hinzielenden Begriff des »Kompositionellen« in dieser frühen Schaffensperiode keinesfalls zulässig ist. Eindeutiger als in ›Über das Geistige in der Kunst‹ definiert der Künstler diesen Begriff 1916: »Unter den Künsten geht die Malerei den Weg, der sie vom Praktisch-Zweckmäßigen zum Geistig-Zweckmäßigen führt. Vom Gegenständlichen zum Kompositionellen.«[68] Problematisch ist auch Moellers Bemerkung, wonach Kandinsky in allen seinen »russischen Bildern den Inhalt hinter den Gegenständen versteckt« habe, zumal sie für *Lied* eine scheinbar mühelose Entschlüsselung des Bildgeschehens vorschlägt.[69] In den Booten befänden sich »außer den Ruderern vermutlich Kaufleute, die ihre Waren für die im Hintergrund gelegene Stadt bestimmt haben könnten«. Diese Interpretation ist kaum haltbar, zumal Kandinsky im Falle der Wiedergabe von Händlern, so in *Ankunft der Kaufleute*, hinsichtlich deren Tracht und gestapelter Waren stets konkrete Hinweise gibt. In Wirklichkeit handelt es sich um ein Historienbild, das auf die Anfänge der russischen Geschichte zurückgreift und dessen märchenhafter Beigeschmack sich ausschließlich auf eine pointierte Koloritwirkung bezieht. Für eine korrekte Deutung der Szenerie gibt es mehrere Anhaltspunkte: Es handelt sich um mit den üblichen Drachenschnäbeln versehene Wikingerboote. Außerdem befinden sich im mittleren Schiff zwei mit Prunkmantel und Rüstung gekleidete Gestalten. Demzufolge sind die übrigen Protagonisten keinesfalls Kaufleute, sondern Mitglieder eines fürstlichen Gefolges. Was liegt also näher, als diese Schiffsexpedition mit den schwedischen Normannen, den Warägern, die unter Rurik seit 862 das russische Reich schufen, in Zusammenhang zu bringen. Diese »Entführung aus der optisch nachprüfbaren Welt der Gegenwart« eröffnet Kandinsky freieren Umgang mit den bildnerischen Mitteln und läßt ihm die Möglichkeit zu universaler Gleichnishaftigkeit offen.[70] Letzteres wird vor allem durch die Verwen-

67 Moeller (Anm. 32), Text zu Taf. 73

68 Wassily Kandinsky, ›Malerei als reine Kunst‹, in: *Essays* (Anm. 18), S. 69

69 Geht man davon aus, daß es sich beim »Versteckten« um »jene Methode handelt, die die Gegenstände so auflöst, daß sie im Bild nur nach äußerst intensiver Betrachtung erkannt werden können«, dann ist dieser Begriff frühestens für manche Bilder der Zeit um 1909 verwendbar; für die russischen Tempera-Märchenbilder ist er ungeeignet. – Astrid Kury, *Wassily Kandinsky: »Über das Geistige in der Kunst«: Eine Analyse unter Einbeziehung von okkultistischem, symbolistischem und neuplatonischem Gedankengut*, Diplomarbeit, Graz 1993, S. 96 f.

70 Brisch (Anm. 65), S. 147

dung des gesättigten Farbdreiklangs Rot-Blau-Gelb erreicht, der zusammen mit dem Bildtitel *Lied* als musikalischer Akkord beim Betrachter synästhetische Reaktionen wachruft.

Bemerkenswert ist die tektonische, zwischen Orthogonalität (Bootskörper, Schiffsschnäbel, Masten und Ufersaum) und Schrägheit (Ruder und Takelage) eingespannte Kompositionsweise des Ganzen. Es wird auch eine wichtige Aussage zur Bildzeit getroffen, die zwischen Wandel und Dauer pendelt. Während vom rechten Boot erst der Bug ins Bild tritt, ist vom linken nur noch das Heck sichtbar. Daraus resultiert eine Zeitperspektive, die den Wandel innerhalb der Spannweite von »Noch-Nicht« zu »Nicht-Mehr« signalisiert. Oppositionell dazu – wie festgenagelt – das zentrale Boot mit den auf der Goldenen Schnitt-Linie fixierten Masten, dem veränderungsresistenten Rot und den im Anschluß an das verschwindende Boot konvergierend verkeilten Ruderstangen (die Takelage bewirkt Ähnliches in Gegenrichtung). Bildzeitlich ist das »Jetzt« zur Dauer erhoben. So gesehen wird verständlich, wenn der noch heidnisch-warägischen Eroberung Rußlands, in fast schon überzeitlichem Sinn, mittels der am Mast des fürstlichen Boots befestigten Ikone die Christianisierung vorauseilt. Ein »mosaikartiges« Leuchten bzw. eine »patchworkartige Struktur aus Farbflecken« ist, so Schreier, »der Evokation einer anderen, legendären Welt« dienlich. Wenn Schreier schließlich die »Rätselhaftigkeit dieser fremden Welt« zusätzlich darin begründet sieht, daß sich hier »nur noch wenige Indizien für eine wie immer definierte Räumlichkeit« orten lassen, dann widerspricht dem der bildnerische Sachverhalt.[71] Kandinsky wollte sicher kein flächenhaft abstrahiertes Gemälde. Denn vieles, was Raum erschließt, ist vorhanden: am gravierendsten das Mittel der Überschneidung, dann das konsequente Gefälle von Größen- und Abstandsgradienten (die sukzessive Verkleinerung der Farbflecken inbegriffen) und schließlich – fast noch im Sinne einer Farbperspektive – die in Richtung Hintergrund zunehmende Farbtrübung, wie sie sich in den Braun- und Grüntönen der Uferlandschaft niederschlägt.

Siehe Abbildung 43, Seite 165

Das 1906/07 in Sèvres bei Paris geschaffene *Reitende Paar* zählt allein schon wegen der mosaikhaft transluziden Erscheinung zu jenen wenigen Gemälden, für die der Begriff »Märchenbild« zutrifft. Nachhaltiger als *Wolgalied* verschließt es sich rationalem Zugang. Emotionale Stimmungen und »innere« Klangvorstellungen werden hervorgerufen. Dem kommt Kandinskys künstlerisch zukunftweisendes Postulat trotz Gegenstandsreferenz bereits spürbar entgegen: »Der Farbenreichtum im Bild muß den Betrachter mächtig anziehen und zugleich den tieferliegenden Inhalt verbergen.«[72] In welchem seelisch-psychischen Zustand sich

71 Schreier (Anm. 38), S. 52

Kandinsky befand, als er an die Verwirklichung seiner Imagination des *Reitenden Paars* schritt, berichtet er in einem Brief an Gabriele Münter (4. Dezember 1906): »Ich arbeite an dem Entwurf für das stille Paar auf dem Roß und habe Freude an der Sache. Vieles von meinen Träumen habe ich da verkörpert: es ist wirklich einer Orgel ähnlich, Musik steckt drin ... und schon zweimal habe ich das eigentümliche Herzzucken gehabt, was ich so oft früher hatte, als ich viel mehr Maler-Dichter war.«[73] Wohl kein anderer Künstler der klassischen Moderne hat mit der Ineinssetzung von Malerei und Poesie so unmittelbar an den berühmten Satz von Horaz: »ut pictura poesis ut poesis pictura« erinnert. Auch Roethels poetischer Text ist dem »lyrisch-romantischen« Anlaß angemessen: »Kostbar wie ein Geschmeide und unwirklich wie ein fernes Märchen: das ist der erste Eindruck des ›Reitenden Paares‹. Gleich geheimnisvoll leuchtenden Edelsteinen taucht am blauenden Dunkel hier und dort ein glühendes Rot auf ... drüben über dem Wasser leuchtet den sich liebenden Königskindern das Ziel, das sie vielleicht nie erreichen werden. Ein Hauch träumerischer Melancholie waltet in dem Gemälde. Es herrscht die schwebende Stimmung einer blauen Stunde«.[74] Welche bildnerischen Mittel haben dem Maler zur Umsetzung seiner poetischen Ziele zur Verfügung gestanden?

Wenn Moeller die spezifische Stillage des Gemäldes als »eine entscheidende Wende in Kandinkys Entwicklung« beurteilt[75], dann ist dies in erster Linie wohl darin begründet, daß der im unteren Bildabschnitt schwarz dominierte Malgrund Analogien zu früheren Holzschnitten (z.B. *Abschied*) wachruft. Vor dieser schwarzen Folie reitet ein innig umschlungenes Paar, das nicht darauf achtet, ob das Pferd den eingeschlagenen Kurs auch einhält. Die nur schwach konturierten Figuren überzieht ein Netz bunter Farbtupfen und -flecken, durchlässig genug, um den dunklen Grund in flächenhafter Bindung zu integrieren. In solch dämmerhaftem Ambiente gelangen vor allem die roten Farbpartikeln zu phosphoreszierend übersteigerter Leuchtkraft. Dieser Effekt resultiert aus dem Kontrastmittel des grundierenden Schwarz, dessen Wirkung Kandinsky so definiert: »Das ist äußerlich die klangloseste Farbe, auf welcher deswegen jede andere Farbe, auch die am schwächsten klingende, stärker und präziser klingt.«[76] Erhellend hat Roethel auf eine Analogie zur symbolistischen Dichtung verwiesen. Danach bestehe deren Größe und Schönheit in der Gestaltung eines »neuen Bandes zwi-

72 *Rückblicke*, S. 47
73 Zitiert nach Hahl-Koch (Anm. 10), S. 90, Anm. 74
74 Roethel (Anm. 25), S. 62
75 Magdalena M. Moeller, *Der Blaue Reiter*, Köln 1989[2], S. 72
76 ÜGK, S. 98

schen Sichtbarem und Unsichtbarem, Zeitlichem und Ewigem«.[77] Einen ähnlichen Gedanken verfolgt Kandinsky, indem er den Kontrast von Evidenz und Geheimnis auf bildnerische Weise – in merklichem Gegensatz zu *Lied* – überwiegend mit dem Kompositionsmittel der Flächenprojektion zu fassen sucht. Lediglich im schräg verlaufenden Fluß und in der angrenzenden Kremlmauer bleibt ein Rest an Perspektive. Die Flächenhaftigkeit wird primär durch die drei, das Bild rhythmisch unterteilenden Birkenpaare realisiert. Während das mittlere und rechte Paar in räumlicher Staffelung die von einem gebogenen Geäst schützend überwölbten Liebenden flankiert, schließen sich die Baumkronen mit ihrem herbstlich getönten Blätterdach auf einer Bildebene zusammen. Das pointillistisch aufgesetzte Blattwerk korrespondiert, gemäß dem Gestaltfaktor der Ähnlichkeit, in flächenhaftem Kontext mit den Farbtupfen des Reiterpaars. Selbst das abendliche Firmament scheint sich mit seinen Wolkenbänken und -streifen, noch an die ornamentale Grundhaltung des Jugendstils erinnernd, im Birkennetz zu verfangen. Hinter dem vorwiegend blau gesprenkelten Flußlauf, auf dem in historisierender Allusion zwei Wikingerboote entlanggleiten, erhebt sich in irrealem Licht der in farbigem Kuppelglanz aufglühende Moskauer Kreml (identifizierbar am Iwan-Welicky-Glockenturm), der vergessen läßt, daß sich die Hauptszene eigentlich im Halbdunkel der einbrechenden Dämmerung abspielt. Dem liegt offenkundig Kandinskys »die ganze Seele in Vibration« versetzendes Schlüsselerlebnis der Moskauer Kreml-Vision zugrunde oder, wie es der Künstler musikalisch formuliert hat, der vom Orgelton überhöhte »Schlußakkord der Symphonie«. Für das gleichsam zwischen Tag und Nacht reitende Paar mag sich darin die Vorstellung eines verheißungsvollen, sich vielleicht nie erfüllenden Traumgebildes verkörpern. Daß sich Kandinsky mit seiner spezifischen Farbtupfentechnik letztlich an der Tradition des Neoimpressionismus orientiert hat, ist unbestritten. Der Unterschied, etwa zu Signac, besteht darin, daß ihm nicht die divisionistische Systematik, sondern eine aus dem Gefühl geborene, variantenreiche und farbautonome Modifikation erstrebenswert erschien.[78] Gleichzeitig, wenn auch kurzfristiger, hat auch Delaunay – etwa in *Nächtliche Landschaft mit Droschke* (1906/07) – einen ähnlichen, auf emailhaft glänzende Mosaikwirkung hinzielenden Weg beschritten. Von ihm stammt der bekannte Satz: »Solange die Kunst vom Gegenstand nicht loskommt, bleibt sie Beschreibung«. Freilich hat sich bei ihm auch ein Wandel von der Punkttechnik zu großzügigerem Farbfleckenauftrag vollzo-

77 Roethel (Anm. 25), S. 62. Der Autor zitiert einen Satz von Maurice Maeterlinck

78 Jonathan Fineberg, *Kandinsky in Paris 1906–1907*, Diss. Harvard 1975, Ann Arbor, Mich. 1984

gen – in einer vergröberten Strukturierung, wie sie von Kandinsky auch in den Gemälden *Morgenstunde* (1907) und *Troikas* (1906) bevorzugt wurde.

Siehe Abbildung 44, Seite 166

Mit dem 1907 gemalten Temperabild *Das bunte Leben*, einem wegen seines monumentalen Formats wie auch hinsichtlich der Überfülle von Figuren, Handlungen und Ereignisssen bedeutsamen Werk, erreichte Kandinsky den Zenit seiner aus persönlichem Fundus geschöpften Märchen-Thematik. Roethel charakterisiert das Gemälde als »eine Verbildlichung aller weltlichen und geistlichen Aspekte des russischen Lebens in Vergangenheit und Gegenwart«.[79] Es handelt sich um einen universellen, alle Gesellschaftsschichten umfassenden Bilderbogen, der innerhalb der Bandbreite von Geburt und Tod, Freude und Leid sowie Glück und Untergang schildert. Oft genug wurden die einzelnen Gestalten und Figurengruppen in der Fachliteratur beschrieben, doch nur selten – in Ansätzen etwa bei Brisch – erfolgt eine Analyse der dynamischen, eben das kompositionelle Kräftespiel des Ganzen berührenden Korrelationen. Abgesehen davon, daß die pointillistische Streuung vor dunklem Grund im Vergleich zu *Reitendes Paar* nachläßt und sich auf das untere Bilddrittel beschränkt, verdient zunächst die Fläche/Raum-Problematik besondere Beachtung, zumal sich Kandinsky selbst in einem Schreiben von 1914 dazu geäußert hat: »Im ›bunten Leben‹, wo die lockende Hauptaufgabe war, ein Durcheinander der Massen, Flecken, Linien zu bringen, habe ich die ›Vogelperspektive‹ angewendet, damit ich die Figuren übereinanderstellen konnte. Um die Fleckenverteilung und die Anwendung der Striche nach meinem Wunsch zu ordnen, mußte ich jedes Mal einen perspektivischen Vorwand bzw. eine Entschuldigung finden.«[80] Die schwer überschaubare, auf einem bunt bepunkteten dunklen Wiesengrund wie zufällig verstreut lagernde Menschenmenge täuscht nicht darüber hinweg, daß der Maler dem vermeintlichen Chaos ein wohldurchdachtes Kompositionsprinzip zugrundegelegt hat. Von den beiden vom unteren Bildrand überschnittenen, karmingefärbten Mädchengestalten ausgehend, sind die übereinander gestaffelten Figuren auf den Schenkeln eines dynamisch in die Tiefe geführten Dreiecks angeordnet, dessen Spitze, und in Fortsetzung dazu die Kremlburg an der oberen Bildgrenze, auf der vertikalen Symmetrieachse postiert ist. Auf dem linken Schenkel begegnen wir unten einer fürstlich gekleideten Mutter mit ihrem Kind. Es folgen zwei junge Männer, wahrscheinlich das Rußland missionierende Brüderpaar Boris und Gleb, das später (1911) auch im Hinterglasbild *Allerheiligen I* in Erscheinung treten wird. Am rechten Schenkel ein

79 Roethel (Anm. 25), S. 66
80 Kandinsky, *Die gesammelten Schriften* (Anm. 6), S. 54

Eremit mit türkis wallendem Bart. Gegensätzlich zu dieser beschaulichen Idylle geht auf der Dreieckspitze ein Mordanschlag in Szene, dessen Dramatik durch ein Gefecht im Hintergrund noch verstärkt wird. Den linken Dreieckschenkel begleiten parallel eine füllige Amme, ein verehrungsvoll begrüßter Pope, ein mit dem Megaloschima bekleideter Mönch, schließlich ein grellroter Bogenschütze, der auf ein Eichhörnchen zielt. Rechts setzt sich der Lebensreigen fort: Es beginnt mit Essen, Musizieren und Lieben, setzt sich fort mit einem Ritter zu Pferd (gegen wen er sein Schwert erhebt, bleibt unerfindlich) und endet im Hintergrund vor einer typisch russischen Kirche in Leiden und Tod. Leben und Sterben, Friede und Gewalt sind mithin die ikonographischen Eckpfeiler, wie sie fortan in der Bildsprache des Künstlers immer aufs neue wiederkehren werden. Konfliktbewußte Welt-Anschauung und künstlerisches Credo sind adäquate Leitlinien, die Kandinsky in seinem berühmten Satz: »Gegensätze und Widersprüche, das ist unsere Harmonie«[81] zusammengefaßt hat.

Kommen wir zurück zum Kompositionsdreieck, auf das Kandinsky mit seinem »perspektivischen Vorwand« vermutlich anspielt. Eigentlich entsprechen die Schrägen wie auch das figurale Größengefälle den Anforderungen von Verräumlichung. Nur ist dabei zu beachten, wie der Künstler diese Vorstellung von Raumtiefe damit durchkreuzt, daß er – anstelle des zu erwartenden Koloritgefälles – die Farben in Richtung Hintergrund zunehmend gesättigter erscheinen läßt. Nachdrücklich tritt dies ins Bewußtsein, wenn man das kühle Karmin der beiden Mädchen im Vordergrund mit dem grellen Zinnober des Schützen und Mörders an der Dreieckspitze vergleicht. Dieser Dualismus von Raum- und Flächenprojektion – von Otto Pächt als die »Doppelwertigkeit der projektiven Form« bezeichnet – bestätigt zum einen Kandinskys polarisierendes Harmonieverständnis, zum anderen wird vorausschauend klar, wie verantwortungsbewußt der Maler mit der Problematik der Perspektive bis zu deren restloser Eliminierung umgegangen ist. Die Ausschaltung von Beleuchtungslicht zugunsten eines selbstleuchtenden Kolorits ist der entscheidende Faktor, der zur Dominanz der Flächenwirkung führt – ein Beleg für die Richtigkeit von A. Hobergs Bemerkung, Kandinsky habe sich hier in »quasiabstrakten Sehweisen« geübt.[82] Demzufolge scheint der gewaltige, in vorwiegend dunkelgrünen Streifen vor schwarzem Grund wiedergegebene Bergrücken auf der wenig tragfähigen Spitze des figuralen Keils zu lasten. Dieser besitzt als eigenständiges Zentrum genügend Spannung, um die leuchtende »Himmelsburg« an den oberen

81 ÜGK, S. 109

82 Armin Zweite und Annegret Hoberg (Hrsg.), *Der Blaue Reiter im Lenbachhaus München*, München 1991, Text zu Taf. 19

Bildrand zu pressen. Auf der Basis einer solch »quasiabstrakten Sehweise« bewirken auch andere Bildelemente mehr als ihre darstellende Funktion verrät. In ihnen verkörpern sich visuelle, spannungsauslösende Kräfte. Der in der Bildmitte links ansetzende hellgrüne Wiesengrund, der, pfeilförmig zugespitzt, die miniaturistisch gemalte Gefechtsszene vom Zenit der Dreieckkomposition nach rechts abdriften läßt, bringt die effizienten Kräfte zur Entfaltung. Dem widersetzen sich in Gegenrichtung der schwarze, vom Kreml ausgehende Wolkenkeil sowie der dunkelblaue Flußlauf, der die Fluchtbewegung des nach links strebenden Bauernpaars verstärkt. Hinzu kommen die vor irreal grünlich gefärbtem Himmel dynamisch aufgetürmten Wolkengebilde, die »die widersprüchlichen Ereignisse unter ihnen zu spiegeln scheinen«.[83]

Der Begriff »Märchenbild« wird diesem Panorama kosmischen Ausmaßes nur zum Teil gerecht. Es ist ein Glücksfall, daß Kandinsky über die psychischen Erfahrungen seiner Traum- und Schicksalswelt, und zwar in der russischen Ausgabe der ›Rückblicke‹, selbst Auskunft gibt: »In undeutlichen Träumen zeichnete sich mir manchmal in ungreifbaren Bruchstücken etwas Unbestimmtes ab, das mich zeitweise durch seine Kühnheit erschreckte. Manchmal erschienen mir im Traum harmonische Bilder, die nach dem Erwachen nur unklare Spuren unwesentlicher Einzelheiten zurückließen. Einmal sah ich im Typhusfieber in großer Deutlichkeit ein ganzes Bild, das jedoch irgendwie in mir auseinanderfiel, sobald ich gesund wurde. Nach mehreren Jahren malte ich dann *Die Ankunft der Kaufleute*, später *Buntes Leben*, und endlich, nach vielen Jahren, gelang es mir, in der *Komposition* 2 das Wesentliche dieser Fiebervision auszudrücken ...«[84] Demzufolge ist *Das bunte Leben*, mit kompetenten Worten von Brisch, »zusammengesetzt zu einem Märchen mit einer Fülle von Gleichnissen und mit der Wahrheit eines Traumes«. Das besagt noch nicht, daß der Begriff des »Kompositionellen«, wie man aus dem folgenden Kandinsky-Zitat vielleicht schließen könnte, hier anwendbar wäre.[85] Nur aus der retrospektiven Sicht des Künstlers wird verständlich, wenn er mit den Sätzen: »Schon von Anfang an klang für mich das Wort ›Komposition‹ wie ein Gebet. Es erfüllte meine Seele mit Ehrfurcht« die beiden Werke *Buntes Leben* und *Komposition II* gleichwertig in diese tiefgründigen Überlegungen einbezieht. Schon am Ende seines Paris-Aufenthalts begann er sich von der Märchen-Thematik abzuwenden, zumal er deren überdeutlichen Gegenstandsbezug bereits als eine dem »Kompositionellen« abträgliche Belastung empfand.

83 Roethel (Anm. 25), S. 66
84 Kandinsky, *Tekst Khudozhnika. Stupeni*, Moskau 1918, S. 25
85 Brisch (Anm. 65), S. 143

Siehe Abbildung 45, Seite 167

Nur selten, wie etwa am Beispiel des Temperabildes *Die Nacht* (1907), ist es gelungen, ein Werk Kandinskys mit einem bestimmten Märchenstoff in Verbindung zu bringen. Den Ausführungen Barnetts und Kurchanovas zufolge könnte das Gemälde sogar durch mehrere russische Märchen angeregt worden sein.[86] Indes sollte unter den angebotenen Quellen die ›Geschichte von Telichek und seiner Schwester‹ vorrangig eingestuft werden. Offensichtlich bezieht sich die Darstellung auf die Schlußphase dieses Märchens, in der von der Flucht des Geschwisterpaares vor der Hexe Baba Jaga die Rede ist. Mit Hilfe eines entwendeten Zaubertuchs und Zauberkamms gelingt es dem Paar, sich vor dem drohenden Zugriff der Hexe Morana in Sicherheit zu bringen, deren Trachten darauf hinzielt, alles, was jung, schön und gut ist, zu töten.[87] In der russischen Volksüberlieferung wird Morana auch als Göttin der Dunkelheit bezeichnet.

Die Szene spielt vor überwiegend dunklem Grund: dem bestirnten Nachthimmel, den beiden schwarzen Nadelbäumen sowie dem extrem dunkelgrünen Waldboden. Alles Figurale ist in helle Farbpunkte und -flecken weitgehend aufgelöst, dem Dunkelgrund kontinuierliche Durchlässigkeit gewährend. Es entsteht eine wirklichkeitsferne Flächenhaftigkeit, erkauft allerdings um den Preis eines noch von der Jugendstil-Tradition herrührenden Trends zum Ornamentalen. Später wird Kandinsky alle seine gestalterischen Mittel einzusetzen wissen, um der daraus erwachsenden Gefahr einer zu veräußerlichter Schönheit neigenden Dekorationskunst zu entgehen.

Unter den Pariser Temperabildern nimmt *Die Nacht* – manche künstlerische Tendenzen von Kandinskys zukünftigem Schaffen antizipierend – eine Sonderstellung ein. Dies manifestiert sich in einer merklich an Druckgraphik erinnernden Formenreduktion wie auch in einer aufkeimenden Intention zu abstrakten Chiffren. Mit der Einschränkung auf Wesentliches geht auch eine Steigerung dynamischer Momente einher, wie sie sich im Spannungsfeld von Kompression und Leere niederschlägt. Selbst die sonst stets rein dekorativ anmutenden pointillistischen Farbwerte stehen im Dienst dieser Dynamik und gewinnen dadurch an inhaltlicher Ausdruckskraft. Letzteres zeigt sich beispielhaft an der Hexe, deren aggressives Voraneilen durch die gelben, wellenartig gebogenen Farbpartikel – im Verband mit violett komplementären Punkten – forciert wird. Im Gegensatz dazu das pointillistische Farbgefüge des Geschwisterpaars, das die Hexe mit krummem Finger anzulocken sucht. Im Schutz der Zauberkraft des Kamms und unter einem Funken-

86 Kurschanova (Anm. 43), S. 64
87 Ebda., S. 65

regen von Farbpunkten scheinen sich die konturlosen Körper der Geschwister, um der Hexe zu entrinnen, aufzulösen. Betrachtet man das in drei Bahnen vertikal organisierte Punktgeflecht an Telicheks großer Schwester, so möchte man meinen, sie sei dem gesprenkelten Boden entwachsen, um sich, emporstrebend, im pointillistischen Sternengefunkel des Nachthimmels zu verflüchtigen. Unwillkürlich ergibt sich der Eindruck, als seien Sternschnuppen auf die Erde gefallen, um das Geschwisterpaar zu beschützen. Einige davon haben sich vom links verdichteten Punktenetz losgemacht, um als versprengte Sternzeichen oder magische Gebilde die Hexe an ihrem Vorhaben zu hindern. Selbst die rudimentäre Landschaft nimmt an diesem zwischen Gut und Böse entfachten Konflikt teil. Analog zum wehenden Haar der Schwester stößt das Geäst des schwarzen Nadelbaums in die rechte Bildhälfte, um gemeinsam mit dem Nachbarbaum ein gegenständlich unbestimmtes, buntfarbig geflecktes, sich schlängelndes Konglomerat in die Zange zu nehmen. Dieses Wesen als bedrohlichen Vorboten der Hexe zu interpretieren, scheint nicht zu weit gegriffen, da ein Farbdreiklang die Verwandtschaft signalisiert. Selbst am Firmament werden Kräfte mobilisiert, wie die nach links stechenden blauen Wolkenkeile, die, im Dienst der Nachtgöttin Morana, den heilbringenden Sternenhimmel zu verhüllen drohen.

Eine derartige Betrachtungsweise ist durch zahlreiche, den Beschauer immer aufs neue zu freier Phantasieentfaltung anregende Äußerungen Kandinskys legitimiert. Mit dem Gedanken, den Betrachter mittels unmittelbarer Klangvorstellungen in den Zustand »seelischer Vibration« zu versetzen, mag sich der Künstler schon 1907 getragen haben, als er sein noch überwiegend gegenstandsverpflichtetes Temperagemälde mit ersten abstrakten Gestaltungsmomenten anreicherte. Dem Hexenbild kann gegenüber den anderen Märchenbildern ein vermehrtes Interesse an dynamisch formulierten und dadurch im Ausdruck unmittelbarer wirkenden Spannungspotentialen attestiert werden. Daraus ist zu folgern, daß Kandinsky, über die Mehrdeutigkeit des rein ikonographischen Sachverhalts hinausgehend, dem Werk einen Deutungszugewinn sichert, insofern er alle Bildelemente als aktive Wesen behandelt. Erst unter dem dynamischen Aspekt, der dem Symbolismus wohl nur unbewußt vertraut war, gewinnt der Satz Tragweite, wonach ein Bild mehr bedeutet, als es unmittelbar darstellt. Zusammenhänge dieser Art wissenschaftlich formuliert zu haben, ist zweifellos Hauptverdienst der Gestaltpsychologie. Vor allem Rudolf Arnheim hat es verstanden, deren Erkenntnispotential auf die Kunstwissenschaft zu übertragen. Demzufolge benützt der Künstler seine Form- und Farbkategorien – sofern er anschauungsdynamische Vorstellungen vermittelt –, »um etwas allgemein Bedeutsames am Einzelfall darzustellen«.[88] Es handelt sich dabei um jene »authentische Wirklichkeit«, deren Entdeckung Ziel aller Symbolisten war, ausgehend davon, so Kurchanowa, »daß hinter den Dingen ein tieferer Sinn verborgen sei, den erst die künstlerische Schöpfung freisetzen könne.« Wie entsprechende Passagen in ›Über das Geistige in der Kunst‹ beweisen, hat Kandinsky am Symbolismus lebhaft Anteil genommen, und zwar bereits in Rußland, wo diese Bewegung fast schon den »Status einer Religion« erlangt hatte.[89] Für die Kandinsky-Forschung ist es vordringliches Anliegen, sich mit den Beziehungen des Künstlers zum Symbolismus auseinanderzusetzen, dies allerdings zumeist nur im literarischen und ikonographischen Kontext. Demgegenüber tritt die Frage nach der bildnerischen Umsetzung solcher Gedankengänge in den Hintergrund, da auf eine Definition der eigentlichen »künstlerischen Schöpfung« verzichtet wird. Gewiß stand Kandinsky von Beginn an unter dem Eindruck von Jean Moréas' ›Symbolistischem Manifest‹ von 1886, worin propagiert wird: »Die Form dient der Idee als Medium des Ausdrucks ... Denn die wesentliche Eigenschaft der symbolistischen Kunst besteht darin, die Idee niemals begrifflich zu fixieren oder direkt auszudrücken.« Was hier für die Literatur gefordert wird, gilt ebenso für die bildende Kunst, deren ästhetisches Prinzip laut Langner ebenfalls auf der »indirekten, verschleiernden Weise des Vorstellens« basiert. Kandinskys schon erwähnte »Neigung zum ›Versteckten‹, zum Verborgenen« zielt in die gleiche Richtung.[90] Maurice Maeterlinck war hier – vor allem in bezug auf die »Märchenbilder« – wohl sein entscheidender Mentor, dessen Geisteshaltung er in ›Über das Geistige in der Kunst‹ folgendermaßen beschreibt: »Er führte uns in die Welt, die man phantastisch oder richtig übersinnlich nennt. Seine ›Princesse Maleine‹, ›Sept Princesses‹, ›Les Aveugles‹ usw. sind ›keine Menschen‹ vergangener Zeiten ... Es sind direkt Seelen, die in Nebeln suchen, von Nebeln erstickt zu werden bedroht sind, über welchen eine unsichtbare, düstere Macht schwebt. Die geistige Finsternis, Unsicherheit des Nichtwissens und die Angst vor demselben sind die Welt seiner Helden ... Die Verdüsterung der geistigen Atmosphäre, die zerstörende und gleichzeitig führende Hand und die verzweifelte Angst vor ihr, der verlorene Weg, der vermißte Führer spiegeln sich deutlich in diesen Werken.«[91] Das klingt beinahe wie ein Kommentar zum Gemälde *Die Nacht*, dessen Titel nahelegt, den manifesten Märchenstoff im Sinne

88 Rudolf Arnheim, *Kunst und Sehen. Eine Psychologie des schöpferischen Auges*. Neufassung, Berlin–New York 1978, S. 2

89 Kurchanova (Anm. 43), S. 69

90 Johannes Langner, ›»Das Sprechen vom Geheimen durch Geheimes«. Kandinsky und der Symbolismus‹, in: *Der frühe Kandinsky* (Anm. 43), S. 73

91 ÜGK, S. 44

einer höher intendierten Sinnstiftung zu interpretieren. Letzteres zeigt sich in der »düsteren Macht« der Morana, die das nach den Sternen greifende Geschwisterpaar mit »geistiger Finsternis« bedroht. Kandinsky reflektiert hier den traditionellen, aus der barocken Allegorie herrührenden Topos des Gegensatzes von Licht und Dunkel, mit dem Unterschied allerdings, daß nunmehr die Dunkelheit den angreifenden Part übernimmt, wogegen im Barock stets das Licht siegte. Eine ähnlich symbolistische Aussage stellte Langner im Holzschnitt *Vögel* (1907) fest, der als Bestandteil der Graphikmappe ›Xylographies‹ 1909 in Paris erschien. Noch deutlich der ornamentalisierten Gegenständlichkeit des Jugendstils verpflichtet, flüchtet auch hier das Licht vor der Dunkelheit. »Der Symbolismus hebt das Bezeichnete in der Überdeterminiertheit des Zeichens auf. Damit erwirkt er die Abstraktion auf der Ebene des Inhalts. Sie geht in Kandinskys Schaffen der Abstraktion auf der Ebene der Form voran. Hierin liegt die initiierende Bedeutung des Symbolismus für Kandinskys Vorstoß zum gegenstandslosen Bild.«[92]

In Paris muß Kandinsky klar geworden sein, daß er mit seiner Malerei den revolutionären Bildschöpfungen der Fauvisten nur wenig Adäquates entgegenzustellen hatte. Geprägt vom »tiefen Zwiespalt zwischen der verführerischen Kunst des Dekorativen und dem Anspruch des Naturalismus«, verfiel er am Ende seines Parisaufenthalts in eine Nervenkrise, die in der Folge sogar eine Kur in Bad Reichenhall erforderlich machte.[93] Indessen erkennt er bald die Ursachen seiner künstlerischen Stagnation. Vor allem im Hinblick auf die stoffliche Determiniertheit seiner Temperabilder empfindet er »die Bindung der gegenstandslosen Farbwirkung an einen Inhalt« als entscheidenden Mangel.[94] In logischer Konsequenz daraus löst er sich von den Fesseln der gegenstandsverpflichtenden Märchenthematik – zweifellos ein schwerwiegender Entschluß, den er Jahre danach in ›Über das Geistige in der Kunst‹ ausführlich rechtfertigt. Geradezu verhängnisvoll erscheint ihm die Verbindlichkeit einer konkreten Fabel, wenn er schreibt: »Sobald der Zuschauer sich im Märchenland glaubt, ist er sofort gegen starke seelische Vibrationen immun. Und so wird das Ziel des Werkes zu nichts.« Selbst die märchenhafte Unwirklichkeit der Farbwelt ändere wenig an der inhaltlichen Fixiertheit des Betrachters, da dieser, fast zwangläufig, »1. die Fabel sucht, 2. unempfindlich oder wenig empfindlich gegen die reine Farbwirkung bleibt. Jedenfalls ist eine direkte, reine innere Wirkung der Farbe nicht mehr möglich.« Und im Sinne eines Schlußplädoyers gegen die »kinematho-

92 Langner (Anm. 90), S. 83
93 P. Weiss (Anm. 32), S. 59
94 Brisch (Anm. 65), S. 164

graphischen Märchenbilder«, wie er seine fabelgebundenen Werke ironisch bezeichnet, formuliert Kandinsky seinen bekenntnishaften, letztlich jegliche Gegenständlichkeit diskreditierenden Satz: »Dieser Kampf mit der Märchenluft ist dem Kampf mit der Natur gleich. Wie leicht und oft gegen den Willen des Farbenkomponisten ›die Natur‹ sich von selbst in seine Werke einprägt! Es ist leichter, die Natur zu malen, als mit ihr zu kämpfen!«[95] Mit den Gründen »für die Abwendung vom Märchen« hat sich Brisch eingehend befaßt und, Kandinsky interpretierend, betont, »daß die in die Farben als Mitteilungen hineingelegten Gehalte Gleichnis für den Seelenzustand des Malers, das eigentliche Thema des Märchenbildes sein sollte. Die Mehrzahl der Betrachter aber würde nicht bis dorthin gelangen, weil ihr Bedürfnis nach völlig literarisch verstehbaren Märchen mit bekanntem Fundus an Gegenständen, nach Fabel, oder sogar nach der im Bild illustrierten Märchendichtung zu groß sei.«[96]

Siehe Abbildung 46, Seite 168

In *Grüne Frauen* (1907) gelingt Kandinsky ein erster partieller Durchbruch auf dem Weg zur Abstraktion, eine Pionierleistung, der erst ca. zwei Jahre später – nach ebenso wichtigen Experimenten auf dem Gebiet der Landschaftsmalerei – weitere adäquate Ergebnisse folgen sollten. Bezeichnenderweise handelt es sich um einen Linolschnitt, der, überraschend genug, immer noch auf der Vorstellung einer »Fabel« zu basieren scheint. Neu ist indes die totale Integration des Figuralen in ein landschaftliches Ambiente von rein zeichenhaftem Charakter, eine Ineinssetzung, die Kandinsky nur unter den formasketischen Bedingungen der Druckgraphik glücken konnte. Dazu Langners in genetischem Kontext gefaßter Kommentar: »Figur und Landschaft bis zu einem Grad miteinander zu vermitteln, daß sie kaum noch zu unterscheiden sind, ist eine typische Tendenz bereits des Jugendstils.«[97] Daß Kandinsky dort manche stilistische Prämissen vorfand, ist unbestritten, evident ist aber, daß er, um der Gefahr des Abgleitens ins Ornamentale zu entgehen, das integrierende Abbilden des Jugendstils, so Langner, »expressionistisch auflädt«. Für ein tieferes Bildverständnis ist mit derlei Zwischenresümees freilich noch wenig gewonnen. Dazu sei, wie der Autor weiters zutreffend betont, »beharrliches Einsehen erforderlich, um aus den mauernden Formen wuchernder Vegetation, drängender Hänge und kompakt gleitender Wolken die figürliche Szene herauszulesen«.

Während sich in der linken Bildhälfte die Halbfiguren eines Kindes und einer hochgewachsenen Frau leicht identifizieren lassen, ist das figurale Geschehen im rechten Abschnitt viel schwerer eruierbar. Offensicht-

95 ÜGK, S. 122
96 Brisch (Anm. 65), S. 164
97 Johannes Langner, ›Gegensätze und Widersprüche – das ist unsere Harmonie‹, in: *Kandinsky und München* (Anm. 32), S. 123

lich sind die von rechts einbrechenden Gestalten im Begriff, das linke Paar zu verfolgen. Zwei schemenhaft anthropomorphe Wesen scheinen diese Absicht zu vereiteln. Mit diesem fiktiven Rekonstruktionsversuch eines unbekannten Märchenstoffs ist zunächst nur ein grober ikonographischer Rahmen abgesteckt. Im Zentrum des Interesses steht – im ranghöheren »Wesenssinn« (Panofsky) über den inhaltlichen Anlaß hinausgehend – die Darstellung einer allgemeinen, mittels dynamisierter Formensprache formulierten Konfliktsituation, an der landschaftliche und figurale Elemente gleichrangig Anteil haben. Wonach Kandinsky strebt, ist die Evidenz des auf Dynamik zielenden bildnerischen Prozesses, der vom Betrachter nicht nur »beharrliches Einsehen«, sondern auch eine neuadaptierte Seheinstellung verlangt. Letzteres klärt sich aus der Gestaltpsychologie, die den Sehvorgang als die »Wahrnehmung von gerichteten Spannungen und bedeutsamen Strukturmuster in einer Ganzheit« definiert.[98] Daß sich diese theoretischen Überlegungen bereits in Kandinskys künstlerischer Praxis herausgebildet hatten, belegt *Grüne Frauen* signifikant. Lediglich das Figurenpaar links ist gegenständlich abgesichert. Ihren Arm schützend um das kleine rotwangige Mädchen gelegt, wendet die als »gute Fee« apostrophierbare Frauengestalt ihr Haupt den nahenden Verfolgern entgegen. Mit dem Gelb der helmartigen Kopfbedeckung, den Blauflächen an Arm und Halsansatz und den Rotpunkten am Leib sammelt sich an ihr die Primär-Farbtrias. Der Feenkörper scheint sich nach rechts zu öffnen, um seine Farbpunkte und -flecken in sukzessiver Vergrößerung den Verfolgern energetisch entgegenzusenden. Sogar das oberhalb der Fee hochwachsende Buschwerk beteiligt sich mit den bogenförmig übersetzenden Grün/Blau-Partikeln an der Abwehr der bösen Mächte durch die Mobilisierung visueller Kräfte. Dem Energiepotential entwachsen, erhebt ein gelbgrünes Geistwesen in bannender Absicht seine armähnlichen Tentakel. Ein abstrakter Schemen eilt ihm voran, um einen der Verfolger mit abgewinkeltem Fangarm in seine Gewalt zu bekommen. Sind im linken Bilddrittel in der Frage »Figur-Grund« einigermaßen geordnete Verhältnisse anzutreffen, so herrscht auf Seiten der Verfolger heilloses Chaos. Diese werden nicht nur von den Geistwesen attackiert, sogar der schwarze Grund bemächtigt sich ihrer. Die ansteigende Laufrichtung, durch blaue Strichlierung betont, wird von den anschließenden Schrägen eines grünen Wiesenstreifens und eines blauen Wolkenbands forciert, wobei offenbleibt, welchem der Elemente die »Grund«-Funktion zukommt. Selbst der Himmel, von dem sich die Wolke losgerissen hat, scheint sich in den Konflikt einzuschalten. Das blaue Wolkenoval bezieht die dynamische Qualität

98 Arnheim (Anm. 88), S. 7 f.

vom lenkenden Zugriff der gleichfalls blau akzentuierten Fee. Zudem sorgt das in allen wichtigen Bildbezirken wiederkehrende Blau für eine ganzheitliche Strukturstiftung.

Der innovative Charakter von *Grüne Frauen* besteht zum einen in der bislang unerreichten Ausschaltung der dritten Dimension, wozu die flächenhafte Verklammerung des Figürlichen mit dem Landschaftlichen sowie die Austauschbarkeit von Figur und Grund einen entscheidenden Beitrag leisten, zum anderen in dem Spannungsgefüge, das zu einer auf Deformation des Restgegenständlichen beruhenden Dynamisierung des Formenapparats führt. Nach Langner scheint damit die Gefahr, daß »das Bild ins Ornament umschlägt«, keineswegs gebannt. Sie liegt »im Prinzip einer kleinteiligen Zergliederung, die alles in eine mosaikartige Partikel-Struktur einebnet, Verzicht leistend auf das orientierende Vermögen der Kontur, ihre Fähigkeit zusammenfassend ins Große zu gehen, summierend zu verdichten, markante Spannungen zu erzeugen ...« begründet.[99] Diese Bedenken sind meines Erachtens unnötig, vor allem im Hinblick auf einen vermeintlichen Mangel an Spannung. Zudem ist Kandinsky kaum anzulasten, daß er sein Punkt- und Fleckensystem auf eine »mosaikartige Partikel-Struktur einebnet«. Auch in dieser Hinsicht ist der Künstler bestrebt, sein restliches Quantum an Pointillismus – und dies hat sich schon in *Die Nacht* angekündigt – in einen lebendigen, spannungsfördernden und damit aussagefähigen Organismus umzuwandeln.

Im Unterschied zu *Grüne Frauen* steht Kandinskys *Vögel* (1907), ein scherenschnittartiger Holzschnitt, noch ganz unter dem Eindruck der ornamentalen Linienkunst des Jugendstils, die er indes laut Langner musikalisch aufzuladen versteht.[100] Wie wichtig ihm damals die Musik war, geht aus einem mit 7. Juli 1907 datierten und an Gabriele Münter adressierten Schreiben hervor: »Ich kann nimmer blind und taub leben, nachdem ich Augen und Ohren hatte ... nur noch die Musik kann mich retten ... gute Musik muß ich haben, sie regt mich so an.«[101] Nichts bezeugt diese Affinität anschaulicher als der Farblinolschnitt *Leier* (1907), in dem das Heil-Mittel Musik – fast schon affirmativ, jedenfalls in einer von Kandinsky bis dahin noch nie so direkt angesprochenen Weise – in Form und Farbe umgesetzt wird. Abweichend von *Grüne Frauen* und *Vögel*, drückt sich der Künstler hier in einem gleichsam dritten Gestaltungsmodus aus. Während sich der Linolschnitt von *Vögel* durch ausgewogene Linearität und Masse unterscheidet, äußert sich seine stilistische Distanz zu *Grüne Frauen* in einem gegenständlichen, an

99 Langner (Anm. 97), S. 124
100 Langner (Anm. 90), S. 78
101 Hahl-Koch (Anm. 10), S. 110

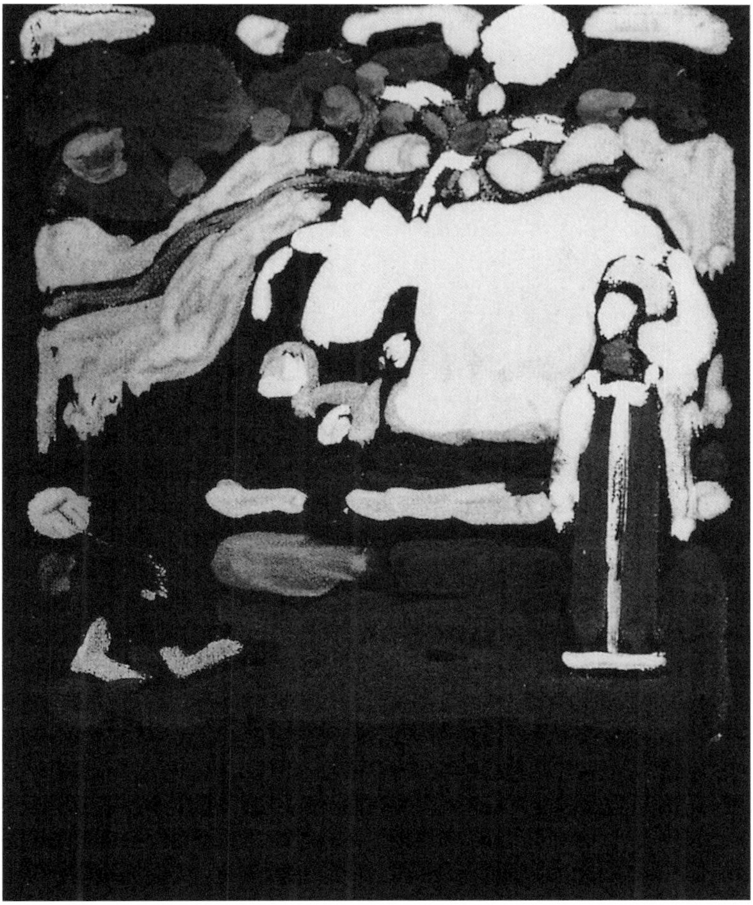

20 *Leier*, 1907, Farblinolschnitt von drei Stöcken (18,5 x 19 cm), Paris, Musée National d'Art Moderne, Centre Georges Pompidou

russische Volkskunst erinnernden Bekenntnis zum Figuralen. Einem russischen Orpheus gleich, greift der Musikant in die Saiten seines Instruments, vorgebeugt und mit geschlossenen Augen, seiner eigenen Klangwelt hingegeben. Ihm gegenüber eine Frauengestalt im Festkleid, ganz dem Zauberbann des Musikstücks ausgeliefert. Beide Akteure sind in einen semiabstrakten, gleichwohl stringent organisierten Landschaftsgrund (man vergleiche das diesbezügliche Chaos in *Grüne Frauen*) eingebettet. Und eben diesem »Grund« bleibt die Visualisierung des synästhetischen Effekts bzw. des musikalischen Themas vorbehalten. Das Hauptaugenmerk fällt auf die gewaltige orangefarbige Fläche, die, gleichsam als Klangwolke vom Himmel gesunken, beide Gestalten umfaßt, zum einen den Musiker zu dynamisch vorstrebender Haltung zwingt, zum anderen die russische, wie festgewurzelt dastehende Eurydike in ihren Bann schlägt. Fast möchte man meinen, es handle sich hier um die Sichtbarwerdung jener »seelischen Vibration«, die in Kandinskys Theorie eine so entscheidende Stellung einnimmt. Der orangefarbenen Klangwolke antwortet die grüne Bodenzone. Ebenso komplementär – an Oktav-Intervalle erinnernd – gestaltet sich der dazwischen in ondulierenden Streifen dahineilende, aus Blauviolett und Gelb zusammengesetzte Farbakkord. Diesen klar geordneten Farbbahnen und -bezirken erwidert links oben ein schwarzer, sich jugendstilhaft ornamental verästelnder Baum, dessen grüne Krone sich in wirbelnder Bewegung – als gleichsam rhythmisch beschleunigte Modulation des musikalischen Grundthemas – nach rechts loszureißen scheint. Dort fliegt ein Vogel auf die Klangwolke zu, als Hinweis darauf, daß sich auch die kreatürliche Welt der magischen Wirkung des mythischen Instrumentalisten nicht zu entziehen vermag.

Auch die Holzschnitte *Fuga* und *Schalmei* beweisen, daß Kandinsky vor allem von der Musik neue Impulse für seine Malerei erhoffte. Und vielleicht war es das rege Musikleben – neben Ausstellungsmöglichkeiten und der Begegnung mit Rudolf Steiner –, das ihn relativ lange, vom 8. September 1907 bis April 1908, in Berlin festhielt. Auch auf dem Theatersektor hatte die turbulente Stadt viel zu bieten, denken wir nur an Max Reinhardts Aufführungen im Deutschen Theater, unter deren Eindruck sich Kandinsky mit wachsendem Interesse der Bühnen- und Raumkunst zuwandte.

Rückblickend auf die Jahre 1901–1907 schreibt Grohmann über Kandinskys Schaffensprozeß: »Ganz allgemein läßt sich sagen, daß [er] ... zwischen Osten und Westen, zwischen Rußland und Europa schwankt, und daß seine Arbeiten sowohl thematisch wie gestalterisch ... oft zur gleichen Zeit russisch oder europäisch wirken.«[102] Dies ist zwar korrekt, doch verlief Kandinskys Entwicklungsgang stets polyvalent. Differenzierter fällt P. A. Riedls Resümee aus: »... die erarbeiteten bildnerischen Lösungen ... überschreiten die Grenzen der durch die Ästhetik des Impressionismus und, vor allem, des Jugendstils definierten Möglichkeiten nicht spürbar; den Künstler lassen offenkundig nicht nur die Freude am Erproben verschiedener Stilmittel, sondern auch die besondere Persönlichkeitsverfassung zu auffallend divergierenden Formulierungen gelangen ... Ein Revolutionär ist der Kandinsky der Jahre vor 1908 nicht.« Er sei, so schließt Riedl, nicht mehr als ein »phantasievoller Gestalter, der ... Wege zu einem unverwechselbaren individuellen Idiom erkundet«.[103] Dem ist zu erwidern: Zwar ist Kandinsky auf dem Gebiet

102 Grohmann (Anm. 14), S. 43

103 Peter Anselm Riedl, *Wassily Kandinsky. Mit Selbstzeugnissen und Bilddokumenten*, Reinbek bei Hamburg 1991², S. 28

der Malerei noch kein Revolutionär, immerhin aber ein Künstler, der in manchem seiner druckgraphischen Werke bereits erahnen läßt, wohin ihn seine Entwicklung führen wird. Partielle Abstraktion, ausdrucksfördernde Deformation, Eliminierung der Perspektive und mitunter merkliche Experimentierfreudigkeit im Bereich der Figur-Grund-Problematik sind dafür die unverkennbaren Wegweiser.

IV Murnau 1908

1. Von der Naturrichtigkeit zur Bildrichtigkeit

Nach seinem Aufenthalt in Berlin reist Kandinsky, um der nervlichen Belastung des Großstadtlebens zu entgehen, mit Münter im Mai 1908 nach Südtirol. Indes lassen ihn hier die grandiosen Gebirgspanoramen nicht zu jener erhofften Ruhe gelangen, die allein einen künstlerischen Ertrag gewährleistet hätte. Was ihn inspiriert, ist eine weniger spektakuläre Berglandschaft mit weicheren Übergängen. Nach Bayern zurückgekehrt, entdeckt er diese in Murnau, inmitten des malerischen Voralpengebiets, das im Unterschied zu Südtirols Bergwelt auch zu kontemplativem Innehalten einlädt. Gemeinsam mit Münter, Werefkin und Jawlensky hält er sich hier ab 15. August sechs Wochen lang auf, um in den folgenden Jahren immer aufs neue an diesen Quell der Inspiration zurückzukehren. Die anregende Landschaft mit ihrem »klaren Licht und gelegentlichen Föhn, wenn dank bestimmter südlicher Luftströmungen selbst die entferntesten Berge nah erscheinen«, bietet Kandinsky die besten Voraussetzungen, um sich neuerlich seinen mittlerweile stilistisch ein wenig festgefahrenen Landschaftsstudien zuzuwenden oder in dieser Disziplin »wieder zu experimentieren und neu sehen zu lernen«.[104]

So verständlich es ist, daß er die in ihren folkloristischen Möglichkeiten ausgereizte Temperamalerei aufgibt, so merkwürdig erscheint seine zeitweilige Distanzierung von der Druckgraphik, zumal sich ihm auf diesem Sektor schon 1907 relativ neue Gestaltungsaspekte eröffnet hatten; fast möchte man an einen vorläufigen Stillstand im Sinne einer abwartenden Inkubationszeit denken. Allem Anschein nach setzt sich in ihm die Erkenntnis durch, daß er dem so wichtigen Kunstkatalysator »Natur« schon seit einiger Zeit manches schuldig geblieben ist. Allzu routiniert mag ihm unterdessen seine mit perfektionierter Spachteltechnik betriebene Landschaftsmalerei erschienen sein; eine Neuorientierung vor der Natur sollte dem entgegenwirken.

Jahrelange, nur schleppend vorankommende Bemühungen, das Natur-Vorbild eigenschöpferisch zu transformieren, entladen sich in

104 Hahl-Koch (Anm. 10), S. 110

Murnau, so Gollek, »in einer formalen Eruption ohnegleichen«.[105] Mit seiner endgültigen Distanzierung von der Spachteltechnik erbringt Kandinsky in *Herbststudie bei Oberau* jene Initialleistung: die Überwindung der bisherigen Dichotomie zwischen Landschaftsskizzen und Temperabildern. Die bis dahin nur in den »farbigen Zeichnungen« (Tempera) konstatierbare Farbautonomie beginnt nun auch auf das Landschaftsbild überzugreifen. Was zuvor den Fauvisten vorbehalten war – in farblich homogenen Flächen etwa einen blauen Berg vor einem rosafarbigen Himmel zu setzen –, wird nunmehr auch von Kandinsky als entwicklungsfördernder Ansatz erkannt. Jonathan Fineberg zufolge kam Kandinskys Affinität zum Fauvismus erst in der Murnauer Zeit, demnach mit erheblicher Verzögerung gegenüber dessen Pariser Jahr zum Tragen.[106] *Herbststudie bei Oberau* markiert in Kandinskys Landschaftsstudien einen ersten Wendepunkt, der sich in komplementärer Farbkontrastierung und einem dualistischen Koloritverfahren bemerkbar macht. Großen, homogen aufgetragenen Farbflächen von fast holzschnitthafter Silhouettenwirkung steht eine aus des Künstlers eigener Schaffenstradition stammende Farbfleckentechnik gegenüber. Ein leicht ansteigender, von bildhohen Birkenstämmen gesäumter Weg versucht sich zunächst als Raumindikator gegen eine zunehmend dominierende Flächenprojektion durchzusetzen. Bei längerer Fixierung durch den Betrachter wirkt das Wegmotiv als breite Kontur des keilförmig zugespitzt nach rechts drängenden grünen Wiesengrunds, dessen vektorale Energie nur noch geringfügig raumillusionistische Vorstellungen aufkommen läßt. Ebenso dynamisch verhält sich der in Gegenrichtung zielende Keil des rechts ein Buntfarbenzentrum herausbildenden Mittelgrunds. Nach links fortschreitend, büßt er zunehmend seine Fleckenkompression ein und verliert sich allmählich in ocker-grünen Farbpartikeln, deren Auflösungstendenz einen Rest an Raumqualität nach sich zieht. Dessen ungeachtet sorgt die Bindung des Blattgeflechts der Birkenkronen an das pointillistische Farbkonglomerat ebenso wie der vom rosafarbigen Himmel überhöhte und durch kompaktes Blau verdichtete Gebirgsstock für eine klare Vorherrschaft der Flächenprojektion. Trotz unverkennbarer Bilddynamisierung scheint über dem Ganzen »ein letzter Hauch von Jugendstil«[107] zu schweben – nachvollziehbar etwa an der Linearität der mäanderhaft vom Schornstein aufsteigenden Rauchsäule und der dekorativen Note des Farbtupfenbereichs.

Siehe Abbildung 47, Seite 169

105 Gollek (Anm. 21), S. 50
106 Fineberg (Anm. 78)
107 Gollek (Anm. 21), S. 51

21 *Murnau – Häuser am Obermarkt*, 1908, Öl auf Pappe (65 x 50 cm), Lugano, Thyssen–Bornemisza Collection

In *Murnau – Häuser am Obermarkt* geht Kandinsky in seiner Annäherung an den Fauvismus insofern einen Schritt weiter, als er, fasziniert von den Gestaltungsmöglichkeiten autonomer Farbgebung, die gesamte Bandbreite seiner Farbtubenkollektion zu erproben scheint, jedoch auch die Buntheit seiner russischen Temperabilder sowie die aktuellen Erfahrungen mit oberbayerischen Hinterglasbildern auf das Ortsbildsujet überträgt. Anders als in seinen raumexperimentellen Murnauer Straßenbildern führt er hier den Blick aus einer schattigen Seitengasse in bildflächenparalleler Schichtung frontal auf einige grell aufleuchtende Häuser der Murnauer Hauptstraße.[108] Die Intensivierung der Farbleuchtkraft ist zwar ein Zeichen für Kandinskys Nähe zum Fauvismus, unmittelbare Einflüsse lassen sich aber nicht feststellen – sei es, daß er in *Herbst in Bayern* trotz entfesselter Palette noch immer den Wirkungen des Beleuchtungslichts nachspürt oder in *Murnau – Kohlgruberstraße* auf fauvistischer Grundlage Gestaltungselemente van Goghs einbezieht. Dieser Gestaltungsmodus hat in Kandinskys Murnauer Œuvre von 1908 nicht mehr als episodenhaften Charakter, er entspricht eben nur einem unter mehreren Entwicklungsansätzen.

Abgesehen von dieser Werkevidenz, stellt sich die Frage, wie Kandinsky die Fauves prinzipiell eingeschätzt hat. In einer von ihm 1910 rezensierten Fauves-Austellung hat sich der Künstler eher kritisch als wohlwollend geäußert: Unter diesen Künstlern »hat nur Matisse die Grenze der ›zufälligen Naturformen‹ überschritten … geht man von Gemälde zu Gemälde, so gewinnt man schließlich den Eindruck von verschiedenfarbig angemalter Natur …«[109] Nun könnte man einwenden, hier handle es sich um eine zweijährig verspätete Reaktion, der nur bedingte Aussagekraft über Kandinskys vorangehenden Schaffensprozeß zuzubilligen sei. Dem ist aber zu entgegnen, daß der Künstler, neben dem ephemeren Interesse am Fauvismus, schon 1908 andere Varianten stilexperimenteller Gestaltungsmöglichkeiten im Auge hatte. Faszinierter war er gewiß von seiner gemeinsamen Tätigkeit mit Jawlensky, bei dem er sich später bedankte: »über die Zeit, da Sie mich lehrten«. Mit einem Seitenblick auf die Staffelei seines Malerkollegen – verwiesen sei auf dessen Gemälde *Dorf Murnau* (1908) – schuf Kandinsky eine Reihe von Bildern wie *Murnau – Ernte* und *Murnau – Staffelsee III*, in denen – kontrovers zum Koloritprunk des Fauvismus – ein stiller, der Abgeschiedenheit des Ortes angemessener, auf wenige kühle Farbtöne reduzierter Klang vorherrscht. Kaum möchte man glauben, daß es sich bei Bildern wie *Murnau – Staffelsee III* und *Murnau – Kohlgruberstraße* um annähernd gleichzeitig geschaffene und vom selben Künstler stammende Werke handelt. Während sich letzteres durch enorme Leuchtkraft einer umfassenden Farbvielfalt und lebhaften Pinselduktus auszeichnet, strahlt das Seebild mit seinem flächig homogenen Farbauftrag und dem Übergewicht von Blau- und Grüntönen eine fast zeitlose Ruhe aus. Das Gemälde zeigt tatsächlich viele Berührungspunkte mit Bildern Jawlenskys, der damals unentwegt den seit ca. 1890 gebräuchlichen Terminus »Synthese« im Munde führte. Als Kandinsky in der Folge seine persönliche Terminologie (»innerer Klang«, »innere Notwendigkeit« usw.) formu-

108 Peter Vergo, *Expressionismus, Meisterwerke aus der Sammlung Thyssen-Bornemisza*, Lugano–Mailand 1989, S. 66

109 Hahl-Koch (Anm. 10), S. 122 und Anm. 115

22 *Murnau – Staffelsee III*, 1908, Öl auf Pappe (32,8 x 41 cm), München, Städt. Galerie im Lenbachhaus

lierte, mag ihn dazu so mancher Aspekt des im Murnauer Freundeskreis diskutierten Synthese-Begriffs angeregt haben. Unter den zeitgenössischen Versuchen, Synthese zu definieren, zeichnen sich jene des französischen Kritikers Aurier und des Malers Maurice Denis durch besondere Kompetenz aus. So betont Aurier, daß das avantgardistische Kunstwerk ein neues Phänomen in sich birgt, »das, um zu erregen, eine Seele besitzt, die die Synthese aus zwei Seelen darstellt, der Seele des Künstlers und der Seele der Natur«, während Denis, die Führungsrolle der Landschaftsmaler hervorhebend, den »Synthetismus« mit dem »Glauben an die Korrespondenz zwischen äußeren Formen und subjektiven Zuständen« verbindet.[110] All dies könnte auch aus der Feder Kandinskys stammen, deckt sich jedenfalls mit dessen Geisteshaltung.

110 Armin Zweite (Hrsg.), ›Jawlensky in München‹, in: *Alexej Jawlensky 1864–1941*, Ausstellungskatalog (München, Städtische Galerie im Lenbachhaus), München 1983, S. 56

2. *Murnauer Straßenbilder*

Von den vom Fauvismus beeinflußten und durch Jawlensky angeregten Landschaften unterscheidet sich eine dritte Werkgruppe – wir bezeichnen sie als Murnauer Straßenbilder –, in der zwar noch nicht der »Kampf mit der Natur« entbrennt, immerhin aber eine sukzessive Überwindung der Perspektive stattfindet. Unaufhaltsam sein Ziel vor Augen, dabei jeden Schritt kritisch prüfend, geht Kandinsky seinen Weg: von der Naturrichtigkeit zur Bildrichtigkeit. Was er schon zuvor in der Druckgraphik und zum Teil auch in den Temperabildern erreicht hatte, nimmt nun auch auf dem Sektor der Ölmalerei Gestalt an. Rückblickend nennt Kandinsky in ›Über das Geistige in der Kunst‹ das Ausschließen der dritten Dimension als einen »der ersten Schritte in das Reich des ›Abstrakten‹«. Ziel sei, so setzt er nach, »das ›Bild‹ als Malerei auf einer Fläche zu behalten«[111] Wie noch zu zeigen ist, bedurfte es dafür eines stets von Alternativen begleiteten und nicht selten von experimentellen Kurskorrekturen unterbrochenen Schaffensprozesses.

Es ist kennzeichnend für Kandinskys künstlerisches Verantwortungsbewußtsein, daß er die Perspektive nur zögernd, keinesfalls leichtfertig verwirft. Vielmehr sucht er die Auseinandersetzung in einem Themenbereich (von Häusern flankierte Straßenzüge), für den die Beachtung der dritten Dimension schon vorweg einer conditio sine qua non gleichkommt. Daneben gibt es auch die Möglichkeit durch entsprechende Wahl des Sujets – etwa der reinen Landschaft – unvermittelter zum Flächenhaften zu gelangen; und von dieser günstigeren Prämisse hat Kandinsky etwa in *Herbststudie bei Oberau* ja auch Gebrauch gemacht. Demgegenüber stellt die Auseinandersetzung mit dem Thema eines in die Tiefe führenden Straßenzugs in der Tat eine ungleich größere Herausforderung dar. Hier ist das »Ausschließen der dritten Dimension« ein keinesfalls so reibungsloser Vorgang, vielmehr handelt es sich, metaphorisch gesprochen, um ein wechselvolles Gefecht mit der Perspektive.

Im kleinformatigen Gemälde *Murnau – Straße* führt die Straße von rechts, leicht ansteigend, nach links in den Hintergrund. Von grellem Beleuchtungslicht getroffen und von hellen, dem Weiß angenährten Gelb- und Blautönen durchströmt, vermittelt sie den Eindruck eines heißen Sommernachmittags. Flankiert wird sie oben von einer Häuserreihe, die durch regelmäßiges Größengefälle merklich an die Perspektive gebunden bleibt. Konventionell den Erfordernissen der Tiefenentfaltung Rechnung tragend, setzt Kandinsky eine dunkelblaue, bildhohe Hauswand links im Vordergrund als Repoussoir in Szene. Ein mächtiger

111 ÜGK, S. 110

23 *Murnau – Straße*, 1908, Öl auf Leinwandkarton (33 x 41 cm), New York, Leonard Hutton Galleries

dunkler Schlagschatten dringt bis an den rechten Bildrand vor und stößt oben, einen extremen Hell-Dunkel-Kontrast bildend, unvermittelt an den lichtreflektierenden Straßenlauf. Ohne zunächst die Gesetzlichkeit von Lichtkausalität und Perspektive wesentlich anzutasten, holt Kandinsky hier doch einiges nach, was er in seiner Druckgraphik bereits verwirklicht hat: Zum einen verleiht er manchen Bildelementen einen zu forminhaltlicher Selbständigkeit tendierenden, dynamischen Stellenwert, zum andern läßt er diese mitunter in konflikthaltiger Korrelation aufeinandertreffen. Beispielhaft äußert sich dies am stechenden Rot des aus der rechten oberen Bildecke hervorschnellenden Dachkeils, der, einer Speerspitze gleich, den Tiefenzug der Häuserzeile vorantreibt; dabei ist es kein Zufall, daß der Maler diesem perspektivischen Auftakt den einzigen im Bild vertretenen Buntfarbwert vorbehält. Im unteren Abschnitt ist es der Zackenvorsprung des tiefschattenden Bodenvordergrunds, der einerseits in die Lichtbahn der Straße eindringt, andererseits die Laufrichtung des formal analogen Rotkeils zu konterkarieren scheint. Trotz relativer Monochromie sowie Beachtung von Proportionalität und Perspektive

24 *Murnau – Obermarkt mit Gebirge*, 1908, Öl auf Pappe (33 x 41 cm), Herford, Sammlung Ahlers

macht sich schon in diesem Bild die Tendenz bemerkbar, eine Straßenansicht nicht durch traditionell passive Zuständlichkeit, sondern im Sinne eines dynamischen Geschehens zu interpretieren.

In *Murnau – Obermarkt mit Gebirge* intensiviert Kandinsky – bei weiterbestehendem Interesse an den Wirkungen des natürlichen Leuchtlichts – den Buntheitscharakter des Kolorits. Ferner sind am rechten Bildrand Form- und Farbgebilde anzutreffen, denen nur noch assoziativ ein Gegenstandsbezug nachzuweisen ist. Wichtiger ist indes der Umstand, daß der Künstler sein Experimentieren mit der Perspektive fortführt. Anstatt in Schrägansicht wie in *Murnau – Straße* lediglich eine Gebäudereihe ins Visier zu nehmen, lenkt er den Blick nunmehr direkt in die Straßentiefe. Damit stellt sich ihm das Problem des zentralen Fluchtpunkts. Noch interessanter ist die Frage, inwiefern die daraus resultierende Objektivität einer klar abschätzbaren Raumqualität zu relativieren sei. Die Lösung sorgt für Überraschung: Jede der beiden Häuserzeilen – die linke beleuchtet, die rechte verschattet – steuert ihren eigenen Fluchtpunkt an. Während die linke Häuserreihe diagonal in die Tiefe strebt und dann jäh abbricht, trachtet die rechte, nach senkrechtem Auftakt, jene in steiler Kurve und auf erhöhtem Niveau zu hinterlaufen. Zielbewußt scheint sie in den ähnlich gefärbten und abgedunkelten Bergrücken im Hintergrund einzutauchen. Daraus resultiert eine nur schwer auslotbare Raumtiefe, eine Ambiguität der Fluchtlinien, die den verunsicherten Betrachter in merkliche Spannung versetzt.

Ab 15. August wohnte Kandinsky im Murnauer ›Griesbräu‹, um hier mit Münter, Werefkin und Jawlensky einige Wochen gemeinsamer künstlerischer Tätigkeit zu verbringen. Aus einem Fenster dieses Gasthauses versuchte er die fluchtenden Häuser der Johannisstraße im Bild festzuhalten. Allerdings zwingt er den objektiven Gesetzen der Draufsicht seine Transformationsintentionen auf. Durch die Enge des Fensterausblicks bedingt, sind die vorderen Häuser abrupt von den Bildrändern überschnitten. Zusammen mit dem hohen Horizont, der die obere Bildgrenze tangiert, entsteht der ausschnitthafte Charakter des Gemäldes *Murnau – Johannisstraße vom Fenster des Griesbräu.* Bemerkenswerter ist der Umstand, daß nach den beiden linken, die gesamte Bildhöhe beanspruchenden Gebäuden die Straßenfront jäh zurücktritt und die folgenden Häuser, bei gleichbleibender Farbkonsistenz, plötzlich nur mehr Miniaturgröße aufweisen. Diese sind zwar immer noch fluchtend abgebildet, stoßen aber unvermittelt an den grünen Wiesenhintergrund, der sich als kulissenhafte Barriere raumillusionistischen Möglichkeiten in den Weg stellt. Damit umgeht Kandinsky das psychologische Gesetz der Größenkonstanz, woraus sich folgern läßt: Klein dargestellte Häuser im Hintergrund werden vom Betrachter nicht mehr in ihrer natürlichen Größe, sondern gleichsam im Spielzeugformat wahrgenommen. So gesehen ist es dem Künstler – über die bisherigen Versuche hinausgehend – gelungen, die Naturrichtigkeit einfordernde Perspektive zugunsten bildimmanenter Richtigkeit quasi außerkraft zu setzen. Hinzuzufügen ist, daß das lebhaft gekurvte Straßenband, in dem sich die Farbbuntheit – im Bild dominieren Rot, Blau, Grün sowie deren Mischungen – zu amalgamieren scheint, ähnlich wie die auslaufende Häuserzeile direkt an die Grünwand des Hintergrundes stößt. Es entsteht der Eindruck, als sei die Straße zur Umkehr genötigt, um dann in langgezogenen, in van Goghscher Manier aufgetragenen Farbstreifen im Vordergrund – ähnlich wie die Häuser rechts – nach unten zu kippen.

Siehe Abbildung 48, Seite 170

In *Straße in Murnau mit Frauen* tritt die Auseinandersetzung mit der Perspektive in die Schlußphase. Anstatt den Tiefenraum zu erschließen, strebt die Straße in die entgegengesetzte Richtung; mit ihrem grellen Gelb scheint sie den Betrachter direkt zu attackieren. Ähnlich beschreibt Grohmann den Sachverhalt: »Die Tiefe der Bilder ist begrenzt wie bei Cézanne, die Straße mündet meist in die Fläche des Vordergrundes wie-

25 *Murnau – Straße mit Frauen*, 1908, Öl auf Pappe (71 x 97 cm), Pasadena, The Norton Simon Museum

der ein.«[112] Eine beachtliche stilistische Kluft trennt das Gemälde von *Murnau – Straße.* An die Stelle von Monochromie tritt eine fast aggressive Buntfarbigkeit. Der herkömmlichen Perspektive gegensteuernd, schlägt Kandinsky am letzten Haus der Straße mit Rot und Blau den kräftigsten Buntakkord an; mit dem Gelb am benachbarten Gebäude, an dessen Dach sich Rot zu Rosa und Gelb zu Orange wandeln, wird die Trias komplettiert. Es folgt ein umzäuntes Häuserpaar, dessen dumpf getrübte Grüntönung gegenüber den gesättigten Farbwerten für eine gewisse Balance sorgt. Ähnliches gilt für das abgedunkelte Haus auf der Gegenseite, das sich indes schon spürbar der Lichtkausalität entzieht. Da die Farbe im ganzen erheblich an Darstellungswert einbüßt, sich somit als eigenwertig durchzusetzen beginnt, wird Beleuchtungslicht schon weitgehend durch Bildlicht suspendiert.[113] Parallel dazu werden beim Betrachter aufgrund des hohen Sättigungsgrad der Trias synästhetische Reaktionen wachgerufen. Die Prophezeiung Gauguins, die Malerei werde in eine musikalische Phase treten, scheint sich hier in ersten

112 Grohmann (Anm. 14), S. 58

113 Hans Jantzen, ›Über Prinzipien in der Farbgebung in der Malerei‹, in: *Über den gotischen Kirchenraum und andere Aufsätze von H. Jantzen*, Berlin 1951, S. 311 – 326. – Wolfgang Schöne, *Über das Licht in der Malerei*, Berlin 1954

Ansätzen zu erfüllen. Erhellend dazu der Kommentar von Grohmann: »Die Akkorde ergeben eine komplizierte Harmonie, und das Musizieren mit so irrealen Farben verleiht dem gegenständlichen Thema etwas Phantastisches.«[114] Bemühungen, solche »Harmonie«-Vorstellungen anhand musikalischer Harmonielehren zu konkretisieren, konnten bislang wenig überzeugen; problematisch ist etwa der Versuch, Farbsättigung und -trübung mit Dur- und Mollakkorden gleichzusetzen. Erfolgversprechender erscheint der Analogieschluß, Farbkombinationen bzw. -akzente mit instrumentalen Klangwirkungen zu assoziieren. So vergleicht Kandinsky in seinem Traktat grelles Gelb mit einer »immer lauter geblasenen scharfen Trompete oder einem in die Höhe gebrachten Fanfarenton«. Tritt noch Rot hinzu, dann mengt sich in den »Fanfarenton« der Klang der »Tuba«.[115] Trotz Gegenständlichkeitsreferenz kommt hier Kandinsky seinem Wunsch, im Betrachter einen »inneren Klang« hervorzurufen, mit der Autonomisierung des Kolorits einen wesentlichen Schritt näher. Dazu passend, lautet eine spätere Definition: »Ein Bild ist nichts mehr und nichts weniger als organisierte Farben.« Daneben kristallisiert sich auch bereits heraus, worauf er sein Harmonieverständnis begründet, obwohl er sich erst ca. drei Jahre später in seinem Traktat dazu konkret äußern wird: »Unsere Harmonie ruht hauptsächlich auf dem Prinzip des Gegensatzes, dieses zu allen Zeiten größten Prinzips der Kunst.«[116] Diesem »Prinzip des Gegensatzes« begegnen wir in den Farbakkorden ebenso wie im Bereich der Formkonstellationen.

Bleiben die in der oberen Bildhälfte befindlichen Häuser, in Übereinstimmung mit der gesättigten Farbtrias, hinsichtlich Formenprägnanz wie Orthogonalität unangetastet, so ist der labil schiefen, noch immer jugendstilhaft ornamental bewegten Struktur des anschließenden Doppelhauses die getrübte Erscheinungsform von Grüntönen besonders angemessen. Trotz gegenständlicher Fixierung verlebendigen sich die Formen, sei es, daß sie harmonieren oder als Keile, Zacken oder Wellen miteinander in Konflikt geraten. Selbst die Schatten scheinen sich als formeigenmächtige Elemente zu verselbständigen. In Analogie zur Farbkomposition sind sie untrügliche Indikatoren einer sich anbahnenden Formenautonomie. Ferner verraten die sachbezeichnenden Formen eine Steigerung dynamischer Funktionsfähigkeit. Dies manifestiert sich beispielhaft am linken Haus, dessen dunkelblaues, spitzwinkeliges Dachelement das rotgedeckte Haus unmittelbar zu attackieren scheint. Mit dem Gestaltfaktor der Nähe, der Wiederholung der Keilformen und der

114 Grohmann (Anm. 14), S. 58
115 ÜGK, S. 91 und 100
116 Ebda., S. 109

spürbar vordringenden Rotsättigung kommt es hier zu einer Forcierung der Flächenkomposition, gegen die sich der Restbestand an Perspektive (Größengefälle der beiden zentralen Häuser) kaum noch durchzusetzen vermag. Wie schon angedeutet, expandiert der gelbe Straßenzug in die Vordergrundsfläche, wo rechts unten, vom Bildrand überschnitten, die drei maskenhaften Gestalten vollends abzudriften scheinen. Da Kandinsky die Ausgewogenheit des Spannungsgefüges, eben die »Harmonie der Gegensätze«, stets im Auge behält, läßt er vom unteren Bildrand in radikaler Flächenbindung ein Rasendreieck aufsteigen, das die Straße zur Gabelung zwingt; als deren Gegenvektor zielt es genau auf den Dachkeil des gelben Hauses.

In *Murnau – Dorfstraße* konzipiert Kandinsky den sich in voller Bildbreite öffnenden Straßenzug mittels exakter Fluchtlinienführung von Dachtraufen und -firsten nach zentralperspektivischen Vorstellungen. Abgesehen davon, daß ein in Bildmitte befindlicher Fluchtpunkt grundsätzlich einen gemäßigten Tiefensog nach sich zieht, zeigt sich der Betrachter von diesem perspektivischen Grundschema vorerst kaum berührt, vielmehr steht er im Bann eines irrealen Bildlichts, das die roten Dächer links und das gelbe Haus rechts in gleicher Sättigung aufleuchten läßt. Ein aggressives Schattengebilde stößt von links über die Bildachse, um in kleinen Verästelungen nach dem gelben Haus zu greifen. Ebenso ungewöhnlich ist die Gestaltung des Firmaments, vor dem sich – wie schon zuvor in manchen Werken von Kandinskys Temperamalerei und Druckgraphik – ein gewaltiger Wolkenberg zu wesenhafter Präsenz auftürmt. Mit seinem vorherrschenden Gelb korrespondiert dieser mit dem gelben Haus und der farblich analogen Bodenzone. Daraus resultiert eine flächenprojektive Kohärenz, dergegenüber sich die lineare Perspektive kaum mehr durchzusetzen vermag. Unter dem bedrohlich lastenden Wolkengewicht sinken Horizont und Straße nahezu ein. Eine eschatologische Stimmung kommt auf, erheblich verstärkt durch den schwarzblauen Himmelsstreifen am oberen Bildrand. Im Hinblick auf den grell strahlenden Häuser- und Straßenzug ergibt dies eine tiefgreifende, für Kandinskys Harmonieverständnis charakteristische Dichotomie, wie sie sich in seinem Bühnenstück ›Der gelbe Klang‹ (1909) geradezu idealtypisch niederschlägt. Und in der Tat läßt sich der hier formulierte Satz vom »finsteren Licht bei dem … sonnigsten … Tag« ohne weiteres auf das gleichfalls von Gelb dominierte Murnauer Bild übertragen.[117] Dieser von der Eigengesetzlichkeit des Bildlichts und der Autonomie des Kolorits hervorgerufene Dualismus setzt zweifellos synästhetische Wirkungen frei. In dieselbe Richtung zielt die Bühnenkomposition, in der, so

117 Wassily Kandinsky, ›Der gelbe Klang‹, in: *Der Blaue Reiter* (Anm. 27), S. 213

26 *Murnau – Dorfstraße*, 1908, Öl auf Pappe auf Holz (48 x 70 cm), Schweiz, Privatbesitz

Riedl, eine »expressiv-esoterische Verschmelzung akustischer und optischer Sensationen« zutage tritt.[118] Synästhetische Aspekte finden sich durchgehend auch in Kandinskys Gedichtband ›Klänge‹ (seit 1908 geschrieben und 1912/13 veröffentlicht), in dem das Beispiel *Fagott* einen analogen Ausdrucksbezug zu unserem Gemälde herstellt, ja, eine direkte Interpretationhilfe gewährt: »Eine dicke harte eiförmige Orangewolke hing plötzlich über der Stadt.« Unter ihrer Strahlkraft, heißt es weiter, werde diese Stadt »gelb zum Weinen«. In diesem Gedicht verbreitet sich jene »negative, giftige Atmosphäre«, der wir in Analogie auch im Murnauer Straßenbild begegnen.[119]

118 Riedl (Anm. 103), S. 59

119 Wassily Kandinsky, *Klänge*, München 1913, S.17, 18. – Claudia Taucher, *Sprechen vom Geheimen durch Geheimes. Das Verhältnis von Literatur, Malerei und Kunsttheorie bei Wassily Kandinsky dargestellt an den Beispielen »Der gelbe Klang« und »Klänge«*, Diplomarbeit, Graz 1991, S. 70

3. Klingende Landschaften
Von der Nachahmung zur Erfindung der Wirklichkeit

Den Straßenbildern, in denen nach unterschiedlichen Gesichtspunkten die Gesetze der Perspektive oppositionell behandelt, aber nie ganz preisgegeben werden, steht eine Gruppe von Landschaftsgemälden gegenüber, in der der Abstraktionsprozeß – unbelastet durch fluchtende Häuserzeilen – mittels uneingeschränkter Flächenprojektion besonders rasch vorankommt. Für diese Bilderserie eignet sich der Begriff »klingende Landschaften«, dessen Legitimität sich auf eigene Aussagen des Künstlers stützt. »Oft beherrschte mich ein stark klingender und duftig blauer Fleck im Schatten eines Busches so stark, daß ich eine ganze Landschaft malte, nur um diesen Fleck zu fixieren ... dann versuchte ich die weniger wirkenden Teile auf der Leinwand wirksamer zu machen. Aus diesen Übungen entstand meine spätere Fähigkeit nach meiner Art klingende Landschaften zu malen.«[120] Was sich bereits in den Straßenbildern anbahnt, gelangt nun zur vollen Entfaltung: der nach eigenen Gestaltungsgesetzen strebende »Kampf mit der Natur«. Daß mitunter noch Zugeständnisse an die Perspektive anzutreffen sind, zeigt sich im Gemälde *Riegsee – Dorfkirche*, in dessen linkem Drittel der von einer Mauer umgebene Kirchenbau in exakt konstruierter Untersicht emporstrebt. Zur Mitte hin folgen zwei rote Baumstämme, deren gebogener Verlauf elastische Expansion und vehemente Spannkraft offenbart. Darüber erhebt sich eine beide Stämme zusammenfassende Laubkrone, deren dynamische Grünstriche sogar das umgebende Firmament in Bewegung zu versetzen scheinen. Auf dunklem Blau befindliche weiße, ausgefranste Wolkenzeilen erwecken den Eindruck eines in den Himmel versetzten, wild schäumenden Seestücks. Mittels gleich getönten Blaus werden der Riegsee unten, der anschließende Bergrücken und die Himmelszone auf einer gemeinsamen Bildebene fixiert. Nur ein kleiner gelber Fleck und das Orangeocker einer schirmähnlichen Abspaltung der Baumkrone zitieren den Farbakkord der linken Architekturszene. Diese befindet sich objektiv zwar hinter der zentralen Baumkrone, mit ihrem massiv nach vorne drängenden Gelb/Orange/Ocker-Klang vermittelt sie aber den Eindruck eines mit der dunklen Laubmasse räumlich übereinstimmenden Standorts. Prinzipiell besagt dies: Mit dem Austausch von Farb- und Gegenstandsort (kalt vorne, warm zurückversetzt) kann, ent-

Siehe Abbildung 49, Seite 171

120 Wassily Kandinsky, ›Mein Werdegang‹, in: *Gesammelte Schriften* (Anm. 6), S. 57 f. – Stephan von Wiese, ›Landschaft und Abstraktion im Frühwerk von Kandinsky‹, in: *Der frühe Kandinsky* (Anm. 43), S. 92

gegen der Naturrichtigkeit, optisch wirksame Flächenidentität beziehungsweise Bildrichtigkeit erzeugt werden. Dies erinnert an die von Kandinsky erst später in ›Über das Geistige in der Kunst‹ erhobene Forderung, »das ›Bild‹ als Malerei auf einer Fläche zu behalten«.

In *Murnau – Herbstliche Landschaft mit Kirche* distanziert sich Kandinsky in seiner Landschaftsmalerei erstmalig von jeglicher Art traditioneller Bildraumvorstellung, was freilich nicht heißt, daß er sich nicht auch noch 1909 gelegentlich mit Perspektive-Experimenten auseinandersetzt. Auch hat es den Anschein, daß ihm damit auf dem Sektor der Ölmalerei ein erster Anschluß an das Stilniveau seiner Druckgraphik (z.B. *Grüne Frauen*) glückt. Der Umbruch ist tiefgreifend und fordert zum überregionalen Vergleich mit dem Entwicklungsstand der damaligen Avantgarde heraus. Für Lassaigne stellt sich dies so dar: »Wenn man auf die zeitgenössischen Bewegungen blickt, den Fauvismus und die Anfänge des Kubismus in Frankreich, den Expressionismus in Deutschland …, so wird man gewahr, daß Kandinsky, nachdem er lange hinter ihnen zurückgeblieben war, plötzlich und sehr schnell alle Stadien der Entwicklung durchläuft und zu einer weit radikaleren Umbildung des traditionellen Sehens gelangt.«[121] Letzteres trifft den entscheidenden Punkt: Es handelt sich, genauer, um gestaltendes Sehen, und nicht nur um jenes des Künstlers, sondern auch das des Betrachters, der, um zu »verstehen«, so Kandinsky, »auf den Standpunkt des Künstlers« heranzubilden sei.[122] Noch anspruchsvoller argumentiert Kandinsky in ›Punkt und Linie zu Fläche‹, wo er dem Betrachter nahelegt, seine »Untersuchung sollte peinlich genau, pedantisch exakt vor sich gehen«. Und nachsetzend betont er: »Nur auf diesem Wege einer mikroskopischen Analyse wird die (neue) Kunstwissenschaft zur umfassenden Synthese führen, die sich schließlich weit über die Grenzen der Kunst hinaus in das Gebiet der ›Einheit‹ des ›Menschlichen‹ und des ›Göttlichen‹ erstrecken wird.«[123] Worin könnte der Ansatz dieser von Kandinsky postulierten »neuen Kunstwissenschaft« bestehen? Erste Hinweise darauf gibt der Biograph des Künstlers, Grohmann, der »die Werke dieser Periode Kandinskys im Lichte dieser Theorie [Gestalttheorie] betrachtet, die die Welt als einen Kosmos von Formen in Bewegung ansieht, deren Bedeutungen, von erlebten Eindrücken befreit und von der Form und der Substanz des Dinges abgelöst, den Einwirkungen benachbarter Formen unterliegen.«[124] Ähnliches erfahren wir von Paul Overy, der zum besse-

121 Jacques Lassaigne, *Kandinsky*, Genf 1964, S. 40
122 ÜGK, S. 26
123 PLF, S. 19
124 Lassaigne (Anm. 121), S. 58

27 *Murnau – Herbstliche Landschaft mit Kirche*, 1908, Öl auf Pappe (33 x 44 cm), Helsinki, Didrichsen Art Museum

ren Verständnis von Kandinskys Schaffen nachhaltig auf das methodologische Hilfsmittel der Gestaltpsychologie verweist; über des Künstlers Verhältnis zu diesem Methodenansatz wird später noch ausführlich zu berichten sein. Signifikant ist schon der Untertitel von Overys Kandinsky-Band ›Die Sprache des Auges‹, der vorweg klarmacht, daß die Berücksichtigung der Sehgesetze im visuellen Nachvollzug von Kandinskys Abstraktionsprozeß eine wichtige Begleitfunktion innehat. »Nach den Gesetzen der Gestalttheorie können wir keine Formen wahrnehmen, ohne sie in ›Ganzheiten‹ einzuordnen. Vorstellungen von Dreiecks-, Quadrat- oder Kreisformen usw., die man bislang für verallgemeinernde oder abstrakte Begriffe gehalten hatte, werden als die Grundlage jeglicher Wahrnehmung erkannt.«[125] Zur Präzisierung dieser Gedankengänge läßt Overy Rudolf Arnheim zu Wort kommen: »Man konnte sich das Sehen nicht mehr als ein Fortschreiten vom Einzelnen zum Allgemeinen vorstellen. Im Gegenteil zeigte es sich, daß die allgemeinen Strukturmerkmale die primären Wahrnehmungsdaten sind, so daß Dreieckigkeit nicht das Endergebnis einer verstandesmäßigen Abstraktion ist, sondern eine unmittelbare und elementarere Erfahrung als das Auf-

125 Paul Overy, *Die Sprache des Auges*, Köln 1970, S. 49

nehmen von Details.«[126] Doch zurück zum Sehvorgang, den Arnheim als »das Wahrnehmen von gerichteten Spannungen« definiert und als erlebnishaft »dynamisch« schildert.[127] Erläuternd fügt er hinzu: »Die Anschauungsdynamik ist keine Illusion von Fortbewegung, sondern die wahrnehmungsmäßige Entsprechung von Fortbewegung in einem statischen Medium.«[128] Daß Kandinsky schon lange zuvor ähnliche wahrnehmungspsychologische Erkenntnisse aus seinen eigenen Schaffenserlebnissen gewonnen hatte, geht etwa aus seiner Definition von »Komposition« hervor: »So ist die Komposition nichts weiter als eine exakt-gesetzmäßige Organisierung der in Form von Spannungen in den Elementen eingeschlossenen lebendigen Kräfte.«[129] Schon allein diese Aussagen festigen die Überzeugung, daß zum einen »Kunst und Sehen« (also Künstler und Betrachter) eng zusammenhängen, zum anderen ein künstlerisch adäquates Werkverständnis vorzugsweise aus dem Blickwinkel der Gestaltpsychologie zu erwarten ist. Dies kann nicht nachhaltig genug betont werden, zumal der alternative Methodenansatz der Informationstheorie dem verstehenden Blick auf das Kunstwerk wenig förderlich ist. Der Nachteil dieser induktiven Theorie besteht darin, daß sie mit vermeintlicher Objektivität und landvermesserischer Akribie Beobachtung an Beobachtung reiht, dabei in gefährliche Nähe zur kunstfremden Geometrie gerät und den psychophysischen Rezeptionsmechanismus des Betrachters völlig außer acht läßt. Fremd sind ihr Aspekte phänomenologischer Ganzheit und Dynamik sowie die strukturelle Vernetzung der Einzelformen in lebendige Wechselbeziehungen. Die Auswirkungen sind insofern verhängnisvoll, als etwa einem Gemälde dann tatsächlich nicht mehr als der Stellenwert eines statischen Mediums zukommt. Der Spürsinn für das einem Kunstwerk angemessene Wirken »lebendiger Kräfte« und »Spannungen« bleibt unberücksichtigt. Dieses Manko zu überwinden, entsprachen auch Kandinskys Vorstellungen von der Inauguration einer »neuen Kunstwissenschaft«.

Vor dem Hintergrund solcher Überlegungen gewinnt ein Deutungsversuch von *Murnau – Herbstliche Landschaft mit Kirche* erheblich an Tragweite. Lassaigne spricht in bezug auf Kandinskys Schaffensperiode von 1908 von den »Forderungen eines Werkes, das nach Ganzheit strebt, indem es die rein plastischen Formen überwinden und sich neue geistige, wenn nicht religiöse oder soziale Gehalte erobern will.«[130] Der Aufbau des Gemäldes ist von zwei gegensätzlichen Schwerpunkten geprägt.

126 Arnheim (Anm. 88), S. 32
127 Ebda., S. 14 und 19
128 Arnheim (Anm. 39), S. 86
129 PLF, S. 100
130 Lassainge (Anm. 121), S. 33

Links bildet eine gewaltige, auf zwei Stämmen lastende Baumkrone den dynamisch-expressiven Auftakt. Rechts oben wird dieser von der isoliert positionierten Kirche kontrapunktiert. Die Komposition basiert auf einem dunkelgrünen, dreieckigen Terrainsockel, dessen stumpfer Winkel verhalten nach oben drückt. Diesem entspringt ein aus Blau und Gelb zusammengesetzter Bogen, der nur noch kognitiv als Wegstück identifizierbar ist: Die perspektivische Möglichkeit der tiefenräumlichen Erschließung ist überwunden. Statt dessen fungiert der Bogen als abstraktes Sehding, das in den Dienst dynamischen Ausdrucks und – aufgrund farblicher Analogie zur Kirche – symbolischer Aussage gestellt wird. Die Bilddynamisierung nimmt von der deformierten Doppelbaumkrone, die als dunkelgrünes Konglomerat flächig an die grüngelb leuchtende Wiesenfolie gebunden ist, ihren Ausgang. Ihre polyvalente Ausdrucksqualität äußert sich in drei Bewegungsrichtungen: Zum einen öffnet sie sich nach links, wie in der Absicht, den sie überlagernden Bildrahmen zu sprengen. Zum anderen sorgen die in strengen Parallelen schräg aufgetragenen Strich- und Häckchenlagen für ein nach rechts oben weisendes Kräftepotential. Am gravierendsten ist jedoch die dritte, als konische Form diagonal nach rechts unten drängende Bewegungskomponente. Ihre vektorale, bestimmende Kraft scheint die sich ihr in den Weg stellende Baumkrone buchstäblich zu durchlöchern, um schließlich rechts von ihr in schwärzlicher Dreiecksform erneut aufzutauchen. Dieser aggressive Keil setzt Energien frei, die sich rechts unten in bläulich chiffrierten Geländewellen entladen. Diesem enormen Druck scheint sich die zentrale Baumkrone, losgerissen von ihrem Stamm, mit einer aufwärts gerichteten Fluchtbewegung zu entziehen. Mit nach oben züngelndem, ausgefransten Laubwerk, dem kräftigen Buntkolorit und schräg geführten Pinselduktus behauptet sie ihren exponierten Platz vor dem blauen Firmament. Diesem Kampf der die Naturgegebenheiten teils deformierenden, teils sogar abstrahierenden und vor allem auf Spannungseffekte hinzielenden Kräfte, denen Gegenstandsbezeichnung nur noch sekundär ist, steht rechts oben der für Sicherheit bürgende Kirchenbau gegenüber. Trotz seiner geringen Dimension, die optisch eigentlich eine gewisse Tiefen- bzw. Fernwirkung erwarten ließe, bleibt die Kirche in die flächenhafte Struktur des Bildes eingebunden. Das Gesetz der Größenkonstanz ist aufgehoben, die Kirche wird zum symbolhaften Zeichen, das über den Horizont in den blauen Himmel emporstößt. Sie setzt sich über das irdische Gravitationsgesetz hinweg, wird zum schwebenden, geistigen Wesen, dem auch die unsichere Basis des auf der Spitze stehenden Dachdreiecks darunter nichts anhaben kann. In scheinbarem Widerspruch zu ihrer miniaturistischen Erscheinungsform hat sie der Künstler mit großem visuellen Gewicht ausgestattet, das ihr eine zentrale Position eigener Prägung verleiht.[131] Dazu nutzt er verschiedene gestalterische Möglichkeiten: Kontrovers zu allen übrigen Bildelementen überträgt er ihr allein das Stabilität garantierende Prinzip der Orthogonalität; wahrnehmungspsychologisch formuliert, erfüllt sie den spannungsfreien Tatbestand der nach Prägnanz strebenden »Guten Gestalt«. Weitere Verstärkung des visuellen Gewichts erfährt die Kirche durch den hohen Sättigungsgrad des Gelb, das durch den Blauwert des Himmels sowie beigegebene Rotakzente an Signalkraft gewinnt und sich zur primären Farbtrias vereinigt. Darin symbolisiert sich sowohl die Totalität der Farbwelt als auch der schon von Lassaigne vermutete »religiöse Gehalt« der menschlichen, zwischen Chaos und Ordnung schwankenden Existenz. Das bildnerische Ziel des Künstlers besteht darin, die Landschaft vom Zwang der Naturrichtigkeit zu befreien, seinen Gestaltungswillen vielmehr auf die Mobilisierung visueller Kräfte sowie die klangbildende Autonomisierung der Farbe zu richten. Daraus resultiert sinnstiftender Ausdruck, wie er sich durch das Gegenspiel spannungssteigernder und -vermindernder Kräfte in bislang unbekannter Intensität manifestiert. »Ausdruck bezeichnet die Art und Weise, in der ein Ganzes als lebendig in Erscheinung tritt.«[132]

Kandinsky beschreitet einen Schaffensweg, der ihn, um mit Werner Hofmann zu sprechen, »von der Nachahmung zur Erfindung der Wirklichkeit« führt. Den theoretischen Ansatz dazu finden wir schon in Conrad Fiedlers 1887 erschienenem Hauptwerk ›Der Ursprung der künstlerischen Tätigkeit‹, in dem das Sehen als ein »Neuschaffen von Wirklichkeit« beschrieben wird. Auch für Hofmann besteht kein Zweifel, daß Kandinskys Bildbegriff an jenen Fiedlers knüpft. »Zum Ausdruck«, heißt es bei Fiedler, »wird bei jedem neuen echten Werk eine neue, noch nie dagewesene ›Welt‹ gebracht. Also ist jedes echte Werk eine Neuentdeckung – neben die bereits bekannten Welten wird eine neue, bis dahin unbekannte Welt gestellt«.[133] Philosophischen Nährboden fand Fiedler bei seinem geistigen Mentor Immanuel Kant, der in seiner ›Kritik der reinen Vernunft‹ den auch für die bildende Kunst prophetischen, deduktiven Satz formulierte: »Der Verstand schöpft seine Gesetze nicht aus der Natur, sondern schreibt sie dieser vor.« Schon 1908, während seines ersten Murnau-Aufenthalts, malt Kandinsky einige Landschaftsbilder, diesem hohen geistigen Anspruch wenigstens ansatzweise gerecht zu

131 Arnheim (Anm. 88), S. 26 f.

132 Im übrigen wird der Begriff »Ausdruck« in der Kunstliteratur nur selten im Kontext mit der Anschauungsdynamik behandelt, somit nicht hinreichend reflektiert. Kobbert (Anm. 28), S. 90

133 Werner Hofmann, *Grundlagen der modernen Kunst. Eine Einführung in ihre symbolischen Formen*, Stuttgart 1978, S. 313

werden. Die wichtigste Voraussetzung dafür ist zweifellos der freie Umgang mit der dritten Dimension; räumliche Interessen weichen einer zunehmenden Dynamisierung des Bildgeschehens. Indessen ist vorerst nur in Teilbereichen eine Beseitigung des Gegenständlichen zu beobachten. Diesen gänzlich aufzugeben, davor warnt Kandinsky sogar noch zwei Jahre später in seinem Traktat: »Mit ausschließlich rein abstrakten Formen kann der Künstler heute nicht auskommen. Diese Formen sind ihm zu unpräzis. Sich auf ausschließlich Unpräzises beschränken, heißt sich der Möglichkeiten berauben, das rein Menschliche ausschließen und dadurch seine Ausdrucksmittel arm machen.«[134] Da sich für Kandinsky Harmonie aus Gegensätzen konstituiert, überrascht es kaum, wenn er zu seinem Appell nach partieller Wahrung des Gegenständlichen alsbald selbst in Widerspruch gerät. Nur wenig später, wahrscheinlich in München, gelangt er zur Überzeugung, daß sich der Waagbalken seiner dualistischen Grundeinstellung à la longue zugunsten der Abstraktion senken würde. Als Beleg für diesen Wandel sei auf sein Atelier-Schlüsselerlebnis hingewiesen: »Es war die Stunde der einziehenden Dämmerung. Ich kam mit meinem Malkasten nach einer Stunde heim, noch verträumt in die erledigte Arbeit vertieft, als ich plötzlich ein unbeschreiblich schönes, von einem inneren Glühen durchtränktes Bild sah. Ich stutzte erst, dann ging ich schnell auf dieses rätselhafte Bild zu, auf dem ich nichts als Formen und Farben sah und das inhaltlich unverständlich war. Ich fand sofort den Schlüssel zu diesem Rätsel: es war ein von mir gemaltes Bild, das an die Wand angelehnt auf der Seite stand. Ich versuchte den nächsten Tag bei Tageslicht, den gestrigen Eindruck von diesem Bild zu bekommen. Es gelang mir aber nur halb: auch auf der Seite erkannte ich fortwährend die Gegenstände und die feine Lasur der Dämmerung fehlte. Ich wußte jetzt genau, daß der Gegenstand meinen Bildern schadet.«[135] Ähnlich hatte Kandinsky schon zuvor empfunden, als er die Serie seiner Märchen-Temperabilder abbrach, um den Betrachter – angesichts dominanter Gegenständlichkeit und dadurch verursachter Immunisierung gegen »seelische Vibrationen« – am Abgleiten in die »Fabelsuche« zu hindern. Analog zum »Kampf mit der Natur«, so schreibt er, sei folglich auch der Konflikt mit der »Märchenluft« auszutragen, um damit letztlich den schädlichen »Gegenstand« auszuschalten.

Die Frage, um welches Bild es sich handelt, das Kandinsky zu seinem Schlüsselerlebnis verholfen hat, ist freilich nur hypothetisch zu beantworten. Am meisten überzeugt die Vermutung Brischs, der in diesem Zusammenhang *Murnau – Landschaft mit Turm* (75,5 x 99,5 cm), ein für

134 ÜGK, S. 71
135 *Rückblicke,* S. 20

die Murnauer Zeit auffallend großformatiges Gemälde erwähnt: »Es muß jenes ›innere Glühen‹ [dieses] Bildes gewesen sein, das Kandinsky bei dieser Begegnung als einen ausdrucksvollen Gegenwert des rein Seelischen begriffen hat, der von der Gegenstandswelt unabhängigen Innenwelt, die der Beleuchtung nach optischen Gesetzen entraten kann.«[136] Gemeint ist das fast nächtliche Blau des Himmels – jenem mit van Goghs *Kornfeld mit Raben* (1890) vergleichbar –, das mit dem helleuchtenden Gelände links unten in schon irrationaler Weise kontrastiert. Dazu ergänzend Brisch, der unter dem Aspekt des »Selbstleuchtenden, Glasbildartigen« festhält: »Strahlend herrscht ein Licht, das wie von innen leuchtet und die Farben erhellt: Licht aus dem Kosmos innen im Menschen.«[137] Mit dem Hinweis auf den »Purkinje-Effekt« läßt sich dies auch wahrnehmungspsychologisch erklären, demzufolge Blau- und Grüntöne bei trübem Licht – analog zu Kandinskys »einziehender Dämmerung« – deutlich an Leuchtkraft und Raumwirkung gewinnen.[138]

»Thema ist hier nicht mehr die Landschaft, diese ist nur noch Vorwand für die Malerei. Eigentliches Bildthema ist die Kraft der Farbe, ihre Wechselwirkung untereinander und ihre suggestive Ausstrahlung auf den Betrachter.«[139] Diese Beschreibung ist zwar korrekt, trifft jedoch nur die halbe Wahrheit. Hauptthema ist neben der »Kraft der Farbe« das dem Ganzen innewohnende, auch aus der spezifischen Strukturierung der Formen resultierende Kräftepotential, aus dem allein die sinnstiftende, eben ausdrucksfähige Wirkung herauszulesen ist.

Wie schon in den frühen Landschaftsskizzen stellt Kandinsky auch hier die empathiefördernde Evidenz des Pinselduktus in den Dienst dynamischer Aussage. Beispielhaft tritt diese Absicht am quantitativ unangefochtenen Zentrum des vegetabil geformten Hügels zutage, der als schräg ausgerichtete ovale Masse auf abschüssigem Gelände nach rechts abzudriften scheint, um – von zwei fragilen Bäumchen wenig zuverlässig gestützt – gefährlich nahe an den Abgrund zu geraten. Diesem bedrohlichen Trend wird mehrfach begegnet, vor allem mittels der in Gegenrichtung nach links oben zielenden, in parallelen Strichlagen aufgetragenen Grünwerte. Im übrigen ist der Abstraktionsgrad des kompakten Vegetationsgebildes schon sehr weit fortgeschritten, was sich in den teils konturierenden, teils auch in den Binnenbereich vordringenden Dunkel-Farbmassen, die nur noch entfernt an Schattierungen erinnern, äußert. Für Spannung sorgt weiters der Umstand, daß das zentrale Grün,

136 Brisch (Anm. 65), S. 187
137 Ebda., S. 186
138 Arnheim (Anm. 88), S. 330
139 Becks-Malorny (Anm. 33), S. 31

28 *Murnau – Landschaft mit Turm*, 1908, Öl auf Karton (75,5 x 99,5 cm), Paris, Musée National d'Art Moderne, Centre Georges Pompidou

die Dunkelmasse gleichsam unterlaufend, auch im rechten unteren Bildbezirk auftaucht. Da es dort den Bild-Grund bestimmt, hat man den Eindruck, daß es schon am bewaldeten Hügel – aufgrund von Farbanalogie – diese Funktion ausübt. Folge ist eine ambivalente Figur-Grund-Behandlung, wobei den Dunkelpartien die figurale Funktion zukommt und sich beim Betrachter die Wahrnehmung semiabstrakter Formbildung einstellt. Einen weiteren relevanten Akzent bildet der links außen befindliche Turmbau mit gesprenkelter Rotlinie, von dem sich das Hügeloval – gefördert durch den schräg nach oben weisenden Rotbalken – loszureißen scheint.

Indessen sind auch Kräfte am Werk, die dem drohenden Gleichgewichtsverlust entgegenwirken: zum einen die über dem Hügelhorizont aufsteigende weiße Wolke, die vom streng vertikalen Turm regelrecht angezogen wird, zum anderen der gebogene gelbe Keil unten, der – ebenso nach links strebend – die Laufrichtung des rötlichen, abschüssigen Terrains konterkariert und damit auch die Kipptendenz der Hügelmasse vermindert. Dergestalt werden miteinander ringende Kräfte bzw. Bewegungsrichtungen in ein ausgewogenes Ganzes eingeschmolzen.

Eine Kontrast-Harmonie wird manifest, an der auch die seltsam widersprüchliche Eigenlicht-Situation teilhat. Wie das leuchtende, mit den weißen Wolken korrespondierende Gelb zum dämmrig blauen Himmel in irrationalen Gegensatz gerät, dies erinnert einmal mehr an Kandinskys faszinierenden Satz vom »finsteren Licht bei dem ... sonnigsten Tag«. In Ansätzen macht sich jene kosmische Tragweite bemerkbar, die in Kandinskys künftiger Bildwelt eine bedeutende Rolle spielen wird. Seinen Niederschlag findet dies am Firmament, wo sich das Kräftespiel der Landschaft mittels radial ausstrahlender Farbstrichlagen fortzusetzen scheint; unversehens geht dann das Blau in der rechten unteren Bildhälfte in Grün über. Unschlüssig bleibt der Betrachter, ob er dieses Grün mit einem nahtlos in den Himmel übergehenden Landschaftsgrund identifizieren soll, zumal ein kleiner weißer Fleck als dynamischer Vorbote zweier Wolkengebilde nach unten treibt und so den Eindruck einer bodenlosen Außenwelt vermittelt. Für Brisch ist evident, daß »bei der Anordnung der weißen Farbformen über das ganze Bild ... die Bildrichtigkeit über die Naturrichtigkeit gesiegt hat; vor allem die rechten entstammen nicht mehr der Beobachtung, sondern sind im Bild um des Gleichgewichtes mit den anderen Weißformen links willen, und um Weiß (als Klang) im Bild diese bedeutungsvolle Rolle geben zu können«. Weiters ist dem Autor zuzustimmen, wenn er das »Landschaftsschauspiel ... in einer anderen Wirklichkeit« inszeniert sieht, denn: »Schon das Blau ist traumtief und so voller Leuchtkraft, daß es wie einer schönen, unauswaschbaren Erinnerung entnommen scheint«.[140]

Im September 1908 mietet Kandinsky in München (Ainmillerstraße 36) eine komfortable Wohnung, die ihm bis zu seiner Rückkehr nach Rußland, 1914, als Hauptwohnsitz dient. Gemessen am relativ kurzen Sommeraufenthalt in Murnau, wo er sich einem unvergleichlichen Schaffensrausch hingibt, tritt sein künstlerisches Wirken für den Rest des Jahres deutlich in den Hintergrund. Statt dessen ist eine lebhafte Ausstellungstätigkeit, und zwar in Paris, Berlin, Moskau, Odessa und St. Petersburg, zu registrieren. Im Winter vollendet er seine erste Bühnenkomposition *Schwarz-Weiß-Bunt.* Daß er die Landschaftsmalerei nicht ganz aus den Augen verliert, zeigt eine kleine Werkgruppe mit herbstlichen Motiven des Starnberger Sees, die gleichwohl erkennen läßt, daß dem Künstler der Murnauer Inspirationsquell, zumindest kurzfristig, abhanden gekommen ist. In diesem Zusammenhang könnte man Eichners Kommentar zum Gemälde *Murnau von Westen*, in dem sich »noch der breite, unverbundene, kunstgewerblich bunte Pinselstrich [findet], der an die Cloisonné von Flecken früherer Temperabilder erinnert«, ohne weiteres

140 Brisch (Anm. 65), S. 186

29 *Starnberger See*, 1908, Öl auf Karton, (63 x 96 cm), New York, Leonard Hutton Galleries

auch auf das Bild *Starnberger See* übertragen. Konkreter ist Hahl-Koch, die den Versuch Kandinskys hervorhebt, »eine Synthese zu finden zwischen frühen, zügig und oft in Farbstreifen aufgebauten Landschaftsstudien und den kleinteiligen Farbflecken seiner Temperabilder auf dunklem Grund«.[141]

Es bedarf keiner aufwendigen Analyse, um klarzumachen, daß der Künstler hier zu einem bereits überwunden geglaubten Entwicklungsstand zurückgekehrt ist. Die wenig dynamische Komposition ist in horizontalen Streifen aufgebaut und wird klanglich von einem grellen Gelb/Rosa-Akkord bestimmt, dem sich einige starke Blauakzente und dumpfes Grün hinzugesellen. Die Farbe ist teils breit aufgetragen, teils – fast divisionistisch – in kleine Partikel zerlegt. Mit diesem mosaikartigen Gefüge kontrastiert ein durchgehender jugendstilhafter Linearismus, der am rosa Bootssteg unten seinen Ausgang nimmt, sich in der mäanderhaften blauen Linie im See nach oben fortsetzt, um schließlich in das Wellenband des Berghorizonts zu münden. Insgesamt handelt es sich um bildnerische Indikatoren, die in Eichners kritischer Etikettierung mit »kunstgewerblich« eine nicht ganz unberechtigte Umschreibung finden.

141 Johannes Eichner, *Kandinsky und Gabriele Münter. Von Ursprüngen moderner Kunst*, München 1957, S. 90. – Hahl-Koch (Anm. 10), S. 113

30 *Häuser in München*, 1908, Öl auf Karton (33 x 41 cm), Wuppertal, Von der Heydt-Museum

Signifikant ist, daß sich Kandinskys Interesse an der Münchener Häuser-»Landschaft« deutlich in Grenzen hält. Es gibt lediglich zwei Bilder zu diesem Themenkreis: *Häuser in München* und *München – Schwabing mit Ursulakirche*. Im erstgenannten hat Brisch »ganz versteckt klingende, glühende Farben [bemerkt], unterstützt durch einen zuweilen transparenten Schimmer, zuweilen lackartigen Glanz der Farben. Das Bild ist nicht nur auf die Wirkung der Farben und Formen ... gestellt, sondern auch stark auf die Ausnutzung aller Möglichkeiten der Maltechnik«. Wenn er dann zu Recht betont, »die geistige Ausdrucksfähigkeit der Faktur [sei] dabei fast ganz unabhängig von der Wirkung der Farbe an sich«, stellt sich allerdings die Frage, ob sein Vergleich mit Raoul Dufys *Hafen von Honfleur* (1906) das Münchener Bild nicht doch zu sehr in die Nähe des Fauvismus rückt. Denn anders als Kandinsky zieht Dufy, wie übrigens die meisten Fauvisten, die »Wirkung der Farbe an sich« der »Ausdrucksfähigkeit der Faktur« vor.[142] Abgesehen von den in spannungsfördernden Intervallen gesetzten Farbakkorden halten sich die sonstigen

142 Brisch (Anm. 65), S. 176 f.

Ausdrucksqualitäten des Bildes aufgrund der streng orthogonalen Kompositionsweise und der scharfen Gegenstandskonturierung sichtlich in Grenzen.

Siehe Abbildung 50, Seite 172

Ungleich dynamischer ist das Gemälde *München – Schwabing mit Ursulakirche* (auch *Vor der Stadt* genannt) konzipiert, und zwar hinsichtlich der von Brisch angesprochenen Faktur-Problematik und der Spannungsverhältnisse zwischen Farbe und Form. Ein Vergleich der beiden Bilder bringt völlig unterschiedliche Ergebnisse zutage, so daß man nur mit Mühe die Handschrift des gleichen Künstlers erkennt; immerhin ein Indiz für die Bandbreite von Kandinskys bildnerischem Experimentierfeld. Die vermutlich aus einem Fenster der Ainmillerstraße festgehaltene Szene spielt am Rand des alten München, wobei dessen bauliche Ausläufer – vor tiefblauem Himmelsgrund und überlagert von einem kompakten Wolkengebilde – im oberen Bilddrittel angesiedelt sind. Von bunter Vitalität bestimmt, wird ein Netz von Farbtrübungen und -sättigungen ausgespannt, dem sich Reste des natürlichen Leuchtlichts eines sonnigen Spätnachmittags hinzugesellen; letzteres steht übrigens in deutlichem Gegensatz zu *Häuser in München*, wo Kandinsky dem Bildlicht gegenüber dem Beleuchtungslicht den Vorrang gegeben hat. Offenbar muß der Maler diese Licht-Problematik vor Augen gehabt haben, als er sich später in ›Rückblicke‹ an die »kräftige, farbensatte, in den Schatten tief donnernde Skala der Münchner Lichtatmosphäre« erinnerte. Jahre zuvor war es bekanntlich der Klang der ›Moskauer Vorabendstunde‹, der sich ähnlich einschneidend auf Kandinskys Gefühlswelt ausgewirkt hatte.[143] Was sich im oberen Bilddrittel unter dem Aspekt luminaristischen Natureindrucks ereignet, wird darunter, auf dem weiten Feld »vor der Stadt«, in den koloristischen Selbstzweck der Kunstrichtigkeit eingeschmolzen.[144] Drei konstituierende Merkmale sind hier zu beachten: 1. die Ausdruckskraft der Faktur, 2. die klangliche Wirkung des überwiegend autonomen Kolorits und 3. die dynamischen Konflikte und Korrelationen der in spezifischen Formen eingeschlossenen oder darüber hinausquellenden Farben.

Es ist nicht zu übersehen, daß von der Eigenart des Pinselduktus – vor allem von den im Grün- und Gelbgrünbereich dahineilenden Wellenlinien – die Initialwirkung zur Dynamisierung des Bildgeschehens ausgeht. Den ondulierenden Farbbahnen treten vorzugsweise in Rosa, Orange und Blau gehaltene Farbtupfen und -flecken entgegen. Es kommt zu zahlreichen Überlagerungen, die für eine totale Verdichtung

143 *Rückblicke,* S. 17

144 Ernst Strauss, *Koloritgeschichtliche Untersuchungen zur Malerei seit Giotto,* München-Berlin 1972, S. 22, 23 f.

der Bildfläche sorgen. Letzteres verstärkt sich dadurch, daß Kandinsky die Buntfarbe fallweise mit Weiß übergeht, ein Verfahren, das er anläßlich seiner in den ›Rückblicken‹ veröffentlichten Selbstanalysen anschaulich als »Quetschtechnik« bzw. »Verschmierung« bezeichnete.[145] Heute wird kaum ein Betrachter diesen wildbewegten Farbentaumel trotz der vorherrschenden Grünwerte, lediglich als einen buntleuchtenden Wiesengrund identifizieren. Und schon damals mag es Rezipienten gegeben haben, die das, was Kandinsky bezweckte, nämlich die Vermittlung »seelischer Vibrationen« und innerer Klangvorstellungen, nachvollziehen konnten. Daß diese Fähigkeit Seltenheitswert hatte, darüber war sich der Künstler bewußt, wenn er einschränkend bestätigt: »Solche Beschauer existieren auch (das ist kein Wahn), nur sind sie ebenso selten, wie Goldkörner im Sand.« Dieser resignativen Bemerkung stellt er folgenden, vielleicht der Unterweisung des überforderten Betrachters dienlichen Satz voran: »Die Farbenpracht im Bilde muß den Beschauer gewaltig anziehen und zur selben Zeit muß sie den tiefliegenden Inhalt verbergen.«[146] Dies klingt vorerst kryptisch, gewinnt aber an Aussagekraft, wenn man in der erregenden Kombination der Farbakkorde zumindest einen Teil des »tiefliegenden Inhalts« wahrnimmt. Es handelt sich um einen komplementären Zusammenprall kalter und warmer Farbwerte. Damit bahnt sich ein Spannungspotential an, in dem sich das Motiv einer schillernden Wiese unversehens in ein Konfliktfeld verwandelt, das auch die kaum noch identifizierbare Menschengruppe links unten einbezieht. Zieht man neben den pulsierenden Farbströmen und den Hell-Dunkel-Kontrasten noch die heftig aneinandergeratenden Keilformen in Betracht, eröffnet sich ein »tiefliegender Inhalt«, und es wird klar, daß auch die ferner gelegene Stadt dem unheimlichen Zugriff des heraufziehenden, von weiß bis grüngelb getönten Wolkengebildes ausgesetzt ist.

Erst im Winter von 1908 auf 1909 setzt Kandinsky mit *Der blaue Berg* den nächsten, für den Durchbruch zur Entgegenständlichung bereits vorentscheidenden Entwicklungsschritt. Farbe und Form haben einen Reifegrad erreicht, der sich – bei völliger Ausschaltung von Beleuchtungslicht – in autonomem Kolorit, flächenhafter Korrelation und ausdrucksstarker Bewegung dokumentiert. Zudem erfolgt eine Fusionierung von Landschaftlichem und Figuralem sowie ein neuerliches Aufkeimen der Märchenthematik – letzteres allerdings auf einer inhaltlich weit schwerer als zuvor faßbaren Ebene. Eichners Kurzdiagnose des Werkcharakters ist präzis und anschaulich zugleich: Kandinskys »Zukunft keimte in einer

145 *Rückblicke,* S. 44
146 ÜGK, S. 5 f.

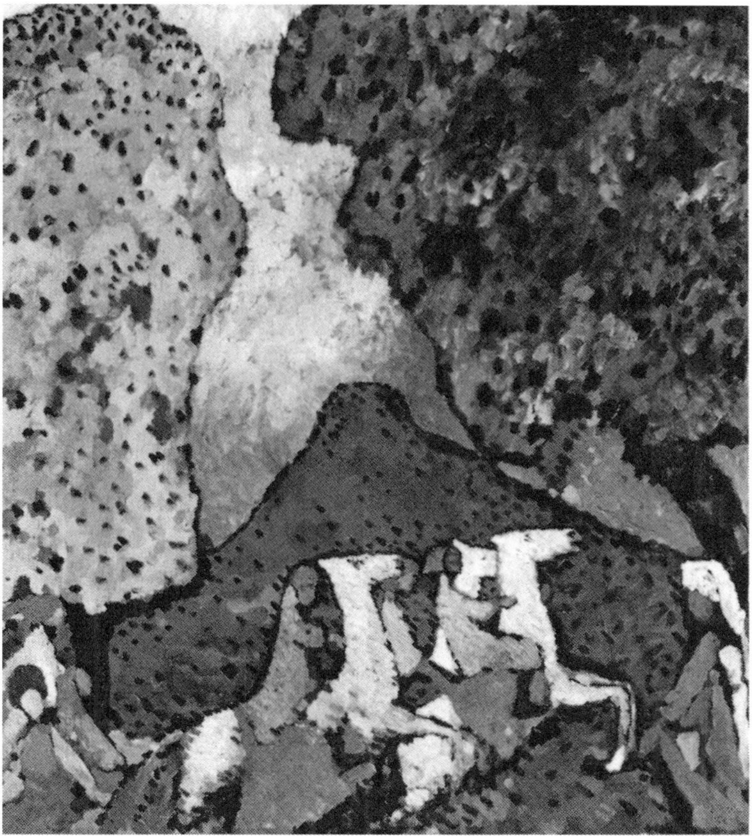

31 *Der blaue Berg*, 1908/09, Öl auf Leinwand (106 x 96,6 cm), New York, Solomon R. Guggenheim Museum

abgekürzten Sachlichkeit und als er wieder zu freier Gestaltung überging und noch in diesem Jahr, 1908, den *Blauen Berg* malte, hatten Berg, Bäume, Pferde und Reiter feste, deutliche, anspruchsloseste Formen, nicht nur ohne Impressionismus, sondern auch fern aller interessanten, schmissigen und geschmäcklerischen Stilisierung, Formen wie aus Bäckerteig gemacht, an denen eine Entgegenständlichung neuer Art einsetzen konnte. Zugleich wirkten in den flachen, körperlosen Gebilden dieses Gemäldes zukunftsträchtige Gestaltungskräfte: die große, das ganze Bild erfüllende Spannung zwischen Leerem und Dichtem, Stehendem und Bewegtem, und die bei aller Derbheit der Grenzlinien feinfühlige Eigengeformtheit der Restflächen zwischen den Dingen. Ein Blick zurück auf die Temperagemälde, und man ermißt, daß jetzt eine nichtornamentale, allem ›Geschmack‹ spottende, schier urtümliche Bildgestaltung am Werk ist.«[147] Im Anschluß an diesen treffenden Kurzkom-

147 Eichner (Anm. 141), S. 90

mentar ist freilich noch zu klären, auf welche Weise Kandinsky »Gestaltungskräfte« und »Spannungen« hier einsetzt und wie diese zu deuten sind.

Von Figuren in den Bildecken flankiert, jagen drei Reiter nach rechts aufwärts, vermutlich bestrebt, den Gipfel der blauen Bergpyramide zu erreichen. Anscheinend ist es das Ziel der mit kraftvollem Rot akzentuierten Berittenen – in ihrer Dreizahl nehmen sie wie der blaue Berg in Kandinskys künftigem Œuvre eine motivlich herausragende Stellung ein –, aus den materiellen Niederungen zum Blau des Geistigen zu gelangen. Betrachtet man ihre Laufrichtung, ist nicht auszuschließen, daß sie ihr Ziel aus den Augen verlieren und am Berg vorbeireiten. Tatsächlich stellt sich ihnen manches Hindernis in den Weg. Zum einen ist es die prächtig gekleidete Frauengestalt rechts außen, die als Verführerin die spirituelle Absicht der Reitergruppe durchkreuzen könnte. Zum anderen scheint sich auch die Natur gegen die voransprengende Schar verschworen zu haben. Der vielleicht als Luxuria deutbaren Gestalt entwächst ein Baumstamm, der sich unter dem gewaltigen Gewicht seiner in allen Rot- und Violettönen prunkenden Laubmasse nach links neigt. Sein Sturz auf die Reiter wird durch den blauen Berg verhindert. Doch selbst dieser weicht dem Druck der Baumkrone, die sich – aufgrund der sie überschneidenden Bildgrenzen – zu inkommensurabler Größe entfaltet. Unter dem Gewicht der riesigen Baumkrone kippt die obere Bildhälfte nach links. Die Gefährdung der Symmetrie versetzt den Betrachter in Spannung. Als Gegenkraft wirkt der linke, in warmen Gelbtönen gehaltene und von zahlreichen schwarzen Punkten durchsetzte Baum, dessen lotrechtes Emporstreben für Stabilität sorgt. Begrenzt durch den Berg und die beiden Riesenbäume, erhebt sich ein zwischengeschaltetes Formelement bis an den oberen Bildrand, wo es, auf einen schmalen Durchlaß reduziert, nur knapp die drohende Kollision der Bäume verhindert. Dieses kompositorische Bindeglied unterscheidet sich in Faktur und Kolorit von den umgebenden Formgebilden, innerhalb derer die Primärfarbtrias dem Bild den dominierenden »inneren Klang« verleiht. Diese Mittelzone fungiert, eingeklemmt zwischen den Hauptgegenständen, eigentlich als Bild-Grund. Indessen löst sie sich von dieser Funktion und wandelt sich – im Bestreben, den visuellen Kippeffekt gegenüber den anstoßenden Baummassen für sich zu entscheiden – unversehens in ein formeigenmächtiges Gebilde. Eruptiv sendet der Berggipfel in diese Figur rotierende, in allen Tönen changierende Farbströme aus, deren durch lebhafte Weißbeimengungen erreichte, dynamisch schäumende Kraft imstande ist, der Attacke des rechten Baums mit Gegendruck zu widerstehen. Es erscheint nicht übertrieben, dieser über raumgreifende Qualitäten verfügenden oszillierenden Farberscheinung, die Kandinsky in den ›Rückblicken‹ als »inneres Kochen in unklarer Form« beschrieben hat, einen sich verflüchtigenden, somit immateriellen Aggregatzustand zu attestieren.[148] Im Kampf um das Geistige sind zahllose Hindernisse zu überwinden; dieser wird im Irdischen ebenso wie im Kosmischen ausgefochten, und zwar stets mit ungewissem Ausgang.

148 *Rückblicke,* S. 44

V 1909 – Zeit der Wende

Nach mehr als vier Jahren, seit der letzten Ausstellung der Künstlergruppe ›Phalanx‹, regt sich in Kandinsky der Wunsch, neuerlich einen ähnlichen Verein ins Leben zu rufen. Beabsichtigt ist sowohl in eigener Sache als auch im internationalen Kontext dem Münchener Publikum die jüngsten Kunstströmungen näherzubringen. Schon vor der Eintragung ins Vereinsregister (22. März 1909) als ›Neue Künstlervereinigung München‹ – neben Kandinsky zählen zu den wichtigsten Gründungsmitgliedern: Alexej von Jawlensky, Marianne von Werefkin, Gabriele Münter, Alfred Kubin, Alexander Kanoldt und Adolf Erbslöh – formuliert Kandinsky am 22. Januar die Gründungsurkunde. Deren Text legt neben generellen Absichtserklärungen auch seinen eigenen, die künstlerischen Ergebnisse des Jahres 1909 offenkundig bereits vorausahnenden Entwicklungsstand dar: »Wir gehen aus von dem Gedanken, daß der Künstler außer den Eindrücken, die er von der äußeren Welt, der Natur, erhält, fortwährend in einer inneren Welt Ergebnisse sammelt: Und das Suchen nach künstlerischen Formen, welche die gegenseitige Durchdringung dieser sämtlichen Erlebnisse zum Ausdruck bringen sollen – kurz, das Streben nach künstlerischer Synthese, dies scheint uns eine Lösung, die gegenwärtig immer mehr Künstler geistig vereinigt.«[149] Letzteres klingt nach Jawlensky, erinnert aber auch daran, daß Kandinsky, zu gesamtkunstwerklicher Synthese drängend und damit die Grenzen seines eigentlichen Metiers sprengend, an seinen Bühnenkompositionen *Der gelbe Klang*, *Grüner Klang* sowie *Schwarz und Weiß* zu arbeiten beginnt. Noch erhellender ist der Hinweis auf »Eindrücke von der äußeren und der inneren Welt«, woraus schlüssig wird, daß der Künstler die in Murnau 1908 begonnenen Naturstudien auch 1909 weiterzuführen gedenkt. Gleichzeitig ist er bestrebt, sich mittels Dynamisierung und sukzessiver Entgegenständlichung des Bildgeschehens immer weiter von der äußeren Naturwirklichkeit zu lösen, um damit jenen emanzipatorischen Entwicklungsweg einzuschlagen, der ihn letztlich zur uneingeschränkten Erfassung der inneren Welt, eben der Kunstwirklichkeit, führen sollte. So

149 Becks-Malorny (Anm. 33), S. 40

gesehen ist 1909 als Kandinskys eigentliches Übergangsjahr zur Abstraktion anzusprechen.

»Obwohl sich Kandinsky seit 1908«, betont Grohmann, »auch schon um gegenstandsfernere Gestaltungen bemüht hat, setzt er seine Versuche, mit Hilfe der Landschaft zu bildhaften Resultaten zu kommen, weiter fort. Dabei nimmt nicht etwa der Grad der Naturnähe schrittweise und stetig ab«.[150] Neben dem Zugewinn neuer Ausdrucksmöglichkeiten werden bereits überholt geglaubte Gestaltungsmodi neuerlich aufgegriffen und variiert; vieles ist gleichzeitig möglich. Es lassen sich drei signifikante Werkgruppen unterscheiden, wobei das Nebeneinander der ersten beiden schon für die Murnau-Zeit von 1908 charakteristisch war. Einmal sind es »naturnah-expressive« Landschaftsbilder von eher konventionellem, noch überwiegend von »Eindrücken der äußeren Welt« bestimmtem Zuschnitt. Dann gibt es eine Gruppe »fortgeschrittener« Landschaften, die trotz gegenständlicher Teilreferenz ein erhebliches Plus an autonomer Ausdrucksqualität zu verzeichnen haben; für diese wäre – in Analogie zu Cézannes Harmonieverständnis – der Begriff »naturparallel-expressiv« vorzuschlagen. Schließlich existiert eine Reihe von Gemälden – darunter auch die ersten Improvisationen –, in denen, bei erheblicher Reduktion des Gegenständlichen, eine Verschmelzung von Landschaftlichem und Figuralem zu verzeichnen ist, bisweilen aber das Figurale dominiert. Diese, den Aufbruch Kandinskys zu innerer Ausdruckswelt markierende Gruppe wird »eidetisch-verschlüsselt« etikettiert, mit Grohmann könnte man auch von »freien Bildern« sprechen.[151]

1. »Naturnah-expressive« Landschaften

Am 20. Februar zieht es Kandinsky neuerlich in das bayerische Voralpengebiet, wo er sich bis zum 8. März in Kochel aufhält. Er ist vor allem bestrebt, mit Thomas von Hartmann an seiner Bühnenkomposition *Der gelbe Klang* zu arbeiten. Als zusätzlicher Ertrag entstehen einige winterliche Ansichten, unter denen *Winter I* und *Verschneite Bäume in Kochel* – im Sinne eines Pendelschlags zwischen Naturnähe und Naturferne – Kandinkys ambivalenten Zugang zur Landschaftsproblematik exemplarisch bezeugen. *Winter I* verfügt über einen traditionellen Bildaufbau, der sich in Zugeständnissen an die Perspektive niederschlägt; letzteres äußert sich in einer steil in die Tiefe führenden Wegstrecke, deren begleitende Baumreihen durch Größengefälle Raumillusionen aufkommen las-

150 Grohmann (Anm. 14), S. 61
151 Ebda., S. 56

sen. Dies steht in seltsamem Kontrast zu einer irrealen Farbgebung, die »die Landschaft in eine traumhaft-geheimnisvolle Atmosphäre« taucht;[152] dieser Eindruck resultiert allein schon daraus, daß einem blau/rosa Gelände ein gelb/grüner Himmel gegenübersteht. Hinzu kommt ein innerhalb fester Konturen eingebetteter Farbauftrag, dessen punktuell wie flächenhaft aufgelöste Faktur einerseits Erinnerungen an die märchenhaften Temperabilder wachruft, andererseits den Betrachter – im Widerspruch zum eher statischen Liniensystem – in eine Unruhe versetzt, die auch durch interferierende Farbpartikel (z.B. Blau auf Rosa) evoziert wird. Es handelt sich um ein Stimmungsbild, in dem Erstarrtes (das lineare Referenzsystem) und Lebendiges (die Farbe) in spannungsvollen Gegensatz treten. Das kalte Kolorit sorgt für einen jahreszeitgemäßen »Klang«. Auch das von Grün, Weiß und Blau begleitete Gelb des Himmels gerät in den Sog der Kälte. Aufschlußreich ist ein Vergleich mit dem im Jahr zuvor gemalten Bild *Herbststudie bei Oberau*, in dem ein großer, in ähnlicher Fleckentechnik gefertigter Bildanteil mit flächenhaft homogen gefärbten Formgebilden kontrastiert. Ein wesentlicher Unterschied zum Winterbild besteht darin, daß die Oberauer Komposition durch dreifach die Richtung wechselnde Schrägen bestimmt wird, mithin eine zum Ornamentalen neigende Sequenz vorliegt, wie sie als Nachklang des Jugendstils geschildert wurde. Davon ist in *Winter I* nichts mehr zu bemerken. Der Dualismus von linear konturierendem Grundgerüst und aufgesplitterter Farbgebung rückt das Gemälde – trotz größerer, räumlich bedingter Naturnähe – in den Bereich expressiver Aussage, wobei ebenfalls im Gegensatz zur Herbststudie die Affinität zum Fauvismus merklich zurücktritt.

Am 20. Juni reisen Münter und Kandinsky abermals nach Murnau, wo sie sich drei Monate aufhalten; die Faszination des Orts ist ungebrochen, so daß man sich zum Kauf eines eigenen Hauses entschließt. Anhaltend ist auch Kandinskys Interesse am Murnauer Straßen- und Landschaftsbild, dem er mehr noch als im Vorjahr unterschiedliche Gestaltungsaspekte abzugewinnen vermag. Dabei wird eines klar: die weitgehende Abkehr von der experimentellen Auseinandersetzung mit der Perspektive, an deren Stelle sich Flächenhaftes mit einem neuen, überwiegend durch das Kolorit bestimmten Raumgefühl verbindet. Selbst in einem gegenständlich so pointiert angelegten Bild wie *Grüngasse in Murnau* wird dieser Trend spürbar. Es handelt sich um ein »flächiges Muster von dichter formaler Präsenz«[153], in dem die Gesetze des dreidimensionalen Sehens außer Kraft gesetzt sind. Im unteren

Siehe Abbildung 51, Seite 173

152 Becks-Malorny (Anm. 33), S. 33
153 Hoberg (Anm. 82), Text zu Taf. 23

Abschnitt des horizontal zweigeteilten Gemäldes hebt die Komposition links mit einer repoussoirhaften, schrägen Gartenhecke an, der rechts außen ein vom Rahmen überlagertes Hauselement antwortet. Dazwischen öffnet sich ein weites, in warmen Gelbtonwerten gehaltenes Platzareal, in das lediglich ein schmales blaues Band schlagschattenähnlich eindringt. Mit der einem Rechteck angenäherten Form des Platzes wird der Möglichkeit zu tiefenräumlicher Erschließung des in der oberen Bildhälfte angesiedelten Gebäudeensembles von vorneherein Einhalt geboten. Daran ändert auch der schräg fluchtende Gartenzaun wenig, zumal dessen blauer Schlagschatten eine lotrechte Begrenzung aufweist, die nahtlos in die rechte Kante des darüber befindlichen Hauses überleitet. Damit – und im Zusammenhang mit den angrenzenden, ebenso frontal ausgerichteten Gebäuden – wird dem Prinzip der Orthogonalität entsprochen sowie dem Faktor der durchlaufenden Linie (bzw. Begrenzung), womit eine Abkehr von tiefenräumlicher Erschließung einhergeht. Dies besagt nun freilich nicht, daß der Gartenhecke die dynamische Funktion abhanden gekommen ist. Mit ihrer keilartigen Form zielt sie jedoch anstatt in die Tiefe nach oben und verstärkt den Höhenzug der an den Bildrand gedrängten Häusergruppe.

Den Eindruck eines sonnendurchtränkten, zur Neige gehenden Sommertags festzuhalten, war hier wohl Kandinskys Anliegen, dem er traditionsgebunden nicht nur durch deutlichen Gegenstandsbezug, sondern cum grano salis auch durch den Einsatz natürlichen, an den Schattierungen ablesbaren Leuchtlichts Tribut zollte. Eichners Beobachtung, daß »die Farben an den kenntlichen Gegenständen haften, in den Grenzen des Wahrscheinlichen« verharren, entspricht nicht den Tatsachen, auch wenn dem Ganzen ein relativ konventioneller Grundton eigen ist.[154] In Wirklichkeit handelt es sich, wie der Autor bestätigt, um ein »blendendes, orgiastisches Farbenspiel«, das die Naturrichtigkeit teilweise suspendiert. Mit Ausnahme der getrübt grünen Hecke dominieren gesättigte Farbwerte, unter denen das zu enormer Leuchtkraft gesteigerte Gelb den Majoritätsanspruch erhebt. Mit diesem kontrastieren in deutlich kleineren Mengen blaue und rote Farbtöne, deren unausgewogenes Verhältnis zu Gelb dem Sachverhalt einer »offenen Trias« entspricht.[155] Ergebnis ist ein spannungsförderndes Moment, dem sich das Kontrastphänomen von Fülle und Leere hinzugesellt. Zudem kommt mit dem Übergewicht der warmen Gelbmassen eine Raumtendenz zum Tragen, die, oppositionell zum traditionellen Tiefenzug, dem Rezipienten entgegenstrebt, um sich gleichsam vor der materiellen Bildfläche zu entfalten.

154 Eichner (Anm. 141), S. 134
155 Jutta Held, *Farbe und Licht in Goyas Malerei*, Berlin 1964

Dieser sich ankündigende Umkehreffekt wird in Kandinskys gegenstandsfreiem Schaffen der folgenden Jahre noch eine zentrale Rolle spielen. In seinem Traktat von 1911 formuliert der Künstler – nicht nur vorausschauend, sondern bereits mit rückblickendem Praxisbezug – sein dem Materiellen sich widersetzendes und autonomer Kunstrichtigkeit entsprechendes »Raum«-Verständnis: »Es wurde versucht, das Bild auf eine ideelle Fläche zu bringen, die sich dadurch vor der materiellen Fläche der Leinwand bilden mußte.«[156]

Berglandschaft mit Dorf II (auch *Bayerische Berge mit Dorf* betitelt) ist ein auf Fernsicht berechnetes Panoramabild, das, vom Kolorit abgesehen, über alle Merkmale eines traditionsverpflichteten Landschaftsgemäldes verfügt; genannt seien nur die Aufteilung in Vorder-, Mittel- und Hintergrund sowie eine optisch entsprechend abgesicherte Größenkonstanz. Thematisch nimmt dieses Bild in Kandinskys Œuvre von 1909 zweifellos eine Sonderstellung ein. Es mit Grohmann als »rein statisch« und folglich als konventionell abzustempeln, ist problematisch. Nur wer die Naturnähe des formalen Bildaufbaus allein ins Kalkül zieht und dabei die ins Irreale transponierte Farbgebung übersieht, kann zu einer solchen Schlußfolgerung gelangen. Angesichts von Farben, die sich von der Funktion der Gegenstandsbezeichnung denkbar weit entfernt haben, und der Suspendierung von Beleuchtungslicht zugunsten eigenwertigen Bildlichts, das wie ein Blau/Gelb-Filter wirkt, weht über dem Ganzen ein seltsamer, fast gespenstischer Hauch. Man könnte sagen: Das Gemälde stammt gar nicht aus der »äußeren Welt«, eher handelt es sich schon um eine »Seelenlandschaft«, deren spannungsgeladene und zum Teil in dynamisch angelegten Formumrissen eingeschmolzene Farbwerte beim Betrachter innere Klangvorstellungen hervorrufen. Das Werk ist merkwürdig widersprüchlich, da sein formales Grundkonzept in bezug auf perspektivische Konsequenz und glasklare Gegenstandsreferenz in die Kategorie »naturnah« fällt, dann aber mittels einer an »inneren Klängen« reichen und völlig irrationalen Farbkomposition auf der Metaebene des »Naturparallelen« erscheint – kurz: es pendelt zwischen zwei extrem weit auseinanderklaffenden Ausdruckspolen.

Während seines kurzen Winteraufenthalts in Murnau besucht Kandinsky auch den wohlvertrauten Nachbarort Kochel, wo er das Bild *Friedhof und Pfarrhaus in Kochel* malt. Auch in diesem Werk ist eine tiefgreifende Dichotomie des Gestalterischen vorherrschend. Einerseits gibt es kaum Schwierigkeiten, die naturgegebenen Dinge zu benennen, andererseits folgt das Kolorit anderen Gesetzen als jenen einer äußerlichen Naturnähe. Es dringt »unter die Haut, die Oberfläche der Dinge, um

156 ÜGK, S. 111

32 *Berglandschaft mit Dorf II*, 1909, Öl auf Karton (68 x 93 cm), New York, Richard S. Zeisler

gerade dadurch zu einer vertieften Reflexion und Vergegenwärtigung des gegenständlichen Motivs vorzustoßen«.[157] Während die orangegelben Häuser, auf denen weiß und hellbau getönter Schnee lastet, mit ihrer Blockhaftigkeit, perspektivischen Regeltreue sowie homogenen Farbfaktur in die Kategorie geometrischer Stringenz fallen, ist das in unmittelbarer Nähe zum Betrachter gerückte Gebüsch im rechten unteren Bildquadranten dem Organischen zuzuordnen. Auf den Spitzen des schwarzblauen Gestrüpps tanzen zwischen Weiß und Hellblau pendelnde Schneekuppen; in kleineren Mengen gesellt sich Rotviolett hinzu, wie es auch an der Friedhofsmauer aufscheint. Das Ganze ergibt ein wundersames Bouquet, das trotz des toten Schwarz Wachstum verheißt. Faszinierend ist der zu formaler Autonomie drängende, mit fließend unruhig aufgetragenem Blau charakterisierte Schlagschatten, der in einzelnen Verästelungen bis zum Pfarrhaus vordringt. Die formale Eigenschaft und den Ausdruckswert dieses geheimnisumwitterten Schattengebildes, das nur noch mit seinem kalten Farbton an Schnee erinnert, hat Schreier überzeugend auf den Punkt gebracht: »So gewinnt die Arbeit durch die ›Übersetzung‹ der verschatteten Schneezone in eine sowohl

157 Schreier (Anm. 38), S. 63

flächig als auch räumlich zu lesende, blaue Arabeskenform nicht nur an expressiver Ausdruckskraft, sondern auch an ›seelischer‹ Ausstrahlung auf den Betrachter.«[158] Begleitet von der Ambiguität organischer und geometrischer sowie flächiger und räumlicher Gestaltungsweise mengt sich in das Spiel der Gegensätze das Farbkontrastpaar Kalt/Warm, dem adäquate »innere« Klangerlebnisse entspringen können. Auf die Metaebene der »seelischen Ausstrahlung« übertragen, mag dies auch Schreiers Interpretationsversuch hinsichtlich einer »Polarität von Leben und Tod« rechtfertigen.

»Ein Bild durch alle Gegensätze tauchen« ist fortan Kandinskys Leitgedanke, der ein bezeichnendes Licht auf sein persönliches Harmonieverständnis wirft. In nur wenigen Bildern aus der Schaffenszeit bis 1909 findet sich diese »Harmonie der Gegensätze« so klar, fast schon programmatisch ausgebildet wie im Kocheler Friedhofsgemälde; unter den »naturnah-expressiven« Werkbeispielen nimmt es diesbezüglich eine besondere Stellung ein. Über die geschilderten Kontrastmomente in Form, Licht und Faktur hinausgehend, spielt das Kolorit eine entscheidende Rolle. Was Kandinsky im Hinblick auf seine Farbenlehre in ›Über das Geistige in der Kunst‹ theoretisch formuliert, erscheint hier in wichtigen Momenten vorweggenommen. Dies zeigt sich in der Konkretisierung der die Eckpfeiler seines Farbensystems markierenden Gegensatzpaare: Gelb-Blau, Warm-Kalt und Hell-Dunkel.

Siehe Abbildung 52, Seite 174

Gleichzeitig mit *Friedhof und Pfarrhaus in Kochel* entsteht *Verschneite Bäume in Kochel*, ein Bild, das aufgrund seiner fortgeschrittenen Loslösung vom Gegenstand der ersten Werkgruppe nur bedingt zuzurechnen ist. In ihm bleibt »die organische Lebendigkeit der Landschaft wie ein Destillat erhalten«[159], was immerhin – als Wachstumsprinzip definiert – einen Restposten an Naturnähe zu garantieren scheint. Die spröde Schilderung des stilistischen Sachverhalts gewinnt bei Gollek Anschaulichkeit: »Die unter der Schneelast verborgenen Umrisse der Tannen haben sich zu seltsam unkenntlichen Gebilden verformt, Bekanntes erhält fremde Umrisse, Identität verflüchtigt sich in fremde Zauberformen. Auch mit der Farbe geschehen seltsame Veränderungen. Es scheint, als habe Kandinsky die exotischen Farbauswüchse, die gleißendes Schneelicht zuweilen hervorbringt, wie auf einer Palette in rascher Notiz gesammelt, um mit wenigen Griffen die faszinierende Essenz einer flüchtigen Sekunde neu als Bild erstehen zu lassen.«[160] Knapper formuliert handelt es sich um »freies Überblenden der gegenständlichen Formen mit unbekannten optischen Phänomenen« (Hoberg).

158 Ebda., S. 63
159 Hoberg (Anm. 82), Text zu Taf. 26
160 Gollek (Anm. 21), S. 54

33 *Kochel-Friedhof und Pfarrhaus*, 1909, Öl auf Pappe (44,4 x 32,7 cm), München, Städt. Galerie im Lenbachhaus

Leicht identifizierbar ist lediglich der rechts befindliche Baum, auf dem zwischen Hellblau und Hellrosa schwankende Schneemassen lagern. Ihm gegenüber das fast unkenntliche Pendant, dessen blaue Schneelast in dunkel getrübtem Farbgestrüpp nistet, das nahtlos in den dunkelrotbraunen Gebirgszug übergeht, beziehungsweise rechts den unmittelbaren Anschluß an die drei zurückgestaffelten, mit spiralig verlaufenden Pinselzügen in Bewegung versetzten Baumriesen sucht. Manches von Kandinskys späterer Koloritentwicklung ist hier vorweggenommen, man denke nur an die dumpf brodelnden Interferenzen, deren zum Teil dem »Palettenschmutz« entsprungene Erscheinungsweise Kandinsky in seinen ›Rückblicken‹ als »verschmierte Auflösung« benennen wird.[161] Mit derlei »Verschmierungen« kontrastiert ein Firmament, dessen helle Blau-, Rosa- und Gelbtöne den Eindruck glasklarer Reinheit vermitteln. Unten öffnet sich der Waldboden, auf dem hauptsächlich blaue und gelbe Farbbahnen schräg abwärts gleiten. Die Interpretation dieser geheimnisvoll umgedeuteten Landschaft liegt auf der Hand: Alles, auch die ständigem Qualitätswandel unterworfene Farbgebung, dreht sich um den immerwährenden Prozeß von Werden und Vergehen. Konkreter ausgedrückt: Es handelt sich um das letzte Rückzugsgefecht des Winters vor dem nahenden, sich in lavaförmig fließenden Gelbtönen ankündigenden Frühling. Mit diesem dynamischen Vorgang berührt Kandinsky auch einen eminent zeitlichen Aspekt, der durch fortwährende Qualitätsveränderung bzw. visuelles Anderswerden der künstlerischen Mittel den fluktuierenden Werdegang der Natur zwischen dem Nicht-Mehr und Noch-Nicht umreißt. Es ist »der Blick ins Gewesene und Kommende, der im Jetzt beides umfaßt«.[162] Und dies gewiß nicht in Sekundeneile, wie Gollek meint, sondern in der sich zeitlich dehnenden »Fülle des Noch und Schon«.

2. *»Naturparallel-expressive«* Landschaften

Mehr noch als das dem Organischen zugehörige Bild *Verschneite Bäume in Kochel* zählt *Naturstudie aus Murnau I* (auch *Kochel – Gerade Straße* genannt) zur Gruppe der »naturparallel-expressiven« Werke, ist allerdings am geometrischen Gegenpol angesiedelt. Anlaß genug, um an Kandinskys modalen Pluralismus zu erinnern. Zunächst ist anzumerken, daß das Gemälde die bislang rigoroseste Vereinfachung des Gegenständlichen zeigt, und in seiner konturbetonten Machart in die Nähe von Jawlenskys Synthetismus rückt; verwiesen sei nur auf dessen gleichzeitige *Murnauer Landschaft.* Zwei Faktoren sind einem Analyseversuch voranzustellen: ein rigoroser Linearismus und ein irrationaler Farbauftrag. »Die Gleichwertigkeit der Linie als beschreibende Kontur und als eigene Figur, die Kandinsky hier bereits einführt, wird später zu ihrer völligen Unabhängigkeit im bildnerischen Prozeß führen.«[163] Diese auch den Zukunftsaspekt berührende Aussage findet bezüglich des zweiten Faktors ihre komplementäre Ergänzung: »Die Farbe wird immer mehr als eigener Ausdruckswert gebraucht. Sie ist nicht mehr identisch mit der

161 *Rückblicke,* S. 43
162 Theissing (Anm. 19), S. 139
163 Hoberg (Anm. 82), Text zu Taf. 25

34 *Naturstudie aus Murnau I* (auch »Kochel – Gerade Straße« genannt), 1909, Öl auf Pappe (32,8 x 44,5 cm), München, Städt. Galerie im Lenbachhaus

den Gegenständen anhaftenden Eigenfarbe, sondern erscheint aufs äußerste gesteigert als eine Mischung von Augenerlebnis und Ausdruckswillen.«[164] Letzeres appelliert an den Betrachter, dem statt »wiedererkennendem« ein »sehendes Sehen«[165] abverlangt wird. Eine solche modifizierte Rezeptionsart wird für Kandinskys »freie Bilder« eine zentrale Rolle spielen.

Vor einem Analyseversuch sei an den Nebentitel des Werks *Kochel – Gerade Straße* erinnert. Denn in der Tat ist die »gerade« Straße neben dem dunkelblauen Berg-Dreieck Hauptthema des Bildgeschehens. Während ihre linke Begrenzung als Schräge in die Tiefe führt, figuriert die rechte als eigentliche »Gerade«, als aufwärtsstrebende Lotrechte, und zwar ziemlich genau auf der Nahtlinie des Goldenen Schnitts. Links verstärken zwei graphisch behandelte und in das perspektivische Gesetz des Größengefälles eingebundene Bäume die fluchtende Bewegung. Rechts wächst ein Baum mit gelber Krone buchstäblich in den Himmel, sich dem Gesetz der Größenkonstanz widersetzend; eigentlich müßte er,

164 Gollek (Anm. 21), S. 57
165 Max Imdahl, *Bildautonomie und Wirklichkeit. Zur theoretischen Begründung moderner Malerei*, Mittenwald 1981, S. 10

gemessen an den linken Bäumen, erheblich kleiner sein. Ähnliches gilt für das gelborange Haus, das mit der Höhe der drei dahinter befindlichen Bergspitzen zu wetteifern scheint. Dies hat für den visuellen Vollzug Folgen: der linke Straßensaum entspricht den Anforderungen der Perspektive, der rechte eliminiert diese und zwingt den gesamten rechten Bildbereich in die Fläche. Zwischen diesen Gegensätzen wird die Perspektive in den Bereich der Paradoxie abgedrängt, ja – da nur zur Hälfte vorhanden – geradezu ironisiert. Als Konsequenz ergibt sich, daß der Betrachter die Straße, auf der als irrationaler Effekt das Hellblau des Himmels in gleichmäßiger Homogenität lagert, einmal als tiefenräumlich fluchtendes Band, dann wiederum als Fläche wahrnimmt. Dieser Kippeffekt erzeugt Spannung, die noch anwächst, wenn am Ende der Straße die abgekappte Dreieckspitze den jähen Abbruch des Wegverlaufs markiert. Im Anschluß daran, aus unkalkulierbarer Tiefe, erhebt sich der bildbeherrschende blaue Berg, dessen Spitze von der Bildachse nach links abweicht, somit aus dem Gleichgewicht gerät und das geometrisierende statische Grundkonzept wirksam konterkariert. Dynamik trotz Geometrie – vielleicht lautete so Kandinskys Devise, wie um klarzustellen, daß weder rein Flächenhaftes noch geometrisch Parzellierendes ihn von seinem Streben nach dem lebendigen Ganzen abzubringen imstande sind. Im Anschluß an den rechten Wegrand ist im rechten Bilddrittel Orthogonalität vorherrschend. Dort bildet das rotorange Gebäude mit seinem dreieckigen, streng lotrechten Dachquerschnitt den Auftakt des dynamischen Prozesses. Dadurch wird die Neigung des zentralen Bergs, dessen von Weiß bis Dunkelblau changierendes Kolorit Qualitätsveränderung und Bewegung signalisiert, noch spürbarer, ehe die aus dem Lot gebrachte Spitze der Anhöhe links außen den Bewegungsablauf im Sinne eines stroboskopischen Effekts zu Ende führt. Für Ausgewogenheit sorgt schließlich die Farbgebung, innerhalb derer sich die kalten und warmen Töne in einem paritätischen Verhältnis begegnen. Gleichwohl bleibt die Spannung insofern ungebrochen, als die der äußeren Wirklichkeit völlig konträren, gegenstandsfremden Farben dem »wiedererkennenden Sehen« strikt entgegenwirken.

Schon des öfteren, wie in *Bayerische Berge*, hat der dreieckige Berg eine bildzentrale Stellung eingenommen. In seiner geometrischen Zeichenhaftigkeit und zielbewußten Aufwärtsbewegung triumphiert er über die Widersprüchlichkeiten der materiellen Niederungen, wie sie sich in der faktischen Unbegehbarkeit der Straße beispielhaft dokumentieren. Daß er das Geistige schlechthin symbolisiert, manifestiert sich nur wenig später auch in Kandinskys Umschlagentwurf zu ›Über das Geistige in der Kunst‹, wo Blau im Rahmen eines gleichseitigen Dreiecks über die beiden anderen Primärfarben Rot und Gelb dominiert. Dazu der Künstler:

»Das ganze Dreieck bewegt sich langsam, kaum sichtbar nach vor- und aufwärts, und wo ›heute‹ die höchste Spitze war, ist ›morgen‹ die nächste Abteilung, d.h. was heute nur der obersten Spitze verständlich ist, was dem ganzen übrigen Dreieck eine unverständliche Faselei ist, wird morgen zum sinn- und gefühlvollen Inhalt des Lebens der zweiten Abteilung. An der Spitze der obersten Spitze steht manchmal allein nur ein Mensch. Sein freudiges Sehen ist der inneren unermeßlichen Trauer gleich. Und die, die ihm am nächsten stehen, verstehen ihn nicht. Entrüstet nennen sie ihn: Schwindler oder Irrenhauskandidaten. So stand beschimpft zu seinen Lebzeiten auf der Höhe Beethoven allein.«[166]

Mit dem Verweis auf Beethoven anerkennt Kandinsky die vorläufige Vorrangstellung der Musik, deren Abstraktionsvermögen nachzueifern – wie er mehrfach in seinem Traktat betont – vordringliche Aufgabe der Malerei sei. Und bereits in seiner *Naturstudie aus Murnau III* scheint er Paul Gauguins Prophezeiung, einst werde die »farbige Malerei in eine musikalische Phase« münden, einzulösen.[167] Ähnlich wie Gauguin fand auch Vincent van Gogh, als er, bestimmt durch seine Sehnsucht nach einer »Farbenmusik«, von »suggestiven«, in ihrer Wirkung der Musik angenäherten Farben sprach, von Farben also, die »durch sich selbst etwas ausdrücken« oder, wie es Kandinsky formuliert hätte, die aufgrund ihrer Fähigkeit, »einen direkten Einfluß auf die Seele auszuüben«, innere Klangerlebnisse auslösen können. Und was wäre naheliegender, als eben Kandinsky mit jenem »Maler der Zukunft« zu identifizieren, den van Gogh als einen »farbigen« bezeichnet hat, »wie es ihn noch nie gab«.[168]

Wie *Naturstudie aus Murnau I* gehört auch *Naturstudie aus Murnau III* zu den »naturparallel-expressiven« Werken. Dabei wird evident, daß an die Stelle des geometrisierenden Modus, der in Kandinskys Schaffen bis zur Bauhaus-Zeit ohnedies eine ephemere Rolle spielt, wiederum das organische, dynamisierende Gestaltungsprinzip tritt. Wie Hoberg bemerkt, wird »die Erscheinung der Landschaft und ihre expressive Dimension allein durch den spontanen Duktus des Pinselstrichs und den Klang der Farben hervorgerufen.«[169] Dies ist nicht ganz korrekt, da hier auch die Form ihren entsprechenden Anteil an der expressiven Durchführung hat. Maßgeblich dafür sind ein in dieser Intensität bislang nur selten erreichter Deformationsgrad, kaum mehr überbietbare Interferen-

Siehe Abbildung 53, Seite 175

166 ÜGK, S. 29

167 Walter Hess, *Das Problem der Farbe; in den Selbstzeugnissen der Maler von Cézanne bis Mondrian*, Mittenwald 1981, S. 54

168 Ebda., S. 47. – Lorenz Dittmann, *Farbgestaltung und Farbtheorie in der abendländischen Malerei. Eine Einführung*, Darmstadt 1987, S. 314

169 Hoberg (Anm. 82), Text zu Taf. 24

zen sowie eine zwischen linearer und locker-nervöser Konturierung schwankende Umrißbildung. Ein Konfliktfeld tut sich auf, in dem Residuen erkennbarer Gegenständlichkeit und Abstraktionsmomente aneinandergeraten. Kandinskys »Kampf mit der Natur« wird im Sinne eines eigengesetzlich ablaufenden Naturparallelismus entschieden. Zwei Eigenschaften spielen in diesem Gestaltungsprozeß eine vorrangige Rolle: zum einen der Verzicht auf einen Horizont, der schon a priori räumliche Illusionsvorstellungen auf ein Minimum einschränkt, zum anderen eine nach rechts fallende Schräge, auf der in Gegenrichtung Bäume und Gebäude nur mühsam voranzukommen scheinen und die das Gemälde annähernd diagonal unterteilt. Letzteres wirft ein Licht auf das bildnerische Anliegen: die Ausschaltung jeglicher Orthogonalität zugunsten eines aus lauter Schrägen bestehenden, folglich überaus spannungsgeladenen Kompositionsgefüges. Unangefochtenes Zentrum ist der rechts außen befindliche Baum, auf dessen keilförmiger Fläche zwischen Rot- und Gelborange changierende Farben, zusammen mit dem roten Bodenstreifen, den Wärmepol anzeigen. Der bildhohe Baum gibt den Auftakt zu einer rasch an Größe verlierenden Allee, deren heftig interferierende Bäume zusehends kältere Farbwerte aufweisen und ein kurzfristiges Perspektive-Intermezzo antönen, das am Kältepol des hellblauen Dachs der nur schwer erkennbaren Murnauer Kirche jäh abbricht; dann kippt der vorläufige Tiefenzug in die Fläche. Dicht aneinander gedrängte Häuser mit Dächern unterschiedlichen Rots versuchen auf dem abschüssigen, graublauen Linienband das Gleichgewicht zu wahren. Die »schiefe Ebene« stößt an den Bildrand und konvergiert dort mit einer in Gegenrichtung nach rechts oben verlaufenden Linie, der sich zahlreiche, parallel gelagerte Farbstreifen hinzugesellen. Dem entspringt eine dynamische Komponente, die als stechende Keilform das gesamte Gegenstandsensemble nach links fortzureißen droht.

Kandinsky hat mit *Naturstudie aus Murnau III* seine Vorstellungen von einer Harmonie des Widersprüchlichen erstmalig in so extremer Form verwirklicht. Fläche steht gegen Raum, Fülle gegen Leere (gemeint ist der nach links abrutschende Hang), Homogenität der Farbflächen gegen sichtlichen Pinselduktus, und Aufwärtsstrebendes kämpft gegen Abschüssiges.

Schließlich sorgt ein die gesamte Bandbreite der Palette ausschöpfendes Kolorit, in dem die einander bedrängenden Farbwerte um den jeweils höchsten Buntheitsanspruch wetteifern, für ein Höchstmaß an Spannung. Das ist Beweis genug, daß ein an sich statisches Medium wie die Malerei zu ungeahnten dynamischen Ausdrucksqualitäten gelangen kann. Schon hier bahnt sich jener Weg an, den Kandinsky bis 1914 konsequent beschreiten wird.

35 *Studie für »Häuser am Hügel«*, 1909, Öl auf Pappe (33 x 45 cm), St. Petersburg, Staatliches Russisches Museum

In der *Studie für Häuser am Hügel* nimmt ein von links ansteigendes, dann rechts oben ein kleines Plateau bildendes und schließlich absinkendes Areal den Großteil der Bildfläche ein. Daraus gewinnt man den Eindruck einer Drehscheibe, deren zentrifugaler Energie sich die an der hügelbegrenzenden Kontur klebenden Häuser nur mühsam widersetzen. Auf diesem unwirtlichen Feld expandiert ein dunkelgrünes, von Blau durchsetztes Gebilde, ein geheimnisumwitterter Schatten, der von jeglicher Licht- und Dingkausalität losgelöst, zu einem formeigenmächtigen Gebilde anwächst. Den Kampf zwischen Dunkel und Hell symbolisierend, dringt dieses gefährlich lebendige Wesen – unterstützt durch die aufwärtsstrebende Hügelkontur – in den rechts angrenzenden, zwischen Grüngelb und Gelb changierenden Bildlichtbezirk, in dem, als Resultat des sukzessiven Übergriffs, etliche Blauflecken umherirren. Das Ganze erinnert an eine von Meteoriteneinschlägen übersäte Mondlandschaft, der alles Leben zum Opfer gefallen ist. Eine Endzeitstimmung breitet sich aus, die Kandinskys zukünftige apokalyptische Bildvisionen ankündigt. Ergebnis ist ein kosmisch verursachtes Katastrophenszenarium, das der Künstler in seinen ›Rückblicken‹ so eindringlich beschrieben hat: »Das Malen ist ein donnernder Zusammenstoß verschiedener Welten, die in und aus dem Kampfe miteinander die neue Welt zu schaffen bestimmt sind, die das Werk heißt. Jedes Werk entsteht technisch so, wie der Kosmos entstand – durch Katastrophen ... Werkschöpfung ist Weltschöpfung«.[170]

Indes halten sich Kandinskys endzeitliche Visionen 1909 noch in Grenzen, und bisweilen vermag er sogar den realen Dingen des Lebens, wie etwa der Darstellung von Eß- und Schlafzimmer seiner Münchener Wohnung, etwas abzugewinnen. So kann er täglich vom Fenster seines Hauses in Murnau die auf der Bahnlinie München – Garmisch fahrenden Züge vorbeirattern sehen. Sichtlich amüsiert, hält er diesen Vorgang – entgegen seinem üblichen Desinteresse an technischen Einrichtungen – im Gemälde *Murnau – Ansicht mit Eisenbahn und Schloß* fest. Selbstverständlich kommt für ihn keine rein realistische Wiedergabe des Verkehrsmittels in Frage, vielmehr ist er auch in diesem Fall bestrebt, das äußerliche Sujet in ein lebendiges Wesen umzumünzen oder in eine »verkleinerte, wie von Geisterhand bewegte Erscheinung«[171] zu transformieren. Einem Tausendfüßler gleich, versucht die von realistisch gemalten Telegraphenstangen flankierte Lokomotive voranzukommen. Holzschnittähnlich und an Hinterglasmalerei erinnernd, besitzt der in reinem Schwarz gehaltene Zug, dessen Ende sich in ein formloses Gebilde auflöst, ein scherenschnittartiges Aussehen. Den Wirkungen eines natürlichen Leuchtlichts ausgesetzt, das zwischen den grünen Rädern hindurchblinkt, wirft er einen breiten Schlagschatten an den unteren Bildrand. Ein von diesem Schatten bedrängtes, rot gekleidetes Mädchen winkt mit weißem Taschentuch. Vor soviel schlichtem Realismus fühlt man sich an Kandinskys Artikel ›Über die Formfrage‹ im Almanach von 1912 erinnert, wo er der Bildnerei zwei gleichberechtigte Entfaltungsmöglichkeiten offenläßt. Einerseits ist es die »Große Realistik«, wie er sie im Schaffen des von ihm so hoch verehrten Henri Rousseau verkörpert sieht, andererseits die »Große Abstraktion«, der er sich ein Leben lang verpflichtet fühlen wird.

Siehe Abbildung 54, Seite 176

In der oberen Bildhälfte entfaltet sich das Prinzip landschaftlicher Formauflösung, von naiver Malerei ist dort jedenfalls nichts zu bemerken. Unversehens nimmt der weiße Dampf der Lokomotive die Form dahineilender Wolkenbänke an. Anstatt Sachinhalt registriert man Forminhalt, der sich in naturabgewandter Eigengesetzlichkeit durchsetzt. Auf der flüchtigen Basis eines Hellblau türmen sich links grüne und gelbliche Streifen, auf denen sich das aus schwarzen, türkisblauen, roten und gelben Farben zusammengesetzte Schloßgebäude erhebt. Mit seinem

170 *Rückblicke*, S. 24
171 Hoberg (Anm. 82), Text zu Taf. 22

irrealen Kolorit figuriert es als in die Fläche integriertes Zeichen, entzieht sich folglich »naturnaher« Fernwirkung und verwandelt sich so scheinbar in ein in die Lüfte davonschwebendes Gebilde.

36 *Landschaft bei Murnau mit Lokomotive*, 1909, Öl auf Karton (50,4 x 65 cm), New York, The Solomon R. Guggenheim Museum

Auch in *Landschaft bei Murnau mit Lokomotive* beschäftigt sich Kandinsky mit der Eisenbahnthematik. Was sich zunächst als verträgliches vis à vis von Technik und Natur zeigte, wird nunmehr in eine Konfliktsituation umgedeutet, in der menschliche Errungenschaften, wie Lokomotive und Häuser, eine nur noch marginale Stellung einnehmen. Keuchend, einen Dampfschweif hinter sich herziehend, versucht die miniaturistische Lokomotive einen Hügel zu erklimmen, ein scheinbar aussichtloses Unterfangen, da sich eine riesige, kreisförmig zusammengeballte Baumgruppe in den Weg stellt, in unverkennbarer Absicht, die Lokomotive mit ihrem hornförmigen Schlagschatten zu attackieren, auf der steilen Schräge des Geländes letztlich vielleicht sogar zu überrollen. Zwei Faktoren sind es, die für das dynamische Konzept konstituierend sind: einmal der jegliche Statik schon im Keim erstickende Kurvenreichtum, dann das Phänomen des visuellen Gewichts, das – da in der oberen Bildhälfte situiert – zu besonderer Ausdrucksleistung befähigt ist. Letzteres bezieht sich auf die weiße, in lebhaft ondulierenden Wellenschlägen vorwärts drängende Wolkenmasse, die, scheinbar losgelöst vom blauen Firmament, die Baumgruppe mit niederzwingendem Griff erfaßt und in breiter Front das olivgrüne, gekurvte Hügelareal rechts überflutet. Darunter duckt sich ein Häuserensemble, auf dem, gegenständlich völlig verfremdet, wolkenähnliche Gebilde lagern. Das über der rechten unteren Bildecke lauernde Gefahrenpotential verstärkt sich in Gestalt eines die Wolkendecke meteoritenhaft durchschlagenden Felskeils, der das schutzlose Dorf mitsamt der Lokomotive zu zerschmettern droht. Verglichen mit der ersten Eisenbahnversion sind die Farben überwiegend in feste Formen eingebunden und dadurch nur selten in der Lage, in den jeweiligen Nachbarbereich einzudringen, geschweige mit diesem zu verschmelzen. Daraus resultiert eine gewisse Verwandtschaft mit dem Holzschnitt, die aufgrund formvereinfachender Tendenz auch für ein höheres Abstraktionsniveau bürgt. Und was besonders ins Gewicht fällt: Die Formensprache wird noch weit zwingender in den Dienst eines dynamischen Kräftespiels gestellt – sie wird letztlich zum Hauptanliegen des Künstlers. Dies gewinnt freilich erst an Klarheit, wenn sich der Betrachter als geistiger Mitarbeiter des Malers versteht. Auf der Basis entsprechender Bewußtseinserweiterung wird evident, daß sich seine visuelle Wahrnehmung nur dann als deutungsfähig erweist, wenn mit ihr die Erfahrung visueller Kräfte einhergeht. Vor dem Hintergrund dieser Prämisse findet der an schlüssiger Werkinterpretation interessierte Rezipient in Arnheims gestaltpsychologischem Leitsatz, demzufolge »das dynamische Thema mehr ist als die gegenständliche Episode«, einen hilfreichen Ansatz. Aufschlußreich ist auch die diesen Grundgedanken weiterführende Überlegung, daß die »künstlerisch dynamische Form dazu dient, einem unsichtbaren Allgemeinen Gestalt zu verleihen«, worin sich eine deutliche Analogie zu Kandinskys Gleichsetzung von »Werkschöpfung« und »Weltschöpfung« manifestiert.[172] So gedacht, signalisiert die winzige Lokomotive in der Tat nicht mehr als einen episodenhaften Anlaß, der jedoch dann an Bedeutung gewinnt, wenn man in ihm – basierend auf dem visuellen Mitvollzug des dynamischen Formenapparats – das Symbol einer den Naturgewalten ausgelieferten Menschheit sieht. Und selbst die Natur hat ihren Kontrahenten, der sie in Gestalt der expandierenden Wolkenmasse unaufhaltsam zu überfluten droht.

Neben den »naturnahen« und »naturparallelen« Bildern gibt es eine kleinere Anzahl von Gemälden, die keiner der beiden Hauptgruppen zuzurechnen sind; cum grano salis kann man dieser eine gewisse Brückenfunktion zu den »eidetisch-freien« Bildern zubilligen. Angesichts

172 Arnheim (Anm. 88), S. 465

37 *Murnau – Landschaft mit Baumstamm*, 1909, Öl auf Pappe (71,5 x 97,5 cm), Düsseldorf, Kunstmuseum

des »breiten, unverbundenen, kunstgewerblich bunten Pinselstrichs, der an die Cloisonné von Flecken früherer Temperabilder erinnert«[173], wurde den Werken dieser Sondergruppe Affinität mit den Märchenbildern attestiert. Freilich existieren hier auch Merkmale, die keinesfalls nur durch Kandinskys Blick in den stilistischen Rückspiegel zu erklären sind, so etwa eine radikale Flächenprojektion und ein dominant dunkles Kolorit, in welches schlaglichtartig grelle, zu extremer Sättigung vorangetriebene Farbparzellen eingebettet sind. Nicht zuletzt diese mit Cloisonné-Effekten angereicherte Koloriteigenart berechtigt zur Annahme, daß dabei Reflexe seitens der Hinterglasmalerei eine nicht zu unterschätzende Rolle gespielt haben. Bekanntlich war es Gabriele Münter, die sich als erste in dieser Technik geübt und, wie etliche ihrer Werke beweisen, Gestaltungselemente derselben in ihre Ölmalerei einbezogen hat. Ein typisches Beispiel für diesen Seitenblick auf eine archaischer Volkskunst verpflichtete Nachbardisziplin ist Kandinskys Gemälde *Murnau – Landschaft mit Baumstamm*, dessen Kompositionsgerüst durch den rechts die gesamte Bildhöhe einnehmenden Baumstamm wesentlich mitbestimmt wird. Dieser überschneidet einen horizontalen schwarzblauen Mauer-

173 Eichner (Anm. 141), S. 90

streifen, der zusammen mit der Vertikalen des Baums die Bildfläche in vier Rechteckfelder unterteilt: in zwei große links und zwei kleinere rechts. Die Folge ist eine in strenger Orthogonalität organisierte Bildordnung, die sich von jener der beiden anderen, überwiegend nach dynamischen Kriterien komponierten Werkgruppen merklich unterscheidet. Indessen ist Kandinsky, trotz Defizits an Schrägen und Kurven, durchaus imstande, das zur Verlebendigung des Bildgeschehens erforderliche Spannungspotential einzubringen. Dafür stehen ihm Ausdrucksmittel zur Verfügung, die vergessen lassen, daß dem Ganzen ein statischer Kompositionsraster zugrunde liegt. Zum einen ist es die weit nach außen gerückte Position des Baumstamms, die dem rechts verbleibenden Bildviertel gegenüber dem quadratischen Hauptabschnitt einen fast schon autonomen Stellenwert verleiht. Zum anderen sorgt das nach naturfernen Gesetzen konzipierte Kolorit für jene Spannung, die dem gleichgewichtsstörenden Verhältnis zwischen großflächig angelegten Dunkelfarbtrübungen und einer in kleinen Einschlüssen aufleuchtenden Buntfarbigkeit entspringt. Spannung garantiert ferner der Umstand, daß sich die beiden linken Bildrechtecke in einer Relation von verdichteter Gegenstandsfülle und Leere begegnen. Zudem figuriert in der oberen Bildmitte eine dichtgedrängte Häusergruppe als Buntfarbzentrum, dessen vorwiegend warme Farbtöne dem Betrachter entgegenstreben, womit die theoretisch raumerschließende Funktion des nahsichtigen, in der oberen Bildhälfte stark abgedunkelten Baumstamms gänzlich neutralisiert wird, folglich dem in zwei Etagen gegliederten Gemälde jegliche Fernwirkung abhanden kommt.

Auch *Kirche in Murnau* zählt zu jenen Werken, in denen Kandinsky mit den Ausdrucksmöglichkeiten der Hinterglasmalerei experimentiert. Wie zuvor begegnet man hier jenem »inneren Glühen«, das den Künstler, als er im Dämmerlicht seines Ateliers ein an der Wand lehnendes Bild sah, so tief beeindruckt hat. Die Chiffrierung des Gegenständlichen hat enorm zugenommen. Die autonome Farbe bringt die Zeichnung, die letztlich nur am Umriß des Kirchturms wahrnehmbar wird, fast zum Verschwinden. Dies allein genügt schon, um Kandinskys bevorstehenden Durchbruch zur Abstraktion zu ahnen.[174] Der »innere Klang« des Gemäldes basiert auf weit auseinanderklaffenden Kontrasten von Bunt/Unbunt sowie Hell/Dunkel. Das unangefochtene Buntzentrum liegt im rechten oberen Bilddrittel, wo Apsis und Turm der Murnauer Kirche von der kompakt aufgetragenen und zu absoluter Eigenwertigkeit gesteigerten Farbtrias (Gelb, Rot und Blau) in fulminanter Leuchtkraft akzentuiert werden. Alle übrigen, auf diminuierte Fleckenelemente reduzierten

174 Moeller (Anm. 32), Text zu Taf. 101

38 *Kirche in Murnau*, 1909, Öl auf Pappe (48 x 69,8 cm), New York, The Museum of Modern Art

Buntwerte sind von dominierendem Dunkel eingehüllt, werden lediglich als phosphoreszierend aufflackernde Zeichen wahrgenommen. Nur mit Phantasie sind Grabkreuze und Vegetationselemente des Kirchhofs zu erkennen; lediglich im grünen Gebüsch rechts unten sammelt sich ein Rest an farblichem Darstellungswert. Diese kurze Schilderung macht klar, daß Kandinsky auf bestem Weg ist, seine bildnerischen Möglichkeiten neu zu definieren und auf eidetischer Grundlage »freie« Bilder zu schaffen. Anlaß genug, um sich an Kandinskys Ateliererlebnis und die daraus gewonnene Erkenntnis zu erinnern: »Ich wußte jetzt genau, daß der Gegenstand meinen Bildern schadet.« Und nachsinnend fügte er hinzu: »Eine erschreckende Tiefe, eine verantwortungsvolle Fülle von allerhand Fragen stellten sich vor mich. Und die Wichtigste: was sollte den fehlenden Gegenstand ersetzen? Die Gefahr einer Ornamentik stand klar vor mir, die tote Scheinexistenz der stilisierten Formen konnte mich nur abschrecken.«[175]

175 *Rückblicke*, S. 20

3. *Die Dynamisierung der Bildwelt – Kandinsky und die Gestaltpsychologie*

Kandinskys Integration des Menschen in die Landschaft zieht einen beträchtlichen Dynamisierungs- und Abstraktionsschub mit sich. Dabei handelt es sich um die dritte, 1909 entstandene Werkgruppe, zu deren Charakterisierung sich die Begriffe »eidetisch-verschlüsselt«, »frei« oder »semiabstrakt« gleichermaßen eignen. Erstmals treten hier als Bildtitel die begrifflich von der Musik entlehnten »Improvisationen« in Erscheinung, deren Eigenart beziehungsweise Zustandekommen der Künstler definiert: als »hauptsächlich unbewußte, größtenteils plötzlich entstandene Ausdrücke der Vorgänge inneren Charakters, also Eindrücke von der ›inneren Natur‹. Diese Art nenne ich ›Improvisationen‹«.[176] Die Rede ist von Ölbildern, in denen Kandinsky – mit fast zweijähriger Verspätung gegenüber dem Entwicklungsstand mancher seiner Druckgraphiken (z.B. *Grüne Frauen*) – die letzten Reste von »Naturrichtigkeit« zugunsten einer kunsteigengesetzlichen »Bildrichtigkeit« preisgibt. Es bedurfte eines jahrelangen Prozesses, ehe sich Kandinsky im »Kampf mit der Natur« zu seinen persönlichen, »inneren« Bildvorstellungen durchzuringen vermochte. »So trennte sich für mich das Reich der Kunst vom Reiche der Natur«.[177] Daß ihm dabei seine Begabung, früher Geschehenes oder Vorgestelltes anschaulich zu vergegenwärtigen, sehr hilfreich war, ist offenkundig. Kandinsky hat sich in ›Rückblicke‹ zu dieser spezifischen, ihm in hohem Maße inhärenten Anschauungsbefähigung so geäußert: »Alle Formen, die ich je brauchte, kamen ›von selbst‹, sie stellten sich fertig vor meine Augen und es blieb mir nur, sie zu kopieren, oder sie bildeten sich schon während der Arbeit, oft für mich selbst überraschend.«[178] Dieser Gedanke findet in folgendem, von Kandinsky an seinen Biographen Will Grohmann adressierten Satz eine erhellende Ergänzung: »Sie sind Europäer und denken logisch. Das tu ich auch, aber ich denke ebenfalls in Bildern.«[179] Auf den Gleichklang von Vernunft und Intuition anspielend, ist damit das gemeint, was Paul Klee als »das denkende Auge« bezeichnet hat. Dahinter steht die schöpferische Überlegung, den Denkprozeß selbst in sichtbaren Formen zum Ausdruck zu bringen. Overy zufolge wird demnach »der Gedanke nicht durch die Sprache formuliert, sondern durch die visuellen Medien Farbe und Form

176 ÜGK, S. 142
177 *Rückblicke*, S. 24
178 Ebda., S. 21. – R. N. Haber, Eidetic images, *Scientific American*, April 1969
179 Zitiert nach Overy (Anm. 125), S. 52

derart vollkommen ausgedrückt, daß es zur Ausbildung eines visuellen Denkens und einer visuellen Sprache kommt«. Hinsichtlich eines integrativen Kunstverständnisses ist der Vorgang der Wahrnehmung unlösbar mit dem Denkprozeß verknüpft. Kurz: »Eine Kunst, die nicht den Intellekt wie die Sinne in Anspruch nimmt, ist rein oberflächlich« – so Overys bündige Schlußfolgerung. Max Bill, geprägt durch Kandinskys Wirkungskreis am Bauhaus, geht noch einen Schritt weiter: »Das Denken selbst scheint bis jetzt für die Sinne nur durch die Kunst ausdrückbar zu sein. Ich bin daher der Meinung, daß die Kunst fähig ist, das Denken so zu vermitteln, daß es direkt wahrnehmbar wird.«[180] Dies läßt erahnen, daß schon den eidetisch-verschlüsselten Bildern Kandinskys – und nicht erst dessen gänzlich abstrakten Werken – mit den herkömmlichen Analysemethoden der Kunstgeschichte nicht ausreichend beizukommen ist. Erforderlich ist nicht nur ein genaueres und bewußteres Sehen, vielmehr ein neuer, von konventionellen Beschreibungstechniken abweichender methodischer Ansatz.

Schon Kandinsky mußte befürchten, daß einem adäquaten Verständnis seiner Werke »Augenfaulheit« und unangemessenes oder gar falsches Sehen im Weg stehen könnten. Diese Kritik äußert er in ›Punkt und Linie zu Fläche‹ (1926), der Grammatik und Formenlehre all seiner bis dahin objektivierten bildnerischen Problemstellungen, die in seiner Forderung nach einer »neuen Kunstwissenschaft« kulminieren. Kommende Generationen einschließend, lautet sein Appell: »Die Untersuchung sollte peinlich genau, pedantisch exakt vor sich gehen. Schritt für Schritt sollte dieser ›langweilige‹ Weg gegangen werden – keine kleinste Veränderung im Wesen, in den Eigenschaften, in den Wirkungen der einzelnen Elemente dürfte dem aufmerksamen Auge entgehen. Nur auf diesem Wege einer mikroskopischen Analyse wird die Kunstwissenschaft zur umfassenden Synthese führen ...«[181] Und schon viel früher, in ›Über das Geistige in der Kunst‹, prophezeite er, »daß der Maler bald stolz sein wird, seine Werke ›konstruktiv‹ erklären zu können (im Gegensatz zu den reinen Impressionisten, die darauf stolz waren, daß sie nichts erklären konnten) ...«[182]

Daß Kandinsky Conrad Fiedlers Schriften gekannt hat, ist insofern anzunehmen, als sein Begriff der »inneren Notwendigkeit« schon bei Fiedler eine zentrale Rolle spielt. Wir können davon ausgehen, daß Sätze des berühmten Kunsttheoretikers, wie »das Sehen ist ein Neuschaffen von Wirklichkeit« oder »vielmehr werden wir inne, daß alle Wirklichkeit uns einzig und allein bekannt wird in den sich in uns und durch uns voll-

180 Ebda.
181 PLF, S. 19
182 ÜGK, S. 142 f.

ziehenden Vorgängen, deren Anfänge wir in den Sinnesempfindungen voraussetzen, deren Resultate wir da erfassen, wo sie sich zu bestimmten Formen entwickeln«, auch bei Kandinsky Eindruck hinterlassen haben.[183] Daß auch die Wahrnehmungspsychologie in Fiedler bezüglich der »prokreativen« Rolle der Wahrnehmung einen ihrer wichtigsten Ahnherren sieht, wurde schon vielfach betont. So auch von Kobbert, demzufolge »Fiedler das Sehen als aktive Leistung begreift und dadurch den entscheidenden Bezug zum Gestaltungsvorgang herstellt«. Dazu der Autor weiter: »Daß Kunst sich erst im Wechselprozeß von Wahrnehmung und Gestaltung zwischen entstehendem Werk und Künstler zur Kunst entwickelt und nicht nach Maßgabe eines fertigen Vorstellungsbildes, geschweige denn eines Naturvorbildes, ist eine Sichtweise, die für manche der heutigen Kunstformen noch augenfälliger gilt als für solche aus der Zeit Fiedlers.«[184] Wenn wir Kreitlers Leitgedanken, wonach der Betrachter im visuellen Nachvollzug zum »Mitarbeiter des Künstlers« avanciert, als unabdingbare Voraussetzung akzeptieren, dann sind obengenannte Sätze für Künstler und Rezipienten von gleicher Bedeutung. Die nur scheinbar überspitzte Schlußfolgerung lautet: ohne Betrachter kein Kunstwerk, was noch näher zu begründen sein wird. Zu einer ähnlichen Argumentation findet auch Kandinsky, der im Almanach ›Der Blaue Reiter‹ schon 1912 in seinem Beitrag ›Über Bühnenkomposition‹ von der »Anregung der ›Phantasie‹ des Empfängers [spricht], welcher am Werke ›weiterschafft‹«. Und eben diesen Appell scheint schon Goethe vorweggenommen zu haben, als er seinen für die Offenheit eines Kunstwerks so relevanten Satz formulierte: »Den Stoff sieht jedermann vor sich, den Gehalt findet nur der, der etwas dazu zu tun hat.«[185]

Dies führt uns zurück zu Kandinskys Postulat eines exakten Sehens, hin zu Arnheims Konnotation von »Kunst und Sehen«, ja, mehr noch, zu einer Kunst des Sehens, wie sie dem Kunsthistoriker vor allem mit Hilfe der Gestaltpsychologie ermöglicht wird. Zweckdienlich ist hier ein Verweis auf den amerikanischen Experimentalpsychologen James J. Gibson, der zwischen »Seh-Welt« und »Seh-Feld« unterscheidet, wobei Kandinsky ersteres vielleicht mit »direkten Eindrücken von der ›äußeren Natur‹« und letzteres mit Eindrücken von der »inneren Natur« definiert hätte. Von primärem Interesse ist demnach das Phänomen des »Seh-Felds«, das wir »sehen«, wenn wir unsere optischen Eindrücke untersuchen und uns auf die eigentliche Beschaffenheit jener Information kon-

183 Conrad Fiedler, ›Der Ursprung der künstlerischen Tätigkeit‹, in: *Schriften über Kunst*, Köln 1977, S. 138

184 Kobbert (Anm. 28), S. 55 f.

185 Kandinsky, ›Über Bühnenkomposition‹, in: *Essays* (Anm. 18), S. 50. – Hans Kreitler und Shulamith Kreitler, *Psychologie der Kunst*, Stuttgart u. a. 1980, S. 106

zentrieren, die auf unsere Netzhaut fällt. Tatsächlich ist, so kommentiert Paul Overy Gibson, »das Seh-Feld eine äußerst verfeinerte Art des Sehens, die von der Fähigkeit abhängt, Wahrnehmungen zu überprüfen – uns selbst beim Sehen zu beobachten«; oder, wie Fiedler formulierte, »das Sehen um seiner selbst zu treiben«.[186] Nennt dies Imdahl das »sehende Sehen«, so liefert Kobbert, Schüler des bedeutenden Gestaltpsychologen Wolfgang Metzger, die weiterführende Definition: »Bildbetrachtung ist kein passives Aufnehmen eines sich selbst darstellenden Ganzen, sondern verlangt aktives Erforschen. Die Gestaltgesetze erklären nicht den Kommunikationsvorgang als solchen, sondern beschreiben wesentliche Formen des Zusammenhangs, auf die sich die Erkundung richtet.«[187]

Bewußtes Sehen sollte adäquates Verstehen eines Kunstwerks – kunsthistorisch ausgedrückt: im Kontext von »Zeichen und Bedeutung« – nach sich ziehen, worauf sich die Frage stellt: Wie lautet Kandinskys diesbezügliche Auffassung? »Verstehen« bedeutet für ihn die »Heranbildung des Zuschauers auf den Standpunkt des Künstlers« – und diesen »Standpunkt« gilt es zunächst einmal zu klären.[188] Vorweg dazu die auf die Praxis wie die Theoriewerke des Künstlers gestützte These: Kandinskys »Standpunkt« ist ein wesentlich gestalttheoretischer, wie er sich in Ansätzen schon in ›Über das Geistige in der Kunst‹ zeigt, nachhaltiger aber in seinem Buch ›Punkt und Linie zu Fläche‹. Beide Werke bilden die Theorie-Summe der im Laufe vieler Jahre aus der künstlerischen Erfahrung gewonnenen Erkenntnisse, weshalb auch das relativ späte Erscheinungsdatum des zweitgenannten Werks kein Argument sein sollte, Kandinskys Münchener Jahre aus dem Bereich gestalttheoretischer Überlegungen auszuklammern. Denn schon in ›Über das Geistige in der Kunst‹ gibt es viele Passagen, die dazu berechtigen, in Kandinsky einen wichtigen Wegbereiter der Gestalttheorie zu sehen, zumal die meisten Beiträge dieser Wissenschaft erst viel später und in inhaltlich ausgereifter Buchform sogar erst nach ›Punkt und Linie zu Fläche‹ erschienen sind. So überrascht es kaum, daß sich etwa bei Arnheim zahlreiche Definitionen finden lassen, die direkt aus der Feder Kandinskys stammen könnten. Abgesehen von Randbemerkungen bei Grohmann und Lassaigne, die einhellig den Relevanzcharakter der Gestalttheorie im Œuvre des Künstlers bestätigen, war es Overy, der in seinem Buch ›Kandinsky – Die Sprache des Auges‹ als erster nachhaltig auf unverkennbare Parallelen

186 James J. Gibson, *Perception of the Visual World*, Boston 1950, S. 11 f. – Fiedler (Anm. 183), S. 173
187 Kobbert (Anm. 28), S. 108
188 ÜGK, S. 26

zwischen Kandinskys Theoriewerk und der Gestalttheorie aufmerksam gemacht hat, ohne allerdings dabei auch nur in Ansätzen von deren Verifikationsmöglichkeit durch die unmittelbare künstlerische Werkevidenz Gebrauch zu machen. Letzteres ist ein gravierender Nachteil, von dem nur wenige Autoren der mittlerweile enorm angewachsenen Kandinsky-Fachliteratur freizusprechen sind. Wie schon angedeutet, ist es lediglich Brisch gelungen, einigen gestalttheoretischen Aspekten im Œuvre des Künstlers gerecht zu werden – ob mit oder ohne explizite Kenntnis der Gestalttheorie und deren Wahrnehmungsgesetze, ist nebensächlich.

Zunächst stellt sich die Frage, ob Kandinsky in seinen Münchener Jahren mit den ersten Erkenntnissen der damals noch jungen Wahrnehmungspsychologie vertraut war, zum Beispiel mit Theodor Lipps' »Einfühlungstheorie« (auch Empathie-Theorie genannt). Gewisse Elemente aus Lipps' Theorie waren ihm möglicherweise über Kontakte mit Hermann Obrist, dem für abstrakte Gestaltungstendenzen überaus aufgeschlossenen Jugendstil-Künstler, zu Ohren gekommen. Kreitler zufolge richtet die Theorie der Empathie ihr »Augenmerk in erster Linie auf die Beteiligung von motorischen Elementen bei der Wahrnehmung. Dementsprechend ist die Dynamisierung der Tatsache zuzuschreiben, daß Betrachter die wesentlichen Umrisse oder Richtungsachsen der wahrgenommenen Formen motorisch oder kinästhetisch nachahmen«. Daß sowohl die physiognomische Wahrnehmungsart als auch die Empathie hinsichtlich der »Dynamisierung plausible Theorien abgeben«, ist eine auch für unsere Problemstellung interessante Schlußfolgerung des Autors. Auch Hermann Bauer zufolge erscheint gesichert, daß Kandinsky Lipps' Theorie gekannt hat. Wie ein Zitat aus Lipps' 1903 erschienener ›Grundlegung der Ästhetik‹ belegt, dürfte Kandinsky – neben dessen Einfühlungstheorie – auch dessen Kunstauffassung in bezug auf Abstraktion und deren dynamische wie universale Aussagekraft interessiert haben. »Der erste Schritt zum Kunstwerk ist getan, wenn in dieser Verbindung von Massen die Tätigkeiten oder Funktionen der einzelnen Teile, die das existenzfähige Ganze eigentlich ausmachen, etwa die vertikale Tätigkeit des Tragens oder die horizontale des Lagerns, durch einen Akt der Abstraktion herausgelöst und in den entsprechenden Linien und Formen für sich zum Ausdruck gebracht werden. In solcher Weise wird etwa aus dem Baumstamm oder Felsblock die geradlinig-aufwärts strebende Stütze. Ein weiterer Schritt besteht in der Differenzierung der Funktionen in die einzelnen Funktionen, die implizit in ihnen liegen – der Differenzierung des Stützens etwa in das Feststehen, das Sichaufrichten, das Aufnehmen der Last … Die so entstehenden Formen sind nun aber nicht mehr Formen dieser bestimmten materiellen Masse, sondern haben eine allgemeine Bedeutung oder gehören einer allgemeineren Formensprache an, nämlich der Sprache des Raumlebens überhaupt.«[189]

In der Folge war es vor allem Max Wertheimer, der Lipps' Theorie relativierte und mahnend erklärte, die Wahrnehmung von Bewegungsausdruck sei viel zu unmittelbar und zwingend, als daß sie einfach als Ergebnis eines auf Mimetischem basierenden Lernvorgangs hingestellt werden könnte.[190] Auch für Arnheim gibt es keinen Hinweis darauf, daß die Empfindung von Anschauungsdynamik immer oder auch nur hauptsächlich auf kinästhetische Einfühlung zurückzuführen ist. Die Kinästhesie sei demnach nur die Folgewirkung der Reizung der Projektionsfelder im Gehirn. Es sei unwahrscheinlich, präzisiert er, »daß kinästhetische Antworten entstehen, wenn nicht die figuralen Eigenschaften des Reizes vorher eine starke visuelle Bewegungsantwort [Anm. d. Verf.: im Nervensystem des Betrachters] hervorgerufen haben«.[191] Und Arnheim weiter: »Es schien nicht mehr möglich, sich das Sehen als einen Prozeß vorzustellen, der vom besonderen zum allgemeinen geht. Im Gegenteil, es wurde offensichtlich, daß Merkmale der Gesamtstruktur die primären Erfahrungswerte der Wahrnehmung sind, so daß die Dreieckigkeit kein spätes Produkt einer verstandesmäßigen Abstraktion ist, sondern vielmehr eine unmittelbare Erfahrung, elementarer als das Aufzeichnen einzelner Details.«[192] Trotz dieser Kritik an der Einfühlungstheorie bleibt unbestritten, so auch Arnheim, »daß visuelle Wahrnehmung von kinästhetischen Komponenten begleitet sein kann«. Mit der Wirkung solcher kinästhetischer Komponenten hat Kandinsky in seinem Anfangsschaffen vermutlich auch gerechnet, als er in den Öl-Landschaftsskizzen mit kompakten und richtungsbetonten Spachtelstrichen zu jenem dynamischen Farbauftrag fand, der manchen Betrachter zu empathischem Mitvollzug des Schaffensprozesses animieren mag.

Anzunehmen ist weiters, daß Kandinsky das 1890 erschienene Buch ›Über Gestaltsqualitäten‹ des Begründers der Gestaltpsychologie, Christian von Ehrenfels, gekannt hat, zumal sich dessen Gestalts- und Ganzheitsdefinition wie ein roter Faden durch das gesamte Theoriewerk des Künstlers zieht. Laut Ehrenfels ist »eine Gestalt eine Ganzheit, eine neue Art von Ordnung mit eigenen Qualitäten und Eigenschaften, welche

189 Kreitler und Kreitler (Anm. 185), S. 119. – Theodor Lipps, *Grundlegung der Ästhetik*, Bd. 1, Hamburg – Leipzig 1903, S. 1–5. – Hermann Bauer, ›Die Psychologie und die Kunstwissenschaft‹, in: *Festschrift für B. Rupprecht*, hrsg. von S. Glaser und A. M. Kluxen, München, S. 537 f.

190 Max Wertheimer, ›Experimentelle Studien über das Sehen von Bewegung‹, in: *Zeitschrift für Psychologie 1912*, Bd. 61, S. 161 f.

191 Arnheim (Anm. 39), S. 94 f.

192 Arnheim (Anm. 88), S. 28

weder in seinen Bestandteilen anzutreffen sind noch auf diese Teile reduziert werden können.«[193] In der lapidaren Diktion von Wolfgang Köhler, einem der Mitglieder der Berliner Schule der Gestaltpsychologie, ist »das Ganze mehr als die Summe seiner Teile«.[194] Erst später mengen sich dynamische Aspekte in die Definitionen von Gestalt und Ganzheit, etwa bei Arnheim, der »Gestalt« als ein Feld erläutert, »dessen Kräfte in einem in sich geschlossenen und gleichgewichtigen Ganzen organisiert sind«. Und »Ganzheit« ergibt sich schließlich, so der Autor, wenn »das Auge das fertige Muster zusammen mit den Wechselbeziehungen seiner Teile als eine Ganzheit sieht«.[195] Was die Vertreter der Berliner Schule (M. Wertheimer, W. Köhler, K. Koffka u.a.) überwiegend in den 20er Jahren an Ergebnissen zur Gestalt- und Ganzheitsproblematik veröffentlichen, hat Kandinsky zum Teil schon in ›Über das Geistige in der Kunst‹ vorweggenommen. Als Künstler findet er naturgemäß zu einer praxisorientierteren Formulierung, in der die wissenschaftlichen Begriffe von Gestalt und Ganzheit zum Beispiel durch den künstlerischen Terminus »große kompositionelle Form« ersetzt sind: »So werden mehrere Gegenstände, reale und eventuell abstrakte (und rein abstrakte) im Bild einer großen Form untergeordnet und so verändert, daß sie in diese Form passen, diese Form bilden. Hier kann die einzelne Form wenig klingend bleiben, sie dient in erster Linie der großen kompositionellen Form und ist hauptsächlich als Element dieser Form zu betrachten. Diese einzelne Form ist so und nicht anders gestaltet; nicht, weil ihr eigener innerer Klang, abgesehen von der großen Komposition, es unbedingt verlangt, sondern größtenteils, weil sie als Baumaterial dieser Komposition zu dienen berufen ist.«[196] Welch gravierenden Stellenwert Kandinsky dem Gestaltphänomen »Ganzheit« beimißt, beweist er zum Beispiel damit, daß er auch Goethes ganzheitliches Denken in seine Überlegungen einschließt, indem er ihn in ›Über das Geistige in der Kunst‹ wörtlich zitiert: »Der Künstler will zur Welt durch ein Ganzes sprechen: Dieses Ganze findet er aber nicht in der Natur, sondern es ist die Frucht seines eigenen Geistes …«[197] Vielleicht auch im Anschluß an Goethes berühmten Satz von jenem Ganzen, das »die Welt im inneren zusammenhält«, bezeichnet er »die Harmonisierung des Ganzen auf der Leinwand [als den] Weg, welcher zum Kunstwerk führt«.[198] Wie schon des öfteren

193 Christian von Ehrenfels, ›Über Gestaltqualitäten‹, in: *Vierteljahresschrift für wissenschaftliche Philosophie Bd.* 14, 1890

194 Wolfgang Köhler, *Gestaltpsychologie*, New York 1947

195 Rudolf Arnheim, *Die Macht der Mitte. Eine Kompositionslehre für die bildenden Künste*, Köln 1983, S. 238

196 ÜGK, S. 72.

197 Ebda., S. 128. – K. Heinemann, *Goethe*, 1899, S. 684

erwähnt, basiert Kandinskys Harmonie-Verständnis auf »Gegensätzen und Widersprüchen«, deren Spannungsgefüge sich letztlich erst in der Ausgewogenheit des Ganzen harmonisiert, wobei Ausgewogenheit laut Arnheim nichts anderes als »das Gleichgewicht der miteinander ringenden Kräfte« bedeutet. Laut Werner Hofmann sei es Kandinskys Wille zur Synthese, der »auf dem Umweg über den Konflikt nach der Veranschaulichung von Harmonien strebt.«[199] Praxisbezogener schildert dies Kandinsky folgendermaßen: »Auf dieser Harmonie fußende Komposition ist eine Zusammenstellung farbiger und zeichnerischer Formen, die als solche selbständig existieren, von der inneren Notwendigkeit herausgeholt werden und im dadurch entstandenen gemeinsamen Leben ein Ganzes bilden, welches Bild heißt.«[200] Diese Textpassage impliziert nicht nur eine treffliche Illustration des Gestaltbegriffs, sie wirft auch ein Licht auf Kandinskys »innere Notwendigkeit«, die sich nicht unbedingt, wie häufig behauptet, im »mystisch« Unfaßbaren verliert, die vielmehr jenes Moment bedeuten kann, demzufolge der Künstler gestalterisch Partikuläres »notwendig« in ein harmonisiertes Ganzes münden läßt.

Ausgehend vom Leitgedanken, daß der Künstler in seinem Schaffensprozeß stets mit der imaginären Präsenz des Betrachters rechnen muß, sich überhaupt erst im Sensorium des zum »sehenden Sehen« befähigten Rezipienten ein Kunstwerk ereignet, sind weitere, für Künstler wie Betrachter wichtige Überlegungen zur visuellen Wahrnehmung erforderlich. Einmal mehr sind es Arnheims ebenso kunstwissenschaftlich wie psychologisch relevante Ausführungen, die weiterhelfen. Im Bewußtsein von der Wechselbeziehung zwischen Künstler und Betrachter bezeichnet er das »Sehen als eine schöpferische Tätigkeit des menschlichen Geistes …, ein echt schöpferisches Begreifen der Wirklichkeit«, was ein »nur mechanisches Aufzeichnen von Sinneseindrücken« vorweg ausschließt. Daraus resultierend »vollbringt die Wahrnehmung auf der sinnlichen Ebene, was im Bereich des Denkens Verstehen genannt wird. Im Sehen nimmt jedermann auf bescheidene Art und Weise die zurecht bewunderte Fähigkeit des Künstlers vorweg, Muster zu erzeugen, die mittels gestalteter Form eine gültige Interpretation von Erfahrung liefern. Sehen ist Einsehen«, ja mehr noch, wie Arnheim hinzufügt, »Erfinden«, und nach dem gestalttheoretischen Gesetz des Einfachheitsstrebens sogar »Abstrahieren«.[201]

198 ÜGK, S. 25
199 Hofmann (Anm. 133), S. 309
200 ÜGK, S. 111 f.
201 Arnheim (Anm. 88), S. 6 und 50. – Arnheim (Anm. 39), S. 32

Da sich das Schöpferische primär in dynamischen Prozessen manifestiert, ist auch das Seherlebnis dynamisch. Zwar bewegt sich das Sehding selbst nicht, es ist aber »energiegeladen«. Wir sprechen von potentieller Energie beziehungsweise von einem dynamischen Vorgang, der sich erst im Wahrnehmungsprozeß des Betrachters vollzieht. Demgemäß beruht alles Wahrnehmen, wie Arnheim betont, »auf Dynamik und nicht auf den toten Formen an sich, denn die existieren für die Wahrnehmung überhaupt nicht«.[202] Folglich ist »die Dynamik keine Eigenschaft der physikalischen Welt. Das Reizmaterial, das unsere Augen erreicht, erhält seine Dynamik, während es vom Nervensystem verarbeitet wird.«[203] Künstlerisch gesehen handelt es sich um die Dynamik der Form, und die setzt voraus, »daß sich der Künstler jedes Objekt oder jeden Teil eines Objekts als ein Geschehen und nicht als einen statischen Gegenstand vorstellt und daß er die Beziehungen zwischen Objekten nicht als geometrische Konfiguration, sondern als beidseitige Wechselwirkung auffaßt«.[204] Auf der Grundlage solcher Überlegungen stoßen wir auf Arnheims Schlüsselsatz, demzufolge ein Kunstwerk durch die »Konfiguration visueller Kräfte geprägt ist, in denen sich die Dynamik wesentlicher Daseinserlebnisse widerspiegelt«.[205] Für die vertiefte Deutung eines Kunstwerks – etwa im Zusammenhang mit Panofskys »Wesenssinn« – ergibt sich daraus die Schlußfolgerung, daß das »dynamische Thema« mehr ist als die gegenständliche Episode beziehungsweise weit über den konkreten ikonographischen Anlaß hinausführt. Arnheim präzisiert: »Weder die formale Struktur noch das Thema sind der endgültige Inhalt eines Kunstwerks. Beides sind Instrumente der künstlerischen Form. Sie dienen dazu, einem unsichtbaren Allgemeinen Gestalt zu verleihen«, oder, so könnte man ergänzen, um auch rein Gedankliches zum Ausdruck zu bringen.[206] Und erst dieser Ausdruck – definierbar durch die »Fähigkeit der visuellen Dynamik, mittels der Eigenschaften von Formen, Farben und Bewegungen die entsprechende Dynamik menschlicher Daseinserlebnisse darzustellen« – macht Kunstwerke zu Aussagen.[207] Ausdruck ist somit eng verwandt mit Anschauungsdynamik und bezeichnet, so Kobbert, »die Art und Weise, in der ein Ganzes als lebendig in Erscheinung tritt«. Diese Formulierung ist zwar überzeugend, aber nicht ganz neu, da bereits Kandinsky einen sehr ähnlichen Sachverhalt in verblüffend analoge Worte gekleidet hat: »Die einzelnen Teile [eines

202 Arnheim (Anm. 88), S. 221
203 Ebda., S. 439
204 Ebda., S. 436
205 Arnheim (Anm. 195), S. 240
206 Arnheim (Anm. 88), S. 465
207 Arnheim (Anm. 195), S. 238

Kunstwerks] werden nur durch das Ganze lebendig.«[208] Wie Ausdruck immer die Erscheinung von Lebendigem ist, so kann auch das Verstehen eines Kunstwerks nur im Sinne der Erfahrung bzw. Schilderung eines lebendigen Organismus erfolgen. Dies setzt wiederum voraus, das Kunstwerk als dynamisches Geschehen aufzufassen, was folglich niemals ontologisch, sondern nur – mit Blick auf die strukturierte Ganzheit des Ausdrucks – phänomenologisch verstanden werden kann. Laut Kobbert »geht es für den Betrachter darum, der Vielschichtigkeit der phänomenalen Wirklichkeit volle Geltung zukommen zu lassen, innerhalb derer sich die Bedeutung der Inhalte nicht aus dem Kriterium der objektiven Meßbarkeit ergibt, sondern aus dem Wirkungsreichtum für den Menschen.«[209] Sprechen wir in bezug auf die »objektive Meßbarkeit« einerseits von dem für die Erfassung von Lebendigem untauglichen Ansatz der Informationstheorie, somit hinsichtlich falsch verstandener Bildevidenz vom unbewegten »Ontogramm«, so vollzieht sich andererseits richtiges Verständnis eines von »Wirkungsreichtum« erfüllten Kunstwerks im Rahmen des sich erst im Wahrnehmungsprozeß des Betrachters ereignenden »Phänogramms«.

Im Gefolge dieser Ausführungen gewinnt der Begriff des Sehens eine beträchtliche Qualitätssteigerung, gipfelnd in Arnheims axiomatischem Satz, wonach das Sehen auf der »Wahrnehmung von gerichteten Spannungen und bedeutsamen Strukturmustern in einer Ganzheit« beruht.[210] Bleibt zu erwähnen, daß der informationstheoretisch definierte Begriff »Struktur« keinesfalls mit jenem der Kunstwissenschaft identisch ist. Denn im Gegensatz zur lediglich undynamischen Anordnung von Formen handelt es sich nunmehr um eine spezifische Anordnung von visuellen Kräften beziehungsweise dynamischen Beziehungen, deren Aufdeckung sich erst im Nervensystem des Rezipienten vollzieht.

In Arnheims Schilderung des Seh-Vorgangs spielt der Begriff der »gerichteten Spannung« eine wichtige Rolle, ein markantes Phänomen der Gestaltpsychologie. Auch die analysierende Kunstgeschichte verwendet diesen Begriff, oft genug ohne rechtes Wissen darüber, was er als Phänomen bewirkt. Obwohl auf der Leinwand keine reale Bewegung stattfindet, tritt sie doch als potentielle Energie, als Bewegtheit in Erscheinung. Erst im Sensorium des Betrachters ereignet sich – sofern der Künstler die entsprechenden dynamischen Formen vorgibt – Bewegung (mitunter Kinästhesie auslösend) oder Spannung. Es fällt besonders ins Gewicht, daß Kandinsky lange vor den profunden Formulierun-

208 Kandinsky, ›Malerei als reine Kunst‹, in: *Essays* (Anm. 18), S. 64
209 Kobbert (Anm. 28), S. 90
210 Arnheim (Anm. 88), S. 19

gen der Gestaltpsychologie in ›Über das Geistige in der Kunst‹ die Unzulänglichkeit des Begriffs Bewegung erkannt hat. Er ersetzt diesen durch die Formulierung »Richtung im Bilde« (vgl. »gerichtete Spannung«), um ihn schließlich in ›Punkt und Linie zu Fläche‹ überhaupt fallen zu lassen. Und dies begründet er so: »Den fast allgemein üblichen Begriff ›Bewegung‹ ersetzte ich durch ›Spannung‹. Der übliche Begriff ist ungenau und führt deshalb auf unrichtige Wege, die zu weiteren terminologischen Mißverständnissen verleiten. Die Spannung ist die dem Element innelebende Kraft, die nur einen Teil der schaffenden ›Bewegung‹ bedeutet. Der zweite Teil ist die ›Richtung‹, die auch von der ›Bewegung‹ bestimmt wird. Die Elemente der Malerei sind reale Resultate der Bewegung, und zwar in der Form: 1. der Spannung, und 2. der Richtung.« Vollends berührt er eine ganze Reihe elementarer, bereits erwähnter Momente der Gestalttheorie, wenn er sein Verständnis von »Komposition« darlegt: »Die Mitarbeit der Kraft an dem gegebenen Material führt in das Material das Lebendige ein, das sich in Spannungen äußert. Die Spannungen lassen ihrerseits das Innere des Elementes zum Ausdruck kommen. Das Element ist das Resultat der Arbeit der Kraft am Material ... So ist die Komposition nichts weiter als eine ›exakt-gesetzmäßige Organisierung‹ der in Form von Spannungen in den Elementen eingeschlossenen lebendigen Kräfte.«[211] Es ergäbe eine ausufernde Zitatenpalette, wollte man allen, in ›Punkt und Linie zu Fläche‹ geäußerten Verweisen auf »Spannung« nachgehen. Deshalb sei noch eine Textstelle herausgegriffen, die das bereits Zitierte nicht unerheblich ergänzt. Die Rede ist vom Begriff des »Elements«, der »auf zwei verschiedene Arten verstanden werden kann – als äußerer und als innerer Begriff. Äußerlich ist jede einzelne zeichnerische oder malerische Form ein Element. Innerlich ist nicht diese Form selbst, sondern die in ihr lebende innere Spannung ein Element.« Diese Ausführungen Kandinskys klingen zunächst kryptisch, bei rückblendender Überlegung zeigt sich in ihnen eine frappierende Analogie zur Gestaltpsychologie. Demnach wäre das, was Arnheim als Ontogramm bezeichnet, nämlich die ohne »dynamisches Thema«, somit als »tote Formen« auf der Leinwand haftende Konfiguration, mit Kandinskys »Element als äußerer Begriff« zu vergleichen. In Analogie dazu steht das »Element als innerer Begriff«, was sich, bei entsprechend dynamischer Formenkonstellation, erst im Sensorium des Künstlers wie Betrachters als Spannung im Sinne eines Phänogramms ereignet; letzteres läßt sich als organisierte Wirkung sichtbarer Ausdruckskräfte verstehen.[212] Zitieren wir Kandinskys weiterführende

211 PLF, S. 58 und 100. – Felix Thürlemann, *Kandinsky über Kandinsky. Der Künstler als Interpret eigener Werke*, Bern 1986, S. 168

Gedanken: »Und in der Tat materialisieren nicht die äußeren Formen den Inhalt eines malerischen Werkes, sondern die in diesen Formen lebenden Kräfte = Spannungen. Wenn die Spannungen plötzlich auf eine Zauberart verschwinden oder sterben würden, wäre auch das lebendige Werk sofort tot.« Dies alles faßt Kandinsky in einer weiteren, den inhaltlichen Aspekt einbeziehenden Definiton von »Komposition« zusammen: »Der Inhalt eines Werkes findet seinen Ausdruck in der Komposition, das heißt in der innerlich organisierten Summe der in diesem Falle notwendigen Spannungen.«[213] Kandinskys eigenständige und von der Tradition abweichende Auffassung vom Phänomen »Bewegung« hat S. W. Hayter in seinem Aufsatz ›The Language of Kandinsky‹ sehr anschaulich beschrieben: »In der traditionellen abendländischen Kunst wurde die Bewegung fast ausschließlich als im Stillstand befindlich dargestellt, durch ein Objekt in einer Position, die dem Betrachter auferlegte, die darauffolgende Bewegung in Gedanken zu ergänzen. Kandinsky hingegen stellt die Bewegung als ein eigenständiges Element dar, ohne das wiederzugeben, was sich bewegt oder bewegt hat. Manchmal beschreibt eine Reihe von Punkten, wie Schußbahnen oder Fluglinien, diese Bewegung; und oft wird sie durch eine ungelöste Spannung zwischen den Formen demonstriert.«[214]

Schon etwa ein Jahr vor der Veröffentlichung von ›Über das Geistige in der Kunst‹ nimmt der Künstler 1910 anläßlich einer Ausstellung in Odessa in einem Artikel zur Inhalt-Form-Frage Stellung, in dem er in der »Form den materiellen Ausdruck des abstrakten Inhalts« begründet sieht.[215] In Rückbesinnung auf die Tatsache, daß Sehen auch Abstrahieren bedeutet, gewinnt Kandinskys konnotativer Hinweis auf »Ausdruck« und »abstrakt« gestaltpsychologische Dimension. Demgemäß manifestiert sich Abstraktion, gleichgültig ob anhand eines gegenständlichen oder ungegenständlichen Sujets, stets im Kopf des Künstlers wie Rezipienten. Da laut Wertheimer und Köhler die Wahrnehmung von Ausdruck immer unmittelbar und zwingend erfolgt, Kognitives beziehungsweise Lernerfahrungen und die »Reflexion seelischer Zustände« immer erst a posteriori auf den Plan treten, ist auch in gegenständlicher Gestaltung

212 Laut Kobbert besteht die phänomenologische Methode darin, »daß sie nicht an der Erscheinung vorbei das Objekt zu «hinterfragen» sucht, sondern die Erscheinungsweise selbst befragt. Die Notwendigkeit hierfür ergibt sich daraus, daß das Vorfindbare nicht identisch ist mit dem allgemein Vorgefundenen, das Sichtbare mit dem allgemein Gesehenen, sondern sich erst bei eingehender Beschäftigung mit dem Gegenstand erschließt«. Kobbert (Anm. 28), S. 70

213 PLF, S. 31

214 Abgedruckt in der amerikanischen Ausgabe von ÜGK: *Concerning the Spiritual in Art*, Wittenborn, New York 1947, S. 15–18

215 Zitiert bei Hahl-Koch (Anm. 10), S. 136

primär die Abstraktion tonangebend (durchaus im Sinne von Kandinskys »innerem Klang«), folglich – diskursiv auf allgemeine Aussagen hinzielend – schon vorweg symbolisch.[216]

In der Produktion wie Rezeption eines Kunstwerks nehmen die Begriffe Spannung und Entspannung eine zentrale Stellung ein. Ausgehend von Kreitlers Satz, wonach die »Störung des Gleichgewichts den Organismus in einen aktiven Zustand der Energiemobilisierung, der Spannung, versetzt«, und gipfelnd in Arnheims Axiom, demzufolge »die Wahrnehmung das Eindringen äußerer (visueller) Kräfte in den Organismus spiegelt, die das Gleichgewicht des Nervensystem stören«, wenden wir uns einem Problemfeld zu, das die Psychologie mit dem Begriff der Homöostase umschreibt.[217] Laut Kreitler »basiert das homöostatische Modell auf der Annahme, daß es für die Existenz und das Überleben des Organismus optimale Bedingungen gibt, die durch ein gewisses Gleichgewicht zwischen inneren und äußeren Prozessen sowie zwischen den verschiedenen inneren Abläufen definiert sind, und daß der Organismus danach strebt, dieses Equilibrium zu erhalten und es, im Falle von Abweichungen, wiederherzustellen.«[218] Dieses Prinzip der dynamischen Selbstregulierung kennzeichnet das Streben des Organismus nach Gleichgewicht (Entspannung), und zwar stets unter dem Aspekt der höchstmöglichen Einfachheit. Letzteres besagt, so Arnheim, »daß jedes Wahrnehmungsmuster die einfachste Struktur anstrebt, die dem Gesichtsinn unter den gegebenen Umständen zu Gebote steht« und, daraus folgernd, jede Abweichung von Einfachheit Spannung erzeugt.[219] Ergänzt durch den Faktor der Ganzheit, begründet sich Einfachheit im »einsichtigen Ordnen der Mittel aufgrund der Kenntnis des Wesentlichen, dem alles sich unterzuordnen hat.«[220] Es handelt sich um das elementare Streben nach der »Guten Gestalt« oder, wie es die Wahrnehmungspsychologie genauer formuliert, um das dem »Gestaltdruck« inhärente »Prägnanzstreben«. Abgesehen davon, daß Entspannung auf zu niedrigem Niveau ebenso wie überhöhte Spannung vom Menschen als unangenehm empfunden wird, ist die Kunstpraxis vorwiegend an spezifisch ausgeprägter, eben ausdrucksfördernder Spannungsproduktion – im Sinne wachstumssteigernder, tatkräftiger Lebensenergie – interessiert. Dieser Gestaltungsprozeß sollte stets so verlaufen, daß die auf der Leinwand fixierten Form- und Farbelemente in Spannungswerten

216 Wolfgang Köhler, *Dynamics in psychology*, New York 1940

217 Kreitler und Kreitler (Anm. 185), S. 28. – Arnheim (Anm. 88), S. 440

218 Kreitler und Kreitler (Anm. 185), S. 28

219 Arnheim (Anm. 88), S. 411

220 Kurt Badt, ›Einfachheit in der Malerei‹, in: Badt: *Kunsttheoretische Versuche*, Köln 1968

korrelieren, um letztlich in der Ganzheit, in der übergeordneten Gestalt des Kunstwerks in entspannender Ausgewogenheit zu kulminieren. Analog dazu hat Arnheim die Entfaltung des menschlichen Geistes als »Wechselspiel zwischen spannungssteigernden und spannungsvermindernden Bestrebungen« bezeichnet.[221]

Es ist Arnheims Verdienst, im Rahmen der kunstwissenschaftlichen Werkanalyse beziehungsweise zur Unterstützung eines formal wie inhaltlich objektivierbareren Kunstverständnisses den homöostatischen Ansatz instrumentalisiert zu haben. Zwecks Überleitung von der Theorie zur Praktikabilität gibt er in seinem wichtigen Buch ›Die Macht der Mitte‹ lehrreiche, an zahlreichen Werkbeispielen erprobte Hinweise, die der Rezeption gegenständlicher wie abstrakter Kunst gleichermaßen förderlich sind. Als Ausgangspunkt der Sehorientierung dient ihm das orthogonale System des »kartesianischen Netzes«, welches, fixiert durch die bildteilenden Horizontalen und Vertikalen sowie erweitert durch die Diagonalen, den Nullpunkt der gerichteten Spannung darstellt, und das wir als Sehgrundmuster bezeichnen wollen.[222] Man kann daraus schließen, daß jedes nicht auf diesem, der visuellen Wahrnehmung vorgegebenen und letztlich das Prinzip der »Guten Gestalt« einschließenden Muster plazierte Sehding eine »Rechtfertigung für diese Abweichung« benötigt. Arnheim zufolge läßt sich allein schon die »schräge Richtung dynamisch als allmählicher Rückzug von den Nullpunkten der Vertikalen und Horizontalen oder allmähliche Annäherung an die Nullpunkte definieren … Wenn sich Formeneinheiten überschneiden, schafft die Unvollständigkeit der verdeckten Formen eine Spannung, die dann ihrerseits zu Bewegung wird. Das Bedürfnis, die sich überschneidenden Einheiten auseinanderzuziehen und auf diese Weise die Vollständigkeit wiederherzustellen, wird als dynamische Wirkung erfahren«.[223] Hervorzuheben sind aus der Vielzahl von Spannungsindikatoren das Phänomen der sich dem Prägnanzstreben des Betrachters widersetzenden Verformung und die Figur-Grund-Problematik. Erhellend ist schließlich, wie Arnheim, basierend auf der zwingenden Korrelation zwischen homöostatischem Ansatz und gestaltlicher Ganzheit, seine mit Kandinskys Harmoniebegriff fast deckungsgleiche Vorstellung von Kunst formuliert: »Ein Kunstwerk offenbart die Wechselbeziehung zwischen der zugrundeliegenden Ordnung und der vernunftwidrigen Vielfalt an Konflikten.«[224]

221 Arnheim (Anm. 88), S. 412
222 Arnheim (Anm. 195), S. 8 f.
223 Arnheim (Anm. 39), S. 89
224 Arnheim (Anm. 88), S. 148

Daß Kandinsky schon in ›Über das Geistige in der Kunst‹ die Gesetzmäßigkeit der Homöostase beziehungsweise die der Konstatierung formaler Stabilitätsabweichungen dienliche Parameterfunktion des Sehgrundmusters vorausgeahnt hat, wird klar, wenn man sich folgende Textpassage vor Augen führt: »Was man Bewegung nennt; z.B. ein Dreieck einfach nach oben gerichtet klingt ruhiger, unbeweglicher, stabiler, als dasselbe Dreieck schief auf die Fläche gestellt.«[225] Was hier zunächst noch den Beigeschmack des Intuitiven in sich birgt, gewinnt Jahre später in ›Punkt und Linie zu Fläche‹ an wissenschaftlicher Tragfähigkeit. Kandinsky schildert den homöostatischen Aspekt und die Kontrolleffizienz des allen künstlerisch Sehenden innewohnenden Sehgrundmusters am Beispiel der abstrakten Kunst: »Es ist ohne weiteres klar, daß die geringste Abweichung der Diagonalen oder des Spannungsmessers von der Vertikalen oder von der Horizontalen in der kompositionellen, und ganz besonders in der abstrakten Kunst entscheidend ist. Alle Spannungen der Einzelformen auf der Grundfläche bekommen dann jedesmals andere Richtungen und werden selbstverständlich jedesmal anders gefärbt.«[226] Die Erkenntnis dieser Affinität zur Gestaltpsychologie ist nicht ganz neu. Bereits Overy erkannte, daß etliche in ›Punkt und Linie zu Fläche‹ abgebildeten Diagramme jenen entsprechen, mit denen die Gestaltpsychologen die Wahrnehmung von Seh-Mustern illustrierten.[227] Und was dabei besonders ins Auge sticht: Kandinsky geht immer vom kartesianischen Netz (= Sehgrundmuster) aus, wenn er seine Strichlagen in vielfach variierten Diagrammen festhält, die durch quadratische oder rechteckige Umrisse eingefaßt sind.[228]

225 ÜGK, S. 77
226 PLF, S. 143
227 Overy (Anm. 125), S. 144 und 174
228 PLF, Abb. 15, 23, 82, 83 und 96

4. Zum Problem der Bildzeit

Die Kunstwissenschaft methodologisch unterstützend, ist die Gestalttheorie vor allem bemüht, den Bildbetrachter auf die Wahrnehmung von gestalteten Ganzheiten und dynamischen Strukturen hinzuführen, und solches Erfassen von Gestalt erfolgt, so betont Arnheim, weitgehend gleichzeitig. Dies tangiert das kunstwissenschaftliche Problem der unterschiedlichen Erlebnis- und Bildzeit.[229] Zunächst benötigt der Rezipient bei erstmaliger Begegnung mit dem Bildwerk ein hohes Maß an Zeit. Erst nach längerer visueller Auseinandersetzung mit dem Strukturmuster des »Seh-Felds« werden ihm die dynamischen Beziehungen zwischen den einzelnen Sehdingen klarer, er gruppiert in größeren Zusammenhängen und gelangt schließlich zu Ganzheiten. Die Betrachterzeit schmilzt sichtlich zusammen, ein Rezeptionsniveau wird erreicht, ein willentliches »Zusammensehen« des Ganzen, das sich dem Idealfall der Gleichzeitigkeit zumindest nähert. Von dieser Betrachterzeit unterscheidet sich die Bildzeit, ohne von dieser gänzlich unabhängig zu sein. Die Bildzeit-Erfahrung haftet nicht primär am Gegenstand, sondern »an der Zeitform, welche die Bildgestalt sichtbar macht«. Die Zeit ist nicht sichtbar, aber sie wird, so fährt Theissing fort, »sichtbar an den Erscheinungen im Bild durch Qualitätsveränderungen ›von etwas her zu etwas hin‹.« In praxisorientiertem Kontext mit der gerichteten Spannung besagt das: »Die Zeit ist etwas an der Bewegung, das sich uns an einem Bewegten zeigt. Zeit ohne Bewegung widerspricht dem Wesen von Zeit und Zeitlichkeit. Zeit ist ein wesenhaft Kinetisches.«[230]

Wenn Arnheim schreibt, »im Gehirn gibt es für jede Spur [Sehding] einen Ort, aber kein Datum«, dann lehnt er den Bildzeitbegriff völlig ab; es bleibt zu ergänzen, daß ihm offensichtlich die Eliminierung der Betrachterzeit vorschwebt, wohingegen er von der Problematik der Bildzeit keine Notiz nimmt. Das ganze Werk, so lautet sein Postulat, »muß gleichzeitig in unserem Bewußtsein gegenwärtig sein, damit wir seine Entwicklung, seinen Zusammenhang und die Wechselbeziehungen zwischen seinen Einzelheiten verstehen. Wir sind versucht, das Objekt dieser Zusammenschau eine räumliche Struktur zu nennen. Auf jeden Fall erfordert sie Gleichzeitigkeit und kann deshalb kaum zeitlich genannt werden.« Und nachdrücklich betont er: »Demzufolge vertritt das unbewegliche Bild keinen flüchtigen Augenblick, sondern es steht außerhalb

229 Götz Pochat, *Bild-Zeit. Zeitgestalt und Erzählstruktur in der bildenden Kunst von den Anfängen bis zur frühen Neuzeit*, Wien–Köln–Weimar 1996; zitiert u. a. im Hinblick auf die mustergültig kompilierte Literatur zur Zeit-Problematik.

230 Theissing (Anm. 19), S. 40 f.

der Zeitdimension. Es kann verschiedene Phasen eines Ereignisses in einer einzigen Darstellung vereinigen, ohne damit sinnwidrig zu handeln.«[231] Dies ist zwar gestalttheoretisch konsequent gedacht, vom semantischen Aspekt der Kunstgeschichte aus betrachtet indes nur die halbe Wahrheit. Arnheims psychologischer Standpunkt ist zu hermetisch, da er das Kognitive, das »denkende Auge«, das Bewußtsein von Vergangenheit, Gegenwart und Zukunft außer acht läßt. Zur Verdeutlichung sei auf Goethes Satz hingewiesen, wonach »alles was ein erscheinendes Dasein hat, der Zeit unterliegt«.[232] Diese Kritik bestreitet nicht die gestaltpsychologische Definition von Ganzheit, ebensowenig deren Gleichzeitigkeitsanspruch. Nur ist zu bedenken, daß es dem Kunstbetrachter, neben dem Aufspüren von ganzheitlicher Gestalt und der Ausgewogenheit der Kräftekonfiguration, auch um die meist spannungsvoll ablaufenden Wechselbeziehungen innerhalb von Nebenzentren oder figurativen Untergruppierungen geht. Dies ereignet sich immer im Rahmen der Bildzeit, ablesbar an den entsprechenden Qualitätsveränderungen des Erscheinenden; und letzteres vollzieht sich, philosophisch gesprochen, im »Seienden, das in der Zeit ist«. Der Betrachter ist bestrebt, durch die Erkenntnis von Ganzheit letztlich vom Seienden zum Sein (bzw. von der Temporalität zur Gleichzeitigkeit oder Dauer) zu gelangen, woran sich, homöostatisch gesehen, die Erfahrung von Entspannung knüpft. Auch der Kunsthistoriker Dagobert Frey hat diesen zeitspezifischen Rezeptionsparallelismus richtig erkannt, indem er auf die »zwischen der Überzeitlichkeit der Darstellung und der Zeitlichkeit des Dargestellten bestehende Spannung« hinweist.[233] Kurzum: »Keine Gleichzeitigkeit ohne Zeit«, wie es Adorno auf den Punkt gebracht hat.[234] Den Wunsch, den Augenblick zur Ewigkeit (oder wenigstens Dauer) zu erheben, hat Theissing treffend als »die Daseinsutopie katexochen« bezeichnet.[235] Demnach könnte sich das Wissen von der Ganzheit am Kunstwerk, um Marcel Prousts ›Auf der Suche nach der verlorenen Zeit‹ zu paraphrasieren, als Gewinn der verlorenen Zeit zu Buche schlagen. Ähnlich argumentiert auch Götz Pochat mit einem Hinweis auf Bergson, der die Intuition als Versuch des Menschen definiert, die »wahre Dauer« wiederzufinden. Obzwar Bergsons »wahre Dauer« nicht

231 Arnheim (Anm. 88), S. 373 f. und 426

232 Johann Wolfgang von Goethe, ›Italienische Reise 1. Teil‹, in: *Werke*, Bd. 9. Zürich – Stuttgart 1962, S. 135

233 Dagobert Frey, ›Das Zeitproblem in der Bildkunst‹, in: *Bausteine einer Philosophie der Kunst*, Darmstadt 1976, S. 221

234 Theodor W. Adorno, ›Über einige Relationen zwischen Musik und Malerei‹, in: *Vorträge aus der Reihe Grenzen und Konvergenzen der Künste*, Berlin 1967, S. 11

235 Theissing (Anm. 19), S. 236

ganz mit der Gleichzeitigkeit in Einklang zu bringen ist, erscheint es dennoch nützlich, eine Schlüsselstelle aus dessen Schrift ›La Pensée et le Mourant‹ (1934) zu zitieren: »... und daß man also, um von der Begrifflichkeit zur unmittelbaren Schau, vom Relativen zum Absoluten zu gelangen, sich nicht außerhalb der Zeit begeben muß ..., sondern daß es im Gegenteil gilt, sich in die wahre Dauer zurückzuversetzen und die Wirklichkeit in der Bewegung, die ihr Wesen ist, wieder zu ergreifen.«[236]

Ausgehend von Theissings Postulat, »das Verhältnis von angehaltener und doch laufender Zeit zu untersuchen«, stoßen wir auf zwei scheinbare Paradoxien: »Die Unsichtbarkeit der Zeit und den Stillstand eines Geschehens im Bild.«[237] Daraus resultiert nun keinesfalls eine unversöhnliche Dichotomie, vielmehr handelt es sich um einen Dualismus. Es ist notwendig, den von der Gestaltpsychologie intendierten, in der Gleichzeitigkeit beziehungsweise Außerzeitlichkeit begründeten Ganzheitsaspekt mit dem Phänomen der Bildzeit, der Erfahrung vom Wandel des Erscheinenden, zu junktimieren.

Im ergänzenden Zusammenhang lohnt es sich, auf Hans D. Hubers Kritik an der »Ikonik«, einem Nebenzweig der kunsthistorischen Theoriebildung und Forschungspraxis, einzugehen. Aus Hubers Mangelkatalog sei eine der drei zentralen Prämissen der Ikonik herausgegriffen: »Das anschauliche Sehen ist simultan, d.h. das ästhetische Objekt ist von vorneherein in der Wahrnehmung des Ganzen präsent«.[238] Analog dazu gerät Imdahl mit seiner Simultanitätsauffassung in die Nähe von Arnheims Axiom der »gleichzeitigen« Rezeption künstlerischer Ganzheitsstrukturen, wenn er schreibt: »Das Ganze ist von vorneherein in Totalpräsenz gegeben und als das sinnfällige Bezugssystem in jedem einzelnen kopräsent ... Das so und nicht anders proportionierte Bildfeld wird als Totalität in Simultanität miterfahren.«[239] Dieser von Huber in Frage gestellte Ansatz ist nur dann falsch, wenn sich der Simultanitätsanspruch auf die lediglich in der Sukzessivität verlaufende visuelle Wahrnehmung bezieht. Simultanität kommt erst im Finalstadium des Sehprozesses zum Tragen, wenn die Strukturen des Kunstwerks als dynamische Ganzheitsmuster im Kopf des Rezipienten gespeichert und als solche im Zugleich abrufbar sind, der visuelle Vorgang bereits abgeschlossen ist. Huber hat

236 Pochat (Anm. 229), S. 14. – Henri Bergson, *Denken und schöpferisches Werden* (*La Pensée et le Mouvant*, Paris 1934 und 1946), Meisenheim 1948, S. 42, 43

237 Theissing (Anm. 19), S. 3 und 35

238 Hans D. Huber, *System und Wirkung. Rauschenberg-Twombly-Baruchello. Fragen der Interpretation und Bewertung zeitgenössischer Kunst. Ein systemtheoretischer Ansatz*, München 1989, S. 25

239 Max Imdahl, *Giotto. Arenafresken. Ikonographie. Ikonologie. Ikonik*, München 1980, S. 23 und 40

dies – im Gegensatz zu den Sukzessivwahrnehmungen – als »mentale Repräsentation« des Bildes bezeichnet. Dazu seine präzisierenden Ausführungen: »Folglich ist mit Simultanpräsenz des Bildganzen in der Wahrnehmung also eine mentale Repräsentation gemeint und keine phänomenale Einzelwahrnehmung ... Der Ort von Simultanpräsenz ... ist also ein anderer. Und zwar ergibt er sich als Ko-Implikat aus dem Prozeß des Erinnerns und Reidentifizierens ... Simultanpräsenz ist also das Problem mentaler Repräsentationen, die gleichzeitig den aktuellen Wahrnehmungsprozeß begleiten.«[240] Diese Beobachtungen Hubers sind zwar an sich korrekt, problematisch jedoch sind dessen Schlußfolgerungen: »Die beiden parallelen Vorgänge der Wahrnehmungsbildung und des simultanen Abrufs mentaler Bezugssysteme müssen sorgfältig auseinandergehalten werden. Denn ihre Richtung ist jeweils gegenläufig.« Und noch verstärkt heißt es: »So schließen sich die Totalität der Simultanwahrnehmung und die Unvollständigkeit der Sukzessivwahrnehmung logisch aus.«[241] Hier wird Dichotomie behauptet, wohingegen ein eindeutiger Fall von Dualität bzw. Ambivalenz vorliegt. Daß Simultanität und Sukzessivität nicht nur miteinander vereinbar sind, vielmehr sich sogar wechselseitig bedingen, belegt auch Gottfried Boehms Simultanitätskonzeption, der Huber »von vorneherein« Widersprüchlichkeit anlastet. Trotz seines unberechtigten Vorwurfs glückt Huber indes eine durchaus korrekte Sachverhaltsdarstellung von Boehms Standort: «Boehms Konzeption einer Simultanität des Gegebenen ist also eine prozessuale, ein Werden, bei der die simultane Totalpräsenz des Bildganzen die tragende Matrix ist, die die sukzessiven Einzelwahrnehmungen begleitet und gliedert.«[242] Darin bestätigt sich unsere Auffassung, derzufolge die in der visuellen Sukzessivität beheimatete Aufdeckung der Erlebnis- und Bildzeit stets vor der »Matrix« des erst im Kopf des Betrachters «fertigen», somit simultanen Bildes – in einem dialektischen Prozeß – vor sich geht. Unbestritten bleibt, daß dem Rezipienten das gleichzeitige Erfassen des Bildganzen nie ganz gelingen, er sich diesem lediglich nähern kann. Dahinter steht die Einsicht von der »Unabschließbarkeit« (Husserl) der Interpretation beziehungsweise der «Offenheit» des Kunstwerks, oder, wie es Huber ausdrückt, die »sozusagen immer rudimentäre« Erkenntnismöglichkeit der mentalen Bildrepräsentation.[243] Parenthetisch gesagt, spielt »Beschreibungskunst – Kunstbe-

240 Huber (Anm. 238), S. 29 f.

241 Ebda., S. 28 und 31

242 Gottfried Boehm, ›Zu einer Hermeneutik des Bildes‹, in: Seminar: *Die Hermeneutik und die Wissenschaften*, hrsg. von Hans-Georg Gadauer und Gottfried Boehm, Frankfurt 1978, S. 455 f.; ders., ›Bildsinn und Sinnesenergie‹, *Neue Hefte für Philosophie*, Heft 18/19, 1980, S. 123

schreibung« (Boehm) eine wichtige Rolle. Vehikel dafür ist die Sprache mit ihren zugegeben eingeschränkten Möglichkeiten. Denn was sie beispielweise nicht zu leisten vermag, ist die simultane Erfassung der Ganzheit eines Kunstwerks. Hingegen verdeutlicht sie adäquat (angesichts der ihr naturgemäß inhärenten Sukzessivität) Probleme der Bildzeit, dynamische Strukturen und Forminterdependenzen. Relevant ist Sprache, wenn sie dem Betrachter als Substrat zum »Weiterschaffen« am Bild dient. Sie löst sich von ihrer traditionellen Funktion als Beschreibungsmittel der »reinen« Bildevidenz. Sie wird selbst zum Kunstwerk (deshalb »Beschreibungskunst«), zum Sprachrohr der Vermittlung des dynamischen Themas, mithin des Phänogramms, in dem erst das Kunstwerk zur Vollendung drängt. Beschreibung ist keine Duplizierung des Kunstgegenstands – wie sie auf Basis der Informationstheorie in Form eines Ontogramms zustande kommt –, sondern dessen Fortsetzung bzw. Komplettierung. So wenig ein Kunstwerk ein Abbild der äußeren Wirklichkeit produziert, so »liefert auch das Beschreiben eines Bildes niemals ein Abbild, ist keine unmittelbare Wiedergabe, sondern immer schon symbolische Vermittlung und damit Schöpfung«.[244]

Bislang hat die Forschung dem bildnerischen Zeitverständnis Kandinskys kaum Beachtung geschenkt, obwohl es in dessen Schrifttum etliche Äußerungen dazu gibt. Das beweist das eingangs erwähnte St. Petersburger Rembrandt-Schlüsselerlebnis, das er in ›Rückblicke‹ wie folgt beschreibt: »Ich empfand, daß seine Bilder ›lange dauern‹, und erklärte es mir dadurch, daß ich erst einen Teil dauernd erschöpfen mußte und dann den anderen. Später verstand ich, daß diese Teilung ein der Malerei erst fremd und nicht zugänglich erscheinendes Element auf die Leinwand hinzaubert – die Zeit ... zu meinem großen Erstaunen merkte ich, daß ich im Rembrandt-Prinzip arbeite. Das war eine Stunde der bitteren Enttäuschung und des kneifenden Zweifels an der Möglichkeit, eigene Ausdrucksmittel zu finden. Es schien mir auch bald ›zu billig‹, meine damals liebsten Elemente auf diese Weise zu verkörpern – das Versteckte, die Zeit und das Unheimliche.«[245]

Bereits in ›Über das Geistige in der Kunst‹ manifestiert sich jene Erkenntnis von Dualismus, in dem Erfahrungen von Temporalität und Gleichzeitigkeit zu Ganzheit einschließender Symbiose gelangen: «Zum Beispiel hat die Musik die Zeit, die Ausdehnung der Zeit zur Verfügung. Die Malerei aber kann dagegen, indem sie den erwähnten Vorzug nicht

243 Umberto Eco, *Das offene Kunstwerk*, Frankfurt a. M. 1977. – Huber (Anm. 238), S. 28

244 *Beschreibungskunst–Kunstbeschreibung. Ekphrasis von der Antike bis zur Gegenwart*, hrsg. von Gottfried Böhm, München 1995, S. 12

245 *Rückblicke*, S. 16 f.

besitzt, in einem Augenblick den ganzen Inhalt des Werkes dem Zuschauer bringen, wozu wieder die Musik nicht fähig ist.» Daß diese zu hermetisch angelegte Erklärung der Modifikation bedarf, bemerkt Kandinsky umgehend, indem er in einer Fußnote festhält: »Diese Unterschiede sind, wie alles in der Welt, relativ zu verstehen. In gewissem Sinne kann die Musik die Ausdehnung in der Zeit vermeiden und die Malerei – die Ausdehnung anwenden.«[246] Diese Relativierung ist charakteristisch für einen Künstler, der in musikalischen Kategorien beziehungsweise synästhetischen Vorstellungen denkt, fühlt und schafft. Mit ihr setzt sich Kandinsky auch in ›Punkt und Linie zu Fläche‹ mehrfach auseinander, gipfelnd in einer Kritik, die letztlich auch für die gegenwärtige Kunstwissenschaft kaum an Aktualität verloren hat: »Die Frage der Zeit in der Malerei ... ist sehr kompliziert. Vor einigen Jahren begann man auch hier eine Mauer niederzulegen. Diese Mauer teilte bisher zwei Kunstgebiete voneinander – das der Malerei und das der Musik. – Die scheinbar klare und berechtigte Teilung: Malerei-Raum(Fläche)/Musik-Zeit ist bei näherer ... Untersuchung plötzlich zweifelhaft geworden ... Das im allgemeinen heute noch gepflogene Übersehen des Zeitelements in der Malerei zeigt deutlich die Oberflächlichkeit der herrschenden Theorie, die von einer wissenschaftlichen Basis laut abrückt.«[247] Daß die Bildzeit unter anderem durch den Bildraum erfahren wird, ist für Kandinsky eine Tatsache. In bezug auf sein unkonventionelles Raumverständnis schreibt er: »Die Verwandlung der materiellen Grundfläche in einen undefinierbaren Raum gibt Gelegenheit zur Vergrößerung des Zeitmaßes.«

Systematischer als Kandinsky hat sich Paul Klee mit der Zeitproblematik auseinandergesetzt. Wie Overmeyer nachweist, gilt auch für diesen die »Idee des Sukzessiven und zugleich Simultanen«: »Es spielt ... die Zeit eine wesentliche Rolle auf dem bildnerischen Gebiet. Schon Teilhandlungen spielen sich zeitlich ab ... Man kann sie etwas später zur Totalität ergänzen, die Totalität zeitlich nachholen.«[248]

Es ist überraschend, wenn Kandinsky das Zeitelement lediglich im Bereich der Linearität anspricht und es in der Farbwelt überhaupt nicht erwähnt. Daß sich auch an der Farbe Qualitätsveränderungen ereignen können, diese ebenso wie die Linie in zeitliche Dimensionen eingebunden sein kann, hat er offenbar übersehen. Trotzdem ist sein Kommentar

246 ÜGK, S. 55

247 PLF, S. 33 f. und 167

248 Paul Klee, *Das Bildnerische Denken. Schriften zur Form- und Gestalttheorie*; hrsg. und bearb. von J. Spiller, Basel – Stuttgart 1956, S. 503. – Gudula Overmeyer, *Studien zur Zeitgestalt in der Malerei des 20. Jahrhunderts. Robert Delaunay – Paul Klee*, Hildesheim–Zürich–New York 1982, S. 97 f. und S. 139

zum zeitevozierenden Phänomen der Linie aufschlußreich genug, um zitiert zu werden: »In der Linie sind also die Möglichkeiten der Zeitverwendung sehr mannigfaltig. Die Verwendung der Zeit in der Horizontalen und in der Vertikalen ist auch bei gleichen Längen innerlich anders gefärbt, und vielleicht handelt es sich in Wirklichkeit um verschiedene Längen, was jedenfalls psychologisch erklärbar wäre [Anm. des Verf.: dies wurde dann von der Gestaltpsychologie auch eingehend erklärt]. Also darf das Zeitelement in der rein linearen Komposition nicht übersehen werden und muß in der Kompositionslehre einer genauen Prüfung unterzogen werden.«[249]

Noch Jahre später, in einem 1938 in Paris erschienenen Text über ›Konkrete Kunst‹ äußert sich Kandinsky zum Aspekt der Erlebnis- und Betrachterzeit: »Die Musik braucht für ihre Mittel (die Klänge) die Zeit und die Malerei braucht für die ihrigen (die Farben) die Fläche ... der ›organische Unterschied‹ von Zeit und Fläche wird im allgemeinen übertrieben. Der Komponist nimmt den Zuhörer bei der Hand, läßt ihn in sein musikalisches Werk eindringen, führt ihn Schritt für Schritt und verläßt ihn, wenn ›das Stück‹ zu Ende ist. Die Führung ist vollkommen. Sie ist unvollkommen in der Malerei. Aber der Maler kann sich ihrer ebenfalls bedienen. Er kann, wenn er will, den Beschauer zwingen, ›hier‹ anzufangen, einen ganzen Weg in seinem Bild zu verfolgen und es ›dort‹ zu verlassen. Das sind außerordentlich komplizierte Fragen, noch sehr wenig bekannt und vor allem wenig abgeschlossen.«[250] Mittlerweile wissen wir, daß der Kunstinteressent seine Bildbetrachtung zwar beginnen und fortsetzen, aber nicht beenden kann. Er kann sie, laut Arnheim, höchstens abbrechen, weil die Erfassung der in der Außerzeitlichkeit des Seins angesiedelten Ganzheit dem zeitgebundenen Betrachter nie vollkommen gelingen kann. Gepaart mit dem Wunsch nach Dauer, ist folglich auch eine vollständige Erkenntnis von Ganzheit Utopie. Gleichwohl bleibt sie erstrebenswert, für die Bildanalyse sogar höchst aktuell. Denn für das richtige Kunstverständnis wäre es geradezu verhängnisvoll, wollte man sich mit einem an der Betrachterzeit klebenden additiven Beschreibungsvorgang begnügen (was oft genug in der kunstgeschichtlichen Analysepraxis geschieht), um die Gestalt beziehungsweise die Ganzheit eines Kunstwerks aus den Augen zu verlieren. Die Folge davon wäre kein adäquates Verstehen eines dynamischen, also lebendigen Organismus, sondern das Zurücklassen eines sezierten Kunstleichnams.

249 PLF, S. 106
250 Kandinsky, ›Konkrete Kunst‹, in: *Essays* (Anm. 18), S. 217 f.

5. »Gestaltgesetze« als methodologisches Hilfsmittel der kunstwissenschaftlichen Analysepraxis

Nach diesem Versuch, gestaltpsychologische Grundsätze mit der Zeitproblematik in Einklang zu bringen, stellt sich die Frage nach der auf den »Gestaltgesetzen« basierenden Leistungsfähigkeit von visueller Wahrnehmung und Anschauungsdynamik. Inwieweit sich darin ein effizienter Methodenansatz für ein Verständnis von Kandinskys zunehmend gegenstandsfreiem Œuvre manifestiert, wird anhand eingehender Werkanalysen noch zu prüfen sein.

Daß Wahrnehmung als eine Art prokreativer Prozeß wirksam ist, wurde zuerst von Max Wertheimer bemerkt und durch die »Gestaltgesetze« vor allem von Wolfgang Metzger bekanntgemacht.[251] »Besonders die Gestaltpsychologie analysierte eine Reihe von Prinzipien, nach denen die Sinne reizmäßig gegebenes, objektiv nicht selten ungeordnetes Material [Anm. d. Verf.: gemeint ist das sich dem Betrachter anläßlich einer ersten Bildbegegnung meist »ungeordnet« darbietende Reizmaterial] strukturieren, differenzieren und gruppieren«, wobei die Gestaltgesetze dort besonders wirksam sind, »wo [es] das Sichtbare aufgrund einer offenen Struktur alternative Fassungen zuläßt«. Für die Analysepraxis des Betrachters resultiert daraus, laut Kobbert, folgende Ausgangslage: »In einer Hierarchie von einheitsbildenden Strukturierungsprozessen bilden sich zunehmend komplexe Teilbereiche heraus, die zueinander in Beziehung gesetzt werden.« Wie dieser Vorgang im ordnenden Wahrnehmungsprozeß des Rezipienten abläuft, dafür bringt der Autor ein anschauliches Beispiel: »›Das Auge‹ gruppiert figurale Einheiten nach Maßgabe räumlicher Nähe, nach Farbe, Größe oder Form zu wechselnden Einheiten. Es figuriert schwarze Flecken auf weißem Grund, dann weiße Flecken auf schwarzem Grund, versucht eine Synthese, findet sie etwa in der Schattierung, trennt kompakte Formationen von diffusen, bündelt dynamisch gleichgerichtete Gruppen, kombiniert zu größeren Ganzheiten, schafft Äquivalenzen und Gegensätze über räumliche Distanzen hinweg, läßt große Bereiche zu Textur werden, verwandelt Einzelpunkte zum Raster, das seinerseits neue Einheiten bildet. Weiter geht das Auge wieder ins Detail, blendet Einzelformen heraus, läßt schwarze Flecken zu wechselnden Kleingruppen zusammentreten, macht sie zu Löchern des Weißen, bildet Hell-Dunkel-Einheiten, läßt

251 Max Wertheimer, ›Untersuchungen zur Lehre von der Gestalt‹, in: *Psychologische Forschungen,* Bd. 1, 1921 und Bd. 4, 1923. – Wolfgang Metzger, *Gesetze des Sehens*, Frankfurt a. M. 1975[3]

sich von selbst entdeckten dynamischen Richtungen in andere Bereiche lenken, bringt sie in unterschiedliche übergreifende Zusammenhänge, legt alle Figuren in die Fläche, staffelt dann alles in die Tiefe, läßt das Gesamtbild plastisch erscheinen, löst alle gefundene Ordnung auf, sucht eine neue.«[252] Auffallend ist, daß hier implizit die meisten Seh- bzw. Gestaltgesetze angesprochen sind. Metzger zufolge handelt es sich um Faktoren der Figurbildung – der intrafiguralen Differenzierung und der interfiguralen Gruppierung –, denen die Tendenz zu einheitlicher Organisation nach möglichst einfachen Prinzipien zugrundeliegt. Vordringliches Ziel ist die Aufdeckung von räumlichen oder flächigen Beziehungsgefügen der Teile eines Ganzen. Die Kenntnis dieser schon von Kandinsky zum Teil vorweggenommenen Gestaltgesetze sind für den um Wissenschaftlichkeit bemühten Bildbetrachter von so eminenter Bedeutung, daß es notwendig ist, die für den analysierenden Kunsthistoriker wichtigsten Gestaltfaktoren zu nennen und zu charakterisieren.

Vom »Faktor der guten Gestalt« war schon des öfteren die Rede. In ihm manifestiert sich die auf dem Prinzip des Gleichgewichts- und Einfachheitsstrebens basierende Theorie der Homöostase. Dieser liegt die Intention des Betrachters zugrunde, kraft Induktion und Prägnanzstreben fragmentarische, deformierte oder schiefe Formen zu komplettieren, zu entzerren oder zu begradigen. Für die Gegenstandswahrnehmung und für ein Bewußtsein von der Figur-Grund-Problematik ist der »Faktor der Geschlossenheit« ein maßgeblicher Indikator; nebenbei ist er, so Kobbert, »ausschlaggebend für die verbreitete ›Blindheit‹ gegenüber Zwischenräumen.«[253] Diesen Faktor hat Kandinsky anläßlich der Wesensbeschreibung von Punkt, gebogener und gerader Linie indirekt angesprochen: »Wenn die beiden Kräfte unter unveränderten Bedingungen den Punkt immer weiter rollen, so wird die entstehende Gebogene früher oder später wieder zu ihrem Ausgangspunkt gelangen. Anfang und Ende fließen ineinander und verschwinden in demselben Augenblick spurlos. Es entsteht die unstabilste und gleichzeitig stabilste Fläche – der Kreis.«[254] In der Terminologie der Gestaltpsychologie entspricht letzteres der Simultangestalt, deren Geschlossenheit Objektcharakter signalisiert. Die dahinfließende Linie nimmt Prozeßcharakter an, figuriert sich gleichsam selbst bzw. stellt sich selbst als Verlaufsgestalt dar und verfügt damit über einen höheren Grad an Dynamik.[255] Daß sich »anschaulich zusammenschließt, was sich jeweils am nächsten steht«, verdeutlicht der

252 Kobbert (Anm. 28), S. 57 f.
253 Ebda., S. 103
254 PLF, S. 87
255 Kobbert (Anm. 28), S. 98 f.

»Faktor der Nähe«. Kobbert zufolge ist es eine Grundbedingung jeder Komposition, »daß das räumlich einander Nächstliegende nicht nur als Konnex, sondern als qualitative Einheit erfahren wird«.[256] Auch zu diesem Gestaltgesetz gibt es bei Kandinsky Analogien: »Der ideale Klang ändert sich durch Zusammenstellung mit anderen Formen, [und] er ändert sich auch in derselben Umgebung (soweit das Festhalten derselben möglich ist), wenn diese Form in ihrer Richtung verschoben wird. Aus diesen Folgen fließt weiter eine andere von selbst heraus. Es gibt nichts Absolutes. Und zwar ist die Formenkomposition, auf dieser Relativität ruhend, abhängig 1. von der Veränderlichkeit der Zusammenstellung der Formen und 2. von der Veränderlichkeit jeder einzelnen Form bis ins kleinste. Jede Form ist so empfindlich wie ein Rauchwölkchen: das unmerklichste geringste Verrücken jeder ihrer Teile verändert sie wesentlich.«[257]

Neben dem »Faktor der Symmetrie« spielen in der Bildanalyse vor allem die Faktoren der »Gleichartigkeit oder Ähnlichkeit« und der »durchgehenden Linie« beziehungsweise der »guten« Fortsetzung eine signifikante Rolle. Der Faktor der Gleichartigkeit oder Ähnlichkeit (in Farbe, Form, Größe, Richtung usw.) »spielt für das Erfassen kompositioneller Zusammenhänge eine erhebliche Rolle, wo oft über große räumliche [oder flächige] Distanzen hinweg Beziehungen gestiftet werden«.[258] Ebenso gravierend – indes eher auf die Gestalteinheit von Untergruppierungen als auf ganzheitliche Zusammenfassung ausgerichtet – ist der Faktor der durchlaufenden Linie, der sich, so Kobbert, »nicht nur in reizmäßig aneinanderschließenden Bestandteilen verwirklicht, sondern auch für die ›Anordnung räumlich getrennter Teile‹ maßgeblich ist.«[259] Im Klartext des Kunsthistorikers heißt dies, daß an sich räumlich abgestufte Sehdinge mittels linear »guter Fortsetzung« (genauer: hinsichtlich des kontinuierlichen Übergangs einer Linie in die andere) – im Sinne der stets wirksamen Einfachheitstendenz – auf *einer* Ebene, eben flächenhaft wahrgenommen werden.

Mit der Beachtung der Gestalt- oder Sehgesetze und unter der Voraussetzung, ein Bildwerk nie als Zustand, sondern als dynamisches Geschehen aufzufassen, ergeben sich für den Betrachter optimale Bedingungen, ein Kunstwerk im Kontext von »Zeichen und Bedeutung« möglichst tiefgreifend zu erfassen. Dabei sollte den Interpreten stets jene Grundeinstellung begleiten, die Wolfgang Metzger zusammengefaßt hat: »Das Vorgefundene zunächst einfach hinzunehmen, wie es ist; auch

256 Ebda., S. 103
257 ÜGK, S. 77
258 Kobbert (Anm. 28), S. 103
259 Ebda., S. 104

wenn es ungewohnt, unerwartet, unlogisch, widersinnig erscheint und unbezweifelten Annahmen oder vertrauten Gedankengängen widerspricht. Die Dinge selbst sprechen zu lassen, ohne Seitenblicke auf Bekanntes, früher Gelerntes, ›Selbstverständliches‹, auf inhaltliches Wissen, Forderungen der Logik, Voreingenommenheiten des Sprachgebrauchs und Lücken des Wortschatzes. Der Sache mit Ehrfurcht und Liebe gegenüberzutreten, Zweifel und Mißtrauen aber gegebenfalls zunächst vor allem gegen die Voraussetzungen und Begriffe zu richten, mit denen man das Gegebene bis dahin zu fassen suchte.«[260]

6. Mit der Kraft der »inneren Notwendigkeit« zum »inneren Klang« und zur »seelischen Vibration«.

Unter Kandinskys mitunter esoterischen Begriffsgebilden hat der schon seit dem 19. Jahrhundert gebräuchliche (etwa bei R. Wagner, L. Tolstoi u.a.) der »inneren Notwendigkeit« in der Forschung die vielleicht größte Interpretationsunsicherheit nach sich gezogen. Kandinskys künstlerische Ergebnisse wurden im Konsens als psychogrammhaft subjektivistisch, gelegentlich sogar solipsistisch qualifiziert. So erfährt man von Arnold Gehlen, Kandinskys Bilder seien »Selbstgespräche in einer Sondersprache, deren durchanalysierte Chiffren Klänge und Gefühle bedeuten, die nur ihm evident sein konnten«.[261] Zu einer ähnlichen Einschätzung gelangt Peter A. Riedl, für den Kandinskys »innere Notwendigkeit, wie immer auch metaphysisch motiviert und als verbindlicher Wert ausgegeben, eine subjektive Setzung bleibt«.[262] Stellt sich die Frage, weshalb sich der Künstler so zahlreiche, dem Stellenwert einer bildnerischen Grammatik angenäherte Theorie-Schriften abgerungen hat. Wohl nicht zuletzt, um sich vom Verdacht einer dem Betrachter unzugänglichen Formensprache freizusprechen. Beachtet man Schreier zufolge »die Evidenz des Bildlichen als auch die klaren Positionen von Kandinskys Theorie«, so läßt es sich unschwer vermeiden, in dessen Werken »Projektionen eines nur sich selbst verpflichteten Künstlerindividuums« zu sehen.[263] Kandinskys vermeintliches Abgleiten in einen schrankenlosen Subjektivismus hat dazu geführt, daß man – von Brisch abgesehen – dessen Aufforderung zu einer »mikroskopischen« Analyse seiner Werke nicht ernst genug genommen, letztlich als aussichtslos denunziert hat.

260 Wolfgang Metzger, *Psychologie*, Darmstadt 1968⁴, S. 12
261 Arnold Gehlen, *Zeit-Bilder. Zur Soziologie der Ästhetik der modernen Malerei*, Frankfurt a.M. 1986³, S. 121
262 Riedl (Anm. 103), S. 76
263 Schreier (Anm. 38), S. 38

Obwohl Kandinsky nichts ferner lag als einem Geniekult zu huldigen, wonach etwa eine höhere Macht gleichsam den Pinsel des Malers führt (dazu Lessings idealistisches Paradigma von »Raffael ohne Hände«), hat er durch scheinbar widersprüchliche Definitionen der »inneren Notwendigkeit« selbst einiges zur fehlgeleiteten Rezeption seines Werks beigetragen. Zu dieser Einsicht rang auch er sich allmählich durch, als er sich in ›Punkt und Linie zu Fläche‹ endgültig von diesem nur bedingt objektivierbaren Begriff distanziert hat. Zunächst aber errichtet er in ›Über das Geistige in der Kunst‹ sein Theoriesystem auf der Basis der »inneren Notwendigkeit«, für die er drei »mystische Gründe« angibt. Konstituierend sei zum einen der Personalstil, zum anderen der Zeit- bzw. Lokalstil und schließlich das »Element des Rein- und Ewig-Künstlerischen«, innerhalb dessen sich alle drei Notwendigkeiten »gegenseitig durchdringen«.[264] Dies klingt überzeugend, wäre da nicht der kryptische Begriff des »Mystischnotwendigen«, der so manchen Interpreten in esoterische Sackgassen gelockt hat. Der »mystisch« getrübte Blick schärft sich jedoch rasch, wenn man Kandinskys weiteren, schlüssigen Ausführungen folgt. Demnach sind die beiden ersten Gründe der inneren Notwendigkeit »subjektiver Natur«, während sich im »Rein- und Ewig-Künstlerischen ... das objektive Element äußert, welches mit Hilfe des subjektiven verständlich wird.« Dazu Kandinskys ergänzender Kommentar: »Das unvermeidliche Sichausdrückenwollen des Objektiven ist die Kraft, die hier als innere Notwendigkeit bezeichnet wird und die aus dem Subjektiven heute ›eine‹ allgemeine Form braucht und morgen eine ›andere‹ ... Kurz gesagt, ist die Wirkung der inneren Notwendigkeit und also die Entwicklung der Kunst eine fortschreitende Äußerung des Ewig-Objektiven im Zeitlich-Subjektiven.«[265] Letzteres erinnert einmal mehr an jenen Dualismus im Gestaltungsakt und Rezeptionsprozeß, der zum einen in der Gleichzeitigkeit des Seinsganzen, zum anderen in der dem Seienden inhärenten Temporalität (beziehungsweise Bildzeit) manifest wird. Dies berührt das der Gestaltgesetzlichkeit immanente Postulat nach einer in der »Gestalt« als dynamische Ganzheitskonfiguration gipfelnden Ausgewogenheit. Mit Kandinskys Worten jene »Formenharmonie, die nur auf dem Prinzip der zweckmäßigen Berührung der menschlichen Seele ruhen muß.«[266] Ähnlich wie diese seelische Komponente »entspringt auch die Wahl des Gegenstandes dem Prinzip der inneren Notwendigkeit«.[267] Damit stellt sich Kandinsky die zur Kongruenz drängende Inhalt-Form-Frage, die er etwa sieben Jahre nach der Veröffentli-

264 ÜGK, S. 80
265 Ebda., S. 82
266 Ebda., S. 69

chung von ›Über das Geistige in der Kunst‹ in seinem Aufsatz ›Malerei als reine Kunst‹ (1918) in ausgereifter Form – immer noch am Begriff der inneren Notwendigkeit festhaltend – und mit vorausahnendem Bezug zur Gestalttheorie beantwortet: »Das bestimmende Element ist das des Inhalts. Die Form ist der materielle Ausdruck des abstrakten Inhaltes. Die Wahl der Form wird also durch die innere Notwendigkeit bestimmt, die wesentlich das einzige unveränderliche Gesetz der Kunst ist. Ein in der bezeichneten Weise entstandenes Werk ist ›schön‹. So ist ein ›schönes Werk eine gesetzmäßige Verbindung der zwei Elemente der inneren und äußeren‹. Das Werk wird zum Subjekt. Als Malerei ist es ein geistiger Organismus, der, wie jeder materielle Organismus, aus vielen einzelnen Teilen besteht. Diese einzelnen Teile sind isoliert genommen leblos, wie ein abgehauener Finger. Das Leben des Fingers und seine zweckmäßige Wirkung ist durch gesetzmäßige Zusammenstellung mit den übrigen Körperteilen bedingt. ›Diese gesetzmäßige Zusammenstellung ist die Konstruktion‹. Dem Naturwerk gleich unterliegt auch das Kunstwerk demselben Gesetz: der Konstruktion. Die einzelnen Teile werden nur durch das Ganze lebendig.«[268] Fügt man der »Konstruktion« den weiterentwickelten Begriff der Komposition hinzu, wonach laut Kandinsky der »Inhalt eines Werkes seinen Ausdruck in der Komposition, d.h. in der innerlich organisierten Summe der in diesem Falle notwendigen Spannungen findet«, so tritt gestaltpsychologisches Vokabular bereits explizit zutage.[269] So wird evident, daß der »inneren Notwendigkeit« auch auf jener Definitionsebene beizukommen ist, die verständlich macht, wie im Gestaltungsvorgang die Summe der in unentwegten Spannungsverhältnissen angeordneten Einzelelemente in der »entspannten«, eben ausgewogenen Fülle des Werkganzen »notwendig« kulminiert. Erst aus der schöpferisch »notwendig« geformten Fülle des überzeitlichen Seins gewinnt der gestaltpsychologische Schlüsselsatz jene Tragweite, derzufolge das Ganze mehr ist als die Summe seiner Teile.

Kandinsky betont, daß immer das dem »Mystischnotwendigen« verpflichtete Gefühl den Verstand korrigiert. Damit gerät der Verstand keineswegs ins Hintertreffen, im Gegenteil, auf dem Integrationsweg zum Gestaltganzen scheint er sogar zu dominieren. Das Gefühl bestimmt gewiß die bildnerischen Anfangsschritte, im weiteren erhebt eher die Ratio den Führungsanspruch. Diese These läßt sich anhand einer Textstelle in ›Über das Geistige in der Kunst‹ verifizieren. Hier lesen wir: »In der Kunst geht nie die Theorie voraus, und zieht die Praxis nie nach sich,

267 Ebda., S. 75
268 Kandinsky, ›Malerei als reine Kunst‹, in: *Essays* (Anm. 18), S. 64
269 PLF, S. 31

sondern umgekehrt. Hier ist alles und ganz besonders am Anfang Gefühlssache. Nur durch Gefühl, besonders im Anfang des Weges, ist das künstlerisch Richtige zu erreichen.«[270] Da Kandinsky den Gefühlszugang gleich zweimal mit den bildnerischen Anfangsschritten in Verbindung setzt, läßt sich folgern, daß er in der Fortsetzung des Gestaltungsprozesses die zunehmende Hegemonie des Verstandes anerkennt.

Mit der gestalttheoretisch-bildnerischen Interpretation der »inneren Notwendigkeit« ist nur ein Aspekt dieses polyvalenten Begriffs angesprochen. Daneben gilt es auch den transzendierenden Gesichtspunkt zu berücksichtigen, der sich im Streben nach künstlerischer Veranschaulichung des rein Geistigen dokumentiert. Vermutlich durch Rudolf Steiners Goethe-Rezeption angeregt, hat sich Kandinsky in ›Über das Geistige in der Kunst‹ eingehend mit Goethe auseinandersetzt. In einer Anmerkung hält er eine merklich neuplatonisch beeinflußte Passage Goethes wie folgt fest: »Der Künstler steht mit freiem Geiste über der Natur und kann sie seinen höheren Zwecken gemäß traktieren ... er ist ihr Herr und Sklave zugleich. Er ist ihr Sklave, insofern er mit irdischen Mitteln wirken muß, um verstanden zu werden. Ihr Herr aber, insofern er diese irdischen Mittel seinen höheren Intentionen unterwirft und ihnen dienstbar macht. Der Künstler will zur Welt durch ein Ganzes sprechen. Dieses Ganze findet er aber nicht in der Natur, sondern es ist die Frucht seines eigenen Geistes oder, wenn man will, das Anwehen eines befruchteten göttlichen Odems.«[271] Dem fügt A. Kury, die sich Kandinsky vor allem vom theosophischen Standpunkt aus nähert, ein weiteres Goethe-Zitat hinzu: »Diese hohen Kunstwerke sind zugleich als die höchsten Naturwerke von Menschen nach wahren und natürlichen Gesetzen hervorgebracht worden. Alles Eingebildete fällt da zusammen; da ist Notwendigkeit, da ist Gott.«[272] Daß Kandinsky Goethes Ästhetik auf dem Umweg über Steiners theosophischer Didaktik rezipiert, ist evident, wenn er gleichsam die Erlernbarkeit des Geistigen behauptet: »Aber wie der Körper durch Übungen gestärkt und entwickelt wird, so auch der Geist ... Deswegen ist es nicht nur unschädlich, sondern unbedingt notwendig, daß der Künstler den Ausgangspunkt dieser Übungen kennt.«[273] Möglicherweise hat Steiner für diese »Übungen« die entsprechenden Anleitungen geliefert. Dafür spricht zum einen Kandinskys Besuch einer Steinerschen Vortragsreihe in Berlin im März 1908, zum anderen der Umstand, daß der Künstler in ›Über das Geistige in der

270 ÜGK, S. 84
271 ÜGK, S. 128. – K. Heinemann, *Goethe*, 1899, S. 684
272 J. W. von Goethe, *Italienische Reise. Weimarer Gesamtausgabe*, Abt. I, 32, Weimar 1906, S. 77 f.
273 ÜGK, S. 86.

Kunst‹ auch die ihm damals wesensverwandte Theosophie erwähnt. Daß sich nun laut Kury daraus folgern läßt, Kandinsky habe »die Lehren Steiners auf die künstlerische Ebene transformiert«, ist so allgemein kaum haltbar.[274] Dessen ungeachtet sind die Ausführungen der Autorin erhellend, etwa wenn sie auf die zwischen Kandinskys innerer Notwendigkeit und den kosmischen Gesetzmäßigkeiten bestehende Korrespondenz verweist oder wenn sie bemerkt, der Künstler habe mit dem »Prinzip der inneren Notwendigkeit den Wechsel von der geschaffenen Natur zur schaffenden Natur« vollzogen und damit »die Kunst in die Nähe einer Offenbarung des Göttlichen« gebracht.[275] Mit Kandinskys Satz, »Werkschöpfung ist Weltschöpfung« (Rückblicke), wird die Sprache Spinozas ins Spiel gebracht und zwischen wirkendener und gewirkter Natur unterschieden. Demzufolge umfaßt die wirkende Natur (natura naturans) alles, »was in sich ist und durch sich begriffen wird, oder solche Attribute der Substanz, die ewiges und unendliches Wesen ausdrücken«. Unter gewirkter Natur (natura naturata) ist hingegen dasjenige zu verstehen, »was aus der Notwendigkeit der Natur Gottes oder eines jeden von Gottes Attributen folgt, d.h. alle Daseinsformen der Attribute Gottes, sofern sie als Dinge betrachtet werden, die in Gott sind und ohne Gott weder sein noch gedacht werden können.« Demgemäß vollzieht Kandinsky, so W. Hofmann, »im übertragenen Sinn um 1910 [Anm. d. Verf.: eigentlich schon 1909] den Rückgriff von der natura naturata auf die natura naturans«.[276] Vermutlich hier anknüpfend und im Anschluß an Kandinskys Aussage in ›Rückblicke‹ beschreibt Kury die neue Malerei des Künstlers im Sinne einer »wachsenden Tendenz, ›absolute‹ Werke zu schaffen, das heißt vollkommen objektive Werke, die ›den Naturwerken gleich‹ rein gesetzmäßig als selbständige Wesen von selbst erwachsen«.[277] Unter den Auspizien der Vorherrschaft des Geistigen findet dieser Gedankengang in Kandinskys spinozistisch gefärbter Überzeugung potenzierte Gültigkeit: »Die Welt klingt. Sie ist ein Kosmos der geistig wirkenden Wesen. So ist die tote Materie lebender Geist.«

Ausgehend von der Überlegung, daß sich im Kunstwerk nicht Individuelles, sondern Universelles ausdrückt, hat Beat Wyss das Kosmische mit seinem Topos »Notwendigkeit ist Freiheit« in Zusammenhang gebracht: »Individuelle Kunst ist die Kunst der Suche«, der Picasso entgegenhält: »Ich suche nicht, ich finde«. Eine »suchende« Kunst bleibt befangen in den individuellen Impulsen des Wähnens, Hoffens, Bangens. Dieser Schleier der Individuation muß zerrissen werden; das Bewußtsein

274 Kury (Anm. 69), S. 63
275 Ebda., S. 66
276 Hofmann (Anm. 133), S. 311
277 Kury (Anm. 69), S. 63

muß aus der persönlichen Enge heraustreten, um sich für die Energieströme des Universums empfänglich zu machen. Was ihm dabei zufällt, ist eine Manifestion des Weltwillens. Alle Gestalten [sic!] der Kunst sind Metamorphosen einer kosmischen Kraft: Sie ist der »Wille« bei Schopenhauer, das »Brahma« der Helene Blavatzky, die «innere Notwendigkeit» Kandinskys. Sich dieser Kraft hinzugeben, ist Freiheit. Der Zufall, der sich unter ihrem Einfluß ereignet, ist Gesetz.«[278]

Mit der Kraft der inneren Notwendigkeit innere Klänge zu erzeugen und damit beim Betrachter seelische Vibrationen hervorzurufen, sei das vornehmste Ziel des Künstlers, ein Gedankengang, der Kandinskys Theoriewerk einem roten Faden gleich durchzieht. Den Begriff »innerer Klang« entlehnt Kandinsky von Maurice Maeterlinck, dem er in ›Über das Geistige in der Kunst‹ Hochachtung zollt und am Beispiel von dessen Dichtkunst – in Analogie zur Wesenhaftigkeit des Wortes – diesen Terminus definiert, um ihn modifiziert in seine schöpferischen Prinzipien einzubinden. Als Ansatz dient ihm Maeterlincks spezifische Anwendung des Wortes, dem ein innerer Klang eigne, und »dieser innere Klang entspringt zeitweise (vielleicht hauptsächlich) dem Gegenstand, welchem das Wort zum Namen dient. Wenn aber der Gegenstand nicht selbst gesehen wird, sondern nur sein Name gehört wird, so entsteht im Kopfe des Hörers die abstrakte Vorstellung, der dematerialisierte Gegenstand, welcher im ›Herzen‹ eine Vibration sofort hervorruft ... Diesen ›reinen‹ Klang hören wir vielleicht unbewußt auch im Zusammenklange mit dem realen oder später abstrakt gewordenen Gegenstande. Im letzten Falle aber tritt dieser reine Klang in den Vordergrund und übt einen direkten Druck auf die Seele aus. Die Seele kommt zu einer gegenstandslosen Vibration, die noch komplizierter, ich möchte sagen ›übersinnlicher‹ ist als eine Seelenerschütterung von einer Glocke, einer klingenden Saite ... usw.«[279] Daraus ist zu schließen, daß die Erfahrung innerer Klänge auch auf synästhetischer Ebene verläuft. Im Vordergrund steht die musikalische Assoziation, der Kandinsky insofern eine Vorrangstellung einräumt, als er seine Farbcharakterisierungen stets mit analogen Wirkungen bestimmter Musikinstrumente in Verbindung bringt und viele seiner Werke mit musikalischen Titeln wie *Improvisation* oder *Komposition* versieht. Die vorläufige Führungsrolle der Musik anerkennend, schreibt er 1911 an Arnold Schönberg: »Wie unendlich gut ... haben es die Musiker in ihrer soweit gekommenen Kunst. Wirklich ›Kunst‹, die das Glück schon besitzt, auf rein praktische Zwecke vollkommen zu verzichten.

278 Beat Wyss, *Der Wille zur Kunst. Zur ästhetischen Mentalität der Moderne*, Köln 1996, S. 98 f.

279 ÜGK, S. 45 f.

Wie lange wird wohl die Malerei darauf warten müssen?«[280] Was Maeterlinck in der Dichtkunst zustandebrachte, dies leistet Kandinsky zufolge auf dem Sektor der Musik Schönberg, »der auf dem Wege zum innerlich Notwendigen schon Goldgruben der ›neuen Schönheit‹ entdeckt hat. Schönbergsche Musik führt uns in ein neues Reich ein, wo die musikalischen Erlebnisse keine akustischen sind, sondern ›rein seelische‹. Hier beginnt die ›Zukunftsmusik‹.«[281] Indessen ahnt Kandinsky bereits, daß auch die Malerei bald zu ähnlichen Ergebnissen gelangen wird. Bald nach Erscheinen von ›Über das Geistige in der Kunst‹ wird in ›Über die Formfrage‹ zur Gewißheit, was er zunächst erhofft hatte: »Der Klang ist also die Seele der Form, die nur durch den Klang lebendig werden kann und von innen nach außen ›wirkt‹;«[282] und ergänzen müßte man auch und vor allem die Seele der Farbe, die, wie Kandinsky hervorhebt, »im allgemeinen ein Mittel ist, einen direkten Einfluß auf die Seele auszuüben«, ebenso wie »der musikalische Ton einen direkten Zugang zur Seele hat«.[283]

Implizit die »Gesamtkunstwerk«- Idee berührend, attestiert Kandinsky auch der Musik Richard Wagners eine ähnliche Wirkung: »Sein berühmtes Leitmotiv ist ebenso eine Bestrebung, den Helden nicht nur durch theatralische Ausrüstungen, Schminken und Lichteffekte zu charakterisieren, sondern durch ein gewisses, präzises ›Motiv‹, also durch ein rein ›musikalisches Mittel‹. Dieses Motiv ist eine Art musikalisch ausgedrückter geistiger Atmosphäre, die dem Helden vorausgeht, die er also auf Entfernung geistig ausströmt.«[284] Zutreffend verweist Kury in diesem Zusammenhang auf Parallelen zu Rudolf Steiner, dessen geistige Übungsschritte aus ›Wie erlangt man Erkenntnisse höherer Welten?‹ Kandinsky in seinem Notizbuch im Sinne einer geistigen Trainingsmethode festgehalten hat. »Durch Konzentrieren und Meditieren«, erläutert Steiner, »arbeitet der Mensch an seiner Seele. Er entwickelt in ihr dadurch die seelischen Wahrnehmungsorgane«, vor allem das dem Plotinschen »inneren Auge« vergleichbare »geistige Auge«, kraft dessen laut Steiner »die ganze Natur anfängt, dem Menschen durch ihr Ertönen Geheimnisse zuzuraunen. Was vorher seiner Seele unverständlicher Schall war, wird dadurch sinnvolle Sprache der Natur ... Er fängt an, mit der Seele zu hören«.[285] Der Theosophie zufolge besteht die Möglichkeit, auf der Basis spezifischer seelischer Disposition geistige Wesen bezie-

280 Brief vom 9. April 1911, in: *Arnold Schönberg/Wassily Kandinsky. Briefe, Bilder und Dokumente einer außergewöhnlichen Bewegung*, hrsg. von Jelena Hahl-Koch, Salzburg 1981, S. 25

281 ÜGK, S. 49

282 Kandinsky, ›Über die Formfrage‹, in: *Essays* (Anm. 18), S. 19

283 ÜGK, S. 64 und 66

284 Ebda., S. 47

hungsweise deren Wirkungen mittels Auren und »Gedankenformen« materialisiert in die künstlerische Praxis zu übertragen. Inwiefern nun Kandinsky tatsächlich auf solche Formmöglichkeiten zurückgegriffen hat, ist zu prüfen.

»Innerer Klang« und »seelische Vibration« werden vorwiegend als Synonyme angesehen, so auch von Thürlemann.[286] Dies ist nicht ganz zutreffend, zumal Kandinsky den zweiten Begriff häufig im Kontext mit dem kompositionellen Ganzen und mit der intendierten Einheit von Form und Inhalt verwendet, während er nachdrücklich auch gestalterischen Elementen eine innere Klangwirkung zubilligt. Kandinsky mißt der Seelenvibration gegenüber dem inneren Klang eine strukturell integrativere, somit anspruchsvollere Bedeutung bei. In ›Malerei als reine Kunst‹ bezeichnet er diese Seelenvibration als unverzichtbar. Wäre sie nicht vorhanden, »so kann kein Werk entstehen. Das heißt, es kann nur ein Schein entstehen. Das innere Element, von der Seelenvibration geschaffen, ist der Inhalt des Werkes. Ohne inneren Inhalt kann kein Werk existieren«.[287] Schon in seinem 1912 im Almanach ›Der Blaue Reiter‹ erschienenen Artikel ›Über Bühnenkomposition‹ nennt er den »undefinierbaren und doch bestimmten Seelenvorgang (Vibration) als das Ziel der einzelnen Kunstmittel. Ein bestimmter Komplex der Vibrationen – das Ziel eines Werkes«.[288] Worauf es ankommt, sei das »Komplexe« oder das zur Ganzheit vernetzte Beziehungsgefüge der formalklanglich verinnerlichten Gestaltungselemente. Daß sich zur Realisierung dieser Idee die Farbe besonders eignet, hat Kandinsky immer betont. Dazu Overys Resümee: »Bei der Farbe geht es in erster Linie um Beziehungen, nicht um einzelne isolierte Reize. Sie ist immer Bestandteil eines Ganzen«; sie kann laut Kandinsky »nicht selbständig existieren.«[289] Wesentlich ist in diesem Zusammenhang das von Kandinsky als unerläßlich empfundene Künstler-Betrachter-Verhältnis, wonach »jedes Werk … in jedem Menschen ohne Ausnahme eine Vibration verursacht, die im Grunde der des Künstlers identisch ist«. Zudem »wird diese Vibration der Seele des Empfängers entsprechend auch andere Saiten der Seele in Schwingung bringen. Das ist die Anregung der ›Phantasie‹ des Empfängers, welcher am Werk ›weiterschafft‹«.[290] Damit

285 Kury (Anm. 69), S. 54. – Sixten Ringbom, ›Die Steiner-Annotationen Kandinskys‹, in: *Kandinsky und München* (Anm. 32), S. 103. – *Die Stufen der höheren Erkenntnis*, Dornach 1959, S. 21. – Rudolf Steiner, I *Wie erlangt man Erkenntnisse der höheren Welten?* II *Metamorphosen des Seelenlebens*, Dornach 1974, S. 45

286 Thürlemann (Anm. 211), S. 115

287 Kandinsky, ›Malerei als reine Kunst‹, in: *Essays* (Anm. 18), S. 63

288 Kandinsky, ›Über Bühnenkomposition‹, in: *Essays* (Anm. 18), S. 49

289 Overy (Anm. 125), S. 96. – ÜGK, S. 66

ist neuerlich ein eminent gestaltpsychologisches Moment angesprochen, demzufolge der Künstler jene bildnerisch materiellen Voraussetzungen schafft, die sich, aus der Latenz hervortretend, erst im Sensorium des Betrachters zum ausdrucksmächtigen, lebendigen Ganzen formieren. So gedacht ist die beim Betrachter evozierte seelische Vibration ein zutiefst anschauungsdynamisches Phänomen. Indes steht für den Künstler außer Frage, daß die Tragweite dieser seelischen Vibration nie ganz auslotbar ist, da »diese Gefühle auch nur materielle Zustände der Seele sind. Die Töne der Farben, ebenso wie die der Musik, sind viel feinerer Natur, erwecken viel feinere Vibrationen der Seele, die mit Worten nicht zu bezeichnen sind.«[291] Dies zwingt den Interpreten nicht zu nonverbaler Kapitulation – was damit behauptet wird, ist lediglich die Offenheit des Kunstwerks oder das Streben zum Verstehen des in der Gleichzeitigkeit erfahrbaren konfigurativen Ganzen, das der Betrachter nur begrenzt zu erfassen vermag.

Wie der »innere Klang« ist auch die Idee der Vibrationen theosophisch zu verstehen. Analog zu Kandinskys Satz »Werkschöpfung ist Weltschöpfung« sehen auch die Theosophen das Phänomen »Vibration« auf dem kosmischen Prinzip begründet. Kurys Resümee zufolge »existiert die gesamte Schöpfung einzig und allein durch die formende Kraft der Vibrationen, das geistige Element in der Materie ... [diese] schaffen daher die Brücke von der materiellen Welt zur Seelenwelt«.[292]

7. Semiabstraktion und Dynamisierung der Bildwelt. Eidetisch-verschlüsselte Bilder

7.1 Improvisation 2 (Trauermarsch)

Wie schon erwähnt, erzielt Kandinsky mit der Einbeziehung des Menschen in die Landschaftsthematik schon 1909 einen erheblichen Gewinn an Abstraktion und Dynamisierung. Wir sprechen von »eidetisch-verschlüsselten« oder »semiabstrakten« Bildern, unter denen die aus Eindrücken der »inneren Natur« produzierten »Improvisationen« eine vorrangige Position einnehmen. Schon in der *Studie zu Improvisation 2 (Trauermarsch)* (die davon wenig abweichende Endfassung befindet sich in Stockholm) manifestieren sich laut Hoberg bemerkenswerte »Schritte auf dem Weg zu einer neuen, autonomen Realität der Malerei«.[293] Eich-

Siehe Abbildung 79, Seite 305

290 Kandinsky, ›Über Bühnenkomposition‹, in: *Essays*, S. 50, 51
291 ÜGK, S. 104
292 Kury (Anm. 69), S. 59 und 61

ner zufolge ist hier Kandinsky durch Chopins berühmten ›Trauermarsch‹ angeregt worden.[294] Da eine Fülle leuchtender, unterschiedlich modulierter Farbakkorde dem Betrachter vielfältige Klangerlebnisse vermittelt, erscheint diese Nachricht durchaus glaubhaft; diesen synästhetischen Effekt im Auge zu behalten, ist nützlich, wenngleich man sich dabei der sprachlich eingeschränkten Umsetzbarkeit von Gefühls- und Stimmungssphären sowie der Eigengesetzlichkeit der Musik und anderer Kunstgattungen, die nur per Analogie grenzüberschreitende Erfahrungen ermöglichen, bewußt ist. Demgemäß gelangt man auch auf dem Sektor der Malerei, dem primär visuell zugänglichen Medium entsprechend, nur mittels einer eingehenden Schilderung des bildnerischen Prozesses zu einer relativ objektiven Aussage.

In der Bildmitte befindet sich eine geschlossene Gruppe von drei Frauengestalten, zwei stehend, eine kauernd. In russischen Trachtengewändern lassen sie Erinnerungen an die Märchenbilder aufkommen. Die bildteilende Achse mündet exakt in die den beiden stehenden Frauen gemeinsame Körperkontur; gleichwohl sorgt die Kompaktheit der Gruppe für einen die Bildhälften zusammenschließenden Kompositionsriegel. Während die mittlere Gestalt frontal und als ruhender Pol des Gemäldes in Bewegungslosigkeit verharrt, wendet die linke ihr Haupt dem vom Bildrand überschnittenen Reiter entgegen. Allem Anschein nach übermittelt dieser eine Nachricht, vermutlich eine Trauerbotschaft, wie der geneigte Kopf des Schimmels nahelegt.

Die schwerfällige Gangart des Pferdes und der Umstand, daß sich zwischen Boten und Empfängern ein in leuchtend gesättigten, somit unveränderlichen Rot- und Blautönen gehaltener und doppelt geschichteter Weg erstreckt, signalisieren eine kaum vorankommende Bildzeit. Dem vielleicht tragisch-feierlichen Anlaß gemäß scheint die Zeit still zu stehen. Diese Beobachtung verstärkt sich, wenn man das landschaftliche, über dem Rot-Blau-Substrat zu gewaltiger Größe aufgetürmte Versatzstück wahrnimmt.

Während es mit seiner linken Kontur den Reiter vom Pferd zu trennen scheint, geht es mit der rechten fast nahtlos – im Sinne des Faktors der durchlaufenden Linie – in die Kontur der linken Frauengestalt über. Darin drückt sich zum einen Korrespondenz, zum anderen dauerhafte, fast erstarrte Fixation aus, woran auch der ermattete Schritt des Pferdes wenig zu ändern vermag. Zeit, die sich zur Dauer dehnt, macht sich auch insofern bemerkbar, als beinahe alle Gegenstände cloisonistisch von schwarzen Linien abgegrenzt werden.

293 Hoberg (Anm. 82), Text zu Taf. 27
294 Moeller (Anm. 32), Text zu Taf. 108

Besondere Beachtung gebührt dem Faktor der durchlaufenden Linie, anhand dessen zwei durch ein Raumintervall getrennte Elemente visuell fast auf ein und derselben Ebene zu liegen kommen. Diesem Prinzip folgend, scheinen die Frauengruppe und das grüne Landschaftselement unmittelbar benachbart, wobei offenbleibt, ob es sich um eine überdimensionierte Gartenhecke oder um ein Bergmassiv handelt. Hat Kandinsky bislang seine Landschaftselemente, auf die jeweiligen Raumprämissen bezogen, fast immer in »richtigen« Proportionen wiedergegeben, so weist er diesen nunmehr – einem Bühnenraum entsprechend und maßstäblich verunklärt – eine zeichenhafte Kulissenrolle zu. Sachinhalt, so könnte man mit W. Hofmann sagen, mutiert zu Forminhalt. Im übrigen ist bei drei von vier 1909 entstandenen Improvisationen eine bühnenbildähnlich gestraffte Raumauffassung zu registrieren, da Kandinsky in diesem Jahr an drei seiner Bühnenkompositionen (*Der gelbe Klang*, *Grüner Klang* und *Schwarz-Weiß*) zu arbeiten beginnt.

Wie schon angedeutet, sind es in *Improvisation 2* vor allem die Farbklänge, von denen sich der Künstler im Betrachter die Evokation direkter »seelischer Vibrationen« erhofft. In der linken Bildhälfte dominiert der Rot-Blau-Akkord, dem sich, schon weniger homogen aufgetragen, Grün als dritter Farbton hinzugesellt. Hier lohnt es sich in ›Über das Geistige in der Kunst‹ nachzuschlagen, um zu erfahren, welche Wirkungen Kandinsky den einzelnen Farben beimißt. Beginnen wir mit dem Zinnoberrot, dem er eine mehr »in sich glühende Leidenschaft« sowie eine »in sich sichere Kraft« zubilligt, die wie der Schall der Tuba nur schwer zu übertönen ist. Weiters sei es »hauptsächlich materiell und sehr aktiv«, als warme Farbe mit »zielbewußter innerer Kraft« dem Betrachter entgegenstrebend.[295] Auf der Rotschicht lagert dunkel gesättigtes Blau, als »typisch himmlische Farbe« Symbol der »überirdischen Ruhe«, dem tiefen Ton des Cello oder der Baßgeige vergleichbar. »Je tiefer das Blau wird, desto mehr ruft es den Menschen in das Unendliche, weckt in ihm die Sehnsucht nach Reinem und schließlich Übersinnlichem ... zum Schwarzen sinkend, bekommt es den Beiklang einer nicht menschlichen Trauer.«[296] Das Blau unterläuft seine obere Grenzlinie, um organisch verfließend in das von vorwiegend hellblauen Flecken durchsetzte Grün der monumentalen Hecke emporzusickern. Während sich das Grün als »ruhigste Farbe« mit dem energetischen Rot zum Komplementärakkord verbindet, kontrastiert es als Farbe der irdischen Ruhe mit dem transzendenten Blau. »Ins Tiefe sinkend, bei Übergewicht von Blau [Anm. d. Verf.: Grün figuriert hier auch vor dem Grund des tiefblauen Firmaments], bekommt

295 ÜGK, S. 99 f.
296 Ebda., S. 92 f.

das Grün einen ganz anderen Klang: es wird ernst und sozusagen nachdenklich.«[297] Daraus bezieht das ›Trauermarsch‹-Thema koloristisch sein inhaltliches Äquivalent, das, eingebettet in die »Harmonie der Gegensätze« (Rot/Blau), von der Außerzeitlichkeit des sockelbildenden Farbzweiklangs äußerst zögernd in die Temporalität des in seiner trapezoiden Form aufwärts strebenden Landschaftselements überleitet. Indessen bannt dieses stringente Kulissenmotiv gleichzeitig die passiv verharrende Trauergemeinde unter sein schwer lastendes Gewicht, indem es diese sogar zum Absinken unter die überschneidende Bildgrenze zu zwingen scheint. Ferner ist evident, daß der links angetönte Farbdreiklang auch auf die zentrale Gestaltengruppe übergreift, erkennbar am blauen Ärmel und grünen Gesicht der linken Frau sowie am Blau-Rot-Akkord der Kauernden. An der mittleren Gestalt stößt die Farbanalogie jedoch an ihre Grenzen. Hier bahnt sich eine Qualitätsveränderung an, die, von Grün ausgehend, in jenen Gelbton übergeht, der sich an der turbanähnlichen Haube der rechts von der Gruppe abgesonderten Frau wiederfindet. Erst über einen großen Abstand hinweg schließt sich somit der Blau-Rot-Klang mittels der »typisch irdischen, aufdringlichen spitzen und scharfen« Farbe Gelb zur Trias.

Hinter der auf dumpf dunkelgrünem Boden sitzenden Figur erhebt sich ein Felsbrocken, dessen gezackte Kontur zunächst hochstrebt, während seine rechte Begrenzungslinie im großen Bogen nach links oben führt und mit ihrem dynamischen Schwung den Felsgipfel zum Kippen bringt. Dieser überlagert eine ovale Wolkenbank, die, sich losreißend, den Bewegungsfluß nach links fortsetzt. Mit dem deformierten Bergmotiv kontrastiert das in der linken Bildhälfte situierte Landschaftselement, dessen trapezoide Form als »Gute Gestalt« Beständigkeit, fast zeitlose Ruhe signalisiert. Sein rechtes Pendant kommt indes zeitlich rasch voran, der Trauerbotschaft Einhalt gebietend. Die expressive Felsnase ist nicht nur im Umriß als »Zeitform« qualifiziert, diese gelangt ebenso im organisch innervierten Felsbinnenbereich zum Ausdruck. Dessen zeitliche Wesenhaftigkeit dokumentiert sich darin, daß sich Farbe wie Textur in stetem Qualitätswandel befinden. Von grundsätzlicher Bedeutung ist Theissings Leitsatz der Zeiterfahrung, »die nicht primär am Gegenstand haftet, sondern an der Zeitform, welche die Bildform sichtbar macht«.[298]

297 Ebda., S. 95
298 Theissing (Anm. 19), S. 38

39 *Kochel-Wasserfall I*, 1900, Öl auf Leinwandkarton (32,4 x 23,5 cm), München, Städt. Galerie im Lenbachhaus

40 *Alte Stadt II*, 1902, Öl auf Leinwand (52 x 78,5 cm), Paris, Musée National d'Art Moderne, Centre Georges Pompidou

41 *Die Braut (Russische Schöne in Landschaft)*,
1903, Tempera auf Pappe (41,5 x 28,8 cm),
München, Städt. Galerie im Lenbachhaus

42 *Holland – Strandkörbe*, 1904,
Öl auf Leinwandkarton (24 x 32,6 cm),
München, Städt. Galerie im Lenbachhaus

43 *Reitendes Paar*, 1906/07,
Öl auf Leinwand (55 x 50,5 cm), München,
Städt. Galerie im Lenbachhaus

44 *Das bunte Leben*, 1907,
Tempera auf Leinwand (130 x 162,5 cm),
München, Städt. Galerie im Lenbachhaus

45 *Die Nacht*, 1907,
Tempera auf Pappe (29,8 x 49,8 cm),
München, Städt. Galerie im Lenbachhaus

46 *Grüne Frauen*,
Farblinolschnitt von drei Stöcken
(11,9 x 23,6 cm), Hamburg, Kunsthalle

47 *Herbststudie bei Oberau,*
1908, Öl auf Pappe (32,8 x 44,5 cm),
München, Städt. Galerie im Lenbachhaus

48 *Murnau – Johannisstraße vom Fenster des Griesbräu*, 1908,
Öl auf Pappe (49,8 x 69,6 cm), München,
Städt. Galerie im Lenbachhaus

49 *Riegsee – Dorfkirche*, 1908,
Öl auf Pappe (33 x 45 cm), Wuppertal,
Von der Heydt-Museum

50 *München – Schwabing mit Ursulakirche,*
1908, Öl auf Karton (68,8 x 49 cm),
München, Städt. Galerie im Lenbachhaus

51 *Grüngasse in Murnau*, 1909,
Öl auf Pappe (33 x 44,6 cm), München,
Städt. Galerie im Lenbachhaus

52 *Kochel – Verschneite Bäume*, 1909, Öl auf Pappe (32,8 x 44,5), München, Städt. Galerie im Lenbachhaus

53 *Naturstudie aus Murnau III*, 1909,
Öl auf Pappe (31,5 x 44,7 cm), München,
Städt. Galerie im Lenbachhaus

54 *Murnau – Ansicht mit Eisenbahn und Schloß*, 1909,
Öl auf Pappe (36 x 49 cm), München,
Städt. Galerie im Lenbachhaus

Im Anschluß an den hellblauen Bergrücken verändert sich das Kolorit – den Kalt/Warm-Kontrast des linken unteren Bildareals modulierend – sukzessiv von Ockergelb zu Orange, teils pastos verdichtet, teils in Flecken aufgelöst. Hier ist es erforderlich, auf Arnheims Farbenlehre hinzuweisen, wonach »ungemischte Farbtöne [besonders die Primärfarben] die Komposition mit Ruhepunkten versehen«. In ihrer Eigenwertigkeit garantieren sie laut Theissing »den Eindruck der Dauer. Sie bilden nichts ab, sondern sind ganz sie selbst und entsprechen so der idealen Unzeitlichkeit geometrischer Figuren.«[299] Diese Eigenschaften gelten vor allem für die beiden, den Reiter hemmenden Farbbahnen Rot und Blau. Davon gänzlich unterschiedlich ist die Farbqualität innerhalb des rechten Felsblocks, dessen Orange als Sekundärfarbe, so Arnheim, seine Eigenart daher bezieht, daß es als »Mischling« (zwischen Rot und Gelb) wahrgenommen wird. Ihm eignet eine »vibrierende Zweipoligkeit«, eine dynamische und temporäre Qualität, die es wie die anderen Sekundär- und Mischfarben auch als »Leitton« charakterisiert. Solche Leittöne, erläutert Arnheim weiter, »erscheinen als Abweichungen von der dominierenden Grundfarbe und zeigen eine Spannung, die zur Reinheit dieser Grundfarbe hinzielt«.[300] Damit ist implizit Relevantes auch über Kandinskys *Improvisation 2* ausgesagt, innerhalb dessen weite Bereiche der rechten Bildhälfte eine spürbare Tendenz zur Entfaltung von Kräften erkennen lassen, die nach links drängen. An diesem dynamischen Prozeß ist auch das Blau des Himmels beteiligt, das von einem dumpf getrübten Ton rechts seinen Ausgang nimmt, um, im sukzessiven Qualitätswandel nach links fortschreitend, zunehmend an Sättigung zu gewinnen. Außerdem scheint die zwischen Ockergelb und Orange pendelnde Farbmasse die dynamisch ausgefranste schwarze Grenzlinie des Felsens zu unterlaufen, um abrupt an das linke Landschaftselement zu stoßen. So gesehen wird der Binnenbereich des Felsens zu einem partiell durchsichtigen Wesen, das, merklich am Bild-»Grund« beteiligt, erheblich zur Verunklärung der Räumlichkeit beiträgt. Die »Figur«-Wirkung des Felsens ist primär dessen eingrenzendem Liniensystem zuzuschreiben, während der Charakter des Felsinneren ambivalent bleibt. In der lebendig schicksalshaften Diktion Kandinskys besagt dies: »der Tragik der Farben ... unwillkürlich die Erhabenheit der zeichnerischen Form entgegenzustellen.«[301] Aufschlußreich ist, daß Kandinsky die Wirkungsweise des Orange in seinem Theorietraktat als eminent dynamisch beschreibt. »Das warme Rot durch verwandtes Gelb erhöht, bildet Orange. Durch diese Beimischung

299 Arnheim (Anm. 88), S. 350. – Theissing (Anm. 19), S. 172
300 Arnheim (Anm. 88), S. 352
301 Kandinsky, *Gesammelte Schriften* (Anm. 6), S. 32

55 *Bild mit Kahn*, 1909, Öl auf Karton (79 x 123 cm), Schweden, Privatsammlung

wird die Bewegung in sich des Rot zum Anfang der Bewegung des Ausstrahlens, des Zerfließens in die Umgebung gebracht«, überdies fügt er hinzu, »verliert es wie Violett leicht das Gleichgewicht«. Psychophysisch gedacht sei es »einem von seinen Kräften überzeugten Menschen ähnlich«, der, so könnte man bezüglich *Improvisation 2* deutend ergänzen, auch zu positiver Bewältigung eines Traueranlasses befähigt ist.[302]

Hoberg vergleicht das Gemälde mit Kandinskys ebenfalls 1909 geschaffenem *Bild mit Kahn*, das, so die Autorin, »in kompositioneller Hinsicht wie im Hinblick auf Einzelelemente Aufschlüsse für die Deutung von *Improvisation 2*« gibt.[303] Analog zu »Einzelelementen« ist dieser Vergleich sinnvoll. Hier wie dort reagieren zwei Felsmassive und eine mittlere Figuren-Dreiergruppe in spannungsvollen Korrelationen. Hinsichtlich des Kompositionellen gibt es jedoch tiefgreifende Unterschiede. Während in *Bild mit Kahn* die Schrägstellung des Kahns und die räumliche Abstufung zwischen Gebirgszone und hohem Horizont für eine eindeutige Raumkonzeption sorgen, ist in *Improvisation 2* (wegen mangelnder Schrägen und partieller Verunklärung des Figur/Grund-Verhältnisses) alles auf eine flächenhafte, die Korrektheit von Größen- und Entfernungsproportionen mißachtende Komposition angelegt. Ergebnis ist ein irrationaler, bühnenbildhafter Effekt. Hinzu kommt ein selbstleuch-

302 ÜGK, S. 102f.
303 Hoberg (Anm. 82), Text zu Taf. 27. – Roethel und Benjamin, (Anm. 21), Nr. 268

tendes Bildlicht, dem in *Bild mit Kahn* eine »natürliche« Leuchtlichtsituation gegenübersteht. Dies ändert freilich nichts daran, daß über beiden Bildern ein Hauch von Symbolismus schwebt. Wenn schon das *Bild mit Kahn* (das im Dezember 1909 in der 1. Ausstellung der ›Neuen Künstlervereinigung München‹ gezeigt wurde) trotz seiner räumlich klaren Disposition negative Kritiken ausgelöst hat, auf wieviel mehr Ablehnung wäre Kandinsky mit seiner flächig naturfernen *Improvisation 2* gestoßen. Bislang in seiner internationalen Ausstellungstätigkeit von durchwegs positiven Pressestimmen verwöhnt, sieht sich der Künstler fortan mit einer disqualifizierenden, zumeist gehässigen Kritik konfrontiert. Im Lichte einer von Kandinskys neuartigen, »eidetisch-verschlüsselten« Werken überforderten Kunstöffentlichkeit wird klar, daß der Maler im Begriff ist, sämtliche traditionellen Sehgewohnheiten über Bord zu werfen, mit dem Risiko, sein ratloses Publikum vollends zu brüskieren.

7.2 *Improvisation 3*

Wie in *Trauermarsch* sind auch in *Improvisation 3* – angesichts prunkenden Farbreichtums und zum Teil leicht eruierbarer Gegenständlichkeit – noch Anklänge an den märchenhaften Tonfall der Temperabilder zu erkennen. Im Gegensatz zu diesen russisch-folkloristisch »farbigen Zeichnungen« dient die Farbe jedoch nicht mehr der Bezeichnung des Dinglichen. Ihr Autonomieanspruch drängt zum Wesenhaften und vermittelt dadurch immaterielle Klangvorstellungen, womit im Gegenständlichen ein merklicher Umbruch vom Ding zum Zeichen einhergeht. Vorherrschend ist ein »gelber Klang«, wie er sich links unten am Boden und rechts oben an jenem Gebäude manifestiert, das von Moeller als die Festung im tunesischen Sousse identifiziert wird.[304] Gerichtete Spannung erzeugend, scheint sich diese Festung nach links zu bewegen, einem »Kolbeneffekt« (Arnheim) ähnlich die Bildachse überschreitend und mit ihrer abschließenden Kante die Proportionsmarkierung des Goldenen Schnitts erreichend. Exakt an dieser Stelle befindet sich der Reiter, dessen türkisfarbiges Pferd sich vor dem eigenen Schatten erschreckt aufbäumt, jäh zum Stillstand kommt und sich scheut, die nach rechts ansteigende Brücke zu passieren. Eingeklemmt zwischen die das irdische Dasein symbolisierenden Gelbmassen und mit der Last eines roten, weiß konturierten wolkenähnlichen Gebildes auf dem Rücken, versucht der Reiter, bestärkt durch seinen »Kraft und Ausdauer« versinnbildlichenden orangen Umhang, sein Roß voranzutreiben. Wie einst im Gemälde *Der blaue Reiter* (1903) hat auch hier der Reiter sein Ziel klar vor Augen: sich von der Materialität zu befreien und zum Geistigen zu gelangen; nur sind

304 Moeller (Anm. 32), Text zu Taf. 109

56 *Improvisation* 3, 1909, Öl auf Leinwand (94 x 130 cm), Paris, Musée National d'Art Moderne, Centre Georges Pompidou

die Widerstände auf diesem Weg mittlerweile viel größer geworden. In seinem Vorhaben sieht sich der Suchende vermutlich durch den christlichen Glauben unterstützt. Grundlage für diesen Interpretationsversuch sind die beiden im Rücken des Reiters abgebildeten, grün gekleideten und vor blauer Landschaftsfolie befindlichen Gestalten. Allem Anschein nach handelt es sich laut Matthäus 15, 21–28 um die Szene, da Jesus die »Bitte einer heidnischen Frau«, ihre von einem Dämon gequälte Tochter zu befreien, erhört. Der vor ihm Knienden verheißt er: »Frau, dein Glaube ist groß. Was du willst, soll geschehen.«

Über der biblischen Begegnung flammt ein karminroter Himmel mit eschatologischer Signalwirkung. Dem begegnet von oben eine Art »Riesenfinger«, der, insofern er der roten Feuerwand ein Stück blauen Firmaments abringt, ein Hilfe versprechendes Zeichen setzt. Formal gesehen sind die in breiten Pinselbahnen schräg aufwärts geführten Rotmassen ebenso dem kinästhetischen Mitvollzug des Betrachters wie der Zielrichtung des Reiters förderlich. Damit kommt eine Bewegungskomponente zum Tragen, die auch dem wie erstarrt wirkenden Pferd Aussicht auf ein weiteres Fortkommen eröffnet. Daraus resultiert eine semantisch aufschlußreiche Bildzeit-Problematik, die sich in einer spannungsvollen Ambivalenz zwischen Zeitstillstand und temporärem Verlauf äußert.

Während sich ersteres in der Orthogonalität sowie der »Guten Gestalt« der Festung und des gesättigten, flächig kompakt aufgetragenen Gelbtons dokumentiert, gelangt letzteres in den Schrägen, Kurven und Farbqualitätsveränderungen (vor allem im rechten unteren Bildbereich) zum Ausdruck. Naheliegend ist die Schlußfolgerung, daß dem Reiter, um von der Trägheit des Materiellen zur zeitlich offenen Geisteswelt zu wechseln, ein beschwerlicher Ritt bevorsteht. Das Geistige befindet sich am anderen Ende der Brücke, deren Weiß, so lesen wir in ›Über das Geistige in der Kunst‹, »auf unsere Psyche als ein großes Schweigen wirkt, welches für uns absolut ist. Es klingt innerlich wie ein Nichtklang, was manchen Pausen in der Musik ziemlich entspricht, den Pausen, welche nur zeitlich die Entwicklung eines Satzes oder Inhaltes unterbrechen und nicht ein definitiver Abschluß einer Entwicklung sind. Es ist ein Schweigen, welches nicht tot ist, sondern voller Möglichkeiten. Das Weiß klingt wie Schweigen, welches plötzlich verstanden werden kann.«[305] Tatsächlich wird man sich erst nach »schweigsam«-kontemplativer Betrachtung dessen bewußt, daß sich am Brückenende kein Hügel erhebt, wie Paul Vogt[306] irrtümlich angenommen hat, sondern eine kniende blaue Frauengestalt dargestellt ist. Sie ist umgeben von einer gewaltigen, zwischen Grün und Blau changierenden Aura, die schon auf der Brücke anhebt und in großem Bogen bis zum rechten Bildrand führt. Weiters füllt sie die gesamte Bildecke, so daß – im Gegensatz zur christologischen, ebenfalls in einen Grün/Blau-Akkord eingebundenen Szene links außen – kein Bodenbezug sichtbar wird, sich demnach die Aura als ein gleichsam vor dem Bildraum schwebendes Geistwesen manifestiert. Die ein Dreieck bildende Frauengestalt im dunklen Blau (»übersinnliche … typisch himmlische Farbe«) läßt sich als Inkarnation des Geistigen interpretieren.

Erheblich diffiziler ist die semantische Problematik bezüglich des grün/blauen Aurenakkords. Hier erweist sich ein Blick auf die Theosophie als hilfreich, mit der sich Kandinsky ebenso wie mit anderen okkulten Phänomenen laut Sixten Ringbom seit etwa 1908 intensiv auseinandergesetzt hat. Sein Interesse an den Aufsätzen Rudolf Steiners ist dermaßen ausgeprägt, daß er daraus zahlreiche Passagen in seinem Notizbuch festhält. Ringbom zufolge sind dabei »die Schilderung der imaginativen Welt und die tabellarische Bearbeitung von Steiners Lehre von den auralen Farben besonders relevant«.[307] Hinsichtlich des für »hingebungsvolle Naturen« charakteristischen Blau/Grün-Akkords lautet

305 ÜGK, S. 96

306 Paul Vogt, *Expressionismus. Deutsche Malerei zwischen 1905 und 1920*, Köln 1978, S. 92

307 Sixten Ringbom, *Die Steiner-Annotationen Kandinskys* (Anm. 32), S. 102 f.

Kandinskys Annotation aus ›Luzifer-Gnosis; Nr. 115–119‹: »Blau und je idealistischer desto blauer, M(ensch) mit ›gutem Gemüt‹, aber passiv – schönes Blau (auch religiöse). Wenn aber außerdem intelligent, so wechseln grüne und blaue Strömungen«.[308] Der Künstler hat in *Improvisation 3* zur Verbildlichung des Geistigen fast wörtlich auf Steiner zurückgegriffen. Und was er von Steiners Auren-Theorie hält, ist auch in seinem Kölner Vortrag von 1914 manifest: »Der Kern der Seele ist göttlichen Ursprungs und geistig. Im Menschen ist er vom Fleisch bewachsen, vom Seelenfleisch, das vielen und verschiedenen äußeren Einflüssen unterliegt, von ihnen gefärbt wird. So können auch die Werke diesen ›Stimmungen‹ unterliegen und durch sie gefärbt werden. Unter dieser Färbung erkennt man das unveränderte Klingen der unveränderten Stimmgabel. Die allgemeine Kraft dieses Durchklingens, also der aus dem Gesamtwerk des Künstlers herausleuchtende Inhalt bestimmt die Bedeutung des Künstlers und seines Gesamtwerkes.«[309]

Kandinsky war sich bewußt, daß es falsch wäre, Phänomene des Geistigen, die nur meditativ erfahrbar sind, dem Betrachter gegenständlich plakativ vor Augen zu führen. Um dies zu verhindern, bedarf es jener Methode des »Verschleierns« bzw. »Versteckens«, die die Gegenstände so verschlüsselt, daß sie im Bild nur nach eingehender Betrachtung erkannt werden können. Demgemäß löste Kandinsky im Bild »die Gegenstände mehr oder weniger auf, damit sie nicht alle auf einmal erkannt werden können, und damit also diese seelischen Mitklänge allmählich, der eine nach dem anderen vom Beschauer erlebt werden können«.[310] Noch eindrücklicher beschreibt Kandinsky das »Versteckte« in ›Über das Geistige in der Kunst‹: »Nicht eine klar daliegende, oft in die Augen springende Konstruktion braucht die an Möglichkeiten reichste bzw. die ausdrucksvollste zu sein, sondern die versteckte, die aus dem Bild unbemerkt herauskommt und also weniger für das Auge als für die Seele bestimmt ist. Diese versteckte Konstruktion kann aus scheinbar zufällig auf die Leinwand geworfenen Formen bestehen, die wieder scheinbar in keinem Zusammenhang zueinander stehen: die äußere Abwesenheit dieses Zusammenhanges ist hier seine innere Anwesenheit.«[311]

Analog zur Tradition der Theosophie und der Symbolisten, vor allem in bezug auf Maeterlinck, hat Kury die tiefe Sinnhaftigkeit der Methode des »Versteckten« überzeugend resümiert: »Das Versteckte soll demnach auch bei Kandinsky die Seele des Betrachters öffnen und den inneren Erfahrungen einen weiten Bereich zur Verfügung stellen. Innerhalb sei-

308 Zitiert nach Ringbom (Anm. 307), S. 105
309 Eichner (Anm. 141), S. 125
310 Kandinsky, ›Mein Werdegang‹, in: *Gesammelte Schriften Bd. I* (Anm. 6), S. 55
311 ÜGK, S. 129

nes künstlerischen Systems hat das Versteckte die Funktion eines Führers durch die Gebiete des Seelischen und Geistigen und kann so die Fähigkeit mit der Seele zu sehen entwickeln helfen ... Das Verborgene kann nur erfühlt werden, da es der Vernunft und der Vorstellungskraft des Menschen uneinsehbar bleibt. Damit wird das Versteckte wie das ›Symbol‹ der Symbolisten zum Ausdruck der geheimen Sprache der Schöpfung, die man ebenfalls nur erahnen kann ...«[312] Dazu die praxisbezogene Schlußfolgerung der Autorin: »Die versteckte Konstruktion ist also eine Art Übergangsstadium für den Betrachter und auch für den Künstler, vermittelnd zwischen gegenständlicher Darstellung und abstrakten Formen – hinführend jedoch zur reinen Abstraktion«.[313]

Vielleicht ironisierend hat Kandinsky oberhalb der Aura des Geistigen am rechten Rand der Festung mehrere Schrägstriche gezogen, innerhalb derer ein aus blauen Punkten und einem roten Fleck bestehender Gesichtsschemen visionär auftaucht, zureichend versteckt, »um nicht auf einmal erkannt zu werden«. Ähnliches ereignet sich unter dem Brückenbogen, wo ein im Profil erscheinendes, spitzbärtiges Gesicht sein untergründiges Wesen treibt.

Wie ausgeprägt Kandinskys Interesse an esoterischen Phänomenen war, zeigt ein Blick in seine Bibliothek, die eine beeindruckende Anzahl von Schriften über Okkultes, Spiritismus, Medien, Seelenforschung und dergleichen enthielt. Einen besonderen Stellenwert nehmen Werke der Theosophie ein, besonders hervorzuheben sind Helene Blavatzkys Buch ›Der Schlüssel der Theosophie‹ (1907), Abhandlungen Rudolf Steiners sowie Annie Besants und Charles W. Leadbeaters Klassiker ›Gedankenformen‹ (1908 deutsch erschienen). Auch Leadbeaters ›Der sichtbare und der unsichtbare Mensch‹, ein für die Aura-Theorie grundlegendes Werk, dürfte Kandinsky bekannt gewesen sein. Im Anschluß an eine Würdigung Blavatzkys bekundet er in ›Über das Geistige in der Kunst‹ seine Geistesverwandtschaft mit der theosophischen Bewegung, freilich nicht ohne kritischen Unterton: »Und jedenfalls, wenn auch die Neigung der Theosophen zur Schaffung einer Theorie und die etwas voreilige Freude, als Antwort auf die Stelle des ewigen immensen Fragezeichens stellen zu können, leicht den Beobachter etwas skeptisch bestimmen kann, so bleibt doch die große, doch ›geistige‹ Bewegung da, welche in der geistigen Atmosphäre ein starkes Agens ist und die auch in dieser Form als Erlösungsklang zu manchen verzweifelten in Finsternis und Nacht gehüllten Herzen gelangen wird, doch erscheint damit eine Hand, die zeigt und Hilfe bietet.«[314]

312 Kury (Anm. 69), S. 99
313 Ebda., S. 98
314 ÜGK, S. 43

7.3 Berg

In Kandinskys Gemälde *Berg* macht sich der Einfluß von Steiners Theosophie in besonderer Weise bemerkbar. In bisher noch nie erreichter Intensität verschmelzen hier Landschaft und Figürliches zu neuer Einheit. Das Bild scheint »mit seinen nahezu gegenstandslosen, halluzinatorischen und emotional besetzten Formen Kompositionsweisen von Kandinskys stürmischer ›abstrakter‹ Phase kurz vor Ausbruch des Ersten Weltkriegs vorwegzunehmen.«[315] Einen prinzipiell richtigen Zugang zum Gemälde findet auch Hahl-Koch, indem sie die Dominanz der Dynamik hervorhebt. Diese sei von einer »so außerordentlichen Kraft, daß sie sogar die statischste aller Kompositionen, das bildfüllende, auf dem unteren Rand ruhende, gleichseitige Dreieck im quadratischen Rahmen besiegt«.[316] Genauer betrachtet bleibt diese »Statik« indessen auf das Quadrat, dem Sinnbild der Erde und der irdischen Existenz, beschränkt. Mit seiner Zentriertheit billigt es laut Arnheim »weder der einen noch der anderen Richtung die Vorherrschaft zu und versetzt dadurch das Geschehen auf Erden in einen Ruhezustand. Die Zeit steht still.«[317] Das eingeschriebene Doppeldreieck des *Bergs* ist keineswegs statisch, vielmehr bezieht es zum exakt quadratischen Rahmen (109 x 109 cm) eine nachdrücklich dynamische Opposition. Schon das Fehlen einer erdbezogenen Basis forciert die vehemente Aufwärtsbewegung. Zudem stemmen sich die sphärischen Dreieckseiten mit Druck, einem gespannten Bogen gleich, gegen die flankierenden Bildgrenzen; sie scheinen im Begriff, auch nach oben die irdischen Fesseln des Beständigkeit verheißenden Rahmenquadrats zu sprengen.

Nur einem erfahrenen Kenner von Kandinskys bevorzugten Themen ist es möglich, den Reiter und die rechts von ihm stehende Figur zu erkennen. Aus der linken unteren Bildecke verfolgt ein ockerfarbiges, schwarz konturiertes Unwesen mit drei scharfen Zacken den Reiter, dessen Pferd als Opfer des aggressiven Akts bereits sein Hinterteil eingebüßt hat. Von einem voraneilenden blauen Keil mitgerissen, versucht der rotgekleidete Reiter in das Zentrum der weißen, einem Tor vergleichbaren Öffnung des blauen Bergs zu gelangen. Wie schon in *Improvisation 3* ist es auch hier sein Ziel, im Geistigen Zuflucht zu finden. Neuerlich ist auf den transzendierenden Symbolwert des Weiß als »ein absolutes Schweigen, voll ungeahnter Möglichkeiten« zu verweisen. Im Gegensatz zu *Improvisation 3* vollzieht sich die Fluchtbewegung im Zeichen unmittelbarer Bedrohung, folglich im rasanten Zeitablauf. Von besonderer

315 Hoberg (Anm. 82), Text zu Taf. 28
316 Hahl-Koch (Anm. 10), S. 118
317 Arnheim (Anm. 195), S. 146

57 *Berg*, 1909, Öl auf Leinwand (109 x 109 cm), München, Städt. Galerie im Lenbachhaus

Bedeutung ist auch der Kreml mit seinen umstürzenden Türmen, das Symbol der »geistigen Stadt«, das fortan in Kandinskys Œuvre eine wichtige Rolle spielen wird. Unter dem federnden Druck des bis an den oberen Bildrand herangeführten Dreiecks verliert die geistige Stadt die Balance und gleitet vom Gipfel herab. Deren unentwegte Gefährdung hat Kandinsky in ›Über das Geistige in der Kunst‹ beschrieben: »Die Menschen, die hier leben, leben wirklich in so einer geistigen Stadt, wo plötzlich solche Kräfte wirken, mit welchen die geistigen Architekten und Mathematiker nicht gerechnet haben. Hier ist ein Teil von der dicken Mauer wie ein Kartenhäuschen gefallen. Da liegt ein zum Himmel reichender kolossaler, aus vielen spitzenartigen, aber ›unsterblichen‹ geistigen Pfeilern gebauter Turm in Trümmern. Der alte vergessene Friedhof bebt. Alte vergessene Gräber öffnen sich, und vergessene Geister heben sich aus ihnen ... In dieser Stadt leben auch taube Menschen, die fremde Weisheit betäubt hat, die keinen Sturz hören, die auch blind sind, da sie fremde Weisheit geblendet hat ...«[318] Dem entspricht nicht nur die Burg, sondern auch die Szene im rechten unteren Bildquadranten. Demnach könnte es sich bei der schräg zurückweichenden Figur, die schemenhaft den weißen Grund durchscheinen läßt und nur an der Schulter gelb akzentuiert ist, um jenen dem Grab entstiegenen »vergessenen Geist« handeln, den »fremde Weisheit geblendet hat«. Deshalb sollte man die flankierenden spitzen Gebilde als Grabsteine des »alten vergessenen Friedhofs« deuten.

Der von einer Doppelaura umgebene und von konturlosen, spirituellen Farbqualitäten gekennzeichnete Berg ist von theosophischer Symbolik. Die Struktur des Bergs setzt sich aus vier Elementen zusammen. Von außen beginnend signalisiert Gelb – die rote Energieaura umfassend – das Wesen der irdischen Welt. Den Berg selbst charakterisiert das geistige Blau, dem sich in geringeren Mengen Grün hinzugesellt. Kandinsky folgt mit dem Blau/Grün Akkord dem Deutungsvorschlag Steiners, der diesen Farbklang dem seelischen Habitus »hingebungsvoller Naturen« (idealistisch, aber passiv, auch religiös, außerdem intelligent) zuordnet. Schließlich gibt der Berg in einer vierten Stufe sein weißes Inneres preis, wobei, ambivalent empfunden, sich ein Blick in unergründliche Ferne eröffnet. Evident ist, daß hier Kandinsky auf Steiners Theorie der »höheren Leiber« und Auren in künstlerisch freier Form Bezug genommen hat. Ferner ist wie in *Improvisation 3* auch mit Anregungen durch Leadbeaters ›Gedankenformen‹ sowie ›Der sichtbare und unsichtbare Mensch‹ zu rechnen. Dazu ein Zitat aus Ringboms Abhandlung ›Kandinsky und das Okkulte‹: »Die Lehre, die diesen theosophischen Gedankenformen zugrundeliegt, ist ebenso einfach wie phantastisch. Die Natur, so erfahren wir, setzt sich zusammen aus mehreren Ebenen einer zunehmenden Läuterung. Ganz unten befindet sich die körperliche Ebene – die der Materie; hier leben wir rein körperlich, und auch unsere Wahrnehmung der Welt geschieht körperlich. Auf jeder weiteren Ebene leben wir mit und gemäß unserem jeweils höheren Leib: mit unserem Astralleib leben wir auf der Astralebene, mit unserem Mentalleib auf der mentalen Ebene usw. Diese höheren Leiber erscheinen dem Hellseher als Auren, welche den materiellen Leib umgeben, als leuchtende Nebel immer dort, wo sich der materielle Leib gerade aufhält ... Und nun kommt der Aspekt, den Kandinsky am meisten fesselte: In diesen Auren manifestieren sich Gedanken und Gefühle in bestimmten Formen und Farben.«[319]

Ausgehend von der Tatsache, daß Kandinsky Steiners siebenstufiges »Leib-Seele-Geist«-Modell, das von der indischen Geisteswelt des Tantrischen beeinflußt ist, in seinem Notizbuch vermerkt hat, ist es berech-

318 ÜGK, S. 39. – Besonders drastisch hat Kandinsky die zusammenbrechende »geistige Stadt«, die nur durch den monumentalen Schwertträger vor dem endgültigen Absturz bewahrt wird, in *Improvisation 8* (von Kandinsky auch *Der Lange mit dem Schwert* genannt) wiedergegeben. Hahl-Koch (Anm. 10), S. 116

319 Ringbom, *Kandinsky und das Okkulte*, in: *Kandinsky und München* (Anm. 32), S. 89

tigt, die vier Farbphasen des »geistigen« Bergdreiecks (Gelb, Rot, Blau und Weiß) im Sinne des Steinerschen Systems zu interpretieren.[320] Auf der Basis seines Vortrags ›Metamorphosen des Seelenlebens‹ entspricht die gelbe Aura dem physischen Leib, die rote dem Ätherleib (oder Lebensleib) und das Blau dem Astralleib (oder Empfindungsleib). Das Weiß, nach dem der flüchtende Reiter strebt, umfaßt schließlich all das, was in den folgenden Erkenntnisschritten – die ersten Stufen durchdringend – manifest wird: die Verstandesseele, Bewußtseinsseele, den Lebensgeist und letztlich den Geistesmenschen. Wie nah verwandt sich Kandinsky mit Steiners bildhaftem Denken gefühlt haben mag, beweist jener Satz, den der Theosoph in seinem Werk ›Die Stufen der höheren Erkenntnis‹ formuliert hat: »Die Wahrnehmungen lösen sich los von allen äußeren Dingen und schweben frei im Raume oder fliegen darinnen herum.«[321]

Daß sich Kandinsky in so klarer Form um die Verbildlichung der Aura bemüht, hat Seltenheitswert. In der Folge wird er sich nur vereinzelt, wie etwa in *Improvisation 19* (1911) oder im Gemälde und Hinterglasbild *Dame in Moskau* (1912), mit dieser theosophischen Thematik auseinandersetzen. Allem Anschein nach hat sein Interesse an dieser »philosophischen« Bewegung nachgelassen, was die Zurücknahme seiner Ankündigung, im Almanach ›Der Blaue Reiter‹ einen Beitrag zur Theosophie zu veröffentlichen, beweist. Bemerkenswert ist indes die weiterhin zentrale Stellung des Reiters, der in unterschiedlicher Inkarnation – sei es in den Gestalten des hl. Georgs oder hl. Martins, sei es als Kämpfender im Allgemeinen oder als apokalyptischer Reiter – erscheint. Direkt spirituelle Funktion hat Kandinsky dem Reiter in den Gemälden *Der blaue Reiter*, *Der blaue Berg*, *Improvisation 3* und *Berg* zugedacht. Hier wie auch in manchen Werken der Folgezeit ist er in geistiger Mission unterwegs, als Sucher, dem sich vielfältige Hindernisse aus der irdisch-materiellen Welt in den Weg stellen.

7.4 *Improvisation 4*

Auch in *Improvisation 4* tritt der Reiter als geistig Suchender in Erscheinung, wobei dem ungeübten Betrachter zunächst unergründlich ist, wo er sich im Bild »versteckt«. Den Abstraktionsgrad seiner Schaffensphase von 1911 fast vorwegnehmend, hat Kandinsky die Gegenständlichkeit dermaßen verschlüsselt, daß es eines vergleichenden Blicks auf den gleichnamigen, erst 1911 entstandenen Holzschnitt bedarf, um sich motivisch zurechtzufinden.[322] Wie um diese extreme Verschleierungsinten-

320 Steiner, *Wie erlangt man Erkenntnisse* (Anm. 285), S. 239f.
321 Steiner, *Die Stufen der höheren Erkenntnis* (Anm. 285), S. 42

sität zu mildern, hat Kandinsky dieser Improvisation in seinem Hauskatalog den verständlicheren Untertitel *Bild mit Reiter hinter Baum und Abend* beigefügt.[323] Lediglich den Vorderteil des im rechten Bildbezirk plazierten Pferdes – seinen gelbgrünen, stark gelängten und schräg ausgerichteten Hals sowie nach links gedrehten Kopf – meint man unvermittelt wahrzunehmen. Der restliche Körper des Pferdes bleibt hinter Baum und Buschwerk verborgen. Auch der Leib des Reiters scheint mit dem dumpfen Dunkelgrün des schräg aufwärts führenden Baumstamms zu verschmelzen. Nur das Gesicht des Reiters ist mittels eines kleinen roten Dreiecks hinlänglich bezeichnet; der Lage des Dreiecks zufolge richtet dieser ebenso wie das Pferd seinen Blick zurück auf das Geschehen in der linken Bildhälfte. Vor dem aufstampfenden Roß befindet sich ein Wesen, das analog zu *Improvisation 3* als kniende Frau mit hellblau zurückwallendem Schleier zu deuten ist. Anstatt der Aura im Vergleichsbeispiel zielt ein blauer Keil auf den Rücken der Gestalt, deren Interpretation als Geisteswesen dadurch zusätzlich an Bedeutung gewinnt. Blau, mit Weiß durchmischt, ist jene Farbe, die zu Häupten des Reiters wie unterhalb des Pferdes entfernt an die Schutzhülle astraler Auren erinnert. Darüber hinaus wird der rechte Bildabschnitt durch das glühende Rot des Bodens und das Gelborange oberhalb des komplementären blauen Keils somit von einem warmen, das Geistige verstärkenden Farbakkord beherrscht. Dieser Farbzweiklang, der die Konturen des durchsichtigen Geisteswesens unterläuft und dadurch entmaterialisiert, hat den Begleiteffekt, daß er sich scheinbar vom Malgrund löst, um raumgreifend dem Betrachter entgegenzudringen.

Das dynamische Hauptthema ist dem Baum zugedacht, dessen links unten wurzelnden und quer durch das Bild verlaufenden Stamm eine gewalttätige Macht aus dem Lot gebracht zu haben scheint. Gäbe es nicht die ihn stützende, annähernd auf der Bildachse plazierte Figur, würde er den Reiter unweigerlich unter sich begraben. Wie erst ein Blick auf den Holzschnitt klärt, handelt es sich um eine bekleidete Frauengestalt, deren Arm nach rechts auf das Geisteswesen weist, während sich ihr Oberkörper nach links neigt. Mit dieser der Baumrichtung entgegengesetzten Haltung initiiert sie eine Schrägführung, die sich an der links oben befindlichen hellgelben Wolkenzunge fortzusetzen scheint. Somit markiert sie das Gleichgewichtszentrum zwischen den Bildhälften. Ihre Zuwendung gilt der links außen stehenden Gestalt, zu deren Identifikation es der Kontrolle durch den Holzschnitt bedarf. Es stellt sich heraus,

322 Hans Konrad Roethel, *Kandinsky. Das graphische Werk*, Köln 1970, S. 234, Abb. 117

323 Wassily Kandinsky, *Die erste sowjetische Retrospektive. Gemälde, Zeichnungen und Graphik aus sowjetischen und westlichen Museen*, Ausstellungskatalog (Schirn Kunsthalle, Frankfurt a. M.), Frankfurt a. M. 1989, S. 260, Abb. 32

58 *Improvisation 4*, 1909, Öl auf Leinwand (107 x 159 cm), Nishny Novgovod, Kunstmuseum

daß wir mit einem weiblichen Akt konfrontiert sind, der sich mit seinem ausladenden Gesäß und der ihn umgebenden bunten Farbenpracht als ausgesprochen irdisches Wesen gebärdet, verführerisch genug, um den Blick von Pferd und Reiter auf sich zu ziehen. Daraus wird schlüssig, daß Kandinsky hier im Rückgriff auf den alten ikonographischen Topos des »Herkules am Scheideweg« einen zwischen den Verführungskünsten der materiellen Welt und dem Geistigen schwankenden Reiter dargestellt hat. Symbol für diese Unentschlossenheit ist die beiden Seiten zugewandte zentrale Figur, deren labiles Blauviolett laut Kandinskys Charakterisierung »etwas Krankhaftes, Erlöschtes, etwas Trauriges in sich hat«.[324] Wie das Blauviolett zählen auch die anderen, überwiegend im oberen Abschnitt des Mittelfelds angesiedelten Farben – von Dunkelgrün, Türkis, Grün bis Gelbgrün reichend – zur getrübten und kalten Koloritpalette, mit der die warmen und gesättigten Töne der seitlichen Bildfelder – links kleinteilig, rechts großflächig angelegt – aufs heftigste kontrastieren. Zusammenfassend ergibt sich folgende Deutung: Während links das prunkende Farbbouquet des irdischen Paradieses lockt und in der Mitte sich der Reiter vom dumpfen Dickicht vegetabiler Fesseln zu befreien sucht, öffnet sich rechts das lichterfüllte Areal des Geistigen.

324 ÜGK, S. 102

Über eines sollte indes Klarheit bestehen: daß dieser vielleicht zu sehr an Restgegenständlichem haftende Interpretationsversuch sich mit Kandinskys eigentlichen Rezeptionsintentionen nicht ganz deckt. Nicht zuletzt unter dem Aspekt des »Versteckten«, der eine starke Entgegenständlichung mit sich bringt, sowie im Lichte eines beinahe autonomen dynamischen Formen- und Farbenkonzepts ist der Künstler bestrebt, unmittelbare Klangvorstellungen und Vibrationsergebnisse zu erzeugen, um »einen direkten Einfluß auf die Seele auszuüben«. So gedacht hat die Gestalttheorie in der Tat eine kompetente, die Kunstwissenschaft ergänzende Methode anzubieten, aus der die phänomenalistische Erkenntnis resultiert, daß die gegenständlich identifizierbaren Formen zwar keineswegs nebensächlich sind, aber erst zu voller Sinnhaftigkeit gelangen, wenn sie sich im Netz der Spannungen und im dynamischen Spiel der Kräfte gleichsam verlieren. »Und nur dieses Kräftespiel«, so betont Arnheim, »vermittelt die eigentliche Bedeutung eines Werkes.«[325] Ausgehend vom schon zitierten Satz, wonach »die wahrgenommene Wirkung von Kräften das ergibt, was wir Ausdruck nennen«, gelangt Arnheim zu folgenden Schlüssen: »Alle Wahrnehmungseigenschaften haben Allgemeincharakter. Für unsere Zwecke sind die Begriffe Ausdruck und symbolische Bedeutung tatsächlich austauschbar. Nur in bezug auf das Thema kann der Begriff Symbolik in einem engeren Sinn verwendet werden.«[326] Exakt in diese Richtung – den semantischen Metaaspekt eines »unsichtbaren Allgemeinen« betreffend – zielen Kandinskys Bestrebungen, womit er sich einmal mehr als künstlerischer Vorläufer einer gestaltpsychologischen Theorie ausweist. Das »Allgemeine« zu realisieren gelingt Kandinsky, indem er mittels des »Versteckten« die Gegenständlichkeit weitgehend auflöst und diese sich im »dynamischen Spiel der Kräfte« verlieren läßt. So gesehen handelt es sich in *Improvisation 4* um eine dynamische Konfiguration, deren gehäufte und konfliktreiche Schrägführungen – in Opposition zum homöostatischen Sehgrundmuster – dem Betrachter erst nach längerem Zeitaufwand und trotz aller Spannungen die Ausgewogenheit des Ganzen bewußt werden läßt. Konkreter ausgedrückt bedeutet dies, daß es dem Menschen nur mit Mühe und nach Abwehr verführerischer Begleiterscheinungen glückt, aus der verworrenen Schattenregion seiner irdisch-materiellen Existenz ans Licht des Geistigen zu treten.

325 Arnheim (Anm. 88), S. 133
326 Ebda., S. 461 und 465

7.5 *Improvisation 6 (Afrikanisches)*

Unter den Improvisationen des Jahres 1909 verfügt *Improvisation 6* (von Münter mit *Afrikanisches* benannt) über die konziseste und polarisierteste Kompositionsweise. Hinsichtlich ihres relativ geordneten Raumgefüges und unerheblich »versteckten« Gegenstandsbezugs sowie einer massiv gesättigten Farbbuntheit (bei lediglich partiell ersichtlichem Pinselduktus) unterscheidet sie sich nachhaltig von dem weitaus dynamischeren Gemälde *Improvisation 4*. Gleichwohl verbindet beide Werke eine semantisch analoge Qualität. Im linken Bilddrittel erhebt sich ein weißes, bis knapp an die obere Bildgrenze geführtes Hochrechteck, das – im Rückblick auf Kandinskys Tunis-Reise – an die Wand eines arabischen Hauses erinnert. Vor diesem streng orthogonalen Gebilde steht eine ebenso blockhaft umrissene Gestalt, deren weißer Burnus mit der gleichfarbigen Wandfolie zu verschmelzen scheint und dadurch den Eindruck eines durchsichtigen Wesens vermittelt. Gesichtslos, somit entpersonalisiert, wendet sie ihren rotvioletten Kopf nach rechts und greift nach einem blauen, schleierähnlichen Tuch, mit dessen Hilfe sie sich dem offensichtlich unerträglichen Anblick ihres grellfarbigen Visavis zu entziehen trachtet. Allem Anschein nach handelt es sich um einen Vertreter der Marabouts, denen Kandinsky in Tunesien des öfteren begegnet war und die er mitunter auch bildlich, wie etwa 1909 in *Araber I (Friedhof)*, festgehalten hat. Im Arabischen heißt »el marbou« »dem Dienst an Gott geweiht«. Veit Loers zufolge sind Marabouts Angehörige »einer nordafrikanischen Sekte von Derwischen, also islamischen Geistlichen, die sich … in ihren Astralkörper verwandeln können. Durch Isolierung, Schweigen, Fasten und Beten töten sie ihren Körper ab, machen ihn empfänglich für die ›inneren und äußeren Vibrationen‹ … und wecken somit die okkulten Kräfte, um das höhere Ich zu entwickeln«.[327]

Einem bunt schillernden Falter gleich, öffnet die rechts plazierte Figur, die mit den drei Primär- und Sekundärfarben die gesamte Farbwelt in sich vereinigt, ihren scharlachroten, eine unregelmäßige Rautenform bildenden Mantel. Figur und Mantel sind von schwarzen Stegen eingefaßt, in die die »flüssigen Farben gleichsam eingeschmolzen sind«.[328] Schon bezüglich ihres Kolorits exzentrisch genug, versucht diese pittoreske Erscheinung ihren abgewinkelten rechten Arm durchzudrücken, um den ausgebreiteten Kaftan noch mehr zu dehnen und sich damit der hermetisch geschlossenen Lichtgestalt des Marabout zu nähern. Daß

327 Veit Loers, »›Das Kombinieren des Verschleierten und Bloßgelegten‹ – Kandinsky und die Gedankenfotographie«, in: *Okkultismus und Avantgarde. Von Munch bis Mondrian 1900–1915*, Ausstellungskatalog (Schirn Kunsthalle, Frankfurt a. Main), Frankfurt a. M. 1995, S. 246

328 Hoberg (Anm. 82), Text zu Taf. 29

59 *Improvisation 6 (Afrikanisches)*, 1909, Öl auf Leinwand (107 x 95,5 cm), München, Städt. Galerie im Lenbachhaus

laut V. E. Barnett »die spezifische Bedeutung des Bildes verborgen bleibt« beziehungsweise Kandinsky hier »jeden narrativen Inhalt verbannt« habe, ist eine Einschätzung, die wohl kaum unwidersprochen bleiben kann.[329] Korrekt ist vielmehr, daß wir es mit zwei Kontrahenten zu tun haben, wobei der linke, charakterisiert durch einen Weiß/Blau-Akkord, vermutlich die Standhaftigkeit des Geistigen symbolisiert, während der rechte mit seiner Farbenpracht offensichtlich die Rolle des Verführers zum Materiellen beansprucht. Erinnert sei daran, daß sich auch der Reiter in *Improvisation 4* mit einer prinzipiell ähnlichen, durchaus irdischen Versuchung konfrontiert sieht. In *Improvisation 6* steht dem Versucher zusätzlich noch ein weibliches Aufgebot zur Seite, sofern man willens ist,

329 Vivian Endicott Barnett, *Das bunte Leben. W. Kandinsky im Lenbachhaus*. Hrsg. von Helmut Friedel, Ausstellungskatalog (Städt. Galerie im Lenbachhaus, München), Köln 1995, S. 220

die beiden von links heraneilenden Figuren als verhüllte Haremsdamen zu interpretieren.

Zahlreiche, in ihren Richtungskomponenten widerstreitende Interferenzen sorgen in den beiden rechten Bilddritteln für ein reichhaltiges, sich gleichwohl gegenseitig behinderndes Raum, Zeit- und Spannungsgefüge. Während sich die beiden Haremsdamen ihrem Anführer zuneigen, scheint in einer nächsten Raumschicht eine zwischen Grün und Blau changierende und mit kopfähnlichen Rundungen ausgestattete Baumgruppe in Gegenrichtung auf diese niederzustürzen. Diesen vegetabilen Gebilden stemmt sich in weiterer Raumfolge ein blauer Bergkegel mit wimpelartigem Wolkenfortsatz entgegen, ehe ein die warmen Farben des Versuchers (Gelb, Orange und Rot) aufgreifender Himmelsgrund das sich anbahnende Raumkontinuum mit mächtigem Druck wieder an den Vordergrund bindet. Aus all dem resultiert ein wechselvolles Kräftespiel, dessen innerer Klang von einem fast gewalttätigen Fanfarenschall – begleitet vom verhaltenen Ton der Streicherstimmen (Blauwerte) – beherrscht wird.

Um dieser Orgie farb- und formdynamischer Effekte wirksam entgegenzutreten, genügt Kandinsky das linke Bilddrittel, in dem sich der Repräsentant des Geistigen, geborgen im rechteckigen Rahmen der Hauswand, behauptet. Gewichtsrelevant ist zum einen die auf dem Prinzip der größeren Einfachheit beruhende »Gute Gestalt« des hochformatigen Wandrechtecks, zum anderen gilt es in der Gestaltpsychologie als erwiesen, daß senkrecht ausgerichtete Formen visuell schwerer sind als schräge; in die gleiche Perzeptionsrichtung zielt die Isoliertheit des Marabout.[330] Demgegenüber haben die zahllosen, durchwegs schräg verlaufenden Formen der rechten Bilddrittel nur wenig Gleichgewichtiges aufzubieten, sieht man einmal davon ab, daß der hohe Sättigungsgrad des roten Versuchermantels beachtlich expandiert. Indessen ist sein unregelmäßiger Umriß kaum imstande, die Blockhaftigkeit des linken Bilddrittels zu destabilisieren. Wenn Barnett dem Gemälde jeglichen narrativen Inhalt abspricht, dann leugnet sie implizit die hier aufscheinende Bildzeitlichkeit. Sie zu untersuchen ist lohnenswert, zumal aus diesem Blickwinkel ein erheblicher Beitrag zur Klärung des Wesenssinns (Panofsky) zu erwarten ist. Beginnen wir mit dem linken Bilddrittel, innerhalb dessen die flächige Einfachheit der »Guten Gestalt« Zeitarmut beziehungsweise Außerzeitlichkeit signalisiert. Indes regt sich im Weiß des Mauerwerks – »ein Schweigen voller Möglichkeiten« – eine Spur von Transitorik, die sich in der Gestalt des geistigen Repräsentanten in einem deutlichen Jetzt-Bezug aktualisiert. Im Verein mit der unverrückbaren

330 Arnheim (Anm. 88), S. 26 f.

Wand ergibt sich daraus das Moment der Fülle oder, wie es Theissing formuliert, »die Ruhe des fruchtbaren Augenblicks, in dem sich das Jetzt zur Dauer dehnt«; es handelt sich um eine »Ruhe, in der Gegenwart, Vergangenheit und Zukunft anwesend sind« oder um den »Wunsch, den Augenblick zur Ewigkeit (oder wenigstens Dauer) zu erheben« – letztlich »die Daseinsutopie katexochen«.[331]

Im Bildfeld des Versuchers herrschen hingegen andere Zeitbedingungen. Wie sein geistiges Pendant hält dieser die vorderste Raumzone besetzt, wobei er mittels seines raumgreifenden Scharlachrots anscheinend mehr noch als seinen Kontrahenten den Betrachter ins Visier nimmt, ja diesen zu attackieren scheint. Anders gesehen verharrt sein gesättigtes Farbspektrum – Arnheims Farbenlehre zufolge sind gesättigte Farben als Ruhepole anzusehen, während den Mischfarben eine dynamische Funktion eignet – in einem Zustand relativer Dauer; »Dauer als Starre« hat dies Theissing bezeichnet, demgegenüber der der Verführung ausgesetzte Protagonist, dem Sein angenähert, sich der »Dauer im Jetzt« hingibt. Um diesen konträren Sachverhalt phänomenologisch zu begründen, garantiert, in bezug auf den Versucher, »schon der Eigenwert der Farben den Eindruck der Dauer. Sie bilden nichts ab, sondern sind ganz sie selbst und entsprechen so der idealen Unzeitlichkeit geometrischer Figuren ... auf diese Weise sind auch die Farben untereinander stillgelegt, dem ›Zwischen‹ von Veränderungen entzogen und der Zeitlosigkeit überantwortet«.[332] Trotzdem gibt es in den beiden rechten Bilddritteln unverkennbar zeitliche Abläufe, eine Temporalität ist evident, die jedoch in der Figur des Versuchers zum Stillstand gelangt und so den positiven Bildabschnitt kaum gefährdet. Dazu nochmals Theissings Definition des Bildzeit-Phänomens: »Die Zeit ist nicht sichtbar; aber sie wird sichtbar an den Erscheinungen im Bild durch Qualitätsveränderungen ›von etwas her zu etwas hin‹«.[333] Solchen Qualitätsveränderungen begegnen wir im rechten oberen Bildquadranten, wo die nach links stürzende Baumsequenz zum einen durch ihre Schräglage Spannung erzeugt, zum anderen aufgrund ihrer kalten Farbqualität ein merkliches Raumintervall nach sich zieht; hinzu kommt als wirksamer Zeitfaktor eine im Binnenbereich der Motivgruppe entgrenzte, zwischen Blau, Türkis und Gelbgrün changierende Farbqualitätsveränderung.

Ungefähr in Bildmitte vollziehen die beiden Haremsdamen einen jähen Richtungswechsel, wobei sie dem Kriterium der Qualitätsveränderung hinsichtlich ihres raumgreifenden Größengefälles als auch ihrer

331 Theissing (Anm. 19), S. 158, 201 und 236
332 Ebda., S. 172 f.
333 Ebda., S. 42

gegenseitigen Durchdringung sowie eines farblichen, zwischen Rotviolett, Gelb und Blau verlaufenden Verschmelzungsprozesses entsprechen. Diesem temporären Vorgang wird vor der scharf gezogenen Kontur des Versucherkaftans (dessen Scharlach mit dem farblich nahabständigen Rotviolett der ersten Haremsdame einen disharmonischen Zusammenprall bewirkt) unvermittelt Einhalt geboten. Das räumlich-zeitliche Element wird somit wieder in die Fläche gebannt. Die Bildzeit wird aufgehoben und mündet in jene erstarrte Dauer, die dem geistigen Bilddrittel nichts mehr anhaben kann, vielmehr im Betrachter ihren Adressaten sucht. Daß dies mit einer Eliminierung des narrativen Inhalts wenig zu tun hat, scheint erwiesen. Zutreffend ist indes Barnetts Beobachtung, daß *Improvisation 6* über eine »mystische und spirituelle Bedeutungsebene [verfügt], die in Kandinskys Kunst bis dahin nicht vorkam«.[334]

7.6 Bild mit Bogenschützen

Bild mit Bogenschützen ist charakteristisch für Kandinskys vielfältigen Gebrauch semiabstrakter Ausdrucksmittel. Formal wie inhaltlich markiert das Gemälde den Gegenpol zu *Improvisation 6*, steht dazu in Antithese. Nichts ist im Lot, alles wirbelt wie zufällig durcheinander, ein nervöser Pinselduktus versetzt alles in permanente Bewegtheit, und selten bietet ein gesättigter Farbakzent dem Auge einen sicheren Anhaltspunkt. Ein Versuch, die Bilddetails gegenständlich zu identifizieren, ist nur noch begrenzt möglich, was Kandinskys Intention des »Sprechens vom Geheimen durch Geheimes« schon damals spürbar nahe kommt. Eine Eruierung benennbarer Gegenständlichkeit ist rasch vollzogen. Von rechts sprengt ein Reiter ins Bild, den Bogen nach rückwärts gerichtet; darüber ein baumähnliches Gebilde. Links unten befinden sich mehrere Gestalten, die sich, bergab schreitend, von einem Kreml entfernen. Mehr ist auch bei Roethel nicht zu erfahren, entsprechend dürftig ist seine Schlußfolgerung: »Trotz einiger erkennbarer Formen ... und trotz des Titels bleibt der Gehalt des Bildes ein Rätsel. Der Bogenschütze steht in keinem erkennbaren Sinnzusammenhang mit den Figuren, die den Eindruck erwecken, als hätten sie eine unbewohnte Siedlung hinter sich gelassen.«[335] Wer sich mit einer solchen Deutung begnügt und darauf verzichtet, »unter der Oberfläche der Natur« inhaltlich Wesenhaftes aufzuspüren, der sei an Kandinskys Kunstgriff der »Verschlüsselung« erinnert: Diese sei, so schreibt er in ›Über das Geistige in der Kunst‹, »eine enorme Macht in der Kunst. Das Kombinieren des Verschleierten und des Bloßgelegten wird eine neue Möglichkeit der Leitmotive einer For-

334 Barnett (Anm. 329), S. 220
335 Roethel (Anm. 25), S. 70

60 *Bild mit Bogenschützen*, 1909, Öl auf Leinwand (177 x 147 cm), New York, The Museum of Modern Art

menkomposition bilden.«[336] Für *Bild mit Bogenschützen* bedeutet dies, sich eben nicht nur um die Perzeption der »bloßgelegten« Gegenständlichkeit zu bemühen, sondern auch deren Kombination mit dem Verschleierten die entsprechende Aufmerksamkeit zu zollen. Die erhoffte Lösung des verschleiernden »Rätsels« liegt in der Aufdeckung der dynamischen Struktur, denn daraus resultiert die Ausdruckskraft und die Bedeutung des Werks. Demgemäß, um neuerlich auf Arnheims gestalttheoretischen Ansatz zu verweisen, sind Ausdruck und symbolische Bedeutung tatsächlich austauschbare Begriffe.[337] Erinnert man daran,

336 Kandinsky, ›Betrachtungen über die abstrakte Kunst‹, in: *Essays* (Anm. 18), S. 151. – ÜGK, S. 78.

337 Arnheim (Anm. 88), S. 465

daß »Alles Beobachten auch Erfinden ist«, dann führt Goethes Satz, wonach »den Gehalt nur der findet, der etwas dazu zu tun hat«, einmal mehr zur Erkenntnis, daß ein adäquates Werkverständnis der interaktiven, dynamisch »weiterschaffenden« Teilnahme des Beschauers bedarf; mißachtet man diesen Appell, dann verharrt tatsächlich alles in einem rätselhaften Zustand.

Zieht man Roethels Kurzbeschreibung in Betracht, so bemerkt man, daß der Autor nicht einmal die gegenständliche Bedeutungsebene hinreichend geklärt hat. Wie schon bei *Improvisation 4* kann auch hier die vereinfachte Fassung des Themas in einem Holzschnitt als Identifikationshilfe dienlich sein; daran ändert auch nichts, daß Kandinsky diesen Farbholzschnitt erst nach dem Gemälde, 1910, produziert hat.[338] Aufgrund der reduzierten Formensprache im Holzschnitt wird klar, wie der Künstler die im Bildzentrum hochschnellende, schlanke Form interpretiert wissen möchte: nicht als statische, »menhirartige Form«, wie Roethel meint, sondern als dynamisch gebogenes, schlangenähnliches Gebilde, das hinsichtlich seines Rot/Gelb-Klangs mit dem Reiter wie dem links außen befindlichen spitzen Felsfragment farblich akkordiert. Deshalb ist der über einen Abgrund hinwegsetzende Reiter nicht als Verfolgter zu deuten, vielmehr zählt er zum Bedrohungspotential des Bildgeschehens. Wie Analogien zu *Komposition I* (1910) und *Apokalyptische Reiter* (Hinterglasbild, 1911) nahelegen, handelt es sich um einen apokalyptischen Reiter, der, ähnlich wie jener dritte im Hinterglasbild, seinen Bogen nach rückwärts richtet. Ähnlich informativ erweist sich der Holzschnitt bezüglich des im Gemälde vom riesigen Schlangenwesen überlagerten, fast schwarzen Terrains, das in der graphischen Fassung, wie die großflächige blau leuchtende Parzelle am linken Abhang beweist, als »blauer Berg« in Erscheinung tritt; mit diesem geistigen Symbol korrespondiert das im Gemälde noch markanter hervortretende Blau der zentralen Kremlkuppel.

Solche gegenstandsgebundenen Beobachtungen sind einem Deutungsversuch zwar nützlich, berühren aber nur Aspekte des übergeordneten Ganzen, das auf einer lückenlosen Dynamisierung des Bildaufbaus beruht. Angesichts völliger Eliminierung der Orthogonalen scheint nichts gesichert. Über dem Ganzen waltet ein bis in kosmische Dimensionen reichendes Spannungsgefüge von geradezu eschatologischer Tragweite. Dem Bildgeschehen ist der Boden entzogen, was ein Abgleiten der hauptsächlich mit Rot und Grün akzentuierten Figurenprozession unter die Bildgrenze nach sich zieht, während alle übrigen Motive von den Fesseln der Schwerkraft gelöst sind. Ein sich unter der Last sei-

338 Barnett (Anm. 329), Nr. 356, 357; S. 615, 616

61 *Bogenschütze*, 1909/1910, Farbholzschnitt (31,4 x 24,2 cm), München, Städt. Galerie im Lenbachhaus

ner tulpenähnlichen Krone krümmender Baumstamm entspringt visuell direkt dem Reiterbogen, was zu einer Suspendierung der »natürlichen« Raumgesetzlichkeit im rechten Bilddrittel führt. Im Gegensatz zum Holzschnitt mit seinem homogenen Grün-Grund scheint der polychrome Bildgrund im Gemälde die räumliche Kontrollfunktion eingebüßt zu haben. Oberhalb des Bogenschützen bilden gelblich grüne Töne einen kalten Farbauftakt, der dann, den Kopf des Schlangenwesens unterlaufend, in warmes, diffus gemischtes Kolorit übergeht. Dies signalisiert Qualitätsveränderung, somit eine zeitliche Bewegungsspur, welche die Laufrichtung des Pferdes unterstützt.[339] Es bleibt Kandinskys vornehmstes Ziel, im Betrachter innere Klangvorstellungen zu evozieren, seelische Vibrationen zu erzeugen. Wie sich dies vor dem »inneren Auge« des Künstlers abgespielt haben mag, bezeugt als Analogiebeispiel eine in diesem Zusammenhang von Roethel zitierte Textpassage aus

339 Gombrich (Anm. 41), S. 45 f.

›Der gelbe Klang‹: »Steinharte Träume … Und sprechende Felsen … Schollen mit Rätseln erfüllender Fragen … Des Himmels Bewegung … und Schmelzen … der Steine …[340]

Die lanzettartige Baumkrone oberhalb des Schützen neigt sich nach links, in eine Bewegungsrichtung, die auch vom umknickenden Kopffortsatz des konischen Zentralmotivs mitvollzogen wird. Dazwischen befinden sich zwei Objekte, die, Fußspuren gleich, aufwärtsstreben, wobei das obere von den beiden peitschenden Gebilden regelrecht in die Zange genommen und in seiner Fluchtbewegung plötzlich gestoppt wird. Beachtet man das kopfähnliche Ende des Schlangengebildes (aus dem mit einiger Phantasie Gesichtsschemen herauszulesen sind), gewinnt man den Eindruck, daß es sich nicht um einen starren Felsbolzen, vielmehr um ein gefährlich lebendiges Unwesen handelt. Im unteren Abschnitt an der Bildachse fixiert und aus der Dunkelheit des Bergmassivs emportauchend, gewinnt es durch die Schräglage und plötzliche Verjüngung (im Übergang von Farbtrübe zu relativer Farbsättigung) an Energie. Oben rammt es sein Kopfende in dunkles Gewölk, ist in seiner himmelstürmenden Absicht jäh gebremst. Wie unter Zwang wechselt es seine Richtung, als wollte es auf die blaukuppelige Kremlstadt herabstoßen. Um dieser Bedrohung zu entgehen, haben die Bewohner laut Roethels Deutung ihre »geistige« Siedlung verlassen. Indes gehen sie einer unsicheren Zukunft entgegen, zumal sich vor ihnen der Abgrund öffnet, aus dessen Schlund – assoziiert man Kandinskys künftige Sintflutthematik – eine gefahrvolle Brandung schlägt.

Setzt sich in den eidetisch-verschlüsselten Werken, trotz dramatischen Konfliktpotentials, stets das Geistige durch, so erscheint im *Bogenschützen* das Vernichtungswerk des Negativen unabwendbar. Den von rechts einbrechenden Kräften hat die »geistige Stadt« keinen Widerstand entgegenzusetzen. Selbst der Himmel scheint sich mit seinen gefährlich verdichteten Farberuptionen gegen die Bewohner verschworen zu haben. Die heftig dynamisierten, teils düsteren, teils grell aufleuchtenden Farblagen mit den Tröstungen der Theosophie in Zusammenhang zu bringen, darin womöglich schützende Aurengebilde zu sehen, ist eine kaum vertretbare Hypothese.[341]

340 Roethel (Anm. 25), S. 70

341 Moeller (Anm. 32), Text zu Taf. 107

7.7 *Orientalisches*

Wie in *Improvisation 6* (*Afrikanisches*) greift Kandinsky in *Orientalisches* auf Erinnerungen an seine Tunis-Reise zurück. Analog zu *Afrikanisches* ist ein grellbuntes Kolorit vorherrschend, und wie dort löst der Weiß/Rot-Akkord den entscheidenden inneren Klang aus. Beck-Malornys Bemerkung, wonach der Künstler »hier das gleißende Licht Tunesiens und die bewegte Szenerie eines orientalischen Marktes einfängt«, wird einer spezifischen Stimmungslage gerecht, wie sie sich bei erster flüchtiger Begegnung mit dem Gemälde einstellen mag.[342] Zudem machen sich, wie die vierfache Kreml-Staffage beweist, Reminiszenzen an Rußland bemerkbar, kulminierend in jener ikonenhaften Farbintensität, die Kandinsky wiederholt beschrieben und in seinen märchenhaften Temperabildern eindrücklich realisiert hat; russische Heimat und Orient werden hinsichtlich ihrer koloristisch pointierten Interpretation als wesensverwandt empfunden. Im Gegensatz zu *Afrikanisches* sind räumlich bestimmbare Anhaltspunkte fast gänzlich eliminiert. Aufgrund symmetrischer Konzeption, rhythmisierter Akzentuierung und struktureller Wiederholungen (Faktor der Ähnlichkeit) erscheint die Dynamik des Bildgeschehens deutlich reduziert. Statt dessen gewinnt eine ornamentale, beinahe schon den Eindruck eines farbenfrohen Orientteppichs vermittelnde Grundtendenz die Oberhand, womit Kandinsky sich dem von ihm so gefürchteten und von der Kritik ihm oft genug angekreideten Effekt des Dekorativen nähert.

Symmetrisch um die Bildachse gruppiert, nehmen zwei Paare dreiviertel der Bildhöhe in Anspruch. Links außen hat eine in Gelb und Weiß gekleidete und mit blauem Federhut geschmückte Frauengestalt auf einem roten Teppich Platz genommen. Extrem verzerrte Gliedmaßen zwingen sie zu einem verkrampften Sitzmotiv, von dem sich die aufrechte Haltung ihres männlichen Gegenübers nachhaltig unterscheidet. Allem Anschein nach bietet sie diesem ein grün/weißes Bouquet an, Grund genug, diese Begegnung – wie schon in *Afrikanisches* – als Verführungsszene zu deuten. Mit ihrer steifen Attitüde und ihrem zur Hälfte blauen Kaftan (Blau wiederum die Farbe des Geistigen!) bekundet die Männerfigur – gesichtslos wie die übrigen Protagonisten – wenig Bereitschaft, dem Werbungsversuch nachzugeben. Die geistige Integrität des Standhaften, wie wir die Figur nennen wollen, wird durch ein die obere Bildgrenze durchstoßendes Minarett, das dessen Haupt direkt zu entspringen scheint, symbolisch verstärkt. Ein zweites, eng benachbartes Minarett, das farblich gleichfalls dem Weißanteil des Kaftans entspricht, betont zum einen die geistige Korrespondenz zwischen den sakralen

342 Becks-Malorny (Anm. 33), S. 46

62 *Orientalisches*, 1909, Öl auf Karton (69,5 x 96,5 cm), München, Städt. Galerie im Lenbachhaus

Bauwerken und dem Standhaften, zum anderen bewirkt es eine optische Zäsur, die sich der Intention des blau/grünen Kremlbergs, die Köpfe der beiden Gestalten miteinander zu verklammern, widersetzt.

Rücken an Rücken mit dem Standhaften ist in der rechten Bildhälfte eine zweite Frauengestalt in äußerst labiler Sitzhaltung plaziert. Ganz in Weiß gehalten – nur eine gelbe Augenbinde setzt einen Buntfarbakzent –, schließt sie sich mit ihrem verführungsresistenten Nachbarn gemäß den Faktoren der Nähe und Gleichartigkeit (Weiß) zu formaler Einheit zusammen. Neben seiner Bindung an die Mittelachse kommt dem Paar auch im Hinblick auf die integrativen, im unteren Abschnitt verschmelzenden Weißmengen eine zentrale Stellung zu. Zudem sorgt ein rotes, zu Häupten des Paares aufsteigendes Bergrechteck mit bekrönendem Kreml, das exakt auf der Bildachse postiert ist, für eine zusätzliche Verknüpfung. Die Frau (die Männer sind an den Turbanen zu erkennen) trägt eine gelbe Augenbinde, womit sie sich, alter ikonographischer Tradition folgend, in die Kette symbolisch negativ besetzter Figuren wie »törichte Jungfrau« oder »Synagoge« reiht; die gleiche moralisierende Deutungsversion gilt für das Gelb, auf dem die Gestalt sitzt. Mit Blindheit geschlagen und damit jedermann ihre Gunst anbietend, scheint sie ihr scharlachrot gekleidetes Visavis zu ertasten. Eine Verführung bahnt sich an, so mag man vermuten. Wie der leicht schräg zurückgenommene Oberkörper der Frau verrät, dürfte deren Vorhaben nicht reibungslos funktionieren. Mit Mühe ist in der unteren Bildmitte eine »versteckte« Figur wahrzunehmen, die mit ihrem rechten Arm die blinde Verführerin an den ihr rücklings zugewandten Standhaften zu binden trachtet. Mit ihrem einheitstiftenden Weiß scheint diese als amorphes, höchst lebendiges Wesen mit dem charakterlich unversöhnlichen Paar zu verschmelzen. Beachtet man den blauen, scheinbar auf dem Kopf der Blinden balancierenden Kremlberg, der – vom Blauanteil des Standhaften genährt – als kleiner Appendix seines leuchtend roten Kremlnachbarn ein untergeordnetes Dasein fristet, wird klar, wer von den beiden Akteuren sich durchsetzen wird.

Als eigentliches Verführungsziel figuriert die rote, bis zum rechten Bildrand hingestreckte Männergestalt, deren Körpersprache Unentschlossenheit signalisiert und die durch drei Klammergebilde im Bannkreis der Geblendeten festgehalten erscheint. Dabei handelt es sich um ein herzförmiges Objekt, dem ein rotes, weiß konturiertes Wellenband folgt, worauf ein dunkelgrüner Kremlberg ungehemmt die Distanz zwischen den Köpfen überbrückt. Den inneren Zwiespalt des Mannes kommentieren äußere, in Aufruhr geratene Elemente wie das von rechts unten hochzüngelnde Farbengeflecht oder die aus der rechten oberen Bildecke auf ihn eindringende rote Wolkenmasse. Allein das Blau einer schmalen, an ihm vorbeiführenden Himmelsparzelle – im übrigen das einzige Stück offenen Firmaments im Bild – scheint für eine gewisse Schutzfunktion zu bürgen, vielleicht ausreichend, ihn aus den Niederungen materieller Verstrickung doch zu geistiger Umkehr zu bewegen.

Wie schon angedeutet, wird die Komposition zum einen durch das an der Mittelachse fixierte Weißzentrum und eine symmetrisch daran knüpfende Aufteilung der Hauptgegenstände (zwei Paare, drei Kremlberge), zum anderen durch eine deutliche Favorisierung flächenhafter Werte bestimmt; letzteres manifestiert sich darin, daß die am eindringlichsten tönenden Buntfarbwerte Gelb und Rot in diagonal verspannender und symmetrischer Tendenz über die Bildfläche verteilt sind. Daraus ergeben sich mehrere, für das künstlerisch-formale wie semantische Werkverständnis wesentliche Konsequenzen: zunächst eine für Kandinsky ungewöhnliche Reduktion dynamischer Werte. Jede vektorale Kraft findet umgehend ihre ausgleichende Bewegungsantwort oder wird durch eine benachbarte oder über Distanz wirkende Gegenkraft in ihrer Entfaltungsmöglichkeit gebremst. Beispielhaft dafür ist das zentrale Figurenpaar, bei dem sich die Ambivalenz von Festhalten und Auseinanderstreben anschaulich niederschlägt. Eine Egalisierung visueller Kräfte findet statt, wie sie per definitionem auch dem Prinzip des Ornamentalen anhaftet. Das gleiche Phänomen kennzeichnet auch den Koloritbereich, wo eine grelle Buntfarbigkeit Fortissimo-Klangvorstellungen vermittelt, somit eine Spannung erzeugt, mit der – angesichts einer ausgleichenden Menge von Weiß – simultan eine klangdämpfende Entspannung einhergeht.

Symmetrie, ein wechselseitiges Außerkraftsetzen dynamischer Werte, eine autonome, von Qualitätsveränderungen unberührte Farbgebung sowie ein flächenhaftes Grundkonzept sind Elemente, die bildzeitlich gesehen als stillgelegte Zeit interpretiert werden können. Das deckt sich in etwa mit Theissings Stellungnahme, derzufolge »die ungeschiedene Zeiterfahrung der gleichmäßigen Füllung aufgrund der Symmetrie in eine außerzeitliche Sphäre gerät, die als geometrischer Raster und ornamentale Musterartigkeit unzeitlich wird. Es ist die Unzeitlichkeit einer Zeitenleere ...« Bezüglich des Kolorits erinnern wir an Theissings Definition: »Schon der Eigenwert der Farben garantiert den Eindruck der Dauer. Sie bilden nichts ab, sondern sind ganz sie selbst und entsprechen so der idealen Unzeitlichkeit geometrischer Figuren ... Auf diese Weise sind auch die Farben untereinander stillgelegt, dem ›Zwischen‹ von Veränderungen entzogen und der Zeitlosigkeit überantwortet.«[343] Anhand dieser Stil- und Bildzeitschilderung verstärkt sich der Eindruck, daß die Gestalten (bedingt auch durch ihre Gesichtslosigkeit) ihre Individualität eingebüßt haben und keinem Handlungsablauf mehr unterworfen sind. In ihrer reinen Zeichenhaftigkeit dokumentiert sich Kandinskys Absicht, die Szenerie – weit deutlicher noch als in *Afrikanisches* – auf eine universelle Aussageebene zu transponieren. Der Betrachter ist mit der schicksalhaften Alternative konfrontiert, sich für das Geistige oder das Materielle zu entscheiden.

Grundsätzlich ist die Erringung des Universellen Ziel der künstlerischen Tätigkeit. Folgen wir Piet Mondrian: »Im Vollmenschen gebiert das Universelle die Vernichtung des Individuellen durch das Individuum. Dann beginnt das Individuum universal zu sehen und zu hören.«[344]

343 Theissing (Anm. 19), S. 150, 172 f.

344 Wyss (Anm. 278), S. 96. – *Piet Mondrian, Neue Gestaltung*, hrsg. von H. M. Wingler, Mainz–Berlin 1974, S. 20

VI 1910 – Die ›Neue Künstlervereinigung München‹

63 *Plakat zur Ersten Ausstellung der Neuen Künstlervereinigung München*, 1909, Lithographie (94 x 64 cm), München, Städt. Galerie im Lenbachhaus

Vermutlich in Erinnerung an Kandinskys ›Phalanx‹-Tätigkeit wurde zu Beginn des Jahres 1909 im Salon von Marianne von Werefkin der Beschluß gefaßt, eine neue Künstlervereinigung ins Leben zu rufen. Im Vordergrund stand die Absicht, mit Ausstellungen in Deutschland wie im Ausland, begleitet von Vorträgen und Publikationen, hervorzutreten und die konservative Kunstöffentlichkeit mit eigenen Werken wie mit Arbeiten ausländischer Künstler zu konfrontieren. Im Dezember 1909 kommt es zur ersten Ausstellung, die verheerende Kritik auslöste. Bezeichnungen wie »verfrühtes Faschingsvergnügen«, »Künstlerulk«, »Fieberkranke« oder »Haschischtrunkene« zählen noch zu den gemäßigten Beschimpfungen. Dabei hatte Kandinsky als Präsident der NKVM nichts unversucht gelassen, das Publikum vorzubereiten. Erinnert sei an das im Katalog abgedruckte Gründungszirkular, etwa an die Grundsatzerklärung, »daß der Künstler außer den Eindrücken, die er von der äußeren Welt, der Natur, erhält, fortwährend in einer inneren Welt Erlebnisse sammelt«. Dieses Vorhaben hatte Kandinsky bereits in einigen Werken, vor allem seinen *Improvisationen*, realisiert. In einem weiteren Programmpunkt forderte er den Künstler auf, nach geeigneten Formen zu suchen, »die von allem Nebensächlichem befreit sein müssen, um nur das Notwendige stark zum Ausdruck zu bringen«. Dieses Axiom hat er auf dem Ausstellungsplakat in stupender Einfachheit visualisiert. Bereits mit dieser weitgehend abstrakten Farblithographie überfordert er das Ausstellungspublikum. Selbst bei seinen künstlerischen Mitstreitern muß er mit Akzeptanzschwierigkeiten rechnen. Nur so wird folgende, das Niveau wie das Entwicklungspotential seiner Kollegen kritisch einschätzende Passage aus einem an Münter adressierten Brief verständlich: »So ein Verein ist eine nützliche Sache und doch haben wir die interessantesten deutschen Maler bei uns. Was tut man, wenn es keine besseren gibt? Ich hoffe immer daß unsere Leute ernster werden und ihre große Pflicht anerkennen.«[345]

Tatsächlich beinhaltet die radikal von »allem Nebensächlichen befreite« Form- und Farbkonfiguration beinahe Kandinskys gesamtes künstlerisches Credo. Im Vordergrund steht ein zweifaches pädagogisches Anliegen: zum einen die Warnung, die Bildnerei als statisches Medium aufzufassen, zum anderen der Appell, sich eines möglichst gegenstandsunabhängigen »sehenden Sehens« (Imdahl), eines mitgestaltenden Sehens zu befleißigen. Dies sollte zur Erkenntnis beitragen, daß das Kunstwerk erst im Sensorium des Rezipienten den Makel scheinbarer Bewegungslosigkeit einbüßt, sich erst dort in ein dynamisch strukturiertes, lebendiges Wesen verwandelt. Erinnert man an Arnheims Sehdefinitionen »Das Sehding bewegt sich nicht, ist aber energiegeladen« oder »Sehen ist das Wahrnehmen von gerichteten Spannungen«, dann manifestieren sich Grundvorstellungen eines gestaltpsychologischen Ansatzes.[346] Dem entspricht Kandinsky in seinem bereits zitierten Schlüsselsatz: »So ist die Komposition nichts weiter als eine exakt-gesetzmäßige Organisierung der in Form von Spannungen in den Elementen eingeschlossenen lebendigen Kräfte«.[347] Hinsichtlich der bildnerischen Umsetzung dieser Kompositionsdefiniton ist dem Plakatbild geradezu modellhafter Charakter beizumessen. Hauptthema ist in der Tat die Visualisierung »lebendiger Kräfte« und, daraus resultierend, eine in ein konfliktgeladenes Spannungsgefüge eingebettete und sich dem gegenstandspezifisch »wiedererkennendem Sehen« verschließende Organisa-

345 Zitiert bei Hahl-Koch (Anm. 10), S. 132
346 Arnheim (Anm. 88), S. 18 f.
347 PLF, S. 100

tion von Sehdingen, gipfelnd in einer zur Ausgewogenheit drängenden Harmonie der Gegensätze.

Unter den wenigen, auf schwarzem Grund ausgebreiteten Figurationen entspricht das blaue Dreieck (vgl. Kandinskys blaue Dreieckberge als Sinnbild des Geistigen!) am ehesten der »Guten Gestalt« – es ist somit Primärzentrum. Nichts ist Kandinsky fremder als die Wiedergabe einer geometrisch einwandfrei konstruierten »Guten Gestalt«, denn dies wäre gleichbedeutend mit Unbeweglichkeit und Spannungslosigkeit. So läßt er das annähernd gleichseitige Dreieck leicht nach rechts kippen und verzichtet auf eine durchgehende Geradlinigkeit der Dreieckseiten (vor allem der linken verleiht er eine merkliche Biegung). Aus homöostatischem Blickwinkel betrachtet, demzufolge jede Abweichung von den orthogonalen Koordinaten Spannung erzeugt, ziehen derlei Kunstgriffe Dynamik bzw. »gerichtete Spannung« nach sich. Auf der linken Dreieckseite lagert ein rotes, nur noch entfernt an ein Oval erinnerndes Formelement, das angesichts seiner Deformation der »Schlechten Gestalt« entspricht und damit gegenüber dem Dreieck ein gesteigertes Spannungsvermögen in sich trägt. Nicht zuletzt aufgrund seines Rottons, der in bezug auf den Schwarz-Grund an Leuchtkraft gewinnt, verfügt es über ein beträchtliches visuelles Gewicht, ausreichend genug, um das Gleichgewicht des Dreiecks zu gefährden. In Parenthese sei erwähnt, daß das »visuelle Gewicht« – neben seinem Bezug zum Gravitationsgesetz – auch über eine gestalttheoretische Dimension verfügt. Arnheim zufolge wird es definiert als »dynamische Kraft, die einem Sehding durch seine Größe, Form, Lage, Auffälligkeit usw. zukommt.« Ähnlich – schon viel früher in ›Punkt und Linie zu Fläche‹ formuliert – lautet Kandinskys Argumentation: »Schon deshalb, weil der Begriff ›Gewicht‹ nicht einem materiellen Gewicht entspricht, sondern vielmehr Ausdruck einer inneren Kraft, oder in unserem Falle einer inneren Spannung ist.«[348] Von einer breit ausladenden, nach unten durchhängenden Rundung strebt das rote Sehding, zunächst in kontureller Übereinstimmung mit dem Dreieck, schräg nach oben, wird schlanker, scheint sich dann unversehens hinter das Dreieck zu schieben, um schließlich dessen Gipfel in keilförmiger Endung zu passieren. Unverkennbar ist dabei seine Tendenz (unterstützt vom Rot einer »zielbewußten immensen Kraft«) den »blauen Berg« zu umklammern, um dessen geistiges Wesen aus dem Lot zu bringen. Indes regt sich eine Gegenkraft, die sich als weißliches Gebilde von der rechten Dreieckseite löst und in schwungvollem Bogen nach oben weist, wie um dem roten Element Einhalt zu gebieten. Übereinstimmend mit der Basis des »blauen Bergs« befindet sich rechts eine kleine Figur,

348 Ebda., S. 134

ein Nebenzentrum mit erheblichem visuellen Gewicht. Stark abstrahiert und gegenständlich verschlüsselt, erweckt sie mit ihrem roten, kopfähnlichen sowie von einem weißen Nimbus umgebenen Punktakzent Assoziationen mit einem in sich versunkenen Wesen, in dessen rotviolettem Körper sich das Mischverhältnis der beiden Farben Rot und Blau niederschlägt. Ferner wiederholt sich im Rücken der Figur, einer schützenden Aura gleich, der helle Farbton des dem blauen Dreieck entspringenden Fortsatzes. Auf der Basis dieser Koinzidenz an sich widerstrebender Kräfte könnte man die dynamische Konstellation der beiden großen Formengebilde als den nach außen projizierten Austragungsort des sich im Inneren der kauernden Figur ereignenden Seelenkonflikts deuten. Daraus wird schlüssig, daß Abstraktion, Dynamik und daraus resultierende Spannung wesentliche Hilfsmittel sind, um rein Gedankliches oder Gefühltes bildnerisch zu veranschaulichen. Sollte diese Interpretation nicht oder nur zum Teil befriedigen, dann sei als Autorität Kandinsky selbst aufgerufen, der in einem Brief an Münter mit der Bemerkung, »je mehr Interpretationsmöglichkeiten für den Betrachter, umso besser« für die Mehrdeutigkeit eines Kunstwerks plädierte.

1. Improvisationen

1.1 Improvisation 7 (Sturm)

Wie schon im Jahr zuvor stehen auch 1910 Improvisationen im Zentrum von Kandinskys experimentellem Interesse. Entwicklungsgeschichtlich gesehen kommt diesen gegenüber den *Kompositionen I* und *II* (denen noch ein leicht eruierbarer Gegenstandsbezug eigen ist) ein deutlich höherer Stellenwert zu. Allein das Hochformat, das Kandinsky zuvor lediglich an *Improvisation 8 (Das Schwert)* erprobt hatte, verleiht der *Improvisation 7 (Sturm)* besondere Bedeutung. Dieser Formattypus ist in Kandinskys damaliger Schaffensperiode ungewöhnlich, so daß einige gestalttheoretische Vorbemerkungen hinsichtlich seiner bildnerischen Prämissen und Auswirkungen nützlich sind. Arnheim hat sich in seinem Buch ›Die Macht der Mitte‹ eingehend mit der Problematik des Bildformats beschäftigt. »Im horizontalen Rechteck zeigt sich die Wirkung der Schwerkraft, die alles nach unten drückt und die Tätigkeit auf das Hin und Her am Erdboden beschränkt. Im Hochformat wird der aktive Kampf mit dem Gewicht anschaulich.« Eine weitere wichtige Differenz: »Das Querformat betont die ruhige Stabilität des Raums, während das Hochformat nach oben stößt und die Decke höher macht.«[349] Von sol-

349 Arnheim (Anm. 195), S. 60, 61 und 149

64 *Improvisation 7*, 1910, Öl auf Leinwand (131 x 97 cm), Moskau, Staatliche Tretjakow-Galerie

chen Überlegungen ausgehend, wird Kandinskys Entscheidung zugunsten des Hochformats erst hinreichend verständlich.

Tellurische Kräfte scheinen sich in *Improvisation 7* aus ihren Verankerungen gerissen zu haben und sind ausnahmslos schräg nach rechts oben ausgerichtet. Die totale Eliminierung orthogonaler Stabilisierung birgt ein hochgradiges Spannungspotential und entspricht in seltener Radikalität dem Idealphänomen des Isomorphismus. Zur eindrücklichen Visualisierung des apokalyptischen *Sturms*, wie Kandinsky das Bild auch benannt hat, scheinen die Gesetze der Schwerkraft außer Kraft gesetzt.

Kandinsky hat *Improvisation 7* durch eine Ölskizze und mehrere Zeichnungen gewissenhaft vorkonzipiert, weshalb dieser die Bezeichnung »Komposition« nicht weniger angemessen wäre. Beachtung verdient eine Entwurfszeichnung, die neben Farbangaben und Richtungskomponenten zwei Boote und mehrere Gestalten erkennen läßt, eine Restgegenständlichkeit, die in der verschlüsselten Endfassung abhanden gekommen ist.

Auf den ersten Blick vermittelt das Gemälde den Eindruck von Bodenlosigkeit. Von unten schlagen Wellen empor, die Assoziationen zu Kandinskys Sintflutthematik aufkommen lassen. Der Wogengischt brandet an einen nach rechts aufsteigenden Bergrücken, dessen Kolorit, wie unter dem Druck des Ereignisses, von terrestrischen Grüntönen zu aufglimmendem Rotviolett (laut Kandinskys Farbsymbolik sinnbildlich für Traurigkeit und Krankhaftigkeit) wechselt. Das zeigt eine Qualitätsveränderung an, die der Dynamik wie dem raschen Bildzeitfluß gleichermaßen förderlich ist. Verglichen mit den vorangehenden Improvisationen ist der letzte Rest an Tiefenräumlichkeit ausgeschaltet; im Mittelpunkt des Gestaltungswillens steht das Spannungsverhältnis von Unten und Oben. Desgleichen ist das Ordnungsprinzip von Figur und Grund außer Kraft gesetzt; was zunächst als Figur erscheint, kann, einem Vexierbild gleich, im nächsten Moment zum Grund umschlagen. Im Anschluß an den Bergwall erhebt sich in noch steilerer Schräge ein weißes eisbergähnliches Gebilde, ein ineinander verschmolzenes Menschenpaar einschließend, dessen zugespitzte Körpermasse einen nach unten weisenden Vektor entsendet; eingeklemmt zwischen Eisberg und Erdwall, ist dem Paar offensichtlich ein todbringendes Schicksal beschieden.

Ein kometenähnliches Gebilde, das in zwei riesigen Bogenschwüngen mit unaufhaltsamer Gewalt nach oben schnellt, markiert ein zweites Zentrum. Zieht dieser Energieträger in seinem Schweifende noch eine Menge diffuser Blau- und Weißwerte nach sich, so gewinnt er in der Folge zunehmend mittels Rot und Gelb an Konsistenz und glühender Leuchtkraft, um schließlich am oberen Ende kopfähnlich umzubrechen. Verzehrendes Feuer verkörpernd, bildet der Komet mit dem Eisberg einen Warm-Kalt-Kontrast, wie er drastischer nicht sein könnte. Zwischen diesen schäumen – kochend und gefrierend zugleich – rote, gelbe, weiße und grüne Wassermassen empor, von den Konturen der flankierenden Kontrastelemente begrenzt. Im übrigen sind fast alle Formen linear eingefaßt. Die Linien erfüllen eine Doppelfunktion. Zum einen eignet ihnen ein autonom »prozessualer« Charakter, dem die dynamische Qualität von »Verlaufsgestalten« innewohnt, zum anderen erheben sie einen Wirkungsanspruch, der ihnen einen die Sehdinge einschließen-

65 *Entwurf für die Studie zu »Improvisation* 7«, 1910, Bleistift (14,7 x 10 cm), München, Städt. Galerie im Lenbachhaus

den »simultanen« Gestaltcharakter verleiht.[350] Den von den Linien eingeschlossenen Farbkonvulsionen ist dagegen eine indirekte Teilnahme an den dynamischen Vorgängen zu attestieren. Sie dienen dazu, den Betrachter in Erregung beziehungsweise seelische Vibration zu versetzen, in ihm innere Klangvorstellungen zu wecken. Letzteres ist gestaltpsychologisch zu erklären, da »beim Farbensehen die wirkende Kraft vom Objekt ausgeht und den Menschen berührt; bei der Formenwahrnehmung greift jedoch das gestaltende Bewußtsein nach dem Objekt«.[351]

In *Improvisation 7* ist nichts mehr auf den ersten Blick auszumachen. Um so mehr ist darauf zu achten, auf der Suche nach Restgegenständlichkeit Sehfehler zu vermeiden. Unkorrekt ist es, die auf dem Eisberg gipfelnden Formen als eine Kremlanlage zu identifizieren.[352] In Wirklichkeit handelt es sich, so verrät die Entwurfszeichnung, um zwei Boote mit jeweils zwei Passagieren. Während das rechte dem Inferno mit Mühe entrinnt, droht das linke, in dem sich eine rote Gestalt erhebt, von den Elementen Feuer und Wasser verschlungen zu werden. Möglicherweise besteht für das gelbe, rechts vom Eisberg plazierte betende Figürchen, vor dem eine blaue Aura schwebt, Aussicht auf Rettung. Ob der ganz oben hinziehende Horizont, den das rechte Boot bereits erreicht hat, ein rettender ist, bleibt ungewiß, zumal sich das anschließende Firmament ebenso wie der terrestrische Bereich in Aufruhr befindet.

Die Frage nach der Bildzeit ist für die Deutung des eschatologischen Geschehens nützlich. Mehrere Faktoren garantieren einen vehementen Zeitablauf: zunächst die völlige Abkehr von einer Bildsymmetrie, dann die kompromißlose Favorisierung eines schrägen Liniensystems, weiters die unentwegten Qualitätsveränderungen des Kolorits und schließlich der von unten nach oben zunehmende Verdichtungsgrad der Gegenstände. Der Zeitstrom führt aus der Zeit des Seienden zur Endzeit, die durch die Bannlinie des Horizonts markiert wird; daran schließt der Ausblick in den Kosmos an.

Bei *Improvisation 7* sind der Abstraktionsgrad und Kandinskys Harmoniebegriff der Gegensätzlichkeit (»ein Bild durch alle Gegensätze tauchen«) – das Œuvre bis 1910 betreffend – am stärksten ausgeprägt. Wie der Bildbefund nahelegt, folgt Kandinsky dem künstlerischen Grundsatz, daß in einem Gemälde trotz großer Spannungsbeziehungen hinsichtlich der gestaltlichen Ganzheit Ausgewogenheit herrschen muß. Demgemäß läßt sich laut gestalttheoretischer Erkenntnis auch »Unausgewogenheit nur durch Ausgewogenheit« ausdrücken. Die relative Stabi-

350 Kobbert (Anm. 28), S. 99
351 Arnheim (Anm. 88), S. 332
352 Hahl-Koch (Anm. 10), S. 163

lität des künstlerischen Ergebnisses beruht, so Arnheim, auf dem »Gleichgewicht der miteinander ringenden Kräfte«.[353] Wie äußert sich dies nun in Kandinskys bildnerischer Praxis? Zum Beispiel darin, daß den gesättigten Tönen Rot, Orange und Gelb eine ausreichende Menge an Farbtrübungen gegenübersteht. Außerdem bildet Grün in allen Abstufungen mit Rot als dem entscheidenden Buntheitsakzent einen Komplementärkontrast und sorgt somit für Ausgleich. Ferner stehen die gebogenen Figuren des Kometen und die Bewegungsströme der Wellen sowie die Geradlinigkeit des Eisbrockens und Bergwalls im ausgewogenen Verhältnis.

Setzt man voraus, daß sich Kandinskys in ›Punkt und Linie zu Fläche‹ festgeschriebene Erkenntnisse schon viel früher herausgebildet haben, so gebührt der die Komposition primär bestimmenden Diagonalbewegung besondere Aufmerksamkeit. Unsere These dazu besagt folgendes: Wäre es Kandinskys Ziel gewesen, dem »Sturm« der Elemente – unter dem Aspekt der sicheren Vernichtung der Menschheit – eine ungehemmte Entfaltungsmöglichkeit zu bieten, hätte er der von rechts unten nach links oben ausgerichteten Diagonale den Vorzug gegeben. Statt dessen wählt er die Gegendiagonale, die er in seinem Theoriewerk als »harmonische Diagonale« bezeichnet und der er Kälte sowie »lyrische Spannung« attestiert. Dagegen benennt er die andere Diagonale als die »disharmonische« und assoziiert Wärme und »dramatische Spannung«.[354] Anhand dieser gegensätzlichen Wirkungsbeurteilung der Diagonalen ist zu vermuten, daß Kandinsky mit der Bevorzugung der in ihrem Spannungsvermögen gemilderten links unten/rechts oben-Diagonalen willens war, die Dynamik des »Sturms« in Grenzen zu halten, um der bedrohten Menschheit Hoffnung auf Erlösung zu sichern.

Improvisation 9

Ausgehend von diesem bislang tiefgreifendsten Abstraktionsschub, möchte man meinen, daß es für Kandinsky nur noch eines kleinen Schritts bedurfte, um zu vollständiger Entgegenständlichung zu gelangen. Kandinskys künstlerischer Entwicklungsprozeß verläuft jedoch nur selten auf einer linearen Bahn. Immer aufs Neue nimmt er aktuelle Werkergebnisse kritisch ins Visier, ist durchaus bereit – voller Skrupel, den nächsten Abstraktionsgrad zu erschließen –, bisweilen zu einem bereits überwunden geglaubten, wieder stärker ausgeprägten Gegenstandsbezug zurückzukehren, so etwa in *Improvisation 9*, auf die sich der Satz aus ›Über das Geistige in der Kunst‹ zu beziehen scheint: »Mit ausschließlich

353 Arnheim (Anm. 88), S. 25 und 440
354 PLF, S. 144

66 *Improvisation 9*, 1910, Öl auf Leinwand (110 x 110 cm), Stuttgart, Staatsgalerie

rein abstrakten Formen kann der Künstler heute nicht auskommen. Diese Formen sind ihm zu unpräzis. Sich auf ausschließlich Unpräzises zu beschränken, heißt sich der Möglichkeiten berauben, das rein Menschliche ausschließen und dadurch seine Ausdrucksmittel arm machen.«[355] Indessen hat es den Anschein, daß diese implizite Forderung zur Einschränkung abstrakten Formenguts von der jeweils intendierten Bildaussage abhängig ist, offenbar dann erst zum Tragen kommt, wenn es weniger um ein primär dynamisches, somit auf Universelles hinzielendes Thema geht, vielmehr die Verbildlichung eines eher konkreten Inhalts oder einer spezifisch persönlichen Erfahrung beabsichtigt ist.

Improvisation 9 verfügt über einen relativ symmetrischen Bildaufbau sowie über jene Ausgewogenheit visueller Kräfte, für die allein schon die Wahl eines exakt quadratischen Rahmens die bestmöglichen Voraussetzungen schafft. Gestalttheoretisch formuliert »gehorcht das Quadrat dem Schwerkraftnetz und eignet sich daher wie alle rechtwinkeligen Formate dazu, ernsthaft und verläßlich etwas über das Dasein auszusagen ...

355 ÜGK, S. 71

Andererseits aber bleibt es durch seine Zentriertheit von dem Hin und Her unberührt, über das die [quer]rechteckigen Formate berichten.«[356] Schon eine kurze Vororientierung macht umgehend klar, daß die gegenständlichen Hauptmotive ziemlich genau auf die vier Bildquadranten verteilt sind. Während in der unteren Bildhälfte links eine dicht gereihte Figurenprozession unterwegs ist und rechts eine monumentale Gestalt ruht, erheben sich in der oberen Hälfte zwei Bergmassive, auf deren Gipfel ein Reiter und ein Kreml plaziert sind. Daß die beiden inneren, konvergierenden Bergkonturen exakt mit den Diagonalen übereinstimmen und an ihrer Schnittstelle beinahe mit dem geometrischen Bildmittelpunkt identisch sind, verleiht der Komposition Stabilität.

Einen wesentlichen Anhaltspunkt bietet die »Gute Gestalt« des linken, trapezförmigen Bergs, den der denkmalartig postierte Reiter zum Dreieck schließt. Anscheinend ist das Pferd bestrebt, seinen sicheren Standort zu verlassen, um den gefährlich steilen, schwarz getönten Berghang zu bewältigen, um seinen Reiter zur gegenüberliegenden Burg zu bringen. In diese Richtung weist der schräg ausgerichtete Baum, mit seiner normabweichenden Position wie keilförmigen Krone gerichtete Spannung erzeugend und zugleich bereit, eine Brückenfunktion zu erfüllen. Der rechte Berg – von einem Kreml mit akzentuierendem Dreieck überhöht und einer blauen Felswand foliiert – scheint aufgrund seines trapezoid verzerrten Umrisses nach rechts zu kippen. Unterstützt wird diese Bewegung durch ein hellgelbes Keilgebilde, das rechts vom Kreml auf Rot stößt. Rot, Blau und Gelb bilden aufgrund unterschiedlicher Sättigungsgrade eine offene Trias, die nur unerheblich zur Milderung, geschweige denn Stabilisierung des auch durch Forminterferenzen bewirkten Spannungspotentials beiträgt. Im übrigen ist der Großteil des Bergs – darin von seinem linken Pendant abweichend – durch schwer bestimmbare Farbtrübungen gekennzeichnet, die nach rechts sukzessiv in schwärzliche Tönung übergehen. Vollends in Schwarz getaucht ist der steile Abhang, der bis zum weißlichen Steinbrocken, auf dem sich die Riesengestalt mit ihrem Arm stützt, herabführt. Diese ist in ihrer Haltung den Bergschrägen in strenger Parallelität angepaßt. Sie nimmt durch die überdimensionierte Körpergröße, die die Figurengruppe zu Zwergen und die räumlich proportionale Richtigkeit des Landschaftsambientes zu einer sekundären Angelegenheit herabmindert, eine Sonderstellung ein. Schlafend oder meditierend ist sie diagonal auf den Reiter und vertikal auf den Kreml bezogen. Folglich ist die Deutung berechtigt, daß sie – durch monumentalisierende Disproportion vom gegenständlichen Umfeld abgehoben – das außerhalb von ihr visuali-

356 Arnheim (Anm. 195), S. 145 f.

sierte Bildgeschehen gleichsam in sich trägt, als Traumerlebnis erfährt. Anknüpfend an die immer aufs neue verwendeten Motive wie Bergdreieck, Reiter und Kreml, kann man die Szenerie als Kandinskys Vision interpretieren.

Daß dem Fakten zugrunde liegen, beweist die in ›Über das Geistige in der Kunst‹ formulierte Wesensdarstellung des »Geistigen Dreiecks«, dem Kandinsky das Symbol der gefährdeten »geistigen Stadt« hinzufügt; beide Motive sind in *Improvisation 9* präsent. Vieles spricht dafür, Kandinskys Ausführungen über das »geistige Dreieck« mit dem linken Berg, der sich mit dem gipfelnden Reiter zum Dreieck schließt, in Beziehung zu bringen. Darum ist es erforderlich, Kandinskys bereits zitierte Sätze in Erinnerung zu rufen: »Das ganze Dreieck bewegt sich langsam, kaum sichtbar nach vor- und aufwärts, und wo ›heute‹ die höchste Spitze war, ist ›morgen‹ die nächste Abteilung, d. h. was heute nur der obersten Spitze verständlich ist, was dem ganzen übrigen Dreieck eine unverständliche Faselei ist, wird morgen zum sinn- und gefühlvollen Inhalt des Lebens der zweiten Abteilung. An der Spitze der obersten Spitze steht manchmal allein nur ein Mensch [hier: der Reiter] ... Und die, die ihm am nächsten stehen, verstehen ihn nicht. Entrüstet nennen sie ihn: Schwindler oder Irrenhauskandidaten.«[357] Weit entfernt vom einsamen Reiter sind die »geistig« Unwissenden am Fuß des Bergs angesiedelt, wo sie – buntfarbig akzentuiert, von dunkelbraunen Auren umgeben und vom unteren Bildrand überschnitten – offenbar eine falsche Richtung einschlagen. Da sich über dieser Menschengruppe ein kleines bergähnliches Gebilde wölbt, ist vielleicht auch ihr ein Streben nach einer »höheren Abteilung«, der Kandinsky »Wissenschaft und Kunst« zurechnet, zuzusprechen. Dazu Kandinsky: »Wissenschaftlich sind diese Menschen Positivisten und anerkennen nur das, was gewogen, gemessen werden kann. Das übrige halten sie für denselben manchmal schädlichen Unsinn, für welchen sie gestern die heute ›erwiesenen‹ Theorien hielten. In der Kunst sind sie Naturalisten ...«[358] Nun entspräche es ganz und gar nicht Kandinskys Weltanschauung, der Spitze des »geistigen Dreiecks« den Status eines gesicherten Entwicklungsstands zuzubilligen. So wie jedes Ding seine Schattenseite hat – man beachte nur etwa die schwärzlich verdunkelten Berghänge! –, so impliziert das Dreieck auch eine potentielle Abwärtsbewegung. Diesen ambivalenten Aspekt beschreibt Kandinsky: »Diese schematische Darstellung [des Dreiecks] erschöpft freilich das ganze Bild des geistigen Lebens nicht. Unter anderem zeigt sie eine Schattenseite nicht, einen großen toten ›schwarzen Fleck‹. Es geschieht

357 ÜGK, S. 29
358 Ebda., S. 37

eben zu oft, daß das erwähnte geistige Brot zur Nahrung manchen wird, die schon in einer höheren Abteilung leben. Für solche Esser wird dieses Brot zu Gift: in kleiner Dosis wirkt es so, daß die Seele aus einer höheren Abteilung in eine niedere allmählich sinkt; in großer Dosis gemessen, bringt dieses Gift zu einem Sturz, welcher in immer tiefere und tiefere Abteilungen die Seele wirft.« Weiters, und nicht allein auf die Kunst bezogen, bemerkt er warnend: »Solche Perioden, in welchen die Kunst keinen hochstehenden Vertreter hat, in welchen das verklärte Brot ausbleibt, sind ›Perioden des Niedergangs‹ in der geistigen Welt. Unaufhörlich fallen Seelen aus höheren Abteilungen in tiefere, und das ganze Dreieck scheint unbeweglich zu stehen. Es scheint sich ab- und rückwärts zu bewegen. Die Menschen legen zu diesen stummen und blinden Zeiten einen besonderen ausschließlichen Wert auf äußerliche Erfolge, sie kümmern sich nur um materielle Güter ... Die rein geistigen Kräfte werden im besten Falle unterschätzt, sonst überhaupt nicht bemerkt.«[359]

Wie schon erwähnt, komplettiert sich der linke Berg erst mit der Figur des Reiters zum Dreieck. Daß dieses im Bild in seiner zugespitzten Erscheinungsform auftritt, beweist der links vom Reiter bis zur Bildecke hochragende Keil, auf dessen Gipfel der zitierte »schwarze Fleck« lagert, in seiner labilen Position bedrohlich genug, um den geistigen Sucher an die Vorläufigkeit seines nur scheinbar gesicherten Standorts zu erinnern. Zudem bietet der Kreml, die »geistige Stadt«, wenig Sicherheit, zumal deren »dicke Mauern«, wie Kandinsky schreibt, jederzeit wie »ein Kartenhäuschen« zusammenstürzen können. Darüber hinaus birgt der fast vertikal auf den meditierenden Künstler herabstürzende Steilhang des Kremlbergs ein Gefahrenpotential, das gegebenenfalls einen »plötzlichen, gewaltsamen Sturz ins Schwarze« auszulösen vermag.[360] Ist dem Reiter, trotz seiner Abgehobenheit von den materiellen Abgründen, ein »toter schwarzer Fleck« – einer Mahnung zu geistiger Wachsamkeit gleich – beigegeben, so erscheint es legitim, die drei über der Menschengruppe in der untersten »Abteilung« schwebenden schwarzen Punkte in einer analogen Weise als Warnsignale zu deuten.

Im Kontext mit Kandinskys Ausführungen über das »geistige Dreieck« könnte man *Improvisation 9* – im Sinne eines hermeneutischen Untertitels – als »Vision des Künstlers« interpretieren. In diesem Fall leistet eine Erörterung der bildzeitlichen Dimension einen ergänzenden Beitrag zur Klärung des Wesensinns. Vermutlich nimmt der Betrachter die Gestalt des Visionärs, der sich vom Bildgeschehen absondert und dadurch jedes maßstäbliche Verhältnis zur übrigen Bildgegenständlich-

359 Ebda., S. 30 f.
360 Ebda., S. 32 und 39

keit suspendiert und ein in sich ruhendes Eigenleben fristet, als unangefochtenes Zentrum wahr. Vielleicht identifiziert er sich sogar mit ihr. Im konzentrisch auf die Riesengestalt ausgerichteten Umfeld scheinen die Bewegungs- und Zeitspuren miteinander zu konkurrieren, bisweilen sich gegenseitig zu neutralisieren; im gleichzeitigen Auf und Abwärts des »geistigen Dreiecks« gelangt dies exemplarisch zum Ausdruck. Mit einer kompositorisch ausgewogenen Konzeption geht eine reduzierte Betrachter- und Bildzeit einher, die ein weitgehend simultanes Erfassen gestaltlicher Ganzheit ermöglicht. Dabei stehen zwei Faktoren im Vordergrund: Zum einen garantiert schon das quadratische Format (das der Tendenz zum Richtungsausgleich wie der Gleichgewichtigkeit von Oben und Unten gleichermaßen förderlich ist) Zeitarmut, zum anderen sorgt der symmetrische Bildaufbau für ein ausgeglichenes Kräftefeld mit gebremstem Bildzeitpotential. Letzteres bestätigt Theissings bildzeitbezogene Symmetrie-Definition: »Da Symmetrie einer gerichteten Zeitauffassung grundsätzlich widerspricht, hebt sie zeitliche Geschehensabläufe auf und verleiht auch dem Vergänglichen Dauer und Bestand.«[361] Ebenso zeithemmend wirkt der Umstand, daß zwischen der Repoussoirposition des überdimensionierten Visionärs und den anschließenden Bergen ein unvermittelter Raumsprung besteht. Aus diesem Verzicht auf intermittierende Raumintervalle resultiert die ausnehmend flächenhafte Erscheinungsform der oberen Bildhälfte. »Je strikter die Flächenhaftigkeit der Darstellung gewahrt ist, desto weniger ist sie der Zeit unterworfen«, so Theissings Schlußfolgerung.[362] Dies zieht jedoch keineswegs eine restlose Eliminierung der Bildzeit nach sich. Dagegen sprechen etliche Phänomene, wie etwa die Bewegungsspuren im rechten oberen Quadranten, die partiell Vorstellungen von Temporalität aufkommen lassen. Was sich zusammenfassend einprägt, ist jene Dichotomie, die zwischen der subjektiv außerzeitlichen Bildvision des traumversunken nach der »Seins«-Ganzheit strebenden Künstlers und dessen gestalterisch objektivierter, folglich zeitgebundener Bildschöpfung fühlbar wird. In Dagobert Freys Satz von der »Spannung zwischen Überzeitlichkeit der Darstellung und Zeitlichkeit des Dargestellten« scheint sich dies geradezu modellhaft zu manifestieren.[363]

361 Theissing (Anm. 19), S. 201
362 Ebda., S. 60
363 Frey (Anm. 233), S. 221

Improvisation 14

Ende 1910 wird in Odessa im Salon Izdebsky die ›Zweite Internationale Kunstausstellung‹ eröffnet. Zu den wichtigsten Ausstellern zählt Kandinsky, der hier, mehr noch als in der vorangegangenen 2. Ausstellung der NKVM in München, die Gelegenheit wahrnimmt, die wichtigsten Werke seines Schaffens von 1910 gleichsam als Jahresrückschau zu präsentieren. Zum besseren Werkverständnis des Publikums vertritt er im Rahmen des Katalogs seinen Theoriestandpunkt mit einem Artikel zum Thema »Inhalt und Form«. Ausgehend vom Prinzip der inneren Notwendigkeit, kommt dabei folgender Textstelle besondere Bedeutung zu, zumal sich Kandinskys aktuelle wie vorausschauende Kunstauffassung dokumentiert: »Das Kunstwerk ist eine untrennbar, unbedingt und unweigerlich verbundene Zusammenschmelzung des inneren und des äußeren Elements, d.h. des Inhalts und der Form ... In der Kunst wird die Form notwendigerweise durch den Inhalt bestimmt. Und bloß die Form ist richtig, die den Inhalt entsprechend ausdrückt, materialisiert. Alle Nebenbedenken und unter diesen als erstes: das Übereinstimmen der Form mit der ›Natur‹, d.h. der äußeren Natur, – sind unwesentlich und schädlich, da sie von der einzigen Aufgabe der Form ablenken, d.h. von der Verkörperung des Inhalts.«[364] Unter den gezeigten Gemälden befindet sich auch *Improvisation 14*, zu der die ebenfalls ausgestellte *Improvisation 7* in deutlichem Gegensatz steht. Während sich im Hochformat von *Improvisation 7* die Auseinandersetzung mit dem visuellen Gewicht widerspiegelt, die Erdanziehung völlig suspendiert scheint, eignet sich das Querformat von *Improvisation 14* dazu, etwas über das dramatische Hin und Her eines Reiterkampfs auszusagen. Darüber hinaus werden Aspekten der Gravitationsgesetzlichkeit Tribut gezollt. Zwischen diesen beiden Extremformaten nimmt *Improvisation 9* hinsichtlich ihres quadratischen Rahmens eine vermittelnde Stellung mit beruhigter Dynamik ein.

Siehe Abbildung 80, Seite 306

Erheblich leichter als in *Improvisation 7* erschließen sich in *Improvisation 14* gegenständlich benennbare Elemente. Mit der Identifikation zweier aufeinander stürmender Reiter, zweier Bäume, terrestrischer Zeichen und einer blauen Himmelsöffnung ist eine Orientierung rasch vollzogen. Es ist indessen das dynamische Thema, das gegenüber dem konkreten Sujet den zu universaler Deutung verhelfenden Vorrang beansprucht. Zu einer ähnlichen Wertung gelangt auch Langner, wenn er die »Bewegung« als bildkonstituierendes Phänomen einstuft, als »das alles Vermittelnde« bezeichnet. Nachsetzend bemerkt er: »Die durchströmende Allgegenwart der Bewegung ist es in erster Linie, die dafür sorgt,

364 Zitiert nach Hahl-Koch (Anm. 10), S. 136

daß wir einer Suggestion erliegen, die Landschaftliches und Figürliches, Ort und Aktion, wechselseitig auseinander hervorgehoben, ineinander aufgehen ... läßt.«[365] Zunächst verspricht das Gemälde ein bei Kandinsky ungewöhnliches Maß an Räumlichkeit. Dafür sorgt als Repoussoirmotiv der linke, vom oberen wie unteren Bildrand angeschnittene Baum, dem rechts außen ein winziges, auf einem rötlichen Hügel plaziertes Bäumchen antwortet; einen zusätzlichen Tiefenzug bewirkt das flüchtige Blau des Firmaments. Dieser Raumtendenz widersetzt sich jedoch einerseits der relativ symmetrische Aufbau der Komposition sowie eine exakte Markierung des Bildmittelpunkts, andererseits scheint sich die Bodenzone mit ihren spezifischen Erdfarben – den blauen Zentralgrund umkreisend – bis in die Himmelsregion zu erstrecken. Ferner sind die Pferdekörper in ihrer Richtung ziemlich genau den Bilddiagonalen angeglichen, was die flächenhafte Zentrierung noch zusätzlich unterstreicht. Laut Langer ist das Ergebnis eine »irritierende Gleichzeitigkeit von Bindung in die Fläche und Projektion in den Raum, von Auflösung und Stiftung übergreifender Formvorstellungen und Bewegungszüge«.[366] Dieser Dualismus von Fläche und Raum erzeugt jene Spannung, die der Dramatik eines hin- und herwogenden Kampfgeschehens angemessen ist, letzten Endes aber offenläßt, welcher der beiden Reiter das Treffen für sich entscheiden wird beziehungsweise ob deren Kollision überhaupt zustandekommt.

Der linke Kämpfer sitzt auf einem gelben Pferd, steil aufgerichtet, mit seinem flammend roten Schwert zum Streich ausholend. Hinter ihm befindet sich der bildhohe Baum, der mit keilförmig stilisierter Krone, vom Stamm merklich abweichend, nach rechts abdriftet und damit den Reiter, dessen Rückenlinie mit der schrägen Baumkronenkontur parallel verläuft, nachhaltig vorantreibt. Unklar bleibt jedoch, ob sich das nur zur Hälfte sichtbare Pferd von der des umfangenden, in Rundungen ausgefransten Bodenschwelle zu befreien vermag oder in dieser womöglich gar zu versinken droht. Einen freieren Eindruck vermittelt das rechte rote Pferd, das, in voller Länge dargestellt, von einer ebenso schräg ausgerichteten Erdscholle vorwärts katapultiert wird. Sein Reiter ist mit einem dunkelblauen Schild bewaffnet und schwingt ein schwarzes Schwert, das sich dem Bewegungsmuster des an dieser Stelle in Streifen und Flecken aufgelösten Himmelsgrunds anpaßt. Eine größere räumliche wie dynamische Entfaltungsmöglichkeit – man beachte nur die beiden, fast futuristisch anmutenden Bewegungsphasen des Pferdekopfs, dessen linke Kontur überdies von Rot unterlaufen wird – sichert dem

365 Langner (Anm. 90), S. 126
366 Ebda., S. 126

rechten Kämpfer gegenüber seinem Visavis eine gewisse Vorrangstellung. Für Ausgewogenheit (»das Gleichgewicht der miteinander ringenden Kräfte«) sorgt indes die in Gegenrichtung schräg nach rechts oben weisende Expansionsbewegung der blauen Himmelsfolie, die auch dem vorerst gebremsten Ziellauf des linken Reiters zugutekommt.

Bemerkenswert ist der Umstand, daß die Pferde ihre Köpfe zurückreißen, wie um sich zu vergewissern, ob sich im letzten Moment nicht doch noch ein Zusammenprall vermeiden läßt. Ein zögerndes Innehalten macht sich bemerkbar, das den Zeitfluß zwischen Nicht-Mehr und Noch-Nicht unterbricht, um in den punktuellen Stillstand des Jetzt zu münden. Dieses jähe Aussetzen von Temporalität wird durch das homogene, als Flächenfarbe von keinerlei Qualitätsveränderung berührte, deshalb zeitresistente Blau des bogenförmigen Himmelsausblicks wesentlich unterstützt. Der blaue Grund scheidet nicht nur die Kämpfenden. Als schmales Band dringt er bis zum unteren Bildrand vor, wo er einer Schlucht gleich die terrestrische Zone spaltet. Dem Blau gesellen sich die ebenso gesättigten Gelb- und Rotwerte der Pferde hinzu, wobei daran erinnert sei, daß laut Arnheims Farbenlehre den gesättigten Farben die Funktion von Ruhepolen zukommt, wogegen die Mischfarben bzw. alle Farbqualitätsveränderungen Spannung, Dynamik sowie Bildzeit erzeugen. Ergebnis ist eine zentrierte Trias, die die Gesamtheit der Farbwelt symbolisiert. Dem steht die Zeitlichkeit der von farblichen Qualitätsveränderungen und Raumintervallen bestimmten Erdregion gegenüber. Innerhalb dieser materiellen Niederungen bahnt sich jener Konflikt an, dessen Kulmination vor dem Hintergrund des geistigen Blau – dem Irdischen enthoben und somit in die Unzeitlichkeit des Seins verlagert – letztlich ausbleibt. Langner zufolge ist es »eine Handlung, die sich hinausträgt ins Kosmische«, wo das »Thema des Zweikampfs ins Universale« transportiert wird.[367] Einmal mehr wird darin Kandinskys Schlüsselsatz manifest, demgemäß »die Form der materielle Ausdruck des abstrakten Inhalts ist«. Bleibt nur noch zu betonen, daß zum analysierenden Mitvollzug einer bis ins Kosmische reichenden Werkschöpfung sich primär das methodologische Hilfsmittel der Gestaltpsychologie als zielführend erweist. Dies bestätigt auch Kreitlers Aussage: »Die dynamische Weltschau und der Hang, alle Objekte als handelnde, aktive Dinge zu erfassen, werden in eine Dimension symbolischer Bedeutung zusammengefaßt.«[368]

367 Ebda., S. 127
368 Kreitler und Kreitler (Anm. 185), S. 119

2. Kandinskys Beitrag zur zweiten Ausstellung der NKVM

Am 1. September 1910 wurde in München – also schon drei Monate vor der Exposition bei Izdebskij in Odessa – die zweite Ausstellung der ›Neuen Künstlervereinigung München‹ eröffnet. Die Ausstellungsräumlichkeiten stellte Heinrich Thannhauser zur Verfügung, der damit künstlerischen Weitblick und Mut bewies. Gezeigt wurden Werke der französischen Avantgarde – Braque, Derain, Picasso, Rouault und de Vlaminck – sowie Kandinskys und der übrigen Mitglieder der NKVM. Anders als später in Odessa, wo er sich mit 52 Werken in der ganzen Bandbreite seines aktuellen Schaffens präsentierte, lieferte Kandinsky für München lediglich vier Gemälde und sechs Holzschnitte. Die Auswahl der Gemälde war insofern wohl überlegt, als sich in diesen alle wesentlichen, auch in die Zukunft weisenden Impulse seiner künstlerischen Tätigkeit von 1910 widerspiegeln. Dabei scheint die Praxis der Theorie vorangegangen zu sein, da dieser Selektion bereits Kriterien zugrundelagen, die Kandinsky erst im Schlußwort von ›Über das Geistige in der Kunst‹ – unter dem Aspekt seiner drei Werkkategorien: Komposition, Improvisation und Impression – formuliert hat.[369] Diesem Schema entsprechen die beiden Bildtitel *Komposition II* und *Improvisation 10*. Diese Werke basieren laut Kandinsky auf Eindrücken von der »inneren Natur«. Das dritte Gemälde ist zwar mit *Kahnfahrt* bezeichnet, erfüllt aber mit seinem relativ klaren Gegenstandsbezug die Bedingungen einer auf Eindrücken von der »äußeren Natur« beruhenden »Impression«.[370] Eine Landschaftsdarstellung ergänzte das Dreigestirn der Bilder, Zeichen dafür, daß der Künstler immer noch am »Kampf mit der Natur« festhielt.

2.1 *Improvisation 10*

In *Improvisation 10* versucht Kandinsky zum ersten Mal die Linie von der Farbe zu trennen, mit dem Ziel, die Linie in ihrer selbständigen, nur noch zum geringeren Teil abbildenden Erscheinungsform wirken zu lassen. Die Linie – unterstützt vom extremen Abstraktionsgrad des Bildes – wird zum dynamischen, sich selbst darstellenden Ausdrucksträger. Dabei ist Kandinskys Interesse an der Linie nicht neu, man denke nur an dessen Studentenzeit, als Wagners ›Lohengrin‹ in ihm synästhetische, seine künstlerische Laufbahn vorbestimmende Erlebnisse wachrief. In ›Rückblicke‹ erinnert er sich: »Ich sah alle meine Farben im Geiste, sie standen

369 Thürlemann (Anm. 211), S. 45
370 ÜGK, S. 142

67 *Improvisation 10*, 1910, Öl auf Leinwand (120 x 140 cm), Basel, Fondation Beyeler

vor meinen Augen. Wilde fast tolle Linien zeichneten sich vor mir.«[371] Erst nach vielen Jahren künstlerischer Erfahrung wird in Kandinskys Theoriebewußtsein jener Gedanke reifen, der Farbe und Linie nicht nur in einem ambivalenten, das Gemeinsame betonenden Verhältnis definiert, vielmehr beiden Medien ein eigenständiges Ausdrucksvermögen zubilligt. Folgen wir den Ausführungen in ›Über das Geistige in der Kunst‹, so kann die Linie im formbezeichnenden Sinn bisweilen auch den Führungsanspruch erheben: »Die Form allein, als Darstellung des Gegenstandes (realen oder nicht realen) oder als rein abstrakte Abgrenzung eines Raumes, einer Fläche, kann selbständig existieren. Die Farbe nicht. Die Farbe läßt sich nicht grenzenlos ausdehnen.«[372] Darüber hinaus hält der Künstler das Wirken der Linien, im Gegensatz zu den Farben, auch für berechenbarer: »Die Linie ist der deutliche und der einfachste

371 *Rückblicke,* S. 14
372 ÜGK, S. 66

Fall dieser Gestaltung (Anwendung von Kraft im Material, die das Innere der Elemente zum Ausdruck bringt), die jedesmal exakt-gesetzmäßig vor sich geht und deshalb eine exakt-gesetzmäßige Verwendung gestattet und verlangt.«[373] Angesichts der zweifachen Betonung des »Exakt-Gesetzmäßigen« verheißt dieser Text zunächst affirmative Rationalität, beachtet man jedoch die in Klammern gesetzte Passage, so gewinnt die Aussage an Dualität: Die Linie und die Farbe können innere Klänge beziehungsweise seelische Vibrationen erzeugen. Dieses über geometrische Prägnanz hinausgehende Wirkungsspektrum der Linie ist durch zahlreiche Bemerkungen Kandinskys belegt. Im Gästebuch eines Kunstsammlers formuliert er 1923 folgenden, der großen Sprachbegabung der Linie Verehrung zollenden Satz: »Die Striche sind Wesen und haben eigene Schicksale.«[374] Und nicht erst in der Bauhaus-Zeit, schon in seinen ›Rückblicken‹ anerkennt er den numinosen Charakter von Linienstrukturen: »So wurde für mich jeder ruhende und jeder bewegte Punkt (= Linie) ebenso lebendig und offenbarte mir seine Seele.«[375]

Da sich in *Improvisation 10* schon all jene Linientypen (wie die Gerade, Gebogene, Eckige, Wellenartige und Gezackte) registrieren lassen, die Kandinsky erst in ›Punkt und Linie zu Fläche‹ systematisch zu definieren sucht, erweist es sich als notwendig, einige aus diesem Theoriewerk stammende Gedankengänge einer Bildanalyse voranzustellen. Der Künstler setzt sich in gestaltlich dynamischer wie bildzeitlicher Hinsicht mit den Wirkungsweisen der linearen Ausdrucksmittel auseinander. Ausgangspunkt dafür war vermutlich Henry van de Veldes Liniendefinition: »Die Urquelle jeder Linie ist dieselbe – die Kraft. Die Mitarbeit der Kraft an dem gegebenen Material führt in das Material, das Lebendige ein, das sich in Spannungen äußert. Die Spannungen lassen ihrerseits das Innere der Elemente zum Ausdruck kommen. Das Element ist das reale Resultat der Arbeit, der Kraft am Material.«[376] All diese Begriffe wie Kraft, Spannung und das Lebendige erinnern an die bereits dargelegte Methode der Gestalttheorie, die ganzheitlich dynamische Strukturen erfaßt. Auf die Pionierrolle Kandinskys wurde ausführlich verwiesen, und derlei Überlegungen lassen sich auch in bezug auf die Linie – gestützt durch entsprechende Zitate aus ›Punkt und Linie zu Fläche‹ – fast beliebig fortsetzen. Dazu einige charakteristische Beispiele: »Die geometrische Linie ist ein unsichtbares Wesen. Sie ist die Spur des sich bewegenden Punktes, also sein Zeugnis. Sie ist aus der Bewegung ent-

373 PLF, S. 100
374 Zitiert nach Brisch (Anm. 65), S. 334
375 *Rückblicke,* S. 10
376 PLF, S. 100

standen – und zwar aus der Vernichtung der höchsten in sich geschlossenen Ruhe des Punktes. Hier wird der Sprung aus dem Statischen in das Dynamische gemacht.«[377] Bleibt zu erwähnen, daß Kandinsky die Bewegung durch den Begriff der Spannung ersetzt wissen möchte. Über die Wirkung konkreter Linientypen schreibt er: »Die Gerade hat zwei deutliche primitive Spannungen, die bei der Gebogenen eine unwesentliche Rolle spielen – ihre Hauptspannung steckt im Bogen (dritte Spannung, den beiden anderen entgegengesetzt und sie übertönend). Während das Stechende des Winkels wegfällt, ist hier desto mehr Kraft eingeschlossen, die, wenn sie auch weniger aggressiv ist, dafür eine größere Ausdauer in sich birgt. Im Winkel steckt etwas unüberlegend Jugendliches, im Bogen – eine Reife, mit recht selbstbewußter Energie.«[378] Wenn Kandinsky der Gebogenen »größere Ausdauer« zuschreibt, dann berührt er sowohl die Betrachter- als auch die Bildzeit-Problematik. Diese bereits angesprochene Thematik ist für ihn dermaßen aktuell, daß er sie des öfteren explizit in seine Überlegungen einbezieht. Auch an den Betrachter appellierend, bemerkt er: »Das Element der Zeit ist im allgemeinen in der Linie in einem viel größeren Maßstab erkennbar, als das im Punkt der Fall war – die Länge ist ein Zeitbegriff. Andererseits ist das Nachgehen einer Geraden vom Nachgehen einer Gebogenen zeitlich verschieden, wenn die Längen auch dieselben sind, und je bewegter die Gebogene ist, desto mehr dehnt sie sich zeitlich aus ... Die Verwendung der Zeit in der Horizontalen und in der Vertikalen ist auch bei gleichen Längen innerlich anders gefärbt, und vielleicht handelt es sich in Wirklichkeit um verschiedene Längen, was jedenfalls psychologisch erklärbar wäre. Also darf das Zeitelement in der rein linearen Komposition nicht übersehen werden und muß in der Kompositionslehre einer genauen Prüfung unterzogen werden.«[379] Da in *Improvisation 10* das Gestaltungsmittel der Linie einwandfrei vorherrscht, besteht begründeter Anlaß, sich bei einer Analyse des Gemäldes an diese mahnende Textpassage zu erinnern.

Zuvor einige Bemerkungen zu einem Phänomen, über das sich Kandinsky nur knapp und relativ unpräzis geäußert hat. Es handelt sich um die beiden wesentlichen Funktionsweisen der Linie, die wir begrifflich im Gegensatzpaar: geschlossen formbezeichnend/offen autonom zu fassen versuchen. Selbstverständlich kennt der Künstler diese Problematik, wenn er sie in die Frage kleidet, »wann die Linie als solche abstirbt, und in welchem Augenblick eine Fläche [= Form] auf die Welt kommt?«[380] Im Sinne unseres Gegensatzpaars interpretiert, heißt dies: Bevor »die Linie

377 Ebda., S. 57
378 Ebda., S. 86
379 PLF, S. 106
380 Ebda., S. 97

als solche abstirbt«, zeigt sie sich als »offen autonom« – sofern sie sich zur »Fläche« (= Form) fügt, ist sie »geschlossen formbezeichnend«. In bezug auf van de Veldes Terminologie, der sich schon viel früher als Kandinsky mit dem Wesen der Linie befaßt hat, ist letzteres mit dem Begriff »mitteilende« Linie und ersteres mit »Gemütslinie« gleichzusetzen.[381] Mit seiner Definition der von Darstellungsaufgaben unbelasteten »Gemütslinie« kommt Henry van de Velde Kandinskys verinnerlicht dynamischer Anschauungsweise sehr nahe, wenn er schreibt: »Sie ist eine Kraft, die spontan aus uns herausstrebt ... und unsere Seele in einen Zustand versetzt, wie ihn nur Gesang und Tanz erwecken können.« In eine analoge Richtung zielt der Symbolist Maurice Denis, der van de Veldes »Gemütslinie« mit »ausdrückender« Form umschreibt, während er dessen »mitteilende« Linie als »darstellende« Form bezeichnet.[382] Um schließlich Kobberts gestaltpsychologischer Sicht zu folgen, entsprechen »Gemütslinie« beziehungsweise »ausdrückende« Form der »Verlaufsgestalt«, deren Prozeßcharakter die Linie in autonomer Figuration erscheinen läßt. Demgegenüber werden »mitteilende« Linie sowie »darstellende« Form in den Begriff der objektbezeichnenden »Simultangestalt« gefaßt.[383] Auf die künstlerische Praxis übertragen, ist ergänzend anzumerken, daß diese beiden Linientypen bisweilen zweideutig in Erscheinung treten, somit in einem ambivalenten, Spannung erzeugenden Verhältnis stehen können.

In *Improvisation 10* ist der Bestand an Gegenständen so geschmolzen, daß man auf den ersten Blick nur den Kreml-Berg rechts zu erkennen vermag; alle übrigen Gegenstandresiduen erschließen sich erst im assoziativen Bezug zu anderen Werken Kandinskys. Umso überraschender, daß Washton-Long – in ihrer Fahndung nach Restgegenständlichkeit meist erfolgreich – hier überhaupt nichts identifizieren kann. Selbst ihr Versuch, die drei ineinander verwobenen Linienovale als Baum zu deuten, schlägt fehl.[384] Mit ihrem von der Forschung zurecht kritisierten »ikonographisch-hermetischen« Ansatz (Thürlemann) mangelt ihr schon a priori jegliches Organ, um Kandinskys besonders seit 1910 sich entfaltende Intentionen zu verstehen, unter anderem dessen »damals liebste Elemente das Versteckte die Zeit und das Unheimliche«.[385] Die allgemeine Kritik an Washton-Long bringt Schreier vielleicht am schärfsten auf den Punkt. Deren Grundthese, so rezensiert er, hätte »zur fatalen Konsequenz, daß sie selbst die völlig amimetischen Werke der Jahre 1913

381 Henry van de Velde, *Über die Linie*, Berlin 1910, S. 48 f.

382 Brisch (Anm. 65), S. 335

383 Kobbert (Anm. 28), S. 99

384 Rose-Carol Washton-Long, Kandinsky. *The Development of an Abstract Style*, Oxford 1980, S. 72

385 *Rückblicke*, S. 17

beziehungsweise 1914 noch für eine latente Gegenständlichkeit zu retten sucht. Ihrer Interpretation zufolge sind die Arbeiten jener Jahre als kosmische Gleichnisse, als hermetische Verschlüsselungen geistiger Räume zu verstehen, die sich der anschaulichen Erkenntnis verweigern«.[386] Für Brisch hingegen ist es vor allem die direkte Anschaulichkeit, mit der er in die Strukturen von Kandinskys Bildern einzudringen trachtet, geleitet von der einzig richtigen Prämisse, wonach ein Kunstwerk keinen statischen Zustand, vielmehr ein dynamisches, ganzheitliches Geschehen ausdrückt. Was der Autor jedoch meist schuldig bleibt, ist der Versuch – über die formalkünstlerische Erschließung des jeweiligen Werks hinaus –, zu entsprechenden Deutungsfolgerungen zu gelangen. Obwohl seine intuitiv, nach dem dynamischen Methodenkonzept der Gestalttheorie durchgeführte Formenanalyse von *Improvisation 10* jeglichen Interpretationsansatz vermissen läßt, ist sein Resümee der Linearkomposition doch überzeugend genug, um zitiert zu werden: »Das Bild könnte man, löschte man die Farben, als eine Fuge verstehen, in der die Kurven die Themen sind, immer wieder gleich und ähnlich aufstrebend; die Bewegungen nach außen sind Themen; Gegenthemen die nach innen. Die Spannungen, die dabei entstehen, sind bis an Grenzen getrieben, da der Eindruck besteht, sie könnten zum Zerreißen führen. Die Linien auf der rechten Bildseite scheinen dabei stärker zu wirken, vor allem, weil sie als freie Linien ausgebildet sind – frei vom Zwang darzustellen, und frei selbst vom Zwang Umriß zu sein. Sie sind gespannt nach reinen Ausdrucksabsichten.«[387]

Der in der rechten Bildhälfte befindliche, hochrechteckige Kreml-Berg ist aufgrund seiner »Guten Gestalt« und dominanten Größenordnung als führendes Zentrum anzusprechen. In Parenthese sei dazu angemerkt, daß sich dieses Aufzeigen von Zentren methodisch mit Kandinskys eigenem Analyseansatz deckt. In ›Rückblicke‹ nennt er dies »nachträgliches Definieren«, demzufolge, kurzgefaßt, von der Fixierung von Massen, Gegensätzen und Zentren auszugehen sei.[388] Der nur an der Basis verunklärte Kreml-Berg wird von vertikalen Geraden, denen primär eine simultangestaltliche Qualität eignet, begrenzt und von roten Kuppeln überhöht. Weiters ist er mit blassem Gelb getönt, dessen Weißbeimengungen ihm einen relativ transparenten Charakter verleihen. In der linken unteren Bildecke lagert eine trapezoide weiße Form mit kopfähnlichem Gelbakzent als zweites Zentrum, das angesichts größter Nähe zum Betrachter als Repoussoir figuriert. Vielleicht stößt es auf Akzep-

386 Schreier (Anm. 38), S. 79
387 Brisch (Anm. 65), S. 208
388 *Rückblicke,* S. 36

tanz, diese von einer hellgelben und hellblauen Aura flankierte Figur, analog zu *Improvisation 9*, als Träumender oder Visionär zu interpretieren. Dieser ruht auf einem dunklen, farblich schwer bestimmbaren, vermutlich terrestrischen Areal, das zunächst durch eine von rechts unten nach links aufsteigende, leicht gewellte Kontur markiert wird. Diese nähert sich allmählich dem Bildrand, um schließlich, bogenförmig nach rechts umschwenkend, an die obere Bildbegrenzung zu stoßen. Die Wirkung dieses vom übrigen Bildgeschehen abgesonderten, gleichwohl raumevozierenden Versatzstücks hat Brisch beschrieben: »Hier schafft diese Linie die Illusion, als blicke man hinter einer Gebirgsform in eine tiefer gelegene Landschaft hinein.«[389] Was folgt, ist ein heftiger, vor allem durch Linien geführter Kampf, keinesfalls ein rein formaler (wie man bei Brisch den Eindruck hat), vielmehr ein durchaus geistig zweckbestimmter. Dies beginnt am unteren Bildrand, wo ein türkisfarbiges Bogenband in unmittelbarer Nachbarschaft zur ebenfalls hier ansetzenden Erdkontur in raschem Zug nach rechts bis knapp an den Rahmen aufwärtsführt, um dort drei Bogenlinien, die sich – konzentrisch ineinander gefügt, zunehmend an Höhe gewinnend und nach links herabstürzend – zu Ovalgebilden schließen; damit vermengt sich ein vierter, aus zwei rechtwinkelig aneinanderstoßenden Geraden bestehender und sich demnach der Rechteckform des Burgbergs angleichender Linienzug. Bemerkenswert ist, daß diese Formbildungen in ihren Hauptachsen an der rechten Grenzlinie des Burgbergs festgemacht sind, einem Spinnennetz gleich diesen umklammern. Insofern die Linien beinahe zu ihrem Ausgangspunkt zurückkehren, somit eine schließende Tendenz zeigen, haben sie einen gestaltbezeichnenden Simultancharakter. Da ihre Formresultate jedoch allesamt optisch durchlässig sind, kommen sie als autonom ausdruckshafte Verlaufsgestalten zur Geltung. Dieser prozessuale Linientypus ist laut Brisch auch mit Lipps' »Einfühlungstheorie« in Verbindung zu bringen, derzufolge der Betrachter zwecks Nachvollzugs der zeichnenden Künstlerhand zur kinästhetischen Mobilisierung eigener Kräfte animiert wird.[390] Je mehr sich die Krümmungsbewegung der Linie der Formschließung nähert, um so spürbarer verlangsamt sich der Zeitfluß, um so nachhaltiger ist das umkreisende Liniengewebe am Kreml-Berg festgemacht; metaphorisch ausgedrückt: Die Zeit kehrt an ihren Ausgangspunkt zurück.

Was ist es konkret, das von diesem kraftvoll bis an die Kremlkuppeln emporlodernden Liniengefüge umzingelt wird? Da die Gestalt mit kegelförmigem Leib auch in *Improvisation 5* als bedrohliches Symbol er-

389 Brisch (Anm. 65), S. 206
390 Ebda., S. 334 und Anm. 168

scheint, besteht Anlaß, auch ihrem Pendant in *Improvisation 10* eine negative Rolle beizumessen. Hier wird sie durch die lineare Kräftekonfiguration an der Erstürmung der »geistigen Burg« gehindert, ja eingekerkert. Was sich im transparenten Liniengespinst als geistige Abwehrkraft äußert, bekommt von unten her – dort, wo die Linienovale offengehalten werden – handfeste Schützenhilfe. Dem äußeren Bogen rechts angepaßt und von der Erdkontur links überschnitten, drängt ein mit roten Stufen und Zacken versehenes Element empor, um der vorwärts stürmenden Gestalt Einhalt zu gebieten. Überhaupt scheinen sich sämtliche Kräfte vom unteren Bildrand aus – nach rechts und links in großen Bogenschwüngen divergierend – zu entfalten.

Innerhalb dieser auseinanderstrebenden Vektoren nimmt ein Keil mit gebogener, federnd gespannter Rückenlinie – einer Haifischflosse gleich – eine zentrale Stellung ein. Zunächst der Bildachse angeglichen, taucht er in einer dritten Raumschicht hinter der terrestrischen Zone und dem roten Element empor, um dann weit in die linke Bildhälfte vorzudringen, wo er mit seiner Spitze auf drei parallele, nahabständige Vertikallinien stößt. Wenn Kandinsky dem »spitzen Winkel« prinzipiell eine »innerlich« gelbe Färbung zuschreibt, dann ist diese Idealvorstellung hier auch in einem »äußerlichen« Sinn verwirklicht.[391] Im aggressiven Fortissimo lagert auf dem geschoßartigen Keil eine homogen verdichtete Gelbschicht, die den Selbständigkeitsanspruch der sie umfassenden Linien deutlich vermindert; ausnahmsweise tritt hier die Linie primär als formbeschreibende Simultangestalt in Erscheinung. Im Hinblick auf den kompositionell vermittelnden Faktor der Ähnlichkeit hat die auch quantitativ bildbeherrschende Farbe Gelb zweifellos einen wichtigen Stellenwert. Im gleichen Sättigungsgrad wie am messerscharfen Keil akzentuiert sie auch jene trapezoide Form, die, rechts vom Burgberg hochstrebend, als kompositionell stabilisierendes Element wirksam wird. Auf dem Bergrechteck lagert helles, mit Weißtönen durchsetztes Gelb, das, geprägt durch seinen Intensitätskontrast zu den satten Gelbbereichen, einen irrealen Eindruck erweckt; sich auflösend, verliert es auch seinen negativen Farbsymbolwert. So gesehen erscheint der Keil als materialisierter Abkömmling der geistigen Burg. Kampfbereit ist seine Spitze auf die drei vertikalen Geraden ausgerichtet – die Vision der links unten plazierten Figur nimmt eine dramatische Wendung.

Auch an dieser Stelle ist es der Kandinsky-Forschung entgangen, daß es sich bei den Vertikallinien um Lanzen handelt, folglich die krapproten Flecken als Köpfe von Kriegern zu identifizieren sind. Im übrigen ist diese These durch einen Vergleich mit *Komposition IV*, wo in analoger

391 PLF, S. 76

Figuration ebenfalls Lanzenträger auftreten, leicht zu verifizieren. Die linke Lanze bildet zusammen mit der im oberen Abschnitt sich zum Bogen krümmenden Erdkontur ein Kreissegment, innerhalb dessen sich zwei Formelemente nach rechts neigen, sich von der Erdkontur lösen und damit deren Bogenschwung ins Bildinnere umleiten. Diese Bewegungsrichtung wird von einer Reihe gebogener Farblinien – einem Regenbogen gleich – nach rechts oben weitergeführt, um teils an den oberen Bildrahmen zu prallen, teils über die Kremlkuppeln hinwegzugleiten. Es ist naheliegend, diese Farbbogensequenz, die beispielsweise den Zug der Lanzenträger einengend reguliert, geradezu auf den gelben Riesensplitter hinleitet, als eine der geistigen Burg zugedachte Schutzaura zu deuten. Der innerste Bogen der Linienfolge ist grüntürkis koloriert, erweist sich somit als farbidentisch mit dem von rechts unten aufsteigenden Bogenband, dessen oberster Linienausläufer beinahe auf den kuppelumfassenden Aurenbogen stößt. Daraus resultiert eine sich als Oval dem Bild einschreibende Linienbewegung, die ambivalent nachvollziehbar ist: Zum einen ist sie als in Gegenrichtung aufeinandertreffend, zum anderen – entgegen dem Uhrzeigersinn verlaufend – als gewaltiges Rotationspotential zu erfahren. Legt man dem Ganzen eine raumkompositionelle Lesart zugrunde, dann scheint dieses oval gekrümmte Schwungrad insofern zu dominieren, als der Ausgangspunkt der rechten Linienkombination im Vordergrund plaziert ist, während die Aurenbögen erst in einer vierten Raumschicht angesiedelt sind.

Ursprung all dessen ist die links unten lagernde Figur des Visionärs, die farblich mit dem weißen Bildgrund, der den Burgberg foliiert, zum Teil aber auch innerhalb desselben sichtbar wird, korrespondiert. Ausgehend von Kandinskys »Kombinieren des Verschleierten mit dem Bloßgelegten«, sollte dieser Analyseversuch genügen, um Brischs einseitig von formalen Momenten bestimmte Aussagen semantisch zu ergänzen.[392] In *Improvisation 10* findet ein mit pointiert dynamischen Mitteln geführter, zudem auf einem gewissen Quantum an Restgegenständlichkeit beruhender Kampf zur Verteidigung des Geistigen statt. Erstaunlich ist, daß Kandinsky trotz hypertrophen Konfliktpotentials zu jener Ausgewogenheit der Kräfte gelangt, welche die Gestalttheorie mit ihrem ganzheitlich strukturellen Anspruch – mitgetragen vom außerzeitlichen Aspekt des »Alles auf einmal«-Sehens – als Bedingung für ein gelungenes Kunstwerk ansieht. In ›Punkt und Linie zu Fläche‹ hat Kandinsky dies so formuliert: »Das Allgemein-Harmonische einer Komposition kann also aus einigen zu dem höchsten Maße des Gegensatzes steigenden Komplexen bestehen. Diese Gegensätze können sogar einen disharmonischen Charakter

392 Brisch (Anm. 65), S. 206

haben, und trotzdem wird ihre richtige Verwendung nicht negativ, sondern positiv auf die Gesamtharmonie wirken und das Werk zum höchsten harmonischen Wesen erheben.«[393]

2.2 *Komposition II*

Die Endfassung von *Komposition II* gilt seit Kriegsende als verschollen. Lediglich ein Schwarz-Weiß-Foto gibt Auskunft darüber, daß die in der New Yorker Sammlung Guggenheim aufbewahrte Ölskizze strukturell mit der Endfassung weitgehend übereinstimmt, weshalb im folgenden fast immer von der Skizze die Rede sein wird. Getreu seiner prinzipiellen Definition von »Komposition« hat Kandinsky dem Gemälde mit dem bislang größten Format (200 x 275 cm; Ölskizze: 97,5 x 131,2 cm) zahlreiche Zeichnungen, Diagramme und Detailstudien – darunter auch ein Aquarell – vorangestellt.[394]

Im Gegensatz zu *Improvisation 10* ist den meisten Formelementen eine leicht eruierbare Gegenständlichkeit eigen. Zudem ist ein Übergewicht der Farbe zu registrieren, die sich mittels zahlreicher Buntheitsakzente fast streumusterartig über die Bildfläche verteilt, wobei die einzelnen Farbkompartimente zumeist von simultangestaltlichen Linien eingefaßt sind. Zuweilen aber, wenn es die vektoralen Kraftströme erfordern, tritt die Linie auch autonom als Verlaufsgestalt in Erscheinung. Hinsichtlich der Faktur sind Dämmers Bemerkungen sehr aufschlußreich: »Kaleidoskopartig zersprengt in scheinbar unzählige Farbsplitter, strömt das Leuchten flach-schräg nach oben den Bildseiten zu. Gerade auch der Farbauftrag vermittelt diese Wirkung von Flackerndem, Flirrendem, Zersprengtem; denn mit breiten, aber wie abgebrochen kurzen Pinselstrichen trägt Kandinsky die Farben in die vorgegebenen schwarzen Motivumrisse ein. Die Konturen deckt er dabei unterschiedlich weit ab. Der Farbstrich scheint fast immer gerade noch innerhalb des letzten Randsaums zu stocken.«[395]

Nur selten hat sich Kandinsky konkret zu eigenen Werken geäußert, so etwa in der russischen Fassung seiner ›Rückblicke‹ (1918), wo er sogar über den Entstehungsanlaß von *Komposition II* berichtet: »Manchmal erschienen mir im Traum harmonische Bilder, die nach dem Erwachen nur unklare Spuren unwesentlicher Einzelheiten zurückließen. Einmal sah ich im Typhusfieber mit großer Deutlichkeit ein ganzes Bild, das jedoch irgendwie in mir auseinanderfiel, sobald ich gesund wurde. Nach

393 PLF, S. 106

394 Elisabeth Dämmer, *Kandinskys erste sieben Kompositionen. Betrachtung, Analyse, Versuch einer Deutung*, ungedr. Diss., München 1986, S. 17 f.

395 Ebda., S. 26

68 *Skizze für »Komposition II«*, 1910, Öl auf Leinwand (97,5 x 131,2 cm), New York, The Solomon R. Guggenheim Museum

mehreren Jahren malte ich dann *Die Ankunft der Kaufleute*, später *Buntes Leben* und endlich, nach vielen Jahren, gelang es mir, in der *Komposition II* das Wesentliche dieser Fiebervision auszudrücken, was mir jedoch erst vor kurzem bewußt geworden ist.«[396] Den Schlüsselbegriffen dieser »Fiebervision« viel zu wenig Beachtung schenkend, haben Brisch wie Washton-Long die linke Bildseite mit der Sintflut – und die rechte mit der Paradiesthematik in Verbindung gebracht.[397] Inhaltlich schon weniger konkret äußern sich Roethel und Langner, wobei letzterer von einem vielfigurigen, »schemenhaft-vielsagenden Lebens-Panorama« spricht, während ersterer Kandinskys Versuch würdigt, hier »eine allumfassende Vision des gesamten ›bunten Lebens‹ ins Bild« gesetzt zu haben.[398] All diese Deutungsversuche berühren Aspekte von Kandinskys Ikonographie, gehen aber am eigentlichen Kernproblem, der Erfassung dynamischer Korrelationen universellen Anspruchs, völlig vorbei. Kandinsky hätte hier wahrscheinlich jene »Suche nach der Fabel« kritisiert, die

396 Roethel und Hahl-Koch, *Die gesammelten Schriften* (Anm. 6), S. 156
397 Brisch (Anm. 65), S. 233. – Washton-Long (Anm. 384), S. 112
398 Roethel (Anm. 25), S. 72. – Langner (Anm. 90), S. 118

»unempfindlich« für seelische Vibrationen und innere Klänge macht, und statt dessen zum »Kampf mit der Märchenluft« aufgerufen. Ferner übersehen die Autoren den ausdrücklichen Vermerk des Künstlers in seinem Kölner Vortragsmanuskript von 1914, daß *Komposition II* kein Thema habe. Und wenn er in seinem Handkatalog dem Gemälde den Untertitel *Felsen* verlieh, dann geschah dies vermutlich unter dem Aspekt, dessen dynamisch strukturelle Hauptmerkmale hervorzuheben.[399] Sollte diese explizite Anleitung zum richtigen Werkverständnis im Sinne einer Warnung vor übereilter Themenetikettierung noch nicht ausreichen, so sei ergänzend an eine signifikante Textstelle aus ›Über das Geistige‹ erinnert: »Es ist doch klar, daß hier die Rede von der Erziehung der Seele ist und nicht von einer Notwendigkeit, gewaltsam in jedes Werk einen bewußten Inhalt hineinzupressen ... Nein, wenn die Künstlerseele lebt ... findet [sie] selbst etwas zu sagen, was dem Künstler selbst im Augenblick ganz unklar bleiben kann ... [Er] weiß, wie plötzlich und für ihn unerwartet die von ihm ersonnene Form ihm wichtig erscheint, wie ›wie von selbst‹ sich eine andere, richtige an die Stelle der ersteren, verworfenen stellt.«[400] Fügt man diesen Merksätzen einen Interpretationsversuch von Kandinskys »Fiebervision« hinzu, dann mag sich damit dem Betrachter ein adäquater Zugang zu jener »richtigen Einstellung« (Sedlmayr) eröffnen, die allein dem künstlerisch Wesenhaften gerecht zu werden vermag.

In Kandinskys Visionsschilderung finden sich drei relevante Stellen, anhand derer sich ein Gutteil seiner produktions- wie wirkungsästhetischen Intentionalität festmachen läßt. Zunächst das Traumerlebnis eines »harmonischen Bildes«, das »nach dem Erwachen« nur unwesentliche Einzelheiten zurückläßt. Damit ist gemeint, daß erst eine sinnvoll strukturierte Verflechtung von spannungsgeladenen Einzelheiten zu jener entspannten Ausgewogenheit führt, die mit dem Begriff »Harmonie« umschreibbar ist. Das entspricht dem in ›Über das Geistige‹ festgeschriebenen Satz: »Die Harmonisierung des Ganzen auf der Leinwand ist der Weg, welcher zum Kunstwerk führt.«[401]

Nur wenige Jahre später, vermutlich um 1916, benutzt Kandinsky zur anschaulichen Erläuterung dieses Ganzheitsbegriffs ein drastisches Vokabular: »Diese einzelnen Teile (eines Kunstwerks) sind isoliert genommen leblos, wie ein abgehauener Finger. Das Leben des Fingers und seine zweckmäßige Wirkung ist durch gesetzmäßige Zusammen-

399 Kandinsky, *Mein Werdegang* (Anm. 6), S. 57. – Roethel und Benjamin, *Werkverzeichnis* (Anm. 21), Nr. 334, S. 314

400 ÜGK, S. 135, Anm. 5

401 Ebda., S. 25

stellung mit den übrigen Körperteilen bedingt. Diese ›gesetzmäßige Zusammenstellung ist die Konstruktion‹. Dem Naturwerk gleich unterliegt auch das Kunstwerk demselben Gesetze: der Konstruktion. Die einzelnen Teile werden nur durch das Ganze lebendig.«[402] Und genau dieses Konstruktionsganze erschien Kandinsky im Typhusfieber als ein »ganzes Bild«, das jedoch, wie er bedauernd hinzufügt, »irgendwie in mir auseinanderfiel, sobald ich gesund wurde«. Schließlich betont Kandinsky in einem dritten Punkt, daß es ihm erst nach vielen Jahren gelungen sei, »in der *Komposition II* das Wesentliche dieser Fiebervision auszudrücken«. Obwohl er sich über dieses »Wesentliche« nicht näher äußert, ist doch aus der Grundintention seines Schrifttums zu schließen, daß damit nur die dynamische Strukturierung des Bildganzen gemeint sein kann, wobei in diesem Fall Struktur – gestalttheoretisch gedacht – die »Aufdeckung dynamischer Beziehungen im Nervensystem« durch den am Kunstwerk »weiterschaffenden« Betrachter bedeutet.[403] Indessen ist im Kontext von Zeichen und Bedeutung – Hand in Hand mit dem Abstraktionsprozeß des Künstlers wie Rezipienten – stets zu beachten, daß »weder die formale Struktur noch das Thema der endgültige Inhalt eines Kunstwerks sind«. Beide sind, so Arnheim weiter, »Instrumente der künstlerischen Form. Sie dienen dazu, einem unsichtbaren Allgemeinen Gestalt zu verleihen.«[404]

Auf der Basis dieser künstlerischen Form ist es dann möglich, Denken, Fühlen und Wollen bildlich zu vermitteln bzw. im Sinne Kandinskys, letztlich innere Klänge und seelische Vibrationen zu erzeugen. Von derlei Überlegungen mag Kandinsky ausgegangen sein, wenn er in ›Über das Geistige‹ – vermutlich sogar in bezug auf *Komposition II* – resümierend festhält: »Die komplizierte Komposition, die aus mehreren Formen besteht, die weiter einer klaren oder verschleierten Hauptform unterordnet sind. Diese Hauptform [also die Gestalt] kann äußerlich sehr schwer zu finden sein, wodurch die innere Basis einen besonders starken Klang

402 Kandinsky, ›Malerei als reine Kunst‹, in: *Essays* (Anm. 18), S. 64.

403 Arnheim (Anm. 195), S. 49. – Zum Problem der Struktur schreibt H. Rombach: »Es gibt ›die Struktur‹ nicht, jede einzelne Struktur bildet einen Typus von ›Strukturen überhaupt‹. Somit ist eine generelle Strukturtheorie nicht möglich; womit nicht aufgehoben ist, daß ›Struktur‹ eine Grundweise für Seiendes jeder Art ist. – Allgemeine Formulierungen verfehlen unseren Gegenstand, einzelne Beschreibungen heben das Grundsätzliche nicht hervor. So bleibt hier nur der Weg über ›Modelle‹, Einzelbeschreibungen, die nur um genereller Gesetzmäßigkeiten willen gegeben werden. Handelt es sich um »Modelle«..., so handelt es sich um allgemeine Einzelbeschreibungen. Sie können im einzelnen falsch sein, wenn sie nur das Allgemeine scharf ... genug markieren.« H. Rombach, *Strukturontologie. Eine Phänomenologie der Freiheit*, Freiburg i. Br. 1971, S. 19

404 Arnheim (Anm. 88), S. 465

bekommt. Diese komplizierte Komposition nenne ich die ›symphonische‹.«[405]

In ihrer umfangreichen Dissertation widmet sich Dämmer Kandinskys ersten sieben Kompositionen, wobei sie wie Washton-Long einen vorwiegend »hermetisch-ikonographischen« Ansatz bevorzugt. Ihre ikonographischen Forschungsergebnisse sind größtenteils überzeugend, so daß diese fast widerspruchslos in die vorliegenden Untersuchungen einzubeziehen sind. Indes ist zu bemängeln, daß sie sich – anstatt sich einer ganzheitlichen, auf die Klärung dynamischer Strukturen ausgerichteten Analysemethode zu bedienen – mit der Lösung ikonographischer Einzelfragen begnügt. Von den zwischen Zeichen und künstlerischer Form bestehenden, sich teils in Konflikt, teils in Versöhnung niederschlagenden Spannungsbeziehungen erfährt der Leser nur wenig. So gesehen bleibt der im Untertitel avisierte »Versuch einer Deutung« fast immer nur auf eine affirmative Dechiffrierung ikonographischer Details beschränkt. Gestalttheoretisch gesprochen verharrt die Autorin auf der Ebene des statischen Ontogramms. Zum dynamischen Phänogramm, innerhalb dessen sich laut Arnheim die »organisierte Wirkung sichtbarer Ausdruckskräfte« manifestiert, fehlt ihr der Zugang. Im übrigen macht Dämmer keinen Hehl daraus, wie eng die Grenzen ihrer Deutungsversuche sind. Geradezu entwaffnend schreibt sie: »Aber erst dahinter, hinter allem Benennbaren, liegt das, was das Werk wirken läßt und was etwas in uns zu bewegen, verändern vermag.«[406] Um ihren Standpunkt zu erhärten, zitiert sie Langners entsprechende Formulierung des Problems: »Das Gemeinte entzieht sich begrifflicher Benennung.«[407] Das bescheinigt der Kunstwissenschaft das Ende ihrer Erkenntnismöglichkeit und verbannt sie vollends in die Sprachlosigkeit; fehlt dazu nur noch Ludwig Wittgensteins berühmter Ausspruch »wovon man nicht sprechen kann, darüber muß man schweigen«. Dabei gibt es gerade von diesem Philosophen noch einen anderen Satz, der Licht in diese vermeintliche Sprachdunkelheit bringen kann: »Wie wir uns räumliche Gegenstände überhaupt nicht außerhalb des Raumes, zeitlich nicht außerhalb der Zeit denken können, so können wir uns keinen Gegenstand außerhalb der Möglichkeit seiner Verbindung mit anderen denken.« Das spricht eine Referentialität an, die, auf die Kunstwissenschaft übertragen, implizit das integrative Beziehungsgefüge eines Bildwerks betrifft – und dieses entzieht sich durchaus nicht begrifflicher Benennung. Langners Behauptung eines im Finalstadium der Werkdeutung auftretenden Sprach- und

405 ÜGK, S. 139
406 Dämmer (Anm. 394), S. 82
407 Langner, *Gegensätze und Widersprüche* (Anm. 97), S. 117

Begriffsdefizits reflektiert den Standpunkt der Ikonik, deren Prämisse, »die Übersetzung und Substitution des Kunstwerks in die Sphäre der begrifflichen Sprache verzerrt und verfälscht die adäquate Erkenntnis des Kunstwerkes« von Hans D. Huber als verfehlte These zurückgewiesen wird; diese These stünde auch zu Kandinskys ausgeprägter Sprachintentionalität in Widerspruch. Grundsätzlich hält auch er eine sprachliche »Übersetzung« des Kunstwerks für möglich, wenn er prognostizierend betont: »... daß meiner Ansicht nach wir der Zeit des bewußten und vernünftigen Kompositionellen immer näher rücken, daß der Maler bald stolz sein wird, seine Werkkonstruktion erklären zu können.«[408] Hubers Kritik an der Ikonik ist auch für die Interpretation von Kandinskys Werken – vor allem dann, wenn diese in eine abstrakte Phase treten – von Bedeutung. Zum Problemfeld »Kunstwerk und Sprache« nimmt er Stellung: »Für die Theorie der Bildinterpretation bedeutet das, daß nur das Allerwenigste an einem Bild aufgrund direkt beobachtbarer Sachverhalte gewonnen wird, sondern das meiste der Interpretationsergebnisse theorieabhängig ist, folglich sich aus den hypothesengeleiteten Schlußfolgerungen des Interpreten herleitet. Speziell für die sprachliche Interpretation der Bedeutungszusammenhänge von Kunstwerken führt diese

408 ÜGK, S. 142. – Max Imdahl, einer der namhaftesten Vertreter der Ikonik, hat nie behauptet, daß sich eine adäquate Deutung eines Werks der Bildnerei grundsätzlich sprachlicher Übersetzungsmöglichkeit entziehe. Thema der Ikonik, so betont er, sei »das Bild als eine solche Vermittlung, die durch nichts anderes zu ersetzen ist«, und weiter: »Dagegen kann die Ikonik als die Anschauung spezifisch ikonischer Gegebenheiten dazu verhelfen, die Imaginationskraft des menschlichen Geistes in der Stiftung von Bildern bewußt zu machen, das heißt von Phänomenen, deren Informationsdichte sonst nicht zu erreichen ist und die es vermögen, ein eigentlich Unanschauliches anschaulich zu repräsentieren.« Max Imdahl, ›Ikonik. Bilder und ihre Anschauung‹, in: *Was ist ein Bild?* hrsg. von Gottfried Boehm, München 1994, S. 300 f. – Der Ikonik geht es in erster Linie darum, die in jedem Bild von Rang gegebene Aussage-Vielschichtigkeit in seinem spezifischen und nur ihm eignenden Anspruch auf Ganzheit, das heißt Simultaneität bzw. Gleichzeitigkeit zu erfassen. Daß diesem Bestreben Grenzen gesetzt sind, beweist allein schon der Umstand, daß die Sprache als einziges zur Verfügung stehendes Verständigungsmittel über den künstlerischen Sachverhalt bekanntlich nur in zeitlicher Sukzession ausdrucksfähig ist, mithin sich dem Wesen bzw. Ausdrucksgehalt eines Bildes nur nähern kann. Letztlich ist es aber auch nur eine Fiktion, anzunehmen, daß die visuelle Wahrnehmung dazu imstande sei, dem außerzeitlichen Ganzheitscharakter eines Bildes in vollem Umfang gerecht zu werden. Was die Ikonik unter allen übrigen kunstwissenschaftlichen Methoden auszeichnet, ist eine gewisse Nähe zur ganzheitlichen Gestaltpsychologie. Kritisierbar ist jedoch m. E., daß die Ikonik »Struktur« lediglich auf der Bildfläche – Imdahl: »und wie als in einem statischen, in sich selbst unbewegten Phänomen – einem Bild« (S. 318) – untersucht und dabei das dynamische Moment vernachlässigt, wonach sich Struktur – gestaltpsychologisch gesehen: »die Aufdeckung dynamischer Beziehungen im Nervensystem« (Arnheim) – erst im Sensorium des Betrachters ereignet.

Erkenntnis zu der Konsequenz, daß Bedeutungen nicht sichtbar sind oder ›im Bilde vorliegen‹, sondern daß sie im Rahmen einer bestimmten Interpretationshypothese mit Hilfe logischer Implikationen erschlossen werden und in theorie-abhängigen Aussagen über den Gegenstand ihre Darstellung finden und nicht in Beobachtungssätzen. Bedeutungen sind also nicht sichtbar, sondern werden im Rahmen einer Theorie erschlossen und dem Bild als Eigenschaften zugeschrieben. Als Folgerung ergibt sich daraus, daß Bedeutungen interpretationsrelativ beziehungsweise sprachabhängig sind.«[409] Für den »hermetisch-ikonographischen« Interpretationsansatz läßt sich schließen, daß dieser eben »nur das Allerwenigste an einem Bild aufgrund direkt sichtbarer Sachverhalte« (eben eingeschränkt auf ein statisches Ontogramm) deuten beziehungsweise sprachlich fassen kann. Eine positive Erläuterung des an sich »unsichtbar Allgemeinen«, das sich erst aus der ganzheitlichen Erschließung des gestaltlichen Beziehungsmusters durch die mitwirkende Funktion des Betrachters allein offenbart, kann sich folglich nur auf den richtig erfaßten Kontext des dynamischen Phänogramms berufen – begleitet von einer theorie- und »sprachabhängigen« beziehungsweise »interpretationsrelativen« Einstellung.

Zu klären ist weiters der Unterschied zwischen Interpretation und Beschreibung. Während der »hermetisch-ikonographische« Ansatz im Bemühen um die Identifikation von restgegenständlichen Einzelsymbolen meist selektiv und additiv beschreibt, kümmert sich die Interpretation (freilich auch auf die Einzelerkenntnisse der Ikonographie gestützt) in erster Linie um Form/Sinn-Zusammenhänge. Wie Huber betont, besteht »der Unterschied zwischen einer Beschreibung und einer Interpretation desselben Sachverhalts in seinen Wahrheitsbedingungen«.[410] Nach Matthews beschreibt man etwas, wenn man weiß, daß die Behauptung wahr ist. Dagegen handelt es sich um eine Interpretation eines Sachverhaltes, wenn man »nicht« sagen kann, ob sie zutreffend ist, sondern es sich lediglich um eine hinreichend gerechtfertigte Behauptung, im Maximalfall von hoher Plausibilität, handelt;[411] auch dies ist ein Argument für die »Offenheit des Kunstwerks«. Dazu Hubers treffende, gestalttheoretisch gefärbte Schlüsselsätze: »Interpretationsbehauptungen bestehen aus plausiblen oder wahrscheinlichen Vermutungen über bestimmte Zusammenhänge des interpretierten Werkes … Interpretationen gehören zur Klasse der funktionalen Erklärungen. Sie erklären all-

409 Huber (Anm. 238), S. 82 f.

410 Ebda., S. 89

411 R. J. Matthews, ›Describing and Interpreting a Work of Art‹, in: *Journal of Aesthetics and Art Criticism*, Vol. 36, No. 1, Herbst 1977, S. 5 f.

gemeine Zusammenhänge und Kohärenzen der einzelnen Bildteile, auf welche spezifische Art und Weise Bedeutungszusammenhänge wirken ...«[412] Da jede Form, sofern sie als lebendiges dynamisches Wesen verstanden wird, Symbolcharakter hat, besteht zwischen Form- und Bedeutungszusammenhängen eine zutiefst wirksame Kongruenz, das heißt die Form »an sich« gibt es gar nicht oder, wie es Kandinsky in der »Formfrage« ausdrückt: »Abstrakt gesagt: Es gibt keine Frage der Form im Prinzip ... Praktisch gesagt: Die Frage der Form verändert sich in die Frage: Welche Form soll ich in diesem Falle anwenden, um zum notwendigen Ausdruck meines inneren Erlebnisses zu gelangen?« Ähnlich hat dies Kandinsky schon zuvor in ›Über das Geistige‹ formuliert: »... so hat auch jede Form inneren Inhalt. Die Form ist also die Äußerung des inneren Inhalts.«[413]

Wie schon erwähnt, hat Kandinsky der *Komposition II* den Untertitel *Felsen* verliehen, wohl primär in der Absicht, damit den strukturellen Schwerpunkt des Gemäldes zu betonen. In der Tat bestimmen die beiden weißen, in ihren Richtungen divergierenden Felsen – zusammen mit den von unten nach oben flüchtenden, nur scheinbar kollidierenden Reitern – den ersten Bildeindruck. Zweifellos beansprucht diese Formenkonstellation den Stellenwert eines dominanten Zentrums, von dem sich gemäß Arnheims Definition »Kräfte ausbreiten und auf den hin Kräfte konvergieren.«[414] Schon bei flüchtiger Orientierung fällt auf, daß sich das Gemälde, etwa nach dem Proportionsgesetz des Goldenen Schnitts, in zwei Teile gliedert. Während links die Dramatik des Sintflutgeschehens in Szene geht – als Indikator dafür dienen die am unteren Bildrand und links oben aufschäumenden Wellenschläge –, befindet sich rechts der Ort des Friedens, ein Hortus conclusus, wie es Roethel bezeichnet hat.[415] In der Folge bemerkt man, daß die unterhalb der beiden Pferde ausgestreckte Gestalt ebenfalls eine Schlüsselposition einnimmt, insofern sie dieselben basisbildend miteinander verbindet. Deutlicher wird dies in der vorbereitenden Aquarellstudie, wo diese Figur zunächst in Rot aufscheint, ein scharf pointierender Farbwert, der sich dann im Gemälde in Grün verwandelt. Von Brisch irrtümlich als Sintflutopfer bezeichnet, wird diese Gestalt von Dämmer korrekt als schlafend »Liegende« identifiziert. Wie schon mehrfach in Kandinskys Œuvre aufgezeigt, ist dieser »träumenden« Figur eine besondere, geradezu sinnerschließende Qualität beizumessen. Schon Dämmer hat dies richtig erkannt: »Ist dies

Siehe Abbildung 81, Seite 307

412 Huber (Anm. 238), S. 90
413 Kandinsky, ›Über die Formfrage‹, in: *Essays* (Anm. 18), S. 36. ÜGK, S. 69
414 Arnheim (Anm. 195), S. 13
415 Roethel (Anm. 25), S. 72

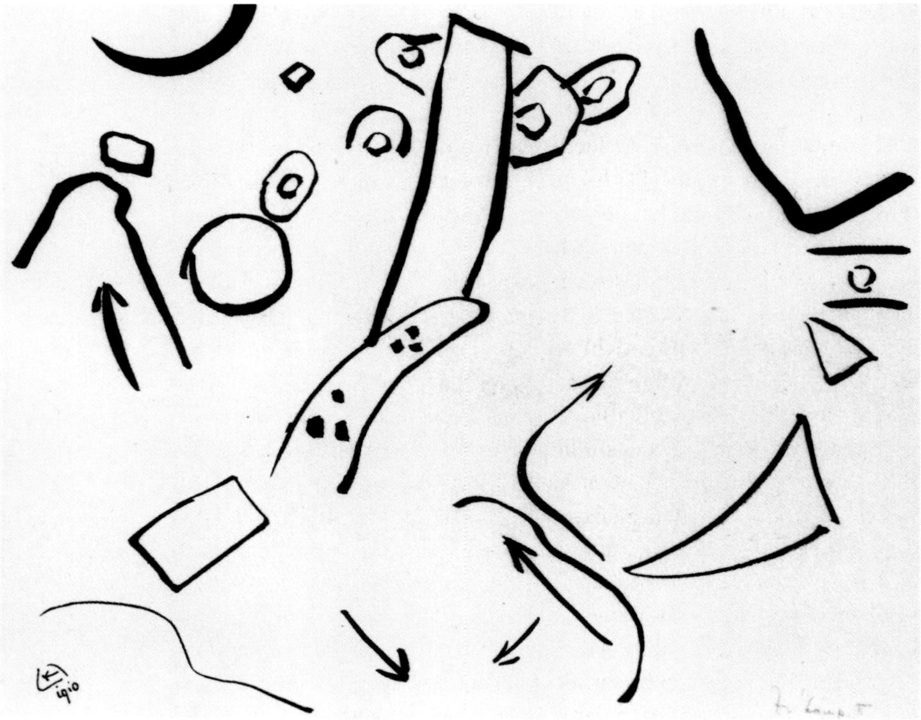

69 *Studie für »Komposition II«*, 1910, Tuschzeichnung auf Papier (23,8 x 30,2 cm), Paris, Musée National d'Art Moderne, Centre Georges Pompidou

Motiv einer ... Liegenden eine ›Allegorie‹, in die Kandinsky sein eigenes visionäres Erleben der *Komposition II* faßt? Ist es vielleicht das Bildzeichen seiner Innenschau, die man beim Betrachten des Werkes, aufgrund der Plazierung im Werk buchstäblich als ›grundlegend‹ erkennen soll?«[416] Zwischen der Liegenden und den sich darüber bogenförmig zusammenschließenden Pferden erstreckt sich rötliches Areal, das den Ursprungsort der Felsen markiert – ein buchstäblich heißer Boden, der, zusätzlich zur Sintflutthematik, Assoziationen mit der »Apokalypse« aufkommen läßt, in der es heißt: »Ein Drittel des Meeres wurde zu Blut.«[417] Ein auf diese Weise dem Kunstwerk hinzugefügter, aus dem kognitiven Bereich des Betrachters stammender Deutungsaspekt wird von Kandinsky ausdrücklich legitimiert: »Da die Seele im allgemeinen fest mit dem Körper verbunden ist, so ist es möglich, daß eine psychische Erschütterung eine andere, ihr entsprechende durch Assoziation hervorruft. Zum Beispiel die rote Farbe kann eine der Flamme ähnliche see-

416 Dämmer (Anm. 394), S. 43
417 Johannes-Offenbarung 8, 8

lische Vibration verursachen, da das Rot die Farbe der Flamme ist. Das warme Rot wirkt aufregend, dieses Rot kann bis zu einer schmerzlichen Peinlichkeit steigen, vielleicht auch durch Ähnlichkeit mit fließendem Blut.«[418]

In unmittelbarer Nähe zur Liegenden bäumt sich das blaue Pferd auf, dessen Reiter es in jene Laufrichtung zwingt, die sich in der Schrägführung des linken, bis knapp an den linken Bildrand heranreichenden Felsen fortsetzt. Etwas weiter entfernt von der Liegenden und über das blaue Pferd hinwegsetzend, sprengt das weiße Pferd, das von seinem mit einem gelben Sack bepackten Reiter (vgl. *Improvisation 3*) heftig vorangetrieben wird, in Gegenrichtung auf den schiefen Felsbolzen zu. Gemeinsames Weiß zwingen Pferd und Fels zur Einheit, verstärkt noch durch den Faktor der »guten Fortsetzung«, der sich in einem nahtlosen Übergang vom Pferderücken zur linken Kontur des Felsen niederschlägt. Mit seinem leicht schlängelnden Verlauf und den sporadischen Farbeinschlüssen verhält es sich organisch wie das Pferd – fast möchte man von einem überdimensionierten, auf einem rudimentären Leib aufsitzenden und unaufhaltsam nach oben stoßenden Giraffenhals sprechen. Auf diesem Weg ist gut voranzukommen, es besteht begründete Hoffnung, dem Inferno zu entgehen. Während dieses Gebilde in der Ölskizze knapp vor der oberen Bildgrenze abbricht, dort schräg abgeflacht in einer Nasenform endet, durchbricht es in der verschollenen Schlußfassung den Rahmen mit dem Anspruch einer gleichsam unendlichen Fortsetzung. Letzteres macht verständlich, daß Dämmer den Fels als »Bahn der Erkenntnis« bezeichnet hat, jenen beschwerlichen und stets gefährdeten Weg zum Geistigen, der leitgedanklich die gesamte Bildkonzeption mitbestimmt. Daß dies Kandinsky hauptsächlich mittels einer verlebendigenden Dynamisierung des Bildgeschehens angestrebt hat, beweist ein Hinweis auf seine vorkonzeptionelle Tuschezeichnung, in der er diagrammartig die wichtigsten, eben besprochenen Bildgegenstände richtungsspezifisch festhält, sich mitunter überhaupt auf vektorale Pfeilmarkierungen beschränkt.[419]

Im übrigen wird die zentrale Rolle des »Erkenntnis«-Felsens durch zusätzliche, vektoral ähnlich ausgerichtete Motive verstärkt, die die primäre Farbtrias (Rot, Blau und Gelb) auf sich vereinigen. So wird das Rot des Basisareals vom Greisenpaar übernommen, das in unmittelbarer Nähe zum gelb akzentuierten Reiter – in ähnlicher Mühsal vorgebeugt – den blauen Berg zu erklimmen sucht. Dieser korrespondiert farblich mit

418 ÜGK, S. 61

419 Magdalena Dabrowski, *Kandinsky. Compositions*, Ausstellungskatalog (The Museum of Modern Art, New York), New York 1995, S. 65

dem rechten Reiter und wird vom Felsturm überschnitten, zureichend »verschleiert«, um den Betrachter vom Sachinhalt abzulenken und Farbklangvorstellungen zu erwecken. Das trapezoid nach rechts drängende Bergmassiv wird vom Motiv des turmbewehrten Kreml bekrönt, an dessen Festungsmauer das wegweisende Rot ein drittes Mal in Erscheinung tritt. Rechts begleitet eine schwarz/weiße Figur – mit diesem konträren Unbuntakkord die Schicksalsfrage »Tod oder Leben« symbolisierend – ein kleines Kind, daß sich mit seinen Ärmchen am Reiterrücken festhält und dessen gelber Haarschopf an den gleichfarbigen Sack des linken Reiters erinnert. Quantitativ gesehen ist dem Gelb, gemessen an der Dominanz des Buntfarbakkords Rot/Blau, in diesem zentralen Bildbezirk eine geringere Rolle zugedacht. Auf sein spezifisches Harmonieverständnis anspielend, beschreibt Kandinsky im »Geistigen« den Rot/Blau-Kontrast: »So ist es z.B. mit der Benachbarung von Rot und Blau, dieser in keinem physikalischen Zusammenhang stehenden Farben, die aber gerade durch den großen ›geistigen Gegensatz‹ unter ihnen als einer der stärkst wirkenden, eine der bestpassenden Harmonien heute gewählt werden.«[420]

Dämmer zufolge sei das zentrale Bildfeld vom Kompositionsschema eines Dreiecks (mit der Liegenden als Basis) bestimmt. Diese an sich schon konstruiert wirkende Beobachtung ist vor allem dann unzulässig, wenn seitens dieser völlig verzerrten Dreieckform eine Formverwandtschaft mit Kandinskys »mystischem Dreieck« (Vignettenentwurf für das ›Geistige‹), das sich bekanntlich durch exakte Gleichseitigkeit auszeichnet, behauptet wird.[421] Dieser Analogieschluß ist insofern verführerisch, als sich in der Dreieckform das Streben des Künstlers zum Geistigen symbolisiert, ein Gedanke, der auch Kandinskys Reiterikonographie bestimmt. Dazu eine Textstelle aus ›Rückblicke‹: »Das Pferd trägt den Reiter mit Kraft und Schnelligkeit. Der Reiter aber führt das Pferd. Das Talent bringt den Künstler auf große Höhen mit Kraft und Schnelligkeit. Der Künstler aber lenkt sein Talent.«[422] Die doppelte Nennung von »Kraft und Schnelligkeit« macht klar, daß Kandinsky auch in *Komposition II* nichts weniger als eine geometrisch fixierende Dreiecksfiguration im Sinn hatte. Er war vielmehr bestrebt, sich wie sonst auch in dynamisch organischen Ausdruckswerten zu äußern, ferner zu zeigen, in welchem Tempo hier die Bildzeit verläuft. Daß der Künstler in all seinen Schaffensschritten immer mit der aktiven Beteiligung des Betrachters rechnet und den prozessualen Charakter eines antigeometrischen Phä-

420 ÜGK, S. 109. – Langner, *Gegensätze und Widersprüche* (Anm. 97), S. 112
421 Dämmer (Anm. 394), S. 36
422 *Rückblicke*, S. 21

nogramms vor Augen hat, ist aus seinem Schrifttum zu erfahren. »Die Mitarbeit der Kraft an dem gegebenen Material führt in das Material das Lebendige ein, das sich in Spannungen äußert. Die Spannungen lassen ihrerseits das Innere der Elemente zum Ausdruck kommen.«[423] Ist zu ergänzen, daß die spannungsvermindernde Regelmäßigkeit etwa einer Dreieckkomposition solchen Überlegungen von vorneherein hinderlich wäre. Wie Dämmers unzulässig vereinfachende Diagrammthese eine tragfähige Sicht auf den wirklichen Form/Inhalt-Kontext verstellt, beweist eine in ›Über das Geistige‹ auf die Bewegungsproblematik anspielende Passage, die sich direkt auf *Komposition II* beziehen könnte: »Eine sehr einfache Bewegung, von welcher das Ziel unbekannt ist, wirkt schon an und für sich als eine bedeutende, geheimnisvolle, feierliche. Und das, solange man das äußerliche, praktische Ziel der Bewegung nicht kennt. Dann wirkt sie als reiner Klang ...«.[424] Neben dem Umstand, daß in *Komposition II* das »praktische Ziel« des »geistigen Wegs« (Felsturm) erst außerhalb des oberen Bildrahmens zu erahnen ist, spielt hier »das Kombinieren des Verschleierten [Anm. d. Verf.: z.B. blauer Berg und roter Kreml] und des Bloßgelegten« als »eine neue Möglichkeit der Leitmotive einer Formenkomposition« eine gravierende Rolle, zumal, wie Kandinsky weiter betont, nicht zielführend sein kann: » ... eine klar daliegende, oft in die Augen springende ›geometrische‹ Konstruktion [Anm. d. Verf.: etwa Dämmers Dreiecksthese] ..., sondern die versteckte, die aus dem Bild herauskommt und also weniger für das Auge als für die Seele bestimmt ist«;[425] letzteres auch ein künstlerischer Beweis für die Richtigkeit von Arnheims gestaltpsychologischem Leitsatz: »Gute Form zeigt sich nicht«, und schon gar nicht, so sei hinzugefügt, anhand eines vermeintlichen Dreiecks.[426]

Links von der visionären Liegenden kennzeichnen hochpeitschende Wellenschläge das menschenverschlingende Sintflutgeschehen. Zunächst ist auf die vor dem weißen Doppelfelsen postierte, aus vier Personen bestehende Gruppe hinzuweisen, wobei es zwischen der New Yorker Ölskizze und der Endfassung erhebliche Unterschiede gibt. Während die Vierergruppe in der Ölskizze – streng lotrecht ausgerichtet, in Reih und Glied aneinandergeschmiegt und die Köpfe nur leicht gesenkt – Aufstellung genommen hat, ist diese in der Endfassung, weniger geordnet und in ihrer Bewegtheit deutlich ausdrucksstärker als in der Ölskizze, aufgrund ihrer »verschleierten« Figuration nur mit Mühe auszumachen.

423 PLF, S. 100
424 ÜGK, S. 123
425 Ebda., S. 78 und 129
426 Arnheim (Anm. 88), S. 133

Im Anschluß an die Vierergruppe wird in der linken unteren Bildecke eine violette Gestalt, die mit ihrem rechten Arm nach oben weist, von einer kelchförmigen Wellenform umklammert. Brisch hat diese Figur als einen um Rettung flehenden »Ertrinkenden« bezeichnet und dabei den nach unten gerichteten Bewegungssog überschätzt.[427] In Wirklichkeit handelt es sich – analog zur Situation des gelben Pferdes in *Improvisation 14* – um einen ambivalenten, Anziehung und Abstoßung gleichermaßen umfassenden Bewegungsvorgang; aufgrund des hochgereckten, exakt auf die linke Felsspitze ausgerichteten Arms dominiert der aufwärts zielende Vektor sogar. Letzteres nimmt Dämmer zum Anlaß, die Gestalt als »emphatisch mahnenden Zeiger«, somit als moralisierenden Repräsentanten anzusprechen. Ihr überzeugendes Resümee: »Mit eben diesem menschengestaltigen Bildzeichen einer leidenschaftlichen Mahnung setzt er [Kandinsky] durch dessen Plazierung am Bildbeginn den moralischen Tenor der *Komposition II*; es scheint, als habe Kandinsky erst in diesem menschengestaltigen Zeichen die Form gefunden, die ihm klar den ›inneren Klang‹ höchster engagierter Moralität zu verkörpern vermag.«[428] Ohne die Gültigkeit der Sintflut-Thematik in Frage zu stellen, eröffnet sich durch diesen Direktappell eine zweite Bedeutungsebene. Der Betrachter, der sich grundsätzlich mit dem hier vom »Zeiger« akzentuierten linken Bildort identifiziert, entspricht dem Wahrnehmungsgesetz, wonach alles, was in der linken Bildhälfte geschieht, größte Bedeutung annimmt.[429]

Im linken oberen Bildquadranten setzt sich das Zerstörungswerk der Sintflut fort. Überwiegend blau getönte Wassermassen umzingeln eine mit Türmen besetzte Landschaftsinsel. Schräg darüber in der Bildecke versinken zwei Figuren in den Wellen, um 90 Grad gekippte Gestalten, deren Armgesten an den mahnenden »Zeiger« erinnern. Unter der Wucht des Ereignisses scheint das Terrain einzubrechen, die linke Baumgruppe sowie die stürzenden Türme, die den divergierenden Winkel der weißen Felsbahnen in Gegenrichtung wiederholen, mit sich in den Abgrund reißend. Dieses Katastrophenszenarium hatte Kandinsky bereits in *Improvisation 8* formuliert, und wie dort wird in einem V-förmigen Geländeeinschnitt die nach unten weisende Bewegungsrichtung

427 Brisch (Anm. 65), S. 233

428 Dämmer (Anm. 394), S. 48

429 Im folgenden Arnheims Kommentar zur Asymmetrie der Gehirnhälften: »Die rechte Gehirnhälfte scheint mehr auf die Sinneswahrnehmung abgestellt zu sein. Man kann annehmen, daß dadurch das Gesichtsfeld unsymmetrisch wird. Da dessen linke Seite von der rechten Gehirnhälfte produziert wird, kommt dieser ein visuelles Übergewicht zu. Dinge im linken Felde sehen besonders wichtig aus. Der Betrachter identifiziert sich zuerst mit ihnen.« Arnheim (Anm. 195), S. 46; Arnheim, (Anm. 88), S. 36

70 *Fragment zu »Komposition II«*, 1910, Öl auf Karton (58 x 48 cm), Schweiz, Privatsammlung

manifest. Zudem ist in der V-Senke ein violettes Boot eingefügt, dessen gelber, von einer weißen Aura foliierter Passagier offenbar bestrebt ist, mittels seiner wie beschwörend ausgebreiteten Arme die bereits gefährlich geneigten Türme wieder aufzurichten. Von Dämmer als »kreuzförmige Lichtgestalt« bezeichnet, erinnert diese Figur »sicher nicht zufällig ... an die gekreuzigte Erlösergestalt des Christentums«. Indes vermag sie angesichts ihrer kleinen Dimensionen, wie Dämmer zurecht betont, »die gewaltigen Linienzüge nicht wirklich zu einen. Sie bleibt so etwas wie ein lichte Ahnung, die als solche wirklich ist.«[430]

Die Liegende unten gibt sich nicht nur apokalyptischen Visionen hin, sie träumt auch von Entgegengesetztem, von einem Ort des Friedens oder von einem Hortus conclusus, wie dies Roethel ausdrückt.[431] Merk-

430 Dämmer (Anm. 394), S. 43 f.

lich vom Inferno-Abschnitt getrennt, umfaßt dieser Paradiesort das rechte Bilddrittel; genauer genommen erfolgt diese Bildaufteilung – annähernd markiert durch die kleine Schwarz-Weiß-Figur – nach der Proportionsregel des Goldenen Schnitts. Brischs Frage, »ob die Gegensatzbildung der Bildhälften auf einer bewußten Teilung der Komposition beruht«, ist mit Sicherheit positiv zu beantworten. Denn in einer seiner eigenen Bildbeschreibungen (jener des *Bildes mit weißem Rand* von 1913) macht Kandinsky eine Bemerkung über die *Komposition VI*, die ebenso die Sintflut zum Thema hat. Die Hälften der *Komposition VI*, so heißt es, seien so selbständig, daß »man aus dem Bilde zwei machen könne, die selbständig leben, aber zusammengewachsen sind«.[432] Bezüglich der Inhaltsdeutung des Hortus conclusus hat die Forschung, vor allem Dämmer und Washton-Long, einen wertvollen Beitrag geleistet. Aufgrund des dort vorherrschenden hermetisch-ikonographischen Ansatzes, bei dem das »sehende Sehen« gegenüber dem »wiedererkennenden« naturgemäß in den Hintergrund tritt, bleibt die künstlerisch entscheidende Frage, wie die getrennten Bildteile nun tatsächlich »zusammengewachsen« sind beziehungsweise sich zu kosmischer Ganzheit schließen, allerdings unbeantwortet. Dabei hat Kandinsky selbst – implizit mit deutlich ganzheitlich-dynamischem Appell – wiederholt auf den kosmischen Charakter eines entstehenden Werks verwiesen. Am klarsten bringt er dies, wie schon einmal zitiert, in seinen ›Rückblicken‹ zum Ausdruck: »Das Malen ist ein donnernder Zusammenstoß verschiedener Welten [Anm. d. Verf.: hier der infernalen mit der paradiesischen], die in und aus dem Kampfe miteinander die neue Welt zu schaffen bestimmt sind, die das Werk heißt. Jedes Werk entsteht technisch so, wie der Kosmos entstand – durch Katastrophen, die aus dem chaotischen Gebrüll der Instrumente zum Schluß eine Symphonie bilden, die Sphärenmusik heißt. Werkschöpfung ist Weltschöpfung.«[433]

Erwähnt sei, daß Kandinsky für das rechte Bildfeld – die Selbständigkeit unterstreichend – eine eigene Ölskizze mit bemaltem Rahmen angefertigt hat. Von dieser unterscheidet sich der entsprechende Abschnitt der New Yorker Ölskizze durch das höhere Format wie durch eine veränderte Farbgebung und komprimiertere Figurenaufteilung. Rechts unten lagern zwei Gestalten, die Brisch, analog zu *Improvisation 27* (*Liebesgarten*; 1912), als Liebespaar deutet.[434] Die obere der beiden, leicht aufgerichtet, scheint sich den zwei von links herantretenden grü-

431 Roethel (Anm. 25), S. 72
432 *Rückblicke*, S. 43
433 Ebda., S. 24
434 Brisch (Anm. 65), S. 234

nen Wesen zuzuwenden. Darüber sind drei weitere schräg vorgebeugte Figuren mit dem Einsammeln von »geistigem Brot« beschäftigt.[435] Zum Anlaß seines »mystischen Dreiecks« beschreibt Kandinsky dieses an die biblische Mannalese erinnernde Symbol: »Es ist klar, daß eine jede solche Abteilung [Anm. d. Verf.: die Zonen des Dreiecks betreffend] nach dem entsprechenden Brot bewußt oder (viel öfter) gänzlich unbewußt hungert. Dieses Brot wird ihr von ihren Künstlern gereicht und nach diesem Brot wird morgen schon die nächste Abteilung greifen.«[436] Dieses »geistige Brot« scheint insofern dem liegenden Paar zugedacht, als es – ebenso wie die rechte brotsammelnde Figur – über den gleichen mattweißen Farbton verfügt; offensichtlich besteht hier ein farbig-geistiger Bezug zum linken Pferd und zu den der Erkenntnissuche dienlichen weißen Felsbahnen. Ferner gibt es hinsichtlich ähnlicher Lage und Ausrichtung eine gewisse Korrespondenz zwischen dem Liebespaar und der ihrer Vision hingegebenen Liegenden, deren Grünton wiederum eine koloristische Beziehung zu den beiden den Liebenden zugewandten Figuren herstellt. Weitere Farbanalogien bestehen zwischen der violetten, sich nach dem Manna bückenden Gestalt und dem mahnenden »Zeiger« sowie dem Boot der kreuzförmigen Lichtgestalt. Mehrfache Roteinschlüsse komplettieren das beide Bildteile verknüpfende Farbbeziehungsnetz, dem sich noch Blau – Pferd, blauer Berg und Liebespaar – hinzugesellt. Im übrigen garantiert auch der dominierende Gelbanteil des Paradiesbodens (= Grund), dem man auch in der linken unteren Bildecke wie in der einstürzenden Bergsenke begegnet, für ein gewisses »Zusammenwachsen« der an sich so widersprüchlichen Bildbezirke. Wie im Bereich des Kolorits lassen sich auch hinsichtlich der Bewegungsrichtungen – anhand des Gestaltgesetzes der gruppenbildenden Ähnlichkeit[437] – bildteilintegrierende Korrespondenzen ausmachen. Dies gilt primär für drei der fünf Mannasammler, deren flüchtige Körperneigung den Bewegungsimpetus von Felsturm, linkem Reiter, Greisenpaar und blauem Berg aus dem linken Bildareal nach rechts weitertragen. Diesem dynamischen Zug widerstreben lediglich die Blickrichtung des Liebespaars sowie die rechts oben sich nach links neigende Baumkrone, deren

435 Dämmer (Anm. 394), S. 68

436 ÜGK, S. 30

437 Zum Faktor der Ähnlichkeit einige ergänzende Definitionen aus Arnheims *Kunst und Sehen* (Anm. 88): »Jeder Aspekt im Wahrnehmungsbild – Gestalt, Helligkeit, Farbe, Raumlage, Bewegung usw. – kann eine Gruppenbildung nach Ähnlichkeit auslösen.« (S. 80) – »Wir stellen fest, daß Ähnlichkeit in Größe, Form oder Farbe [Anm. d. Verf.: weiters Helligkeit und Bewegungsrichtung] Einzelstücke verbindet, die räumlich weit voneinander entfernt sind.« (S.82) – »Das abschätzende Auge kann das Ganze ordnen, indem es all die Flächen zusammenfaßt, die die gleiche räumliche Richtung aufweisen.« (S. 308).

71 *Kahnfahrt, 1910*, Öl auf Leinwand (98 x 105 cm), Moskau. Staatliche Tretjakow-Galerie

Stamm – einer Wurzel Jesse gleich – aus dem Körper einer horizontal hingestreckten bärtigen Greisengestalt aufzuwachsen scheint. Interpretiert man den Baum als Trauerweide, aus dessen Geäst bunte Blätter edelsteinartig herab–rieseln, und glaubt man in den beiden gegenständlich verschlüsselten Figuren, die unter dem Schutz des Blätterdachs stehen, ein die Köpfe senkendes Menschenpaar zu erkennen, so geht man wohl kaum fehl, die Greisengestalt als Verstorbenen zu deuten. Neben der trauernden Körpersprache des Paars künden auch die gelben und roten, von oben einbrechenden Zackengebilde – bei Kandinsky immer ein Zeichen von Bedrohung – von der Endlichkeit des Menschenschicksals. Vermutlich waren es diese aggressiven Zeichen, die den Baum zum Knicken gebracht haben, was zur Deutung berechtigt, das rechte Bilddrittel anstatt als »himmlisches« als »irdisches«, der zeitlichen Begrenztheit ausgeliefertes Paradies zu bezeichnen. Mit seiner Liegeposition ist der Verstorbene der Attitüde der visionären Liegenden sowie des Liebespaars angepaßt. Daraus wird Kandinskys Bestreben schlüssig, drei wichtige Daseinsweisen der menschlichen Existenz im Bild festzuhalten: Traum, Leben und Tod. Darin spiegelt sich einmal mehr Kandinskys Harmonievorstellung, die sich, so Roethel, in der »Konfrontierung gegensätzlicher Elemente wie Liebe und Tod, Individuum und Masse, Glück und Trauer, Untergang und Erhebung [äußert]. Wie eine Symphonie in ihrer harmonischen Vielschichtigkeit stellt auch dieses Gemälde den Versuch dar, eine allumfassende Vision des gesamten ›bunten Lebens‹ ins Bild zu setzen«.

Problematisch erscheint jedoch, wenn Roethel der *Komposition II* Raum- und Zeitlosigkeit unterstellt.[438] Ausgehend von der in der Kunstwissenschaft mittlerweile anerkannten Tatsache, daß jedes Werk der Bildnerei eine spezifische Zeitaussage in sich birgt, muß Roethels Einschätzung des raumzeitlichen Sachverhalts von vorneherein als unkorrekt zurückgewiesen werden. Die Ursache für diese Fehldiagnose mag auf einer der konventionellen Raumvorstellung (Perspektive usw.) abgewonnenen Sehprämisse beruhen, und eben diese erweist sich für Kandinskys semiabstraktes Werk als wesensfremd. Hier gelten andere Kriterien, wie Überschneidungen, Schrägen und vor allem die Klärung des Verhältnisses von Figur und Grund. Davon ausgehend und im Lichte der prinzipiellen Korrelativität von Raum und Zeit erfüllt der linke Großteil des Gemäldes sämtliche Voraussetzungen für die Wahrnehmung eines raschen, von zahlreichen Qualitätsveränderungen durchsetzten Zeitablaufs. Hauptindikatoren dafür sind die beiden Felsen, die, asymmetrisch und schräg angelegt, die Reiter in enormem Tempo nach oben fortzureißen scheinen. Zeitlich anders verhält sich das rechte Bilddrittel, wo mangelnde Interferenzen wie eine eindeutige Figur/Grund-Situation ein bedächtiges, dem Hort des Friedens angemessenes Zeitgefühl garantieren; selbst die geschäftig heraneilenden Mannasammler ändern daran wenig. Verstärkt wird dieser Eindruck durch eine lediglich zweischichtige Räumlichkeit sowie durch eine relativ symmetrische Kompositionsweise. Schließlich ist auf die rechte obere Bildecke hinzuweisen, wo zum einen der orthogonale Bezug zwischen Baumstamm und Greisengestalt, zum anderen die sich zum Oval schließende, somit zu ihrem Ursprung zurückkehrende Trauerweide die Zeit fast zum Stillstand bringen. Im ganzen ist, gemessen an den vielschichtigen Turbulenzen im linken Bildfeld, ein auffallend einfaches Kompositionsschema vorherrschend. Dazu Theissings prinzipielle Zeitaussage: »Denn größere Einfachheit bewirkt größere Einheit und damit Ruhe, während Vielfalt zur Offenheit und damit zur Übergänglichkeit und Transitorik tendiert.«[439] Alles in allem erinnert der rechte Bildabschnitt mit seiner gleichgewichtigen Figurenaufteilung beziehungsweise gebremsten Dynamik an einen bunten orientalischen Teppich. In Kandinskys Augen ein schwer verkraftbares Ver-

438 Roethel (Anm. 25), S. 72
439 Theissing (Anm. 19), S. 51

dikt, das ja tatsächlich in einer Zeitungskritik bezüglich *Komposition II* – freilich fehlgeleitet durch ein mangelndes Verständnis für das Bildganze – über ihn gefällt wurde. Der ironische Kommentar des Rezensenten: »Einzelnes ließe ich mir eingehen, wenn darunter stünde ›Farbenskizze für einen modernen Teppich‹. Aber weit gefehlt! Die Leute, die hier ausstellen, sind sich zu gut, sich mit ›Kunstgewerblern‹ auf eine Stufe stellen zu lassen. Sie schaffen freie, reine, hohe Kunst – meinen sie.« [440]

2.3 *Kahnfahrt*

Stehen in *Improvisation 10* und *Komposition II* die dynamischen Wirkungsbeziehungen von Linie und Buntfarbe im Mittelpunkt des Interesses, so wird in *Kahnfahrt*, dem dritten in der NKVM-Ausstellung gezeigten Bild, die malerische Verwendung der »graphischen Farben« Schwarz und Weiß erprobt. [441] Letzteres ist in bezug auf Weiß, das tatsächlich in sehr reiner Erscheinung auftritt, gewiß zutreffend, hinsichtlich Schwarz ist die Einschätzung indes weniger korrekt. Denn in Wirklichkeit wird anstatt Schwarz – symbolisch, so Kandinsky, »ein totes Nichts nach dem Erlöschen der Sonne« – Farbe (vor allem Oliv und Braun) in ihrer tiefstmöglichen Abdunkelung beziehungsweise Trübung verwendet. Diese Differenzierung ist insofern wichtig, als der Betrachter diese in Schwarzgrau eingebetteten Farbreste als Abweichungen von Schwarz empfindet, was von vorneherein ein beachtliches Spannungspotential erzeugt.

Dargestellt ist ein von Bergen begrenzter See mit strahlend weißen Booten, die, einer gespenstischen Regatta gleich, auf schwärzlich unergründlichem Gewässer dem Ufer entgegenrudern. Eine gleichmäßige Dunkelheit sorgt dafür, daß Wasser und Gebirge fast nahtlos ineinander übergehen. Nur eine Kirche und ein gelber horizontaler Balken geben Anhaltspunkte, um die Uferzone zu erahnen. Über dem Gebirge wölbt sich ein weit ausgreifender dunkelblauer Bogen, innerhalb dessen auf gelbem und weißem Grund ein rötliches Gestirn erscheint. Ausgehend vom subjektiven Eindruck dominierender Schwärze – Kandinsky zufolge »äußerlich die klangloseste Farbe, auf welcher deswegen jede andere Farbe, auch die am schwärzesten klingende, stärker und präziser klingt« – gewinnt diese kosmische Emanation an Leuchtkraft wie dynamischem Eigenleben; [442] soviel zur Orientierung.

Bei eingehender Analyse wird klar, daß Kandinsky in *Kahnfahrt* – ungeachtet eines relativ hohen Gegenständlichkeitsgrads – viel mehr im Sinne hatte, als nur eine Bergsee-Landschaft zu malen. Dessen ist sich

440 Zitiert bei Thürlemann (Anm. 211), S. 46
441 Becks-Malorny (Anm. 33), S. 46
442 ÜGK, S. 98

auch Becks-Malorny bewußt, die ihre Kurzbeschreibung mit dem das Wesentliche der Bildkomposition berührenden Satz schließt: »Doch immer mehr werden die Objekte zu reinen Trägern von Farbe, die Gegenstandsbeziehungen zu reinen Spannungselementen.«[443] Diese auch gestalttheoretisch korrekte Beobachtung verdeutlicht einmal mehr, daß das aus Spannungen und Bewegtheitskorrelationen sich konstituierende »dynamische Thema« »mehr« ist, als es die vordergründig ikonographische Prämisse zunächst erwarten läßt. Darin spiegelt sich Kandinskys universelle Grundeinstellung, ähnlich dem Zentralgedanken des Mittelalters, wonach (dem Motto des »Universalia sunt realia« folgend) nur die Ideen wirklich sind. Gegensätzlich dazu der unter Kandinskys Zeitgenossen weiterwirkende Positivismus, dessen nominalistisches Denkschema (universalia sunt post rem) Universelles als aus den Dingen abgezogenes Ergebnis, somit als bloße Verstandesschöpfung definiert. Das universelle oder, künstlerisch adäquater ausgedrückt, dynamische Thema, das sich im Strukturschema enthüllt, bleibt nicht auf die jeweilige Episode beschränkt, sondern es gilt, so Arnheim, »für zahllose Situationen, die sich in der psychischen und physischen Welt einstellen können«. Es macht, heißt es in Arnheims ›Macht der Mitte‹ weiters, »aus der bloßen Zusammenstellung von Formen eine semantische Aussage über das menschliche Daseinserlebnis«.[444] Diesem Universalanspruch begegnen wir an vielen Stellen von Kandinskys Schrifttum, wie das »Rein- und Ewig-Künstlerische«, das »Ewig-Objektive« oder »Mystischnotwendige« einen Analogiebezug zum Begriff des »dynamischen Themas« vermuten lassen. In ›Über das Geistige‹ finden sich dazu folgende Sätze: »Nur das dritte Element des Rein- und Ewig-Künstlerischen bleibt ewig lebendig ... Das Rein- und Ewig-Künstlerische ist ... das objektive Element, welches mit Hilfe des subjektiven [Anm. d. Verf.: der künstlerischen Form] verständlich wird ... Dieses ist der einzige Weg, das Mystischnotwendige zum Ausdruck zu bringen.«[445] Daß sich zur Darstellung des Mystischnotwendigen die Abstraktion besonders eignet, hat sich in Kandinskys Gedankengebäude schon des längeren festgesetzt. Trotzdem zögert er vor dem letzten Schritt zur völligen Abstraktion, wozu die *Kahnfahrt* mit ihrem Gegenstandsbezug ein beredtes Beispiel gibt. Der Künstler steht vor einem Scheideweg, der sich in ›Über das Geistige‹ in entsprechend widersprüchlicher Weise niederschlägt. Da heißt es zunächst: »Mit ausschließlich rein abstrakten Formen kann der Künstler heute nicht auskommen. Diese Formen sind ihm zu unpräzis.« Dann stellt sich Kan-

443 Becks-Malorny (Anm. 33), S. 46
444 Arnheim (Anm. 88), S. 465; Arnheim (Anm. 195), S. 157
445 ÜGK, S. 80, 82 und 84

dinsky die Frage: »...müssen wir denn nicht auf das Gegenständliche überhaupt verzichten, es aus unserer Vorratskammer in alle Winde zerstreuen und das rein Abstrakte ganz bloßlegen?«[446]

Im Zentrum von *Kahnfahrt* steht ohne Zweifel das Bootsmotiv, eine Thematik, mit der sich Kandinsky schon all die Jahre zuvor beschäftigt hat und die ihn noch in den abstraktesten Bildern der Folgezeit nicht loslassen wird. Dies beginnt schon 1903 in den von der russischen Märchenwelt sowie Volkskunst beeinflußten Holzschnitten *Der Rhein*, *Das goldene Segel* usw. oder im Farblithographie-Plakat der 7. ›Phalanx‹-Ausstellung, wo eine Flotte von Wikingerbooten auf den Vordergrund zusteuert. All diese Werke sind geprägt durch eine »Vermischung von Realem und Phantastischem, von Wirklichkeit und Imagination, von Gegenwart und Vergangenheit, von Evidenz und Geheimnis.«[447] Auch in *Bild mit Kahn* (1909), einem der *Kahnfahrt* strukturell recht ähnlichen Werk, ist offenkundig, daß das Boot stets nach »anderen Ufern«, nach dem Gestade des Geistigen strebt, einem Zielort, der nur auf gefahrvollem Wege – bedroht von Klippen, Untiefen und anderen dynamischen Widerständen – zu erreichen ist.

In *Kahnfahrt* sind es vor allem die drei Boote, die die Aufmerksamkeit des Betrachters unmittelbar fesseln. Dies ist durch zwei Faktoren bedingt: zum einen dadurch, daß die Boote wie ihre Passagiere am markantesten der Gegenständlichkeit verpflichtet sind. Zum anderen steht das Weiß der Bootskörper in einem extremen Hell-Dunkel-Kontrast (neben dem Kalt-Warm-Gegensatz das zweitwichtigste Kontrastpaar in Kandinskys Farbtheorie) zur Schwärze der Wasserfläche. In den Booten sitzen jeweils drei Ruderer und ein Steuermann, wobei das Rot ihrer Ruderblätter zum Schwarz-Weiß-Umfeld einen signalhaften Bunt/Unbunt-Kontrast setzt; Rot wiederholt sich auch am Kirchenbau, der wie auf einem Schiff dahinzugleiten scheint.

Was hat Kandinsky nun dazu bewogen, Motive wie Boot, Besatzung und Kirche dermaßen gegenstandspezifisch in ein relativ abstrahiertes Umfeld einzubetten? War es ein Zugeständnis an den Betrachter, ein Hilfsmittel auf dem beschwerlichen Weg zu angemessener Werkrezeption oder doch ein weniger banaler, tiefergehender Grund, der Kandinsky zu einer Synthese von Abstraktion und Realistik veranlaßt hat? Dabei sei daran erinnert, daß der Künstler sich erst etwa drei Jahre später in seiner »Formfrage« zum Kontrastpaar der »Großen Abstraktion« und »Großen Realistik« geäußert hat, und zwar mit ausdrücklicher Billigung

446 Ebda., S. 71 und 76

447 Armin Zweite, ›Kandinsky zwischen Tradition und Innovation‹, in: *Kandinsky und München* (Anm. 32), S. 153

deren gleichrangiger Existenzberechtigung. Zur Erläuterung dieses nur scheinbar unversöhnlichen Sachverhalts hat Max Imdahl in seinem Buch ›Bildautonomie und Wirklichkeit‹ – im Kontext mit der »konkreten Kunst« – den erhellendsten Beitrag geliefert. »Generell versteht Kandinsky die Große Abstraktion als die äußerste Verdinglichung des Gegenstandslosen und die Große Realistik als die äußerste Verdinglichung des Gegenständlichen. Kandinsky zufolge enthüllen einerseits die gegenstandlosen bildnerischen Elementarwerte, wie z.B. die Linie, vermöge der Abstraktion von jeder gegenständlichen Bedeutung und andererseits die gegenständlichen Dinge dank der ihnen verweigerten künstlerischen Überformung und unter Absehung von ihrer Zweckdienlichkeit den je innewohnenden Klang ... Nach Kandinsky enthält das traditionale, auf Imitatio basierte Kunstwerk sowohl eine Komponente des ›Gegenständlichen‹ als auch eine Komponente des ›Reinkünstlerischen‹, u.a. entspricht – so könnte man sagen – dem Gegenständlichen die Realistik und seiner durch das Reinkünstlerische geschehenen Idealisierung und Formung die Abstraktion.«[448] Und Imdahl weiter: »Kandinsky zufolge ist der innere Klang eines Phänomens der Großen Abstraktion, im Begriff van Doesburgs konkreten Malerei also, eindeutig dessen formale Struktur ... Die formale Struktur als der einzige Sinnträger eines Phänomens der Großen Abstraktion ist angewiesen ausschließlich auf die ›inneroptische Intelligenz‹ des Beschauers oder, besser, auf die ›nichtbegriffliche Intelligenz des Auges‹ und wendet sich ausschließlich an diese.«[449] Schon weniger eindeutig definiert ist der innere Klang eines Phänomens der Großen Realistik, »eines vorgegebenen Realgegenständlichen oder eines Dinges also«. Hier eröffnen sich Imdahl vier Interpretationsmöglichkeiten: »Einerseits wäre es grundsätzlich möglich, im Gegensatz zur strukturbezogenen Erfahrung eines Phänomens der Großen Abstraktion für ein Phänomen der Großen Realistik eine funktionsbezogene Erfahrung anzunehmen.« Oder: »... der innere Klang des Dings kann aber auch begründet sein im reinen Dingsein des Dings ...« und schließlich: »Der innere Klang eines Phänomens der Großen Realistik kann ebenso verstanden werden als Entbanalisierung einer tautologischen Dingerfahrung im Sinne einer neuen Bewußtwerdung, daß die Dinge eben sind, was sie sind. Andererseits wird nahegelegt, den inneren Klang der Dinge wiederum in deren formaler Struktur zu erkennen: Der

448 Imdahl (Anm. 165), S. 87. – Zu Kandinskys Begriffspaar siehe ferner Hans Sedlmayr, ›Das große Reale und das große Abstrakte‹, in: *Wissenschaft und Weltbild 8*, 1955, S. 1 f. – Walter Hess, Die große Abstraktion und die große Realistik. Zwei von Kandinsky definierte Möglichkeiten moderner Bildstruktur, in: *Jahrbuch für Ästhetik und Allgemeine Kunstwissenschaft V*, 1960, S. 7 f.

449 Imdahl (Anm. 165), S. 88

innere Klang der Dinge erschließt sich, wenn man die Dinge, wie sie sind, auf ihre formalen Sachverhalte nach der Norm der Großen Abstraktion befragt … Die Große Abstraktion als die Verabsolutierung der formalen Struktur ist gewissermaßen eine Schulung der inneroptischen Intelligenz, überhaupt das Strukturelle zu realisieren und zu bewerten, und zwar auch an Phänomenen der Großen Realistik … so wird im gleichen Zuge das Realgegenständliche freigesetzt, das heißt verabsolutiert im Sinne der Großen Realistik und auch seinerseits aus jeder Vergleichbarkeit mit seinen in der traditionalen Kunst formulierten Idealerscheinungen entlassen.«[450] Unter diesen vier Interpretationsvarianten der Großen Realistik ist die letzte gewiß die plausibelste. Demnach wäre Kandinsky keinesfalls nur bestrebt, den Betrachter durch das Angebot von Realgegenständlichkeit (Boote usw.) in seinem Rezeptionsvermögen zu unterstützen, vielmehr hätte er danach getrachtet, diesen von der banalen Erfahrung des »reinen Dingseins des Dings« loszulösen und dafür zu gewinnen, selbst im rein Gegenständlichen – ähnlich der Großen Abstraktion – formale Strukturwerte zu entdecken und mittels »inneroptischer Intelligenz« zu dynamisch ganzheitlichen Seh- und Deutungsergebnissen zu gelangen. Dann und nur dann wird sich zeigen, daß auch der Realgegenstand ein symbolisches »Mehr« enthält gegenüber dem, was er zunächst in seiner selbstreferentiellen »Nur-Dinglichkeit« gibt. Für den zeitgenössischen, gegenstandsfixierten Rezipienten war dies wohl eine beachtliche Herausforderung oder wahrscheinlich sogar Überforderung. Es ist hinsichtlich des Realgegenständlichen im Vergleich zur dingbefreiten Abstraktion, die als »reinkünstlerisches« Medium von vorneherein dem Betrachter ein »sehendes Sehen« abverlangt, weit schwieriger, vom Dinghaften loszukommen. Einfacher ausgedrückt wird es vermutlich auch dem heutigen Betrachter nicht leicht fallen, im Falle von Gegenständlichkeit so zu tun, als ob es diese gar nicht gäbe.

In *Kahnfahrt* sind die drei Boote nicht nur in ihrer Erscheinungsform der Großen Realistik verpflichtet, hinzu kommt noch der Umstand, daß sie, in einem Größengefälle gestaffelt, einen perspektivischen, der naturalistischen Kunsttradition entlehnten Tiefenzug bewirken, der am imaginären Ufer abrupt zum Stillstand kommt. Die Boote sind, flächenprojektiv gesehen, von rechts unten nach links oben auf jener Bilddiagonalen unterwegs, die Kandinsky in ›Punkt und Linie zu Fläche‹ als die höchst gegensätzliche, »disharmonische« und von »dramatischer Spannung« geprägte bezeichnet hat.[451] Zudem führt sie in Anspielung auf das visuelle Gewicht von der Schwere der Nähe zur Leichtigkeit der

450 Ebda., S. 88 f.
451 PLF, S. 144 f.

Ferne. Mit diesen Richtungskomponenten verknüpft Kandinsky auch den Aspekt beschleunigter Temporalität: »Die Formen, die ihre Spannungen nach links gerichtet haben, haben dadurch etwas ›Abenteuerliches‹, und die ›Bewegung‹ dieser Formen gewinnt immer mehr an Intensität und Geschwindigkeit.«[452] In Verlängerung der diagonalen Fahrtrichtung der Boote stößt man links oben auf das spirituelle Symbol des dreieckigen Bergs, dem vermutlichen Ziel der Ruderer. Daß dieses nicht gefahr- und widerstandslos zu erreichen ist, zeigt der sich von links nähernde gelbe Balken, der im Begriff ist, mit dem kleinsten, bereits in Ufernähe befindlichen Kahn zu kollidieren; es ist zu erwarten, daß sich der drohende Zusammenstoß im Bereich der bildteilenden Vertikalachse, im Gleichgewichtszentrum ereignen wird. Indessen sind die Boote – angesichts des integralen Faktors der Nähe, ihrer konzentrischen Ausrichtung sowie ihres beachtlichen visuellen Gewichts – strategisch effizient genug positioniert, um mit dem gelben Kontrahenten fertig zu werden. Auch das sich von rechts hereinschiebende Kirchen-Schiff mengt sich in den Konflikt, für die Bootsinsassen Partei ergreifend, indem es seinen Vektor exakt auf die Bugspitze des schon am weitesten vorangekommenen Kahns ausrichtet. Daraus ergibt sich eine Kirche und Boote gleichermaßen umfassende Keilformation, gegen deren gerichteter Spannung der gelbe Balken allein wohl wenig auszurichten imstande wäre.

Doch auch die Elemente Wasser, Erde und Luft schalten sich in das dem Kulminationspunkt zustrebende Geschehen ein. Da ist zunächst die in ihrer Schwärze unergründliche Tiefe verheißende Wasserfläche, die in der rechten Bildhälfte beinahe uferlos in einen schwarzgrauen Berghang überzuleiten scheint und so, trotz perspektivischer Bootsformation, in dessen Flächenbezug gerät – ein Spannungsmoment katexochen. Ebenso nahtlos folgt dem rechts eine bis zum oberen Bildrand aufgetürmte und auf der Kirche schwer lastende Graumasse, die wie eine wechselseitige Durchdringung von Gebirge und Gewitterwolken anmutet. Links ist die Homogenität der schwärzlichen Seeoberfläche durch Blau-, Weiß- und Olivgrüntöne merklich aufgelockert. Indessen wird der Betrachter im ungewissen belassen, ob es sich hier um einen Spiegelreflex der in den Bergen durchbrechenden Lichterscheinung oder um ein vom Künstler bis zur Unkenntlichkeit verschlüsseltes Wesen handelt. Trifft letzteres zu, dann mag die in ihrer Deutungsunsicherheit in Span-

452 PLF, S. 138. – Daß Kandinsky, entgegen allen wahrnehmungspsychologischen Erkenntnissen, den von rechts kommenden visuellen Kräften mehr Spannung und bildzeitliche Geschwindigkeit als jenen in Gegenrichtung verlaufenden zubilligt, ist eine in vielen seiner Aussagen und Werke beobachtbare Tatsache.

nung versetzte Betrachterphantasie dazu führen, dieses dynamische Sehding, dessen nach rechts gerichtete Spitze eine weiß/blaue Wellenbewegung entsendet, mit einem schlangenkopfähnlichen, aggressiv züngelnden Gebilde zu assoziieren. Das mit Grün, Blau und Weiß getönte Unwesen erhebt sich aus der linken unteren Bildecke und weist in diagonaler Richtung auf den rötlichen Feuerball im Lichtbogen, die Gegendiagonale des Bootsgeschwaders durchkreuzend. Im übrigen eignet der von links unten nach rechts oben ausgerichteten Diagonalen, so Kandinsky, eine »lyrische Spannung«, die kraft ihres »gemäßigten Gegensatzes« mit weniger Energie als die Gegendiagonale ausgestattet ist – vielleicht auch ein Indiz für ein erhöhtes Durchsetzungsvermögen der Kahnfahrer.[453] Durch die von einem blauen Bogen gesäumte Lichterscheinung gewinnt das Konfliktgeschehen an kosmischer Tragweite, an Kandinskys Aussage erinnernd, derzufolge sich das Malen als ein »donnernder Zusammenstoß verschiedener Welten« darstellt – und auf die ganzheitliche Werkschöpfung anspielend: »Jedes Werk entsteht technisch so, wie der Kosmos entstand – durch Katastrophen …«. Dementsprechend greift das vor dem streifenförmig aufgegliederten Firmament schwebende kosmische Lichtzeichen auch in das irdische Dilemma der geistsuchenden Bootsfahrer ein. Der blaue Bogen umklammert die Bergwelt – nur die dunkelblaue Bergspitze bleibt bezeichnenderweise unangetastet –, erfaßt auch die Kirche und entläßt seine kaltgelbe Lichtfüllung in gewaltigem Schwall über die Hänge. In diese Lichtemanation, die sich zackig und explosiv zersplittert nach unten hin ergießt, ist auch das rötliche Gestirn, das wie ein vom Himmel losgerissener Komet niedersaust, einbezogen. Einem Andockmanöver gleich sucht eine Lichtschnur in schwungvollem Bogen Kontakt mit dem gelben Balken, der auf diesem Weg – auch aufgrund farblicher Korrespondenz mit dem Lichtsektor – aus einem unermeßlichen Energiereservoir zu schöpfen scheint; die auf seinem Deck komplementär violett aufschäumenden Farbbündel verdeutlichen drastisch diesen Kräftetransfer.

Ausgehend von der »Offenheit« des Kunstwerks und dem dazu passenden Leitsatz Lessings, wonach »dasjenige aber allein fruchtbar ist, was der Einbildungskraft freies Spiel läßt« (›Laokoon‹), erscheint der Versuch berechtigt, die Dunkelheit des Erdambientes wie die Lichteruption des Kosmos als ein der *Kahnfahrt* widriges Geschehen zu deuten.[454] Unbestritten ist aber Kandinskys Intention, hier die beiden kontradiktorischen Phänomene der Großen Abstraktion und der Großen Realistik geradezu exemplarisch ins Spiel zu bringen. Das Letztere bezieht sich auf

453 PLF, S. 144
454 Zitiert nach Gombrich (Anm. 41), S. 43

das transitorisch-irdische Schicksal der Menschheit, das erstere bleibt dem Kosmisch-Überzeitlichen vorbehalten. Diese nur scheinbar unversöhnlichen Gegensätze gipfeln, in die Ganzheit der Komposition eingebunden, in der weltenharmonischen Ausgewogenheit des Schöpferischen wie des Geschaffenen.

Der Katalog der zweiten Ausstellung der NKVM enthält neben Essays von Le Fauconnier, Odilon Redon, George Rouault u.a. auch einen Beitrag von Kandinsky, verfaßt im Stil einer fast schon messianischen Proklamation. Mißverstanden und stets mit abweisender Kritik rechnend, wird Kandinsky fortan danach trachten, sein künstlerisches Schaffen auch publizistisch – basierend auf einer vielschichtigen, mitunter auch widersprüchlichen Theoriebildung – zu kommentieren. Anspielend auf das Wesen seiner drei ausgestellten Hauptwerke, brachte er in seinem Katalogbeitrag, »in seiner Hymne auf den schöpferischen Akt das Mysterium und den Schmerz zum Ausdruck, durch die der Künstler aus widerstreitenden Elementen ein Werk hervorbringt, und bezeichnete die Kunst als eine ›Sprache‹, in welcher der Mensch zum Menschen vom ›Übermenschlichen‹ spricht«.[455] Kandinskys Wille zu schriftlicher Äußerung findet am Jahresende anläßlich Izdebskys ›Zweiten Internationalen Salon‹ in Odessa seine Fortsetzung. Mit seinem Aufsatz ›Inhalt und Form‹ liefert er den Hauptbeitrag zu Izdebskys Ausstellungskatalog. Daraus jene Schlüsselstelle, die jeder Form, und nicht nur der gegenständlichen, einen semantischen Charakter attestiert: »Das Kunstwerk ist eine untrennbar, unbedingt und unweigerlich verbundene Zusammenschmelzung des inneren und äußeren Elements, d.h. des Inhalts und der Form ... In der Kunst wird die Form notwendigerweise durch den Inhalt bestimmt. Und bloß die Form ist richtig, die den Inhalt entsprechend ausdrückt, materialisiert. Alle Nebenbedenken, und unter diesen als erstes: das Übereinstimmen der Form mit der ›Natur‹, d.h. der äußeren Natur, – sind unwesentlich und schädlich, da sie von der einzigen Aufgabe der Form ablenken, d.h. von der Verkörperung des Inhalts. Die Form ist der materielle Ausdruck des abstrakten Inhalts ... Schön ist das Werk, welches eine äußere Form besitzt, die vollkommen dem inneren Inhalt entspricht (was das fast ewig unerreichbare Ideal ist). So wird die Form des Werks wesentlich durch seine innere Notwendigkeit bestimmt.«[456] Dies bedeutet zum einen die ausdrückliche Abkehr vom Sachinhalt, zum anderen die implizit daraus resultierende Aufforderung, den abstrakten Inhalt mittels einer adäquaten, letztlich abstrakten Formensprache zum Ausdruck zu bringen. Intentionen dieser Art decken

455 Weiss, in: Moeller (Anm. 32), S. 64
456 Zitiert nach Hahl-Koch (Anm. 10), S. 136

sich mit dem von der Gestaltpsychologie geprägten Begriff des »Isomorphismus«, der sich aus einer »strukturellen Übereinstimmung zwischen der Bedeutung und der sichtbaren Gestalt« definiert; anders formuliert, bedeutet »Isomorphismus« laut Arnheim »die Strukturverwandtschaft zwischen dem Reizmuster und dem Ausdruck, den es vermittelt«.[457] Derlei Überlegungen waren den, vor allem am Sachinhalt der Werke interessierten Zeitungskritikern der NKVM-Ausstellung selbstverständlich völlig fremd. Ratlos war das Publikum, vernichtend die Rezensionen. Zitieren wir zum Beispiel aus den ›Münchener Neuesten Nachrichten‹ (10. September 1910) die Besprechung von M. K. Rohe: »Diese absurde Ausstellung zu erklären, gibt es nur zwei Möglichkeiten: entweder man nimmt an, daß die Mehrzahl der Mitglieder und Gäste der Vereinigung unheilbar irrsinnig ist, oder aber, daß man es mit schamlosen Bluffern zu tun hat, denen das Sensationsbedürfnis unserer Zeit nicht unbekannt ist und die die Konjunktur zu nutzen versuchen.«[458] Zudem meldet sich in der Zeitschrift ›Kunst für Alle‹ G. J. Wolf mit einem unüberhörbar nationalistischen Unterton zu Wort. Die NKVM sei, so schreibt er, eine »aus romanischen und slawischen Elementen gemischte Künstlergesellschaft, die der Münchner Kunsttradition fremd und feindlich gegenübersteht.«[459] Wenn dann auch die russische Kritik in eine ähnlich chauvinistische Tonart verfällt, so scheint sich darin Kandinskys Schicksal als einsamer Grenzgänger zwischen West und Ost zu besiegeln. Entsprechend seine Reaktion in ›Rückblicke‹: »Die russische Kritik (die beinahe ohne Ausnahme mich mit unparlamentarischen Ausdrücken beschimpfte) fand, daß ich unter dem Einflusse der Münchner Kunst verkomme. Damals hab ich zum erstenmal gesehen, wie verkehrt, unwissend und ungeniert die meisten Kritiker vorgehen. Das erklärt auch die Kaltblütigkeit, mit der die gescheiten Künstler die bösesten Artikel über sich aufnehmen.« Und mit fast schon masochistischer Attitüde – etwa nach der Sentenz »viel Feind' viel Ehr'« – bemerkt er im weiteren: »Auch heute sehen viele Kritiker eine Begabung in meinen älteren Bildern, was ein guter Beweis ihrer Schwäche ist. In späteren und den letzten finden sie eine Verwirrung, eine Sackgasse, einen Niedergang und sehr oft einen Betrug, was ein guter Beweis der immer zunehmenden Kraft dieser Bilder ist. Ich spreche hier natürlich nicht von der Münchner Kritik allein: für sie – sehr wenige Fälle ausgenommen – sind meine Bilder eine böswillige Pfuscherei. Es wäre schade, wenn dieses Urteil anders wäre.«[460]

457 Arnheim (Anm. 88), S. 65 und 453
458 Zitiert nach Thürlemann (Anm. 211), S. 45
459 Ebda., S. 45
460 *Rückblicke,* S. 18 und 47

Eine einzige Stimme, nämlich jene des damals noch völlig unbekannten Franz Marc, durchbricht den Verurteilungschor der »professionellen« Kritiker. In einer an Heinrich Thannhauser, den Besitzer der Galerie und Ausstellungsschirmherrn der NKVM, adressierten Rezension spricht Marc von Kandinskys »kühnem Unterfangen, die ›Materie‹ ... zu vergeistigen«, und, Rohes Verriß erwidernd, führt er ferner aus: »Es ist schade, daß man Kandinskys große Komposition (II) und manches andere nicht neben die muhamedanischen Teppiche im Ausstellungspark hängen kann. Ein Vergleich wäre unvermeidlich und wie lehrreich für uns Alle! Worin besteht unsere staunende Bewunderung vor dieser orientalischen Kunst? ... Wir haben in Deutschland kaum ein dekoratives Werk, geschweige einen Teppich, den wir daneben hängen dürfen. Versuchen wir es mit Kandinskys Kompositionen – sie werden diese gefährlichen Probe aushalten, und nicht als Teppiche, sondern als ›Bilder‹. Welche künstlerische Einsicht birgt dieser seltene Maler! Die große Konsequenz seiner Farben hält seiner zeichnerischen Freiheit [Anm. d. Verf.: im Sinne einer Gegenüberstellung von *Komposition II* und *Improvisation 10*] die Waage, – ist dies nicht zugleich eine Definition der Malerei?«[461] Wenn Marc in weiteren Passagen etwa von der »völlig vergeistigten und entmaterialisierten Innerlichkeit der Empfindung« Kandinskys berichtet, so verstärkt sich der Eindruck, daß er in seiner Verteidigungsschrift bereits den Kern von Kandinskys Kunsttheorie vorwegnimmt, und dies, obwohl er seinem künftigen Weggefährten erst am Neujahrstag 1911 persönlich begegnet, ganz zu schweigen davon, daß dessen ›Über das Geistige in der Kunst‹ erst ein Jahr später erscheinen wird.

3. Zwischen Großer Realistik und Großer Abstraktion

3.1 Improvisation 11

Unter den zahlreichen, von Kandinsky im ›Zweiten Internationalen Salon‹ in Odessa (Dezember 1910) gezeigten Bildern befand sich auch *Improvisation 11*, ein Gemälde, das im Vergleich etwa zu *Kahnfahrt* in noch gesteigerter Weise zeichenhaft formulierte Gegenständlichkeit erkennen läßt. Da das Werk einst in Nina Kandinskys Eßzimmer ihrer Moskauer Wohnung hing, mag ihm Kandinsky eine sehr persönliche Bedeutung beigemessen haben. Eine betont naive Erzählweise, die Rückkehr zur Buntfarbigkeit und ein Trend zu Anekdotischem, der in einigen detailliert ausgeführten Einzelheiten manifest wird, verleiht diesem eine Affinität zu Kandinskys später theoretisch definierter Großer Realistik,

Siehe Abbildung 82, Seite 308

461 Franz Marc, *Schriften*, hrsg. von Klaus Lankheit, Köln 1978, S. 126 f.

ungeachtet dessen, daß die übersteigerte Dynamisierung des Bildgeschehens dem Gemälde schließlich doch wieder Bestrebungen in Richtung Großer Abstraktion attestiert. Wie schon erwähnt, ist der Betrachter, Imdahls These zufolge, dazu aufgerufen, sich auch einem vorwiegend gegenständlichen Werk – neben der Beachtung ikonographischer Evidenz – mit jener »inneroptischen Intelligenz« zu nähern, die letztlich nicht nur dem Verständnis eines abstrakten Gemäldes angemessen erscheint. Erst mittels der daraus resultierenden Aufdeckung gerichteter Spannungen und ganzheitlicher Strukturbeziehungen mag es dann dem Betrachter glücken, innere Klangvorstellungen und seelische Vibrationen zu erleben.

Laut Armin Zweite handelt es sich um ein »regelrechtes Schlachtenbild in der Tradition des 19. Jahrhunderts, wenn auch mit völlig anderen Mitteln vor Augen geführt« – vielleicht auch eine Vorahnung des Künstlers auf den nahenden Ersten Weltkrieg.[462] Vier Motive sind es, die die Aufmerksamkeit des Betrachters vorrangig beanspruchen: zunächst das Boot mit seinem riesigen gelben Segel, dann die rechts unten in Stellung gebrachte Kanone, eine Gruppe von Soldaten, die ihre Gewehre abfeuern und schließlich ein vom übrigen Geschehen isolierter Hund, dessen genrehaft unbekümmerte Existenz vorerst in keinem verständlichen Zusammenhang mit dem kriegerischen Ereignis zu stehen scheint – für Kandinsky indes wichtig genug, ihn in seinem Hauskatalog im Untertitel zu *Improvisation 11* (»mit Hund«) ausdrücklich zu vermerken. Für die Dynamisierung des Bildganzen setzt das orangegelbe Kanonenrohr den entscheidenden Auftakt, da es mit seiner diagonalen Ausrichtung das Boot zu ähnlich orientierter Fluchtbewegung zu zwingen scheint. Wie in *Kahnfahrt* favorisiert Kandinsky die rechts unten/links oben-Diagonalkomponente, der er »dramatische Spannung« zuschreibt, und ebenso wie dort steht diese »disharmonische« Diagonale zum annähernd quadratischen Bildrahmen, der schon grundsätzlich – wie bereits des öfteren ausgeführt – als harmonisierender Stabilitätsfaktor wirkt, in einem gewissen Spannungsverhältnis. Ferner dienen die Kanone, der Hund wie die riesenhaften Soldaten (bezüglich ihrer repoussoirhaften Nähe zum Betrachter) als Größenmaßstab, an dem orientiert die übrigen Motive in einem spürbaren Größengefälle zurückgestaffelt sind. Ohne gleich eine Art Perspektive zu orten, macht sich in dieser raumerschließenden Tendenz cum grano salis doch eine stilretrospektive Einstellung geltend. Sind die Kanone und die Gewehrsalven abfeuernde Truppe, einer militärischen Formation gemäß, streng dem Sehgrundmuster (Horizontale, Vertikale und Diagonale) unterworfen, so verfügt das Boot über

462 Zweite (Anm. 447), S. 149

einen dynamisch weit ungebundeneren Spielraum. Der Feuerkraft der Soldaten ausgesetzt, schaukelt das Boot – emporgeworfen von bunten, weißaufschäumenden Wogen – in gefährlicher Labilität. Während am Bug eine rote Gestalt das lange Ruder betätigt, finden sich im Heckbereich drei grüne, ängstlich geduckte Passagiere. Hinter dem Ruderer spritzt das Wasser in gewaltigen Fontänen hoch – aufgrund farblicher Analogie (Rotorange) zur Kanone vermutlich die Einschlagstelle eines Geschosses kennzeichnend. Beachtet man noch den aus der linken unteren Bildecke in einem mächtigen Bogen auf das Schiff zusteuernden Balken (dessen olivgrüne Färbung mit jener der Soldaten korrespondiert), so ist das unsichere Gefährt von todbringenden Kräften regelrecht umzingelt. Ebensowenig Hoffnung auf Entrinnen signalisiert das sich in Gegenrichtung zur Ruderbewegung blähende Segel, dessen Gelb – in Kandinskys Symbolik eine »typisch irdische Farbe« – ein eher bedrohliches als hilfreiches Zeichen setzt. Mit seiner spezifischen Form eines auf die Spitze gestellten, sphärischen Dreiecks scheint es sich direkt in den Bootskörper zu bohren, aggressiv genug, um diesen vollends aus dem Gleichgewicht zu bringen. Es ist kaum plausibel, das Segel als »verheißungsvolles Zeichen des Aufbruchs ins Neue« zu deuten.[463]

Ausgehend von einem ambivalenten Harmoniebegriff, überrascht es nicht weiter, daß Kandinsky seine Boote auf ihrem Kurs zum Geistigen mitunter auch scheitern läßt oder zumindest den Erfolg ihrer Überfahrt offen läßt. Im Hinblick auf *Improvisation 11* ist diese Frage zum Teil unter dem Aspekt der Zeitform des Bootskörpers zu beantworten. Diese äußert sich zum einen in der dynamisch geschwungenen, unregelmäßigen Linienführung des Umrisses, zum anderen in der Qualitätsveränderung des Kolorits, das sich vom irdisch-materiellen Gelb, über Weiß bis zum geistigen Blau spannt. Beide Phänomene, die Aktion des roten Steuermanns inbegriffen, garantieren einen vehementen Zeitfluß, mit dem die am Sehgrundmuster fixierte militärische Formation in ihrer zeitlichen Erstarrung merklich kontrastiert. Angesichts ihrer streng orthogonalen, somit flächengebundenen Struktur scheint die im Vordergrund positionierte Soldatengruppe ihr Ziel zu verfehlen, geradewegs am Schiff vorbeizufeuern. Erst bei näherer Betrachtung wird evident, daß hinter dem gelben Segel eine weitere Kanone Stellung bezogen hat, die ihr Mündungsfeuer nach rechts, vermutlich auf die Soldatengruppe richtet; verstärkt wird diese Aktion noch durch zwei säbelschwingende, ebenso nach rechts stürmende Reiter. Hinzu kommt der Umstand, daß Laufrichtung und Feuerschweif der Kanone – nach dem Gestaltgesetz der durchlaufenden Linie – sich in der Schräge des Ruders fortsetzen. Daraus resul-

463 Ebda., S. 149

tiert ein langgestreckter, höchst dynamischer Linienzug, der bis an den keilförmigen Himmelsausschnitt reicht. Darüber hinaus besteht durchaus die Möglichkeit, daß das im linken oberen Bildquadranten explodierende Geschoß eher dem grauen, kubischen Festungsblock als dem Boot gegolten hat. Am Firmament rechts oben schwebt eine rote Wolke, aus der – ebenso aggressiv wie der Himmelskeil – ein gezackter Blitzstrahl auf die Soldaten niederfährt; alles Momente, die dem Boot eine gewisse Chance geben, dem Gefahrenbereich zu entkommen.

Bemerkenswert ist der bis knapp an den oberen Bildrand reichende Kamm eines braunroten Bergrückens. Beinahe identisch mit der oberen Bildgrenze erstreckt sich, vom Turm ausgehend, ein langer Balken nach rechts, an dem eine Reihe Gehängter baumelt. Mit diesen schrecklichen Folgen des Kriegs kontrastiert der im Vordergrund ungeniert sich flöhende Hund. Bewußt setzt hier Kandinsky einen reichlich realistisch gemalten Verfremdungsakzent, der klar macht, wie unbekümmert nicht nur die Kreatur, sondern die ganze Natur mit ihrem »stirb und werde«-Prinzip dem Schicksal des selbstzerstörerischen Menschengeschlechts gegenübersteht. Immer gibt es aber auch Menschen, die mit ihrem auf Geistiges Kurs nehmenden Boot dem Chaos materieller Verstrickung zu entgehen trachten. Nichts vermag diesen Sachverhalt besser zu illustrieren als eine Stelle in Schopenhauers ›Die Welt als Wille und Vorstellung‹, einem Werk, das sich nachweislich in Kandinskys Bibliothek befand: »Wie auf dem tobenden Meer, das, nach allen Seiten unbegrenzt, heulend Wellenberge erhebt und senkt, auf einem Kahn ein Schiffer sitzt, dem schwachen Fahrzeug vertrauend, so sitzt, inmitten in einer Welt von Qualen, ruhig der einzelne Mensch, gestützt und vertrauend auf das principium individuationis.«[464]

3.2 Interieur (mit zwei Damen)

Nur sehr selten hat sich Kandinsky mit dem Interieur befaßt. Noch von 1909 stammen die Wiedergaben von Eß- und Schlafzimmer seiner Münchener Wohnung in der Ainmillerstraße, Bilder, denen ein ungewohnt detailfreudiger und – die Farbgebung ausgenommen – der Realismus-Tradition nahekommender Blickwinkel gemeinsam ist. Becks-Malorny begründet diese stilistisch retrospektive Haltung prinzipiell mit der »Begrenztheit eines Innenraumes« und im besonderen damit, daß die daran knüpfende Vielfalt der Einrichtungsgegenstände Kandinskys bildnerischer Phantasie nicht den Freiraum läßt, den ihr etwa die Natur oder

464 Zitiert nach Zweite (Anm. 447), S. 158. – Hahl-Koch (Anm. 10), S. 193. – Die Nähe von Kandinskys Ideen zu jenen Arthur Schopenhauers hat Peter Vergo nachgewiesen. P. Vergo, ›Kandinsky and the »Blue Rider Ideen«‹, in: *Nya perspektiv pa K*, Malmö 1990, S. 49

72 *Interieur (mit zwei Damen)*, 1910, Öl auf Karton (50,5 x 65 cm), Bern, Felix Klee

gar die aus inneren Erlebnissen hervorgegangenen Sujets bieten können. Zudem sei, was die Seltenheit der intimen Interieur-Darstellungen anlangt, »die Ausbreitung seines Privatlebens nie Kandinskys Sache gewesen«.[465] Um so bemerkenswerter ist der Umstand, wenn er in *Interieur (mit zwei Damen)* seine Gefährtin, Gabriele Münter, und jene Jawlenskys, Marianne von Werefkin, im Bild festhält. Spätestens seit dem gemeinsamen Murnau-Aufenthalt gab es zwischen den vier Künstlern eine enge Bindung, die sich, als man 1909 zur Gründung der ›Neuen Künstlervereinigung München‹ schritt, womöglich noch vertiefte. Geistige Drehscheibe des Ganzen war zweifellos Werefkins Münchener Wohnung in der Giselastraße, wo sich – seit den Anfängen im Jahre 1897, als sich hier eine deutsch-russische Diskussionsrunde formiert hatte – regelmäßig die Münchener Avantgarde zusammenfand. Auch der Bremer Museumsdirektor Gustav Pauli kam gelegentlich auf Besuch; in seinen ›Erinnerungen‹ lesen wir: »In dieser Welt bildete der Salon der Werefkin einen Mittelpunkt. Sie war die international erzogene Tochter

465 Becks-Malorny (Anm. 33), S. 43

eines Generals, weltgewandt, gescheit und kritisch beredt. Um ihren Teetisch sammelte sich täglich das Grüpplein der Getreuen, meist russische Künstler ... und ihre Münchner Freunde, eine ziemlich bunte Gesellschaft, in der sich die bayerische Aristokratie mit dem fahrenden Volk der internationalen Boheme begegnete ... Nie wieder habe ich eine Gesellschaft kennengelernt, die mit solchen Spannungen geladen war. Das Zentrum, gewissermaßen die Sendestelle der fast physisch spürbaren Kräftewellen, war die Baronin [Werefkin] ... Sie beherrschte nicht nur die Unterhaltung, sondern ihre ganze Umgebung ... Über alle Fragen der Kunst und Literatur, der alten und neuen, wurde ... mit unerhörtem Eifer und ebensoviel Geist debattiert.«[466] Aus diesem zeitgenössischen Bericht läßt sich schließen, daß die »Baronin« auch in der NKVM die Hauptrolle gespielt hat. Sie vermittelte »neue revolutionäre Ideen und Anschauungen über Kunst, die die Malerei der anderen befruchtete. In ihren Theorien trat sie mit leidenschaftlicher Vehemenz für eine abstrakte Kunst ein und befürwortete die völlige Selbständigkeit von Form und Farbe. Jawlensky und Kandinsky verdankten ihr viel, wurden von ihren kühnen Ansichten herausgefordert«.[467]

Obgleich selbst eine begabte Künstlerin, fühlt sich Werefkin in erster Linie als geistiger Katalysator oder, poetischer ausgedrückt, als Muse, die schon 1902 vermerkt: »Ich tue nichts. Aber ich bin schöpferisch tätig vom Morgen bis zum Abend und vom Abend bis zum Morgen. Ich schaffe in den Menschen, die um mich sind. Ich hauche ihnen Empfindungen ein. Ich rufe Situationen hervor, die ihnen Eindruck machen ... Ein Wirbel erfundener Wesen umgibt mich, die Wirklichkeit zu sehen. Die Farbe beißt mich ans Herz. Ich weiß, daß auf meinem tiefsten Seelengrund noch Wunderwesen weilen.« Geht man davon aus, daß Kandinskys spätere Theorie auf eben diesen Grundfesten einer neuen, zutiefst wesenhaften Kunstwirklichkeit sowie einer Farbe, die einen direkten Zugang zur Seele eröffnet, beruht, so ist es nicht allzu gewagt, auch eine andere Äußerung Werefkins mit Kandinsky in Beziehung zu bringen: »Die Leute sind immer gekommen, mir zu sagen, ich sei ihr Stern, sie könnten ohne mich im Leben nicht vorwärtskommen. So habe ich mich törichterweise in ihren Dienst gestellt, bis sie wußten, wohin zu gehen; ich hielt das Licht des Ideals hoch, ich leuchtete ihnen den Weg.«[468]

Die sechs Jahre ältere Werefkin dürfte Kandinsky auf seinem Weg zur Abstraktion nachhaltig beeinflußt haben. Allem Anschein nach fielen ihre Ideen bei Kandinsky auf fruchtbareren Boden als bei Jawlensky, über

466 Gustav Pauli, *Erinnerungen aus sieben Jahrzehnten*, Tübingen 1936, S. 264 f.

467 Magdalena M. Moeller, *Der Blaue Reiter*, Köln 1989², S. 158

468 *Marianne Werefkin. Leben und Werk*, Ausstellungskatalog, hrsg. von B. Fäthke, München 1988

den sie sich später beklagte: »In Jawlensky fand ich viel Widerhall, ich erweckte in ihm eine ganze Welt, aber er verstand mich nicht.« Mit *Interieur (mit zwei Damen)* mag Kandinsky Werefkin seine Wertschätzung erwiesen haben. Entgegen Kandinskys aktueller Stilauffassung wirkt das Bild mit seiner betonten Gegenständlichkeit tatsächlich wie eine persönliche Botschaft. Das Gemälde gibt einen Einblick in Werefkins Salon. Links befindet sich ein zwischen Gelb und Grün wechselndes Versatzstück, das – einem weggezogenen Vorhang gleich – zum einen die Intimität des Ambientes betont, zum andern, dem alten Proportionsgesetz der Meisterformel folgend, dem rechteckigen Bildformat ein Quadrat einschreibt. Auf einem rötlichen Sofa sitzen Münter und Werefkin. Der Umstand, daß beide Damen gesichtslos dargestellt sind, zwingt den Betrachter dazu, Wesen und Charakter der Künstlerinnen allein anhand deren Position, Farbgebung und Körpersprache zu interpretieren. In Dreiviertelansicht wiedergegeben und in gelöster Haltung mit der ihr farblich angeglichenen Rotmasse des Sofas geradezu verschmolzen, scheint Münter dem Vortrag ihrer um 17 Jahre älteren Künstlerkollegin zu lauschen. Frontal dargestellt und exakt auf die Achse des vom Vorhang begrenzten Bildquadrats ausgerichtet, überragt Werefkin Münter beinahe um Haupteslänge. Wie ihr, im Gegensatz zu Münters geordneter Frisur, in kantigen Querbalken widerspenstig abstehendes Haar, ihre zwischen Sofa und schwarzem Tischchen eingeklemmte Plazierung und streng vertikal fixierte Sitzstellung verraten, befindet sie sich im Zustand einer geistigen Hochspannung, während Münter den zweifellos sekundären, empfangenden Part innehat.

Auch das Kolorit wird in den Dienst symbolischen Ausdrucks wie kompositioneller Beziehungsstiftung gestellt. In Kongruenz mit dem formalen Spannungsgefüge ist Werefkins Erscheinung überwiegend in Gelb gehalten, in jenem Farbton, der laut Kandinsky den Menschen beunruhigt, sticht und aufregt. Indes ist das Gelb im Bereich ihres Oberkörpers sehr blaß aufgetragen, und im Übergang zu Weiß macht sich eine Entmaterialisierungstendenz bemerkbar, die das Geistwesen der Gestalt zusätzlich veranschaulicht. Ferner greift das Gelb auf die linke Rückwand über, wo drei Bilder, wahrscheinlich Hinterglasmalereien, Werefkins künstlerische Mentorenrolle bezeugen. Hinzu kommt das Kontrastpaar Schwarz/Weiß, das vermutlich von Werefkins künstlerischem Ingenium und geistig-intellektueller Brillanz polarisierend Zeugnis gibt.

Die auf Münter vereinigte, leuchtend gesättigte Buntfarbqualität verfügt dagegen über eine merklich dekorative, materiell veräußerlichte Note. Rot und Grün bilden hier einen Komplementärakkord, der sich an Vorhang und Sofa sowie an den rechts auf dem schwarzen Tisch stehenden Blumenstöcken wiederholt. Während Kandinsky dem Rot ein

»Brausen und Glühen in sich« zuschreibt, attestiert er dem Grün den Charakter »irdischer Ruhe«. Dies garantiert Münter zwar eine in sich ruhende Ausgewogenheit, weniger aber eine Befähigung zu jener geistigen Sendequalität, die gerade an Werefkin so sehr geschätzt wurde. Ist das Rot mit seiner »Fülle von inneren Möglichkeiten« auch als Anspielung auf Münters künstlerische Schöpferkraft zu verstehen, so fällt deren Psychogramm in bezug auf Grün schon erheblich ungünstiger aus. Grün, so schreibt Kandinsky, »verlangt nichts, ruft nirgend hin … es ist ein unbewegliches, mit sich zufriedenes, nach allen Richtungen beschränktes Element«.[469] Zudem sammeln sich sämtliche im Gemälde vertretenen Buntfarben auf dem Münter zugeordneten Kissen, das dadurch den Charakter eines bildhaft autonomen Mikrothemas annimmt. Überblickt man das Bildganze, so bemerkt man reale, fast noch perspektivische Raumqualitäten, die den Gegenständlichkeitsgrad der Dingwelt nachhaltig unterstreichen. Dies beginnt mit dem Repoussoirstück des Vorhangs, setzt sich fort am schräggestellten Mobiliar und findet seinen Abschluß im eckbetonenden Zusammenstoß zweier Wandpartien, wobei die rechte, in Brauntönen schattend abgedunkelte nahezu Vorstellungen eines Beleuchtungslichts wachruft.

Ein Jahr zuvor hat Kandinsky Eß- und Schlafzimmer seiner Wohnung in der Ainmillerstraße im Bild festgehalten. In *Interieur (Mein Eßzimmer)* schildert er mit seltener Detailtreue bis ins angrenzende Zimmer jeden Einrichtungsgegenstand; darüber hinaus bemüht er sich mit akribischem Interesse um die Einhaltung der Perspektivgesetze. Alles steht im Zeichen einer fauvistischen Farbgebung, der sich noch Reflexe einer neoimpressionistischen Punkttechnik hinzugesellen. In *Schlafzimmer in der Ainmillerstraße* vereinfacht er dann das Inventar und setzt das Ganze mit spannungsfördernder Expressivität in ein perspektivisch widerspruchsvolles Raumgehäuse. Ergebnis ist eine Stilauffassung, die ungefähr jener von Matisse (z.B. *Interieur in Collioure*) von 1905 entspricht. Da Kandinsky anläßlich seines Parisaufenthalts von 1906/07 auf den damaligen Entwicklungsstand des Fauvismus keinerlei Reaktion zeigte, ist es gut möglich, daß ihn erst Werefkin auf diese Spur brachte. Und vermutlich ist es auf ihre Initiative zurückzuführen, daß zur Zweiten Ausstellung der NKVM französische Künstler wie Braque, Derain, van Dongen, Vlaminck und Picasso eingeladen wurden. Trotzdem blieb Kandinskys Ausflug in die Gefilde des Fauvismus ein ephemeres Ereignis, und im Grunde genommen war es nur Matisse, dem er einen künstlerisch zukunftweisenden Stellenwert zubilligte. Decouvrierend seine reservierte Kritik zum Anlaß einer Fauves-Ausstellung von 1910: »Aber von ihnen

469 ÜGK, S. 94

[den Fauvisten] hat nur Matisse die Grenze der ›zufälligen Naturformen‹ überschritten … Geht man von Gemälde zu Gemälde so gewinnt man schließlich den Eindruck von verschiedenfarbig angemalter Natur … Diese bunt angestrichenen Gegenstände … sind keine Umgestaltungen, keine ›reine Kunst‹, die über der gegenständlichen Form steht und in gewißem Sinne abstrakt geworden ist … Noch hat sich in den Künstlern selbst die zwingende Notwendigkeit nicht entwickelt, eine ›malerische Komposition‹ und damit auch die ihr gemäße Sprache zu schaffen.«[470]

3.3 Die Kuh

Siehe Abbildung 83, Seite 309

Im Gemälde *Die Kuh* werden Mensch, Tier, Landschaft und Architektur in eine monumentale, sach- wie forminhaltliche Ganzheit integriert. Realistik und Abstraktion scheinen hier ebenso wie die Bildgattungen «Impression» und «Improvisation» ineinander verzahnt. Realistisch – analog zu Kandinskys Definition von «Impression» als eines «direkten Eindrucks von der äußeren Natur» – sind indes nur die melkende Magd und das Hinterteil der gewaltigen, fast die gesamte Bildbreite einnehmenden Kuh. Diese ist, einem Vexierrätsel gleich, nur mit Mühe auszumachen. Unter dem Aspekt absichtsvoller Verschleierung und Verfremdung scheint die blaue Kontur eines Hügels – gemäß dem Faktor der «durchgehenden Linie» bzw. «guten Fortsetzung» – direkt der Rückenlinie des Rinds zu entspringen, täuschend genug, um dem Tier den Eindruck einer höckerartigen Mißbildung zu verleihen. Gemeinsames Weiß trägt dazu bei, daß Berg und Kuh nahtlos ineinander übergehen und zur Einheit verschmelzen; mangelnde Interferenz zwingt beide in eine flächenhaft gebundene Erscheinung. Ein Rest an identifizierbarer Körperlichkeit resultiert aus dem Umstand, daß auf dem Weiß der Kuh ockrige und gelbliche Flecken lagern. Da diese mit dem Gelb der Bodenfläche korrespondieren, gewinnt das Weiß an grunddurchlässiger Qualität. Was sich zunächst links als realistisch gemalte Kuh zu erkennen gibt, wandelt sich somit in ein transparent entmaterialisiertes Wesen. Dies garantiert vorerst eine relativ ruhige Flächendominanz, ehe der Blick des Betrachters in der rechten unteren Bildecke auf ein buntgesprenkeltes Nebenzentrum stößt. Auch dort läßt Kandinsky nichts unversucht, um den Sachverhalt zu verschlüsseln. Unmittelbar unter dem schwer eruierbaren Kopf der Kuh befindet sich ein grünes Wiesenstück mit einer weidenden Rinderherde, wobei die unerwartet minimierte Darstellung der Tiere empirisch nur mit einem ausschnitthaften Raumsprung zu erklären ist.

470 Kandinsky, ›Brief aus München III. Ausstellungen‹, in: *Apollon* 7, 4/1910, S. 12. – Hahl-Koch (Anm. 10), S. 120 f.

Auf dem leicht zugespitzten Hügel erhebt sich ein von zahlreichen Turmhauben überhöhter, in die bayerische Bergwelt versetzter Kreml. An dessen Umfassungsmauern finden die aufwärtsdringenden Weißmassen, die blaue Hügelkontur unterlaufend, ihre Fortsetzung. Begrenzt vom Gelb des Almbodens und des schmalen Himmelstreifens, wiederholt sich Blau an einem schräg emporstrebenden Bergrücken, dem sich noch Grün- und Violettöne hinzugesellen. Im ganzen ergibt dies einen die Kremlmauer umrandenden Wellenschlag, dessen Dynamik mit der beschaulichen Tätigkeit der Magd und friedvollen Gelassenheit der Kuh seltsam kontrastiert. Ergebnis ist eine vergeistigende Monumentalisierung des Kreatürlichen, das sich – ungestört vom menschlichen Treiben – als ausreichend tragfähig erweist, um der geistigen Burg einen gesicherten Standort zu gewährleisten.

Das Gemälde dokumentiert jenes Zusammenspiel von Abstraktion und Realistik, in dem sich Kandinskys Leitsatz vom »Kombinieren des Versteckten und Bloßgelegten» geradezu exemplarisch widerspiegelt. Es überrascht, daß Hoberg hier Kandinskys Bemühen um »das Verbergen einer tieferen Bedeutung«, das in jedem seiner damaligen Werke virulent ist, in Abrede stellt. Zutreffend indes betont die Autorin den spannungsgeladenen Umgang des Künstlers mit den bildnerischen Mitteln, und zwar in bezug auf die »Analogiebildung von Strukturen« und »Entgrenzung des Stofflichen«.[471] Obwohl es sich anscheinend nur um die banale Darstellung einer Kuh handelt, rechtfertigt dies keineswegs den Zweifel an einer tieferen, eben geistigen Bedeutung. Allzu bekannt ist Kandinskys animistische Grundeinstellung, die noch einem »geduldigen weißen Hosenknopf» einen beseelten Kern zubilligt. Da genügt es, nochmals an seinen in ›Rückblicke‹ geäußerten Gedanken zu erinnern: »Alles ›Tote‹ erzitterte. Nicht nur die bedichteten Sterne, Mond, Wälder, Blumen ... – alles zeigte mir sein Gesicht, sein innerstes Wesen, die geheime Seele, die öfter schweigt als spricht.«[472] Somit ist es naheliegend, auch einer Kuh eine »geheime Seele« zuzuschreiben, deren mit dem Schöpfungsgedanken in Einklang stehende Kraft ausreicht, um der dem Geistigen verpflichteten Burg erdverbundenen Halt zu gewähren. Dies alles vollzieht sich auf jener höheren Schaffensebene, welche eine Kuh selbstverständlich nicht aus naturkundlicher Sicht abbildet, vielmehr das Bestreben zeigt, diese in verschlüsselter Form einer ganzheitlichen Struktur einzuverleiben. So gedacht kann eine blaue Bergeinfassung, einer beabsichtigten Ambiguität Vorschub leistend, unversehens auch in eine dem Tier zugedachte Aura umschlagen.

471 Hoberg (Anm. 82), Text zu Taf. 32
472 *Rückblicke,* S. 10

4. Von der Naturrichtigkeit zur Bildrichtigkeit

Auch 1910 hält sich Kandinsky in Murnau mehrfach und für längere Zeit auf, um sich von der Betriebsamkeit des Münchener Großstadtlebens sowie den beschwerlichen Rußland-Reisen zu erholen. Hier in der klaren Atmosphäre der Voralpenlandschaft schöpft er neue Kraft, bereit, sich neuerlich und abschließend dem »Kampf mit der Natur« zu stellen. Es entstehen Bilder vor der Natur, dem Kontrollorgan im Hinblick auf seine eidetischen beziehungsweise »freien« Bilder. Es ist auch ein Kampf mit der Leinwand, den er nach dem Motto führt: »Zehn Blicke auf die Leinwand, einer auf die Palette, ein halber auf die Natur.«[473] Unmittelbar vor dem Ziel der Abstraktion stehend, findet er auf die Frage: »Was soll den Gegenstand ersetzen?« entscheidende Antworten. Neben einer fortschreitenden Entgegenständlichung ist es vor allem jene den Betrachter unter Hochspannung setzende Dynamisierung des Bildgeschehens, die sich schon 1908, etwa im Gemälde *Murnau – Herbstliche Landschaft mit Kirche*, nachhaltig angekündigt hatte. Die Gesetze der Naturrichtigkeit vollends außer Kraft setzend, kommen eine weiterentwickelte Farbautonomie mit gesteigerten, der Seelenerforschung dienlichen Klangvorstellungen und eine neue, den letzten Rest an Perspektive ausschaltende Bildräumlichkeit hinzu. Letzteres bedeutet jedoch keinesfalls, daß allein – wie in der Forschung häufig betont – eine Verflächigung des Bildaufbaus einhergeht. Dem ist entgegenzuhalten, daß schon eine spezifische Farbgebung, begleitet von entsprechenden Interferenzen, in der Lage ist, Raumeindrücke hervorzurufen – allerdings ganz eigener, vom perspektivischen Größen- und Abstandsgefälle völlig unabhängiger und nur den Gesetzen der Bildrichtigkeit unterworfener Art. Von derlei Vorstellungen ausgehend, schafft Kandinsky rein »klingende Landschaften«, denen, so von Wiese, »die Entwicklung ihren entscheidenden Schub« verdankt.[474] Selbstbewußt berichtet er davon in den ›Rückblicken‹: »So trennte sich für mich das Reich der Kunst vom Reiche der Natur immer mehr, bis ich beide als selbständige Reiche vollkommen durchfühlen konnte. Dies geschah in ganzer Fülle erst in diesem Jahr.«[475]

473 Ebda., S. 23

474 Stephan von Wiese, ›Landschaft und Abstraktion im Frühwerk von Kandinsky‹, in: *Der frühe Kandinsky* (Anm. 43), S. 95

475 *Rückblicke,* S. 24

4.1 *Murnau mit Kirche I*

Siehe Abbildung 84, Seite 310

In *Murnau mit Kirche I* ist die Beseitigung des perspektivischen Bildraums dermaßen fortgeschritten, daß Formen und Farben fast ausschließlich im Dienst einer auf dynamisierter Bildrichtigkeit basierenden Spannungsbildung stehen. Lassaigne hat dies so formuliert: »Bald aber beginnen die Elemente selbst sich zu bewegen; die Silhouetten der Häuser, die schrägen Bäume und der halluzinatorische Glockenturm bilden ein Spannungsfeld außerhalb der natürlichen Perspektive und sind nicht mehr Dinge, sondern ›Klänge‹«.[476] Gegenständlich wahrnehmbar sind überhaupt nur mehr der Glockenturm, ein Stück Kirche und ein Hausdach. Das meiste entzieht sich dinglicher Benennung, einiges, wie Wolken, Himmel oder Bäume, erschließt sich auf lediglich assoziativer Ebene. Kandinsky wählt das Hochformat, in dem laut Arnheim »der aktive Kampf mit dem Gewicht anschaulich« wird und, so ist folgerichtig zu ergänzen, auch der Kampf mit der Schwerkraft. In der Tat ist hier die Eliminierung des Gravitationsgesetzes Kandinskys bildnerisches Hauptziel – die »visuell inszenierte Transzendierung des Empirischen«.[477] Unter dem Zugriff des Künstlers gerät die Natur in Aufruhr, sie wird schöpferisch neu geordnet und mit ihren Einzelelementen der ganzheitlichen Gesetzmäßigkeit einer durchgestalteten Bildrichtigkeit unterworfen. Alles ist im Entstehen begriffen. Noch verfügen die Elemente über keine festigenden Konturen, die Farben erscheinen in unentwegter Fließbewegung, gleichsam auf der Suche nach einer bestimmten Form. »Ein Verändern und Zerfließen ist jederzeit möglich«, womit Gollek auch ein zutiefst bildzeitliches Moment anspricht.[478] Dabei handelt es sich um eine Transitorik, einen Wandel, der weder Anfang noch Ende zu kennen scheint und letztlich ganz im Zeichen einer Epiphanie des Geistigen steht. Bildnerisch gesehen, um als Gestalt begriffen zu werden, bedarf jedoch auch die Darstellung einer im Umbruch befindlichen Natur der organisierenden Hand des Künstlers, der danach zu trachten hat, die widerstreitenden Elemente miteinander in Einklang zu bringen. Um verständlich zu werden, hat sich demnach selbst die Verbildlichung des Chaos, einmal den Extremfall angenommen, dem Gesetz der Ausgewogenheit – dem Gleichgewicht der miteinander ringenden Kräfte – zu fügen.

Aufgrund seiner unvermittelten Erkennbarkeit nimmt der weiße Kirchturm zweifellos eine zentrale Stellung ein. Ferner ist er angesichts seiner windschiefen Position auch der primäre Spannungsträger. Als ein-

476 Lassaigne (Anm. 121), S. 42 f.3
477 Schreier (Anm. 38), S. 65
478 Gollek (Anm. 21), S. 57

ziges Bildelement ist er konturiert, mit schwarzen Umfassungslinien versehen, die allerdings an einigen Stellen von einem weißen Wolkenschleier überspielt werden. Spannungsfördernd ist der Umstand, daß der mit einer blauen Zwiebelhaube bekrönte Turm durch ein gleichfalls blaues Wellenband vom rot-weißen Kirchengebäude abgetrennt ist, was ihm ein schwereloses Aussehen verleiht. In den Sog des nach rechts strebenden Gewölks geraten, scheint er, aus seiner Verankerung gerissen, geradezu davonzufliegen. Mircea Eliade zitierend, drückt sich in all dem, so Schreier, eine die »Wohnstatt der Götter« symbolisierende »Lufthierophanie« aus.[479] Künstlerisch bedeutet dies, daß eine Differenzierung zwischen Figur und Grund kaum möglich ist, der Betrachter mithin unentwegt visuellen Kippeffekten ausgesetzt ist.

Im unteren Bildviertel herrscht reine Abstraktion vor. An das Blau im Turmbereich erinnernd, zielen zwei blaue Keile von links und rechts auf die Symmetrieachse. Während auf dem linken Keil Weißpartikel – wie vom Firmament losgerissene Wolkenfetzen – dahineilen, wird der rechte mit fünf vertikalen Blaustreifen vergittert, zwischen denen eine gleichsam hinter der Bildfläche sich öffnende Raumnische schimmert. Im übrigen ist eine Unterscheidung von Vorne und Hinten zugunsten eines vom Hochformat unterstützten Unten und Oben weitgehend ausgeschaltet. Dies heißt jedoch keinesfalls, daß Räumlichkeit völlig fehlt. Dem widersetzen sich schon die warmen Farben Rot und Gelborange, die in den realen Betrachterraum ausstrahlen. Es handelt sich somit um eine spezifische Raumbildung, die sich sozusagen vor der materiellen Malfläche herauskristallisiert. Ein Farbraum eigener Art entsteht, den Kandinsky in ›Über das Geistige‹ schildert: »Ähnliche Möglichkeiten bietet die Farbe, die, richtig angewendet, vor- oder zurücktreten und vor- oder zurückstreben kann und das Bild zu einem in der Luft schwebenden Wesen machen kann, was der malerischen Ausdehnung des Raumes gleichbedeutend ist.«[480]

Am unteren Bildrand lagert ein fleckenhaft gesprenkeltes Buntfarbenbouquet, in dem die Mischung von Blau und Rot, somit Rotviolett, den Ton bestimmt. Von dieser blumenbeetähnlichen Basis scheinen sich vier zinnoberrote Punkte in lotrechter Richtung loszulösen. Auf der bildteilenden Vertikalen angeordnet und die Schwerkraft überwindend, markieren sie eine Strecke, die im karminroten Kirchendach exakt ihren Zielpunkt findet. Damit wird ein mit dem Sehgrundmuster des Betrachters konformer Ordnungsmaßstab latent, an dem orientiert der schräg

---

479 Schreier (Anm. 38), S. 65 f. – Mircea Eliade, *Die Religion und das Heilige. Elemente der Religionsgeschichte*, Darmstadt 1976, S. 132

480 ÜGK, S. 111

73 *Studie für »Murnau mit Kirche II«*, 1910, Öl auf Karton (32 x 44 cm), Privatsammlung

schwankende Turm an »halluzinatorischem« Spannungspotential gewinnt. Es lohnt sich, zum Vergleich auf Kandinskys ungefähr gleichzeitig entstandenes Werk *Murnau mit Kirche II* hinzuweisen. Hier handelt es sich um eine topographisch viel genauere Darstellung. Trotz starker Formenreduktion haben Himmel, Landschaft und Architektur ihren angestammten Platz; selbst die objektiven Raumgesetze bleiben weitgehend unangetastet. Ganz anders hingegen die Situation in *Murnau mit Kirche I*, wo unklar erscheint, ob sich die Natur in Auflösung befindet oder mittels visueller Kräfte neu geordnet beziehungsweise im Sinne einer imaginativen Gegenwirklichkeit überhaupt erst erschaffen wird. Die vermittelnde Antwort darauf findet Schreier, wenn er bemerkt: »An die Stelle einer Verknüpfung von Bild und Gehalt tritt deren Fusion: die Versinnlichung des Geistigen in der Anschaulichkeit des Bildes.« [481]

Der blauen Basis und den vier aufperlenden Rotpunkten entspringend, wälzt sich eine große kegelförmige Masse, in Gegenbewegung zum Turm, nach links oben. Ihre Energie verstärkt sich durch spiralförmig torsierende Farblagen, denen, pastellhaft hell und zum Teil lasierend aufgetragen, eine nebelhaft immaterielle Wirkung eignet. Dieses aus kal-

481 Schreier (Anm. 38), S. 69

ten Farben zusammengesetzte Gebilde – es überwiegen gelbgrüne und türkise Werte – bohrt sich in die beinahe unkenntliche Siedlung und erweckt den Eindruck, als hätte es das karminrote Dach links gewaltsam vom Kirchengebäude losgetrennt.

Eine Neukonzeption konturlos vergeistigter Farbformen ersetzt nach und nach eine in Auflösung befindliche materielle Formenwelt. Es ist ein dialektischer Prozeß im Gange, der das allem Schöpferischen zugrundeliegende Chaos sukzessiv überwindet. Mittels ausgewogener Farbkontraste erhebt er die geistige Bildwelt zum lebendigen Ganzen. Das Landschaftssujet scheint nur noch bildnerischer Anlaß gewesen zu sein. Schon Hoberg hat eine »ausgewogene Verteilung von Blau und Weiß« registriert. Hinzu kommt indes, was viel wichtiger ist, ein Kalt-Warm-Farbkontrast, der inmitten eines dynamischen Formenkonflikts und der Unergründlichkeit von Figur und Grund letztlich ein ordnungsstiftendes Muster erzeugt. Ausgewogen ist auch das Verhältnis zwischen den Primär- und Sekundärfarben, denen sich Farbsättigungen und -trübungen als Qualitätskontrast gleichgewichtig hinzugesellen. Ferner ist anzumerken, daß die einzelnen Farbwerte stets ein komplementäres Nachbarschaftsverhältnis suchen (Orange/Blau, Rot/Grün, Violett/Gelb). Die Farbwelt wird in den Dienst einer transzendierend harmonisierten Bildrichtigkeit gestellt, während die sich aus dem Kolorit herausbildenden Formelemente erst im Begriff sind, restliche Naturrichtigkeit abzuschütteln. Ziel all dessen ist, so Schreiers treffende Formulierung, »ein ›Jenseits des Empirischen‹, das sich im Diesseits der Malerei artikuliert«.[482]

4.2 *Murnau – Garten I und II*

Selbst in seinen letzten »klingenden« Landschaftsbildern bremst Kandinsky seine vorwärtsdrängende Entwicklung, blickt auf bereits Geleistetes zurück und mäßigt seine Abstraktionsintentionen, um sogar Aspekte von Naturrichtigkeit als retardierende Kontrollinstanz in seinen Schaffensprozeß einzubeziehen. Ein signifikantes Beispiel dafür finden wir in *Murnau – Garten I*, einem Gemälde, das, obschon in Draufsicht wiedergegeben, entgegen Becks-Malornys Beobachtung keineswegs eine Aufhebung »räumlicher Staffelung zugunsten einer zweidimensionalen Darstellungsweise« erkennen läßt.[483] Dessen regressive, auf Nähe und Ferne bezugnehmende Raumsituation veranschaulicht ein Vergleich mit *Murnau mit Kirche I*, wo solche Raumkategorien keine Rolle spielen. Vom Bildrahmen überschnitten, dehnt sich rechts unten ein grünes

Siehe Abbildung 85, Seite 311

482 Ebda., S. 67
483 Becks-Malorny (Anm. 33), S. 25

Rasenstück mit Sonnenblumen aus. Raumerschließend in ein Größengefälle eingebunden, folgt eine Busch- oder Baumreihe, die in großem Bogen bis zum Horizont führt, wo ein kleines gelbes Haus den Zielpunkt der sukzessiv sich entfernenden Vegetation markiert. Beachtet man ferner das streng isometrisch konstruierte Gartenhaus links, kann man sich kaum des Eindrucks erwehren, daß Kandinsky noch immer nicht ganz sein Interesse an der Perspektive aufgegeben hat. Nur in einem scheint sich sein aktueller Stilkurs durchzusetzen: in der völligen Befreiung der Farbe von Raumgesetzlichkeit und Gegenstandsbezeichnung.

Auch *Murnau – Garten II* zeigt einen Blick aus dem Fenster von Münters am Rand von Murnau gelegenen Hauses, der ›Russenvilla‹, wie es von der dortigen Bevölkerung genannt wird. Gegenüber dem ersten Gartenbild tritt das topographische Interesse zugunsten größerer Gegenstandsferne und Ausdrucksstärke deutlich zurück. Kandinsky ändert seinen Blickwinkel, indem er sich wie in *Murnau mit Kirche I* für die Untersichtsdarstellung entscheidet. Fast möchte man meinen, er hätte seine Staffelei in Bodennähe plaziert, so hoch gewachsen erscheinen die bis weit in die obere Bildhälfte reichenden Sonnenblumen sowie die übrigen ebenso grellfarbig leuchtenden Blüten und Pflanzen. Da bleibt kaum Platz für das anstoßende Areal, von dem nur noch der Horizont zu sehen ist, auf dessen steilem Anstieg kleine, in Weiß und Rot gehaltene Häuser mühsam emporzuklettern scheinen. Der übergangslose Zusammenstoß zwischen den winzigen Häusern und den riesigen Gartengewächsen erfolgt dermaßen abrupt, daß das psychologische, für die Schaffung eines Raumkontinuums zuständige Gesetz der Größenkonstanz außer Kraft gesetzt erscheint, wodurch – im Gegensatz zu *Murnau – Garten I* – »jede Distanzbeziehung aufgehoben ist«.[484]

Wie in *Murnau mit Kirche I* wählt Kandinsky das Hochformat, um einmal mehr gegen das Gravitationsgesetz anzukämpfen. In Vorausschau auf sein künftiges Schaffen vermerkt Hahl-Koch zutreffend, daß, »den Naturgesetzen entgegengesetzt, insbesondere in den späteren Bildern die schweren Partien öfter oben schweben«.[485] Damit ist indirekt das »visuelle Gewicht« angesprochen, das keineswegs nur im kausalen Zusammenhang mit der Erdanziehung stehen muß, vielmehr auch als selbständig wirkendes Phänomen in Erscheinung treten kann. Dazu Kandinskys entsprechende, mit den Erkenntnissen der Gestalttheorie übereinstimmende Erläuterung in ›Punkt und Linie zu Fläche‹: »... der Begriff ›Gewicht‹ entspricht nicht einem materiellen Gewicht, sondern [ist]

484 Moeller (Anm. 32), Text zu Taf. 117
485 Hahl-Koch (Anm. 10), S. 124

74 *Murnau-Garten II*, 1910, Öl auf Karton (67 x 51 cm), Privatsammlung Schweiz

vielmehr Ausdruck einer inneren Kraft, oder in unserem Falle einer inneren Spannung.« [486] Grundsätzlich haben die warmen Farben ein größeres visuelles Gewicht als die kalten. So gesehen sind die fast ausschließlich in der oberen Bildhälfte angesiedelten warmen Farbtöne Ausdrucksträger einer »inneren Kraft«. Bewegung und damit zeitliche Veränderung anzeigend, wandelt sich das Kolorit der kreis- und ovalförmigen Blumen von einem noch relativ kühlen Rotviolett über Rot, Orange bis zu Gelborange. Daß die auf einer schiefen Ebene hochklimmenden Häuser bemüht sind, lebendigen Wesen gleich, das Gleichgewicht zu wahren,

486 PLF, S. 134

sorgt für zusätzliche Spannung. Dieser diagonale, von warmem Kolorit bestimmte Bewegungszug wird von kalten Farbwerten flankiert. Im dreieckigen Bildfeld oben kennzeichnet das Blau des Himmels, auf dem weiße Wolkengebilde (zum Teil auch von Rot durchsetzt) in ebenso diagonaler Richtung dahineilen, den Kältepol des Bildwerks. Zwischen den Sonnenblumen wiederholt sich Blau, das im unteren Bilddrittel, auch mit Grün durchmischt, in schwärzliches Dunkel abfällt. In diesem lediglich mit zwei großen türkisblauen Blättern besetzten, sonst fast leeren Bereich wird der Landschaft gleichsam der Boden entzogen; alles scheint über einem dunklen Abgrund zu schweben. Dies erinnert an *Kirche in Murnau I*, mit dem Unterschied, daß dort das Kolorit, das streckenweise in sehr blassen und verschwommenen Tonwerten auftritt, die Formen entmaterialisiert, in einen geistigen Aggregatzustand transponiert. Hier bleibt die Farbmaterie trotz beachtlicher Zersetzungstendenzen vorwiegend konturloser Formen weitgehend unangetastet. Man könnte sagen: Die opulente Farbwelt ist dem Irdischen verhaftet, oder wie es Moeller ausdrückt: »Die Farbe scheint sich auszutoben, sie entflieht jeder Verfestigung. Farbmaterie dominiert und eliminiert den Sachinhalt zugunsten eines Forminhalts«.[487] Wie in *Murnau mit Kirche I* besteht auch hier Kandinskys Intention vornehmlich darin – im Gegensatz zur partiellen Wahrnehmung von Naturrichtigkeit in *Murnau – Garten I* –, der Bildrichtigkeit zum Durchbruch zu verhelfen.

Im »Kampf mit der Natur« hat Kandinsky der äußeren Wirklichkeit die für seinen inneren Ausdruckswillen entscheidenden Farb- und Formelemente abgerungen, um sie in seine eigene, neu strukturierte Bildwelt einzuschmelzen. Mutatis mutandis hat es solche Transformationsprozesse in der Kunstgeschichte immer schon gegeben. Dies bezeugt zum Beispiel ein Ausspruch Albrecht Dürers, der in seiner drastischen Diktion wie eine Prophetie von Kandinskys »Sieg über die Natur« klingt: »Denn wahrhaftig steckt die Kunst in der Natur, wer sie heraus kann reißen, der hat sie.«[488]

487 Moeller (Anm. 32), Text zu Taf. 117

488 Zitiert nach Martin Heidegger, ›Der Ursprung des Kunstwerks‹, in: M. Heidegger, *Holzwege*, Frankfurt a. M. 1950, S. 58

1911 – Der große Umbruch VII

Wie schon erwähnt, hatte die NKVM in Franz Marc ihren einzigen hiesigen Fürsprecher. Einfühlungsgabe und gediegener Sachverstand befähigten ihn, den avantgardistischen Stellenwert ihrer zweiten Ausstellung überzeugend darzulegen und sich nachdrücklich der allgemeinen Pressehetze entgegenzustellen. In seiner Streitschrift ›Zur Ausstellung der Neuen Künstlervereinigung bei Thannhauser‹ bekundete Marc nicht nur seine Übereinstimmung mit den Intentionen des Vereins, er bewies auch eine Analyse-Kompetenz, die dem heutigen Wissensstand der Kunstgeschichte in nichts nachsteht. Er berichtet von einer »völlig vergeistigten und entmaterialisierten Innerlichkeit der Empfindung, der im ›Bilde‹ beizukommen unsere Väter, die Künstler des 19. Jahrhunderts nie versucht hätten.

Dies kühne Unterfangen, die ›Materie‹, an der sich der Impressionismus festgebissen hat, zu vergeistigen, ist eine notwendige Reaktion, die in Pont Aven mit Gauguin begann und bereits unzählige Versuche aufweist. Was bei diesem neuen, das die ›Neue Künstlervereinigung‹ macht, umso aussichtsreicher erscheint, ist, daß ihre Bilder neben ihrem auf's Höchste vergeistigten Sinn höchst wertvolle Exempel für Raumaufteilung, Rhythmus und Farbentheorie enthalten.«[489] Solche Kommentare waren für die mit ungeheuren Haßtiraden konfrontierte NKVM naturgemäß eine willkommene Schützenhilfe. Besonders Kandinsky sah darin eine Bestätigung für die Richtigkeit seiner künstlerischen Entwicklung. Noch 25 Jahre später, 1936, als er anläßlich des Gedenkens an Marcs 20. Todestag in der Zeitschrift ›Cahiers d'art‹ eine Hommage an seinen einstigen Kampfgefährten veröffentlicht, erinnert er sich: »Aber da war noch eine rein bayerische Stimme. Sie kam plötzlich aus einem kleinen Dorf Oberbayerns. Franz Marc hatte einen Brief voller Enthusiasmus und Glückwünsche geschrieben an unsere Gruppe. Er hatte das Zartgefühl gehabt, nicht persönlich zu erscheinen und uns zu verpflichten, persönliche Beziehungen zu ihm aufzunehmen. Als ich ihn später sah, zum ersten Mal, verstand ich, daß er seiner noblen Natur nach

489 Zitiert nach Armin Zweite, *Der Blaue Reiter im Lenbachhaus München*, München 1991, S. 29

gehandelt hatte.«[490] Indes ließ ein persönlicher Kontakt nicht lange auf sich warten. Schon am Silvesterabend 1910/11 wurde Marc zum erstenmal in den engeren Künstlerkreis der NKVM, den Salon Werefkins, eingeladen. Dieses Treffen begeistert ihn dermaßen, daß er am folgenden Tag in einem Brief an seine Frau berichtet: »Ich bin heute etwas eilig, vor dem Schönberg-Konzert, in dem wir uns natürlich mit der ganzen ›Vereinigung‹ treffen, die alle wie ich gespannt sind auf den Abend. Gestern Abend war ich mit Helmuth [Macke] bei Jawlensky und hab mich den ganzen Abend mit Kandinsky und Münter unterhalten – fabelhaften Menschen. Kandinsky übertrifft alle, auch Jawlensky an persönlichem Reiz; ich war völlig gefangen von diesem feinen innerlich vornehmen Menschen, und äußerlich patent bis in die Fingerspitzen ... Sie wollen mich und Helmuth nun alle in Sindelsdorf besuchen, desgleichen wir Kandinsky und Münter in Murnau.«[491]

Marc und Kandinsky verbindet eine in allen künstlerischen Fragen stupende Geistesverwandtschaft und eine kongeniale Partnerschaft, die vor allem in der einjährigen Vorbereitungszeit zur gemeinsamen Herausgabe des Almanachs ›Der Blaue Reiter‹ und in zwei dieses Vorhaben begleitenden Ausstellungen ihren Niederschlag findet. Doch schon vor Marcs Mitgliedschaft bei der NKVM, der eine einstimmige Beitrittsaufforderung und Wahl in den Vorstand vorangeht, faßt Kandinsky am 10. Januar den folgenschweren Beschluß, den Vorsitz der Vereinigung niederzulegen. Diesen Schritt begründet er in einem Schreiben an den zweiten Vorsitzenden Jawlensky: »Das letzte Jahr zeigte mir besonders klar, daß meine Ansichten über die Tätigkeit unserer Vereinigung und die Art ihrer Gestaltung von den übrigen Ausschußmitgliedern und von der Mehrzahl der ordentlichen Mitglieder nicht geteilt werden. Diese prinzipielle Verschiedenheit der Grundansichten schließt natürlich meine weitere Tätigkeit als Vorsitzender aus. Deshalb möchte ich Sie bitten, den übrigen Ausschußmitgliedern mitzuteilen, daß ich von heute ab mein Amt definitiv niederlege, wobei das Amt des I. Vorsitzenden satzungsgemäß bis zu den nächsten Wahlen auf Sie übergeht.«[492] Die weitere Entwicklung mündet in einen schweren Affront gegen Kandinsky, da nicht der von ihm gewünschte Jawlensky, sondern ein Vertreter der traditionalistischen Fraktion, Adolf Erbslöh, zum Nachfolger gewählt wird. Bestärkt durch eine mit Marc übereinstimmende Interessenlage, wirft nun Kandinsky auf seinem Weg zu einer restlosen Auflösung des Gegenständlichen jegliche Kompromißbereitschaft über Bord. Naturgemäß

490 Zitiert nach Rosel Gollek, *Brennpunkt der Moderne. Der Blaue Reiter in München*, München 1992², S. 30

491 Zitiert nach Zweite (Anm. 489), S. 31

492 Zitiert nach Gollek (Anm. 490), S. 33

eskalieren die Spannungen mit Erbslöh und Alexander Kanoldt, denen die von Kandinsky schon des öfteren erhobene Forderung nach einer »reinen Malerei« zunehmend suspekt wird. Besonders für Kanoldt, »der in seinen kubistischen Bildern Formfestigkeit suchte«, »ist Kandinskys einsame Entwicklung unheimlich, ›seine aus dem Leim gegangenen Gestalten müssen ihm tief zuwider gewesen sein‹, schreibt ein Freund der ›Vereinigung‹ rückblickend.«[493] Aus Nina Kandinskys Sicht stellt sich die folgende Kontroverse so dar: »Schon im Frühjahr 1911 begannen sich Spannungen bemerkbar zu machen, ... im eigenen Lager der Avantgardisten, das sich in drei Parteien gruppierte. Die künstlerischen Auffassungen von Kandinsky teilte Franz Marc ... Auf der Gegenseite standen die Gesinnungsfreunde von Erbslöh, dem ersten Vorsitzenden, und Kanoldt. Dazwischen stand Jawlensky, der Initiator. Er, der sein ganzes Leben lang kein ungegenständliches Werk geschaffen hat, versuchte zwischen den Fronten zu vermitteln – leider ohne Erfolg. Die Anti-Abstrakten erwiesen sich als wenig tolerant und waren zu keinerlei Konzessionen bereit. Der Bruch innerhalb der ›Künstlervereinigung‹ war unvermeidlich.«[494]

Gleichzeitig mit den Spannungen innerhalb der NKVM befand sich damals die gesamte deutsche Kunstszenerie in Aufruhr, hervorgerufen durch den berüchtigten ›Protest deutscher Künstler‹ des Worpsweder Malers Carl Vinnen. Dieser durch den umstrittenen Ankauf eines Bildes von Vincent van Gogh für die Bremer Kunsthalle aufgeheizte »Protest« richtete sich gegen den Import ausländischer Kunst durch Kunsthändler und Museumsdirektoren, wodurch angeblich das Gedeihen der reinen, deutschen Kunst gefährdet gewesen wäre.[495] Diesem chauvinistischen Pamphlet stellten sich Marc und Kandinsky umgehend entgegen. Eine Aktion kam zustande, der sich mittels Unterschrift zahlreiche nicht dem Establishment angehörende Künstler wie Max Liebermann, Lovis Corinth, Henry van de Velde u.a. anschlossen; bezeichnenderweise befleißigten sich Erbslöh und Kanoldt einer zurückhaltenden Attitüde. Auch Kunsthändler, Kritiker und Kunsthistoriker erklärten sich solidarisch, wobei der in der Gegenschrift ›Im Kampf um die Kunst. Eine Antwort auf den Protest Deutscher Künstler‹ veröffentlichte weitblickende Kommentar Wilhelm Worringers, neben Stellungnahmen von Marc und Kandinsky, besonders ins Gewicht fällt: »Wir wollen wieder eine Suggestionskraft der Kunst, die stärker ist als die Suggestionskraft jenes höheren und kultivierten Illusionismus, der seit der Renaissance das Schicksal

493 Becks-Malorny (Anm. 33), S. 47

494 *Der Blaue Reiter. Dokumente einer geistigen Bewegung*, hrsg. von Andreas Hüneke, Leipzig 1991³, S. 56

495 Weiss (Anm. 32), S. 67. – Zweite (Anm. 436), S. 135

unserer Kunst ist.«[496] Diese von der offiziellen Kunstwissenschaft beigesteuerte Erklärung bedeutete für Kandinsky eine willkommene Rückenstärkung dafür, anläßlich der Vorbereitungen für die dritte Ausstellung der NKVM ein auf seinem letzten Entwicklungsstand gefertigtes Gemälde, nämlich *Komposition V*, einzureichen. Ein Eklat war unvermeidlich, wobei sich dieser schon im Sommer 1911 – wie einem von Marc an Macke adressierten Brief zu entnehmen ist – angekündigt hatte: »Ich sehe, mit Kandinsky, klar voraus, daß die nächste Jury (im Spätherbst) eine schauderhafte Auseinandersetzung geben wird und jetzt oder das nächstemal eine Spaltung, respektive Austritt der einen oder anderen Partei, und die Frage wird sein, welche bleibt. Wir wollen die Vereinigung nicht aufgeben, sondern unfähige Mitglieder müssen raus ...« Nun, es kam umgekehrt: Gerade das fähigste Mitglied, Kandinsky, »mußte raus«. Mit dem fadenscheinigen Argument, *Komposition V* würde das satzungsgemäß festgelegte Maximalformat überschreiten, sorgte die Jury für eine Ablehnung des eingereichten Werks. Indessen bezeugt die implizit inhaltliche Begründung eine vorgefaßte Aversion, bestenfalls eine nicht ganz unverständliche Überforderung des mehrheitlichen Kunstverständnisses. Während Bechtejew bekennt, daß er das Bild nicht verstehe, hält Erbslöh es schlicht für Kunstgewerbe. Nur Werefkin und Jawlensky stehen zu Kandinsky, ohne allerdings die entsprechende Konsequenz daraus zu ziehen: nämlich sich dem Austritt von Kandinsky, Marc und Münter aus der NKVM sofort anzuschließen. Die Ausjurierung von *Komposition V* traf Marc und Kandinsky keineswegs unvorbereitet. Denn als die NKVM am 18.12.1911 die Pforten ihrer zwangläufig reduzierten Ausstellung öffnete, war auch seitens der Mitglieder des ›Blauen Reiters‹ schon alles vorbereitet, um sich gleichzeitig mit einer eigenen Exposition der Öffentlichkeit zu präsentieren.

1. *Impressionen*

Eine Auseinandersetzung mit Kandinskys von der Forschung relativ vernachlässigten *Impressionen,* die alle (insgesamt sechs) im Jahr 1911 entstanden sind, wirft vorweg die grundsätzliche Frage auf, wie ernst der Künstler in der Praxis die Unterscheidung seiner in ›Über das Geistige‹ aufgelisteten Bildtypen »Impressionen, Improvisationen und Kompositionen« genommen hat. Ausgehend von seinen Erläuterungen, wonach *Impressionen* aufgrund »direkter Eindrücke von der ›äußeren Natur‹« und *Improvisationen* nach Vorstellungen »innerer Natur« gefertigt sind,

496 Gollek (Anm. 478), S. 34

stellt man überrascht fest, daß die *Impressionen*, die per definitionem zunächst eigentlich einen gegenüber den *Improvisationen* deutlicheren Gegenstandsbezug erwarten lassen, erst etwa zwei Jahre nach den ersten *Improvisationen* geschaffen wurden. Diese Erwartungshaltung, die auf der Annahme eines kontinuierlichen, vom Gegenständlichen zum Abstrakten verlaufenden Entwicklungsprozesses basiert, ist in bezug auf Kandinsky insofern verfehlt, als der Künstler von 1909 bis 1911 seine bildnerischen Experimente dialektisch zwischen den beiden Gestaltungspolen hin und her pendeln läßt. Dies bezeugen auch die *Impressionen*, unter denen nur zwei, nämlich *Impression IV* und *Impression VI,* einen merklichen Gegenstandsbezug signalisieren; die übrigen vier stehen in ihrem Abstraktionsgrad den gegenstandsfernsten *Improvisationen* (wie zum Beispiel *Improvisation 10*) nur wenig nach. Im übrigen haben sich zu mehreren *Improvisationen* Skizzen und Entwürfe erhalten, die, so Riedl, »auf eine überaus sorgfältige kompositionsgemäße Vorbereitung schließen lassen«. Lassaigne zufolge sind die drei Bildgattungen »etwas willkürlich insofern, als die Unterschiede der Auffassung nicht immer deutlich erscheinen und dieses oder jenes Bild sehr gut teilweise zu einer anderen Gruppe gehören könnte«.[497] Riedls Schlußfolgerung dazu: »Kandinskys Einteilung ist mithin nicht als ein starres, bildnerische Zwänge implizierendes Schema, sondern mehr im Sinne eines offenen Grundmusters aufzufassen.«[498] Eine andere Stellungnahme könnte indes lauten: Die künstlerische Praxis hat die theoretischen, bis an den Beginn des Jahrhunderts zurückreichenden und in ›Über das Geistige‹ veröffentlichten Überlegungen längst überholt. Offensichtlich hat Kandinsky, trotz neuer Erfahrungen, in der Schlußredaktion seines Theoriewerks darauf verzichtet, sein Gruppenschema zu relativieren. Zu groß mag die Faszination der Geschlossenheit eines einmal entwickelten »Grundmusters« gewesen sein, um daran zu rütteln bzw. den mittlerweile erreichten Entwicklungsstand des aktuellen Schaffens als Kontrollorgan zu bemühen.

1.1 Impression III (Konzert)

Da die beiden ersten *Impressionen* durch Kriegseinwirkung zerstört worden sind, beginnen wir mit einer Besprechung von *Impression III (Konzert)*, dem musikalisch-synästhetisch wahrscheinlich aussagekräftigsten Werk Kandinskys. Wie sehr der Künstler der Musik bereits von Jugend auf verbunden war, beweist sein schon des öfteren aus ›Rückblicke‹ zitiertes Richard Wagner-Erlebnis, sodann – und noch viel drastischer –

Siehe Abbildung 86, Seite 312

497 Lassaigne (Anm. 122), S. 45
498 Riedl (Anm. 103), S. 34

ein aus Sévres 1906/07 an Münter gerichtetes Schreiben, in dem er die Musik für sich geradezu als Lebenselixier reklamiert: »Ich kann nimmer blind und taub leben, nachdem ich Augen und Ohren hatte … nur noch die Musik kann mich retten … Gute Musik muß ich haben, sie regt mich so an.«[499] Gemeinsam mit Marc und anderen besucht Kandinsky am 2. Januar 1911 ein Konzert von Arnold Schönberg. Noch unter dem Eindruck dieses musikalischen, der Atonalität die Pforten öffnenden Ereignisses stehend, beschließt er schon einige Tage danach, dem Komponisten in einem Brief seine Wertschätzung mitzuteilen: »Sie haben in Ihren Werken das verwirklicht, wonach ich in freilich unbestimmter Form in der Musik so eine große Sehnsucht hatte. Das selbständige Gehen durch eigene Schicksale, das eigene Leben der einzelnen Stimmen in Ihren Compositionen ist gerade das, was auch ich in malerischer Form zu finden versuche. Es ist momentan in der Malerei eine große Neigung, auf construktivem Wege die ›neue‹ Harmonie zu finden, wobei das Rhythmische auf einer beinahe geometrischen Form gebaut wird … Ich finde eben, daß unsere heutige Harmonie nicht auf dem ›geometrischen‹ Wege zu finden ist, sondern auf dem direkt antigeometrischen, antilogischen. Und dieser Weg ist der der ›Dissonanzen in der Kunst‹, also in der Malerei ebenso, wie in der Musik. Und die ›heutige‹ malerische und musikalische Dissonanz ist nichts als die Consonanz von ›morgen‹«.[500] Dieses Schreiben markiert den Beginn eines intensiven Briefwechsels und regen Gedankenaustauschs, der schließlich dazu führte, daß Kandinsky Schönberg einlud, anläßlich der 1. Ausstellung »Der Blaue Reiter« auch als Maler in Erscheinung zu treten und für den Almanach einen eigenen Artikel beizusteuern. Im übrigen gleichen Marcs Empfindungen und Erkenntnisse, die er vom Schönberg-Konzert gewann, weitgehend jenen Kandinskys. Seine Eindrücke schildert er in einem enthusiastischen Brief an August Macke: »Kannst Du Dir eine Musik denken, in der die Tonalität (also das Einhalten irgend einer Tonart) völlig aufgehoben ist? Ich mußte stets an Kandinskys große Komposition denken, der auch keine Spur von Tonart zuläßt … und auch an Kandinskys ›springende Flecken‹ bei Anhören dieser Musik, die jeden angeschlagenen Ton für sich stehen läßt (eine Art weißer Leinwand zwischen den Farbflecken!). Schönberg geht von dem Prinzip aus, daß die Begriffe Konsonanz und Dissonanz überhaupt nicht existieren. Eine sogenannte Dissonanz ist nur eine weiter auseinanderliegende Konsonanz.«[501] Abgesehen von einer treffsicheren Charakterisierung von Kandinskys Malerei, spiegelt

499 Zitiert nach Hahl-Koch (Anm. 10), S. 110 und Anm. 104
500 Zitiert nach Moeller (Anm. 455), S. 78
501 *August Macke/Franz Marc, Briefwechsel*, hrsg. von W. Macke, Köln 1964, S. 40

sich in diesen Zeilen ein kongruentes, Marc und Kandinsky von Beginn an verbindendes Harmonie-Verständnis.

Kandinsky sieht in Schönberg den Schöpfer der »reinen« Musik. Mit dem impliziten Bedauern, daß ihm in seinem Metier der Schritt zur vollständigen Abstraktion noch nicht ganz geglückt sei, schildert er dem Komponisten in einem Brief vom 9. April 1911 seine Sicht vom aktuellen Entwicklungsstand der Malerei: »Ich beneide Sie sehr! Sie haben Ihre Harmonielehre schon im Druck. Wie unendlich gut (wenn auch nur verhältnismäßig!) haben es die Musiker in ihrer soweit gekommenen Kunst. Wirklich Kunst, die das Glück schon besitzt, auf reinpraktische Zwecke vollkommen zu verzichten. Wie lange wird wohl die Malerei darauf warten müssen? Und das Recht dazu (= Pflicht) hat sie auch: Farbe, Linie an und für sich – was für grenzenlose Schönheit und Macht besitzen diese malerischen Mittel. Und doch ist schon heute der klarere Anfang dieses Weges zu sehen. Man darf heute von einer ›Harmonielehre‹ auch hier träumen. Ich träume schon und hoffe, daß ich wenigstens die ersten Sätze zu diesem großen kommenden Buch aufstellen werde.«[502] Daß Kandinsky noch im selben Jahr sein erstes rein abstraktes Gemälde *(Bild mit Kreis)* schaffen wird, schien ihm zu diesem Zeitpunkt noch nicht absehbar. Über welch große Ausdrucksmöglichkeiten die Musik verfügt, war ihm indessen schon seit langem klar: »Der musikalische Ton hat einen direkten Zugang zur Seele. Er findet sofort einen Widerklang ... diese Freiheit zu erschöpfen sucht auch Schönberg, und auf dem Wege zum innerlich Notwendigen hat er schon Goldgruben der ›neuen Schönheit‹ entdeckt. Schönbergs Musik führt uns in ein neues Reich ein, wo die musikalischen Erlebnisse keine akustischen sind, sondern ›rein seelische‹. Hier beginnt die ›Zukunftsmusik‹.«[503] Eine solche Zukunft ist auch der Malerei beschieden, davon ist Kandinsky überzeugt, wenn er – in Anspielung auf den semiabstrakten Entwicklungsstand seines ausschließlich auf die seelische Rezeptionsmöglichkeit des Betrachters hinwirkenden Schaffens – selbstbewußt betont: »Die Malerei hat in dieser Beziehung die Musik eingeholt, und beide bekommen eine immer wachsende Tendenz, ›absolute‹ Werke zu schaffen, d.h. vollkommen ›objektive‹ Werke, die den Naturwerken gleich rein gesetzmäßig als selbständige Wesen ›von selbst‹ erwachsen.«[504]

Betrachtet man die *Impression III*, die von Hoberg als Umsetzung eines akustischen Ereignisses in Malerei charakterisiert wird, aus dem Blickwinkel von Kandinskys Kategoriendefinition, so gelangt man mit

502 *Arnold Schönberg/Wassily Kandinsky* (Anm. 280), S. 25
503 ÜGK, S. 44 und 49
504 Zitiert nach Hoberg (Anm. 82), Text zu Taf. 33

75/76 *Skizzen zu »Impression III (Konzert)«*, 1911, Kreidezeichnungen, Paris, Musée National d'Art Moderne, Centre Georges Pompidou

Hoberg zur Überzeugung, daß er unter dieser nicht nur optische, vielmehr »sinnliche Eindrücke aller Art« subsumiert hat.[505] Genau genommen ist *Impression III* jedoch nicht unmittelbar, in Kandinskys Diktion nicht »direkt« genug zustandegekommen; immerhin bezeugen zwei Entwurfsskizzen (Kreidezeichnungen) einen vorkonzeptionellen Orientierungsprozeß. In diesem Zusammenhang ist Hahl-Kochs Meinung, *Impression III* sei »ein gutes Beispiel für diese Kategorie [Impression] der durchweg einfachen und klaren Bilder«, nicht vorbehaltlos zuzustimmen.[506] In der Tat vermag sich der spontan hinzutretende Betrachter nur mit Mühe einen »klaren Bildbegriff zu verschaffen«, ganz zu schweigen davon, daß sich ihm die Vorstellung einer spezifischen Gegenständlichkeit zunächst gründlich verschließt. Daß es sich hier um einen Konzertsaal mit Klavier, Musikern und Zuhörern handelt, verraten ihm erst der Untertitel und die 2. Skizze, die zum Beispiel darüber Auskunft gibt, an welcher Seite des nur assoziativ als Klavierdeckel identifizierbaren schwarzen Riesenflecks sich der Pianist eigentlich befindet. Zudem ist kaum anzunehmen, daß die erste Entwurfszeichnung die Szenerie des Schönberg-Konzerts wiedergibt. Dargestellt ist hier wohl kein Konzertsaal, sondern ein privater Salon, an dessen perspektivisch fluchtenden Wänden ein locker verstreutes Publikum der musikalischen Darbietung lauscht. Interpreten sind ein Pianist, ein weiterer Instrumentalist und eine Sängerin.

Der erste Eindruck, den das Gemälde hervorruft, ist ein primär farbiger. Vorherrschend sind Gelb und Schwarz, denen sich, schon deutlich untergeordnet, Weiß und Rot hinzugesellen; geringfügige Blauviolett-Akzente lassen mit Gelb einen Komplementärakkord anklingen. Wie Roethel zutreffend bemerkt, ist das »dominante Thema des Gemäldes offenbar ein dissonanter Kampf zwischen Schwarz und Gelb«. Weniger konkret ist seine Beschreibung des Gelb: »Der Ton der rechten, gelben

505 Ebda., Text zu Taf. 33
506 Hahl-Koch (Anm. 10), S. 152

Fläche ist bezeichnenderweise ohne die leiseste Beimischung von Blau gemalt. Daher erscheint es nicht eine Spur blaß oder sauer«.[507] In Wirklichkeit schwebt über dem Gelb ein blasser Grünschleier, ausreichend, um dem Farbton seine spezifische Wärme zu entziehen. Da alle verfügbaren Farbreproduktionen in der Wiedergabe dieses Farbwerts versagen, vermag hier nur eine Autopsie des Gemäldes Klarheit zu verschaffen. Eine präzise Perzeption dieses eher kalten Gelbs erscheint insofern unverzichtbar, als Kandinsky in »Über das Geistige« ausdrücklich die Folgen selbst der geringfügigsten Abweichung vom ursprünglichen Sättigungsgrad des Gelb schildert: »Wenn man versucht, Gelb (diese typisch warme Farbe) kälter zu machen, so bekommt sie einen grünlichen Ton und verliert sofort an beiden Bewegungen (horizontaler und exzentrischer). Es bekommt dadurch einen etwas kränklichen und übersinnlichen Charakter, wie ein Mensch voll Streben und Energie, welcher durch äußere Zustände in diesem Streben und der Anwendung seiner Energie verhindert wird.«[508] Dieser durch Trübung bewirkte Energieverlust führt naturgemäß zu einer gegenüber dem gesättigten Gelb nicht unerheblich veränderten synästhetischen Erfahrung. Die von Hahl-Koch und Moeller bezüglich Gelb in *Impression III* zitierten Sätze Kandinskys haben folglich nur abgeschwächt Gültigkeit: »Diese Eigenschaft des Gelben, welches große Wirkung zu helleren Tönen hat, kann zu einer dem Auge und dem Gemüt unerträglichen Kraft und Höhe gebracht werden. Bei dieser Erhöhung klingt es wie eine immer lauter geblasene scharfe Trompete oder ein in die Höhe gebrachter Fanfarenton ... Gelb, wenn es direkt betrachtet wird ... beunruhigt den Menschen, sticht, regt ihn auf und zeigt den Charakter der in der Farbe ausgedrückten Gewalt.«[509] Gleichwohl bleibt diese Spannung, trotz des Grünschleiers, bestehen, da der Betrachter kraft Induktion dazu neigt, den Hauch von Grün zu vernachlässigen und den Sättigungsgrad des reinen Gelb wiederherzustellen; dies bezeugen sämtliche mit dem Bild beschäftigten Autoren, die von dieser leichten Grüntrübung des Gelb überhaupt keine Notiz nehmen. Trotz Trübung bleibt die von Kandinsky beschriebene Beziehung zwischen Gelb und Schwarz auch hier prinzipiell in Geltung: »Hellgelb ... auf Schwarz ... wirkt ... so stark, daß es sich direkt vom Hintergrund befreit, in der Luft schwebt und ins Auge springt.«[510]

Allein mit dem Zweiklang Schwarz/Gelb höchstmögliche Spannung und Dynamik zu erzielen, ist in *Impression III* Kandinskys vordringliches Anliegen. Selbst 25 Jahre später hat sich an dieser Auffassung des Künst-

507 Roethel (Anm. 25), S. 84
508 ÜGK, S. 90
509 Ebda., S. 91
510 Ebda., S. 98

lers nichts geändert. 1935 nimmt er in seinem in der Pariser Zeitschrift ›Cahiers d' Art‹ erschienen Artikel ›Die Kunst von heute ist lebendiger denn je‹ nochmals zum Problem der werkkonstituierenden Dynamik Stellung: »Es ist ein Irrtum, zu behaupten, daß ein einziger Ton oder eine einzige Farbe keine Erregung hervorrufe. Aber diese Erregungen sind zu begrenzt oder zu ›einfach‹, oder zu ›arm‹ und schließlich auch zu vorübergehend. Das ist eine statische Tatsache. Das dynamische Moment beginnt mit dem Nebeneinandersetzen von mindestens zwei Erregungen: Elementen, Farben, Linien, Tönen, Bewegungen usw. (Der ›Kontrast‹!) ›zwei innere Töne‹. Hier ist die kleine Wurzel der Komposition zu suchen.«[511] Letzteres ist auch prinzipiell bezeichnend für das Wesen einer *Impression*, die sich so als Vorstufe für die komplexeren *Improvisationen* und *Kompositionen* gebärdet.

Ohne Zweifel verfügt der schwarze Flügel über das größte visuelle Gewicht, wiewohl er, da in der oberen Bildhälfte plaziert, vom Gesetz der Schwerkraft entbunden ist. Mit großer Vehemenz scheint er auf der Bilddiagonalen nach rechts oben davonzusausen, alle übrigen Bildzeichen mit sich reißend. Dabei ist daran zu erinnern, daß Kandinsky die links unten/rechts oben-Diagonale als die »harmonische«, von »lyrischer Spannung« erfüllte bezeichnet hat. Daraus ist zu folgern, daß er mit der Wahl dieser Diagonalen eine Milderung des enormen Bewegtheitspotentials intendiert hat. Zudem billigt er ihr jene Kälte zu, die auch im dominanten Farbklang (kaltes Gelb!) ihren Niederschlag findet. Indessen endet die gerichtete Spannung des Klaviers am oberen Bildrand, dort nämlich, wo ein weißliches Element – in der 2. Skizze ist es noch eine deutliche, bis nach unten reichende Säule – interferierend das zugespitzte Endstück des Instruments abzukappen scheint. In bezug auf Schwarz schreibt Kandinsky: »Es ist musikalisch dargestellt wie eine vollständig abschließende Pause, nach welcher eine Fortsetzung kommt wie der Beginn einer anderen Welt, da das durch ›diese‹ Pause Abgeschlossene für alle Zeiten beendigt, ausgebildet ist: der Kreis ist geschlossen. Das Schwarz ist etwas Erloschenes, wie ein ausgebrannter Scheiterhaufen ...«[512] Demzufolge könnte man interpretieren: Der schwarze Flügel ist eben nur der materielle Klangproduzent, das Gelb hingegen das immaterielle Klangerzeugnis. Seitlich des Flügels verströmt das Gelb, flutet in schwingender Bewegung nach unten, umkreist dort das Publikum, steigt weiter bis zu den Orchestermusikern empor, um dann oben als runder Fleck vor der weißen, schräg ausgerichteten Säule den Schluß-

511 Kandinsky, ›Die Kunst von heute ist lebendiger denn je‹, in: *Essays* (Anm. 18), S. 165 f.

512 ÜGK, S. 98

punkt zu setzen; daß es sich dabei um eine Säule und um einen Beleuchtungskörper handelt, ist lediglich aus der 2. Skizze zu ersehen. Ein wesentlicher Spannungsfaktor zeigt sich darin, daß das dominante und relativ homogen aufgetragene Gelb in der rechten Bildhälfte von keinerlei Formelementen aufgelockert wird, somit, trotz seiner raumgreifenden Exzentrizität, als leere Fläche wirkt, mit der die verdickte Masse von Form-, Linien- und Farbchiffren in der linken Hälfte nachhaltig kontrastiert. Es wäre kaum verwunderlich, sollte sich der eine oder andere Betrachter in diesem von Materie völlig unberührten Klangfeld zwecks erwünschter Ausgewogenheit des Kompositionsgefüges eine Art von ausgleichendem Formenakzent wünschen. Kandinsky denkt allerdings an keinerlei Entspannung, sosehr liegt ihm daran, das alles umhüllende Gelb als reine Klangmassse wirken zu lassen. Beinahe möchte man meinen, die rechte, bereits unsichtbare Hälfte der Zuhörerreihen sei schon im Strudel des Gelbstroms versunken.

Worauf begründet sich nun der von Roethel registrierte dissonante Kampf zwischen Schwarz und Gelb? Die Hauptursache dieser Spannung ist wohl die ambivalente Regelung der Figur/Grund-Problematik. Zunächst hat es den Anschein, daß die überpointierte Gelbflut den alleinigen Anspruch auf die »Grund«-Funktion erhebt und demgegenüber das dingbezeichnende Schwarz die Figuration übernimmt. Doch erinnern wir uns daran: daß letzteres ein Flügel ist, darüber belehrt uns erst die Entwurfsskizze sowie der Bilduntertitel. Vom Standpunkt des forminhaltlich orientierten »sehenden Sehens« aus betrachtet, wirkt das Schwarz indes wie ein klaffendes Loch in der Bildfläche, während sich das raumgreifende Gelb von dieser fast loszureißen scheint. Es erweckt den Eindruck, als läge es vor dem Schwarz, zumal es überdies Anstalten trifft, in den weißlichen, den Flügel ebenso aufspaltenden wie überlagernden »Kanal« emporzusickern. Weiters ist zu bemerken, daß das Schwarz an zwei Seiten von Weiß begrenzt ist, und dieses nun – unangefochten vom Schwarz und Gelb – die »Grund«-Funktion beansprucht. Im übrigen dachte Marc wahrscheinlich an diese Weiß-Implikation, als er Macke von Kandinskys »›springenden Flecken‹ beim Anhören dieser Musik (Schönberg), die jeden angeschlagenen Ton für sich stehen läßt (eine Art weißer Leinwand zwischen den Farbflecken!)« berichtete. Diese einen Großteil des Bildes beherrschenden Figur/Grund-Ambiguitäten sind verwirrend genug, um den Betrachter in Spannung zu versetzen. Vermutlich drückt sich darin synästhetisch auch Schönbergs neues, damals gewiß als atonal empfundenes Tonsystem aus. Zudem mag sich das Problem der Dissonanz, das von Marc wie Kandinsky in bezug auf Schönberg (beziehungsweise auf die in dieser Hinsicht zwischen Musik und Malerei bestehenden Analogien) eingehend diskutiert wurde, auch in der Wahl des spezifischen Gelbtons mit seinem vom normalen Sättigungsgrad abweichenden Grünschleier widerspiegeln. Nach all dem ist zu prüfen, wie die im Bild versammelten Zuhörer auf den zweifellos lauten, dissonanten Gelb-Tonschwall reagieren. Nebenbei gesagt wurde Schönberg von Publikum und Presse genauso unfreundlich wie Kandinsky anläßlich der 2. Ausstellung der NKVM behandelt. Insultationen wie »Reklamemacher, Schwindler und Pfuscher« waren an der Tagesordnung und werden von Kandinsky in ›Über das Geistige‹ auch ausdrücklich genannt.

In *Impression III* sind die kaum erkennbaren Zuhörer schräg unter dem Klavier in zwei Reihen auf weißem Grund plaziert; eine Dechiffrierung dieser Zeichen ermöglicht einmal mehr der zweite Entwurf. Die von der gelben Klangflut umzingelten »Musikbegeisterten« werden von der Diagonalbewegung des Flügels fast gewaltsam fortgerissen. Sie geraten, wie festgehalten durch einen kleinen gelben Halterungsring am Flügelrand, in den unmittelbaren Sog des Instruments. Die Reaktionen des Publikums sind unterschiedlich: Während die Hörer der ersten Reihe – angedeutet durch kopfähnliche, verkehrte U-Häkchen – als schwarzlineare Chiffren ohne jeglichen Buntfarbakzent der rein technisch-»materiellen« Wiedergabe des Musikstücks vermutlich mit wenig Gefühlsreaktion folgen, machen jene in der zweiten Reihe einen emotional wesentlich beteiligteren Eindruck. Figürlich nicht wahrnehmbar, werden diese fast ausschließlich durch Farbflecken charakterisiert, getreu Kandinskys Leitsatz, wonach »die Farbe ein Mittel ist, einen direkten Einfluß auf die Seele auszuüben«. In der Mitte befindet sich ein blaßrosa Farbelement, umgeben von einer gelben Aura, die einen ganz im Bann der revolutionären Musik stehenden Hörer vermuten läßt. Rechts anschließend ein großer zinnoberroter Fleck, offenbar einen Hörer symbolisierend, der von der Klangevokation des links oben situierten, ebenfalls durch Rot akzentuierten Orchesters erfaßt wird; dabei muß es sich laut Kandinsky um einen lauten, »hartnäckigen, aufdringlichen, starken« Fanfarenton handeln. Als Zinnober, so Kandinsky weiter, »gewinnt das Rot an der Beständigkeit des scharfen Gefühls: es ist wie eine gleichmäßig glühende Leidenschaft, eine in sich sichere Kraft, die nicht leicht zu übertönen ist«.[513] Ob man ferner den kleinen reinblauen Fleck im Sinne geistiger Sensibilität oder das schwarzblaue Element als erloschenes Interesse an der musikalischen Darbietung interpretieren soll, dies alles bewegt sich selbstverständlich auf hypothetischer Ebene.

Hier stellt sich die grundsätzliche Frage, ob es überhaupt möglich ist, synästhetische Wirkungen im Bild – vor allem musikalische – wissen-

513 ÜGK, S. 100

schaftlich zu objektivieren; mehr als atmosphärische Analogiebildungen sind dabei nicht zu erwarten. Versuche, direkte Parallelen zwischen Farben und einzelnen Tönen beziehungsweise Tonarten herzustellen, sind immer gescheitert. Vielleicht funktioniert diese Gleichschaltung noch bei der Lautstärke, zumal wohl niemand auf die Idee kommen wird, zum Beispiel ein blasses Violett mit Fortissimo zu assoziieren. Auch mag es angehen, die gesättigten Farben – vor allem jene aus der warmen Skala – mit Dur-Tonarten und die getrübten mit Moll-Tonarten zu vergleichen. Ähnliches gilt für die hohen und tiefen Töne, zu denen helle und dunkle Farbwerte in Analogie treten. Mit anderen Worten: Es wird kaum jemand dem Gedanken verfallen, beispielsweise Gelb in der unteren Hälfte der Klaviatur zu suchen. Erfolgversprechender erscheint eine Analogiebildung von Farben und Instrumenten, von der Kandinsky bekanntlich in ›Über das Geistige‹ bei der Darlegung seiner Farbenlehre ausgiebig Gebrauch gemacht hat.[514] Letzten Endes kommt aber auch er – ähnlich wie Schönberg – in seinem im Almanach veröffentlichten Artikel ›Über Bühnenkomposition‹ zum Schluß, daß äußerliche Nachahmung einer anderen Kunst zu keinem befriedigenden Ergebnis führt. Über diese Erkenntnis verfügte Kandinsky schon in ›Über das Geistige‹, wo er warnend vermerkt: «Dieses Vergleichen der Mittel verschiedenster Künste und dieses Ablernen einer Kunst von der anderen kann nur dann erfolg- und siegreich werden, wenn das Ablernen nicht äußerlich, sondern prinzipiell ist. D.h. eine Kunst muß bei der anderen lernen, wie sie mit ›ihren‹ Mitteln umgeht, sie muß es lernen, um dann ›ihre eigenen Mittel‹ prinzipiell ›gleich zu behandeln‹, d.h. in dem Prinzip, welches ›ihr allein‹ eigen ist. Bei diesem Ablernen muß der Künstler nicht vergessen, daß jedes Mittel eine ihm geeignete Anwendung in sich birgt und daß ›diese Anwendung‹ herauszufinden ist.«[515] Zwar kennt Kandinsky Alexander Skrjabins empirische Tabelle von Farb-Klang-Äquivalenten, und er findet den Komponisten auch interessant genug, um L. Sabanejew zu ersuchen, über diesen einen Artikel im Almanach (›Prometheus von Skrjabin‹) zu schreiben, aber letztlich siegt auch hier die Skepsis, wie einem Brief an Münter zu entnehmen ist: »Die Musik von Skrjabin haben wir (Hartmann und ich) vor kurzem gehört. Schon interessant, aber für mich zu schön. Er denkt auch viel an das Correspondieren des musikalischen und farbigen Tones, soviel ich weiß zu kurz.«[516] Dessen ungeachtet war Kandinsky immer an einer Synthese der Künste interessiert, und dies findet ja auch in seinem Bühnenstück ›Der Gelbe Klang‹, zu dem Thomas

514 Hahl-Koch (Anm. 10), S. 259
515 ÜGK, S. 55
516 Zitiert nach Hahl-Koch (Anm. 10), S. 155

von Hartmann die Musik beigesteuert hat, seinen Niederschlag. *Impression III* ist ein Exempel für synästhetische Effekte. Es überrascht deshalb nicht, daß es von der Forschung als Beleg dafür angeführt wird, daß Kandinsky die Farbe Gelb »ganz besonders mit musikalischen Eindrücken« assoziiert hat.[517]

1.2 Impression IV (Gendarme)

Siehe Abbildung 87, Seite 313

Mit *Impression IV (Gendarme)* schuf Kandinsky ein Gemälde, das unter allen *Impressionen* den höchsten Grad an relativer Gegenständlichkeit aufweist und so gesehen am ehesten seiner Bildkategorisierung entspricht. Daß er indessen seinen Definitionsanspruch hinsichtlich der »direkten Eindrücke der äußeren Natur« auch in diesem Fall nicht ganz wörtlich genommen hat, beweist ein erhalten gebliebener, jedoch von der Forschung kaum beachteter Entwurf (Aquarell, Tusche und Bleistift). Wie schon des öfteren aufgezeigt, kann auch hier, trotz ungewöhnlich starken Sachbezugs, von einer Rückentwicklung gegenüber einem bereits erreichten Abstraktionsniveau keine Rede sein. Dies belegen etliche Stellen in Kandinskys Theoriewerk, die klarmachen, daß für den Künstler nicht primär das Abgebildete zählt, sondern, so Langner, »der Eigenwert des abbildenden Zeichens, der autonome Ausdruck der Linie und der Farbe, das heißt, es wird vom Betrachter verlangt, auch das Gegenständliche abstrakt aufzufassen«, oder, wie es Imdahl formuliert, sich um ein »sehendes Sehen« zu bemühen.[518] Nochmals sei betont: Nur mit dieser spezifischen Seheinstellung ist es möglich, den dynamischen Charakter eines Kunstwerks zu verstehen.

Definitionskonform liegt der *Impression IV* ein »direkter Eindruck«, ja sogar ein gesellschaftlich-offizieller Anlaß zugrunde: der Fackelzug zum Königsplatz anläßlich des 90. Geburtstags des Prinzregenten Luitpold am 12. März 1911. Im Zentrum des annähernd quadratischen Gemäldes sitzt ein Gendarm hoch zu Roß, die gesamte Bildhöhe beanspruchend. Während das im Sattel herrisch aufgerichtete Schutzorgan eher schemenhaft wiedergegeben ist, wird das Pferd großteils von festen schwarzen Konturen eingefaßt. Nur in seiner Bauchregion lockert sich der stringente Umriß. Ein Gestrüpp »verschmutzter« Farbformen erinnert an hervorquellende Innereien, eine Assoziation, die symbolisch an eine brüchig gewordene Staatsgewalt denken läßt. Dazu paßt das wie auf Stelzen festgemachte Tier, mit dem kein Fortkommen ist, das eher einem bewegungsuntüchtigen Steckenpferd gleicht. Der dunklen Erscheinung des Gendarmen angeglichen, wird das Kolorit des Pferdes durch Rot-

517 Hoberg (Anm. 82), Text zu Taf. 33
518 Langner (Anm. 97), S. 130

braun und andere, dumpf getrübte Braunwerte bestimmt. Auf Rot Bezug nehmend, findet Kandinsky für Genese und Wirkung von Braun folgende Erklärung: »Das Vertiefen des (Rot) durch Schwarz ist gefährlich, da das tote Schwarz die Glut löscht und auf das Minimum reduziert. Es entsteht aber dabei das stumpfe, harte, wenig zu Bewegung fähige Braun, in welchem das Rot wie ein kaum hörbares Brodeln klingt;« es entsteht, bemerkt er sodann, das Phänomen des »Hemmens«.[519] Folgerichtig ist demnach die Gesamterscheinung von Roß und Reiter eine einzige »Hemmung«. Zudem bleibt dem Tier der Weg nach links verwehrt, wo sich die Sperre einer Mauer erhebt. Es grenzt an Ironie, wenn dort zwei kleine Passanten, ehrerbietig den Hut ziehend, sich ängstlich an die Wand drücken, wo sie doch von dem denkmalartig fixierten Schlachtroß eigentlich nichts zu befürchten hätten. Darüber hinaus werden alle kompositionell bedeutsamen Linienzüge, wie die auf dem Pferdekopf ausgerichteten Fluchtlinien der Mauer oder die vom Berittenen nach rechts oben steigende schwarze Kontur beziehungsweise der parallel dazu verlaufende Rotstreifen, dazu verwendet, um das Reiterdenkmal in die Zange zu nehmen. Ferner ist der Portikus zu beachten, der mit dem Rot seiner Säulen vergessen läßt, daß er sich eigentlich im Hintergrund befindet. Mit seiner nach rechts kippenden Position vermittelt das klassizistische Gebäude Spannung, mehr noch aber visuelles Gewicht, dessen Druck den Gendarmen zurückzudrängen scheint. Dynamisch weitergedacht, findet der uneffiziente Gesetzeshüter am knapp hinter ihm aufgerichteten Lichtpylonen eine gewisse Stütze, ist abgegrenzt vom bunten Treiben des Volkes. Reiter und Pferd scheinen – auch aufgrund der Schwere ihrer dunkel getrübten Farbgebung – in erstarrter Passivität zu verharren, mithin in jenen zeitlichen Stillstand versetzt, der zum einen durch ihre symmetrische Zentriertheit, Flächigkeit und Konturenkonsistenz, zum anderen durch das mit dem stabilisierenden Sehgrundmuster kongruente System der diagonal verstrebten Hauptkompositionslinien bewirkt wird. Bewegung und Räumlichkeit, somit auch Temporalität kommen erst am Fackelzug auf, der von rechts außen seinen Ausgang nimmt. Im Unterschied zum Entwurfsaquarell, in dem zwei Uniformierte hinter dem Pferd postiert sind, ist es nunmehr ein in Rückenansicht gezeigtes Paar, das die Festprozession einleitet. Zusehends kleiner werdende Rotpunkte kennzeichnen die Köpfe der konturlos ineinander verwobenen Menge, die sich schließlich im Hintergrund verliert, wo nur noch der den Portikus erhellende Fackelschein deren Präsenz bekundet. Die Marschroute ist mit festlich bunten Lampions dekoriert, die, markant konturiert sowie rot und gelb koloriert, ballonartig nach rechts

519 ÜGK, S. 101

davonzuschweben scheinen – ein dynamisches Moment, das, Freiheit verheißend, mit der durch das Hauptsujet symbolisierten Staatsmacht kontrastiert. Ein Warm/Kalt-Kontrast unterstreicht diesen widerstreitenden Sachverhalt, dessen implizite Prophetie sich bekanntlich 1918 mit dem Untergang der Monarchie erfüllt hat.

1.3 *Impression VI (Sonntag)*

Siehe Abbildung 88, Seite 314

Auch zu *Impression VI (Sonntag)* ist ein Entwurf erhalten geblieben, und zwar eine Bleistiftzeichnung rechteckigen Formats.[520] Das Blatt zeigt rechts außen ein wandelndes Paar und, relativ zentral plaziert, ein Ruderboot mit zwei Passagieren; hinzu kommen einige ebenso nervös gekritzelte Landschaftschiffren. Für die Endfassung ist die Abweichung vom Querrechteck des Entwurfs zugunsten des Hochformats bemerkenswert. Die zwischen diesen beiden Formaten prinzipiell bestehende Wirkungsdifferenz hat Arnheim, wie schon erwähnt, so begründet: »Im horizontalen Rechteck zeigt sich die Wirkung der Schwerkraft, die alles nach unten drückt und die Tätigkeit auf das Hin und Her am Erdboden beschränkt. Im Hochformat wird der aktive Kampf mit dem Gewicht anschaulich.«[521] Die Wahl des Hochformats eröffnet einen viel freieren Umgang mit den bildnerischen Mitteln und begünstigt folglich von der Naturrichtigkeit unabhängige Ausdrucksmöglichkeiten. Demgemäß steht im Hochformat »die stilistische Neigung, den Zug nach unten zu überwinden, im Einklang mit dem Verlangen des Künstlers, sich von der bloßen Nachahmung der Wirklichkeit zu befreien«.[522]

Mit der Darstellung eines auf sonntäglichem Spaziergang befindlichen Paars kehrt Kandinsky zum Thema des Gesellschaftsstücks zurück, mit dem er sich schon etwa zehn Jahre zuvor (z.B. *Promenade*, 1902, Farbholzschnitt) befaßt hatte. Aufschlußreich ist in diesem Zusammenhang ein Vergleich mit Ernst Ludwig Kirchners annähernd gleichzeitig gemalten *Berliner Straßenbildern*, in denen flanierende Paare, Kurtisanen, Lebemänner usw. auftreten. Alle Protagonisten sind dort, trotz expressiver Verzerrungen, gegenständlich klar eruierbar und dienen vor allem aufgrund ihrer zeitgenössischen Tracht als beredtes Beispiel für die Darstellung eines soziologischen Sachverhalts, dem sich bisweilen ein ätzender Beigeschmack an Gesellschaftskritik hinzugesellt. Von all dem ist in Kandinskys Gemälde wenig zu bemerken. Mit seinem im Vergleich zu *Impression IV* weit stärker ausgeprägten Trend zur Gegenstandsauflösung und Raumeliminierung zielt er auf geistig Universelles, zu dessen Umsetzung auf die Leinwand ihm das konkrete Sujet nur den ersten

520 Barnett (Anm. 329), S. 318, Kat.Nr. 384 A.
521 Arnheim (Anm. 195), S. 149
522 Arnheim (Anm. 88), S. 33

77 *Entwurf zu »Impression VI (Sonntag)«*, 1911, Bleistiftzeichnung (10 x 14,9 cm), Paris, Musée National d'Art Moderne, Centre Georges Pompidou

Anlaß liefert. Der »direkte Eindruck von der ›äußeren Natur‹« tritt nur flüchtig in Erscheinung. Er dient lediglich als Introduktion beziehungsweise Substrat dafür, den bildnerischen Transfer zur »inneren Natur« in die Wege zu leiten. Um nicht in den Verdacht zu geraten, ein aktuelles, mithin »äußerliches« Gesellschaftsstück zu liefern, verzichtet Kandinsky auf zeitgenössische Kleidung und läßt die Akteure in der Tracht der Belle Epoque des ausgehenden 19. Jahrhunderts posieren. Ähnlich zeitabgehoben verhielt er sich schon Jahre zuvor, als er in etlichen Bildern die Repräsentanten des Bürgertums im Kostüm des Biedermeier auftreten ließ.

Entgegen seiner peripheren Position im Entwurf ist das Paar nunmehr in eine zentrale, die gesamte Bildhöhe einnehmende Stellung gerückt. Die beiden Figuren kennzeichnet ein zartes Liniengerüst, gerade ausreichend, um deren Erkennbarkeit zu garantieren. Die links plazierte Frauengestalt trägt einen vermutlich mit Federn dekorierten Hut und ein unten ungesäumtes Kleid, in dessen entgrenztes Weiß das Gelb des Bodens fast unmerklich hoch sickert. Unterstützt vom Höhenzug des Formats, befindet sie sich, der Gravitation entzogen, in einem Schwebezustand. Daß sie in Vorderansicht wiedergegeben ist, verraten lediglich die beiden als Augen identifizierbaren großen roten Flecken sowie das angedeutete Dekolleté. Ihr Begleiter hingegen versetzt den Betrachter in eine gewisse Spannung, insofern er aufgrund seiner Gesichtslosigkeit und undifferenzierten Kleidung auch als Rückenfigur wahrgenommen werden könnte; in diesem Fall würde er an der Dame vorbeispazieren. Indessen gibt es ein wichtiges Detail, das diese Richtungsversion unwahrscheinlich macht: die an der Symmetrieachse dem Paar gemeinsame Körperkontur. Ferner scheint geklärt, wer von den beiden den bestimmenden Part innehat – es ist der Mann, der mit einer schwungvollen Zacke seiner breit ausladenden Körpermitte den Taillenbereich der Frau bedrängt und ihr wohl auch einen gewissen Halt verleiht. Im Vergleich zum schwebenden Gang seiner glutäugigen Gefährtin wirkt seine Haltung ausgesprochen schwerfällig, wiewohl er mit seinen stelzenähnlichen Beinen über eine nur geringe Bodenhaftung verfügt.

Ohne Zweifel ist es nicht die Form, sondern die Farbe, die das Wesen des Bildes ausmacht und jenen von Kandinsky so nachhaltig intendierten inneren Klang erzeugt. Ein in unterschiedlichen Valeurs angegrauter Blau-Schleier scheint von links ins Bild zu wehen. Er unterläuft das Paar, verschmelzt es zur Einheit und macht es gemeinsam mit Weiß zu einem durchsichtigen, entkörperlichten Schemen. Schließlich sinkt er mäanderartig fließend nach rechts zu Boden, wo ein weißer Hund als einziges Element im Bild einen realistischen Akzent setzt. Vorerst ist man sich sicher, daß es sich beim Graublau im linken Bildviertel um ein Gewässer handelt, durch dessen Wogenschwall ein Ruderer sein Boot mitsamt seiner weiblichen Fracht voranzubringen trachtet, ehe man dessen gewahr wird, daß es sich dabei nur um eine vorläufig gegenständliche Erscheinung handelt, die – rasch ausufernd und alle Barrieren überspielend – quer durch das ganze Bild flutet. Beachtenswert ist die Position des Boots, das im Entwurf noch über einen kompositionell relevanten, abgesicherten Standort verfügt, hier hingegen zu einem unzuverlässigen, schräg über die Wellen taumelnden Gefährt von Nußschalengröße degeneriert. Da Kandinsky auf das vor allem der räumlichen Orientierung dienliche Unterscheidungsmittel »Figur-Grund« gänzlich verzichtet hat und demzufolge alles im Bild dem Ordnungsschema von Oben und Unten unterworfen ist, findet sich auch für das Boot kein räumlich bestimmbarer Ort. Analog zu den Spaziergängern befreit es sich vom Zwang der Gravitation und verflüchtigt sich nach oben. Farblich korrespondiert es mit den roten Augen der Dame. Vordergründig interpretiert, verkörpert es – da in Kopfhöhe der Dame plaziert – deren Wunsch nach einer Kahnfahrt. Andere Vorstellungen hat ihr Begleiter, der eher an das Vergnügen einer Schaukel denkt, falls das zu seiner Rechten befindliche Gerät mit stehender Figur eine solche Deutung zuläßt; bildnerisch gedacht manifestiert sich ein harmonisierendes, das visuelle Gewicht des gegenüber befindlichen Boots ausgleichendes Mittel.

Zentriertheit und Frontalität des Paars sowie ein ausbalanciertes Verhältnis von Boot und Schaukel und eine weitgehende Negation empirischer Räumlichkeit signalisieren zunächst Ruhe und zeitlichen Stillstand. Transitorisch ist lediglich der Schwebezustand des figurenbezeichnenden, mitunter hauchdünn aufgetragenen Liniensystems, dem Gefahr droht, im nächsten Moment unter der Energie des ausufernden Farbstroms seine restliche Konsistenz einzubüßen. Tatsächlich hat ja die Farbe den Hauptanteil an der Dynamisierung der nur vom Sujet her gesehen sonntäglich beruhigten Bildwelt. Verstärkt wird diese Dynamik des völlig entgrenzten Kolorits durch einen deutlich sichtbaren Pinselduktus, der den Betrachter zum Mitvollzug des bildnerischen Prozesses aufruft, in ihm kinästhetische Motorik und Empathie evoziert. Aus Arnheims gestalttheoretischer Sicht läßt sich dies wie folgt erläutern: »Die Handschrift [Anm. d. Verf.: hier der Pinselduktus] ist ein lebendiges Diagramm psychophysischer Kräfte ... Künstler wissen, daß sich die dynamischen Spuren der motorischen Handlung in ihren Werken widerspiegeln und daß sie dort als entsprechend dynamische Qualitäten auftauchen.«[523]

Diese Farbdynamik wird hier – in dieser Deutlichkeit nur noch von *Improvisation 19* übertroffen – in den Dienst der theosophischen Vibrationstheorie gestellt. Überzeugendes Indiz dafür ist das Phänomen der farbdurchlässigen Erscheinung des Paars und dessen daran knüpfende Verschmelzung mit der Umgebung. Dabei handelt es sich nicht um den Normalfall der Aurenbildung, wie sie sich als ein dem Menschen umgebender Nimbus – ein typisches Beispiel: *Dame in Moskau* (1912) – darstellt, sondern um das Prinzip der nur dem Hellseher zugänglichen Körpertransparenz. Allem Anschein nach stand Kandinsky hier unter dem Einfluß von C. W. Leadbeaters ›Der sichtbare und unsichtbare Mensch‹ (1908), einer mit zahlreichen, schematisch abgebildeten Auren- und Vibrationsbeispielen versehenen Publikation. Sixten Ringbom schildert diese Schemata – und seine Beschreibung könnte sich wörtlich auf Kandinskys *Impression VI* beziehen – folgendermaßen: »Auch in diesem Fall werden äußere Form und Lokalität der physischen Leiber lediglich durch einen Umriß angedeutet, der es den dahintreibenden Farben erlaubt, auch durch die Gestalten hindurch zu scheinen.« Daß dabei nicht an die dem Ätherleib (= Lebensleib) angemessene einfachere Version der Aura, sondern an das transzendierendere Phänomen der seelischen Vibration, wie sie am beziehungsweise im Astralleib (= Empfindungsleib) und den »höheren Leibern« manifest wird, gedacht ist, betont der Autor im weiteren: »Vor allem stellen die Vibrationen die formende Kraft dar, die hinter der Gestalt der materiellen Welt und ... hinter [sic!] den Formen der menschlichen Aura tätig ist.«[524] Ähnliches vollzieht sich in Kandinskys

523 Ebda., S. 420
524 Ringbom, in: *Kandinsky und München* (Anm. 32), S. 98

Gemälde, in dem die »physischen Leiber« des Paares mit ihrem Konturengerüst zunächst als leere Hülsen figurieren, ehe diese mittels farbiger Vibrationsauren beseelt und aus ihrer materiellen Erstarrung befreit werden. Dies ist ein zutiefst prozessualer, mithin auch bildzeitlicher Vorgang, mit dem der streng symmetrische Bildaufbau hinsichtlich seiner zeitlichen Ruhestellung merklich kontrastiert. Einen wichtigen Anteil an der Vibrationsbildung hat Graublau, das nur die Körpermitte der weiblichen Gestalt hinterflutet; es tritt in Gegensatz zum »irdischen« Gelb des Bodens. Sich von dessen materiellen Fesseln zu befreien, scheint Ziel des im Zustand der Beseelung befindlichen Paares. Dabei ist nicht zu übersehen, wie Kandinsky darauf Bedacht nimmt, im Rahmen dieser Vergeistigungsmetamorphose nachhaltig zwischen Mann und Frau zu unterscheiden. Tatsächlich sind deren Vibrationseigenschaften sehr ungleich verteilt. Seitens der Frauengestalt überwiegt eindeutig Weiß, von Kandinsky bezeichnet als »ein Schweigen, welches nicht tot ist, sondern voll Möglichkeiten«. Schon erheblich »lauter« sind deren rote Feueraugen, die noch ein ungebrochenes Interesse an durchaus irdischen Vergnügungen – erinnert sei an das rote Boot! – verraten. Bei ihrem Begleiter wandelt sich der Vibrationsstrom sichtlich. Während hier Weiß zurücktritt, sichert das Graublau die Verbindung zur Partnerin, um indes alsbald in Grün überzugehen. Letzteres erinnert an Kandinskys Steiner-Annotationen, innerhalb derer auch eine Passage aus Steiners ›Lucifer-Gnosis‹ bezüglich der Farbenaura »hingebungsvoller Naturen« vermerkt ist. Demgemäß ist ein »idealistisches Gemüt« durch Blau gekennzeichnet, wenn aber, so heißt es weiter, »außerdem intelligent, so wechseln grüne und blaue Strömungen«.[525] Rechts im Anschluß an den Begleiter nimmt Blau einen zunehmend reineren Ton an, um sich schließlich mit Rot und Gelb zur Farbtrias zu vereinigen. Symbolisch bedeutet dies die Totalität der Farbwelt, gleichermaßen auch eine Anspielung auf das Ideengut der Theosophie, wo, so Ringbom, »diese Vorstellung von den Vibrationen ein kosmisches Prinzip darstellt«.

Kurys aufschlußreichen Esoterik-Forschungen zufolge war Kandinsky »das theosophische Materiekonzept … eine Rechtfertigung für die Notwendigkeit einer neuen Kunst, die sich von allem Schein abwendet und über die Realität hinaus ins Reich des Geistes einzudringen vermag«.[526] Für Kandinskys künstlerische, auch von der Theosophie forcierte Entwicklung tritt damit der letzte entscheidende Schritt zur vollständigen Vergeistigung mittels reiner Abstraktion in greifbare Nähe. In ›Über das Geistige‹ heißt es dazu: »Wenn wir aber bedenken, daß die

525 Ebda., S. 105
526 Kury (Anm. 69), S. 51

78 *Impression V (Park)*, 1911, Öl auf Leinwand (105 x 157 cm), Paris, Musée National d'Art Moderne, Centre Georges Pompidou

geistige Wendung ein direkt stürmisches Tempo angeschlagen hat, daß auch die ›festeste‹ Basis des menschlichen Geisteslebens, d.h. die positive Wissenschaft, mitgerissen wird und vor der Tür der Auflösung der Materie [Anm. d. Verf.: gemeint ist u.a. Einsteins Relativitätstheorie von 1905] steht, so kann behauptet werden, daß nur noch wenige ›Stunden‹ uns von dieser reinen Komposition trennen.«[527]

1.4 *Impression V (Park)*

Mit *Impression V (Park)* schuf Kandinsky, neben *Lyrisches*, sein bislang am stärksten vereinfachtes Gemälde. In seiner eigenen Wertskala nimmt es insofern einen Spitzenrang ein, als er es zum einen umgehend im ›27ème Salon des Artistes Indépendants‹ in Paris (Frühjahr 1911) ausgestellt, zum anderen in den Abbildungsteil von ›Über das Geistige in der Kunst‹ aufgenommen hat.[528] Einem in der Dechiffrierung von Kandinskys Zeichensprache ungeübten Betrachter wird es nur schwer gelingen, das vor farbigem Grund befindliche Linienmuster als Reiterpaar zu identifizieren. Diesbezüglich erscheint eine Aufnahme des Bildes in die Liste

527 ÜGK, S. 115
528 Roethel und Benjamin (Anm. 21), Nr. 397

der von »äußeren Eindrücken« bestimmten *Impressionen* reichlich unmotiviert, es sei denn, man stellte dessen spontan anmutenden Produktionsvorgang dafür in Rechnung. Nur wer Kenntnis von Kandinskys künftigen Pferde- und Reiterkürzel hat und folglich zu deren Entschlüsselung befähigt ist, wird darauf bestehen, dieses Gemälde als ein noch nicht gänzlich abstraktes Werk einzustufen.

Den ersten Eindruck bestimmt ein bildhohes, orangerotes Dreieck, das sich, trotz unbestritten zentraler Plazierung, mit seiner exakt an den oberen Bildrand stoßenden Spitze, von der Symmetrieachse leicht abdriftend, nach links neigt. Während es sich in der oberen Hälfte farblich verdichtet, löst es sich nach unten zunehmend in rötliche und grunddurchlässig anmutende, hell getönte Flecken auf. Damit büßt es seine Verankerung ein und schnellt mit zielbewußter Kraft nach oben. Im unteren Bilddrittel wird das Dreieck von einer bodenmarkierenden Farbzone – links mattes Grün, rechts relativ sattes Blau – flankiert. Die räumlich zurücktretende Qualität der beiden kalten Farben erweckt die Vorstellung eines sich hinter dem Orangerot fortsetzenden Horizonts. Indessen werden solche topographischen Orientierungsversuche rasch hinfällig, bemerkt man das den Naturgesetzen enthobene Verhalten der beiden Reiter, die in diagonal abfallender Richtung – am Dreieck vorbei – unbekümmert durch die Lüfte galoppieren. Von der Bildthematik her gesehen – allerdings nur in dieser Hinsicht! – fühlt man sich an Kandinskys *Der blaue Berg* von 1909 erinnert, wo ebenfalls eine Reiterschar dahinsprengt, das Ziel des geistigen Blau vor Augen. Da ist es nur folgerichtig, auch in *Impression V* das in Kandinskys Œuvre so häufig bildbeherrschend auftretende Dreieck mit der Berg-Metapher zu assoziieren, freilich mit dem gravierenden Unterschied, daß diese mit energiegeladenem »irdischen« Orangerot gekennzeichnet ist. Daran schadlos vorbeizukommen, ist offenkundig Absicht der beiden Reiter, deren Bestreben auch darin besteht – wie jenes der Reiterschar in *Der blaue Berg* –, zum Geistigen zu gelangen; letzteres findet sich im Blau der rechten unteren Bildecke symbolisiert. Ein derartiger Deutungsversuch ist m.E. zwar korrekt, aber in seinem hermetisch-ikonographischen Ansatz greift er zu kurz. Dieser geht an den künstlerischen Problemen meist achtlos vorüber, übersieht etwa, daß der beschwerliche Weg zum Geistigen mit zahllosen Spannungen, äußeren wie inneren Widerständen und kontrastierenden Empfindungsmomenten übersät ist. Diese psychophysische Komplexität überträgt sich auf den Rezeptionsmechanismus des Betrachters, dessen Aufgabe darin besteht, das von spezifischen Klangvorstellungen und Spannungen geprägte bildnerische Konzept dynamisch »weiterzuschaffen«. Spannung ergibt sich vorweg aus der Tatsache, daß der Betrachter, will er das abstrakt erscheinende, in Kurven,

Geraden, stumpfen und rechten Winkeln konzipierte Linienskelett zum konkreten Bild zweier Reiter komplettieren, ein Höchstmaß an Induktion mobilisieren muß. Wenn man weiters dazu neigt, die breiten Farbstreifen unten als terrestrische Zone und die oben den Berg flankierenden, nebelartig getönten und nur geringfügig mit Buntfarbakzenten durchsetzten Bereiche als freien Himmel zu deuten, so bedarf dies eines ähnlich assoziativen Aufwands.

Alles steht im Zeichen der Auseinandersetzung zwischen linearer Selbständigkeit und Farbautonomie, des Konflikts zwischen Verlaufs- und Simultangestalt; anders ausgedrückt stehen die Linienzüge, so Brisch, »kontrapunktisch gegen das Gefüge der Farbformen«.[529] Der zutiefst bildzeitlich geprägte Bildaufbau setzt links oben mit einem roten, wie von der Bergpyramide losgesprengten Fleck ein. Ebenso als Introduktion fungiert darunter eine gebogene Linie, die einem Peitschenschlag ähnlich den Bewegungsprozeß beschleunigt und gegenständlich gesehen als Pferdeschweif zu eruieren ist; darunter ein S-förmiger, als Hinterhand deutbarer Linienzug. Schwarz konturiertes Gelb markiert vermutlich die Sattelstelle, auf der sich, schwebend als bräunliches Gebilde abgehoben, der Reiter befindet. Einer gefährlichen Sperre gleich, stellt sich diesem der leicht nach links kippende Berg, dessen Rot Brisch als »Zeichen für Naturkraft« interpretiert, in den Weg. Als Kürzel für Pferdehals und -kopf nimmt die Linie, doppelt geknickt, ihren weiteren Verlauf, ohne allerdings über die rechte Bergbegrenzung hinauszugelangen. Der andere, deutlich tiefer plazierte Reiter ist, die imaginäre Symmetrieachse überquerend, schon ein gutes Stück vorangekommen; dies verrät auch der die rechte Dreieckseite durchstoßende Pferdekopf. Dieser Reiter hat es erheblich leichter als sein noch im Höhenflug befindlicher Partner. Halbwegs sicheren Boden unter den Füßen, ist er in der unteren Hälfte des Bergs plaziert, dort wo das Rot seine widerständige Konsistenz verliert und durchlässig wird für den auch das Firmament bezeichnenden »Grund«.

Im Vergleich mit den schwungvollen Linien seines schwebenden Nachbarn setzt sich das vordere Pferd aus streng geraden Linienzügen zusammen, die den Eindruck einer stelzenhaft steifen Gangart vermitteln. Der schemenhaft grünliche und von einer Aura umgebene Reiter ist in leichter Rückenlage wiedergegeben, woraus ersichtlich wird, daß er das Pferd allmählich zum Stillstand zu bringen sucht. Darüber hinaus weht ihm ein blaues, schalähnliches Tuch um die Schultern, wobei es sich vermutlich um jene Fahne handelt, die auch den Reitern in den zahlreichen Aquarellentwürfen für das Almanach-Umschlagbild beigegeben ist.

529 Brisch (Anm. 65), S. 198

Im Widerspruch zum heftig flatternden Banner, dessen Blau bereits den Sieg des Geistigen ankündigt, verlangsamt das Pferd, wie seine fast lotrechte Vorderhand verrät, seinen Lauf, den Kopf bereits über dem Zielort des blauen Geistesrefugiums geneigt. Die Bildzeit ist demnach anfänglich durch ein rasantes Tempo gekennzeichnet, das sich nach rechts zu merklich verlangsamt. Diesem Bewegungsverlauf liegt die von links oben nach rechts unten führende Diagonale zugrunde, Kandinsky zufolge die »disharmonische«. Ergänzend dazu seine ebenfalls in ›Punkt und Linie zu Fläche‹ dargelegte, indes zu allen Erkenntnissen der Gestalttheorie kontradiktorische Wirkungsbeschreibung der nach rechts weisenden Leserichtung: »Das nach ›Rechts‹ ist eine Bewegung ›nach Hause‹. Diese Bewegung ist mit einer gewissen Müdigkeit verbunden, und ihr Ziel ist die Ruhe. Je näher bei ›Rechts‹, desto matter und langsamer wird diese Bewegung – so werden die Spannungen der nach rechts gehenden Formen immer geringer, und die Bewegungsmöglichkeit wird immer begrenzter.«[530] Diese hier angesprochene Ruhe verkörpert sich in Blau als »überirdische Ruhe«, von der Kandinsky die durch Grün symbolisierte »irdische Ruhe« unterscheidet; wie schon ausgeführt, ist getrübtes Grün links außen und am unteren Reiter anzutreffen.[531]

Was noch ins Gewicht fällt, ist der rechts oberhalb des blauen Horizonts situierte schräg bzw. parallel zur linken Dreieckseite geführte Rotbalken. Offenkundig hat dieser die Funktion, die beiden stumpfwinkelig auf ihn treffenden Linien, die sichtlich der Zernierung der bedrohlich dunklen Wolkengebilde dienen, abzustützen. Schutz unter dieser Sicherheitsvorkehrung findet nicht nur das blaue Geistesareal, sondern auch ein kleines, kirchenähnliches Gebäude. Ein gelbes, im Zickzack verlaufendes Gelbband, das zwischen der rechten Dreieckseite und der dazu parallel verlaufenden Barrierenlinie verspannt ist, sorgt für eine zusätzlich kontrollierende Verstrebung.

Es ist eine Tatsache, daß Kandinskys noch nicht völlig abstrakte Bilder, je länger man sich mit ihnen beschäftigt, zunehmend das einbüßen, was der Künstler als »Verschleierung« zum Zweck der Erzeugung innerer Klangvorstellungen und seelischer Vibrationen bezeichnet hat. Letzten Endes siegt das Dechiffrierungsvermögen des Betrachters, der sich dann, mit mehr oder minder deutlich gewordener Gegenständlichkeit konfrontiert, doch wiederum mittels »wiedererkennenden Sehens« vorwiegend am narrativen Gehalt des Bildes orientiert, was freilich nicht ausschließt, daß er auf der begleitenden Basis eines »sehenden Sehens« für die Perzeption »kondensierter Empfindungen« (Brisch) empfänglich

530 PLF, S. 138
531 ÜGK, S. 93, Anm. 2

bleibt. Nicht zu leugnen ist in diesem Zusammenhang, daß in *Impression V* ein spürbar geometrisierendes Konzept – man denke nur an das Dreieck, die Dominanz der geraden Linien und die vielen Parallelverschiebungen – den »inneren« Wahrnehmungsvorgang nicht unerheblich erschwert. Ähnlich hat dies auch Brisch verstanden, der zwar zunächst – pflichtbewußt im Sinne Kandinskys – das »Reinkünstlerische« des Gemäldes betont: »... ob man das Lineament noch als Reiterformen liest oder nicht, ist für das Bild nur mehr als Maßstab wesentlich«, dann aber zu erkennen gibt, daß ihm weniger am Nachweis spezifischer Empfindungen, Klänge usw. als an der Aufdeckung eines zur Ganzheit verwobenen und in konkurrierenden Spannungen eingebetteten Geometrie-Konzepts liegt: »Das schwarze Liniengefüge, die gelben Flächen und Strichlagen, der blau-grüne Streifen, sie alle wirken wie Variationen zu dem durch das rote Dreieck gestellten Linien- und Flächenthema.«[532]

1.5 Romantische Landschaft

Neben den ausdrücklich mit *Impression* bezeichneten Werken hat Kandinsky 1911 einige Gemälde geschaffen, die trotz konkreten Bildtitels der Kategorie *Impression* sehr nahe stehen. Nur zwei, *Romantische Landschaft* und *Araber II*, seien aus dieser Reihe herausgegriffen, Bilder, die sich hinsichtlich ihres Gegenständlichkeitsgrads sowie in Thema, Faktur und Ausdruck gleichwohl deutlich voneinander unterscheiden. Es gibt wohl kaum einen Betrachter, dem sich nicht die Frage aufdrängt, was an der *Romantischen Landschaft* eigentlich »romantisch« sein soll und was Kandinsky dazu bewogen hat, sich angesichts einer in höchstem Maße dramatischen Szenerie für diesen, wenigstens im tradierten Sinn widerspruchsvollen Titel zu entscheiden. Vielleicht lag es in seiner Absicht, den Betrachter mit einem scheinbar irreführenden Bildtitel vorweg in Spannung zu versetzen oder ihn – wozu damals wohl wenig Erfolgsaussichten bestanden hätten – mit seinem auf »Gegensätzen und Widersprüchen« beruhenden Harmoniebegriff vertraut zu machen. Glücklicherweise gibt es einen von Kandinsky an Grohmann gerichteten Brief, in dem er seine sehr persönliche Meinung über den Romantik-Begriff bekundet: »Sie ließen einmal das Wort ›Romantik‹ fallen, und ich habe mich gefreut. Ich will nicht mit Tränen und um der Tränen willen malen, ich mag das Süße wirklich nicht, aber die Romantik geht weit, sehr, sehr weit über die Tränengrenzen ... Der Sinn, der Inhalt der Kunst ist Romantik, und das ist unsere Schuld, wenn wir eine Zeiterscheinung für den ganzen Begriff halten. Bitte sagen Sie mir nicht, daß ich diesen Begriff zu sehr ausdehne ... Ich glaube, 1910 habe ich eine ›romantische Landschaft‹

Siehe Abbildung 89, Seite 315

532 Brisch (Anm. 65), S. 200

gemalt, die mit der früheren Romantik nichts zu tun hatte ... Wo sind die Grenzen zwischen Lyrik und Romantik ... Und die kommende Romantik ist tatsächlich tief, schön (es soll das ›veraltete‹ Wort ›schön‹ gebraucht werden), inhaltsvoll, beglückend – sie ist ein Stück Eis, in dem eine Flamme brennt. Wenn die Menschen nur das Eis spüren und die Flamme nicht, desto schlimmer für sie. Aber manche werden es bald lernen.«[533] Daraus läßt sich folgern, daß Kandinskys Vorstellung von »Romantik« nichts mit larmoyanter Retrospektive oder sehnsuchtsvoller Restaurierung vergangener Welt-Anschauungen zu tun hat. Zwar kennt auch er das Gefühl von Sehnsucht, aber es ist eine Sehnsucht nach der »Epoche des großen Geistigen«. Und damit auch nach einer zukünftigen, eben abstrakten Kunst, die vorwiegend – Kandinskys ziemlich unscharfe Definition von »Romantik« inbegriffen – auf der bildnerischen Umsetzung disjunktiver Prinzipien (siehe Eis/Flamme!) beruht.

Im herkömmlichen Sinn, und dies beweist ein kunsthistorischer Rückblick in vielfacher Weise, können so manche Gebirgslandschaften in ihrer distanzierten Abbildhaftigkeit beziehungsweise objektiven Passivität als »romantisch« eingestuft werden. Für Kandinsky eine unannehmbare Vorstellung, dem es in erster Linie darum geht, Landschaft von Grund auf neu zu erschaffen, sie künstlerisch dynamisch erst zu beleben und mit ihr ein Exempel von kosmischer Tragweite zu statuieren, in dem sich das menschliche Schicksal – sei es in seinem materiellen Ausgeliefertsein oder seiner geistigen Intentionalität – widerspiegelt. Dabei ist »Romantik« lediglich dann zu erfahren, wenn man diese vor dem spannungsvollen bzw. konfliktreichen Hintergrund des Gegensätzlichen wahrnimmt, nur dann wird sie – eben im Sinne einer »kommenden Romantik« – »tief und inhaltsvoll« und erst im dynamischen Korrelationsgefüge als solche überhaupt faßbar. Solche Überlegungen haben selbstverständlich rein hypothetischen Charakter. Sie sind nicht mehr als der Versuch einer Kandinsky gleichsam stellvertretenden Neu-Deutung von »Romantik«, die in vielerlei Hinsicht dem widerspricht, was die traditionelle Definition darunter versteht. Kandinsky ist sich ja selbst nicht ganz im klaren darüber, wo beispielsweise die »Grenzen zwischen Lyrik und Romantik« verlaufen, ganz abgesehen davon, daß er diese an sich völlig inkompatiblen Begriffe in unzulässiger Weise als Kontrastpaar ins Spiel bringt. Daß seine Auffassung von »kommender Romantik« zunächst im rein Gefühlsmäßigen angesiedelt ist, einer rationalen Klärung sozusagen erst entgegensieht, bezeugt eine weitere Stelle aus seinem Brief an Grohmann: »Heute (1925) gibt es eine ›neue Sachlichkeit‹ – es soll ruhig eine (oder die) neue Romantik geben. Ich hatte ein-

533 Grohmann (Anm. 14), S. 180 f.

mal Lust, darüber zu schreiben, und wollte ein Kapitel der neuen Auflage des ›Über das Geistige in der Kunst‹ der Romantik widmen. Seitdem hat sich aber mein Buchplan geändert. Und er erscheint in Form einzelner Bücher – ›Punkt und Linie zu Fläche‹ ist der Anfang. Es kann aber eventuell lange dauern, bis ich zur Romantik komme. Was ich aber weiß, ist die unbewußte Sehnsucht des heutigen Menschen nach der Romantik.« Nun, wir wissen, daß Kandinsky auch in ›Punkt und Linie zu Fläche‹ nichts über »Romantik« geschrieben hat. Verifizierbar ist deshalb nur sein Hinweis auf die »Neue Sachlichkeit«, die seines Erachtens das genaue Gegenteil von »Romantik« darstellt. Da weitere objektive Argumente fehlen, ist es m. E. legitim, die obige Definitionshypothese aufrecht zu erhalten. Erhärten läßt sich diese mit einem Hinweis auf Paul Klee, der den Begriff »Romantik« ungleich klarer als Kandinsky definiert. Otto Stelzer zufolge hat Klee die Gleichung romantisch = dynamisch von Novalis übernommen und mit dem Begriff des Kosmischen ergänzt; in Antithese dazu seine Analogie-Kette: statisch = irdisch = klassisch. Es ist gewiß nicht auszuschließen, daß Kandinsky irgendwann einmal mit Klee die »Romantik«-Problematik diskutiert hat, kannten sich die beiden Künstler immerhin schon seit ihrer gemeinsamen Ausbildungszeit bei Stuck an der Münchener Akademie.[534]

Die *Romantische Landschaft* zeigt einen Ausschnitt aus der alpinen Bergwelt oberhalb der Baumgrenze, wo sich von links oben das Weiß eines Gletschers auf die Reste einer dürftigen Vegetation hinbewegt. Mit einem bis knapp an den oberen Bildrand hochgezogenen Horizont vermittelt Kandinsky Vorstellungen von Draufsicht, mit denen eine durchgehend in Seitenansicht wiedergegebene Gegenständlichkeit kontrastiert. Dadurch wird ein der Naturwirklichkeit verpflichtetes Raumkontinuum in Frage gestellt und mithin jene Spannung erzeugt, die Pächt als die »Doppelwertigkeit der projektiven Form« umschrieben hat.[535] Im Rahmen einer Vororientierung haben – neben dem weitverstreuten Weiß – der links außen schräg postierte, ocker/braun gefärbte Felsbolzen, über dem ein roter Feuerball schwebt, sowie ein überwiegend schwarzes, allseitig ausfransendes Gebilde, das vermutlich ein Latschengestrüpp darstellt, visuelle Priorität. Dieser Riesenfleck, der mehr als die halbe Bildhöhe übersteigt, ist rechts unten plaziert und dient einerseits als kompositioneller Gegenpol zum menhirartigen Felsen, andererseits

534 Otto Stelzer, *Die Vorgeschichte der abstrakten Kunst. Denkmodelle und Vor-Bilder*, München 1964, S. 142. – Gudula Overmeyer, *Studien zur Zeitgestalt in der Malerei des 20. Jahrhunderts. Robert Delaunay – Paul Klee*, Studien zur Kunstgeschichte, Bd. 17, Hildesheim–Zürich–New York 1982, S. 131

535 Otto Pächt, *Methodisches zur kunsthistorischen Praxis. Ausgewählte Schriften*, hrsg. von J. Oberhaidacher, A. Rosenauer und G. Schikola, München 1977, S. 21 f.

dem Betrachter als Repoussoirstück, das aufgrund seiner Vordergrundposition auch zur Erfassung räumlicher Distanzen maßstabbildend ist. Das die beiden kompositionellen Eckpfeiler verbindende Element ist eine beinahe das ganze Bild durchkreuzende Schräglinie, die vom rechten Bildrand ausgeht, die Spitze des Buschwerks unterläuft und am Menhir jäh abbricht. Die Leserichtung dieser wie mit dem Lineal gezogenen schiefen Ebene, die vorerst durch die bergab sprengenden Reiter diktiert wird, ist jedoch durchaus ambivalent. Unterstützt durch die Schräge des Felsens, weist deren Bewegungskurs – gestaltpsychologisch nachweisbar wird eine links unten/ rechts oben verlaufende Schräge stets als aufsteigend empfunden – eher in die entgegengesetzte Richtung, womit sich der Fluchtbewegung der Reiter ein Widerstand in den Weg stellt. Darin manifestiert sich eine mit Spannungen geladene Bildzeitlichkeit, die vom imaginären Startpunkt der Reiter – rechts außerhalb des Bildes – ihren Ausgang nimmt, dann vom Vektor der die Laufbahn unterbrechenden Gebüschspitze merklich gehemmt wird, um schließlich – nach neuerlicher Beschleunigung – am Felsbolzen abrupt zum Stillstand zu kommen. Daß alles im Bild bis ins letzte Detail dynamischer Transitorik unterworfen wird, hat Hoberg sehr anschaulich auf den Punkt gebracht: »Die Schräge des Stürmens der Reiter wird im Bild durch zahlreiche Strichlagen aufgegriffen, die die Dynamik der Bewegung an alle Elemente der umgebenden Landschaft weitergeben. Dabei wirkt der steile hellbraune Fels vorne wie eine latente Bedrohung, an der die Reiter aber offensichtlich vorbeistürmen werden.«[536] Letzteres betrifft den Kern der Bildaussage und ist im visuellen Nachvollzug kaum zu bestätigen. Wie die markante Abbruchstelle der schiefen Ebene bezeugt, findet der Parcours vor dem Felsen sein plötzliches Ende. Folglich werden die Reiter, in welcher Mission sie auch immer unterwegs sind, unweigerlich am Widerstand des gewaltigen Felsbrocken zerschellen. Und noch etwas: Es wäre nicht Kandinsky, sollte er seine in ihrem Streben nach geistigen Zielen sonst so erfolgverwöhnten Reiter mitunter nicht auch scheitern lassen. Zwar wird sogar die vom Himmel herabgeholte Sonne zu Hilfe gerufen, um mit der Energie ihres Zinnoberrots die unwirtliche Eiswüste zum Schmelzen zu bringen, aber offensichtlich mit wenig Erfolg, da ihre Strahlkraft von einem ockrigen Ring zerniert wird. Dieser Farbton wirkt wie ein vom Felsen abgesprengter Vorposten, effizient genug, um den Feuerball seiner Bewegungsfreiheit zu berauben. Im übrigen hat hier Kandinsky genau jenes Phänomen eingebracht, das er in seinem Brief als ein Beispiel für die »kommende Romantik« anführt, nämlich selbst im Eis noch das Lodern der Flamme spürbar werden zu lassen.

536 Hoberg (Anm. 82), Text zu Taf. 38

Als Adressat von Kandinskys Schreiben hat auch Grohmann zum Ausdruckscharakter des Bilds kurz Stellung genommen: »Daß Ganze real und irreal, der rote Fleck der Sonne steht vor dem Berg statt über ihm, das Weiß ist Winter, aber das Grün rechts oben Sommer, und trotzdem ist alles richtig, wenn man mit dem ›inneren Auge‹ sieht.«[537] Trotz behaupteter Ambiguität von »real und irreal« scheint der Autor doch zu einer eher gegenstandsspezifischen Bildrezeption zu neigen, wenn er das überwiegend grüne Farbgeflecht in der rechten oberen Bildecke mit sommerlichen Vorstellungen assoziiert. Es könnte sich hier tatsächlich um tiefergelegene, saftige Almböden handeln, was durchaus mit dem ebenso in Draufsicht dargestellten Gletscherfeld in topographischem Einklang stünde. Bleibt die Frage offen, was die Reiter denn dazu bewogen hat, dieser lebensfreundlichen Region zu entfliehen und sich statt dessen ins Verderben zu stürzen. Die von Grohmann angesprochene Realitätsproblematik betreffend, ist festzustellen, daß es nichts im Bild gibt, das sich dem »wiedererkennenden Sehen« entziehen könnte, Grund genug, um sich nochmals an Kandinskys *Impression*-Definition hinsichtlich der »direkten Eindrücke der ›äußeren Natur‹« zu erinnern. Auch die Reiter sind gegenständlich klar erkennbar, und in ihrer diminutiven Erscheinung signalisieren sie sogar ein glaubhaftes Raumintervall zum großangelegten Buschwerk im Vordergrund. Von alldem ist beispielsweise in *Impression V*, wo sowohl Reiter wie auch Landschaft sich dem »wiedererkennenden Sehen« entziehen, überhaupt nichts zu bemerken, weshalb es eigentlich legitim wäre, der *Romantischen Landschaft* den Titel *Impression* zu verleihen. Darüber hinaus sind Malweise beziehungsweise Farbgebung im rechten unteren Bildquadranten – man denke nur an die blauen und rötlich violetten Schatten auf dem weißen Schneegrund – gar nicht so weit von einer »impressionistischen« Machart entfernt. Dies mag fast einem naturalistischen Landschaftsbild nahekommen, doch weit gefehlt: dieser nur partiell vorherrschende Eindruck wird durch Kandinskys dynamische Kompositionsweise und von einer mit kontrastierenden Spannungen (z.B. Fülle/Leere) angereicherten Bilddramaturgie rasch zunichte gemacht. Was sich zunächst als gegenständlich präsentiert, wandelt sich somit in eine formal wie gehaltlich beziehungsstiftende Zeichensprache universellen Anspruchs.

537 Grohmann (Anm. 14), S. 115

1.6 *Araber II (Mit Torweg)*

Siehe Abbildung 95, Seite 321

Fast gleichzeitig mit *Romantische Landschaft* entstand *Araber II (Mit Torweg)*. Da beide Bilder umgehend in Ausstellungen präsentiert wurden – dieses in Weimar, jenes in Köln –, muß Kandinsky ihnen besondere Bedeutung beigemessen haben. Im Vergleich zur *Romantischen Landschaft* ist das Gemälde im Aufbau weit straffer angelegt, da den an wenigen Stellen konzentriert eingesetzten Formballungen große, nahezu gegenstandsentleerte Flächen gegenüberstehen; überdies ist nicht der geringste Hinweis auf formbedingte Räumlichkeit vorzufinden. Eine gegenständliche Figurenbildung und ein folglich leicht identifizierbares Szenarium, das Kandinsky offensichtlich noch von seiner Tunis-Reise in Erinnerung geblieben ist, sowie ein sparsamer Formeneinsatz sind Fakten, die dazu berechtigen, das Bild der Kategorie der *Impressionen* zuzurechnen.

Der besondere Stellenwert des Gemäldes beruht darauf, daß es vom orthogonalen wie diagonalen Sehgrundmuster radikal abweicht und damit gleichsam einen Appell an den Betrachter richtet, sich am strukturellen Prozeß (»Struktur« im Sinne Arnheims verstanden als »Aufdeckung dynamischer Beziehungen im Nervensystem«) des spannungsgeladenen Geschehens unmittelbar zu beteiligen. Dies berührt implizit das psychologische Phänomen der Homöostase, demzufolge, so Arnheim »die Wahrnehmung das Eindringen äußerer (visueller) Kräfte in den Organismus spiegelt, die das Gleichgewicht des Nervensystems stören«. Dieses wiederherzustellen, entspricht einer Grunddisposition des menschlichen Organismus, mit dessen Einfachheitsstreben der an Spannungsproduktion interessierte Künstler stets rechnet.[538] In der Tat kann man sich kaum dem Eindruck entziehen, daß in *Araber II* die Gefährdung des Gleichgewichts neben der vordergründigen Ikonographie als primäres, dynamisches Thema fungiert. Dieses erhebt bekanntlich einen universellen Deutungsanspruch, bezieht sich immer auf die Versinnbildlichung allgemein-menschlicher Daseinserlebnisse.

538 Arnheim (Anm. 88), S. 440

79 *Studie zu »Improvisation 2« (Trauermarsch)*, 1909, Öl auf Karton (50 x 69,5 cm), München, Städt. Galerie im Lenbachhaus

80 *Improvisation 14*, 1910,
Öl auf Leinwand (74 x 125,5 cm), Paris,
Musée National d'Art Moderne, Centre
Georges Pompidou

81 *Entwurf zu »Komposition II«*,
um 1910, Aquarell und Bleistift auf Karton
(32,9 x 32,9 cm), München, Städt. Galerie
im Lenbachhaus

82 *Improvisation 11*, 1910,
Öl auf Leinwand (97,5 x 106,5 cm),
St. Petersburg, Staatliches Russisches
Museum

83 *Die Kuh*, 1910,
Öl auf Leinwand (95,5 x 105 cm),
München, Städt. Galerie
im Lenbachhaus

84 *Murnau mit Kirche I*, 1910,
Öl auf Pappe (64,7 x 50,2 cm), München,
Städt. Galerie im Lenbachhaus

85 *Murnau-Garten I*, 1910,
Öl auf Leinwand (66 x 82 cm), München,
Städt. Galerie im Lenbachhaus

86 *Impression III (Konzert)*, 1911,
Öl auf Leinwand (77,5 x 100 cm), München,
Städt. Galerie im Lenbachhaus

87 *Impression IV (Gendarme)*, 1911,
Öl auf Leinwand (95 x 107 cm), München,
Städt.Galerie im Lenbachhaus

88 *Impression VI (Sonntag)*, 1911,
Öl auf Leinwand (107,5 x 95 cm),
München, Städt. Galerie im Lenbachhaus

89 *Romantische Landschaft*, 1911,
Öl auf Leinwand (94,3 x 129 cm),
München, Städt. Galerie im Lenbachhaus

90 *Improvisation 18 (mit Grabsteinen)*,
1911, Öl auf Leinwand (41,5 x 121 cm),
München, Städt. Galerie im Lenbachhaus

91 *Improvisation 19 (Blauer Klang)*, 1911,
Öl auf Leinwand (120 x 141,5 cm),
München, Städt. Galerie im Lenbachhaus

92 *Improvisation 19 a*, 1911,
Öl auf Leinwand (97 x 106 cm), München,
Städt. Galerie im Lenbachhaus

93 *Improvisation 20*, 1911,
Öl auf Leinwand (94,5 x 108 cm),
Moskau, Staatliches Puschkin-Museum
für Bildende Künste

94 *Komposition IV*, 1911,
Öl auf Leinwand (159,5 x 250,5 cm),
Düsseldorf, Kunstsammlung Nordrhein-Westfalen

95 *Araber II (Mit Torweg)*, 1911, Öl auf Leinwand (70 x 92,5 cm), Princeton, New Jersey, Mr und Mrs J. Seward Johnson

So gesehen verfügt die im Brennpunkt des Bildgeschehens plazierte Reitergruppe – über das rein dinglich Bezeichnende hinausgehend – als dynamisch künstlerische Form über ein deutliches Plus an Semantik. Wie die exakt auf der imaginären Bildmittelachse postierten fünf Reiter, deren Köpfe durch rote Punkte gekennzeichnet sind, verschmelzen auch die in steiler Levade gezeigten blauen Rösser zu einem scheinbar gemeinsamen Leib. Diese Interferenz, von der sich lediglich die Vorderhände und Köpfe der Pferde befreien, versetzt den Betrachter, der visuell reichlich zu tun hat, um auf die richtige Anzahl der Tiere zu kommen, in beträchtliche Spannung; hinzu kommt eine Dynamik des Aufbäumens, die aus der stroboskopischen Anordnung der Pferdeköpfe resultiert. Zwar wird die nach links zielende Bewegungsrichtung der Gruppe durch den Wellenschlag der dunkelblau konturierten Terrainlinie, (die am unteren Bildrand zunächst sanft anhebt, um dann nach links außen kraftvoll hochzupeitschen), wirksam unterstützt, doch ändert dies nichts daran, daß der Zug nach oben überwiegt. Diesen Richtungstrend markieren die fünf schräg aufwärts stechenden Lanzen, jedoch nicht ausreichend genug, um die Gruppe in ihrer Vertikaltendenz zu stabilisieren. Vielmehr herrscht ein ausgesprochen labiles Gleichgewicht vor, das zum einen durch die bereits merkliche Rückenlage von drei Reitern, zum anderen durch die blaue, in Gegenrichtung zu den Lanzen nach rechts aufsteigende Gerade evoziert wird. Diese wirkt wie ein Lenkseil in der Hand eines unsichtbaren Marionettenspielers, nach dessen unergründlichem Willen die Energie der Reitergruppe gezügelt, vielleicht sogar zur Kehrtwendung gezwungen wird.

Das Kraftpotential der blauen Geraden birgt eine doppelte Lesart beziehungsweise ambivalente Wirkungsweise in sich: Einerseits ist sie als Begrenzungslinie des großen blauen Areals rechts aufzufassen, somit einer dingbezeichnenden Funktion unterworfen, andererseits tritt sie mit der gegenüberliegenden Lanzenlinie insofern in Beziehung, als sie mit dieser – zur »Negativform« mutierend – als Keilgebilde figuriert, dessen Spitze auf die Reiterschar gerichtet ist, die folglich sogar in ihrer Aufwärtsbewegung behindert wird. Erst mit dieser zweiten Lesart kommt die Dynamik der »reinkünstlerischen« (= abstrakten) Form zum Tragen, woraus beispielhaft ersichtlich wird, daß diese – die Motivation zum »wiedererkennenden Sehen« suspendierend – im Vergleich zur gegenständlichen semantisch unvermittelter in Erscheinung tritt.

Wie schon erwähnt, fungiert die blaue Gerade im Gefolge des ersten Wahrnehmungsschritts als Grenzlinie jenes hellblauen Bezirks rechts außen, den man als Wand beschreiben könnte. Diese umschließt ein großes, oben fast spitzbogig endendes und unten offenes Feld, das der Betrachter wohl erst als Torbogen identifiziert, wenn er den Bilduntertitel »Mit Torweg« zur Kenntnis nimmt. Sollte ihm diese Information fehlen, wird er eher dazu neigen, den »Torbogen« als Bergmotiv vor blauem Grund zu deuten. Daraus resultiert ein ambivalenter Sehvorgang, der durch das räumlich zurücktretende Hellblau verstärkt wird. Ein visueller Kippeffekt stellt sich ein, der im Betrachter einmal mehr jene Spannung auslöst, die einem Zugewinn an dynamischem Ausdrucksvermögen entspricht. Unabhängig davon, ob als Torbogen, Berg oder Höhle wahrgenommen, ist der konischen Form jedenfalls eine betont dynamische Funktion zugedacht. Im Verzicht auf eine Basis strebt ihre vektorale Kraft unaufhaltsam nach oben. Zudem ist der Binnenbereich von Kraftströmen durchflutet, wobei die in bogenförmigem Schwung aufsteigende schwarze Masse mit ihren hochzüngelnden Tentakeln den schrägen Höhenzug der blauen Geraden aufnimmt und beträchtlich verstärkt. Die in diesen Sog geratene Reitergruppe scheint dadurch vollends ihren Halt einzubüßen. Dem drohenden Gleichgewichtsverlust scheint sich lediglich die als einziges Motiv die gesamte Bildbreite beanspruchende Peitschenlinie zu widersetzen, welche die intendierte Richtung der Pferde angibt und schließlich links unten aus ihrer ursprünglichen Verlaufsgestalt in eine formbildende Simultangestalt übergeht. In diagonaler Verspannung und formaler Analogie zur abgerundeten Spitze des konischen

Tormotivs bildet sie hier ein kompositorisches Gegengewicht, allerdings nicht nahe genug zur Reiterschar, um diese in ihren Bewegungszug zu integrieren. Eine solcherart auf der Grundlage des sehenden Sehens beruhende Anschauungsweise, die sich weniger um die Erläuterung einer Erzählstruktur im Rahmen eines immerhin noch gegenständlichen Werks als um die Aufdeckung dynamischer Korrelationen einer gestaltlichen Ganzheit bemüht, hat Kreitler – implizit den Kontext von Zeichen und Bedeutung betonend – so beschrieben: »Die dynamische Weltschau und der Hang, alle Objekte [Anm. d. Verf.: die abstrakten inbegriffen] als handelnde, aktive Dinge zu erfassen, werden in eine Dimension symbolischer Bedeutung zusammengefaßt.«[539] Eine auf dieser Basis ablaufende Rezeption hat selbstverständlich auch darauf Bedacht zu nehmen, daß es neben dem Phänogramm (= die sich erst im Wahrnehmungsmechanismus des Betrachters organisierende Wirkung sichtbarer Ausdruckskräfte), das ein spezifisches Angebot an universeller Erkenntnis enthält, im Bild noch eine sehr konkrete Ereignisschilderung gibt, deren narrative Struktur schon im Rahmen einer visuellen Vororientierung als »wörtlicher Bildsinn« (Sedlmayr) faßbar wird. Diesen rein inhaltlichen Aspekt erst nach der Erschließung des Phänogramms zu erörtern, könnte auch Kandinskys Zustimmung gefunden haben. Bekanntlich hat Kandinsky den Betrachter sogar ausdrücklich davor gewarnt, primär die »äußere Fabel« ins Auge zu fassen, und ergänzend dazu bemerkt er in ›Über das Geistige‹: »Jedenfalls sobald sich der Zuschauer im Märchenlande glaubt, ist er sofort gegen starke seelische Vibrationen immun. Und so wird das Ziel des Werkes zu nichts.«[540] Vordringlich wäre es demnach, den »Kampf mit der Märchenluft« aufzunehmen, was den Rezipienten zur methodologischen Schlußfolgerung bewegen könnte, die rein inhaltliche Frage gegenüber der Perzeption des dynamischen Bildkonzepts, das allein zum Transfer seelischer Vibrationen befähigt ist, hintanzustellen.

Die in ihrer figuralen Gegenständlichkeit klar erkennbare Geschichte ist rasch erzählt: Rechts außen am Torbogen hat eine dicht gedrängte Frauengruppe Aufstellung genommen. Ihre Kleidung ist purpurviolett gefärbt, nur die vorderste Dame trägt einen schwarzen Schleier, der die Form eines sphärischen Dreiecks hat und farblich mit dem in dieselbe Schrägrichtung weisenden Schwarz im Torbogen übereinstimmt. Ein gelb gekleideter Knabe mit zinnoberrotem Fes macht die offensichtlich trauernde Dame darauf aufmerksam, daß sich einer der Reiter umwendet, um ihr mit blauer Hand zuzuwinken. Ohne Zweifel handelt es sich

539 Kreitler und Kreitler (Anm. 185), S. 119
540 ÜGK, S. 122

somit um eine Abschiedsszene und nicht um eine unterhaltende arabische »Fantasia«, wie Grohmann behauptet.[541] Der Trauerhaltung der Frauen zufolge ist die Reitertruppe in viel gefährlicherer Mission unterwegs. Trauer symbolisiert auch der Farbton der Frauenkleider, welcher der Violett-Definition Kandinskys – »Violett ist also ein abgekühltes Rot im physischen und psychischen Sinne« – ziemlich nahe kommt, zumal der Künstler dem Violett eine Neigung zuschreibt, »zum Lila überzugehen«. Noch wichtiger ist sein Hinweis auf den Symbolwert dieser Farbe, die »etwas Trauriges in sich hat«.[542] Gelb schließlich markiert die bereits zurückgelegte wie die noch bevorstehende Wegstrecke der Berittenen. Zum einen kennzeichnet es am rechten Torrand deren Ausgangsort, zum anderen stellt es links oben deren Zielpunkt in Aussicht. Dort befinden sich zwei kleine blau- und rotakzentuierte Figuren, die vor der Folie eines gelben Hauses in Gegenrichtung zur abschüssigen Linie des extrem hoch gelagerten Horizonts voranzukommen trachten. Aus dem Umstand jedoch, daß die Horizontlinie exakt der Bildecke entspringt, ergibt sich ein optischer Kippeffekt, der das dicht an die obere Bildgrenze gedrängte Areal, wo die Lanzenlinien eine Häuserzeile überschneiden, als nach links zugespitzter Keil mit entsprechender Richtungstendenz wirksam werden läßt. Den weit voneinander entfernten Positionen von Start und Ziel dient das Gelb des Knaben als vermittelnde Schaltstelle.

Aus der Sicht der subjektiven »Erlebniszeit«, die sich vorwiegend an der gegenstandsspezifischen Narratio orientiert, ist der Ereignisprozeß von Abschied und Ausritt auf Anhieb nachzuvollziehen, erkauft allerdings um den Preis eines ziemlich undifferenzierten Ergebnisses, das im Unterschied zur semantisch weit ergiebigeren, dynamisch künstlerischen Formstruktur viel zu kurz greift. Ausgehend vom Aspekt des Narrativen handelt es sich um einen exemplarischen Fall zeitanzeigender Veränderlichkeit. Erzählerisch ausgedrückt haben die Reiter ihre Heimstätte hinter sich gelassen und sich von ihren trauernden Frauen verabschiedet, wobei die Erinnerung an diese durch auffällige Körpersprache verdeutlicht wird. Genau im Bildzentrum fixiert, ist die Reitergruppe im augenblickshaften Zustand zwischen dem Jetzt-Nicht-Mehr und Jetzt-Noch-Nicht festgehalten. Die Pferde hingegen haben die Bildachse in Erwartung des Kommenden bereits überquert.

Über die Erlebniszeit hinausgehend, leistet die Erörterung der objektiven Bildzeit, die hauptsächlich auf die dynamischen Formkorrelationen der ganzheitlichen Gestalt rekurriert, einen noch wichtigeren Beitrag zur Deutung des Geschehens. Zunächst ist festzuhalten, daß die Bildhälften

541 Grohmann (Anm. 14), S. 115
542 ÜGK, S. 102 und Anm. 2 auf S. 103

– links Leere, rechts Fülle – merklich asymmetrisch angelegt sind. Bildzeitlich besagt dies: Während in der linken Hälfte den Berittenen ein weites Expansionsfeld, allerdings mit ungewisser Zukunft, offensteht (mithin ein hohes Maß an Protention beziehungsweise Exspectatio vorliegt), ist rechts – aufgrund von Motivverdichtung und eines schnell überschaubaren Erzählverlaufs – eine verminderte Retention (= Memoria) anzutreffen. Dies bewirkt für die linke Bildhälfte eine Zeitdehnung, die laut Pochat – in der aus der Phänomenologie stammenden Terminologie ausgedrückt – durch verstärkte Protention bei geringer Inhaltsfülle (d.h. bei einem Überschuß an Erwartung) zustandekommt.[543] Mit dieser Zeit-Interpretation geht auch die Bodenlinie konform, die sich anfänglich leicht dahinschlängelt, um schließlich mit zunehmend beschleunigter Verzeitlichung in einem mächtigen Wellenschlag zu kulminieren. Indes gibt es noch andere Zeitformen und -linien, die das nur vorläufige Zeitkontinuum des narrativen Geschehens konterkarieren. Vorerst aber ist daran zu erinnern, daß die Reitergruppe auf der Mittelachse plaziert ist, und diese wirkt zeitlich immer als »der Inbegriff des Zugleich«. Analog dazu gilt der gestaltpsychologische Grundsatz, demzufolge »die Wahrnehmungsstabilität der Vertikalen eine Bewegung ausschließt«.[544] Diesen Stillstand fixiert Kandinsky durch die auf die Reiter herabzielende Dreieckspitze. Zudem führt er die von diesem Brennpunkt ausgehenden Geraden und Gebogenen (Lanzen, blaue Linie und schwarzes Gebilde im Torbogen) in einander entgegengesetzte Richtungen. Ausgehend von der Erkenntnis, daß jeder dynamischen Erscheinung gleichermaßen eine Zeitaussage beziehungsweise eine »Zeitform« eignet, ist eines nicht zu übersehen: alle auf die Reiterschar ausgerichteten oder von ihr wegstrebenden, auch zeitlich aussagefähigen Kräfte heben sich in ihren divergierenden Richtungstendenzen gegenseitig auf. Dieser Neutralisationseffekt beschert den Reitern eine extrem verminderte »Zeitperspektive«, hermetisch abgeschirmt vom Nicht-Mehr und Noch-Nicht. Kurz: Die Gruppe scheint trotz größten dynamischen Aufwands im Augenblick des Jetzt zu erstarren, womit die im Rahmen der Narratio-Analyse protentiv konstatierte Expansionsfähigkeit der Pferde ausgeschaltet wird. Es handelt sich demnach um jene typische Dualität, in der das simultan erfahrbare, »abstrakt« dynamische Thema über das gegenständliche, in zeitlicher Sequenz ablaufende Szenarium dominiert – für Kandinskys Harmoniebegriff des Gegensätzlichen und Widersprüchlichen ein signifikantes Beispiel. Für die Bildaussage mag dies bedeuten, daß die nach Geistigem strebenden Reiter – das eindeutig dominierende Blau berech-

543 Pochat (Anm. 229), S. 18

544 Theissing (Anm. 19), S. 122. – Arnheim (Anm. 88), S. 439

tigt zu dieser Annahme – nicht vom Fleck kommen. Allzu fesselnd erscheint die Erinnerung an familiäre Geborgenheit, zu hoch der Preis zum Verzicht auf Materielles, zu unsicher der Blick in die Zukunft.

2. *Improvisationen*

2.1 *Improvisation 18 (mit Grabstein)*

Siehe Abbildung 90, Seite 316

Wie *Impression V* hat Kandinsky auch *Improvisation 18 (mit Grabstein)* in ›Über das Geistige in der Kunst‹ abgebildet; vermutlich zur Illustration seiner Bildkategorienunterscheidung. Mehr noch als in *Impression V* führt er den Betrachter mit *Improvisation 18* an die Grenzen gegenstandsidentifizierender Leistungsfähigkeit. Das »Versteckte« lichtet sich nur allmählich, eigentlich erst dann, wenn man den Untertitel »Mit Grabstein« und einen Aquarell-Entwurf zu Rate zieht. Ferner ist eine von Münter auf der Rückseite einer alten Fotoreproduktion notierte Bezeichnung »gen. Königsgräber« hilfreich, aus der hervorgeht, daß im unteren Bilddrittel nicht ein Grabstein, sondern mehrere abgebildet sind.[545] Erst nach und nach regen sich einige Gegenstandsassoziationen. Zunächst ist im unteren Abschnitt eine große Grabplatte auszumachen, auf der drei offensichtlich umgestürzte Grabsteine liegen. Ausgehend von der Schräglage dieser Grabelemente und dem daraus resultierenden Bewegungspotential, drängt sich die Thematik des Jüngsten Gerichts auf, in dessen Verlauf die Toten den sich öffnenden Gräbern entsteigen. In der Tat könnte es sich bei den vier rot konturierten, enggereihten und mit dreieckigen Köpfen versehenen Formgebilden, die sich im rechten Winkel von der Grabplatte erheben, um jene Toten handeln; vielleicht sind es, bezugnehmend auf Münters Vermerk, sogar Mitglieder einer Königsfamilie. Damit werden eschatologische Assoziationen wachgerufen. Anlaß genug, zwecks präziserer Bilddeutung die ›Offenbarung des Johannes‹ als Quelle heranzuziehen und mithin auch den apokalyptischen Ereignissen entsprechende Aufmerksamkeit zu zollen. Demgemäß könnte es sich im linken oberen Bildquadranten, den ein diagonales Band mit der Grabplatte verbindet, um die Darstellung eines apokalyptischen Reiters handeln. Obwohl Kandinsky alles daran gesetzt hat, diesen mittels Formreduktion und -verzerrung zu verschlüsseln, gibt es einige gegenstandsnahe Formelemente wie Kopf, Arm, Rumpf und als Waffe den Bogen, die einen solchen Identifikationsversuch rechtfertigen; ferner ist zu vermuten, daß mit den blauen Formen Kopf und Vorderhand des Pferdes angedeutet sind. Da die Gestalt auf vier lanzenähnlichen

545 Barnett (Anm. 329), Kat.Nr. 383 – Roethel und Benjamin (Anm. 21), Nr. 384

96 *Entwurf zu »Improvisation 18 (mit Grabsteinen)«*, 1911, Aquarell und Bleistift (21,9 x 17,5 cm), Milwaukee, Art Museum

Pflöcken plaziert ist, ist anzunehmen, daß sie, als pars pro toto, alle vier apokalyptischen Reiter versinnbildlicht. Zu ihrer Linken befinden sich, wie der Aquarell-Entwurf bestätigt, vier Figuren, die als Buntfarbzentrum von einer grünen Schlinge zusammengefaßt werden. Befragt man schließlich das rechts über der Spitze der Grabplatte aufsteigende Figurenelement nach seinem gegenständlichen Sinngehalt, so klärt uns darüber vollends erst das Aquarell auf. Was in der Schlußfassung nur reichlich verschlüsselt in Erscheinung tritt, entpuppt sich hier als ein mit Augen und Flügeln versehenes Wesen, das mithin eindeutig als Engelsgestalt zu verifizieren ist. Dies alles ergibt ein Ensemble, das an eine bestimmte Stelle in der ›Offenbarung des Johannes‹ (7,1-3) erinnert: »Damals sah ich: Vier Engel standen an den vier Ecken der Erde. Sie hielten die vier

Winde der Erde fest, damit der Wind weder über das Land noch das Meer wehte, noch gegen irgendeinen Baum. Dann sah ich vom Osten her einen anderen Engel emporsteigen; er hatte das Siegel des lebendigen Gottes und rief den vier Engeln, denen die Macht gegeben war, dem Land und dem Meer Schaden zuzufügen, mit lauter Stimme zu: Fügt dem Land, dem Meer und den Bäumen keinen Schaden zu, bis wir den Knechten unseres Gottes das Siegel auf die Stirn gedrückt haben.« Aus diesem Text wird schlüssig, daß dem apokalyptischen Reiter eine Doppelbedeutung – und Ambiguitäten dieser Art sind in Kandinskys Œuvre bekanntlich keine Seltenheit – inhärent ist, diesem vielleicht auch die Funktion der vier Winde obliegt. Dafür gibt es einen zweifachen Motivbeweis: zum einen das um die Mitte des Reiters geschlungene weiße Band, mit dem die Engel die »vier Winde der Erde« festhalten, zum anderen – wiederum textadäquat – den Umstand, daß der blaue Pferdekopf wie der schwungvoll ausholende Bogen des Reiters einen bereits geknickten Baumstamm mit dunkelgrüner Krone zu rammen scheinen. Diese ikonographisch-hermetische Schilderung, die sich über Kandinskys Warnung vor jener von ihm ausdrücklich abgelehnten »Fabelsuche« vorläufig hinwegsetzt, besagt wenig über den künstlerisch-dynamischen Stellenwert des Werks – immerhin aber schärft sie den Blick auf eine scheinbar total aus den Fugen geratene Bildwelt, deren konzeptuell-inhaltliche Prämissen zu kennen auch einer über das rein Ikonographische hinausgehenden Analyse nützlich sein kann.

Zunächst lohnt es sich, Hobergs generelle Einschätzung von Kandinskys *Improvisationen* zu zitieren: Demnach boten diese »W. Kandinsky ein weites Experimentierfeld für die zunehmende Verunklärung des Bildgegenstands, die für ihn ein wichtiges Mittel im Ringen um das abstrakte Bild war. Abstrakte Malerei ... erhält im Schaffen Kandinskys ihre bedeutungsvolle Färbung stets über einen komplizierten Prozeß der Ablösung vom Gegenstand und den Rudimenten seines ›inneren Klangs‹. Von daher lehnte Kandinsky den naheliegenderen Weg der geometrischen oder ornamentalen Abstraktion ab.«[546] Diese antigeometrische Haltung schlägt sich in *Improvisation 18* in einer völligen Abkehr vom orthogonalen Sehgrundmuster nieder. Dem endzeitlichen Anlaß gemäß, scheinen sämtliche Formen in Schräglagen heillos durcheinanderzuwirbeln. Dazu kommt zweierlei: ein Vorrang des alles aufsplitternden Linear-Zeichnerischen gegenüber dem integrativ Malerischen sowie eine überwiegend fahle, der Todessymbolik angemessene Farbgebung, die sich vor allem in der unteren Bildhälfte in variantenreichen Grau- und Ockerwerten manifestiert; nur hin und wieder, wie etwa im linken obe-

546 Hoberg (Anm. 82), Text zu Taf. 40

ren Quadranten, treten relativ gesättigte Buntfarben in Erscheinung. Wichtiger als diese Auflistung bildnerischer Kriterien ist der Vollzug des dynamischen Bildgeschehens, innerhalb dessen Kandinsky den Konflikt widerstreitender Kräfte auf ein kaum mehr überbietbares Maß vorantreibt. Dieses scheinbare, dem apokalyptischen Ereignis adäquate Formenchaos in eine gestaltliche Ganzheit umzusetzen, war für den Künstler eine große Herausforderung.

Wie schon erwähnt, ist die riesige Grabplatte – links von einer bunt schäumenden Meereswoge überspült – schräg nach rechts oben ausgerichtet. Drei von links ausgehende, in Gelb, Ocker und Weiß gehaltene Schrägbahnen stoßen in spitzen Winkeln auf die Grabbegrenzung. Auf kompositorischen Ausgleich bedacht, setzt sich dieses Spiel von Schrägen und Gegenschrägen in zunehmender Steilheit bis zum oberen Bildrand fort. An einer nur oben durch den Baumstamm markierten, dem Betrachter aber latent stets gegenwärtigen Symmetrieachse geraten Kräfte und Gegenkräfte nach oben zu immer näher aneinander, wobei lineare Parallelführungen sowie Richtungskorrespondenzen für eine ordnende Vernetzung des diffizilen Kompositionsmusters sorgen. Von der Grabplatte zum Teil überlagert, erhebt sich rechts jene große Engelsgestalt, die den vier Engeln auf der Gegenseite den Befehl zur vorläufigen Bändigung der Naturgewalten erteilt. Kennzeichnend ist das den Kopf der Gestalt umklammernde Weiß, das in ähnlicher Form – einem quergestellten »U« entsprechend – auch um die Mitte des (vermutlich zugleich die Winde verkörpernden) apokalyptischen Reiters geschlungen ist. Damit sind wir auf der dritten Bildetage angelangt, wo das blaue Pferd den Baumstamm attackiert und die vier Lanzen – parallel zum oberen Rand der Grabplatte – ihre schwarzen Spitzen auf die vier rotkonturierten Figuren richten. Da diese vom lila getönten Weiß des »Grunds« unterlaufen werden und sich als schwebend durchsichtige, entmaterialisierte Seelenwesen erweisen, wird die gefährliche Aktion vermutlich ins Leere gehen. Mit dem Weiß-Grund, der links oben als Firmament in Erscheinung tritt, wird ein Stück Himmel bis unmittelbar an die Grabplatte herabgeführt. Daraus resultiert eine kaum auslotbare Räumlichkeit, die dem Ganzen einen nach oben zunehmend transzendierenden Charakter verleiht. Über den geometrischen Häuptern der vier Seelen spannt sich ein Bogen, der links vom kippenden Baumstamm und rechts von dessen losgebrochenen grünen Laubmassen bedrängt wird. Auf dem Bogen schwebt ein quergestelltes Halbmondgebilde, das ebenso wie dieser mit seiner konvexen Spannung zum einen gegen die seitliche Verengung ankämpft, zum anderen den nach oben zu immer schmäler werdenden Baumkronenspalt aufzubrechen sucht. Der Gedanke ist naheliegend, daß dieser Doppelbogen die kuppelbekrönte Pforte zum

Paradies darstellt, fast zu eng, um der Seelengruppe Einlaß zu gewähren. Indessen sorgen noch andere Kräfte für ein glückliches Fortkommen der Seelenwesen, so etwa der in die gleiche Richtung weisende Engel, der mit seinem gewaltigen Kopf kräftig nachhilft. Es ist, um nochmals an die ›Offenbarung des Johannes‹ zu erinnern, jener Engel, der den vier kleineren vis à vis befiehlt, »dem Land, dem Meer und den Bäumen keinen Schaden zuzufügen, bis wir den Knechten unseres Gottes das Siegel auf die Stirn gedrückt haben.«

Mit *Improvisation 18* greift Kandinsky neuerlich auf die schon im Jahr zuvor in *Komposition II* behandelte Eschatologie-Thematik zurück. Fortan – bis zur *Komposition VII* (1913) – wird ihn dieser Themenkreis nicht mehr loslassen. Vor allem 1911 stehen die endzeitlichen Geschehnisse im Mittelpunkt seines Interesses, wobei ihn seine bildnerischen Absichten zwischen den Polen überpointierter Gegenständlichkeit und extremer Abstraktion, zwischen »Großer Realistik« und »Großer Abstraktion« schwanken lassen.

2.2 *Improvisation 19 – Begegnung mit der Theosophie*

Im Unterschied zu *Improvisation 18*, wo sich das Kolorit größtenteils der formbezeichnenden Simultangestalt der Linie unterwirft, wird der Farbe in *Improvisation 19* (*Blauer Klang*) eine gegenüber der Linie fast vollständige Autonomie zuerkannt. Daraus ergibt sich der Umkehrschluß, daß auch der Linie ein Zugewinn an emanzipatorischer Kraft zu attestieren ist, folglich eine zwischen dem Zeichnerischen und Malerischen bestehende Dichotomie manifest ist, wie sie in so ausgeprägter Form selten im Œuvre Kandinskys ist. Selbst in dieser Dichotomie steckt ein Kern jener zur Synthese drängenden Dualität, die Kandinsky in ›Über das Geistige‹ so umschreibt: »Und die Farbe, die selbst ein Material zu einem Kontrapunkt bietet ... wird in Vereinigung mit der Zeichnung zum großen malerischen Kontrapunkt führen, auf welchem die Malerei zur Komposition gelangen wird und sich als wirklich reine Kunst in den Dienst des Göttlichen stellt.«[547] Nur einmal vermag die Linienform in *Improvisation 19* die Farbe zu bändigen. Gemeint ist das von oben schräg nach links einbrechende, bombenähnliche Gebilde, das die Farben Grün, Weiß und Gelbocker in sich schließt. Jedoch ist diese Zernierung nicht dicht genug, um dem Zugriff des von links unten emporquillenden Karmin-Stroms, der einen fingerartigen Appendix – die schwarze Kontur unterlaufend – in die Ovalform drückt, standzuhalten. Sonst gibt es im Bild keinerlei Widerstand, der die Farben am »Hinterfließen« der figurenbezeichnenden Konturen hindern würde.[548] Die dergestalt gegenüber

Siehe Abbildung 91, Seite 317

547 ÜGK, S. 79

den Farben in eine vordere Raumschicht transponierten, indes nur aus ihren Umrissen bestehenden Großfiguren im rechten Bilddrittel verwandeln sich so in durchsichtige Wesen, deren Grad an Entkörperlichung vom jeweiligen Farbton beziehungsweise von dessen Expansionstendenz abhängt. So gesehen ist verständlich, daß die Kandinsky-Forschung – von Sixten Ringbom ausgehend – *Improvisation 19* zum Kronzeugen für Kandinskys Auseinandersetzung mit dem Okkulten im allgemeinen und der Theosophie im besonderen aufgerufen hat. Rudolf Steiners Vorträge und Besant/Leadbeaters ›Gedankenformen‹ (1908) haben dabei bestimmt eine gravierende Rolle gespielt. Daraus einige entscheidende Textstellen:

»Allgemeine Grundsätze
Drei allgemeine Grundsätze liegen der Entstehung
aller Gedankenformen zugrunde:

1. die ›Beschaffenheit‹ des Gedankens bestimmt seine Farbe.
2. die ›Natur‹ des Gedankens bestimmt seine Form
3. die ›Bestimmtheit‹ des Gedankens ist die ›Ursache‹
der ›Schärfe‹ seiner ›Umrisse‹.«

Und weiter heißt es: »Jeder Gedanke bekleidet sich mit der Materie, die seiner Natur gemäß ist und versetzt sie in einen mit ihm harmonischen Schwingungszustand.«[549] Daß mit diesem »Schwingungszustand« implizit auch Kandinskys stets intendierte »seelische Vibration« anklingt, ist evident.

Für Ringbom ist bezüglich *Improvisation 19* unbestritten, daß Kandinskys Konzeption, die Menschengestalten als schwarze Konturen vor dem Hintergrund einer autonomen Farbkomposition zu zeigen, nur auf der Kenntnis von Steiners Schriften beruhen kann. Als Beweis dafür zitiert er eine Stelle aus Steiners ›Theosophie‹: »So etwa sieht es in der niedrigsten Region der Urbilderwelt aus. In ihr sind die Dinge und Wesen, die in der physischen Welt verkörpert werden, als ›Hohlräume‹ vorhanden. Und in den Zwischenräumen spielt sich die bewegliche Welt der Urbilder (und der geistigen Musik) ab.«[550] Indes gibt es noch weitere Passagen in Steiners Schriften, die in vielleicht noch zwingenderer Weise und unmittelbarerem Kontext mit *Improvisation 19* Kandinskys Affinität

548 »Hinterfließen« ist identisch mit Kandinskys Begriff der »Überfließung« (= der Farbe über die Konturen), nur insofern genauer, als die Farbe die Konturen nicht überlagert, sondern unter diesen durchläuft. Vgl. Rückblicke, S. 36

549 Charles W. Leadbeater und Annie Besant, *Gedankenformen*, Freiburg i. Br. 1993[5], S. 21 und 28

550 Zitiert bei Sixten Ringbom, *The sounding Cosmos. A Study in Spiritualism of Kandinsky and the Genesis of Abstract Painting* (Acta Academiae Aboensis, Ser. A; Vol.38, 2), Abo, 1970, S. 105

zur Theosophie belegen. Ausgehend von den »höheren Leibern«, die nur dem »Geheimschüler und Hellseher« als Auren erscheinen, erläutert Steiner: »So wie der Mensch seine Aufmerksamkeit von etwas, das vor ihm ist, ablenken kann, so daß es für ihn nicht da ist, so vermag der Hellseher einen physischen Körper für seine Wahrnehmung ganz auszulöschen, so daß er für ihn physisch ganz durchsichtig wird. Vollführt er das mit einem Menschen, der vor ihm steht, dann bleibt vor seinem seelischen Auge noch der sogenannte Ätherleib vorhanden, außer dem Seelenleibe, der größer als beide ist und der auch beide durchdringt.«[551] Womit ziemlich genau das angesprochen ist, was Kandinsky in ›Über das Geistige‹ als die »geistigen Gestalten, die Atmosphäre schaffenden geistigen Wesen« bezeichnet hat. Eine stupende Analogie zur Entmaterialisierung der Protagonisten in *Improvisation 19* dokumentiert sich im folgenden, bereits zitierten Satz aus Steiners ›Die Stufen der höheren Erkenntnis‹: »Die Wahrnehmungen lösen sich los von allen äußeren Dingen und schweben frei im Raume oder fliegen darinnen herum.«

Daß Kandinsky mit Steiner eine Geistesverwandtschaft verbunden hat, steht außer Zweifel, sicher ist aber ebenso, daß er nicht daran dachte, Steiners theosophisches System für geistig-künstlerisches Gestalten zu Rate zu ziehen. Dies wird klar, wenn man mit Dämmers These, derzufolge Kandinskys »Bomben«-Gebilde mit einer bestimmten, von Leadbeater/Besant abgebildeten »Gedankenform« beachtenswerte Parallelen aufweist, die Probe aufs Exempel macht. Tatsächlich läßt sich in der Form eines nach einer Seite offenen Ovals eine gewisse Analogie zum theosophischen Vorbild nicht leugnen. Auch der Begleittext der beiden Autoren bestätigt dies: »Tafel 10 schildert eine ... Gedankenform, die den Astralkörper ihres Erzeugers verlassen hat und auf dem Wege zu ihrem Ziele ist. Man bemerkt darauf, daß die fast kreisförmige Form sich so verändert hat, daß sie einem Geschosse oder dem Kopf eines Kometen ähnlich ist.«[552] Dämmer bleibt nicht verborgen, wieweit Kandinskys der »Kometen«-Form eingeschriebene Farben (Grün, Weiß und Ockergelb) in ihrem Bedeutungsgehalt von jenem »Schlüssel zum Verständnisse der Farbenbedeutung«, den Leadbeater und Besant penibel auflisten, abweicht.[553] So wird beispielsweise der Farbe Grün die Bedeutung von »Mitgefühl« zuerkannt, ziemlich unpassend für die Farbbezeichnung eines Kometen. Für Kandinsky hingegen ist Grün »die Hauptfarbe des Sommers« und die emotional passivste Farbe, die keinen »Beiklang der Freude, Trauer, Leidenschaft« hat.[554] Damit wird Grün ebenso wie das

551 Steiner, (Anm. 286), S. 121
552 Leadbeater und Besant (Anm. 549), S. 42
553 Dämmer (Anm. 394), S. 138 f.

erdige Gelbocker im Bereich der »gefühllosen« beziehungsweise materiellen »Natur«-Farben angesiedelt. Fazit: Kandinsky hatte nichts weniger im Sinn, als sich den Farbschlüssel-Vorschriften der beiden Theosophen zu unterwerfen.

Im Kometen, der das Figurenensemble in zwei Gruppen trennt, werden Grün und Gelbocker durch einen weißen Streifen zum Dreiklang ergänzt. Gegen das verderbenbringende Gebilde erhebt sich wenig Widerstand, lediglich in Form des von links aufsteigenden Karmin-Flecks, der fingerartig in den Kometen dringt. Bedroht ist vor allem die linke untere Menschengruppe, oberhalb derer das Weiß – als Vorbote des Kometen – bereits die Kuppeln einer Stadt aurenförmig eingekreist hat. Zur Klärung des gegenständlich-inhaltlichen Sachverhalts sind Hinweise auf den 1911 nach *Improvisation 1* gefertigten Holzschnitt sowie eine entsprechende Bleistiftskizze von 1909 nützlich. Hier findet sich bestätigt, daß es sich bei den weiß eingefaßten Formen von *Improvisation 19* um eine kuppelbekrönte Stadt handelt, von der sich nach unten eine Menschenprozession entfernt. Auch das *Bild mit Bogenschützen* (1909) zeigt einen ähnlichen Exodus. Wenn Dämmer die von Weiß ummantelten Kuppel-Farbkerne im Sinne eines »frühlinghaft Keimenden, eben erst Entstehenden« interpretiert, ist dies eine reichlich optimistische Fehldeutung.[555] Wenn Kandinsky Weiß als »ein Schweigen, welches nicht tot ist, sondern voller Möglichkeiten« schildert, heißt dies keineswegs, daß diese »Möglichkeiten« nur positiver Natur sind. Die Ursache, weshalb die Menschen fluchtartig ihre Heimstätte verlassen, liegt darin, daß diese nichts mehr »frühlinghaft Keimendes« an sich hat, sondern bereits dem eisigen Hauch des vom Kometen ausgehenden Weiß ausgesetzt und mithin unheimlich geworden ist. Dies sieht man der obersten Flüchtlingsgestalt an, die ihre Arme schützend um den Kopf legt und vom Ansatz der kühl timbrierten Karmin-»Hand« unterflutet wird. Ihr ängstlich abwehrendes Verhalten scheint sich cum grano salis auch in Kandinskys entsprechender Farbcharakterisierung zu bestätigen: »Wie jede im Grunde kalte Farbe, läßt sich auch das kalte Rot (wie Krapplack) sehr vertiefen ... Es verändert sich auch erheblich im Charakter: der Eindruck des tiefen Glühens wächst, daß Aktive verschwindet aber allmählich ganz.«[556] Die übrigen, vertikal gestaffelten Bewohner der dem Untergang geweihten Stadt schreiten erhobenen Hauptes nach unten, vermutlich direkt in den Abgrund. Daß diese ihr Heil keinesfalls im Geistigen suchen, beweisen die ihnen zugedachten »Gedankenformen«,

554 ÜGK, S. 94 f.
555 Dämmer (Anm. 394), S. 142
556 ÜGK, S. 101

deren Substrat aus einem drahtigen, eng verzahnten schwarzen Linienmuster besteht. Sattes Gelb, die »typisch irdische Farbe«, und energetisches Orangerot unterspülen dieses Konturengeflecht. Darüber hinaus sind ihnen etliche Weiß-Flecken auferlegt, bedenkliche, aus der aufgegebenen Stadt verschleppte Keimlinge. Nur die rechte Gestalt, die neben Gelb und Weiß verschiedene Blautöne auf sich vereinigt, scheint es sich anders zu überlegen. Mit ausgestrecktem Arm und einem gespannten Bogen zeigt sie nach rechts, als wollte sie ihre Begleiter dazu bewegen, einen anderen Kurs zu nehmen. In der Tat: Nur in dieser Richtung ist Erlösung zu erwarten. Denn wie die heftig aufschäumenden Blaumassen verheißen, öffnet sich dort der rechte Weg zum Geistigen.

Das große Blau-Feld überspringend, stoßen wir im rechten Bilddrittel auf eine Gruppe bildhoher, mit kräftigen schwarzen Konturen silhouettierten Gestalten, die, im Profil gezeigt, gemessenen Schritts nach rechts schreiten und als transparente Wesen – im Sinne Steiners als »Hohlräume« – von den bewegten Blaumassen beseelt werden. Sie erreichen mehr als die doppelte Größe der links unten auf dem materiellen Irrweg befindlichen Flüchtlinge. Der natürlichen Maßstäblichkeit enthoben, gehören sie bereits einer anderen Sphäre an. Dämmer hat die beiden Gruppen in ihrer Unterschiedlichkeit so treffend beschrieben, daß wir sie wörtlich zitieren: »Zwar bleiben auch sie, wie die linke Menschengruppe, als Individuen nicht klar gegeneinander abgegrenzt, aber anders als jene, wo die Verrätselung der Kontur in Zusammenhang mit den synkopisch dazugesetzten körperbemessenen Farbflächen den Eindruck von gewachsener, organischer Vielfalt zu erzeugen vermag, scheint diese Gruppe zu übergeordneter Einheit verschmolzen.«[557] Diese Einheit beruht vor allem auf den weitgehend parallel gezogenen Körperkonturen, die aufgrund ihrer relativen Gleichabständigkeit vergessen lassen, daß sich die Leiber – wie die deutlich interferierenden Köpfe nahelegen – eigentlich einander überlagern. Die Geschlossenheit der Gruppe ist so konsistent, daß man schon genau hinsehen muß, um die rechts außen situierte Gestalt noch als Individualität wahrzunehmen. Diese wird von jenem schwarzen, parallel zum rechten Bildrahmen verlaufenden Linienbalken überschnitten, der einem schmalen braunen Versatzstück, einem innerbildlichen Rahmen ähnlich, als Grenzsaum dient. Allem Anschein nach ist die dadurch fragmentierte Figur willens, hinter dieser Barriere, in deren Mitte das Blau bereits einzusickern beginnt, ihr Ziel weiter zu verfolgen. Nochmals mit Kandinsky gesprochen scheint sie im Begriff »die Schwelle der 3. Offenbarung, der Epoche des großen Geistigen« zu überschreiten.

557 Dämmer (Anm. 394), S. 147

Blicken wir auf die Kometenform zurück, so ist unbestritten, daß diese primär die Stadt mit ihren ausziehenden Bewohnern ins Visier nimmt. Zunächst wirkt ihre Schwarz-Kontur vor allem als objektbezogene Simultangestalt – aber nicht ausschließlich. Denn daneben kommt diese Kontur auch als sich selbst darstellende Verlaufsgestalt zum Tragen. Sie nimmt insofern Prozeßcharakter an, als sie am oberen Bildrand als breites Band anhebt, dann in gleichbleibender Stärke den Kometen umrundet, um sich schließlich – zusehends dünner werdend – auf den Kopf der linken Silhouettengestalt hinzubewegen, Zeichen dafür, daß selbst diese nicht ganz ungefährdet ist. Zudem ist das Gelbocker, die Linearbegrenzung der Schädeldecke unterwandernd, bereits in deren Haupt eingedrungen. Im übrigen bleiben auch die anderen Köpfe vom Blau unberührt. Statt dessen werden diese von Karmin und mehr noch von Rotviolett, das als schmaler Saum unter dem Kometen vom linken Ausgangsort in die rechte Bildhälfte übergreift, auratisch durchzogen, wobei dieser Farbton im Farbenschlüssel von Leadbeater/Besant mit »selbstloser Liebe« charakterisiert wird. Da sich Blau nur im Körperbereich ausbreitet, läßt sich folgern, daß der Katharsis-Prozeß in den Köpfen der Geistsucher noch nicht ganz Fuß gefaßt hat. Tatsächlich hat Kandinsky den Blaustrom, der vorerst die Querrichtung anpeilt, im Bereich der Silhouettenfiguren in vertikaler Richtung aufgetragen. Der Fakturbeweis dafür liegt auf der Hand: Erst nachdem das Konturengerüst stand, hat der Künstler den Körperbinnenbereichen das Kolorit hinzugefügt – da war es technisch naheliegend, den Pinsel, analog zur gehaltlichen Intention, in lotrechter Bewegung zu führen. Man könnte sagen: Die gespenstischen Wanderer wachsen spirituell über ihre Leibhülsen hinaus.

Auch die monumentalen Silhouettengestalten haben von der weiß umhüllten Kuppellandschaft ihren Ausgang genommen. Anders als ihre kleinformatigen unseligen Genossen haben sie sich dem Weg des »blauen« Geistesstroms anvertraut, den nichts weniger als ein einheitliches, homogen aufgetragenes Blau kennzeichnet. Denn das Blau muß sich erst entwickeln, indem es aus dem der bedrohten Stadt benachbarten Karmin hervortritt, um sich dann schrittweise von Rot- und Blauviolett bis zu tiefem Ultramarin zu verwandeln. Mit seiner sukzessiven Qualitätsveränderung beansprucht es die bildzeitliche und dynamische Hauptfunktion, wobei es aufgrund des stets sichtbaren und immer wieder die Richtung wechselnden Pinselduktus den Betrachter innerhalb gedehnter Erlebniszeit zu kinästhetischem Mitvollzug anregt. Trotz seiner immateriellen Qualität ist diesem Farb-»Grund«, der mehr als ein Bilddrittel umfaßt und sich gänzlich frei von Gegenständlichkeit erweist, semantische Größe zu eigen. Er symbolisiert einen langwierigen, mit etlichen Hemmungen versehenen Läuterungsweg, beispielhaft ausgedrückt in der Bildmitte (im Gleichgewichtszentrum), wo den unterschiedlichen Blauwerten, die in einem heftigen Strudel durcheinanderwirbeln, in ihrer intendierten Bewegungsrichtung vorläufig Einhalt geboten wird. Zudem ist den in unterschiedlichem Sättigungsgrad und wechselnder Helligkeit aufgetragenen Farben eine beträchtliche Raumqualität inhärent. Die angeschnittenen menschlichen Gestalten der unteren Bildgrenze sind wie an den vordersten Rand einer Bühnenrampe gedrängt und beanspruchen eine radikale Vordergrundsposition. Die Bildzeit ist demnach ambivalent, sie kommt mittels unentwegter Qualitätsveränderung sowohl in der Fläche wie in der Tiefe zum Ausdruck, wobei Bildzeit und Betrachter/Erlebnis-Zeit ihre jeweilige Funktion erfüllen. Im übrigen ist Dämmer zuzustimmen, wenn sie im »Farbraum« den »bestimmenden ›Klang‹ des Gemäldes« begründet sieht. Auch in bezug auf die daran knüpfende Erlebniszeit sind ihre Ausführungen erhellend: »Eigentliche Tiefe bekommt dieser Farbraum ausschließlich durch die Dauer des Betrachtens; denn seine kleinteilig, wie stockend aufgetragene Farbigkeit wirkt einem sofortigen Eindruck von ›unendlicher‹ Tiefe beharrlich entgegen. Erst im geduldigen, betrachtenden Nachvollzug der Malweise vermag nachhaltig diese Wirkung entstehen.«[558]

Abschließend einige Bemerkungen zum bildzeitlichen Verhalten der Menschengruppen, die allein schon in ihrem Größenverhältnis so unterschiedlich sind. Die monumentalen Silhouettenfiguren haben bereits eine beträchtliche Wegstrecke hinter sich gebracht. Sie sind vom Karmin-Bereich links oben ausgegangen und nähern sich bedächtigen Schritts, unbeirrbar im Hintereinander ihrer seitenansichtigen Ausgerichtetheit, der »Schwelle der 3. Offenbarung, der Epoche des großen Geistigen«. Ihr »Von her – zu etwas hin« wird, wie schon erwähnt, vom auratischen, sich sukzessive ins Blau vertiefenden Farbstrom geleitet, einem dynamischen Prozeß, den Kandinsky bei seiner Charakterisierung des Blau auch entsprechend schildert: »Je tiefer das Blau wird, desto mehr ruft es den Menschen in das Unendliche, weckt ihn ihm die Sehnsucht nach Reinem und schließlich Übersinnlichem.«[559] Für die Geistsucher bedeutet dies: Sie bewegen sich langsam, aber unaufhaltsam in jener Dauer, die einst in die Außerzeitlichkeit des überirdischen Seins münden wird. Von solchen Transzendenzbestrebungen kann seitens des kleinteiligen Flüchtlingszugs keine Rede sein. Alle Zeitformen weisen in eine entgegengesetzte Richtung. Mehrere Faktoren sind dafür maßgebend: Zum einen sind die Frontalität und die hochgradig gesättigten, mithin zu keiner Verände-

558 Ebda., S. 155
559 ÜGK, S. 92

rung neigenden Farben der Gestalten – ausgenommen die rechts befindliche – ausgesprochen zeithemmend. Zum anderen sind diese mitsamt der Stadt, die keinerlei Distanz zu ihnen erkennen läßt, vertikal aufeinandergetürmt, so daß sich daraus anstatt eines räumlichen Hintereinanders ein flächengebundenes Übereinander ergibt. Alles Momente, die zeigen, daß die Gruppe nur am augenblicklichen Status ihrer Schicksalhaftigkeit interessiert ist. Da aber das Jetzt im Seienden bekanntlich gar nicht existiert, nähert sie sich nicht nur dem Abgrund, sondern auch dem Zustand der entzeitlichten Erstarrung, ist somit dem Einschlag des Kometen ausgesetzt.

2.3 *Improvisation 19a*

Siehe Abbildung 92, Seite 318

Mit *Improvisation 19a* greift Kandinsky neuerlich jenes ins Kosmische gesteigerte Katastrophenszenarium auf, das ihn bereits im Jahr zuvor, in *Improvisation 7*, beschäftigt hatte. Im Gegensatz zur *Improvisation 18*, in der er sich vorwiegend auf eine Textstelle der ›Offenbarung des Johannes‹ bezieht, pflegt er nunmehr einen viel freieren Umgang mit den Themen-Quellen, die in eine Kompilation von apokalyptischen Vorgängen und Sintflut-Geschehen münden und folglich universal geprägt sind. Mit diesem eschatologischen Themenkreis geht ein bildnerischer Entwicklungsprozeß einher, der in *Komposition V* und dann in den großen Werken von 1913, *Improvisation Sintflut, Bild mit weißem Rand* sowie *Komposition VI* und *Komposition VII,* auf einem gesteigerten Abstraktionsniveau seinen Höhepunkt erreichen wird.

Abgesehen von der thematischen Verwandtschaft, sind *Improvisation 7* und *Improvisation 19a* ein analoger Abstraktionsgrad und eine ähnliche Kraft des Kolorits gemeinsam. Doch gibt es zwischen diesen beiden Werken erhebliche Unterschiede, die aufzudecken einer Analyse von *Improvisation 19a* dienlich sein könnte. Läßt Kandinsky in *Improvisation 19a* nichts unversucht, das ordnungsstiftende Sehgrundmuster des Betrachters zu konterkarieren, indem er die dynamischen Komponenten in verschiedenen Zielrichtungen zur Entfaltung bringt, so erleichtert er in *Improvisation 7* die Rezeption insofern, als er sämtlichen Formen eine von links unten nach rechts oben weisende Schräglage verleiht; alles wird der imaginären Diagonalachse unterworfen. Während in der hochformatigen *Improvisation 7* eine nach den Gesichtspunkten des Oben und Unten geregelte, somit relativ flächige Komposition vorherrscht, gliedert sich die Bildwelt von *Improvisation 19a* in zahlreiche Raumschichten, deren jeweilige Lokalisation allerdings einen erheblichen visuellen Aufwand erfordert. Für den Betrachter heißt dies, daß er sich in *Improvisation 19a* im Vergleich mit *Improvisation 7* mit einer ungleich komplexeren Struktur konfrontiert sieht, mithin ein großes Spannungpotential zu bewältigen hat, um die scheinbar disparaten, miteinander im ständigen Konflikt befindlichen Einzelphänomene in gestaltlicher Ganzheit zu erfassen – gemessen am strukturell exorbitanten Kompliziertheitsgrad der eschatologischen Kompositionen von 1913 ein immer noch gut überschaubares Unterfangen.

Ohne Zweifel hat sich Kandinsky in *Improvisation 19a* fast gänzlich von den »Eindrücken äußerer Natur« befreit, was nicht dazu legitimiert, von einer völligen Suspendierung des Gegenständlichen zu sprechen. Denn es gibt noch Spuren von Gegenständlichkeit, wobei man sich davor hüten muß, diese nur als letzte Derivate von ursprünglich integren, erkennbaren Gegenständen anzusehen. Auf die Problematik dieser, vor allem der hermetisch-ikonographischen Forschung anzulastenden Anschauungsweise hat Langner verwiesen: »Der Gegenstand wird nicht eliminiert, wie es im Gefolge von Kandinskys eigenen Aussagen über den Entwicklungsgang seiner Malerei immer wieder heißt. Er wird nicht aus dem Bild ausgeschieden, sondern, im Gegenteil, ... tiefer in es hineingenommen, in tiefere Schichten eingelassen, bis an und über die Grenzen des Verschwindens. Eine Situation des Entzuges wird hergestellt, die indes, und das ist entscheidend, bildimmanent bleibt. Dem Gegenstand wird ein Dasein im Unterschwelligen angewiesen. Seine Präsenz wird dabei letztlich nicht gemindert. Sie verflüchtigt sich nicht, sondern wird auf eine neue, andere Weise konsistent. Was sie an abbildlicher Direktheit verliert, gewinnt sie ... an stimulierender Suggestivität. Das Erkennen wird zurückgenommen ins Ahnen, dem sich neue Spielräume der Wahrnehmung eröffnen.«[560] Diese Ausführungen sind erhellend und kryptisch zugleich. Ergänzen müßte man, daß dieses Eintauchen in »tiefere Schichten« einer eigentümlichen Gegenständlichkeit erst dann an semantischer Tragweite gewinnt, wenn man die Gegenstände nicht an sich, sondern in ihren dynamischen Korrelationen wahrnimmt. Dabei handelt es sich um zutiefst strukturelle Probleme, deren Lösung erst durch die Wahrnehmung ausdrucksfähiger Gegenstandsverlebendigung ermöglicht wird. Dann wandeln sich die vermeintlich abstrakten Sehdinge unversehens in dechiffrierbare, überdies ins Universelle transponierte Wesenheiten, die all das metaphorisch ausdrücken, was der menschlichen Existenz in ihrem Kämpfen, Streben, Scheitern usw., kurz in ihrer Hoffnung auf Erlösung von den materiellen und gedanklichen Anfechtungen, eignet.

Daß das mit Hilfe der Gestalttheorie registrierte dynamische Thema gegenüber dem hermetisch-ikonographischen ein klares Plus zu verzeichnen hat, wurde schon des öfteren betont. Herkömmliche, im additi-

560 Langner (Anm. 97), S. 131

ven Aufzählen von Einzelformen sich erschöpfende Analysemethoden versagen vollends, wenn sich der Künstler bei der Formulierung seiner Bildgegenstände von den Verpflichtungen der Naturrichtigkeit befreit und seine symbolischen Formelemente statt dessen in den Dienst der Bildrichtigkeit stellt. Trotzdem ist zu bedenken, daß ein strukturell vernetzter Deskriptionsvorgang allein nicht in der Lage ist, das Hauptproblem kunstwissenschaftlicher Hermeneutik, nämlich die Klärung von Zeichen und Bedeutung, zu lösen. Hinzutreten muß der Aspekt des Kognitiven, der sich in unterschiedlichen, nicht nur werkimmanenten Gedächtnisspuren bemerkbar machen kann. Diesbezüglich hat Langner von einer »neuen Balance im Verhältnis von Bild und Abgebildetem« gesprochen und grundsätzliche Überlegungen angestellt: »Der Verweisbezug des Bildes auf Abgebildetes bleibt gewahrt, indes überlassen einem Sehen, das, unter dem Andrang des Flüchtigen, beständig Rat sucht beim Erinnern. Der Schwerpunkt des Wahrnehmens wird aus der Beobachtung verlagert in die Assoziation. Es geht, in letzter Instanz, nicht um die Abschaffung, sondern um eine neue Definition des Nachahmungsprinzips.«[561] Mimesis und Assoziation sind die erkenntnisfördernden Zauberworte, aber nur mit Augenmaß umgesetzt, müßte man wohl ergänzen. Stets sollte der werkimmanente Assoziationsbereich vorrangig sein, innerhalb dessen der Betrachter im Rückblick auf bereits erbrachte Leistungen des Künstlers imstande ist, dessen Zeichen-Sprache auf ihrer jeweiligen Entwicklungsstufe in ihrem sinnstiftenden Gehalt zu verstehen – selbst dann, wenn der Verschlüsselungsgrad der ursprünglich gegenständlichen Zeichen die Schwelle zur Abstraktion bereits überschritten hat. Dabei sollte auch dem individuellen Erfahrungsbereich des Rezipienten ein gewisser Freiraum offenstehen, selbstverständlich getragen von dem Bemühen, die eigene psycho-physische Befindlichkeit möglichst hintanzustellen. Ohne damit einen Freibrief für schrankenlosen Relativismus auszustellen, hat Kandinsky selbst den Betrachter ermächtigt, persönliche Assoziationen in die Auseinandersetzung mit dem Bildwerk einzubringen, ja sogar selbständig – in Übereinstimmung mit der Gestalttheorie – am künstlerischen Prozeß teilzunehmen, wenn er schreibt: »Je mehr Möglichkeiten der Interpretation durch die Phantasie, umso besser.« Aufschlußreich ist sein Kommentar in ›Über das Geistige‹ zum »wahren Kunstwerk«, dessen sich erst im Sensorium des Betrachters entfaltende Dynamik er implizit hervorhebt: »Auf eine geheimnisvolle, rätselhafte, mystische Weise entsteht das wahre Kunstwerk ›aus dem Künstler‹. Von ihm losgelöst bekommt es ein selbständiges Leben, wird zur Persönlichkeit, zu einem selbständigen, geistig atmenden Sub-

561 Ebda., S. 131

jekt, welches auch ein materiell reales Leben führt, welches ein ›Wesen‹ ist ... wie jedes Wesen besitzt es weiterschaffende, aktive Kräfte.«[562] Daß dabei auch den freien Assoziationen (Gedächtnisspuren, Eidetik usw.) des Rezipienten ein gewisser Spielraum zugedacht ist, muß nicht mehr betont werden.

Ausgehend von Kandinskys didaktischer Zielsetzung, derzufolge »Verstehen [eines Kunstwerks der] Heranbildung des Zuschauers auf den Standpunkt des Künstlers« bedarf, ist Kandinskys bereits zitierter Satz, der in allen Details mit den strukturspezifischen Sehgesetzen der Gestalttheorie konform ist, für jeden Analyseversuch von elementarer Bedeutung: »Also die Biegsamkeit der einzelnen Form, ihre sozusagen innerlich-organische Veränderung, ihre Richtung im Bilde (Bewegung), das Überwiegen des Körperlichen oder des Abstrakten in dieser einzelnen Form einerseits und andererseits die Zusammenstellung der Formen, die die großen Formen der Formengruppen bilden ..., welche die große Form des ganzen Bildes schaffen, weiter die Prinzipien des Mit- oder Widerklangs aller erwähnten Teile, d.h. das Zusammentreffen einzelner Formen, das Hemmen einer Form durch die andere, ebenso das Schieben, das Mit- und Zerreißen der einzelnen Formen, die gleiche Behandlung der Formengruppen, des Kombinierens des Verschleierten mit dem Bloßgelegten, des Kombinierens des Rhythmischen und Arhythmischen auf derselben Fläche, des Kombinierens der abstrakten Formen als rein geometrischer (einfacher, komplizierter) und geometrisch unbezeichenbarer, des Kombinierens der Abgrenzungen der Formen voneinander (stärkerer, schwächerer) usw. usw. ...«[563] Dies alles bedeutet in der Tat nichts weniger als eine implizite Anleitung zu relationaler bzw. strukturbewußter Analyse.

Es gibt wohl kaum einen Betrachter, der im ersten Kontakt mit *Improvisation 19a*, angesichts eines schwer entwirrbaren Formengeflechts, sich nicht an der Aufdeckung von Restgegenständlichkeit versucht hätte. Dies ist auch kunstwissenschaftlich legitim. Solches Ansinnen wäre bei Kandinsky kaum auf Gegenliebe gestoßen, da er von der »Zusammenstellung farbiger und zeichnerischer Formen« spricht, »die als solche selbständig existieren, von der inneren Notwendigkeit herausgeholt werden und im dadurch entstandenen gemeinsamen Leben ein Ganzes bilden, welches Bild heißt« und anschließend betont: »Nur diese einzelnen Teile sind wesentlich. Alles übrige (also auch das Behalten des gegenständlichen Elements) ist nebensächlich. Dieses übrige ist nur Beiklang.«[564] Beginnen wir trotzdem mit dem »gegenständlichen Beiklang«.

562 ÜGK, S. 132
563 Ebda., S. 78 f.
564 Ebda., S. 109

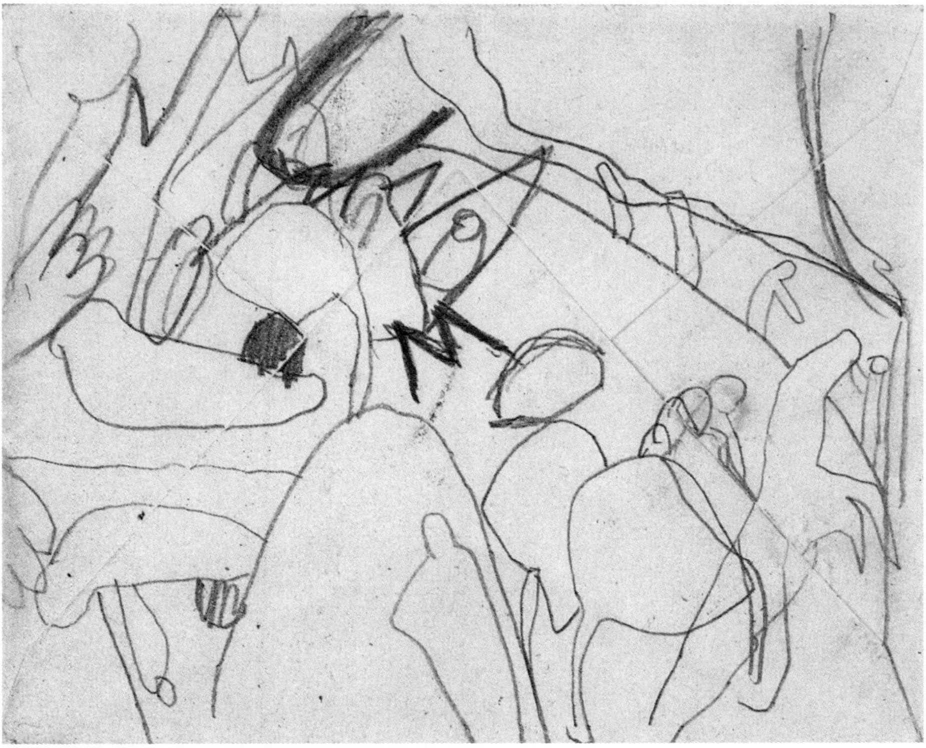

97 *Entwurf zu »Improvisation 19a«*, 1911, Bleistift auf Papier (9,4 x 12 cm), Paris, Musée National d'Art Moderne, Centre Georges Pompidou

Was weniger Schwierigkeiten bereitet, ist die Wahrnehmung von vier gleichmäßig gereihten Kopfgebilden im rechten unteren Bildquadranten, die sich mit Querverweis auf *Komposition II* als eine aus vier Personen bestehende Figurengruppe identifizieren lassen. Ähnlich problemlos verifiziert man die vier Zeichen rechts oben als menschliche Wesen, die einen Berghang zu erklimmen suchen. Das links oben von einer weißlichen Liniengabelung überlagerte dreizackige Gebilde wird man dann als blaues Gebirge wahrnehmen. Alles übrige bleibt dem »wiedererkennenden Sehen« zunächst verschlossen, gäbe es nicht zwei Entwurfszeichnungen, die gegenständliche Ergänzungen ermöglichen. Eine davon stimmt mit dem Gemälde weitgehend überein und gibt mehrere Gegenstandsresiduen in weniger verschlüsselter Form wieder. Dabei ist zu beobachten: Zum einen sitzt eine der vier Gestalten rechts unten auf einem aufgebäumten Pferd, zum anderen befinden sich am linken Bildrand zwei Boote – eines in Normalposition, das andere auf den Kopf gestellt – mit jeweils einem Passagier und einer schwarzen sackähnlichen Fracht an Bord. Schon diese Zeichendechiffrierung – die hypertrophe Dynamik des Ganzen inbegriffen – ist ausreichend, um den schon angedeuteten ikonographischen Sachverhalt einer thematischen Verknüpfung von Sintflut und Apokalypse zu bestätigen.

Daß Kandinsky die Erfahrung seelischer Vibrationen und innerer Klangvorstellungen nur auf der Basis eines »sehenden Sehens« empfohlen hätte, ist offensichtlich. Kriterien einer dafür zweckdienlichen Analyse hat er in seinen ›Rückblicken‹ in bezug auf *Komposition IV* in groben Zügen dargelegt, wobei er dieses Analysemodell als »nachträgliches Definieren« bezeichnet. Unter Berücksichtigung seiner zitierten Strukturüberlegungen können die folgenden Definitionsschritte dem Rezipienten bei seinen Analyseversuchen helfen. Die vier Hauptpunkte betitelt er mit:

»1. Massen (Gewichtsmassen)
2. Gegensätze
3. Überfließungen
4. Zentren«

Punkt 1 ist in Farbe und Linie untergliedert, während in Punkt 2 das Verhältnis zwischen »Masse« und »Linie« sowie der Gegensatz von »Präzisem« und »Verschwommenem« angeführt wird. Nach den »Überfließungen« der Farbe über die Konturen, wovon in Punkt 3 die Rede ist, wird in Punkt 4 auf die Möglichkeit der Existenz mehrerer Zentren hingewiesen.[565]

Eine flüchtige Orientierung macht klar, daß der mysteriöse Brocken im linken unteren Bildquadranten ein bemerkenswertes Zentrum bildet, dem in der oberen Bildhälfte zwei gewaltige, ineinander verzahnte Scherengebilde als zweites Zentrum gegenübertreten. Das konisch verlaufende, überwiegend ockergelb gefärbte Hauptzentrum ist vom unteren Bildrand angeschnitten und im Begriff, unaufhaltsam nach oben vorzudringen. Als Repoussoirstück in unmittelbare Nähe zum Betrachter gerückt, nimmt es dessen Aufmerksamkeit vordringlich in Anspruch, nicht zuletzt auch wegen seiner auffälligen Binnengestaltung. Trotz raffinierter Verschlüsselung meint man an seiner Kuppe physiognomische Züge zu entdecken, was dazu anregt, den auf seiner rechten Seite befindlichen schwarzen Schemen als rachenähnliche Aushöhlung wahrzunehmen. So zum lebendigen Wesen mutiert, vollzieht das bedrohliche Motiv auch eine Rechtswendung, sozusagen mit Blick auf den Reiter und seine drei Begleiter, die allen Grund haben, um vor dem aufgerissenen Schlund des Ungetüms die Flucht zu ergreifen. Mit seiner beachtlichen Größe und abgerundeten Form beherrscht das felsartige Wesen alle in seinem Umkreis befindlichen Motive. Die beiden, in der Entwurfszeichnung zunächst noch als baumähnliche Gebilde geformten Nachbarmotive fal-

565 *Rückblicke,* S. 36

len durch prunkende Farbgebung auf. Der Naturwirklichkeit enthoben, scheinen sie unter dem Druck der aufgewühlten Landschaft einer Metamorphose unterworfen. In ihrer magischen Schönheit wirken sie wie vom Felsungetüm ausgelegte Köder, geeignet, die Flüchtlinge zur Umkehr zu bewegen; die bedenkliche Rückenlage des S-förmigen Reiters scheint dies zu bestätigen. Das diesem links benachbarte Motiv ähnelt mit seiner Grün/Orange-Färbung einer exotischen, gefährlich verführerischen Riesenblüte. Damit sind wir schon inmitten einer Schilderung eines narrativen Prozesses, der verdeutlicht, daß das Gemälde gar nicht so abstrakt ist, wie es anfänglich erschienen haben mag.

Zwischen Felsungeheuer und Riesenblüte eingeklemmt, befindet sich ein eiförmiges Wesen, wie unter Druck nach oben gepreßt. Mittels Schwarz und Gelb korrespondiert es mit den flankierenden Motiven. Hinsichtlich seines glanzvollen Rotakzents bietet es einen visuell markanten Anziehungspunkt, der daran erinnert, daß an dieser Stelle die imaginäre Bildachse kreuzt, die für den Betrachter immerhin ein Orientierungsmerkmal darstellt, angesichts eines von der orthogonalfeindlichen Komposition radikal verstellten Sehgrundmusters; letzteres birgt zweifellos ein erhebliches Spannungspotential. Ein wichtiges Spannungsmoment verkörpert auch die spezifische Räumlichkeit der linken Bildhälfte, die durch zahlreiche Interferenzen – dies beginnt schon am Ei-Motiv, das von seinen Nachbarelementen überschnitten wird – evoziert wird. Dem antwortet die rechte Bildhälfte mit einem flächenhaften Konzept. Mithin ist die generalisierende Feststellung Hobergs, derzufolge in *Improvisation 19a* »die Unterschiede zwischen Körper und Raum nicht mehr dingfest zu machen sind«, kaum aufrechtzuerhalten.[566] Korrekt ist hingegen, daß in der linken Bildhälfte aufgrund von Formüberlagerungen – vom Felsbrocken unten bis zum blauen Berg oben – mindestens sechs Raumschichten zu orten sind. Folglich erscheint Kandinsky das Mittel der Interferenz als das geeignetste Instrument, um bei fortgeschrittener Abstraktion dem von ihm gefürchteten Vorwurf teppichartig ornamentaler Flächigkeit zu entgehen. Dies wird sich später, vornehmlich in den *Kompositionen* von 1913, ändern, wenn er mit anderen Kunstgriffen eine umwälzend neue, spezifische Bildräumlichkeit anstrebt.

Von der Kuppe des Ei-Motivs versucht sich ein weißliches, abgerundetes Element zu lösen. Als kleineres der beiden Sehdinge übernimmt es jene Bewegungsfunktion, die sich im doppelzackigen Scherenwesen schräg nach oben fortsetzt. Dieses schnabelähnliche Gebilde schnappt nach einem blau/gelben Element, das mit Hilfe der Entwurfszeichnung

566 Hoberg (Anm. 82), Text zu Taf. 42

als menschliches Wesen zu identifizieren ist. Sein Versuch, auf direktem Wege zum blauen Berg zu gelangen, ist ebenso gescheitert wie die Mission der an den Bildrand gedrängten Boote. Dagegen ist die unten vor den Naturgewalten flüchtende Figurengruppe schon besser dran, insofern sie über Umwegen nach oben zu kommen trachtet. Diese seitlich ausweichende Aufwärtsbewegung verstärkt der braune bildhohe Baum, dessen Stamm den Weg nach rechts hermetisch abriegelt, zugleich aber die mit ihm fast deckungsgleiche Bildbegrenzung akzentuiert. Hat sich die Farbe bislang als überaus kompakt und formkonsistent erwiesen, so scheint sie in der rechten unteren Bildecke fast aquarellhaft zu zerfließen. Dies macht sich vor allem am Pferd bemerkbar, dessen nur rudimentär kenntliche Körperlichkeit mit von Gelbgrün zu Rot und Blau changierenden Farben sich nach unten zu auflöst. Qualitätsveränderungen dieser Art bekunden rasches Vorankommen und damit jene Temporalität, die in den nach einer Kehrtwendung den Bergrücken erklimmenden Figürchen rechts oben ihren zusehends schleppenden Fortgang findet.

Ist die linke Bildhälfte durch heftige Bewegungsstrukturen und ein extrem verdichtetes Formengefüge geprägt, das dem ordnungsstiftenden Phänomen von Figur und Grund keinen Platz bietet, so treffen wir auf der gegenüberliegenden Seite auf eine beruhigte Struktur mit flächenhaft vereinfachter Formenverteilung. Zudem ist hier die Figur-Grund-Situation gut überschaubar, wobei das großflächig freie, in getrübten Erdfarben dargestellte Feld »Grund-Funktion« erfüllt. Im übrigen läßt sich der steil ansteigende Begrenzungssaum dieser Bodenzone mit induktiver Unterstützung auch dann weiterverfolgen, wenn er von den Bestandteilen des gewaltigen Scherenmotivs überlagert wird. Sobald er oben, am Fuß des blauen Bergs, als kräftig konturiertes, kleines dunkelbraunes Segmentstück seine Richtung nach unten wechselt, um endgültig im Formengetümmel zu verschwinden, wird klar, daß Kandinsky mit dem resultierenden Ovalfragment die metaphorische Darstellung einer weltumspannenden Rotation im Sinn hatte.

In der oberen Bildhälfte ist ein Kampf zwischen zwei metallisch glänzenden Riesenelementen im Gang; aufgrund ihrer Formverschränkung figurieren sie als zweites Bildzentrum. Ein in höhere Sphären übergreifender Konflikt geht in Szene, geeignet, die gesamte Natur in Aufruhr zu versetzen. Den visuellen Hauptanhaltspunkt bietet das pflugscharähnliche Gebilde, das sich aus zwei Zacken und einer gewaltigen Messerklinge zusammensetzt. Während es oben von schwarzen geradlinigen Konturen begrenzt wird, ist es unten unkonturiert segmentbogig geschlossen. Hinzu kommt eine grau/weiße Färbung, die Eiseskälte ausstrahlt, ein Eindruck, der sich an den weißlichen Linienzügen des baumartigen Motivs links oben und etlichen Blau-Akzenten neuerlich einstellt.

Bedeutsam ist der untere Ast des gegabelten Baums, der in Korrespondenz mit dem Segmentstück der Kampfmaschine im großen Bogen nach rechts peitscht. Das gefährlich gezackte Element rast mit vehementem Tempo quer durch das Bild, durchbricht den Horizont der Erdscheibe, versperrt den heilsuchenden Menschenfiguren den Weg und bohrt sich mit seiner Messerspitze in die rechts oben lagernde, blau/weiße Wolkenbank. Doch geschieht dies nicht ohne Gegenwehr. Auch der Himmel schaltet sich in das verderbliche Treiben auf Erden ein, indem er vom oberen Bildrand ein breites, von Schwarz über Blau bis Weiß changierendes Bogengebilde herabsendet, das sich mit den beiden Zacken der irdischen Waffe verzahnt. Um jedem Verdacht vorzubeugen, dieser Bogen sei Bestandteil der Kampfmaschine, diese folglich als überdimensionierte Zange das Wolkenstück umklammert, genügt ein Blick auf die Entwurfszeichnung, wo der Himmel einen abgerundeten Kometen auf die Zacken niederfahren läßt, um den Konflikt für sich zu entscheiden. Dieser Zusammenprall zweier ähnlicher Elemente bringt die Zeit zum Stillstand und bewirkt jenes Gleichgewicht, das die untere Bildhälfte mit ihrem zeitlich-narrativen wie asymmetrischen Formengefüge vermissen läßt. Daß der Ausgang des Kampfs offenbleibt, entspricht Kandinskys Streben nach gestaltlicher Ganzheit, hinter der der schöpferische Wille steht selbst, bei der Darstellung chaotischer Formen- und Farbverhältnisse das zur Verbildlichung des Geschehens erforderliche Gesetz der Ausgewogenheit zu berücksichtigen. In *Improvisation 19a* bezieht sich dies auch auf die kosmische Dimension, wobei ersichtlich wird – um den Begriff der Coincidentia oppositorum zu paraphrasieren –, daß aus Vernichtung Neuschöpfung entstehen kann. Mit den Worten Kandinskys ausgedrückt: »Das Malen ist ein donnernder Zusammenstoß verschiedener Welten, die in und aus dem Kampfe miteinander die neue Welt zu schaffen bestimmt sind, die das Werk heißt. Jedes Werk entsteht technisch so, wie der Kosmos entstand – durch Katastrophen ... Werkschöpfung ist Weltschöpfung.«[567]

2.4 *Improvisation 20*

Wie in *Impression V* greift Kandinsky in *Improvisation 20* (in seinem Hauskatalog mit dem Untertitel *Zwei Pferde* versehen) neuerlich die Pferd-Reiter-Thematik auf, wobei er die *Improvisation mit Pferden* als vorbereitende *Studie für Improvisation 20* bezeichnet.[568] Nur einem mit Kandinskys Methoden wenig vertrauten Betrachter fällt es schwer, die beiden Berittenen zu identifizieren. Um so erstaunlicher ist es, wenn im

Siehe Abbildung 93, Seite 319

567 *Rückblicke,* S. 24
568 Roethel und Benjamin (Anm. 21), Nr. 393

98 *Improvisation mit Pferden*, 1911, Öl auf Leinwand (71 x 99 cm), Privatbesitz

Pariser (1984) wie im Frankfurter Katalog (1989) die Möglichkeit offen gelassen wird, daß Kandinsky seinen Vermerk »erstes abstraktes Ölbild« auf *Improvisation 20* bezogen haben könnte.[569]

Während das rechte Pferd mühelos erkennbar ist, bedarf die visuelle Komplettierung des linken einer stärkeren Assoziation. Gäbe es nicht die für Kandinsky zwingende Konnotation von Pferd und Mensch, wären die Reiter in ihrer »versteckten« Erscheinungsform noch schwerer dechiffrierbar. Nimmt man das rechte Pferd in Augenschein, so gewährleisten Mähne, Hals- und Kopflinie sowie Vorderhand und ein dem Hinterteil entspringendes Liniengestrüpp, das unschwer als buschiger Schweif auszumachen ist, ausreichende Identifikationshilfen. Da das schwarze Konturengefüge immer wieder aussetzt, findet der helle, in vielerlei Farbtönen changierende »Grund« mehrmals Gelegenheit, gleichsam entmaterialisierend in den Binnenbereich des Tiers vorzudringen. Nachhaltiger wird am linken Pferd von einem Konturenkontinuum Abstand genommen, woraus dem Betrachter hinsichtlich gegenständli-

569 Kandinsky, *Album de l'exposition*, Ausstellungskatalog (Musée National d'Art Moderne, Centre Georges Pompidou, Paris), Paris 1984, S. 100, Anm. 2. – Wassily Kandinsky, *Die erste sowjetische Retrospektive*, Schirn Kunsthalle, Frankfurt 1989, S. 261. – Hahl-Koch (Anm. 10), S. 186 f.

cher Vervollständigung ein induktiv erheblicher Mehraufwand erwächst, der durch den latent formbildenden Einsatz von grün/gelben Farbwerten aufgewogen wird. Sehr aufschlußreich ist ein Vergleich mit den Pferden in *Impression V*, deren Erscheinung auf ein rein verlaufsgestaltliches Linienmuster von geradezu geometrischer Prägnanz reduziert ist. Dazu in Antithese die Situation in *Improvisation 20*, wo das Liniensystem, bei fast gänzlicher Ausschaltung von Geraden, neben verlaufsgestaltlichen auch umrißbildend simultangestaltliche Qualitäten aufweist, die den Pferden ein vergleichsweise organisch-lebendiges Aussehen verleihen, mithin ein dynamischeres Verhalten ermöglichen. Ähnlich wie in *Impression V* treten die Körper der Reiter als farbliche Schemen in Erscheinung, wobei dem rechten Rot und dem linken Violett zugedacht ist. Hinzu kommt – im Gegensatz zu *Impression V* –, daß Körperachsen, Köpfe und Arme der Berittenen mit kräftigen schwarzen Linien hervorgehoben werden.

Die beiden Bilder unterscheiden sich hinsichtlich der Zielintention der Reiter. Während diese in *Impression V* in derselben Richtung unterwegs sind, stürmen sie in *Improvisation 20* aneinander vorbei. Langners Beobachtung zufolge ist »das Moment der Spannung aus dem Gegeneinander ins Auseinander übertragen. Die Bewegungsformel ist ins Fliegende gesteigert.«[570] Letzteres ist dadurch begründet, daß die räumliche Position der Pferde empirisch kaum zu bestimmen ist. Diesbezüglich ist ein Vergleich mit *Impression V* nützlich, wo deutlich zwischen Erd- und Himmelszone unterschieden wird. Demgegenüber gibt es in *Improvisation 20* eine indifferente Räumlichkeit, die sich vor allem aus einem hellen, nebelhaften und transparent anmutenden Mal-»Grund« konstituiert, auf dem die Farbflecken und Linienstrukturen ein ambivalentes Spiel des Eintauchens und Hervortretens entfalten. Assoziationen mit paläolithischen Höhlenmalereien drängen sich auf, in denen die naturbedingt prämorphe, macchiaähnliche Struktur der Felswand – erinnert sei in Analogie an John Ruskins »confused mode of execution«[571] – eine ähnliche Figur-Grund-Ambivalenz evoziert. Das heißt, der Grund vermag die Figuren durch Farbüberfließungen (s. rechtes Pferd) zu entstofflichen oder (s. linkes Pferd) aufzulösen und neue Konfigurationen zu erschaffen.

Geht man tachistoskopisch (Sedlmayr) an das Bild heran, fällt das doppelzackige Liniengebilde im linken oberen Bildquadranten vorrangig ins Gewicht. Indem es blitzartig von oben aus dem hellen Farbnebel niederfährt, um dann – jäh nach rechts abbiegend – in den ausgestreckten Arm des linken Reiters einzumünden, ist es besonders aggressiv. Bleibt

570 Langner (Anm. 97), S. 119

571 Lassaigne (Anm. 121), S. 62. – Hofmann (Anm. 133), S. 67

zu erwähnen, daß dieser so oft seine Richtung ändernde Linienduktus – in ›Punkt und Linie zu Fläche‹ als »freie vieleckige Linie« beziehungsweise »Zickzacklinie« benannt – bereits in der Vorstudie *Improvisation mit Pferden* als Energieträger zutage tritt.[572] Vom Kopf des linken Pferdes steigt eine schräge Gerade empor, die – bezugnehmend auf die Bildecke – die Basis einer Dreieckfläche bildet, auf der sich punktuelle Flecken vor weiß/blauem Grund befinden. Dies erinnert an einen gekippten Horizont – dem Rand der Erdscheibe gleich –, über dem schwarz erloschene Gestirne des Kosmos schweben.

Die lineare Zeichen-Sprache ist in ihrer metaphorischen Gegenstandsnähe ausreichend verdeutlicht, um das narrative Konzept nachzuvollziehen. Vom Blitz getroffen, reißt der linke Reiter seine Arme auseinander, wobei die »Zickzacklinie«, wie bereits erwähnt, in seinen linken Arm fährt und deckungsgleich mit diesem einen abrupten Richtungswechsel nach rechts vollzieht. Diese Linie endet exakt an der imaginären Bildachse, hinreichend der folgenden Linie angenähert, um vom Betrachter als kontinuierlich wirkender Kraftstrom wahrgenommen zu werden. Indes gehört diese Fortsetzungslinie, kognitiv aufgefaßt, bereits zum Linienmuster des rechten Reiters, der sich leicht umzuwenden scheint, um dem in Gegenrichtung davonreitenden Gefährten hilfreich seinen Arm entgegenzustrecken. Offensichtlich ist er bestrebt, diesen aus der Gefahrenzone zu ziehen und auf den »rechten« Weg zu bringen.

Es ist nicht zu übersehen, daß die Vorstudie *Improvisation mit Pferden* in vieler Hinsicht von der Schlußfassung abweicht, wiewohl der blitzartige Linienverlauf vordringlich Aufmerksamkeit erregt; überdies bedarf es eines größeren visuellen Aufwands, die beiden »versteckten« Reiter zu entschlüsseln. Der gravierendste Unterschied zu *Improvisation 20* besteht darin, daß die beiden Pferde in derselben Richtung nach rechts unterwegs sind, wobei der linke Reiter vom Blitzstrahl verschont bleibt. Statt dessen fährt die Zickzacklinie links oben auf eine Kremlstadt nieder, ehe sie, nach rechts schwenkend, die Rückenkontur des rechten Pferdes erfaßt beziehungsweise den fliehenden Reiter einholt. Dies ist auch für die Bildzeit von Bedeutung, die, entsprechend der gleichartigen Bewegungsrichtung der Berittenen und eines ununterbrochenen Linienzugs, ein kontinuierlich zielbewußtes und rasches Tempo angibt. Anders ist der bildzeitliche Vorgang in *Improvisation 20*, wo sich die Pferde in entgegengesetzten Richtungen von der Symmetrieachse entfernen, aber von der Körpersprache der Reiter im Zaum gehalten werden. Bildzeitlich bedeutet dies eine Ambivalenz zwischen Bewegung und Innehalten, ein gleichzeitiges Auseinander und Zusammen. Die Zeit verharrt im Jetzt.

572 PLF, S. 84 f.; Bild 33

Die Linie beansprucht ein Höchstmaß an Autonomie, zeitigt weiters primär flächenkompositionelle Wirkung und trägt in ihrer dominierend verlaufsgestaltlichen Erscheinung bezüglich Dynamik die Verantwortung. Die Farbe hingegen ist für die Bildung von Räumlichkeit zuständig. Diese konstituiert sich in erster Linie aus dem Kontrast der vorzugsweise im Pferd/Reiter-Bereich angesiedelten gesättigten Buntfarbwerte (Rot, Braun und Gelb) mit dem hell-diffusen Farbnebel des Grunds, durch den gelegentlich hellblaue Werte schimmern. Das Hellblau/Weiß dringt auch in den rechten Pferdekörper ein und verwandelt diesen in ein durchsichtig entmaterialisiertes Wesen. Dem stehen im linken Pferd Farbtöne entgegen, die von Olivgrün bis Gelb reichen und die Körperlichkeit des Tiers andeuten. Indessen entspricht es Kandinskys ambivalentem Harmonieverständnis, wenn dem linken Pferd am unteren Bildrand »himmlisches« Blau und dem rechten – entgegen seiner farblich diaphanen Binnenform – erdiges Dunkelbraun zugeordnet ist. Das dem Pferd/Reiter-Bereich zugeteilte Kolorit birgt eine Semantik, die sich auf Äußerungen Kandinskys über die psychisch-physische Wirkung der Farben stützt: Es existiert eine erstaunliche Konkordanz mit der Semantik des linearen Zeichensystems. Beachten wir zunächst das den Linienvektoren des rechten Reiters unterlegte Rot, das laut Kandinsky »von beinahe zielbewußter immenser Kraft zeugt. Es ist in diesem Brausen und Glühen, hauptsächlich in sich und wenig nach außen, eine sozusagen männliche Reife«.[573] Allerdings geht dieses Rot oberhalb des Pferdekopfs allmählich in Braun über – es vollzieht sich eine farbliche Qualitätsveränderung, die naturgemäß Temporalität und Dynamik in sich birgt. Daß es sich um eine sukzessiv anklingende, gebremste Dynamik handelt, läßt sich mit einem Verweis auf Kandinskys Braun-Definition belegen: »Das Vertiefen [des Rot] durch Schwarz ist gefährlich, da das tote Schwarz die Glut löscht und auf das Minimum reduziert. Es entsteht aber dabei das stumpfe, harte, wenig zur Bewegung fähige Braun, in welchem das Rot wie ein kaum hörbares Brodeln klingt. Und trotzdem entspringt diesem äußerlich leisen Klang ein lauter gewaltsamer innerer. Durch notwendige Anwendung des Braun entsteht eine unbeschreibliche innere Schönheit: Das Hemmen.«[574] Diese Schilderung entspricht dem bereits Gesagten, demzufolge ein zielstrebiger Fluchtversuch mit »hemmendem« Willen zum Innehalten einhergeht.

Am linken Reiter findet das Liniengefüge in Kandinskys Farbdefinitionen sein Äquivalent. Dessen fatales Ausgeliefertsein wird mit Violett symbolisiert, das, so der Künstler, leicht das Gleichgewicht verliert und

573 ÜGK, S. 99
574 Ebda., S. 101

etwas »Krankhaftes, Erlöschtes und Trauriges« an sich hat. Und in einer Fußnote ergänzt er aus der Lebenspraxis: »Unter Künstlern antwortet man manchmal scherzweise auf die Frage nach dem Befinden: ›ganz violett‹, was nichts Erfreuliches bedeutet.«[575] Mit Olivgrün und leicht grünlichem Gelb ist dem Pferd ein deutlich vermindertes Energiepotential zugeteilt. Diesem engen Farbakkord hat Kandinsky folgende Wirkung beigemessen: »Wenn man versucht, Gelb (diese typisch warme Farbe) kälter zu machen, so bekommt sie einen grünlichen Ton und verliert sofort an beiden Bewegungen (horizontaler und exzentrischer). Es bekommt dadurch einen etwas kränklichen und übersinnlichen Charakter, wie ein Mensch voll Streben und Energie, welcher durch äußere Zustände in diesem Streben und der Anwendung seiner Energie verhindert wird.«[576]

Die den Betrachter erfassende Spannung basiert weniger auf den formalen Gegebenheiten des Gemäldes, das sich angesichts relativ symmetrischen Aufbaus und strukturell leichter Überschaubarkeit ohne nennenswerten Widerstand den Bedingungen der Ausgewogenheit fügt, vielmehr wird Spannung durch semantische Ambiguität erzeugt, derzufolge man fragen könnte: Wird der rechte Reiter seinen vom Blitzstrahl bedrohten Gefährten rettend die Hand reichen oder, besser, diesen zur Umkehr auf den »rechten« Weg verhelfen oder wird er womöglich selbst noch aufgrund seiner zögernden Fluchtbewegung vom verderbenbringenden Schicksal eingeholt?

Was bezweckt wird, ist die Darstellung eines Ereignisses mit offenem Ausgang, das mittels eines fortgeschrittenen Abstraktionsniveaus auf eine universelle, archetypische und kosmische Dimension transponiert wird.

3. *Komposition IV*

Siehe Abbildung 94, Seite 320

Werner Schmalenbach hat *Komposition IV* als ein »Schlüsselwerk der Kunst des zwanzigsten Jahrhunderts« bezeichnet.[577] Es zählt zu den am häufigsten besprochenen Werken Kandinskys. Kandinsky hat in seinen ›Rückblicken‹ die *Komposition IV* mit einem Analysemodell kommentiert, das er mit »nachträglichem Definieren« (schon im März 1911 verfaßt) umschreibt. Gestützt auf diese authentische und werkspezifische Quelle, glaubte man – im Sinne einer kontrollfähigen Berufungsinstanz – damit für eigene Analyseversuche eine gesicherte Basis gefunden zu

575 Ebda., S. 102 f.

576 Ebda., S. 90

577 Werner Schmalenbach, *Bilder des 20. Jahrhunderts. Die Kunstsammlung Nordrhein-Westfalen, Düsseldorf,.* München 1986, S. 14

haben. Unter den wissenschaftlichen Studien nehmen die Publikationen von Dämmer und Thürlemann eine herausragende Stellung ein. Wie schon erwähnt, unterscheidet sich Dämmers Analysemethode nicht wesentlich von Washton-Longs »hermetisch-ikonographischem« Ansatz. Da sich die Autorin einer informationstheoretischen, induktiven Beschreibungstechnik befleißigt, gelingt ihr lediglich eine am Gegenständlichen haftende Klärung der Bedeutung, wohingegen der transzendierende Wesenssinn (Panofsky) verborgen bleibt. Dessen Aufdeckung ist nur dann gewährleistet, wenn das Kunstwerk – über Panofskys ikonologische Methode hinausgehend – hinsichtlich seiner ganzheitlich dynamischen Intentionalität untersucht wird. Dämmers Leistung besteht darin, daß sie Kandinskys Entwürfe, Skizzen und Schemazeichnungen auf ihre Abweichungen und Übereinstimmungen mit der Endfassung der *Komposition IV* prüft und zu einer kontinuierlichen Werkgenese gelangt.

In Thürlemanns Überlegungen nimmt Kandinskys interpretatives Analysemodell einen besonderen Stellenwert ein. Vordringliches Anliegen der »Neulektüre« von Kandinskys »nachträglichem Definieren« sei es, »zu prüfen, inwieweit Kandinskys Interpretationspraxis einem kohärenten konzeptuellen Rahmen verpflichtet ist«.[578] Dabei beruft er sich auf die semiotische Methode der Pariser Schule, wie sie schon von Jean-Marie Floch in einer eingehenden Analyse von *Komposition IV* angewandt wurde.[579] Laut Floch ist die Hypothese, wonach dem Bild der Status eines bedeutungstragenden Textes zukommt, dann bewiesen, wenn es gelingt, die syntagmatischen Einheiten als ›Ausdrucks‹-Einheiten darzustellen, denen eine Einheit auf der ›Inhalts‹-Ebene zugeordnet werden kann. Wie schon im Falle von Washton-Long bemängelt Thürlemann an Floch den »hermetisch-ikonographischen« Ansatz, zumal sich dieser »vorerst auf die figurativ leichter lesbaren Werke [Kandinskys] bezieht, um die Bedeutung der von ihm isolierten Ausdruckseinheiten zu erfassen«. Im Gegensatz zu Floch vertritt er die These, »daß bereits die syntagmatischen Strukturen als Verbindungen relevanter Ausdruckskategorien gefaßt und ohne Umweg über die figurative Lektüre inhaltlich gedeutet werden können.«[580] Ob Thürlemann diese These anhand von *Komposition IV* ausreichend verifiziert, ist fraglich, zumal er dem übergeordneten »dynamischen Thema« kaum Beachtung schenkt; daran

578 Thürlemann (Anm. 211), S. 90 f.

579 Jean-Marie Floch, ›Kandinsky: sémiotique d'un discours plastique non figuratif‹, in: *Communications* 34 (1981), S. 135 f.

580 Thürlemann (Anm. 211), S. 95 f. Wenn Thürlemann hinsichtlich *Komposition IV* schließlich doch noch zu einem Deutungsresümee findet, dann hat er dies gewiß weniger seinem semiotischen Ansatz als einer kunstwissenschaftlich erprobten Analysemethode zu verdanken.

ändern auch seine Versuche wenig, der »syntagmatischen Bedeutungsdimension« gerecht zu werden. Sein semiotischer Ansatz läuft darauf hinaus, Kandinsky – bezüglich seines kontrastiven Begriffsystems – mangelnde Symmetrie und Kohärenz anzukreiden. Darauf ließe sich ironisch replizieren, daß Kandinsky nichts weniger im Sinn hatte als sich um semiotische »Logistik« zu kümmern. Nichts lag ihm ferner, als seine Gegensatz-Begriffe auf einer symmetrisch stringenten Kategorienebene anzusiedeln. In der Tat ist der Begrifflichkeit des Kontrastpaars »spitze, scharfe Bewegung« und »hell-kalt-süße Farben« semiotisch gesehen nur eingeschränkt Kohärenz zu attestieren. Zum einen vermengen sich hier bildnerische mit psychologischen Kriterien, zum anderen werden unterschiedliche Rezeptionsarten wie Geschmacksinn (»süß«), Tastsinn (»spitz«), Temperaturempfinden (»warm«), Kinästhesie (»Bewegung«) usw. simultan angesprochen. Kandinsky hatte vermutlich eine absichtliche Vermeidung streng symmetrisch aufgelisteter Begriffsgebilde im Sinn. Worauf es ihm ankam, war weniger die Erstellung eines auf jeweiligen Ausgleich bedachten Gegensatz-Begriffsschemas. Vielmehr war er bestrebt, die Begriffsebenen miteinander zu verschränken, um so statischen Kontrastbezeichnungen zu entgehen und statt dessen mittels Interdependenz, Interaktion und Ambivalenz den Bildleser zum Mitvollzug einer Dynamisierung des Spannungsgefüges der Form-, Linien- und Farbelemente aufzufordern. Das Kunstwerk soll nicht als geometrischer Zustand oder – hinsichtlich Kandinskys »nachträglichen Definierens« – als starres Vis à vis kontrastiver, semiotisch »sauberer« Begriffe aufgefaßt werden, sondern als lebendiges Geschehen.

Trotz publizistisch äußerst enger Rahmenbedingungen ist es Schmalenbach – überzeugender als allen übrigen Autoren – gelungen, am Beispiel von *Komposition IV* Kandinskys »reinkünstlerische« (für Kandinsky gleichbedeutend mit »abstrakt«)[581] Intentionen auf den Punkt zu bringen: »Die ›abstrakten‹ Mittel Farbe und Linie haben die Führung übernommen; aber das allzu abstrakte Wort ›abstrakt‹ erreicht diese mit Realität aufgeladenen Farben und Linien kaum. Das ganze Schauspiel ist voller Realität – nicht etwa, weil es da noch eine landschaftliche Staffage und ein reales Geschehen gibt, sondern weil der volle Realitätsgehalt auf die Formmittel übergegangen ist. Ihre Realität heißt ›Ausdruck‹, und insofern sie Ausdruck haben, sind sie mehr als ›abstrakt‹. Da wird ein Berg bedeutungslos gegenüber der Intensität seiner Bläue ... Da liegt die Dramatik in den aufeinander prallenden, einander kreuzenden Linien und nicht im Drama der Schlachtszene, die sie vage bezeichnen. Die abstrakte Kunst wird nicht nur aus einem neuen Formbedürfnis, sondern aus

581 *Der Blaue Reiter* (Anm. 27), S. 148

einem neuen Ausdrucksbedürfnis geboren und gehört in dieser Stunde dem deutschen Expressionismus zu.«[582] Das Gesetz der Stunde lautet also: Ausdruck, und nur auf diesen kommt es an. Gehen wir davon aus, daß Ausdruck eng verwandt ist mit Anschauungsdynamik[583], dann bezieht sich dies primär auf den mit der aktiven Teilnahme des Betrachters rechnenden Künstler und erst in zweiter Linie auf den »deutschen Expressionismus«, von dessen stilistischen Merkmalen sich Kandinskys Werdegang diametral unterscheidet. Daß Kandinskys Bestrebungen die gestalttheoretischen Formulierungen – erinnert sei an Kobberts Definition »Ausdruck bezeichnet die Art und Weise, in der ein Ganzes als lebendig in Erscheinung tritt«[584] – in Praxis und Theorie vorwegnehmen, wurde schon des öfteren betont. Drei Passagen aus ›Punkt und Linie zu Fläche‹ erhellen diesen Sachverhalt, wobei der noch im »nachträglichen Definieren« verwendete Begriff der Bewegung durch jenen der Spannung ersetzt wird. Danach findet »der Inhalt eines Werkes seinen Ausdruck in der Komposition, d.h. in der innerlich organisierten Summe der in diesem Falle notwendigen Spannungen«. Und modifiziert heißt es weiter: »So ist die Komposition nichts weiter als eine exaktgesetzmäßige Organisierung der in Form von Spannungen in den Elementen eingeschlossenen lebendigen Kräfte.« Die Ausdrucksproblematik faßt Kandinsky zusammen: »Die Mitarbeit der Kraft an dem gegebenen Material führt in das Material das Lebendige ein, das sich in Spannungen äußert. Die Spannungen lassen ihrerseits das Innere des Elementes zum Ausdruck kommen.«[585] So gedacht macht »der Ausdruck Kunstwerke zu Aussagen« – ein der Aufdeckung des »Wesensinns« förderlicher Hermeneutik-Ansatz wird manifest, den Arnheim wie folgt erläutert: »Wir definieren Ausdruck als Modi organischen und unorganischen Verhaltens, die sich in der dynamischen Erscheinung von Wahrnehmungsobjekten oder -vorgängen offenbaren. Sie werden metaphorisch verwendet, um eine Unendlichkeit nichtsinnlicher Erscheinungen zu charakterisieren.«[586] Vorausgesetzt der Betrachter begnügt sich nicht mit dem »hermetisch-ikonographischen« Ansatz beziehungsweise mit dem Bestreben, zur Aufdeckung des konkret-vordergründigen Sujets Kandinskys zum Teil schon abstrakte Formensprache rückzuübersetzen –, dann muß er die Ausdrucksqualitäten des Werks aufspüren. Nur diese sind die Mittel, mit denen der Künstler – über den besonderen ikonographischen Anlaß hinaus – Allgemeines mitzuteilen vermag. Daraus wird

582 Schmalenbach (Anm. 577), S. 16
583 Arnheim (Anm. 39), S. 91
584 Kobbert (Anm. 28), S. 90
585 PLF, S. 31, 86 und 100
586 Arnheim (Anm. 88), S. 448

99 *Fragment zu »Komposition IV«*, 1911, Öl auf Leinwand (94,5 x 130 cm), London, Tate Gallery

schlüssig, daß das im Phänogramm des Betrachters aufscheinende dynamische Thema universaler ist als das am statischen Ontogramm fixierte gegenständlich-ikonographische. Unter dem Aspekt des Phänogramms, der organisierten Wirkung sichtbarer Ausdruckskräfte, »verlieren sich die Formen im dynamischen Spiel der Kräfte; und nur dieses Kräftespiel vermittelt die eigentliche Bedeutung eines Werkes«. Dann mag sich jenes Phänomen einstellen, das Arnheim mit dem Schlüsselsatz »gute Form zeigt sich nicht« umschrieben hat.[587] Wenngleich erst im späteren auf den Begriff »Abstraktion« eingegangen wird, so sei angemerkt, daß das auf Ausdruck begründete dynamische Thema nichts weniger als »abstrakt« ist. Die einzelnen Formelemente können zwar an sich abstrakt sein, insofern sie aber visuell-strukturell als interdependent und als Träger von Spannung beziehungsweise Dynamik verstanden werden, sind auch sie semantisch, somit »real«. Es handelt sich um jene Form, die Kandinsky als »die Äußerung des inneren Inhalts« bezeichnet hat.[588]

Komposition IV zählt zu den frühesten Werken von 1911. Ein *Fragment (Kosaken)* war bereits am 13. Januar entstanden.[589] Der besondere

587 Ebda., S. 133
588 ÜGK, S. 69

Rang des Gemäldes beruht nicht darauf, daß es den bis dahin höchsten Abstraktionsgrad aufweist, denn diesbezüglich war Kandinsky bereits in den *Improvisationen 7* und *10* von 1910 und sogar schon in *Berg* von 1909 viel weiter. Auf dem Weg »vom Gegenständlichen zum Abstrakten« scheint die von ihm in ›Über das Geistige‹ ausgesprochene Warnung – wonach »der Künstler mit ausschließlich rein abstrakten Formen heute [noch] nicht auskommen kann. Diese Formen sind ihm zu unpräzis« – noch keineswegs ganz außer Kraft gesetzt.[590] Was dem Werk seinen formal exemplarischen Stellenwert sichert, ist der Versuch, Gegensätzlichkeit und Harmonie darzustellen, ähnlich wie die Gestalttheorie Ausgewogenheit als das »Gleichgewicht der miteinander ringenden Kräfte« definiert. Letzteres in Kandinskys Diktion: »Die Harmonisierung des Ganzen auf der Leinwand ist der Weg, welcher zum Kunstwerk führt.«[591] Und wenn der zeitgenössischen Kunstliteratur ähnliche Theoriebildungen gelungen sind, dann hat dies ausgesprochenen Seltenheitswert. So bemerkt Rudolph Czapek schon 1908 (also etwa drei Jahre vor der Veröffentlichung von ›Über das Geistige‹) – analog zu Kandinskys Kompositionsanschauung – in ›Grundprobleme der Malerei‹: »Das durchgreifende Hauptprinzip der künstlerischen Komposition jedoch bildet der bekannte allgemeine Grundsatz vom harmonisch vermittelten Gegensatz.«[592] Wie dieser zustande kommt, erläutert der gestalttheoretische Satz: »In der Regel ist der Kontrapunkt in einem Bild hierarchisch – d.h. er setzt eine beherrschende Kraft gegen eine untergeordnete. Jede Beziehung ist in sich selbst unausgewogen; zusammen, in der Struktur des ganzen Werkes, gleichen sie sich alle gegenseitig aus.«[593]

Wie schon angedeutet, sieht sich der Betrachter in seiner Auseinandersetzung mit *Komposition IV* in der günstigen Lage, sich von Kandinskys analytischer Methode Anregungen zu holen. Dies allein wird freilich nicht ausreichen, zumal der Künstler in seinem »nachträglichen Definieren« einseitig einer kontrastiven Strategie anhängt und die Bewegungsproblematik vernachlässigt. Erst die Einbeziehung der aus ›Punkt und Linie zu Fläche‹ zusammengestellten Zitate, in denen von Spannungen, lebendigen Kräften und Ausdruck die Rede ist, schafft ein tragfähiges Analysesubstrat. Wenn das Thürlemann außer acht läßt und sich ausschließlich auf Kandinskys »nachträgliches Definieren« bezieht, dann unterscheidet er sich kaum von Flochs Interpretationsansatz. Obwohl er

589 Roethel und Benjamin (Anm. 21), Nr. 367
590 ÜGK, S. 71
591 Ebda., S. 25
592 Rudolph Czapek, *Grundprobleme der Malerei: Ein Buch für Künstler und Lernende*, Leipzig 1908, S. 5
593 Arnheim (Anm. 88), S. 43

dessen Rekurs auf figurative Identifikationen zu Recht kritisiert, kommt auch er über Flochs Auffassung, derzufolge in *Komposition IV* die »Bedeutungsproduktion auf der Gegenüberstellung elementarer bildnerischer Kontraste beruht«, kaum hinaus.[594] Was bei Thürlemann und Dämmer fehlt, ist die Behandlung jener dynamischen Komponente, die als Transmissionsriemen aus Bildteilen ein lebendiges Bildganzes macht. Nicht anders als Floch beschränkt sich Thürlemann in seiner Werkanalyse auf eine Gegenüberstellung kontrastiver Merkmale, wohingegen die Aufdeckung prozessualer Konfigurationen eine unerfüllte Absichtserklärung bleibt. Gestalttheoretisch gedacht: Anstatt in ein dynamisches Phänogramm zu münden, verharrt sein Bildverständnis auf der Ebene eines stationären Ontogramms. Die Vernachlässigung des Bildgeschehen-Charakters führt dann zwangsläufig zu Dämmers eindimensionalem Deutungsresümee, wonach die »Überwindung des Gegensätzlichen das eigentliche Thema« sei. Damit wird das Werk auf statisch-formale Gegebenheiten reduziert. Dann ist *Komposition IV* laut Dämmer nicht viel mehr als ein »Panorama von Gegensätzen. Sie befinden sich in einem subtil ausbalancierten Gleichgewicht – und heben sich gegenseitig auf.«[595]

Aus Gründen der Verfügbarkeit sei Kandinskys in den ›Rückblicken‹ veröffentlichtes Kapitel ›Nachträgliches Definieren‹ einem Analyseversuch von *Komposition IV* vorangestellt:

Nachträgliches Definieren

1. Massen (Gewichtsmassen):
   unten Mitte – Blau (gibt dem Ganzen kalten Klang)
   Farbe
   oben rechts – getrenntes Blau, Rot, Gelb
   oben links – schwarze Linien der Pferde im Knoten
   Linie
   unten rechts – langgezogene Linien der Liegenden

2. Gegensätze der Masse zur Linie,
   des Präzisen zum Verschwommenen,
   des Linienknotens zum Farbenknoten und
   Hauptgegensatz: Spitze, scharfe Bewegung
   (Schlacht)
   zu hell-kalt süßen Farben.

594 Thürlemann (Anm. 211), S. 99
595 Dämmer (Anm. 394), S. 128

3. Überfließungen
   der Farbe über die Konturen.
   Das vollkommene Konturieren nur der Burg wird abgeschwächt durch das Hineinfließen des Himmels über die Kontur.

4. Zwei Zentren:
   1. Linienknoten,
   2. modellierte Spitze des Blau
   sind voneinander durch die zwei senkrechten schwarzen Linien abgeteilt (Spieße). Die ganze Komposition ist sehr hell gemeint mit vielen süßen Farben, die oft ineinander fließen (Auflösungen), auch das Gelb ist kalt. Dieses Hell-Süß-Kalte zum Spitz-Bewegten (Krieg) ist der Hauptgegensatz im Bilde. Hier ist, scheint mir, dieser Gegensatz (im Vergleich mit Komposition 2) noch stärker, aber dafür auch härter (innerlich), deutlicher, was als Vorteil das präzisere Wirken hat und als Nachteil eine zu große Deutlichkeit dieser Präzisität.

Hier liegen zugrunde folgende Elemente:
1. Zusammenklang ruhiger Massen miteinander.
2. Ruhige Bewegung der Teile hauptsächlich nach rechts und nach oben;
3. hauptsächlich spitze Bewegung nach links und nach oben.
4. Der Widerspruch in beiden Richtungen (in der Richtung nach rechts gehen kleinere Formen nach links u. dgl.).
5. Zusammenklang der Massen mit den Linien, die bloßliegen.
6. Gegensatz der verschwommenen Formen zu den konturierten (also Linie als Linie [5] und als Kontur, wo sie auch als Linie mitklingt).
7. Das Überfließen der Farbe über die Grenze der Form.
8. Das Überwiegen des Farbenklanges über den Formklang.
9. Auflösungen.

Floch und Thürlemann beginnen ihre Analyse von *Komposition IV* mit einer Beschreibung der »topologischen Struktur«. Was sie dabei entdecken, ist die Überlagerung eines binären und ternären Schemas beziehungsweise eine kompositionelle Dualität des Diptychon/Triptychon-Prinzips.[596] Zum näheren Verständnis: Während sich das binäre Schema aus der Trennfunktion der rechten der beiden Vertikallinien ergibt, resultiert das Ternäre aus den drei Berg-Zeichen, wobei der mittlere blaue

596 Thürlemann (Anm. 211), S. 103

Berg die breiteste Ausdehnung beansprucht, gleichsam als »Kompositionsriegel« (Arnheim) eine verbindende Funktion erfüllt. Auch die Triptychon-Abschnitte sind in sich kompositionell zweigeteilt.

Obwohl Floch und Thürlemann die triptychale Bildordnung durchaus wahrnehmen, vernachlässigen sie die Deskription des zentralen Motivpaars (Berg/Burg), ganz zu schweigen davon, daß sie auf eine Schilderung von dessen dynamischer Form überhaupt verzichten. Statt dessen wird der Analyse vorrangig das binäre Kompositionsschema zugrundegelegt, somit das Hauptaugenmerk auf die zwischen den beiden Bildhälften bestehenden Gegensätze gelenkt. In der Folge wird, sprunghaft über das mittlere Bildfeld hinwegsetzend, Kontrastives miteinander verglichen und (nach dem Motto der »Überwindung des Gegensätzlichen«) auf Ausgewogenheit hin überprüft. Dies vollzieht sich auf der Basis eines informationstheoretisch statischen Verfahrens, das sich offenkundig durch Kandinskys ebenso kontrastiv aufgelistetes Analysemodell legitimiert sieht. Was der Künstler in ›Punkt und Linie zu Fläche‹ über gerichtete Spannung beziehungsweise Dynamik und das lebendige Ganze ausgesagt hat, wird indes außer acht gelassen.

Das zentrale Berg-Motiv löst wahrscheinlich, sei es wegen der prägnanten Form oder Akzentuierung durch gesättigtes Blau, den ersten Wahrnehmungsimpuls aus. Dies deckt sich mit Kandinskys Analysemodell, das in Punkt 4 mit »modellierte Spitze des Blau« eines von zwei Zentren angibt. Zudem unterstreicht Kandinsky schon unter Punkt 1: »Massen (Gewichtsmassen)« den Bedeutungsgrad des Berg-Motivs mit »unten Mitte – Blau (gibt dem Ganzen kalten Klang)«. Damit geht auch die Gestaltpsychologie konform, derzufolge das Auge zunächst deduktiv nach Zentren Ausschau hält, um von da aus alle weiteren Details zu ergründen. In *Komposition IV* hat der blaue Berg in der Tat eine Schlüsselstellung inne. Als Gleichgewichtszentrum bekundet er nicht nur die »Macht der Mitte« (Arnheim), vielmehr dient er, einer »Relaisstation« gleich, als dynamisches Bindeglied zwischen den Außenteilen des Triptychons. Das eigentliche Thema, heißt es bei Arnheim, sei »das Formmuster, wodurch angezeigt wird, worum es bei dem Kunstwerk geht. Es macht aus der bloßen Zusammenstellung von Formen eine semantische Aussage über das menschliche Daseinserlebnis«, aber nur unter der Voraussetzung, so wäre zu ergänzen, wenn die Bedeutung des Werks »aus dem Wechselspiel zwischen aktivierenden und ausgleichenden Kräften« erschlossen wird.[597]

Wenn der blaue Berg in der Fachliteratur näher beschrieben wird, dann so, als handle es sich um ein axialsymmetrisches Gebilde, weil er

597 Arnheim (Anm. 195), S. 157; Arnheim (Anm. 88), S. 41

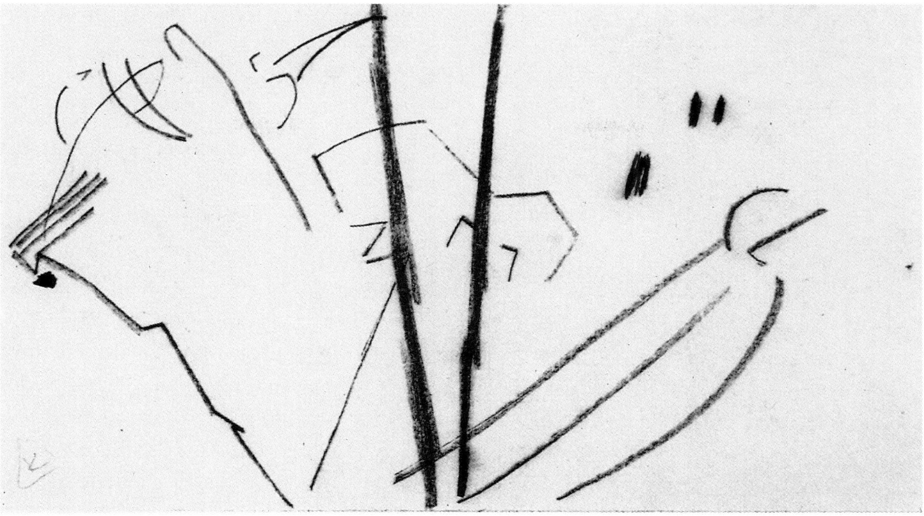

100 *Erste Zeichnung zu »Komposition IV«*, 1911, Bleistift und Kohle auf Papier (10,2 x 20 cm), Paris, Musée National d'Art Moderne, Centre Georges Pompidou

ausschließlich als Ruhepol und die gesamte mittlere Bildzone als »Garant der Ordnung« (der »die beiden seitlichen Flügel mit ihren konträren Sinnefekten auseinanderhält«) betrachtet wird.[598] Nichts weniger als dies ist zutreffend. Das mittlere Bildfeld hält nichts »auseinander«, vielmehr besitzt es Brückenfunktion, die die visuellen Kräfte überwiegend nach rechts streben läßt.

Kandinsky hat anfangs gezögert, dem blauen Berg eine dermaßen dominante Stellung einzuräumen. Denn in seiner *Ersten Zeichnung für Komposition IV* fehlt dieser gänzlich, und im Londoner *Fragment* tritt er nur zur Hälfte in Erscheinung. Kandinskys Überlegungen zielten vorerst auf eine binäre Fassung, ehe er der Triptychon-Konzeption den Vorzug gab. Das Berg-Zeichen entspricht annähernd der Form eines nach rechts gekippten Dreiecks. Da ihm die feste Basis fehlt, sollte man von einem nach rechts oben weisenden Keilgebilde mit abgerundeter Spitze sprechen. Während seine linke Seite einen Steigungswinkel von etwa 45 Grad aufweist, stürzt die rechte jählings nach unten. Nicht nur diese schwankende Schräglage erzeugt gerichtete Spannung. Ähnliches bewirkt der Umstand, daß das »geistige« Blau erst im oberen Drittel der Berg-Metapher deutlich zutage tritt, wohingegen es sich im unteren Drittel im hellen Nebel weißer, gelber, rosa und türkiser Farbschlieren auflöst. Das Keilgebilde gewinnt nach oben zu spürbar an Anschauungsgewicht – wir erinnern uns, daß Kandinsky das dort situierte Blau unter »Gewichtsmassen« subsumiert –, während es nach unten »leichter« wird.

598 Thürlemann (Anm. 211), S. 113

Es handelt sich um ein der Schwerkraft entzogenes Wesen, das bestens geeignet ist, Geistiges zu symbolisieren.

Drei Gestalten haben als »negative Form vor dem blauen Grund des Hügels«[599], wie es Brisch ausdrückt, Stellung bezogen, erkennbar nur an den roten fez-ähnlichen Flecken (vgl. *Araber II*) und zwei lanzenumfassenden Händen; die dritte Figur hält ein Schwert zur Seite. Aufgrund ihrer Bewaffnung handelt es sich zweifelsfrei um Burgwächter. Kandinskys Ansinnen, derlei Restgegenständlichkeit zu verschleiern, war nicht nur bei den Zeitgenossen erfolgreich, auch später tätige Kunsthistoriker stießen hier mitunter an die Grenzen ihres Wahrnehmungsvermögens. So etwa Grohmann, der die beiden Lanzenlinien irrtümlich mit Baumstämmen identifiziert hat.[600] Nicht besser ist es Lassaigne ergangen, der die roten Flecken der Wächtermützen waghalsig als »Dächer eines Dorfes« (eine Erinnerung an Murnau) bezeichnet und daraus Schlüsse zieht, die, trotz falscher Beobachtungsprämisse, zum Teil doch Richtiges an sich haben: »Auf diese Weise wird deutlich, daß eine Spannung zwischen den ursprünglichen ›Eindrücken‹ und dem Willen zur Abstraktion besteht.«[601] Ein Hinweis auf die sichtbaren Merkmale der Wächter: Allem Anschein nach hat hier Kandinsky versucht, mit der Kombination von drei roten (Wächtermützen) und zwei gelben (Hände) Flecken »die umfassende kompositionelle Struktur des Bildes in der Form eines verkleinernden Modells« in Erinnerung zu rufen – in Arnheims Terminologie ein »Mikrothema.«[602] Aus diesem Diminutiv wird schlüssig, daß Kandinsky mit dem Verhältnis drei zu zwei, (dem Übergewicht der roten gegenüber den gelben Flecken), der Kompositionsidee des Triptychons mehr Bedeutung als dem binären Teilungsschema beigemessen hat.

Besondere Aufmerksamkeit gebührt den beiden das Mittelfeld durchkreuzenden und vom oberen wie unteren Bildrand überschnittenen Vertikallinien. Diese als Lanzen zu bezeichnen, ist richtig, aber für das bilddynamische Verständnis vielleicht sogar hinderlich, weil sie als verlaufsgestaltliche Linien selbständig figurieren, somit Prozeßcharakter besitzen. Dabei ist zu unterscheiden: Während die rechte, streng vertikal ausgerichtete Lanzenlinie exakt die Bildachse markiert, ist die andere leicht nach links geneigt, womit der mit seinem Schwert ausgreifende Wächter bekundet, das linke Bilddrittel als seinen Bereich im Auge zu behalten. Dies war ursprünglich anders geplant: In der ersten Entwurfszeichnung neigen sich beide Lanzenlinien nach außen, sie entfalten sich nach oben, und im Verzicht auf die foliierende Bergmasse und auf die

599 Brisch (Anm. 65), S. 240
600 Grohmann (Anm. 14), S. 122
601 Lassaigne (Anm. 121), S. 66
602 Thürlemann (Anm. 211), S. 104

drei Wächter sind sie konstituierend für ein zunächst kontrastiv-binäres Kompositionssystem. Die Distanzierung von diesem Erstentwurf zugunsten eines ternären Systems hatte jene gravierende Bedeutungsänderung zur Folge, die wir als Loslösung vom nur gegensätzlich Harmonisierten hin zu prozessualer Dynamisierung des Bildganzen umschreiben wollen.

Über der blauen Bergkuppe erhebt sich ein mehreckiges Liniengerüst, das auf dem Keilfundament schwankt und mühsam sein Gleichgewicht zu wahren sucht. Im Erstentwurf fehlt ihm jegliche sichernde Unterlage – gegenständlich kaum eruierbar, schwebt es haltlos in der Luft. Daß es sich dabei um eine Burg handelt, verrät lediglich das *Fragment*, in dem das Innere des Liniengerüsts etliche schwarze Schrägstriche – an Schießscharten erinnernd – aufweist. In der Endfassung wird der Binnenbereich des Linienumrisses von graphischen Zeichen freigehalten. Seitlich von zwei Schrägen eingefaßt und nach oben zu – wie vom Höhenzug der Lanzen emporgehoben – durch zwei stumpfwinkelig aufeinanderstoßende Linien begrenzt, vermittelt die Burg einen labilen Eindruck. In ihrer Abkehr von der »Guten Gestalt« gerät sie in Opposition zum Prägnanzstreben des Betrachters – sie wird zu einem wichtigen Spannungsträger des mittleren Bildabschnitts. Zudem ist die Geschlossenheit ihres Umrisses rechts von einem zinnenähnlichen Mauerstück durchbrochen, das die schräge Bewegungsrichtung des blauen Bergkeils aufgreift und nachhaltig nach rechts oben weiterleitet. Ihrer Mauerfüllung beraubt, wird die Festungsanlage transparent und visuell »leichter«. Dergestalt entmaterialisiert, wandelt sie sich zum zeichenhaften Symbol einer »geistigen« Burg. Diese Permutation findet auch in Kandinskys »nachträglichem Definieren« Niederschlag, wo vom »Überfließen der Farbe über die Grenze der Form« die Rede ist und es weiter heißt: »Das vollkommene Konturieren nur der Burg wird abgeschwächt durch das Hineinfließen des Himmels über die Kontur.« Derlei analytische Hinweise, die durch Anmerkungen bezüglich der Gegensätze »der Masse zur Linie«, des »Präzisen zum Verschwommenen« oder des »Zusammenklangs der Massen mit den Linien, die bloßliegen« ergänzt werden, berühren die Autonomie der Farbe wie jene der Linie.

Stellte sich seitens der zeitgenössischen Kritik in bezug auf die selbständige Ausdruckseigenschaft der Farbe ein Gewöhnungseffekt ein, so fand der Autonomieanspruch der Linie ungleich weniger Akzeptanz, was Kandinsky noch Jahre später in ›Punkt und Linie zu Fläche‹ beklagt: »Soweit die abstrakte Kunst von diesen Theoretikern anerkannt wird, beurteilen sie die Verwendung der Linie in der Graphik günstig, in der Malerei aber als ihrer Natur widersprechend, und deshalb als unerlaubt ... Die Linie wird hier als ein ›graphisches‹ Element taxiert, das bei ›malerischen‹ Absichten nicht verwendet werden darf, obwohl ein Wesensunterschied zwischen ›Graphik‹ und ›Malerei‹ nicht gefunden werden kann, und also von den erwähnten Theoretikern nie aufgestellt werden konnte.«[603] Indessen weiß Kandinsky schon in ›Über das Geistige‹ von den Vorteilen des ins Spannungsgefüge der Farbwelt eingebetteten graphischen Elements zu berichten: »Die Form [implizit ist damit auch die formkonstituierende Linie gemeint] allein, als Darstellung des Gegenstandes (realen oder nichtrealen) oder als rein abstrakte Abgrenzung eines Raumes, einer Fläche, kann selbständig existieren. Die Farbe nicht.«[604] Dazu Overys ergänzender Kommentar: »Bei der Farbe geht es in erster Linie um Beziehungen, nicht um einzelne, isolierte Reize.«[605] Zutreffend hat Thürlemann Kandinskys Verfahren mit dem Begriff »malerisch-graphischer Stil« umschrieben und präzisiert: »Die Bezeichnung ›malerisch-graphisch‹ ist für Kandinskys Malstil von 1911 insofern angebracht, als es sich um ein kontrapunktisches Ausspielen der beiden Gestaltungsmodi und nicht um eine eigentliche Synthese handelt ... Auf alle Fälle aber war die kontrapunktische Verwendung von Linie und Fläche ein wichtiges Mittel, mit dessen Hilfe Kandinsky die Gefahr des Dekorativen beim Übergang zur Abstraktion bannen konnte.«[606]

Vom ersten Zentrum, dem blauen Berg, wenden wir uns, Kandinskys Angaben folgend, dem zweiten, dem »Linienknoten« im linken oberen Bildquadranten zu und wechseln von »der Masse zur Linie«. Die »schwarzen Linien der Pferde im Knoten« symbolisieren den Kampf zweier Reiter, der vor fast weißem, durchscheinendem und mithin entstofflichtem Grund in Szene geht – eine wie die »geistige« Burg der Realität enthobene Diaphanie, die das streitende Paar in die raumlose Zeichenwelt versetzt. Daß von den Pferden lediglich die Köpfe und Vorderhände erkennbar sind, fördert das dynamische Hochsteigen. Abgesehen von den vier ineinander verkeilten Vorderhänden, die unentwirrbar verknotet sind, streben alle Linien nach oben. Die Linien gebärden sich als autonome Kräfte, deren Konstitution wie Deutung der figurativen Referenz nicht bedarf. Zum Zweck syntagmatischer Bedeutungsfindung mit Thürlemann den »Linienknoten im Geiste aufzulösen« beziehungsweise die Streitenden fiktiv zu trennen, ist eine analytisch überflüssige Verfahrenshilfe.[607]

Wenn Thürlemann den linken oberen Quadranten als »axialsymmetrisches Organisationsschema« und dessen »Linienspiel als Verschränkung zweier analoger, sich spiegelbildlich gegenüberstehender Konfigu-

603 PLF, S. 126
604 ÜGK, S. 66
605 Overy (Anm. 125), S. 95
606 Thürlemann (Anm. 211), S. 101 und 103
607 Ebda., S. 106

rationen« definiert, beruht dies auf Beobachtungsmangel. Er möchte den Betrachter davon überzeugen, daß die Überwindung des Gegensätzlichen in Harmonie das eigentliche Bildthema sei. Überzeugt von seiner These, resümiert Thürlemann: »Die linke Bildhälfte zeigt einen Prozeß der ›feindlichen Konfrontation, wobei das Element der Ordnung über das Element der Verwirrung dominiert‹«.[608] Die Wahrheit sieht anders aus: Anstatt Ordnung herrscht im Reitergefecht eine heillose Verwirrung. Ein ordnungsstiftendes Gleichgewicht der ringenden Kräfte stellt sich erst in der Überschau des Bildganzen ein, und dieses Ausgewogenheitsprinzip gilt, gestalttheoretisch begründet, ohnedies für jedes Kunstwerk. Pferde und Reiter sind nichts weniger als spiegelsymmetrisch »geordnet«. So überragt das rechte Pferd sein Gegenüber gleich um Haupteslänge. Zudem verfügt sein zugespitzter Kopf über ungleich mehr Stoßkraft als der abgerundete seines Rivalen. Ferner zieht es einen sechsfachen Linienschweif nach sich, der als geballtes Vektorenbündel ein Energiepotential in sich trägt, dem das linke Pferd nichts entgegenzusetzen hat. Schließlich besitzt das rechte Pferd in der parallel zu seiner schrägen Rückenlinie verlaufenden Burgkante eine entsprechende Stütze, die durch eine dreifache gebogene Linienklammer verstärkt wird. Auch sind die Positionen der beiden Reiter so unterschiedlich wie möglich: Während der linke als schwarz/gelbes Zeichen vertikal ausgerichtet ist und mit seinem violetten Schwert direkt auf das Pferd des Gegners einsticht, krümmt dieser seinen Rücken – darin dem Reiter in Kandinskys Bild *Lyrisches* (1911) vergleichbar –, und holt zum Schwertstreich aus. Somit spricht alles für einen siegreichen Ausgang zugunsten des rechten Reiters.

Wenn wir an dieser Stelle die Beschreibung des linken Bilddrittels unterbrechen, so deshalb, um einen kontrollierenden Blick auf Kandinskys Analysemodell zu werfen, in dem vom Gegensatz »des Linienknotens zum Farbenknoten« die Rede ist. Allem Anschein nach bezieht sich letzterer auf das dem linken Reiter zugeordnete deformierte Oval, das in komprimierter Weise getrübte, überwiegend rotbraune Farbwerte auf sich vereinigt (»Palettenschmutz«, wie es Kandinsky nennt). Sollte Thürlemanns Deutung als »Darstellung verbrauchter Kräfte« richtig sein, so wäre dies ein Beweis für die Unterlegenheit der linken Pferd/Reiter-Konfiguration. Unabhängig davon, welchen Ausgang das Gefecht nimmt – gefährlich genug, daß sich darunter eine tiefe, mit bedrohlichen Nadelstrichen übersäte Schlucht öffnet –, nimmt der Linienknoten im Bildganzen eine abgesonderte Position ein: Sinnbild für die chaotischen Verwicklungen einer heillosen materiellen Welt.

608 Ebda., S. 109

Unter dem Linienknoten des Reiterkampfs wölbt sich ein regenbogenartiges Gebilde – alttestamentarisches Zeichen für Hoffnung und göttliche Verheißung.[609] Mit seinem klar geschiedenen Farbdreiklang (Rot, Gelb und Grün/Blau) scheint der Regenbogen zum einen den auf ihn zusteuernden Farbknoten zu entwirren, zum anderen verbindet er den steilen, gezackten Abhang mit dem blauen Berg, wodurch er den Übergang vom linken zum mittleren Bilddrittel herstellt. In vektoraler Übereinstimmung mit der blauen Bergkuppe ist der Kulminationspunkt des Regenbogens nach rechts verschoben, folglich die Bewegungsrichtung des linken Reiters unterstützend. In der Tat kann dieses Motiv, laut Thürlemann, »als Ankündigung des Sieges der ›Ordnung‹ über die ›Verwirrung‹ aufgefaßt werden«[610], zumal es dem dynamischen Konzept der rechten Bildhälfte als Bewegungsauftakt dient. Im weiteren sind alle Bildgegenstände, die Wächter mit ihren Lanzen ausgenommen, in steilen Schrägen auf das Ziel der rechts oben befindlichen Farbsonne ausgerichtet. Es gibt noch eine andere »Sonne«, die, vom Regenbogen überschnitten, mit getrübt gelbem Kern und verschmutzter Aura hinter dem linken blauen Berghang unterzugehen scheint. Als erloschenes Zeichen symbolisiert diese die selbstzerstörerische Hoffnungslosigkeit des menschlich-irdischen Konflikts. Formal wie semantisch ist sie Gegenpol zur expansiven, lebendigen Farbsonne. Dem wird auch kompositionell entsprochen, insofern die beiden Sonnen, gemeinsam mit der linken Begrenzung des blauen Bergs, ziemlich genau auf der nach rechts ansteigenden Bilddiagonalen situiert sind.

Ist im linken Bilddrittel – ausgenommen der bunte Regenbogen – zunächst das achromatisch graphische Element des Linienknotens vorherrschend, so bahnt sich im linken Randbereich des mittleren Abschnitts der Primat der seelischen Vibrationen und inneren Klängen zugänglicheren Farbenwelt an. Dies beginnt am oberen Bildrand, wo buntfarbige Wolkenflecken (in Orange, Blau, Grün und Grüngelb), zum Teil die Burgkonturen unterlaufend, nach rechts voraneilen; den Auftakt setzt ein orangefarbiges Element. Es folgt ein unstrukturiert gesprenkelter Bereich, ehe sich die Farben Rot und Blau um den gelben Sonnenball, gleichsam als doppelter Aurenhof, in konzentrischen Ovalen zu verdichten beginnen. Obwohl Kandinsky in seinem Analysemodell nur zwei Zentren nennt, gibt es Gründe, dieses Fanal als drittes Zentrum anzusprechen, zumal es als »geistiges« Ziel fast alle visuellen Kräfte auf sich lenkt. Unkonturiert hält es die Entscheidung offen, ob es sich formverfestigend zu sammeln oder zu zerfließen anschickt. Weit davon entfernt,

609 Dämmer (Anm. 394), S. 128
610 Thürlemann (Anm. 211), S. 111

was die Gestaltpsychologie als »Gute Gestalt« bezeichnet, erweist es sich als dynamisches, über die Rahmengrenzen der Bildecke hinwegstrebendes, transzendierendes Wesen. Ergebnis ist eine Emanation von kosmischer Tragweite, die als schwer faßbares Zeichen den Betrachter in Spannung versetzt und ihm mitteilt, daß der Zugang zum geistigen Sein erschwert und erst nach der Überwindung des irdischen Seins möglich ist.

Ausgehend von den beiden, exakt diagonal korrelierenden Sonnen und gestützt auf Kandinskys Analysemodell, in dem vom ebenfalls diagonal ausgerichteten Gegensatz zwischen den »schwarzen Linien der Pferde im Knoten (oben links)« und den »langgezogenen Linien der Liegenden (unten rechts)« die Rede ist, beschreibt Thürlemann die Komposition als eine sich überkreuzende, »chiastische Grundstruktur«, auf die sich die Suche nach der syntagmatischen Bedeutungsdimension zu beziehen habe.[611] In Kandinskys erster Entwurfszeichnung gibt er zunächst nur das schräge Gegenüber des Pferd/Reiter-Knotens und der Liegenden an, weiters fügt er im *Fragment* die erloschene Sonne hinzu, und komplettiert erst in der Endfassung diese chiastische Kompositionsordnung mit der Farbsonne.

Die Liegenden bestehen aus drei schrägen, annähernd parallel geführten Linien, wobei die mittlere als beiden gemeinsame Körperkontur fungiert. Es ist visuell unklar, ob sie sich überlagern oder miteinander verschmelzen. Letzteres erscheint naheliegender, da Roethel die Liegenden mittels Querverweis auf verwandte Motive in *Improvisation 25* und *Improvisation 27* als Liebespaar bezeichnet, ein Deutungsversuch, der bezüglich des auch in *Komposition II* rechts unten lagernden Figurenpaars eine zusätzliche Stütze erfährt[612] und dessen Richtigkeit sich in einer Detailstudie zu *Komposition IV*, die den Umarmungsvorgang darstellt, bestätigt. Da das Paar vom unteren Bildrand überschnitten wird, wo es den rechten Basisabschnitt des blauen Bergs verdeckt, kann Dämmers Auffassung, es sei »fest mit der Erde verwurzelt,« nicht unwidersprochen bleiben.[613] Das Gegenteil ist der Fall: Die Liebenden streben, das Gravitationsgesetz überwindend, nach rechts oben und durchstoßen mit ihren Köpfen die horizontale Bildachse. Sie verfügen über genügend Energie, um sich von den terrestrischen Wurzeln zu lösen. Aufgrund ihrer extremen Körperlänge sind sie unmittelbarer als die übrigen Bildgegenstände dem Betrachter nahegerückt. Daß sie die vorderste Raumzone beanspruchen, begründet sich auch empirisch, da die obere der beiden

611 Ebda., S. 107
612 Roethel (Anm. 25), S. 82
613 Dämmer (Anm. 394), S. 127

Figuren nicht nur den Berg, sondern auch die axiale Lanzenlinie überschneidet. Abgesehen von diesem angedeuteten Rekurs auf traditionelle Räumlichkeit gelingt eine dynamische, auch zutiefst semantische Verknüpfung des mittleren mit dem rechten Bilddrittel.

Völlig verfehlt wäre es, die rechte Bildhälfte mit Lassaigne als die »statische« anzusprechen.[614] In Wahrheit ist für das Bildganze, mit Ausnahme der »Reiterschlacht«, ein links/rechts-Bewegungszug zu registrieren, der, mit dem Regenbogen anhebend, ab der axialen Lanzenlinie in ein stringentes Kontinuum übergeht. Zutreffend konstatiert Thürlemann, im Gegensatz zur »Konfrontation und Verwirrung« im Linienknoten, die »Kooperation« als vorherrschendes Gestaltungsprinzip. Das schlägt sich etwa darin nieder, daß die Linienzüge des »Liebespaars« zu den linken Grenzkonturen des blauen und gelben Bergs parallel ausgerichtet sind. Gestalttheoretisch stiftet das insofern Ganzheit, als parallele Flächen und Linien vom Auge gemeinsam erfaßt werden, ganz gleich, wo sie im Bildfeld erscheinen.

Obwohl bei den Liegenden die verlaufsgestaltliche Wirkung der Linienumrisse dominiert, ist auch deren Binnenbereich zu beachten. Dieser wird durch einen hell changierenden Farbnebel bezeichnet, wie er auch für Teile des Himmels und den unteren Abschnitt des blauen Bergs charakteristisch ist. Dies verleiht den Liegenden, so Brisch, einen »geisterhaften Eindruck«.[615] Das Figurenpaar schwebt einerseits vor dem Gelb des rechten, doppelzackig zugespitzten Bergs, andererseits nimmt es von der Basis des mittleren Bergs seinen Ausgang, gleichsam hochgezogen von der begleitenden Zielrichtung des geistigen Blau, dem das große Areal der »typisch irdischen« Farbe Gelb entgegensteht. Auch hier ist ein Verweis auf Kandinskys Analysemodell nützlich, in dem er zunächst vom »Zusammenklang der Massen mit den Linien, die bloßliegen« spricht und nachsetzend bemerkt: »Die ganze Komposition ist sehr hell gemeint mit vielen süßen Farben, die oft ineinander fließen (Auflösungen), auch das Gelb ist kalt. Dieses Hell-Süß-Kalte zum Spitz-Bewegten (Krieg) ist der Hauptgegensatz im Bild.« Da sich Kandinsky hier wie in seinem »nachträglichen Definieren« jeglicher Deutung enthält, sei dazu Stellung genommen: Dem Motiv des »spitz-bewegten« Linienknotens, der die Selbstzerstörung der materiellen Welt symbolisiert, steht rechts als Alternative das versöhnliche Bild der Liebe gegenüber. Als ordnend vermittelnde Relaisstation figurieren dazwischen der blaue Burgberg und die drei Wächter. Mit dem Phänomen des »Hell-Süß-Kalten« appelliert Kandinsky an das synästhetische Rezeptionsvermögen, demzufolge sich

614 Lassaigne (Anm. 121), S. 66
615 Brisch (Anm. 65), S. 241

»Liebe« nur unter Aufwand aller Sinne erschließt. Entgegen Kandinskys Auffassung ist einzuwenden, daß sich die Kälte des Gelb – aufgrund des sich zwischen Blau und Gelb entfaltenden Simultankontrasts (wodurch sich Gelb dem Komplementärwert von Blau, Orange, zuneigt) – sukzessiv in Wärme zu verwandeln scheint. Dieser Sukzession entsprechen die langgestreckten Linienzüge der Liegenden, die in ihrer engen Umarmung auf irdisch-gelbem Grund eine Wegstrecke zu überwinden haben, ehe sie sich aus den Klammern der irdischen Liebe zu befreien vermögen, um sich, dem Horizont nahe, dem geistigen Prinzip einer überirdischen Liebe zuzuwenden. Dort zeigt sich das Fanal der Farbsonne, deren Farbtrias – mithin im Totalitätsanspruch der Farbwelt Kosmisches symbolisierend – bereits im gelben Berg angelegt ist. Analog zu Kandinskys Prinzip, wonach »Kunst der Entwicklung und Verfeinerung der menschlichen Seele dienen muß«, ist auch – in bezug auf die abgestufte Farbsequenz rechts unten – eine Entwicklung mit ähnlichem Ziel zu beobachten.[616]

Hinsichtlich der Liegenden und deren Verhältnis zu den beiden über den Horizont des gelben Bergs aufsteigenden Formen hat Thürlemann von einem »gerichteten Transformationsprozeß« gesprochen. Korrekt beschreibt der Autor die zwei Konfigurationspaare im Sinne einer »identischen parallelen Ordnungsstruktur ... als zwei Erscheinungsformen des gleichen Doppelakteurs«.[617] Was noch wichtiger ist: die beiden Paare gehören in bezug auf ihren Bewegungsablauf zusammen. Aufgrund ihrer verschiedenen Neigungswinkel kommt es zu einem stroboskopischen Effekt, der den Prozeß des »Aufrichtens« veranschaulicht. In diesem auch bildzeitlich deutbaren Kontext nimmt der doppelzackige Berggipfel in seiner gleichlautenden Bewegungsrichtung, einem Mikrothema gleich, eine vermittelnde Stellung ein. Im Gegensatz zur Verschmelzung der »Liebenden« sind den beiden oberen Akteuren fast getrennte Positionen zugewiesen. Während der linke, geschoßförmig gebildet, grün gefärbt ist, ist dem rechten, der mit seinem Knick am oberen Ende an die Kopfhaltung der Liegenden erinnert, Violett zugedacht. Letztere erweist sich als höchst semantisch, zumal der mittels Weiß entmaterialisierte »Kopf« der rechten Gestalt bereits in die Farbsonne eintaucht, somit schon am geistigen Ziel angelangt zu sein scheint. Im übrigen gibt es auch in der *Komposition II*, die Kandinsky in seinem Analysemodell explizit nennt, im rechten Bilddrittel eine semantisch ähnliche Figurendisposition. Dort lagert rechts unten ein wie aus einem Stück bestehendes Paar, das sich, wiewohl viel bedächtiger als jenes in *Komposition IV*, zu erheben anschickt. Ihm antworten rechts oben zwei ebenso abstrakte wie separat

616 ÜGK, S. 134
617 Thürlemann (Anm. 211), S. 111

aufgerichtete Figuren, die, so verrät es der über sie gewölbte Paradiesbaum, sich den Zugang in ein geistiges Sein erhoffen.

Bildnerisch gesehen sind die beiden Doppelfigurationen bemerkenswert, da sich hier Kandinskys Weg zur Abstraktion eindringlich manifestiert. Denn während die Liegenden noch restgegenständlich als »Körper mit menschlichen Köpfen« gelesen werden können, ist das für die oberen Figuren nicht mehr möglich. Obwohl auch Washton-Long zu einem ähnlichen Deutungsergebnis gelangt, wonach sich die Szene – auf vergleichender Basis mit Kandinskys Serie der »Allerheiligen-Bilder« – als »Auferstehung« begreifen läßt, bedarf es dieses Kandinsky intentional ohnedies zuwiderlaufenden, restgegenständlich-literarischen Regresses nicht mehr.[618] Obwohl diese nur einen Aspekt berührende Interpretation korrekt ist, ist sie um den Preis der Vernachlässigung dynamischer, ganzheitlich zu erfassender Phänomene erkauft. Da bleibt vieles ungesagt, was nur die Erläuterung des dynamischen Themas zutage fördern kann. Zum Beispiel die beziehungsstiftende Aufdeckung dynamischer Strukturen, mit deren Hilfe, über die Singularität der Auferstehungsthematik hinausgehend, universale Aussagen zum Sinn des an Zwischentönen so reichen menschlichen Daseins getroffen werden können.

Was alle Analyseversuche zu *Komposition IV* eint, ist das Versäumnis, den dynamisch durchpulsten Geschehenscharakter des Bildes zu erfassen. Verleitet von Kandinskys einseitig antithetischem Analysemodell, erschöpft man sich statt dessen im Pendeleffekt des Kontrastiven, etwa in der sprunghaften Gegenüberstellung von »Konfrontation/Verwirrung« und »Kooperation/Ordnung«. Die mittlere Bildzone würde als »Garant der Ordnung«, meint Thürlemann, »die beiden seitlichen Flügel mit ihren konträren Sinnefekten ›auseinanderhalten‹«. Das tut sie zwar auch, viel mehr aber verbindet sie, als daß sie trennt. Selbst die axiale Lanzenlinie schafft keine »echte« binäre Trennung. Sie beschränkt sich darauf, dem Betrachter ein ordnendes Orientierungsmittel für das dynamische Formen- und Liniengewoge anzubieten. Daraus die warnende Schlußfolgerung: Wer dem Gemälde durch messerschnittartiges Auseinandernehmen des triptychalen oder binären Kompositionsschemas das dynamische Kontinuum nimmt, dem drängt sich die genügsame Interpretation auf, *Komposition IV* als »abstraktes Historiengemälde« (Thürlemann) einzustufen.[619] Noch bedenklicher ist jedoch das Bildverständnis, das bereits in der »Überwindung des Gegensätzlichen« den primären Sinn sieht. Zwar ist es richtig, dem Gemälde, ausgehend von Kandinskys Harmonieprinzip, Ausgewogenheit zu attestieren. Aber dieses Phäno-

618 Washton-Long (Anm. 384), S. 113
619 Thürlemann (Anm. 211), S. 112 f.

men – definierbar als das Gleichgewicht zwischen spannungssteigernden und spannungsvermindernden Kräften – tritt erst im Gestaltganzen in Erscheinung. Wichtiger erscheint indessen, den dahin führenden bildnerischen Prozeß in seinen vielfältigen Wendungen mitzuvollziehen. Dann erst eröffnet sich die Möglichkeit, den universalen Ausdrucksintentionen des Künstlers auf die Spur zu kommen. Die Entdeckung von Ausgewogenheit allein – wie sie von Dämmer mit dem Hinweis, *Komposition IV* thematisiere »den Gegensatz an sich und seine Überführung in Harmonie«, fast zum künstlerischen Selbstzweck erhoben wird – garantiert keine ausreichende Interpretation.

Wie erwähnt, bezeichnet Thürlemann *Komposition IV* als ein Werk, »das sich in die europäische Tradition der Historienmalerei eingliedern läßt«. Spätestens mit dieser Gattungszuweisung wird klar, daß der Autor das dynamische Thema des Werks verkannt hat. Anstatt spezifische Bildzeit zu analysieren, versetzt er es in die historische Zeit. Was zudem übersehen wird, ist der aus spezifischer Räumlichkeit und gerichteten Spannungen resultierende Geschehenscharakter. Diesen visuell »weiterzugestalten«, ist Aufgabe des Rezipienten, der sich analog zur Erfahrung der dynamischen Struktur auch die Frage nach der Bildzeit stellen muß. Dabei erweist es sich als notwendig, nochmals auf die wichtigsten Strukturelemente und Motive einzugehen. Zunächst richtet sich die Perzeption auf den von Kandinsky als erstes Zentrum angesprochenen Linienknoten des Reitergefechts, wo sich angesichts der ineinander verkeilten Vorderhände der Pferde Dynamik in einem Schlußstadium präsentiert, die visuellen Kräfte sich letztlich gegenseitig aufheben. Hinzu kommt, daß das Linienbündel durch helle Farbnebel-Überfließung mit dem Himmelsgrund verschmilzt und zu einem der Räumlichkeit enthobenen Zeichen wird. Raumlosigkeit und abgeschlossene Bewegung sind untrügliche Zeichen für ein erstarrtes Jetzt, das man auch als die »Unzeitlichkeit der Zeitenleere« umschreiben kann.[620] Da sich die Reiterschlacht als einziges Motiv dem sonst im Bild kontinuierlich nach rechts voranstrebenden Zeitfluß entzieht, verfügt sie über eine Autonomie, wie sie noch deutlicher im Londoner *Fragment* manifest wird, wo dieser Linienknoten alles dominiert.

Ähnliches gilt für die *Komposition II* mit ihrem rechten *»Paradies«*-Bilddrittel, das Kandinsky ebenso in einem kompositionell eigenständigen Gemälde festgehalten hat. Diese Autonomie von Bildteilen hat Kandinsky in ›Über das Geistige‹ bestätigt: »Die große Komposition kann selbstverständlich aus kleineren in sich geschlossenen Kompositionen bestehen, die äußerlich sogar feindlich gegenüberstehen, aber doch

620 Theissing (Anm. 19), S. 150

der großen Komposition (und gerade in diesem Falle durch das Feindliche) dienen.«[621] Geht man indes von Kandinskys Analysemodell aus, in dem er den Kontrast zwischen »oben links – schwarze Linien der Pferde im Knoten« und »unten rechts – langgezogene Linien der Liegenden« – hervorhebt, so gewinnt diese Bezugsetzung an syntagmatisch-semantischer Qualität, die auch die ikonographische Zeit in das Blickfeld des Betrachters rückt. Dieser gelangt vielleicht zu der Schlußfolgerung, daß die Liegenden in Schlaf versunken sind oder eben erst erwachen. So könnte man den fernen Pferdeknoten als eine Traumvorstellung deuten, die demnach das Nicht-Mehr eines bereits abgeschlossenen Ereignisses signalisiert. Man sollte daraus schließen, daß die Liegenden in ihrer Exzentrizität den zentralen Bezugspunkt für langgestreckte Retention (Erinnerung) und eher kurzfristige Protention (Erwartung) darstellen.

Dies führt zur Frage nach der Bildzeit, für die vor allem drei Kriterien maßgeblich sind: zum einen die Qualitätsveränderung, zum anderen »die Verzerrung der Gestalten durch Schrägen, welche die dreidimensionale Wahrnehmung mitauslöst [und die] durch ihre Abweichung von der normalen Position jene gerichtete Spannung erzeugt, welche raum- und zeithältig ist.«[622] Schließlich die räumlichen Werte, die nicht nur durch Perspektive, sondern auch durch Interferenzen, Schrägrichtungen und Warm/Kalt-Farbqualitäten zustandekommen. Dies alles ist für die *Komposition IV* zutreffend, in der sämtliche Formen und Linien, die rechte Lanzenlinie ausgenommen, schräg orientiert sind. Auch die räumliche Komponente ist hier aufgrund der zahlreichen Formüberschneidungen als Prämisse für eine Bildzeit-Präsenz zureichend. Das gilt auch, wenn der Betrachter hinsichtlich des ihm inhärenten Einfachheitsstrebens vorerst dazu neigt, das Bildganze aus flächenprojektiver Sicht wahrzunehmen. Hier gilt die Grundregel, daß es ein rein flächenhaftes Bildwerk nicht gibt – denn schon der erste Strich oder Farbfleck auf der Leinwand evoziert jene Räumlichkeit, die Kandinsky als den »undefinierbaren Raum« benennt, wenn das »richtig geübte Auge sich von der materiellen Fläche emanzipiert«. Gelingt dieser visuelle Transformationsprozeß, so hat dies bildzeitliche Konsequenzen: »Die Verwandlung der materiellen Grundfläche in einen undefinierbaren Raum gibt Gelegenheit zur Vergrößerung des Zeitmaßes.«[623] Daß letzteres im rechten Bilddrittel evidenter ist als im Bereich des Linienknotens, garantieren schon die mindestens vier Interferenzstufen, vor allem aber der raumgreifende Effekt des großen Gelb-Feldes.

621 ÜGK, S. 72, Anm. 1
622 Theissing (Anm. 19), S. 192
623 PLF, S. 166 f.

Zusammenfassend läßt sich sagen, daß die Komposition beziehungsweise ihr »Strukturthema« über eine weitausladende »Zeitperspektive« verfügt, dergegenüber die Wahrnehmung gleichgewichtend kontrastiver Elemente ein sekundäres Phänomen darstellt. Die »Zeitperspektive« – »die Spannweite des auf Vergangenheit, Gegenwart und Zukunft bezogenen Bewußtseins«[624] – findet in der Farbsonne, auf welche die meisten Vektoren ausgerichtet sind, ihren materiellen wie geistigen »Fluchtpunkt«. Diesem antwortet als Gegenpol im linken Bilddrittel die erloschen untergehende Sonne – ein vergehendes Nicht-Mehr, das vom Liniengetümmel der von Zeitenleere aufgezehrten Reiterschlacht kündet. Zugleich signalisiert der nach rechts kippende Regenbogen, der das Kolorit der Farbsonne in sich birgt, den »zeitenden« Auftakt zum Mittelfeld. Dort geschieht folgendes: Zum einen sorgen die in Gegenrichtung schräg ausfächernden seitlichen Begrenzungslinien der Burg für eine Verbindung des Zentrums mit den lateralen Bilddritteln, zum anderen manifestiert sich in den beiden Lanzenlinien und den drei Wächtern das binäre und ternäre Kompositionsprinzip. Sodann bewirkt die strenge Vertikale der axialen rechten Lanze jenen vorläufigen zeitlichen Stillstand, mit dem – auf das ausgleichende Hin und Wider der Kräfte verweisend – an die Wechselwirkung zwischen der zugrundeliegenden Ordnung und der Vielfalt an Konflikten erinnert wird. Im Ganzen jedoch herrscht im Zentrum der »fruchtbare Moment«, ein Jetzt, in dem sich Vergangenheit, Gegenwart und Zukunft zusammenschließen. In den nach rechts ausscherenden Motiven der blauen Bergkuppe und der Burgzinne kommt es zur Fortsetzung des Bewegungs- bzw. Zeitstroms, der sich rasch dem protentiven Ziel, dem Erlösungsmotiv der Farbsonne, nähert. Indessen ist dieser geistige Ort für die Liegenden nicht so schnell zu erreichen. Mit ihren langgestreckten, beinahe die gesamte rechte Bildhälfte durchmessenden Linien dokumentieren sie das Noch-Nicht eines längerwährenden Zeitaufwands, wobei Kandinsky betont, daß die jeweilige Länge einer Linie einen jeweils anderen »Zeitbegriff« in sich schließt.[625] Ausgehend vom stroboskopisch und induktiv wahrnehmbaren Transformationsprozeß des Sichaufrichtens, erreichen die Liegenden als monolithisch aufrecht stehendes Paar über dem gelben Berg im »Schon« ihrer neuerrungenen Position das Ziel ihres Strebens, das sie von den Niederungen des Materiellen zum Geistigen gelangen läßt; dort eröffnet sich die »Fülle des Noch und Schon« oder, um mit Bergson zu sprechen, die »wahre Dauer«.[626]

624 Theissing (Anm. 19), S. 6
625 PLF, S.106
626 Theissing (Anm. 19), S. 139

Die Bildzeit-Frage zeigt, daß das Thema von *Komposition IV* erheblich mehr ist als die »Überwindung des Gegensätzlichen« (Dämmer). Sofern sich dem Betrachter die Problematik des kompositionell-strukturellen Gleichgewichts sinnvoll stellt, dann nur unter der Frage, was es denn überhaupt sei, das ins Gleichgewicht gebracht werden soll. Es sei nur auf eine von Arnheims wichtigen Maximen verwiesen, wonach eine »sichtbare Ordnung selten, wenn überhaupt je, nur um ihrer selbst willen existiert, sondern daß sie, wie etwa in Kristallen, [nur] der äußere Eindruck einer inneren Ordnung ist.«[627] Wonach der Betrachter streben sollte, ist in erster Linie die Aufdeckung des dynamischen, auch die Bildzeit-Problematik berührenden Themas und die Erfassung des geeigneten »Strukturthemas« (Arnheim), das den universalen Sinn entschlüsselt. Nur dann – und relativ unabhängig von figurativer Motivik – wird es möglich sein, entsprechend Thürlemanns Grundintention die »autonome Bedeutungsdimension ... direkt über die syntagmatischen Strukturen des Bildes« zu erfahren. Diese Suche nach der syntagmatischen Bedeutung in die Aussage münden zu lassen, *Komposition IV* sei ein »abstraktes Historiengemälde«, wird den Erkenntniswillen des Betrachters allerdings kaum zufriedenstellen.

4. *Der Blaue Reiter*

Wie schon erwähnt, wurde Kandinskys *Komposition V* von der im Dezember 1911 mit der Planung der 3. Ausstellung der NKVM betrauten Jury wegen Überschreitung des Bildformats zurückgewiesen, was den sofortigen Austritt Kandinskys, Münters und Marcs aus der Vereinigung zur Folge hatte. Dieser Eklat hatte sich schon seit langem angekündigt, eigentlich schon im Januar des Jahres, als Kandinsky den Vorsitz der NKVM niederlegte. Schon damals war abzusehen, daß sich Kandinskys künstlerische Bestrebungen mit denen der Mehrheit in der NKVM nicht vereinbaren ließen. Die Distanzierung nahm schon im Juni deutlicher Konturen an, als Kandinsky in einem Brief an Marc – und zwar in bereits unverkennbar sezessionistischer Absicht – folgendes mitteilte: »Nun! ich habe einen neuen Plan. Piper muß Verlag besorgen und wir beide – die Redakteure sein. Eine Art Almanach (Jahres-) mit Reproduktionen und Artikeln und ›Chronik‹!! d.h. Berichte über Ausstellungen – Kritik (...) nur von Künstlern stammend. In dem Buch muß sich das ganze Jahr spiegeln, und eine Kette zur Vergangenheit und ein Strahl in die Zukunft

627 Rudolf Arnheim, *Entropie und Kunst. Ein Versuch über Unordnung und Ordnung*, Köln 1996, S.78

müssen diesem Spiegel das volle Leben geben ... Da bringen wir einen Ägypter neben einem kleinen Zeh [Zeichnungen zweier Münchner Kinder], einen Chinesen neben Rousseau, ein Volksblatt neben Picasso und drgl. noch vielmehr! Allmählich kriegen wir Literaten und Musiker. Das Buch kann ›Die Kette‹ heißen oder auch anders ...«[628] Dieser Plan stieß bei Marc sofort auf Resonanz, und alsbald trafen sich die beiden Künstler in Sindelsdorf, wo sie den attraktiveren Titel ›Der Blaue Reiter‹ aus der Taufe hoben. Im humorvoll anekdotischen Rückblick schildert Kandinsky 1930, wie es zu dieser Namensgebung gekommen war: »Den Namen ›Der Blaue Reiter‹ erfanden wir am Kaffeetisch in der Gartenlaube in Sindelsdorf; beide liebten wir Blau, Marc – Pferde, ich – Reiter. So kam der Name von selbst. Und der märchenhafte Kaffee von Frau Maria Marc mundete uns noch besser.«[629] Vermutlich war für diese Titelinauguration Kandinskys Reminiszenz an sein gleichnamiges Gemälde *Der blaue Reiter* von 1903 ausschlaggebend. Überdies handelt es sich bei der Reiterdarstellung um ein in Kandinskys Œuvre immer wiederkehrendes Motiv, das in den meisten Fällen, bisweilen unterstützt durch die »typisch himmlische« Farbe Blau, die Überwindung des Materiellen durch das Geistige symbolisiert. Auf die Kunst bezogen, versinnbildlicht es den Sieg der Avantgarde über die Tradition. Schon einen Tag nach der Ausjurierung von Kandinskys *Komposition V* und kurz vor der 1. Ausstellung der Redaktion ›Der Blaue Reiter‹, die in der Galerie Thannhauser – parallel zur Exposition der NKVM – ihr Domizil fand, schreibt Marc enthusiastisch an seinen Bruder: »Nun heißt's zu zweit weiterkämpfen! Die ›Redaktion des Blauen Reiters‹ wird jetzt der Ausgangspunkt von neuen Ausstellungen ... Wir werden suchen, das Zentrum der modernen Bewegung zu werden ...«[630]

Für die Edition des Almanach-Projekts konnte der Verleger Reinhard Piper, der Ende 1911 auch Kandinskys Buch ›Über das Geistige in der Kunst‹ herausgegeben hatte, gewonnen werden; der Band wurde im Mai 1912, allerdings unter Verzicht auf die Überschrift ›Almanach‹, ausgeliefert. Die Finanzierung erwies sich als schwierig, zumal der Direktor der Staatlichen Galerien München, Hugo von Tschudi, mit dessen Förderung man gerechnet hatte, schwer erkrankte. Zum Glück erklärte sich Bernhard Koehler, der Onkel August Mackes und Mäzen von Marc, bereit, das Vorhaben zu unterstützen. »Ohne seine hilfreiche Hand«, schreibt Kandinsky, »wäre der ›Blaue Reiter‹ eine schöne Utopie geblieben«. Unbeeindruckt davon, daß der Vertrag mit Piper (28. September

628 *Der Blaue Reiter* (Anm. 494), S. 77
629 *Der Blaue Reiter* (Anm. 27), S. 263
630 *Der Blaue Reiter* (Anm. 494), S. 163

1911) noch ausstand und die finanziellen Probleme keineswegs gelöst waren – erst im Dezember wird sich Koehler entschließen, die gesamten Unkosten zu übernehmen[631] –, ging Kandinsky schon frühzeitig und mit optimistischem Elan an die Textplanung, wovon ein Brief an Marc (1. September 1911) eindrucksvoll Zeugnis gibt: »Ich dagegen habe Hartmann geschrieben, von unserer Union berichtet und ihm den Titel des ›bevollmächtigten Mitarbeiters für Rußland‹ verliehen … Auch an Le Fauconnier schrieb ich … Bei Hartmann habe ich einen Artikel über armenische Musik bestellt und eine musikalische Correspondenz aus Rußland … Schönberg muß über deutsche Musik schreiben. Le Fauconnier muß einen Franzosen besorgen. Musik und Malerei werden schon ordentlich beleuchtet. Etwas Noten sollen auch drin sein. Schönberg hat ja z.B. Lieder. Man könnte eventuell Pechstein auffordern, eine Berliner Correspondenz zu schreiben … wir müssen eben zeigen, daß überall was vorkommt. Theosophen müssen kurz und stark (wenn möglich statistisch) erwähnt werden.«[632] Im Anschluß an diese Rohkonzeption schwoll der Almanach bis zu seiner Edition auf insgesamt 19 Artikel an, manches von der ursprünglichen Ideenskizze wurde indes nicht realisiert. So etwa der angekündigte Beitrag über die Theosophie, was vermuten läßt, daß Kandinskys Begeisterung für diese philosophisch-»religiöse« Bewegung nachgelassen hatte.

Naturgemäß nehmen im Almanach Kandinskys Beiträge eine zentrale Stellung ein. Zahlreiche, schon in ›Über das Geistige‹ niedergeschriebene Gedanken finden im Aufsatz ›Über die Formfrage‹ in komprimierter Form neuerlich Eingang. Neben der Veröffentlichung von ›Der gelbe Klang. Eine Bühnenkomposition‹ gebührt dem Artikel ›Über Bühnenkomposition‹ besondere Beachtung. Ausgehend von einer Kritik an der Oper des 19. Jahrhunderts im allgemeinen (einschließlich Richard Wagners Bühnenwerke), beschäftigt sich Kandinsky hier mit dynamischen Ausdrucksmöglichkeiten synästhetischer Phänomene. »Es sind hier drei Elemente, die zu äußeren Mitteln im inneren Werte dienen: 1. musikalischer Ton und seine Bewegung, 2. körperlich-seelischer Klang und seine Bewegung durch Menschen und Gegenstände ausgedrückt, 3. farbiger Ton und seine Bewegung (eine spezielle Bühnenmöglichkeit). So besteht hier schließlich das Drama aus dem Komplex der inneren Erlebnisse (Seelenvibrationen) des Zuschauers.«[633] Ohne auf die Artikel der übrigen Autoren (Marc, Macke, Burljuk u.a.) einzugehen – dazu haben sich beispielsweise Lankheit eingehend und Paul Vogt[634] in geraff-

631 *Der Blaue Reiter* (Anm. 27), S. 253 f.
632 *Der Blaue Reiter* (Anm. 494), S. 77 f.
633 *Der Blaue Reiter* (Anm. 27), S. 206

ter Form geäußert – sei daran erinnert, welch große Bedeutung Kandinsky im Almanach musikalischen Fragen beigemessen hat. Da ist zunächst L. Sabanejews Aufsatz über ›»Prometheus« von Skrjabin‹, anhand dessen Kandinsky zur Gewißheit wird, was er schon seit langem geahnt hat: die in bezug auf innere Klangvorstellungen zwingende Analogie zwischen Farben und Tönen beziehungsweise Tonarten. Darüber berichtet der Verfasser in einer Schlüsselstelle: »Die Farbensymphonie des Prometheus ruht auf dem Prinzip der korrespondierenden Klänge und Farben, über welche wir schon in der ›Musik‹ gesprochen haben. Jede Tonart hat eine korrespondierende Farbe; jeder Harmoniewechsel hat einen korrespondierenden Farbenwechsel. Dies alles ruht auf der Farbenklangintuition, über welche A. N. Skrjabin verfügt. Im Prometheus ist die Musik von der Farbenharmonie beinahe untrennbar.«[635] Seinen künstlerisch adäquaten Partner findet Kandinsky aber in Arnold Schönberg, dem Schöpfer der atonalen Musik, von dem der Beitrag ›Das Verhältnis zum Text‹ stammt und dessen Notenautograph der Komposition ›Herzgewächse‹ gleichfalls im Almanach erscheint; Kompositionen von Alban Berg und Anton von Webern vervollständigen den aktuellen Stand avantgardistischen Musikschaffens. Die hohe Wertschätzung, die Kandinsky für Schönberg, der sich nebenbei auch als Maler betätigt, empfindet, kam schon in ›Über das Geistige‹ zum Ausdruck: »Schönbergs Musik führt uns in ein neues Reich ein, wo die musikalischen Erlebnisse keine akustischen sind, sondern ›rein seelische‹. Hier beginnt die ›Zukunftsmusik‹.«[636]

Die Liste der 144 nur scheinbar beliebig zusammengestellten Abbildungen umfaßt Werke europäischer wie außereuropäischer Kunst. Im Vordergrund steht die Absicht, zu zeigen, daß es antinaturalistische Kunst schon immer und überall gegeben hat. Dabei ist der Kunstbegriff so flexibel, daß – neben bayerischer Hinterglasmalerei und russischen »Lubkis« (populäre graphische Blätter) – sogar Kinderzeichnungen Aufnahme finden. Die außereuropäische Kunst ist unter anderem mit ägyptischen Schattenspielfiguren, Plastiken aus Mexiko und Kamerun, chinesischen Malereien und japanischen Tuschzeichnungen vertreten. Das europäische Kunstschaffen wird mit Werken von der Antike bis zur Gegenwart dokumentiert. Zum Beispiel finden sich neben einem Mosaik aus San Marco in Venedig und Skulpturen des Mittelalters auch deutsche Holzschnitte aus dem 15. und 16. Jahrhundert. Präsentiert wird weiters ein Gemälde von El Greco, dessen mißachtetes Schaffen dadurch seine

634 Paul Vogt, *Der Blaue Reiter*, Köln 1977, S. 46 f.
635 *Der Blaue Reiter* (Anm. 27), S. 112
636 ÜGK, S. 49

Rehabilitation erfährt. Und zwar schon Jahre zuvor, ehe sich die offizielle Kunstgeschichte mit der stilbegrifflichen Inauguration des Manierismus beziehungsweise der Erkenntnis von El Grecos Vorläuferrolle für den zeitgenössischen Expressionismus zu einem ähnlichen Schritt bereit findet.

Ein beträchtlicher Anteil der Illustrationen dient der Übersicht über die europäische Kunstszene um 1911, beginnend mit den Pionieren der »Moderne«: van Gogh, Cézanne, Gauguin und Rousseau. Es folgen Werke von Kandinsky, Marc, Kubin, Klee, Macke, Kirchner, Heckel, Pechstein, Nolde, Kokoschka, Schönberg, Gontscharowa, Picasso, Delaunay und Matisse, um nur die wichtigsten zu nennen. Wie mit einer dermaßen heterogenen, weit über die Grenzen europäischer Kunst hinausgehenden Werkauswahl umzugehen sei, dies erfährt der Leser aus dem Vorwort der Redaktion: »Wir stehen in der Thür einer der größten Epochen, die die Menschheit bis jetzt erlebt hat, der Epoche des großen Geistigen ... So findet der Leser in unseren Heften Werke, die durch den erwähnten Zusammenhang in einer ›inneren‹ Verwandtschaft miteinander stehen, wenn auch diese Werke äußerlich fremd zueinander erscheinen. Nicht das Werk wird von uns beachtet und notiert, welches eine gewisse anerkannte, orthodoxe äußere Form besitzt, sondern das Werk, welches ein inneres Leben hat, im Zusammenhang mit der großen Wendung stehend. Und das ist natürlich, da wir nicht das Tote, sondern das Lebende wollen ... Es sollte wohl überflüssig sein, speziell zu unterstreichen, daß in unserem Falle das Prinzip des Internationalen das einzig mögliche ist.«[637] Konkrete Ratschläge, welcher geistigen Grundeinstellung es bedarf, um der stilistischen Vielfalt des nur »äußerlich fremd zueinander erscheinenden« Bilderkonvoluts gerecht zu werden, erteilt Kandinsky dem Leser in seinem Artikel ›Über die Formfrage‹: »Wenn der Leser dieses Buches imstande ist, sich seiner Wünsche, seiner Gedanken, seiner Gefühle zeitweise zu entledigen, und dann das Buch durchblättert, von einem Votivbild zu Delaunay übergeht und weiter von einem Cézanne zu einem russischen Volksblatt, von einer Maske zu Picasso, von einem Glasbild zu Kubin usw. usw., so wird seine Seele viele Vibrationen erleben und in das Gebiet der Kunst eintreten. Hier wird er dann nicht ihn empörende Mängel und ärgernde Fehler finden, sondern er wird statt einem Minus ein Plus seelisch erreichen. Und diese Vibrationen und das aus ihnen entsprungene Plus werden eine Seelenbereicherung sein, die durch kein anderes Mittel als durch die Kunst zu erreichen ist. – Später kann der Leser mit dem Künstler zu objektiven Betrachtungen, zur wissenschaftlichen Analyse übergehen. Hier findet er dann, daß diese sämtlichen gebrachten Beispiele einem inneren Rufe gehorchen –

637 *Der Blaue Reiter* (Anm. 494), S. 84 f.

Komposition, daß sie alle auf einer inneren Basis stehen – Konstruktion.«[638]

Daß die konservative Kunstkritik mit solchen Erklärungen ebensowenig wie mit den in der 1. Ausstellung der Redaktion ›Der Blaue Reiter‹ gezeigten Bildern anzufangen wußte, ist kaum verwunderlich. Dabei zählt der Maler Albert Lamm, der 1912 eine Schrift mit dem Titel ›Ultra-Malerei‹ veröffentlicht hat, noch zu den gemäßigten Kritikern. Anders als die meisten seiner in wüste Verbalinjurien verfallenden Kritiker-Kollegen bemüht er sich, trotz mangelnden Grundverständnisses gegenüber den Avantgardisten, einen moderaten und sachlichen Ton anzuschlagen. Dazu einige Sätze aus seiner ›Ultra-Malerei‹: »Wassily Kandinsky dürfte das beste Beispiel für diese Malerei sein, welche bewußt sachlich nichts bringt und nur mit Linien und Farben auf das Gefühl wirken soll. Vor solchen Bildern, die in oft großem Formate wirklich nur farbige Raumvorstellungen mit darin herumfahrenden Linien geben, tritt das Sachlich-Schöne erst recht ein, und die eben unterdrückte Kausalitätsvorstellung beschäftigt den Beschauer mit der Untersuchung, was diese sonderbaren Dinge sein mögen, das kann ganz lustig unterhalten, aber die Gefühlswirkung der hierbei kommenden Einfälle ist stärker als die matte Wirkung der naturlosen Formenwelt ... So geht es auch mit den Gefühlswirkungen der Farben und Linien ...: an sich beweisen sie nur ihren Charakter als Gefühlsträger überhaupt und können in dieser einzigen und leeren Wirkung nur dynamisch abgestimmt werden, besagen aber noch nichts, selbst wenn sie brüllten.«[639] Was sich hier – freilich nur aus kunsttraditionellem Blickwinkel – zunächst als erträgliche Kritik darstellt, schlägt in unverhohlenen Rassismus um, wenn von »halb barbarischen Slawen« gesprochen wird, die durch »ihr Entzücken für die französischen Vorbilder Deutschland hypnotisiert und alle Urteile verwirrt« hätten. Vor allem Kandinsky sei für jene Kunst verantwortlich, »welche mit allen kosmischen Empfindungen bricht, die Natur nicht kennt und das leer gewordene, gegenstandslose Gefühl zu elektrisieren und zugleich über seine Leere zu täuschen weiß, eine Kunst, die vor allem das Gefühl hindert, sich über sich und die Welt noch zu besinnen«.[640] Marc findet gegen solche xenophobischen Tendenzen die einzig richtigen, das heißt ironischen Worte: »Ein starker Wind weht heute die Keime einer neuen Kunst über ganz Europa ... Der Ärger einiger Künstler der deutschen Scholle, daß gerade Westwind geht ... den Ostwind mögen sie

638 *Der Blaue Reiter* (Anm. 27), S. 180 f.

639 Albert Lamm, *Ultra-Malerei. Dürer Bund. 99. Flugschrift zur Ausdruckskultur*, München 1912, S. 15 f.

640 Ebda., S. 4 und 21

auch nicht, denn von Rußland her weht es denselben neuen Samen … der Wind fährt, wohin er will.«[641]

5. *Zum Thema Heiliger Georg und Blauer Reiter*

Für den Almanach das geeignete Umschlagbild zu konzipieren, war für Kandinsky ein höchst persönliches Anliegen, dem er viel Zeit und rastlos experimentierenden Erfindergeist widmete. So fertigte er während des Sommers 1911 insgesamt 11 Entwürfe, ehe er auf die ihn in Format, Form und Motiv (der heilige Georg im Kampf mit dem Drachen, die Königstochter befreiend) befriedigende Lösung stieß. Vorgewarnt durch Kandinskys Abstraktionsbestrebungen und aus Furcht, damit den potentiellen Käufer des Almanachs abzuschrecken, hätte Reinhard Piper die Umschlagbildproduktion eigentlich lieber Franz Marc anvertraut. Seine wenigstens aus der Sicht des kalkulierenden Verlegers verständlichen Bedenken spiegeln sich in einem an Marc gerichteten Brief: »Wegen des Blauen Reiters möchte ich Ihnen noch einen Wunsch ausdrücken, nämlich den, daß der Umschlag des ersten Bandes von Ihnen gezeichnet werden möge, nicht von Kandinsky. Der Holzschnitt von Kandinsky kann ja dann für die zweite Folge bleiben. Wir glauben, daß wir der Publikation durch den Umschlag von Kandinsky den Weg sehr erschweren, auch scheint es mir nicht ganz recht, wenn durch den Umschlag die ganze Publikation so sehr auf Kandinsky festgelegt wird. Wir halten auch den Umschlag mit seiner auf jeden Unbefangenen dilettantisch wirkenden Schrift für wenig praktisch. Der erste Band eines solchen Unternehmens darf nicht unter der Flagge eines Vexierbildes (und so wird dieser Holzschnitt auch auf gutwillige Leute wirken) hinausgehen. Ich glaube, daß wenn Sie eine großzügige, dekorative Zeichnung des Blauen Reiters entwerfen, der Umschlag weit wirksamer sein wird.«[642] Dies wirft ein bezeichnendes Licht auf Pipers Kunstverständnis, das in Kandinskys Umschlagbild nicht mehr als ein »Vexierbild« sieht. Eine für das zeitgenössische Rezeptionsvermögen nicht ganz unverständliche Einschätzung, zumal sich noch heute die Kandinsky-Forschung nicht selten damit begnügt, aus Kandinskys Werken gegenständlich assoziierbare Elemente herauszudestillieren. Den Wunsch des Verlegers nach einer »dekorativen Zeichnung« hätte Kandinsky zurückgewiesen. Denn nichts Schlimmeres konnte ihm passieren, als von der Kritik in die Nähe von »dekorativ« plaziert zu werden.

641 Zitiert nach Becks-Malorny (Anm. 33), S. 81
642 Zitiert nach Gollek (Anm. 490), S. 39

Das Reiter-Motiv hat in Kandinskys Schaffen immer schon eine zentrale Rolle gespielt. Anfangs tritt der Reiter häufig im Ritterkostüm, und zwar im historisch-mythischen Kontext, in Erscheinung. Da sich für die den Reiter umgebende Szenerie so gut wie nie ein literarischer Quellenbezug nachweisen läßt, gewinnt jener schon in den ersten Werkbeispielen an symbolischer Tragweite. Später, seit etwa 1908/09 und im Gemälde *Der blaue Reiter* schon 1903, erhebt er, sei es als Flüchtender oder Suchender, einen universalen Bedeutungsanspruch. Als Flüchtling den Nachstellungen der materiellen Welt oder apokalyptischen Bedrohungen ausgesetzt, begegnet er uns zum Beipiel in *Berg* (1909), *Bild mit Bogenschützen* (1909), *Komposition II* (1910) und *Romantische Landschaft* (1911). Als Geistsucher ist er etwa in *Improvisation 3* (1909), *Der blaue Berg* (1908/09) oder *Improvisation 9* (1910) unterwegs. Mitunter geraten die Reiter, wie in *Improvisation 14* und *Komposition IV*, im Zweikampf aneinander, und bisweilen agieren sie in vernichtender und zugleich geisterneuernder Funktion als apokalyptische Reiter, so etwa in *Komposition I* (1910) und *Improvisation 18* (1911).

Seit dem Beginn des Jahres 1911 überträgt Kandinsky dem Reiter die Rolle des heiligen Georg. Aus einem Verfolgten und Suchenden wird ein siegreicher Streiter, der laut Bericht in der ›Legenda aurea‹ den Drachen tötet und so die Königstochter befreit. Das Bekenntnis zum Heiligen »ist ein Bekenntnis zur christlichen Deutung der Welt als Konflikt von Gut und Böse, eine Parteinahme in dieser Auseinandersetzung für die Sache des Guten, ein Manifest des Glaubens an den endlichen Sieg seiner befreienden Macht«.[643] Symbolisch überhöht, verkörpert der Drache spirituelle Unwissenheit und materielles Denken, Eigenschaften, mit denen auch die Prinzessin gefesselt ist, und die sie erst mit der Überwindung des Ungeheuers zugunsten geistiger Freiheit abstreift.[644] Im Umschlagbild des Almanach gewinnt der Drachentöter noch eine Bedeutungsdimension. Er versinnbildlicht den Sieg der Avantgarde über einen auf Abbildhaftes fixierten Kunsttraditionalismus. Getragen von einem missionarischen Verantwortungsgefühl für diese Avantgarde und erfüllt vom Selbstbewußtsein einer ihm auferlegten Vorkämpferrolle, verkündet Kandinsky im Schlußsatz seiner Schrift ›Über das Geistige in der Kunst‹: »... daß wir schon jetzt die Zeit des zweckmäßigen Schaffens vor uns haben und endlich, daß dieser Geist in der Malerei im organischen direkten Zusammenhang mit dem schon begonnenen Neubau des neuen gei-

643 Johannes Langner, »›Improvisation 13‹. Zur Funktion des Gegenstandes in Kandinskys Abstraktion, in: *Jahrbuch der Staatl. Kunstsammlungen in Baden-Württemberg*, Bd. 14, (1977), S. 130

644 Gollek (Anm. 643), S. 37

stigen Reiches steht. Da dieser Geist die Seele ist der ›Epoche des großen Geistigen‹«.[645]

Innerhalb der ersten Monate des Jahres 1911 entstehen drei große Ölbilder mit Georgsdarstellungen, die sich im Bildaufbau diametral voneinander unterscheiden. Im Sommer greift Kandinsky das Thema des Drachentöters mit drei Hinterglasbildern und elf Aquarellentwürfen neuerlich auf, in der experimentierenden Absicht, für den Farbholzschnitt des Almanach-Umschlagbilds die richtige Lösung zu finden. Für die Ikonographie des heiligen Georg spielt die bayerische Hinterglasmalerei gewiß eine wichtige Rolle. Prägend sind auch Erinnerungen an die Ikonenmalerei Rußlands, wo der Heilige im Rahmen der Ostkirche eine prominente Stellung einnimmt (zum Beispiel ist er Moskaus Schutzpatron). Im Juni fertigt Kandinsky sein erstes St. Georg-Hinterglasbild. Wie Langner nachweist, folgt der Künstler mit dieser Georgsdarstellung einem bestimmten Typus der bayerischen Hinterglasmalerei, wobei sich die Anleihe auf das rein Ikonographische beschränkt.[646] Was das Werk der naiven Volkskunst naturgemäß an Antinaturalismus aufweist, wird von Kandinsky in dynamische Strukturen übertragen und damit – bedingt auch durch die märchenhafte Farbwahl für Glas und Rahmen – zu höchster Ausdruckskraft gesteigert.[647] Spannung wird vor allem dadurch erzeugt, daß Reiter, Pferd und Drache die gesamte Bildfläche füllen und mit allen Bildgrenzen in Konflikt geraten; nur mit Mühe hält der Rahmen dem Expansionsdruck stand. Vornübergebeugt sitzt St. Georg, mit gelbem Helm und Harnisch gerüstet, auf einem blauen, gelbgesprenkelten Pferd, das mit schräg ausgerichteten Vorderhänden seinen Lauf abbremst und mit seinem bis fast zum Boden gesenkten Kopf vehement auf den Bildrahmen stößt. Verursacht durch diesen jähen Aufprall, schnellt der Körper des Tiers schräg nach links oben, ziemlich genau der Bilddiagonalen angepaßt. Rücklings ausholend rammt St. Georg seine Lanze, die der Gegendiagonalen angenähert ist, in den feuerspeienden Schlund des Drachens, der unter dem Druck der Waffe in die linke untere Bildecke gepreßt wird. Der schlangenförmige Leib des Ungeheuers windet sich in mehreren Bögen nach oben, noch gefährlich genug, um mit seiner peitschenden Bewegung Roß und Reiter in Bedrängnis zu bringen. Die Lanze unterlaufend, schlingt sich das türkis gefleckte Gewürm um das Hinterteil des Pferdes, das sich, wie vom übrigen Körper abgetrennt, in der von den Nüstern des Drachens aufsteigenden Rauchspirale verliert. Dies erlaubt eine doppelte Deutung: zum einen eine materielle, die dem Drachen eine immer noch gefährliche Kampfbereitschaft attestiert,

Siehe Abbildung 122, Seite 449

645 ÜGK, S. 143
646 Langner (Anm. 643), S. 125, Abb. 6
647 Hoberg (Anm. 82), Text zu Taf. 56

101 *St. Georg I*, 1911, Öl auf Leinwand (96 x 105 cm), Zürich, Privatsammlung

zum anderen eine spirituelle, die sich daraus ergibt, daß die Kruppe des Pferdes unsichtbar bleibt, folglich – über den Bildrahmen hinausweisend – an eine erlösende Kraft denken läßt, die aus der Himmelsregion herabstürzt und dem Bösen den Garaus macht. Bleibt zu erwähnen, daß Kandinsky mit den Mitteln der »Großen Realistik« imstande ist, sein dynamisches Ausdruckskonzept, das rahmensprengende Bewegung auf engstem Raum verbildlicht, zu verwirklichen.

Wie schon erwähnt, setzt sich Kandinsky schon seit Jahresbeginn mit der Georgsthematik auseinander. Den Anfang macht das Ölbild *St. Georg I*, laut Handkatalog – entgegen der mit 1910 auf dem Gemälde fixierten Datierung – im Januar 1911 entstanden.[648] Im Unterschied zu allen übrigen Fassungen des Themas nimmt der weiße Grund den Großteil der Bildfläche in Anspruch, worin sich ein deutlicher Reflex der Hinterglasmalerei, in der der leergelassene Bildgrund oftmals eine ähnliche Dominanz beansprucht, manifestiert. Hinzu kommt ein Strukturgefüge weit ausholender, schwarzer und im breiten Pinselduktus aufgetragener Linienzüge, die einen eher autonomen als gegenstandsbezeichnenden Charakter aufweisen. Demgegenüber nimmt das Kernmotiv, die Dra-

648 Roethel und Benjamin (Anm. 21), Nr. 362. – Grohmann (Anm. 14), Abb. auf S. 125

chentötung, in seiner Größenreduktion eine untergeordnete, fast episodenhafte Stellung ein. In allen übrigen Versionen des Themas beherrschen Reiter, Pferd und Drache uneingeschränkt die gesamte Bildfläche, und stets treten sie in ihrer monumentalen Erscheinungsform zum Betrachter in räumliche Nähe. Neben einer merklichen Verkleinerung der Zentralgruppe wird in *St. Georg I* räumliche Distanz insofern evoziert, als Pferd und Reiter zur Hälfte von einem in gesamter Bildhöhe schräg herabfließenden Linienzug überschnitten werden. Mit diesem konvergiert eine erst ab der Bildmitte hochgezogene Linie, die sich mit der anderen zu einem keilfömigen, nur andeutungsweise verräumlichten Gebilde schließt, das man – die linienbegrenzten Weiß-Flächen inbegriffen – als riesiges Felsentor, vielleicht sogar als Höhleneingang interpretieren könnte. Im Vergleich mit dieser Linien-Zeichensprache ist der gegenständliche Charakter der Figurengruppe, die inmitten einer total abstrahierten »Landschaft« fast als Fremdkörper erscheint, unübersehbar. Wie im Hinterglasbild *St. Georg I* ist hier dem Zentralthema, nur in reduzierter Erscheinung, ein deutlicher Motivregreß auf die bayerische Volkskunst anzumerken.

Unmittelbar identifizierbar ist St. Georg, der in heftiger Ausfallbewegung mit herabstoßender Lanze den U-förmig sich windenden Drachen attackiert. Steil ragt der Drachenschwanz empor, der wie der Kopf des Ungeheuers mit der gefahrverkündenden Signalfarbe Rot versehen ist. Weniger leicht zu erkennen ist das Pferd, dessen Existenz lediglich anhand der beiden gekrümmten Vorderhände wahrnehmbar ist. Im linken Bilddrittel schwebt vor ebenfalls weißem Grund ein groß dimensionierter Linienumriß, der Assoziationen mit einem auf einer Stange sitzenden Riesenvogel wachruft. Mit seinem oberen Körperdrittel stößt er, ähnlich wie das doppelzackige *Berg*-Motiv dahinter, in den grün-blau-gelben Himmel empor. Das Liniengebilde erfüllt eine ambivalente Funktion: Einerseits wirkt es aufgrund seiner Geschlossenheit simultangestaltlich figurbildend. Andererseits fördert es mit seiner rechten Kontur (die erheblich dicker ausgezogen ist als die linke) deutlich verlaufsgestaltliche, selbständig sich entfaltende Ausdruckstendenzen, wie sie in noch ausgeprägterer Weise am Linienduktus des Felsentor-Zeichens zutage treten. Zusammenfassend: Die autonomen Linienzüge verkörpern, evidenter als in allen vorherigen Bildern Kandinskys, das dynamische Thema. Gemessen an den gewaltigen aufwärtsfahrenden und niederstürzenden Linien, hat alles, was der Betrachter am ikonographischen Thema an Dynamik (die hinunterstechende Lanze und der emporpeitschende Drachenschwanz) wahrnimmt, lediglich präludierende Bedeutung. Worauf es Kandinsky ankommt, ist eine universale Übertragung des figural diminutiven Geschehens in weltumfassende Dimension.

102 *St. Georg II*, 1911, Öl auf Leinwand (107 x 95 cm), St. Petersburg, Russisches Museum

5.1 St. Georg II

Im unmittelbaren Anschluß an die Erstfassung der Georgsthematik entsteht *St. Georg II*, ein Gemälde, das sich in semantischen wie bildnerischen Belangen diametral von jener unterscheidet. Im Gegensatz zum beinahe nebensächlichen Charakter der sich in einer »verschneiten Weltlandschaft« verlierenden Kampfszene nehmen die Protagonisten wie im später entstandenen Hinterglasbild nun eine zentrale Stellung ein. Sie füllen die gesamte Bildfläche, ja mehr noch: Sie geraten an allen vier Seiten mit den Begrenzungen des Gemäldes in Konflikt. Im Gegensatz zur relativen Leere in *St. Georg I* ist die Bildfläche mit dynamischen Motiven und Chiffren dermaßen angereichert, daß sich die Figur-Grund-Problematik erst gar nicht ergibt. An die Stelle der selbständig ausdrucksfähigen Linie tritt die Autonomie der Farbe, die, wie Kandinsky betont, einen direkten Einfluß auf die Seele ausübt, in dieser einen inneren Klang

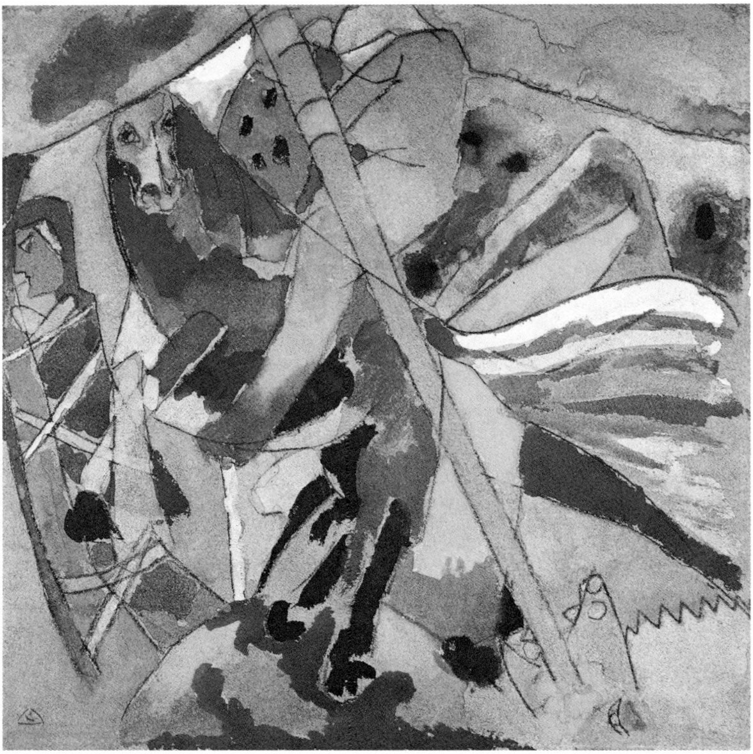

103 *Entwurf zu »St. Georg II«*, 1911, Gouache, Aquarell und schwarze Kreide (28 x 28,2 cm), München, Städt. Galerie im Lenbachhaus

erzeugt. Manche Farben, wie Blau und vor allem Rot, haben eine Leuchtkraft, deren Intensität wiederum mit Kandinskys eminentem Interesse an der Hinterglasmalerei zusammenhängt. Indes gibt es hinsichtlich der St. Georg-Ikonographie gegenüber der entsprechenden Bildtradition der bayerischen Volkskunst eine wichtige Innovation: Schon in Vorausschau auf das Almanach-Umschlagbild tritt erstmalig, dem Motivgut der Ikonenmalerei entlehnt, die gefesselte Königstochter in Erscheinung.

Wie schon zuvor in etlichen Improvisationen – und zweifellos ist *St. Georg II* dem Bildtypus *Improvisation* am ehesten zuzuordnen –, wird das Kombinationsverfahren des »Verschleierten und des Bloßgelegten« eindeutig zugunsten des ersteren entschieden, jener »versteckten Konstruktion, die aus dem Bilde unbemerkt herauskommt und also weniger für das Auge als für die Seele bestimmt ist.«[649] Damit sind die Voraussetzungen gegeben, um ohne Umweg über die figurative Lektüre zur Erkenntnis der syntagmatischen Bedeutungsdimension zu gelangen. Bedingung dafür ist jener auf der Basis des »sehenden Sehens« verlau-

649 ÜGK, S. 129

fende Perzeptionsmodus, der allein sich zur Strukturerfassung als zweckdienlich erweist, und in der Tat: gäbe es für *St. Georg II* nicht auch eine Entwurfskizze (Gouache, Aquarell und schwarze Kreide), stieße ein »wiedererkennendes Sehen« sehr rasch an die Grenzen seiner Perzeptionsmöglichkeit.[650]

Bei einem Analyseversuch erscheint es zweckmäßig, sich an Kandinskys »nachträgliches Definieren« zu erinnern, wo für einen sachgerechten Analyseprozeß vier Hauptmerkmale beziehungsweise Kategorien angeführt werden: Massen (Gewichtsmassen), Gegensätze, Überfließungen und Zentren. Unerheblich für *St. Georg II* ist lediglich der dritte Punkt »Überfließungen«, da hier kaum Konturen vorhanden sind, die mit Farbe »überflossen« werden könnten. Das Hauptzentrum – definiert man Zentrum als Ort, wo mehrere Kräfte konvergieren oder auseinanderstreben – befindet sich in der oberen Bildhälfte, wo die Lanze den Reiter und dieser das Pferd überschneidet, alles exakt um die Bildachse gruppiert. St. Georg – in überwiegend rotbraun getrübten Farben wiedergegeben – stemmt sich schräg nach rechts oben, sein Haupt an den Bildrand gepreßt. Er umfaßt die Lanze, die er in schräger Gegenrichtung quer über die gesamte Bildhöhe in das Drachenmaul rammt, zugleich aber den Eindruck erweckt, als sei er bestrebt, sich mit deren Hilfe von unten abzustoßen, um damit seinen Höhenflug zu beschleunigen. Da ein Bodenbezug überhaupt fehlt, spielt sich das Kampfgeschehen folglich in einer von der Erdoberfläche abgehobenen Sphäre ab. Diese Vorstellung gewinnt an Tragweite, wenn man bemerkt, daß dem Pferd, das in seiner nach hinten zugespitzen Form ohnedies eher an eine Riesenheuschrecke erinnert, die Vorderbeine fehlen. Das in seiner Rückenpartie geradlinig und unten gekurvt begrenzte Pferd ist vorwiegend in dunklem Ultramarinblau, der »typisch geistigen Farbe«, gehalten. In jäher Wendung zeigt es, auf das Ungeheuer herabblickend, sein schreckerfüllt verzerrtes Gesicht.

Die beiden Rot-Zeichen in der rechten Bildhälfte erregen schon beim ersten Bildkontakt Aufmerksamkeit, zumal dieses Zinnoberrot mittels maximalen Sättigungsgrads zu höchster Leuchtkraft gesteigert ist. Zum einen lagert es auf einem trapezoiden Gebilde, das sich, einer verrutschten Satteldecke gleich, um das Hinterteil des Pferdes windet und auf den Drachen herabsinkt, zum anderen kennzeichnet es, in paralleler Richtung zum Oberkörper des Reiters, eine flügelähnliche Form, der sich weiße Farbstreifen hinzugesellen. Wie ein Blick auf den Entwurf bestätigt, erinnert dieses radial ausfächernde Vektorenbündel in der Tat

650 Der Bildträger wurde von Münter rückseitig beschriftet mit: *K. Entwurf zu/St. Georg II.* Barnett (Anm. 329), S. 619, Nr. 381

an Libellenflügel, dazu geeignet, das Pferd mit zusätzlicher Antriebsenergie zu versehen. Das Rot, das sich, umgewandelt in kleinere Karminflecken, auch am Drachen zeigt, erfüllt eine Doppelfunktion: Einerseits steht es als energetisch-irdische Farbe im Gegensatz zum geistigen Blau, andererseits greift es in das Kampfgeschehen ein. Und was Kandinsky in ›Über das Geistige‹ zur Wirkung von zweierlei Rot-Arten bemerkt, könnte sich tatsächlich auf den hier ausgetragenen Konflikt beziehen: »Im mittleren Zustande, wie Zinnober, [ist] Rot ... wie eine gleichmäßig glühende Leidenschaft, eine in sich sichere Kraft ... im kalten Rot (wie Krapplack) dagegen wächst der Eindruck des tieferen Glühens, das schwindende Aktive läßt noch eine Ahnung, ein Erwarten eines neuen energischen Aufglühens zu.«[651] Wenn Kandinsky in seinem Analysemodell für *Komposition IV* von »Massen« spricht und diesem Begriff »Gewichtsmassen« hinzufügt, dann ist eine solche Gewichtsmasse an der roten »Satteldecke« exemplarisch auszumachen. Gestalttheoretisch handelt es sich um das Anschauungsgewicht, um jene »dynamische Kraft, die einem Sehding durch seine Größe, Form, Lage, Auffälligkeit usw. zukommt«, und diese ist in Kandinskys Œuvre vom physikalischen Gewicht zumeist unabhängig.[652] So stellt sich in *St. Georg II* der recht phantastische Eindruck ein, als sei das Pferd im Begriff, mit dem Drachen in seinen »Fängen« davonzufliegen. An diesem Schwebezustand ändert sich wenig, wenn der Künstler dem Pferd, quasi als Vorderbeinersatz, eine weiße vertikale Linie hinzufügt, ähnlich krückenhaft wie in *Impression IV (Gendarme)*, wo diese Linie allerdings in Schwarz gezogen wurde. Beachtenswert ist, daß Kandinsky dem »weißen Strahl«, wie er in doppelter Form am Pferderücken zwischen den beiden Rot-Elementen aufscheint, auch eine ikonographische, hermeneutische Bedeutung beimißt. Darüber schreibt er in seinem Almanach-Aufsatz ›Über die Formfrage‹: »Das ist das Positive, das Schaffende. Das ist das Gute. ›Der weiße befruchtende Strahl‹. Dieser weiße Strahl führt zur Evolution, zur Erhöhung. So ist hinter der Materie, in der Materie der schaffende Geist verborgen. Das Verhüllen des Geistes in der Materie ist oft so dicht, daß es im allgemeinen wenig Menschen gibt, die den Geist hindurchsehen können.«[653]

Mit dem Rot-Element und der parallel dazu verlaufenden, in dunkel getrübten Farben fleckenhaft wiedergegebenen Form, die sich nur durch Vergleich mit dem Entwurf als Bereich der hinteren Pferdebeine zu erkennen gibt, stellt Kandinsky eine direkte Verbindung mit dem Dra-

651 ÜGK, S. 100
652 Arnheim (Anm. 195), S. 238
653 Kandinsky, *Über die Formfrage* (*Der Blaue Reiter*, Anm. 27), S. 132

chen her. Dieser ist mit Mühe wahrzunehmen, identifizierbar nur in logischer Assoziation mit dem Lanzenstich und dem von der rechten unteren Bildecke aufwärtszüngelnden und an Drachenzähne erinnernden Zackengebilde; schon in *Berg* von 1909 hat dieses Motiv im inhaltlich analogen Kontext eine bedrohliche Rolle gespielt. Im Vergleich zur konsistenten Form des Pferdes gleicht der vom unteren Bildrand angeschnittene Drachenkörper einer amorphen Masse. Von St. Georg bereits besiegt, scheint er sich in dumpfe, abgedunkelte Farbflecken aufzulösen; er verflüchtigt sich gleichsam in »verschmierte Auflösungen«, wie Kandinsky diese prozessuale Farbproduktionsweise später in seiner Analyse von *Bild mit weißem Rand* benannt hat.[654] Nur der braun/hellblau gefärbte Drachenschwanz ist genauer auszunehmen. Parallel zum Vorderkörper des Pferdes ist er im großen Bogen nach links oben aufgerichtet. Dort befindet sich die Königstochter, mit weißlichen Kreuzbändern an den Drachenschwanz gefesselt. Nahe an das Pferd gerückt, dessen Erlösung verheißendes Blau mit der Farbe ihrer Kleidung korrespondiert, wird sie vom Fuß des Reiters behutsam berührt. Auch der Umstand, daß sich bereits einige Fesseln von ihr lösen, bekundet ihre unmittelbar bevorstehende Befreiung.

Um auf die örtliche Bestimmbarkeit der Szene zurückzukommen: In mindestens zwei Bereichen – vor allem seitlich des rot akzentuierten, Pferd und Drachen verbindenden Gebildes – machen sich hell changierende Farben bemerkbar; mit Kandinsky könnte man von hell »verschmierten Auflösungen« sprechen. Unter dem Aspekt eines sphärischen, knapp an den oberen Bildrand hochgezogenen Horizonts erinnern diese an Durchblicke auf eine weit unter der Kampfszene wahrnehmbare Erdoberfläche, womit sich der Eindruck eines in stratosphärische Höhen versetzten Geschehens festigt. Obwohl die letzte Entscheidung zugunsten der Abstraktion noch aussteht, manifestiert sich Kandinskys universales Werkverständnis, demzufolge, wie es in den ›Rückblicken‹ heißt, »jedes Werk technisch so entsteht, wie der Kosmos entstand – durch Katastrophen ... Werkschöpfung ist Weltschöpfung.«[655]

5.2 *St. Georg III*

Mit *St. Georg III* schließt die Gemälde-Serie der Georgsdarstellungen. Nachhaltiger als in den beiden anderen Versionen des Themas ist Kandinsky hier bestrebt, Gegenständliches zu verschlüsseln, ja mehr noch: den um die Sammlung von Daten bemühten Betrachter mit ironisierenden Zutaten irrezuführen. Obwohl klar sein sollte, daß der strukturell-

Siehe Abbildung 123, Seite 450

654 *Rückblicke*, S. 44
655 Ebda., S. 24

syntagmatische Forminhalt wichtiger ist als der figurativ-literarische Sachinhalt, sei der Versuch unternommen, in die Rolle des am »wiedererkennenden Sehen« haftenden Betrachters zu schlüpfen, um zu prüfen, inwieweit dieser mit Kandinskys Verwirrspiel umzugehen vermag. Es sollte evident werden, daß es neben der gewiß unentbehrlichen figurativen Lektüre noch etwas anderes gibt: die Notwendigkeit, mittels »sehenden Sehens« dem strukturellen Beziehungsganzen und damit dem dynamischen Thema auf die Spur zu kommen.

Was auffällt, ist die Verlagerung des Zentrums an den linken Bildrand, wo der Kampf zwischen St. Georg und dem Drachen in Szene geht – eine von der kompositionellen Tradition des Bildthemas abweichende Gestaltungsidee. Zudem befinden sich dort die einzigen, gegenständlich wahrnehmbaren Motive, so etwa in der oberen Ecke St. Georgs weißer Kopf mit rot erhitzter Wange. Der Spielraum des Heiligen ist dermaßen beengt, daß seine kleinen Ärmchen Mühe haben mit der Lanze zurechtzukommen. Empirisch betrachtet, steckt hinter der Lanze, die senkrecht in den Drachenschlund sticht, nicht viel Energie, gäbe es nicht die wild zuckende Peitschenlinie, die bis zum oberen Lanzenende reicht, um dort den Druck der Waffe erheblich zu verstärken. Gut erkennbar ist der in Rosa gehaltene riesige Drachenkopf in der unteren Bildecke, dessen Wange (eigentlich unpassend für die Kennzeichnung des Bösen) ein großer blauer Fleck markiert. Wie zur Hälfte der Heilige, der übrigens stehend dargestellt wird, ist auch der Drachenleib in Weiß wiedergegeben. Dieser verfließt konsistenzlos nach rechts, identifizierbar ist er lediglich aufgrund seiner blauschwarzen Punktierung. Die hellblaue mützenähnliche Kegelform am Hals des Drachen hinzugenommen, erinnert dessen Körper an ein weißes, mit Knöpfen versehenes Pierrot-Kostüm. Zu Weiß bemerkt Kandinsky in ›Über das Geistige‹, es sei wie ein Symbol einer Welt, wo alle Farben als materielle Eigenschaften und Substanzen verschwunden sind: »... Es klingt innerlich wie ein Nichtklang, was manchen Pausen in der Musik ziemlich entspricht ... Es ist ein Nichts, welches vor dem Anfang, vor der Geburt ist. So klang vielleicht die Erde zu den weißen Zeiten der Eisperiode«.[656] Letzteres ist eine Charakterisierung von Weiß, die sich idealtypisch auf die weiße Landschaftsöde in *St. Georg I* beziehen läßt. In *St. Georg III* ist hingegen eine freundliche, pastellartige Farbgebung vorherrschend, die lediglich durch die schwarzen, kräftig ausgezogenen Linienbahnen relativiert wird. Laut Grohmann »hat das Bild nichts Grausiges, die Farben sind wie Frühling, viel Rosa, Rot, Hellgrün, Blau und Weiß«.[657] Was man indes an Kolorit

656 ÜGK, S. 96

657 Grohmann (Anm. 14), S. 110

registriert, erinnert an ein bei Kandinsky nicht selten auftretendes Phänomen: einen die Dramatik des dämonischen Geschehens farblich verfremdenden Überraschungseffekt.

Auf der Suche nach dem Pferd stößt ein nur an Gegenstandsidentifikation interessierter Blick vollends ins Leere. Anstatt als geschlossene Form wie in *St. Georg II* begegnet dem Betrachter nur noch die Bewegungsspur eines Pferdes, jene schon erwähnte, vielfach ihre Richtung ändernde schwarze Linie, die zusammen mit der Lanze – als rein autonome, prozessuale Verlaufsgestalt – den dynamischen Hauptakzent ins Bild setzt. Hier beginnen sich Kandinskys Verschleierungsbemühungen so richtig zu entfalten. Visuelle Fehlbeobachtungen können sich einstellen, wie etwa bei Hoberg, die den Drachenschwanz »hoch über das ganze Bild« schlagen sieht.[658] Mit einem Wort: Die schwarze Bewegungsspur des Pferdes wird mit dem Drachenschwanz verwechselt. Nur Kopf- und Halslinie des Pferdes sind leicht auszumachen. Für Verwirrung sorgt dann dessen doppelbögige Rückenlinie, da in seiner kräftigen Konturenklammer unterschiedlich gekurvte Zeichen auf hellem und geflecktem Farbgrund eingebettet sind. Schon bei flüchtiger Vororientierung dürfte der Betrachter dieses blühende Farbenbouquet mit seinen nervös bewegten graphischen Chiffren bemerkt haben, Anlaß genug, diesen Bildabschnitt als zweites Zentrum zu registrieren. Wie steht es aber mit der Interpretation dieser konzentrisch wirbelnden Zeichenansammlung? Eichner hat dazu einen interessanten, gar nicht so abwegigen Deutungsvorschlag gemacht. Ausgehend von der nasenähnlich markant hervorstoßenden, grün-rot-weißen Form und den beiden an Augen erinnernden schwarzen Häkchen, meint er ein in den Schweifbogen des Pferdes interpoliertes »gesichtsähnliches freches Gebilde« wahrzunehmen.[659] Ist diese Deutung zutreffend, dann blickt dieses »Gesicht« spöttisch auf den Drachenkopf, ja mehr noch: Dann handelt es sich hier überhaupt um eine Persiflage auf den sonst in der Kunst stets ernst genommenen Drachenkampf des heiligen Georg. Für diese These sprechen mehrere Faktoren wie die befremdlich blühende Farbgebung, das schwächliche Männchen, das als St. Georg unbeholfen mit seiner Lanze im Gebiß des Drachens herumstochert, oder das im Pierrot-Kostüm wiedergegebene Ungeheuer. Verwundert nimmt man zur Kenntnis: Kandinsky, der sonst immer höchst seriös über das menschliche Dasein auf dem Scheideweg zwischen dem Geistigen und Materiellen zu berichten weiß, ist mitunter auch bereit, sich über die sonst von ihm streng beachteten Auflagen eines religiösen Themas ironisch hinwegzusetzen; kurz: Kandinsky hat

658 Hoberg (Anm. 82), Text zu Taf. 39
659 Eichner (Anm. 141), S. 137

auch Humor. Hat man einmal Grohmanns witzigen Fund akzeptiert, geht die Fahndung nach szenisch verfremdenden Formenmetaphern munter weiter. So glaubt man unter der Rückenlinie des Pferdes ein in Inkarnatstönen gemaltes, auf die Stirn der skurrilen Maske geheftetes Gebilde zu entdecken, das frappant an einen Schenkel mit weiblichem Gesäß erinnert – gar nicht so überaschend, wenn man im weiteren oberhalb des Pferderückens auf die gleichfalls verschlüsselte, allerdings in monumentale Dimensionen transformierte Königstochter stößt. Ihr Kopf – auf rötlichem Hals und im Profil dargestellt – ist gleich neben der Halskontur des Pferdes plaziert. Ein blauer Fleck kennzeichnet das Auge, mit dem Blauakzent am Drachenkopf korrespondierend. Von der dicken Pferdekontur spaltet sich eine dünnere Linie ab, die einen großen Bogen schlägt, um dann wiederum schräg zum rechten Bildrand abzufallen. Unschwer ist daraus die Form eines Busens zu ersehen, der in seiner übersteigerten Größenordnung, wenigstens auf den ersten Blick, eher an ein Bergmassiv erinnert. Die erotische Komponente verstärkt sich noch, wenn man in der Bauchpartie die von einem Weißschleier übergangene Rotorangemenge ins Auge faßt, woraus sich ein Effekt ergibt, den Kandinsky als »das innere Kochen in unklarer Form« charakterisiert.[660] Beachtet man das Busenmotiv aus syntagmatischer Sicht, so drückt sich darin eine gewaltige dynamische Kraft aus, deren vektorale Richtung nach rechts oben ausbricht und das übrige Geschehen hinter sich läßt.

5.3 Das Umschlagbild des Almanachs ›Der Blaue Reiter‹

Im Sommer 1911 beginnt sich Kandinsky mit dem Problem des Almanach-Umschlagbildes auseinanderzusetzen. Er fertigt insgesamt elf Aquarellentwürfe, von denen neun lediglich das Reitermotiv zeigen, das in ein jeweils modifiziertes Form- und Farbbezugssystem eingebunden ist. Andeutungsweise im zehnten Aquarellentwurf und vollends im Hinterglasbild *St. Georg II*, das motivisch weitgehend mit dem endgültigen Entwurf (11. Aquarell) übereinstimmt, kehrt er zur Georgsthematik mit Pferd, Drache und Königstochter zurück. Überblickt man die elf Aquarelle, so zeichnet sich ein Entwicklungsprozeß ab, wie dies Vivian Barnett im Münchner Katalog von 1995 durch eine entsprechende Reihenfolge der Entwürfe zutreffend dokumentiert hat. Da sich die Verfasserin aber jeglichen Kommentars enthält, sei dieser bildnerisch wie ikonographisch gleichermaßen interessante Entwicklungsprozeß in Grundzügen dargelegt.[661]

Siehe Abbildung 124, Seite 451

Im blau gerahmten Entwurf 1 steigt von unten ein rötlicher Sonnenball auf, umgeben von einer rosa und weißen Aura, der ein blauer, von

660 *Rückblicke,* S. 44

104 *Entwurf (2) für den Umschlag des Almanachs,* 1911, Aquarell und Bleistift (28 x 21,7 cm), München, Städt. Galerie im Lenbachhaus

105 *Entwurf (3) für den Umschlag des Almanachs,* Aquarell, Tusche und Bleistift (27,7 x 21,8 cm), München, Städt. Galerie im Lenbachhaus

strahlenförmigen Zacken durchdrungener Bogen folgt. Darauf steht unbewegt ein weißes Pferd, dessen grüner Reiter ein blaues Tuch durch die Lüfte schwingt. Pferd und Reiter sind von einer roten Aura überhöht, die den Bogenschwung der blauen wiederholt. Das Ganze ist mit seinem leuchtend bunten Kolorit der Hinterglasmalerei verpflichtet, mit seinem streng axialsymmetrischen Aufbau den Gesetzen von Zeit und Raum weitgehend enthoben; nur die beiden großen Bögen bringen eine nach oben gerichtete Spannung ins Spiel. Zu beachten sind das weiße Pferd und das blaue Tuch, beides für die meisten Aquarellentwürfe bemerkenswerte Kennzeichen und überdies höchst symbolisch gedacht. Weiß ist für Kandinsky ein »Schweigen, welches nicht tot ist, sondern voller Möglichkeiten. Das Weiß klingt wie Schweigen, welches plötzlich verstanden werden kann« und ähnlich wie die Kunst der »Epoche des großen Geistigen« bald zu verstehen sein wird, jene Kunst der Avantgarde, die der Reiter mit seinem blauen Banner anzukündigen scheint. Die ruhige, denkmalhaft starre Haltung von Pferd und Reiter hat zeichenhaft-emblematischen Charakter – signifikant die in acht Entwürfen wahrnehmbare Aurenbildung, die eine geistige Nähe zur Theosophie signalisiert und

661 Die Numerierung der Entwürfe richtet sich nach der von Barnett festgelegten Reihenfolge der im Katalog *Das bunte Leben* abgebildeten Aquarelle. Barnett (Anm. 329), Abb. 407–415. – Kenneth C. Lindsay, ›The Genesis and Meaning of the Cover Design for the First Blauer Reiter Exhibition Catalogue‹, in: *The Art Bulletin, 35,* New York 1953, S. 47 f.

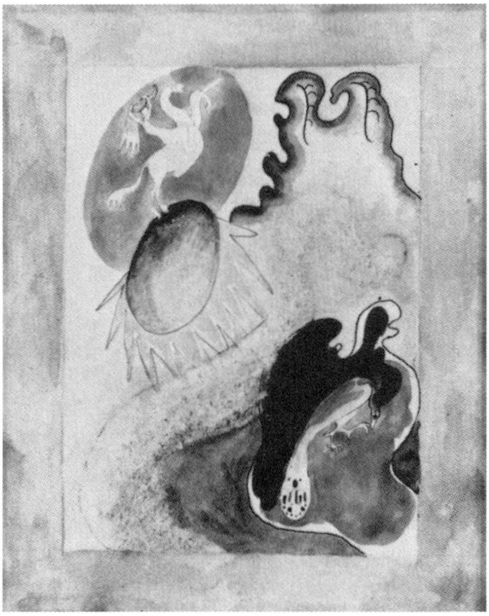

106 *Entwurf (4) für den Umschlag des Almanachs,* 1911, Aquarell, Tusche und Bleistift (27,8 x 21,8 cm), München, Städt. Galerie im Lenbachhaus

107 *Entwurf (5) für den Umschlag des Almanachs,* 1911, Aquarell, Tusche und Bleistift (27,7 x 21,8 cm), München, Städt. Galerie im Lenbachhaus

daran erinnert, daß Kandinsky im Almanach zunächst auch an die Veröffentlichung eines theosophischen Artikels gedacht hatte, ehe er diesen Plan verwarf.

In den nächsten beiden Aquarellen wird die Symmetrie ein wenig abgeschwächt, wiewohl der Reiter seine zentrale Stellung beibehält. Beide Male ist dieser auf dem schwebend dahinsprengende Pferd in eine ovale Aura gehüllt. Eine Bewegung hebt an, die auch die darunter befindlichen, an Meereswogen erinnernden Wellenlinien erfaßt. Die Frage, in welcher Funktion der fliegende Reiter unterwegs ist, kann vielleicht eine von Franz Marc im Januar 1912 für den Subskriptionsprospekt des Almanachs verfaßte Textpassage beantworten. »Die Kunst geht heute Wege, von denen unsere Väter sich nichts träumen ließen; man steht vor den neuen Werken wie im Traum und hört die apokalyptischen Reiter in den Lüften; man fühlt eine künstlerische Spannung über ganz Europa, – überall winken neue Künstler sich zu.«[662]

In den Entwürfen 4 und 5 wird der symmetrische Aufbau endgültig beseitigt, was sich darin zeigt, daß die aurenumgebenen Reiter an die obere Bildperipherie wandern. Man könnte sagen: Was sich zuvor noch in emblematischer Zuständlichkeit geäußert hat, gewinnt an Spannung und Dynamik. Auch der Gegenstandsbezug wird zugunsten einer dynamisch-syntagmatischen Thematik gelockert, ein Trend, der sich in den

662 Lankheit, *Der Blaue Reiter* (Anm. 27), S. 318

Enwürfen 6 und 7 fortsetzt, wo sich die bislang konsistente Form der Reiteraura aufzulösen beginnt und Motive wie etwa Wasserwellen und Sonne nur noch assoziativ erfaßt werden können; damit geht freilich ein Plus an universaler Ausdrucksmöglichkeit einher. Aus zunächst unverkennbaren Wasserwogen wird unversehens eine von unten bis zum Reiter sich hochschlängelnde Wellenlinie, die nahtlos in das blaue Banner übergeht, und dessen Bewegung durch langes vorbereitendes Ausholen unterstützt. Bemerkenswert ist das weiße Pferd, das umrißlos wie eine entstofflichte Negativform in die rote Aura eingelassen ist – der einzig wesentliche Unterschied zwischen Entwurf 6 und 7; im letzteren ist das Pferd wiederum mit klaren Konturen versehen. In der rechten oberen Bildecke nähert sich dem blauen Banner das Segment einer gleichfarbigen Sonne, das als geistiges Zeichen dem Sektor eines weißen, von schwarzen Meteoriteneinschlägen übersäten, mithin toten Planeten gegenübertritt. Dieses erloschene Gestirn wird vom Pferd attackiert, vermutlich in der Absicht, seinem Reiter symbolisch den Sieg über das Materielle und damit zugleich über den konventionellen Kunstbetrieb zu ermöglichen. Unterstützt wird dieser Vorgang vom neuen Motiv des links unten plazierten »geistigen« Dreiecks, das sich bei genauerem Hinsehen als Segel eines auf blauem Gewässer in schief gefährdeter Lage manövrierenden Bootes entpuppt. Damit greift Kandinsky auf ein Motiv zurück, das er – in ähnlicher Form, indes viel größer dimensioniert – bereits in *Improvisation 11* (1910) erprobt hat.

108 *Entwurf (6) für den Umschlag des Almanachs*, 1911, Aquarell, Deckweiß, Tusche und Bleistift (27,7 x 21,9 cm), München, Städt. Galerie im Lenbachhaus

109 *Entwurf (7) für den Umschlag des Almanachs*, 1911, Aquarell, Tusche und Bleistift (27,7 x 21,9 cm), München, Städt. Galerie im Lenbachhaus

110 *Entwurf (8) für den Umschlag des Almanachs*, 1911, Aquarell, Tusche und Bleistift (30,6 x 23,9 cm), München, Städt. Galerie im Lenbachhaus

Entwurf 8 unterscheidet sich vor allem hinsichtlich seines enormen Abstraktionsschubs von den übrigen Aquarellen der Entwurfsserie. Erst auf den zweiten Blick vermag der Betrachter das »versteckte« Pferd/Reiter-Motiv zu entschleiern. Einem unbewegten Embryo gleich verbirgt sich dieses im Blau einer kugelförmigen und an einem Stengel hängenden Aura, darin gleichsam schwimmend und lediglich an seinen schwarzen Konturen erkennbar. Das zunächst nur virulent vorhandene Geistige will sozusagen erst geboren werden, oder das vorerst knospenhaft verschlossene Blau wird sich erst entfalten, um vielleicht zu jener Blüte zu gelangen, die sich bereits an den geöffneten Blättern einer über die Aura gebeugten Riesenpflanze offenbart.

Im Entwurf 9 entfällt die Darstellung auratischer Schutzeinrichtungen. Statt dessen fliegt das Pferd, in seinem extrem gestreckten Lauf mit dem Gemälde *Lyrisches* (1911) vergleichbar, auf einheitlich gelbem Grund ungehemmt in Schrägrichtung zum Himmel. Darunter versinkt Landschaftliches – wie in *Lyrisches* anhand eines kleinen Nadelbaums identifizierbar. Im blau/weißen Entwurf 10 nähert sich Kandinsky inhaltlich bereits der Endfassung des Zweifarben-Holzschnitts. Eine Dominanz linearer Elemente steigert auch den Abstraktionsgrad, ausreichend, um den thematischen Sachverhalt zum Teil zu »verstecken«. So läßt sich vermuten, daß es sich bei dem schwarzen, völlig abstrakten Gebilde rechts unten um einen Drachen handelt, vor dem das Pferd verängstigt

hochsteigt. Deutet man weiters die lange Schräglinie als Lanze, von deren Spitze eine angelschnurähnliche Linie – den basiliskenförmigen Drachen hermetisch abriegelnd – schräg nach unten führt, so ist es wohl nicht verfehlt, hier von einer Rückkehr Kandinskys zur Georgsthematik zu sprechen.

Für das Hinterglasbild *(St. Georg II)*, den der Schlußfassung schon sehr nahekommenden 11. Entwurf, wählt Kandinsky das Hochformat, dadurch präjudiziert, daß im endgültigen Holzschnitt-Entwurf das linke Bilddrittel für die Titelbeschriftung des Almanachs freizuhalten war. Damit änderten sich auch die bildnerischen Bedingungen, insofern dieser Szene der Drachentötung eine zwar hohe, aber äußerst beengte Bildfläche zur Verfügung stand. Indes weiß Kandinsky die Vorteile des Hochformats in zweifacher Hinsicht zu nutzen: Zum einen bietet es die Möglichkeit, mittels des vorgegebenen Höhenzugs die visuellen Gewichte von den Fesseln der Erdanziehung zu befreien, zum andern wird das hierarchische Verhältnis von Gut und Böse im Sinne des Oben und Unten in zwei Etagen betont. In der oberen Bildhälfte sitzt St. Georg mit Schild und merkwürdigem gefiederten Kopfputz auf dem hochsteigenden Pferd; unten versucht der salamanderförmige Drache sich gegen den Lanzenstich zur Wehr zu setzen. Wie schon zuvor im Hinterglasbild *St. Georg I* richtet er seinen geschuppten Schwanz nach oben bis knapp an den Kopf des Heiligen. Rechts unten wartet die Königstochter,

111 *Entwurf (9) für den Umschlag des Almanachs*, 1911, Aquarell, Gouache und Tusche (29 x 21 cm), Paris, Musée National d'Art Moderne, Centre Georges Pompidou

112 *Entwurf (10) für den Umschlag des Almanachs*, 1911, Aquarell, Tusche und Bleistift (27,7 x 22,1 cm), München, Städt. Galerie im Lenbachhaus

113 *St. Georg II*, 1911, Hinterglasbild (33,7 x 18,4 cm), München, Städt. Galerie im Lenbachhaus

114 *Holzschnitt für den Almanach »Der Blaue Reiter«*, 1911, Farbholzschnitt (27,9 x 21,1 cm), München, Städt. Galerie im Lenbachhaus

wie im Gemälde *St. Georg II* an einen Baumstamm gefesselt, auf ihre Befreiung.

Etliche Details dieses Hinterglas-Entwurfs tauchen in der Holzschnitt-Endfassung nicht mehr auf: Die Lanze, der Baumstamm und der Drachenoberkörper mit Kopf und Armen sind mehr zu erahnen als zu identifizieren. Was noch mehr ins Gewicht fällt, ist die unterschiedliche Farbgebung, gepaart mit einer ebenso verschiedenen Figur/Grund-Behandlung. Während im Hinterglasbild die Farbe Grün so vorherrscht, daß sich Figur und Grund fast nicht mehr voneinander abheben, basiert der Holzschnitt auf dem ausgewogenen Farb- und Helldunkelkontrast von Blau und Weiß. Trotzdem sind Figur und Grund nicht ohne weiteres auseinanderzuhalten, zumal das Blau häufig die Begrenzungen des figurenbezeichnenden Linienmusters überschreitet und Weiß vice versa in die Figuren eindringt – bewußt eingesetzte Verunklärungen, die dem dynamischen Thema gegenüber dem Gegenständlichen den Vorrang ermöglichen, mithin dem universalen Wesen, der Kraft des Spirituellen, zugute kommen. In Kandinskys ›Über die Formfrage‹ lesen wir folgendes: »Der innere Inhalt des Werkes kann entweder einem oder dem anderen von zwei Vorgängen gehören ... Diese zwei Vorgänge sind:

1. Das Zersetzen des seelenlos-materiellen Lebens des 19. Jahrhunderts, d.h. das Fallen der für einzig fest gehaltenen Stützen des Materiellen, das Zerfallen und Sichauflösen der einzelnen Teile.
2. Das Aufbauen des seelisch-geistigen Lebens des 20. Jahrhunderts, welches wir miterleben und welches sich schon jetzt in starken, ausdrucksvollen und bestimmenden Formen manifestiert und verkörpert.«[663]

6. Eschatologie und Auferstehung
Von der Großen Realistik zur Großen Abstraktion

Im Sommer 1911 malt Kandinsky drei Bilder mit dem Titel *Allerheiligen:* ein Hinterglasbild und zwei Ölgemälde. Ausgehend von einer ungewöhnlich ausgeprägten Gegenständlichkeit, schafft er die ikonographischen Voraussetzungen für jene eschatologische Thematik, die ihn während der nächsten beiden Schaffensjahre beschäftigen wird. Es entsteht eine Gemäldeserie, anhand derer sich ein sukzessiver Reduktions- und Verschlüsselungsprozeß des Gegenständlichen ablesen läßt, der von den sehr konkreten »Allerheiligen«-Motiven seinen Ausgang nimmt, um schließlich in radikale Abstraktion zu münden.

Mit neu aufkommendem Interesse an religiösen Themen und einer eingehenden Beschäftigung mit Heiligenviten[664] vollzieht sich in Kandinsky eine geistige Wendung. Endzeitvorstellungen und Sehnsüchte nach einer »Epoche des großen Geistigen« halten sich die Waage. Dabei besinnt sich Kandinsky seiner religiösen Wurzeln in der Ostkirche, die dem Fest von Allerheiligen im Vergleich zur römisch-katholischen Kirche seit jeher eine größere Bedeutung beigemessen hat. Für das inhaltliche Verständnis der »Allerheiligen«-Bilder ist es wissenswert, daß die orthodoxe Liturgie während der Messe an Allerheiligen auch die Lesung der Johannes-Offenbarung vorschreibt. Davon inspiriert, »verbindet Kandinsky hier die Darstellung von Heiligen und Märtyrern mit dem Gedanken der Erlösung«.[665] Daß dabei den überwiegend östlichen Heiligen gelegentlich katholische zur Seite treten, ist vermutlich als Zugeständnis Kandinskys an seine zweite künstlerische Heimat Bayern zu werten.

663 Kandinsky, *Über die Formfrage* (*Der Blaue Reiter*, Anm. 27), S. 181
664 Ringbom (Anm. 550), S. 153
665 Roethel (Anm. 25), S. 76

Die Serie der Auferstehungsbilder beginnt mit dem Hinterglasbild *Allerheiligen I* (Frühsommer 1911), dem ein Aquarell als Entwurf vorangeht. Angeregt durch die bayerische und russische Volkskunst, besticht das Bild durch seine Gegenstandsnähe, deren erfrischende Naivität fast an Kinderzeichnungen erinnert. Es beweist, welche Bedeutung Kandinsky der unverbildeten Kinderhand zugebilligt hat, zudem ist es ein signifikantes Beispiel für Kandinskys bildnerische Toleranzspannweite, derzufolge gegenständliche Werke der »Großen Realistik« neben Werken der »Großen Abstraktion« ihre gleichwertige Existenzberechtigung haben; daß hier »Realistik« indes nichts mit »Abbildhaftem« gemeinsam hat, erläutert Kandinsky in ›Über die Formfrage‹ ausführlich. Er bemerkt zunächst: »Die vom Geiste aus der Vorratskammer der Materie herausgerissenen Verkörperungsformen lassen sich leicht zwischen zwei Pole ordnen. Diese zwei Pole sind: 1. die große Abstraktion, 2. die große Realistik. Diese zwei Pole eröffnen ›zwei Wege‹, die schließlich ›zu einem Ziel‹ führen. Zwischen diesen zwei Polen liegen viele Kombinationen der verschiedenen Zusammenklänge des Abstrakten mit dem Realen. Diese beiden Elemente waren in der Kunst immer vorhanden, wobei sie als das ›Reinkünstlerische‹ und das ›Gegenständliche‹ zu bezeichnen waren. Das erste drückte sich im zweiten aus, wobei das zweite dem ersten diente. Es war ein verschiedenartiges Balancieren, welches scheinbar im Gleichgewicht den Höhepunkt des Idealen zu erreichen suchte. Und es scheint, daß man heute in diesem Ideal kein Ziel mehr findet, daß der die Schalen der Waage haltende Hebel verschwunden ist und daß beide Schalen als selbständige, voneinander unabhängige Einheiten ihre Existenzen getrennt zu führen beabsichtigen. Und auch in diesem Zerbrechen der idealen Waage sieht man ›Anarchistisches‹. Dem angenehmen Ergänzen des Abstrakten durch das Gegenständliche und umgekehrt hat die Kunst scheinbar ein Ende bereitet.«[666] Was Kandinsky unter dem Begriff »Große Realistik« versteht, führt er aus: »Die erwähnte, erst keimende große Realistik ist ein Streben, aus dem Bilde das äußerlich Künstlerische zu vertreiben und den Inhalt des Werkes durch einfache (›unkünstlerische‹) Wiedergabe des einfachen harten Gegenstandes zu verkörpern. Die in dieser Art aufgefaßte und im Bilde fixierte äußere Hülse des Gegenstandes und das gleichzeitige Streichen der gewohnten aufdringlichen Schönheit entblößen am sichersten den inneren Klang des Dinges. Gerade durch diese Hülse bei diesem Reduzieren des ›Künstlerischen‹ auf das Minimum klingt die Seele des Gegenstandes am stärksten heraus, da die äußere wohlschmeckende Schönheit nicht mehr ablenken kann ... Das zum Minimum gebrachte ›Künstlerische‹ muß hier als das

666 Kandinsky, *Über die Formfrage* (*Der Blaue Reiter*, Anm. 27), S. 147 f.

am stärksten wirkende Abstrakte erkannt werden ... Der unaufhaltsame Drang von heute, das rein Kompositionelle zu offenbaren, die künftigen Gesetze unserer großen Epoche zu entschleiern, ist die Kraft, die die Künstler auf verschiedenen Wegen zu einem Ziele zu streben zwingt.«[667] Das führt zur Schlußfolgerung, daß für die Evokation innerer Klangvorstellungen – im Rahmen gegenständlicher Werke – die Eliminierung des »äußerlich Künstlerischen« (Perspektive, Naturalistik u.a.) bzw. die Reduktion des »Künstlerischen auf das Minimum« zugunsten des »Reinkünstlerischen« oder »Kompositionellen« eine zur Erkenntnis des »am stärksten wirkenden Abstrakten« unabdingbare Voraussetzung ist. Letzteres bedeutet nichts anderes als die notwendige Transformation des vorwiegend als äußerer Anlaß dienlichen Gegenstandskonzepts auf das dynamische (= strukturelle) Thema, anhand dessen Universales darstellbar wird. Ein Prozeß, für den der Künstler die Richtlinien vorgibt und der sich erst im Perzeptionsmechanismus des Betrachters vollzieht.

Die »wohlschmeckende Schönheit« des Gegenstands durch Vereinfachung abzuschütteln und dann »gereinigt« in ein kompositionell dynamisiertes Spannungs- und Relationsgefüge zu integrieren, scheint Kandinsky zu meinen, wenn er über die »Wurzel der neuen großen Realistik« schreibt: »Die vollkommen und ausschließlich einfach gegebene äußere Hülse des Dinges ist schon eine Absonderung des Dinges vom Praktisch-Zweckmäßigen und das Herausklingen des Inneren. Henri Rousseau, der als Vater dieser Realistik zu bezeichnen ist, hat mit einer einfachen und überzeugenden Gestik den Weg gezeigt.«[668] Und nochmals zum Gegenständlichen: »Das starke abstrakte Klingen der körperlichen Form verlangt nicht durchaus die Zerstörung des Gegenständlichen. Daß es auch hier keine allgemeine Regel gibt, sehen wir im Bilde von Marc (›Der Stier‹). Es kann also der Gegenstand den inneren und den äußeren Klang vollkommen behalten, und dabei können seine einzelnen Teile zu selbständig klingenden abstrakten Formen sich verwandeln und also einen gesamten abstrakten Hauptklang verursachen.«[669] Daraus folgert Kandinsky, »daß es also im Prinzip ›gar keine Bedeutung‹ hat, ›ob eine reale oder abstrakte Form vom Künstler gebraucht wird. Da beide Formen innerlich gleich sind‹.« Die Wahl muß dem Künstler überlassen werden, welcher selbst am besten wissen muß, durch welches Mittel er am klarsten den Inhalt seiner Kunst materialisieren kann. Abstrakt gesagt: »es gibt keine Frage der Form im Prinzip«, oder wie es in Arnheims wahrnehmungspsychologischer Diktion heißt: »Gute Form zeigt sich nicht.«[670]

667 Ebda., S. 154 und 172
668 Ebda., S. 172
669 Ebda., S. 180
670 Ebda., S. 162

Nur selten, wie in *Allerheiligen I* und *II*, in mehreren Hinterglasbildern und dann 1912 mit *Dame in Moskau*, hat sich Kandinsky im Gestaltungsmodus der »Großen Realistik« ausgedrückt.[671] Nie wurde in der Forschung versucht, diesen Werken hinsichtlich Kandinskys Kriterien des »Reinkünstlerischen« beziehungsweise »Kompositionellen« gerecht zu werden. Vor allem die *Allerheiligen*-Bilder werden – im Gegensatz zu Kandinskys Intentionen – stets nach »äußerlich künstlerischen« beziehungsweise »praktisch-zweckmäßigen« Gesichtspunkten untersucht, so, als handle es sich dabei um naiv gegenständlich-»realistische« Darstellungen, nur dazu dienlich, als ikonographische Anhaltspunkte für die Aufdeckung von Restgegenständlichkeit in den künftigen *Kompositionen* zu fungieren. Exemplarisch dafür Dämmers akribisches Bemühen, in den *Allerheiligen*-Bildern jeden Gegenstand und Heiligen – ohne auch nur in Ansätzen die kompositorischen Relationen zu beachten – penibel zu katalogisieren, um sodann zu prüfen, inwieweit sich diese in den semiabstrakten oder völlig abstrakten *Kompositionen* als restgegenständliche Phänomene aufspüren lassen. Besonders drastisch wirkt sich dies in bezug auf das Hinterglasbild *Allerheiligen I* aus, in dem Heilige und sonstige Gegenstände »wiedererkannt« und relationslos addiert werden, mithin sich ein Analyseergebnis einstellt, das keinen Schritt über das informationstheoretische Wahrnehmungsschema eines Ontogramms hinausreicht. Was dabei auf der Strecke bleibt, ist das nur mittels »sehenden Sehens« erfahrbare Phänogramm, das sich gestalttheoretisch als »organisierte Wirkung sichbarer Ausdruckskräfte« (Arnheim) definieren läßt.

Um Kandinskys Vorstellung von »Realistik«, die selbstverständlich etwas anderes ist als man allgemein unter Realismus versteht, gerecht zu werden, bedarf es einer spezifischen Seheinstellung, die das Erfassen bedeutsamer Strukturmuster ermöglicht, »Struktur« freilich verstanden als eine »Anordnung von Kräften zum Unterschied von einer bloßen undynamischen Anordnung von Formen«. Ob »Große Realistik« oder »Große Abstraktion«, in beiden Fällen gilt Arnheims Maxime, die auch von Kandinsky, dem künstlerischen Pionier der Gestaltpsychologie, stammen könnte: »Alles Wahrnehmen beruht auf Dynamik und nicht auf den toten Formen an sich, denn [diese] existieren für die Wahrnehmung überhaupt nicht.«[672] Zwar ist es korrekt, sich vorerst auf der Basis des »wiedererkennenden Sehens« und ikonographischer Forschung um eine möglichst lückenlose Identifikation der Bildgegenständlichkeit zu bemühen – so fordert etwa auch Langner, daß »die Identifikation des

671 Schreier (Anm. 38), S. 71
672 Arnheim (Anm. 88), S. 221

Abbildlichen soweit (getrieben) werden (müßte), wie sich irgend sichern läßt«.[673] Zugleich muß Klarheit darüber bestehen, daß danach die eigentliche Wahrnehmungsarbeit mit Zielrichtung auf das dynamisch-strukturelle Thema überhaupt erst richtig beginnt, stets notwendig vom methodologischen Leitgedanken getragen, das »fertige Muster zusammen mit den Wechselbeziehungen seiner Teile als eine Ganzheit« zu sehen.[674] Zudem gilt auch für die »Große Realistik« – vielleicht noch mehr als für die »Große Abstraktion« – Kandinskys Satz: »Die Form ist der materielle Ausdruck des abstrakten Inhalts.«

6.1 Allerheiligen I

Siehe Abbildung 125, Seite 452

In *Allerheiligen I* fällt zunächst der große Koloritreichtum ins Gewicht, geprägt durch hochgradige Farbsättigung, extreme Farbkontrastbeziehungen und eine konturenbetonte Gegenständlichkeit. Diese Merkmale sind für die Technik der Hinterglasmalerei generell kennzeichnend. Indes unterscheidet sich das Werk von dieser volkstümlichen Bildgattung durch seine anspruchsvolle kompositionelle Machart, die vom Betrachter mehr verlangt als additives Bilderlesen. Als Gestaltungsprämissen fungieren die Widersprüchlichkeit der figuralen beziehungsweise gegenständlichen Größenverhältnisse und die Suspendierung räumlicher Logik. Phänomene, denen sich zahllose Interferenzen, eine weitgehende Eliminierung orthogonal ausgerichteter Vektoren sowie eine bisweilen krasse Gegenstandsdeformation als gewichtige Spannungsträger hinzugesellen.

Inhaltlich gesehen zeigt das Hinterglasbild eine Kompilation dreier ikonologischer Aspekte. Zum einen verkündet links oben ein Engel mit Posaunenschall das Jüngste Gericht, dem links unten, wie das Wellenmotiv beweist, die Sintflut vorangeht. Zum anderen haben sich zahlreiche Heilige und Märtyrer zum Fest Allerheiligen versammelt, ihrer Auferstehung entgegensehend. Die meisten ikonographischen Details geklärt zu haben, ist zweifellos Dämmers Hauptverdienst; was die Autorin allerdings weitgehend schuldig bleibt, ist eine interdependente Bezugsetzung ihrer Einzelbeobachtungen.[675] In fiktiven Worten Kandinskys mag dies bedeuten: Die Analyse bleibt in der Identifikation des Gegenständlichen, sozusagen im »Praktisch-Zweckmäßigen«, stecken – vom »Geistig-Zweckmäßigen«, dem dynamisch-strukturellen Thema, wird nichts verlautet. Daß Kandinsky sein Hinterglasbild besonders geschätzt hat, zeigt sowohl die Tatsache, daß er es auf der ersten Ausstellung des ›Blauen

673 Langner (Anm. 643), S. 116
674 Arnheim (Anm. 88), S. 434
675 Dämmer (Anm. 394), S. 158 f.

Reiters‹ präsentiert hat, als auch sein Bestreben, das Werk mittels einer Aquarellstudie *(Entwurf zu ›Allerheiligen I‹)* gewissenhaft vorzubereiten [676]; zudem hat Münter die Rückseite des Hinterglasbilds mit »unverkäuflich« beschriftet. [677] Demzufolge ist es erforderlich, den für ein gegenständliches Werk der »Großen Realistik« gegenüber einem abstrahierten vielleicht noch wichtigeren gestalttheoretischen Analyseansatz, der sich ja auch in Kandinskys Leitgedanken: »Die Harmonisierung des Ganzen auf der Leinwand ist der Weg, der zum Kunstwerk führt« [678] widerspiegelt, in Erinnerung zu rufen. Operativ gedacht heißt dies: »Alle Kunstwerke müssen ›von oben‹ betrachtet werden, d.h., zuerst muß ihr Gesamtaufbau erfaßt weden«, denn: »Merkmale der Gesamtstruktur sind die primären Erfahrungswerte der Wahrnehmung.« [679] Dahinter steckt das Sehgesetz der »Einfachheit«, das Kurt Badt »als das einsichtige Ordnen der Mittel aufgrund der Kenntnis des Wesentlichen, dem alles sich unterzuordnen hat« definiert. [680]

Eine erste, tachistoskopische Begegnung mit dem Werk führt zur Beobachtung, daß die »Allerheiligen«-Szene von drei peripheren Zentren umklammert wird: links oben vom Engel des Jüngsten Gerichts, rechts oben von der blütenähnlichen Krone des Paradiesbaums und am unteren Bildrand von einer kauernden Heiligenfigur. Hinzu kommt als Hauptzentrum das große, einander umschlungen haltende Heiligenpaar, das von den meisten Forschern als Boris und Gleb, die beiden fürstlichen Märtyrer der russischen Kirche, identifiziert wird. [681] Diese vier Zentren sind die Hauptkomponenten der Gesamtstruktur beziehungsweise die »primären Erfahrungswerte der Wahrnehmung«.

Die Komposition hebt mit dem alles überragenden Engel an, der mit seiner keilfömig schräg ausgerichteten Rechten eine gelbe Tuba umfaßt, die, als Signal zum Jüngsten Gericht, bis zum Kreuzeszeichen in der rechten Bildhälfte reicht und als Auftakt eines das Bild umkreisenden Spannungspotentials dient. Die zentrale Bedeutung der linken oberen Bildecke wird insofern betont, als sich oberhalb der Tuba und hinter den Kreml-Mauern vor hellem Himmelsgrund der feurig rote Sonnenball als leuchtendster und intensivster Buntfarbakzent im Bild erhebt. Dies alles weckt Erinnerungen an Kandinskys Moskauer Kreml-Erlebnis, das der Künstler in seinen ›Rückblicken‹ emphatisch schildert: »Nicht lange dau-

676 Vivian Endicott Barnett, *Kandinsky. Werkverzeichnis der Aquarelle, Bd.I*, München 1992, S. 244, Nr. 274

677 Roethel und Benjamin (Anm. 21), Nr. 412

678 ÜGK, S. 25

679 Arnheim (Anm. 88), S. 48 und 86

680 Kurt Badt (Anm. 220)

681 Dämmer (Anm. 394), S. 216. – Hoberg (Anm. 82), Text zu Taf. 57

ert dieses Bild: noch einige Minuten und das Sonnenlicht wird rötlich vor Anstrengung, immer rötlicher, erst kalt und dann immer wärmer. Die Sonne schmelzt ganz Moskau zu einem Fleck zusammen, der wie eine tolle Tuba das ganze Innere, die ganze Seele in Vibration versetzt. Nein, nicht diese rote Einheitlichkeit ist die schönste Stunde! Das ist nur der Schlußakkord der Symphonie, die jede Farbe zum höchsten Leben bringt, die ganz Moskau wie das fff eines Riesenorchesters klingen läßt und zwingt.«[682] Daß es sich um eine Versinnbildlichung des Himmlischen Jerusalems handelt ist nur ein Aspekt, ein anderer bezieht sich auf das »Reinkünstlerische«, das »Geistig-Zweckmäßige«, innerhalb dessen sich Zeitliches (»nicht lange dauert dieses Bild«), Dynamisches (»Anstrengung«) und Synästhetisches (»tolle Tuba«, »Symphonie« etc.) ausdrücklich zu Wort melden.

Im Gegenzug zur Tuba biegt sich rechts außen auf einem stengelartig dünnen Stamm der Paradiesbaum empor. Einer Trompetenöffnung gleich entfaltet er seine, ebenso wie die Tuba knapp an das Kruzifix herangeführte, sonnenblumenähnliche Krone, die vor nächtlich dunkelblauem Himmelsgrund – gelbocker gefärbt – als bemerkenswertes Anschauungsgewicht sich von ihrem Stamm loszulösen scheint. Rechts davon ereignet sich eine partielle Mondfinsternis – nur eine blasse lilafarbene Sichelform entzieht sich der schwarzen Kreisüberlagerung; doch beginnt sich darunter der Himmel bereits zu lichten. Ähnlich wie im Umfeld der Sonne wird ein hellblaues Firmament sichtbar, vor dem ein Phönix und Schmetterling als Auferstehungssymbole hochflattern. Allmählich scheint die Finsternis dem Druck des emporwachsenden Paradiesbaums zu weichen.

Gelenkt vom Faktor der Ähnlichkeit, springt der Blick sodann in diagonaler Richtung zum unteren Bildrand, wo sich eine nicht näher bestimmbare weibliche Heiligengestalt mit geschlossenen Augen befindet, in einen den rechts oben abziehenden Wolken vergleichbaren, schwarzblauen Farbton gehüllt. Ihre Analogie zur rechten oberen Bildecke ist weiters insofern signifikant, als ihr Nimbus – im Unterschied zu allen übrigen gelben Nimben im Bild – dem Farbwert der lilagetönten Mondsichel entspricht. Definiert man dieses Lila sachgerechter als helles Rotviolett, dann hat dieser Farbwert, so Kandinsky, »etwas Trauriges in sich«.[683] Zunächst hat es den Anschein, als sei die trauernde Heilige – von der Sintflut-Welle berührt – im Heckbereich eines Bootes plaziert, ehe man bemerkt, daß sie zu Füßen eines liegenden Mönchs kauert, dessen bis zur Unkenntlichkeit abstrahierter Körper einen schwarzen, gon-

682 *Rückblicke,* S. 9.
683 ÜGK, S. 102

delförmigen Bogen beschreibt. Da es sich hier, laut Dämmer, um den hl. Nikolaus/Megaloschismos (= höherrangiger Mönch) handelt, ist die beide Heilige miteinander verbindende Bootsform nicht ungewöhnlich, gilt der Heilige doch auch als Retter aus Seenot. Den Heiligen als toten Mönch zu bezeichnen, ist eigentlich nicht korrekt, zumal dieser eine brennende Kerze in der Hand hält; letzteres könnte ihn auch als Meditierenden ausweisen.[684]

Aus kompositioneller Sicht ergibt sich ein langgestrecktes, kontinuierliches Bogengebilde, das von der trauernden Heiligen seinen Ausgang nimmt, sich im »Boots«-Körper des hl. Nikolaus fortsetzt und schließlich aus dessen spitzer Kapuze – nach dem Gestaltgesetz der »guten Fortsetzung« bzw. »durchlaufenden Linie« – nahtlos in den Stamm des Paradiesbaums übergeht. Semantisch gedacht, vollzieht sich in dieser bogenförmig die »Allerheiligen«-Versammlung umgürtenden Verlaufsgestalt ein Läuterungsprozeß, der – die Stationen von Gefahr (Sintflut), Trauer, Rettung (Bootskörper) und Tod/Meditation durchmessend – im Zeichen des erlösenden Kreuzes kulminiert. Analog zum Antagonismus von Licht und Finsternis kontrastiert die Todesmeditation des hl. Nikolaus, dessen schwarze Kutte mit Todessymbolen bestickt ist, mit der ewiges Leben verheißenden Sonne. Rot und Schwarz bilden einen extremen Bunt-Unbunt-Kontrast und stehen in diagonaler Richtung einander gegenüber. Beim Durchmessen dieser diagonalen Strecke stößt man im Bildmittelpunkt, dem Gleichgewichtszentrum, abermals auf die Farbe Schwarz, die den Habit einer Nonne kennzeichnet. Wie ihr Gegenüber, der hl. Nikolaus, hält auch diese – kontemplativ versunken – eine brennende Kerze in der Hand. Zwischen Nonne und Mönch befindet sich – ihre Auferstehung erwartend – die rechte Gruppe der Heiligen, allen voran Boris und Gleb. Da ihre Körperachse leicht schief ausgerichtet ist, scheinen beide über blauem Boden eher zu schweben als zu stehen. Der Mantel des rechten Heiligen ist in Weiß gehalten, jener Farbe, die mit der Todesfarbe Schwarz den nachhaltigsten Hell-Dunkel-Kontrast im Gemälde bildet und, in Kandinskys Farbsymbolsprache, als ein »Schweigen, welches nicht tot ist, sondern voll Möglichkeiten« beziehungsweise als ein »Nichts, welches vor dem Anfang, vor der Geburt ist« nach dem physischen Tod ein Signal auf dem Weg zur geistigen Wiedergeburt, zu neuem, ewigem Leben setzt.[685]

Über dem Weißgekleideten erhebt sich der Golgothahügel, dessen Hoffnung verheißendes Grün sich im Mantel des linken Märtyrers wiederfindet. Dieses Grün steht zum Rot-Zentrum links oben in einem

684 Roethel (Anm. 25), S. 76. – Dämmer (Anm. 394), S. 209 f.
685 ÜGK, S. 96

komplementären Verhältnis, was zweierlei besagt: zum einen, daß jede Farbe prinzipiell zu ihrer Gegenfarbe strebt, um sich potentiell mit dieser dann zur Farbtotalität zu vereinigen, zum anderen, daß der Heilige erst in der geistigen Wiedergeburt, im Himmlischen Jerusalem, seine Erlösung findet. Wahrnehmungspsychologisch ergänzt, bedeutet dies: »Da das Auge Komplementärfarben spontan sucht und miteinander verbindet, werden sie oft dazu verwendet, in einem Gemälde Bereiche miteinander zu verbinden, die weit auseinanderliegen.«[686] Rechts neben den beiden Heiligen Boris und Gleb (den Söhnen des Großfürsten Wladimir), die als Thronprädenten von ihrem nicht zum Christentum übergetretenen Bruder Swatopluk ermordet worden sind, befindet sich eine Frauengestalt, die sich, über den hl. Nikolaus gebeugt und damit die Neigung des Paradiesbaums präludierend, wie die Nonne der Meditation hingibt; analog zu dieser sind ihr Antlitz und ihre Hand blau getönt. Im übrigen ist ihr Körper zur Gänze von einem einheitlichen Kleidungsstück verhüllt, das, wiewohl verzerrt, an die Form einer den fehlenden Heiligenschein ersetzenden Mandorla erinnert.

In der linken Bildhälfte – im Anschluß an die Nonne in der Mitte – treten der hl. Georg und der hl. Wladimir in Erscheinung. Im Vergleich mit der rechten Bildhälfte ist der Figurenmaßstab erheblich reduziert, zudem ist die Gestalt des hl. Wladimir um 90 Grad gekippt. Bildnerisch gesehen machen sich Interferenzen und eine völlige Aufhebung der Figur-Grund-Beziehung bemerkbar, um die letzten Spuren von Räumlichkeit zu tilgen. Der hl. Georg reitet mit seinem Schimmel nach links auf zwei Flammenbündel zu, die zur Assoziation berechtigen, den unter ihm verlaufenden Wellenkamm, der mit seinem Blau zugleich an Sintflut-Wogen erinnert, als Drachen zu identifizieren; einmal mehr meldet sich hier Kandinskys Gestaltungswille zur Symbiose des »Verschleierten und Bloßgelegten« zu Wort. Im Übrigen findet sich am hl. Georg jener Farbkomplementärakkord Rot-Grün komprimiert wieder, der uns bereits an der Sonne und am linken der beiden zentralen Märtyrer begegnet ist. Oberhalb des hl. Georg wird der hl. Wladimir mit gekröntem Haupt, weißem Bart und gefalteten Händen sichtbar; sein Gebet gilt dem entfernt aufragenden Kruzifix. Neuerlich ist es vor allem die Farbe, die beziehungsstiftend – im Sinne von Metzgers Leitsatz: »Wahrnehmung ist immer Relationswahrnehmung« – Deutungsaussagen ermöglicht. Zu Häupten des russischen Nationalheiligen wird Noahs Arche, ein wichtiges Auferstehungssymbol, von den Wellen der Sintflut angeschwemmt. In Äquidistanz erscheint das Grün Wladimirs auch am Golgotahügel und am linken der beiden Märtyrer. Auf die Trinitätssymbolik anspie-

686 Arnheim (Anm. 88), S. 358

lend, schließt sich Grün somit zum Dreieck, das semantisch daran erinnert, daß es sich bei Wladimir um den ersten zum Christentum bekehrten Fürsten Rußlands handelt.[687]

Daß Kandinsky das Zeitproblem als wichtige Priorität menschlicher Existenz und künstlerischer Tätigkeit angesehen hat, beweisen, wie schon des öfteren erwähnt, seine frühen Rembrandt- und Moskau/Kreml-Erlebnisse. Zudem nennt er in ›Rückblicke‹ »das Versteckte, die Zeit und das Unheimliche« als seine »damals liebsten Elemente«.[688] Auch in *Allerheiligen I*, seinem wohl bedeutendsten Werk der »Großen Realistik«, lohnt es sich, dem Phänomen der Bildzeit nachzugehen – wie schon häufig betont: immer unter der Prämisse, daß Simultaneität und Sukzession nicht widersprüchlich, sondern als dualistisch vereinbare Prinzipien zu betrachten sind. Geht man davon aus, daß Bewegung und Veränderlichkeit wichtige Determinanten zur Bestimmung der Bildzeit sind, dann erweisen sich die drei peripheren Zentren neuerlich als visuell prägnante Anhaltspunkte. Da ist zunächst der Engel, der mit den Schrägen von Arm und Tuba direkt, also zeitlich rasch und unmittelbar, auf den Gekreuzigten zustößt. Schon viel gemächlicher verläuft der Bewegungsstrom, der, von der Trauernden unten in großem Bogen über Stationen des Todes und der Meditation – in steter motivischer wie formaler Qualitätsveränderung – bis zur Krone des Paradiesbaums führt, wo er auf das Kruzifix, mithin auf das erlösende Zeichen für neues, ewiges Leben trifft. Beide Vektoren – der eine direkt, der andere auf verzögerndem Umweg – erreichen dasselbe Ziel, wo sie am Ende ihrer formalen wie zeitlichen Expansionsfähigkeit angelangt sind. Zwei verschiedene Zeitmaße, Zeitraffung und -dehnung, neutralisieren sich im Sinne abgelaufener Zeit, jener Zeitlosigkeit, mit der die Ewigkeit des »rein Geistigen« anhebt.

Innerhalb der sie umschließenden »Bewegungsformen« (D. Frey) fristen die Heiligen, kaleidoskopisch bunt zusammengewürfelt, auf einer »Insel der Seligen« ihr erwartungsfrohes Dasein. Geringe Bewegungstendenzen und Qualitätsveränderungen, gänzliches Fehlen von Räumlichkeit und eine die Figur-Grund-Situation völlig verwirrende Ansammlung von Überschneidungen sowie der für die Hinterglas-Technik charakteristische Eigenwert der Farbe transponieren das Heiligen-Ensemble auf die Ebene einer »überzeitlichen Zeichenwelt«. Lediglich die Farbwerte schaffen ein Beziehungsgefüge, sprunghafte Korrespondenzen, die zwar der ganzheitlich simultanen Zusammenschau dienen, sich aber zur Darstellung bestimmter Zeitperspektiven kaum eignen. Der Untätigkeit einer

687 Hans K. Roethel, *Painting on glass*, New York 1966, S. 10
688 *Rückblicke,* S. 17

bereits die Auferstehung erwartenden Stimmung angemessen, könnte man von der »Unzeitlichkeit einer (unkoordinierten) Zeitenfülle« sprechen.[689]

6.2 Allerheiligen II

Auch das Ölbild *Allerheiligen II* entspricht Kandinskys Vorstellung von »Großer Realistik«, die sich, wie schon zitiert, durch »einfache (›unkünstlerische‹) Wiedergabe des einfachen harten Gegenstands« auszeichnet – ja vielleicht mehr noch als *Allerheiligen I*. Denn gerade im Umstand, daß hier das Gegenständliche im Vergleich zum Hinterglasbild formal noch nachhaltiger reduziert wird, erfüllen sich idealtypisch die von Kandinsky gestellten Bedingungen der »Großen Realistik«. Wie Kandinsky in ›Über die Formfrage‹ ausdrücklich betont, »klingt bei diesem Reduzieren des ›Künstlerischen‹ auf das Minimum die Seele des Gegenstands am stärksten heraus«, und weiter heißt es: »Das zum Minimum gebrachte ›Künstlerische‹ muß hier als das am stärksten wirkende Abstrakte erkannt werden.«

Siehe Abbildung 126, Seite 453

Manche Motive werden aus *Allerheiligen I* übernommen, vieles kommt neu hinzu. Bezieht man sich indes auf Roethels und Barnetts Chronologie des kandinskyschen Œuvres, dann waren das Grundkonzept und einige motivische Details des Gemäldes schon mindestens ein halbes Jahr vor dessen Ausführung, jedenfalls schon 1910, in anderen Werken festgelegt. Den Auftakt bildet 1910 das hochformatige Ölgemälde *Das Jüngste Gericht* (auch *Jüngster Tag* genannt), welches das zentrale Motiv von *Allerheiligen II*, den auf einem Berg zusammenstürzenden Kreml und die Gestalt des am Fuß des Bergs knienden hl. Dionysius, der seinen abgeschlagenen Kopf emporhält, vorwegnimmt. Im folgenden Jahr erfahren diese Motive in *Engel des Jüngsten Gerichts* ihre abstrahierte Wendung; von der ursprünglichen Fassung sind nur noch der Berg und die Posaune des Erzengels Michael gegenständlich erkennbar. Im August 1911 wird dann *Das Jüngste Gericht* als Replik in einem Hinterglasbild festgehalten.

Die gesamtkompositionelle Vorstufe für *Allerheiligen II* finden wir in dem Aquarell *Klang der Posaunen (Große Auferstehung)* von 1910/11, dem Entwurf für den Farbholzschnitt *Große Auferstehung* (Große Fassung) – diesem vorangehend: ein mit Silberbronze grundiertes Hinterglasbild mit demselben Titel; das Aquarell kann als Kurzfassung von *Allerheiligen II* betrachtet werden, wobei das Fehlen etlicher Motive einer Vergrößerung der Einzelformen zugute kommt. Zudem sind diese auf einheitlichem hellen Grund angesiedelt und von Interferenzen – wie-

689 Theissing (Anm. 19), S. 150, 172 und 190

115 *Das Jüngste Gericht*, 1910, Öl auf Leinwand (125 x 73 cm), New York, Joseph H. Hazen

derum im Gegensatz zum Ölbild – weitgehend freigehalten, was eine fast gänzliche Ausschaltung von Räumlichkeit nach sich zieht. Im Unterschied zu *Allerheiligen I* sind in *Allerheiligen II* beide oberen Bildecken mit Engeln besetzt. Während vom linken nur der Kopf und eine geschwungene Tuba sichtbar sind, tritt der rechte in voller Größe in Erscheinung. Mit richtend erhobenem Arm, gebogener Posaune und geschweiftem Körperumriß verkündet er das Ende der Zeiten. Machtvoll schwingt er sich empor und beherrscht als gewichtiges Zentrum beinahe den gesamten rechten oberen Bildquadranten; im übrigen kehrt er in ähnlicher Form unter der Bezeichnung *Der heilige Gabriel* in einem Hinterglasbild wieder. Dieser wie gewaltsam verzerrte Engel allein macht deutlich, daß Kandinsky im Vergleich zum Hinterglasbild *Allerheiligen I* alles daran setzt, das »Praktisch-Zweckmäßige« zu vermindern und, trotz weiteren Bestands an Gegenständlichkeit, durch »Geistig-Zweckmäßiges« zu ersetzen, mithin direkt zum dynamischen Thema vorzustoßen; man vergleiche damit nur den verhältnismäßig geometrisch-starr formulierten Verkündigungsengel in *Allerheiligen I.* Weiters: Sind die Farben im Hinterglasbild in überwiegend gesättigter Reinheit aufgetragen, so ist im

Ölbild ein eher getrübtes, bisweilen auch changierendes Kolorit vorherrschend.

Anders als in *Allerheiligen I* ist der Zugang ins Jenseits beziehungsweise Himmlische Jerusalem nunmehr deutlich erschwert. An die Stelle des Golgothahügels tritt als Hauptzentrum ein Bergrücken, auf dessen Gipfel Mauern und Türme eines Kremls umstürzen – dem entsprechend, wovon die Johannes-Offenbarung (18, 21) berichtet: »So wird Babylon, die große Stadt, mit Wucht hinabgeworfen werden, und man wird sie nicht mehr finden.« Im übrigen hat Kandinsky das Kreml-Motiv – den davor befindlichen Reiter inbegriffen – als Titelblatt-Holzschnitt für sein Buch ›Über das Geistige in der Kunst‹ wiederverwendet. Mit dem Baum-Motiv in *Allerheiligen I* hat sich ein erheblicher Wandel vollzogen. Als S-förmige Linie schnellt es empor, wie um mit seiner verkümmerten Krone den vor der Kreml-Mauer plazierten Reiter hinwegzuschleudern, offensichtlich aber auch bestrebt, der geballten Kraft des in ähnlichem Schwung herabstoßenden Erzengels zu weichen. Am Fuß des Baumstamms sind zwei wichtige Figuren postiert: zum einen der kniend seine Auferstehung erwartende hl. Dionysius (mitunter auch als Johannes der Täufer identifiziert), zum anderen eine stehende Gestalt, die, entgegen Dämmers und Smoliks Meinung, wohl kaum den hl. Christophoros Kynokephalos darstellt. Vielmehr mag es sich, so auch Hoberg, um den Evangelisten Johannes, den Chronisten der Apokalypse, handeln.[690] Offensichtlich trägt dieser, den Blick nach oben gerichtet, ein weißes Buch mit sich, dem der Engel als dünnes Gebilde entspringt, um sich dann nach oben hin immer breiter zu entfalten.

Wie schon angedeutet, ist das Hauptzentrum im Berg mit dem Rot-Akzent der Kremlmauer zu lokalisieren. Dem Bergumriß entspricht ein Linienzug, der sich schräg nach links unten fortsetzt, dann, nach rechts wechselnd, im großen Bogen bis knapp an den unteren Bildrand führt. Im Ganzen erinnert dieses Liniengefüge – dem Gestaltgesetz der »durchlaufenden Linie« entsprechend – an die geschwungene Form einer Malerpalette, die durch den Peitschenschlag des Baums in torsierende Bewegung versetzt wird. Nur an der Stelle, wo der hl. Dionysius plaziert ist, wird die Kontinuität des Linienzugs kurz unterbrochen. Zu Füßen des Heiligen befindet sich eine nackte liegende Greisengestalt, die aufgrund ihres braunen Inkarnats und der ausgestreckten Arme als klagender, von der Lepra heimgesuchter Hiob identifizierbar ist. In diagonaler Richtung, von Hiob weit entfernt, entdeckt man links oben eine zweite

690 Dämmer (Anm. 394), S. 203. – Hoberg (Anm. 82), Text zu Taf. 37. – Noemi Smolik, ›Über das Heilige in der Kunst. Kandinskys Traum von der Auferstehung einer anderen Kultur‹, in: *Frankfurter Allgemeine Zeitung*, 29. März 1997, Nr. 74

alttestamentarische Gestalt: den als Prototyp der Auferstehung Christi im feurigen Wagen zum Himmel auffahrenden Propheten Elias, der in Antithese zum Leiden Hiobs die Befreiung von den irdischen Fesseln personifiziert. Vermutlich zur gleichen Zeit konzipierte Kandinsky den von drei Pferden gezogenen Propheten-Wagen in jenem Aquarell, das, von Zweite korrekt unter dem Titel *Komposition mit Heiligen* geführt, von Barnett fälschlich als *Entwurf zu ›Allerheiligen II‹* bezeichnet wird.[691] Für die »Allerheiligen«-Bilder ist dieses Aquarell (das ähnliche Hinterglasbild inbegriffen) nur insofern relevant, als sich hier das heilige Brüderpaar Boris und Gleb in ähnlicher Haltung wie in *Allerheiligen I* wiederfindet.

Siehe Abbildung 128, Seite 455

Innerhalb der zentralen, vom übrigen Bildgeschehen deutlich abgehobenen palettenähnlichen Form haben mehrere Gestalten Aufstellung genommen: Im Bergbereich, laut Smolik, die drei kappadokischen Lehrer Jan Chrysostomos, Wassili der Große und Gregor von Nazianz, und darunter, vom Linienbogen als Halbfigur angeschnitten, die hl. Dorothea mit einer Blume in der Hand; mitunter wird diese Gestalt auch als hl. Walburga, die Schutzpatronin Bayerns, angesprochen.[692] Kompositionell wie semantisch bedeutsam ist, daß die in Äquidistanz zueinander stehenden Heiligen Dionysius, Dorothea und der rechte der Kirchenlehrer in Gelb gehalten sind. Daraus resultiert eine sich zum Dreieck schließende Farbkombination, wie wir ihr – allerdings in grüner Variante – als Trinitätsallusion bereits in *Allerheiligen I* begegnet sind. Dem linken Bogen des zentralen Bildbezirks exakt angepaßt, scheint der Jonas-Wal ein winziges Boot mit weißem Dreiecksegel – ein auch fortan immer wiederkehrendes Motiv Kandinskys – zum Kentern zu bringen. Im Aquarellentwurf *Klang der Posaunen (Große Auferstehung)* füllen hingegen diese beiden Motive, viel größer dimensioniert, die gesamte linke untere Bildecke. Auch entspricht es dem gestrafften Entwurf, daß der Vogel Phönix in erlösender Mission direkt auf die Jonas-Szene zufliegt; in der streumusterartig angelegten Komposition des Ölbilds fristet er, zudem viel kleiner dargestellt, ein eher solitäres Dasein.

Siehe Abbildung 127, Seite 454

Wie schon dargelegt, ist in *Allerheiligen II* das Jonas-Thema in den inneren Bildbezirk integriert, wogegen die linke untere Bildecke mit Figuren gefüllt ist, die in *Allerheiligen I* eine weit zentralere Rolle spielen. Es finden sich wieder – in Türkis-Farben gehalten und völlig ineinander verschmolzen – Boris und Gleb sowie, ebenso größenreduziert, der hl. Nikolaus im schwarzen Megaloschima, dessen Bogenschwung in die

691 Barnett (Anm. 329), Nr. 401. – Zweite (Anm. 447), S. 159

692 Smolik (Anm. 690). – Dämmer (Anm. 394), S. 215. – Hoberg (Anm. 82), Text zu Taf. 37

Linie eines bootsähnlichen Gebildes mit einer kauernden Figur im Heckbereich mündet. Damit wird jene kreisende Bewegung eingeleitet, die sich in den dynamischen Bogenlinien des Baums und Erzengels im rechten oberen Bildquadranten fortsetzt, den Kreml ebenso wie den Berg nach links kippen läßt und in Elias' Pferdegespann ausklingt.

Was in vorliegender Analyse noch fehlt, ist der zwischen dem Jonas-Wal und dem umstürzenden Kreml situierte Bildabschnitt. Dieser wird von der Halbfigur des hl. Wladimir, dem Initiator der Christianisierung Rußlands, beherrscht. Dem russischen Nationalheiligen sind wir bereits in *Allerheiligen I* begegnet, er ist nun viel größer dimensioniert und mit den Attributen Kreuz und Kirchenmodell (als Hinweis auf seine Religionsstiftung) ausgestattet. Vermutlich hat dafür Kandinskys Hinterglasbild *(Heiliger Wladimir*, 1911) als ikonographische Grundlage gedient. Im übrigen ist der hl. Wladimir auch Kandinskys Namenspatron, und manches, wie etwa die schwarze Barttracht, spricht dafür, daß der Künstler dem Heiligen in der Tat, so Roethel, seine eigenen Gesichtszüge verliehen hat.[693] Wladimirs Sonderstellung bekundet sich auch darin, daß er als einziger der Heiligen den Blick nach oben, zum linken Verkündigungsengel, richtet. Außerhalb des palettenförmigen Bildfelds nimmt der Heilige – abgesehen vom richtenden Engel – unter allen Protagonisten die wichtigste Position in Anspruch; zahlreiche Motivelemente sind konzentrisch um ihn gruppiert. Auf seiner dreieckigen, kubistisch anmutenden Linken schwebt die rote Sonnenscheibe, der rechts außen, wie in *Allerheiligen I*, die Mondfinsternis antwortet. Im Aquarellentwurf ist das Sonnenmotiv noch viel prononcierter wiedergegeben, imstande, den Absturz des weißen Kreml-Glockenturms zu verhindern; auf eine Wiedergabe des hl. Wladimir wird hier verzichtet. Rechts vom Heiligen in der Talmulde des Bergs wird eine dichtgereihte Schar kleinster Figürchen mit Taufkerzen sichtbar. Auch dieses Motiv hängt eng mit dem Hinterglasbild des Heiligen zusammen: Während dort die Menschenschar nackt im Wasser stehend die Taufe erwartet, sieht sie in *Allerheiligen II* bereits ihrer Auferstehung entgegen; schützend beugt sich eine Heilige im Nonnenschleier über die Prozession. Links im Anschluß an den hl. Wladimir bemerkt man – als Pendant zum großen Berg rechts – einen kleinen blauen Hügel mit roter Burg als Bekrönung. Im Gegensatz zur wankenden Kreml-Stadt Babylon stehen hier Mauern und Türme unversehrt – aufrecht wie das in *Allerheiligen I* links oben befindliche Himmlische Jerusalem, das nunmehr direkt dem hl. Wladimir benachbart ist. Abschließend sind noch zwei maskenartige Gesichter zu beachten, Motive, die analog zu Sonne und Mond Auferstehung und Tod symboli-

693 Roethel (Anm. 688), S. 10.

116 *Allerheiligen III (I)*, 1911, Öl auf Karton (50 x 64,5 cm), München, Städt. Galerie im Lenbachhaus

sieren. Zum einen ist es ein neben Wladimir im rechten Winkel gekipptes Antlitz mit gelb/weißem Scheitel, begleitet vom Phönix, der die geistige Wiedergeburt versinnbildlicht, zum anderen tritt links unten neben Boris und Gleb beziehungsweise über dem schwarzen Nikolaus ein halbverdeckter Kopf in Erscheinung, der gebrochenen Auges das Ende der irdischen Welt zu personifizieren scheint. Über all dem wacht in der linken Bildecke der die Tuba blasende Erzengel Gabriel, der als der Prophet für Geburt und Tod gilt.

Gegensätze dieser Art bestimmen inhaltlich wie formal den Aufbau des Bildganzen. Leitgedanken Kandinskys wie »unsere Harmonie ruht hauptsächlich auf dem Prinzip des Gegensatzes« oder »ein Bild durch alle Gegensätze tauchen« finden somit auch im Bereich der »Großen Realistik«, wo, wie schon erwähnt, »das zum Minimum gebrachte ›Künstlerische‹ als das am stärksten wirkende Abstrakte erkannt werden muß«, ihren signifikanten Niederschlag. Um zusammenfassend einige Kontraste in Erinnerung zu rufen: Dem gütigen steht der rächende Engel, der geistigen die materielle Stadt, der regelmäßigen Bogenlinie des »Boots« die S-förmig aufpeitschende des Baums gegenüber. Weiters korrespondieren Hiob mit Elias sowie der hl. Johannes Evangelista mit dem

117 *Komposition V*, 1911, Öl auf Leinwand (190 x 275 cm), Schweiz, Privatsammlung

hl. Wladimir, an dem sich die Auferstehungsvision im Sendungsbewußtsein der russischen Kirche aktualisiert und auch universal erfüllt.

Im Ölgemälde *Allerheiligen III*[694] finden sich im Sinne eines Compositum mixtum fast alle bereits im Hinterglasbild *Allerheiligen I* und im Ölbild *Allerheiligen II* formulierten Motive wieder. Indessen wird hier die bildnerische Kategorie der »Großen Realistik« aufgegeben. Das Bloßgelegte weicht größtenteils dem Verschleierten, dessen Gegenständlichkeit lediglich anhand der beiden Vorgängerwerke zu entschlüsseln ist. Das »Praktisch-Zweckmäßige« geht vollends im »Geistig-Zweckmäßigen« auf. Die zuvor erkennbaren Motive sind in Auflösung begriffen, werden »reinkünstlerisch« transformiert und dem übergeordneten dynamischen Thema nutzbar gemacht. Der Hauptakteur in diesem Prozeß ist die Farbe, die im Unterschied zum eher dumpfen Kolorit-Gesamteindruck von *Allerheiligen II* buchstäblich zum Aufglühen gebracht wird – dadurch geeignet, wie es in ›Über das Geistige‹ heißt, »einen direkten Einfluß auf die Seele auszuüben«.

694 Von Dämmer richtig beziffert und von der übrigen Forschung irrig als *Allerheiligen I* bezeichnet, Dämmer (Anm. 394), S. 231

118 *Figurenskizze zu »Komposition V«*, 1911, Bleistift, Paris, Musée National d'Art Moderne, Centre Georges Pompidou

7. *Komposition V*

Wie schon erwähnt, handelt es sich bei *Komposition V* (in Kandinskys Hauskatalog auch mit *Jüngstes Gericht* bezeichnet und mit 17. November 1911 datiert) um jenes Gemälde, das anläßlich der 3. Exposition der NKVM wegen Überschreitung des Formatlimits ausjuriert, von Erbslöh abschätzig als blankes Kunstgewerbe angesprochen wurde und Kandinskys unmittelbaren Austritt aus der Vereinigung zur Folge hatte. Daraufhin präsentierte Kandinsky sein bislang monumentalstes Gemälde (190 x 275 cm) in der Gegenausstellung des ›Blauen Reiters‹, wo es das Publikum schockierte. Für Kandinsky war dieses Werk als künstlerische Positionsbestimmung so signifikant, daß er es gemeinsam mit *Komposition IV* dann auch im ›Almanach‹ abgebildet hat.

Komposition V ist die Konklusion von all dem, womit sich Kandinsky zuvor bezüglich Johannes-Offenbarung und Auferstehungsthematik auseinandergesetzt hatte.[695] Figurative Vorstufen sind der Aquarellentwurf

695 Dabrovski (Anm. 419), S. 34 f.

119 *Entwurf zu »Komposition V«*, 1911, Öl auf Leinwand (94,5 x 139 cm), St. Petersburg, Eremitage

Klang der Posaunen (Große Auferstehung), das *Jüngste Gericht* (auch *Jüngster Tag* genannt), das *Fragment Jüngstes Gericht* sowie die *Allerheiligen*-Bilder. Wer sich in die Ikonographie dieser Werke gut eingelesen hat, wird hier – trotz erheblicher Verschleierungsmaßnahmen Kandinskys – den meisten der bereits in den drei *Allerheiligen*-Bildern fixierten Motiven auf die Spur kommen. Dabei wird klar, weshalb Kandinsky zunächst, die große Bandbreite seines Motivapparats gewissenhaft prüfend, den Umweg über die »Große Realistik« genommen hatte, ehe er die vorerst deutliche Gegenständlichkeit in das »Geistig-Zweckmäßige« seiner bis knapp an die Schwelle der »Großen Abstraktion« herangeführten »Komposition« transformierte.

Neben den *Allerheiligen*-Bildern erweisen sich eine Figurenskizze (eine Bleistiftzeichnung, die wir als *Pariser Zeichnung* benennen) und die St. Petersburger Ölskizze *(Entwurf zu Komposition V)* zur Aufdeckung von Restgegenständlichkeit in der semiabstrakten *Komposition V* als hilfreich. Selbst wenn Kandinsky von der Benützung solcher Identifikationshilfen vermutlich abgeraten hätte, sollte Langners Maxime gelten, vor einer Analyse des »Reinkünstlerischen« den einführenden Weg über

120 *Der heilige Gabriel*, 1911, Hinterglasbild (40 x 25,3 cm), München, Städt. Galerie im Lenbachhaus

die figurative Lektüre zu beschreiten, wozu auch Kenneth Lindsay eindringlich ermuntert hat: »Wir sollten endlich darüber hinaus sein, uns zu entschuldigen, wenn wir ›Dinge‹ in Kandinskys Werken sehen.«[696] Beginnen wir also mit einer Besprechung der literalen Prämissen. Geradezu bildbeherrschend ist der rechts oben schwebende Erzengel Michael, erkennbar an seinem wehenden Haarschopf, einer kleinen Tuba sowie an seinem rechten Arm, der – im St. Petersburger Entwurf deutlicher ausgeprägt – auf eine stummelhaft ausgebeulte Kontur reduziert ist; ein Gewandausläufer fegt als schwarze Linie über die gesamte obere Bildhälfte. Im Gegensatz zur Pariser Skizze im Winkel von 90 Grad in die Horizontale gedreht, hat dieses Engelmotiv offensichtlich vom *Fragment Jüngstes Gericht, Allerheiligen II,* vor allem aber vom Hinterglasbild *Der heilige Gabriel,* wo der Gewandfortsatz ebenso vehement ausschlägt, seinen Ausgang genommen. Geht man am Gewandsaum weiter entlang, so stößt man alsbald auf das direkt an den oberen Bildrand gedrängte Motiv der zusammenbrechenden Kreml-Stadt, von der sich kreuzförmig reduziert die weiße, rotkonturierte Gestalt des Elias erhebt. Ebenso nur anhand des Entwurfs und der Pariser Skizze identifizierbar, folgen links zwei winzig dargestellte apokalyptische Reiter.

In der linken oberen Bildhälfte befindet sich wie in *Allerheiligen II* der Kopf des Erzengels Gabriel mit der Posaune, die das schwarze Riesenband unterläuft. Außerhalb des ein eigenes Areal umzirkelnden Bogens müht sich links unten ein kleines Boot mit drei Ruderern, dem Zugriff der Sintflut-Wogen zu entkommen. Wie der Entwurf bestätigt, stößt darüber, vom linken Bildrand aus, eine weitere Posaune bis weit in das Bildinnere. Nur ein kontrollierender Blick auf die Pariser Figurenskizze verdeutlicht, daß sich innerhalb des Bogenschlags noch ein zusätzlicher Engel ausmachen läßt, der, größtenteils von einer weißen Wolke verdeckt, seine weiße Tuba über die Bildachse hinweg – dabei den blauen Kreml-Berg kappend – bis exakt an die Stelle führt, wo Menschen mit brennenden Kerzen den steilen Berghang hinabschreiten. Leicht zu erkennen und schon aus *Allerheiligen II* bekannt ist der hl. Dionysius, der vom unteren Bildrand aus seinen mit gesträubtem Haar versehenen Kopf mit weitausholender Armbewegung bis über die horizontale Bildachse hochhebt; zwei Tuben überkreuzen sich an dieser Stelle. Links vom hl. Dionysius tritt eine vom unteren Bildrand angeschnittene Gestalt in Erscheinung, die – wiewohl von ihrem ursprünglichen Standort in den *Allerheiligen*-Bildern weit disloziert – unschwer als hl. Wladimir zu identifizieren ist. Dafür sprechen sein bis zum dritten Engel ins Bogenfeld

696 Kenneth C. Lindsay, Besprechung von Grohmanns ›Kandinsky‹, in: *Art Bulletin,* Dezember 1959, S. 348 f.

hochgereckter Arm sowie sein dreieckiger, schräg gestellter Kopf, der eine nach oben zielende Blickrichtung verrät. Am Ende dieser ikonographischen Orientierung stößt man in der rechten unteren Bildecke auf zwei weitere Protagonisten. Während der eine, vom unteren Bildrand überschnitten und in getrübtes Rot-Grün gehüllt, wie trauernd vorgebeugt das apokalyptische Szenarium zu verlassen scheint, ist die andere formal verschlüsselt, so daß sie nur assoziativ in bezug etwa auf *Allerheiligen II* und die Pariser Zeichnung wahrzunehmen beziehungsweise ikonographisch zu bestimmen ist. Entgegen der Meinung Dämmers, die hier abermals vom hl. Christophoros Kynokephalos spricht, sollte es sich neuerlich um den Verfasser der Offenbarung, den hl. Johannes Evangelista, handeln, erkennbar lediglich an seinem schnabelspitzen, dreieckigen Kopf. Über ihn senkt sich als Ausläufer des Liniensystems ein blaues glockenförmiges Gebilde, das, einem Sprachrohr nicht unähnlich, dem Chronisten die aus dem Jenseits stammende Botschaft zu vermitteln scheint.

Trotz dieser zahlreichen restgegenständlich-ikonographischen Anhaltspunkte ist der Verschleierungsgrad in *Komposition V* bereits so fortgeschritten, daß die Kriterien von Kandinskys Kompositionsdefinition voll zum Tragen kommen: »So ist die Komposition nichts weiter als eine exakt-gesetzmäßige Organisierung der in Form von Spannungen in den Elementen eingeschlossenen lebendigen Kräfte.«[697] Wie schon des öfteren betont, sind es eben diese »lebendigen Kräfte« und »Spannungen«, aus denen sich das dynamische Thema konstituiert.

Es ist Roethels Verdienst, erstmals auf die spezifische Raum-Problematik in *Komposition V* hingewiesen zu haben. Wie der Autor bemerkt, besitzen Kandinskys »frühe abstrakte Bilder« – ergänzend müßte es heißen: auch jene der Abstraktion schon sehr nahe kommenden Bilder – »einen unkörperlichen, nichtatmosphärischen Raum, der sich durch die ihnen innewohnenden Eigenschaften der Farbe manifestiert: Einige erscheinen dem Auge näher, andere ferner. Kandinskys Raum besitzt außerdem Kontinuität und Homogenität. Und indem er nur einen Teil des Ganzen darstellt, impliziert er Unendlichkeit. Kandinskys Raum kann nicht als Ergebnis einer ›Abstraktion‹ angesehen werden, denn eine Abstraktion muß kraft ihrer Definition stets von etwas abgezogen sein, von etwas, das bereits existiert ... Kandinskys Raum ist rein subjektiver Natur und ist ›ein durch sich selbst definierter Raum‹.«[698] Die Richtigkeit dieser Ausführungen bestätigt sich in Kandinskys eigenen, in den biographischen wie theoretischen Schriften getroffenen Aussagen, die letztlich

697 PLF, S. 100
698 Roethel (Anm. 25), S. 86

für fast alle, von ihm bis zum Ersten Weltkrieg gefertigten Werke gelten. Weiters ist in diesem Zusammenhang vor allem Overy zu nennen, der Kandinskys Raum-Verständnis mit analogen Erkenntnissen der Gestalttheorie akkordiert hat.[699]

Noch vor einer Besprechung des dynamischen (= strukturellen) Themas von *Komposition V* sei versucht, Kandinskys theoretische Äußerungen über die Raum-Problematik kommentierend anzuführen. Dies reicht bis in seine akademische Studienzeit in Rußland zurück. Zur Erinnerung: 1889 wurde Kandinsky von der ›Gesellschaft für Naturwissenschaften, Ethnographie und Anthropologie‹ in das nördliche Gouvernement Wologda geschickt, mit dem Auftrag, das Bauernkriminalrecht und die Reste heidnischer Religion beim Stamm der Syrienen zu erforschen. Von dieser Reise berichtet er in den ›Rückblicken‹: »Die großen, mit Schnitzereien bedeckten Holzhäuser werde ich nie vergessen. In diesen Wunderhäusern habe ich eine Sache erlebt, die sich seitdem nicht wiederholt hat. Sie lehrten mich, im Bilde sich zu bewegen, im Bilde zu leben. Ich weiß noch, wie ich zum erstenmal in die Stube trat und vor dem unerwarteten Bilde an der Schwelle stehenblieb. Der Tisch, die Bänke ... die Schränke und jeder Gegenstand waren mit bunten, großzügigen Ornamenten bemalt. Auf den Wänden Volksbilder ... Als ich endlich ins Zimmer trat, fühlte ich mich von allen Seiten umgeben von der Malerei, in die ich also hineingegangen war.«[700] Diese elementare Erfahrung des »im Bilde sich zu bewegen, im Bilde zu leben« deckt sich ungefähr mit Roethels »An-Schauung« eines »durch sich selbst definierten« Bildraums.

Daß Kandinsky die in Wologda gewonnene Raumerfahrung erst mehr als zwei Jahrzehnte später künstlerisch umzusetzen verstand, bezeugt er gleichfalls in seinen ›Rückblicken‹: »Ich habe viele Jahre die Möglichkeit gesucht, den Beschauer im Bilde ›spazieren‹ zu lassen, ihn zu der selbstvergessenen Auflösung im Bilde zu zwingen.» Wie dies zu bewerkstelligen ist und mit welchen Problemen der Künstler sich dabei konfrontiert sieht, darüber berichtet er schon in ›Über das Geistige in der Kunst‹ und später mehrfach in ›Punkt und Linie zu Fläche‹. Voraussetzung für den Gewinn neuer Raumvorstellungen sei »die Abwendung vom Gegenständlichen und einer der ersten Schritte in das ›Reich des Abstrakten‹ war in zeichnerisch-malerischer Beziehung das ›Ausschließen der dritten Dimension, d.h. das Streben, das Bild als Malerei auf einer Fläche zu behalten‹. Es wurde die Modellierung ausgeschaltet. ›Dadurch wurde der reale Gegenstand zum Abstrakten‹ gerückt, was einen gewissen Fortschritt bedeutete. Dieser Fortschritt hatte aber sofort

699 Overy (Anm. 125), S. 119 f.
700 *Rückblicke*, S. 18

zur Folge das Annageln der Möglichkeiten an eine reale Fläche der Leinwand, wodurch die Malerei einen neuen durchaus materiellen Beiklang gewann. Dieses Annageln war gleichzeitig eine Beschränkung der Möglichkeiten. Das Streben, sich von diesem Materiellen und dieser Beschränkung zu befreien, vereint mit dem Streben zum Kompositionellen, mußte natürlich zum ›Verzicht auf eine Fläche bringen. Es wurde versucht, das Bild auf eine ideelle Fläche zu bringen, die sich dadurch vor der materiellen Fläche der Leinwand bilden mußte‹.«[701]

Ausgehend von einer Kritik am Kubismus, dem eine »Verarmung an Möglichkeiten« sowie »äußerliche Anwendung eines aus innerer Notwendigkeit entsprungenen Prinzips« anzulasten sei, mahnt Kandinsky, »nicht zu vergessen, daß es auch andere Mittel gibt, die materielle Fläche zu behalten, eine ideelle Fläche zu bilden und die letztere nicht nur als eine flache Fläche zu fixieren, sondern sie als dreidimensionalen Raum auszunützen. Schon die Dünne oder Dicke einer Linie, weiter das Stellen der Form auf der Fläche, das Überschneiden einer Form durch die andere sind als Beispiele für die zeichnerische Ausdehnung des Raumes genügend. Ähnliche Möglichkeiten bietet die Farbe, die, richtig angewendet, vor- oder zurücktreten und vor- oder zurückstreben kann und das Bild zu einem in der Luft schwebenden Wesen machen kann, was der malerischen Ausdehnung des Raumes gleichbedeutend ist.«[702] Erst viel später, in ›Punkt und Linie zu Fläche‹, erkennt Kandinsky, daß sein früherer Analyseversuch, das neue Raumgefühl mit dem Hinweis auf eine sich »vor der materiellen Fläche« herausbildenden »ideellen Fläche« zu erklären, nur die halbe Wahrheit ist. Vielmehr würde sich der raumgreifende Gestaltungsprozeß auch in entgegengesetzter Richtung bewegen, und zwar mit der Intention, auch den Bereich »hinter« der materiellen Fläche räumlich zu mobilisieren. Zur Schilderung dieses Vorgangs wählt er eine treffende Metapher: »Das Zurücktreten und das Vordringen der Formelemente dehnt die Grundfläche [= materielle Fläche, Anm. d. Verf.] nach vorn (zum Beschauer) und nach hinten, in die Tiefe (vom Beschauer) in der Art aus, daß die Grundfläche wie eine Ziehharmonika in beide Richtungen auseinandergezogen wird. Diese Kraft besitzen im starken Maße die Farbelemente.« Systematischer formuliert, heißt es dazu kurz davor: »Wie bereits angedeutet wurde, kann die Grundfläche prinzipiell zwei typische Möglichkeiten im Tragen der Elemente bieten:

1. die Elemente liegen auf der Grundfläche relativ so materiell, daß sie den Klang der Grundfläche besonders stark betonen, oder

701 ÜGK, S. 110
702 Ebda., S. 111

2. sie sind mit der Grundfläche so locker verbunden, daß diese fast gar nicht mitklingt, sozusagen verschwindet, und die Elemente im Raum schweben , der aber keine präzisen Grenzen (besonders in der Tiefe) kennt.

Diese Besprechung der beiden Fälle gehört zur Konstruktions- und Kompositionslehre.«[703]

Im folgenden fordert Kandinsky zur aktiven Teilnahme an der »Dematerialisierung« der Grundfläche auf, einer der wichtigsten Bedingungen, um den »Weg vom Äußeren zum Inneren« freizumachen. Diese »Dematerialisierung« richtig zu rezipieren, dazu bedürfe es einer adäquaten »inneren Einstellung des Beschauers«, derzufolge es möglich sein müßte, die dieser spezifischen Raumvorstellung inhärenten »Schwebeempfindungen« nachzuvollziehen. Dazu Kandinskys belehrender Kommentar: »Wenn das mangelhaft entwickelte Auge (was mit der Psyche organisch zusammenhängt) die Tiefe nicht empfinden kann, so wird es nicht imstande sein, sich von der materiellen Fläche zu emanzipieren, um den undefinierbaren Raum aufzunehmen. Das richtig geübte Auge muß die Fähigkeit haben, die für das Werk notwendige Fläche als solche zu sehen, teils, wenn sie die Raumform annimmt, von ihr abzusehen. Ein einfacher Linienkomplex kann letzten Endes auf zwei Arten behandelt werden – entweder ist er mit der Grundfläche eins geworden, oder er liegt frei im Raum. Der sich in die Fläche hineinkrallende Punkt ist auch imstande, sich von der Fläche zu befreien und im Raum zu ›schweben‹.«[704] Was im Kontext mit dem »undefinierbaren Raum« für die Linie gilt, nimmt Kandinsky – in ›Mein Werdegang‹ von 1914 nachdrücklich betont – auch für die Farbe in Anspruch: »Die Farben, die ich später anwendete, lagen nie auf einer und derselben Fläche, ihr inneres Gewicht war verschiedener Art. So kam das Mitwirken verschiedener Sphären in die Bilder. Dadurch vermied ich auch das Flache in der Malerei, das leicht zum Ornamentalen führen kann und so oft geführt hat. Diese Verschiedenheit der inneren Flächen gab meinen Bildern eine Tiefe, die die frühere perspektivische Tiefe glänzend ersetzte.«[705]

Im Anschluß an seine Ausführungen zu Kandinskys neuer Raumkonzeption hat sich S. W. Hayter, der Kommentator der amerikanischen Ausgabe von ›Über das Geistige in der Kunst‹, auch über das Phänomen der Bewegung geäußert und darin eine bestechende Kongruenz mit den Erkenntnissen der Gestalttheorie gesehen: »In der traditionellen abendländischen Kunst wurde die Bewegung fast ausschließlich als im Still-

703 PLF, S. 141
704 Ebda., S. 166 f.
705 Kandinsky, *Mein Werdegang* (Anm. 6), S. 56

stand befindlich dargestellt, durch ein Objekt in einer Position, die dem Betrachter auferlegte, die darauffolgende Bewegung in Gedanken zu ergänzen. Kandinsky hingegen stellt die Bewegung als ein eigenständiges Element dar, ohne das wiederzugeben, was sich bewegt oder bewegt hat ... Manchmal beschreibt eine Reihe von Punkten, wie Schußbahnen oder Fluglinien, diese Bewegung; und oft wird sie durch eine ungelöste Spannung zwischen den Formen demonstriert.«[706]

Daß Raum und Bewegung zusammen die Bildzeit-Frage evozieren, wird von der kunstwissenschaftlichen Praxis leider nur selten beachtet. Soweit mir bekannt ist, hat sich in bezug auf Kandinsky nur Overy in einem speziellen Kapitel seines wichtigen Buches darüber geäußert.[707] Dabei gäbe es genügend Anlaß, sich dem Zeitphänomen zu widmen, zumal Kandinsky selbst mehrfach dazu Stellung genommen hat. Dies beginnt mit seiner frühen Erfahrung mit Rembrandts »lange dauernden Bildern«, die ihn dermaßen faszinieren, daß er als Reaktion darauf das »Versteckte, die Zeit und das Unheimliche« als seine »damals liebsten Elemente« bezeichnet.[708] Dies bekräftigen etliche Passagen seines Theoriewerks. So widmet er in ›Über das Geistige‹ dem Zeit-Problem eine ausführliche Fußnote: »Es ist klar, daß die Verwandlung der materiellen Fläche und, damit verbunden, der allgemeine Charakter der mit ihr zusammengestellten Elemente in mancher Beziehung sehr wichtige Folgen haben müssen. Darunter ist eine der wichtigsten die Veränderung in der Zeitempfindung: der Raum ist mit Tiefe, also auch mit den in die Tiefe gehenden Elementen, identisch. Nicht umsonst habe ich den durch die Dematerialisierung entstehenden Raum als ›undefinierbar‹ bezeichnet – seine Tiefe ist letzten Endes illusorisch, und deshalb nicht genau meßbar. Die Zeit kann also in diesen Fällen keine Zahlen zum Ausdruck haben und wird deswegen nur relativ mitwirken können. Andererseits ist die illusorische Tiefe vom malerischen Standpunkte eine reale und beansprucht infolgedessen eine gewisse, wenn auch unmeßbare, Zeit zum Verfolgen der in die Tiefe gehenden Formelemente. Also: die Verwandlung der materiellen Grundfläche in einen undefinierbaren Raum gibt Gelegenheit zur Vergrößerung des Zeitmaßes.«[709] Dies könnte zur irrigen Annahme führen, Kandinsky habe der Zeit-Frage nur aus raumprojektiver Sicht eine Daseinsberechtigung zugestanden – eine fälschliche Vermutung, der auch Theissings Prämissen beziehungsweise Kriterien

706 Abgedruckt in der amerikanischen Ausgabe von *Über das Geistige in der Kunst*: *Concerning the Spiritual in Art*, Wittenborn–New York 1947, S. 15 f.
707 Overy (Anm. 125), S. 129 f.
708 *Rückblicke,* S. 17
709 ÜGK, Fußnote S. 167

zur Bestimmung der Bildzeit unterliegen. Daß auch flächenspezifische, lineare Kompositionselemente temporalen Charakter haben können, hat Kandinsky in ›Punkt und Linie zu Fläche‹ ausdrücklich betont: »Das Element der Zeit ist im allgemeinen in der Linie in einem viel größeren Maßstabe erkennbar, als das im Punkt der Fall war – die Länge ist ein Zeitbegriff. Anderseits ist das Nachgehen einer Geraden vom Nachgehen einer Gebogenen zeitlich verschieden, wenn die Längen auch dieselben sind, und je bewegter die Gebogene ist, desto mehr dehnt sie sich zeitlich aus. In der Linie sind also die Möglichkeiten der Zeitverwendung sehr mannigfaltig ... Also darf das Zeitelement in der rein linearen Komposition nicht übersehen werden und muß in der Kompositionslehre einer genauen Prüfung unterzogen werden.«[710]

Kandinsky hat wiederholt auf die zwischen der Malerei und der Musik bestehenden Analogien hingewiesen und dabei die Sukzession und Simultaneität hervorgehoben. In ›Über das Geistige in der Kunst‹ betont er zunächst die Gegensätzlichkeit der Kunstgattungen, um im nächsten Moment doch deren Affinität zu benennen: »Die Musik hat die Zeit, die Ausdehnung der Zeit zur Verfügung. Die Malerei aber kann dagegen ... in einem Augenblick den ganzen Inhalt des Werkes dem Zuschauer bringen ... Diese Unterschiede sind, wie alles in der Welt, relativ zu verstehen. Im gewissen Sinn kann die Musik die Ausdehnung in der Zeit vermeiden und die Malerei – diese Ausdehnung anwenden.«[711] Mehr als ein Vierteljahrhundert später stellt Kandinsky in seinem Essay ›Konkrete Kunst‹ weit eindeutiger als ehedem fest: »Nebenbei möchte ich sehr unterstreichen, daß der ›organische Unterschied‹ von Zeit und Fläche im allgemeinen übertrieben wird. Der Komponist nimmt den Zuhörer bei der Hand, läßt ihn in sein musikalisches Werk eindringen, führt ihn Schritt für Schritt und verläßt ihn, wenn ›das Stück‹ zu Ende ist. Die Führung ist vollkommen. Sie ist unvollkommen in der Malerei. Aber! ... Der Maler kann sich ihrer ebenfalls bedienen. Er kann, wenn er will, den Beschauer zwingen, ›hier‹ anzufangen, einen genauen Weg in seinem Bild zu verfolgen und es ›dort‹ zu verlassen ... Ich wollte nur sagen, daß die Verwandtschaft zwischen der Malerei und der Musik offensichtlich ist.«[712] Kandinsky meint, wenn vom Zeit-Faktor die Rede ist, in erster Linie die in der Sukzession ablaufende, subjektive Betrachterzeit (= Erlebniszeit). Daß er indes dem methodologisch anders gelagerten Ansatz der Bildzeit-Frage zugestimmt hätte, geht aus seinem Bekenntnis zur Simultaneität des Werkganzen sowie der Akzeptanz des zwischen Sukzession und Simultaneität bestehenden Dualitätsprinzips hervor.

710 PLF, S. 106
711 ÜGK, S. 55
712 Kandinsky, ›Konkrete Kunst‹, in: *Essays über Kunst und Künstler* (Anm. 18), S. 218

Ausgehend von diesen Theorie-Aspekten und basierend auf den geklärten ikonographischen Prämissen, stellt sich nun die Frage nach dem mit der Zeitproblematik junktimierten dynamischen Thema; Kandinskys Analysemodell für *Komposition IV* bleibt dabei methodologisches Hilfsmittel. Zweifellos markiert der das apokalyptische Geschehen vorantreibende Erzengel Michael unangefochten das Hauptzentrum, freilich ein Zentrum ganz eigentümlicher Prägung, wie es kein zweites Mal in Kandinskys Œuvre erscheint. Seine Eigenart beruht zum einen auf seiner enormen Expansionskraft, die primär aus seiner exzentrischen Lage resultiert[713], zum anderen darauf, daß es sich ausschließlich aus linearen Werten zusammensetzt. Zunächst ist der Engel in seiner Körperlichkeit, die nur durch schwarze Umrißlinien gekennzeichnet wird, in der rechten oberen Bildecke gerade noch erkennbar. Dann entspringt ihm, sei es als Körper- oder Gewandfortsatz, eine schwarze gewellte Linie. Die Linie beansprucht Autonomie, verstärkt sich zunehmend, fegt über fast die gesamte Bildbreite nach links, krümmt sich dann, einem gewaltigen Peitschenschlag gleich, in die Gegenrichtung und bricht knapp vor dem Bildmittelpunkt ab. Ab dem Moment, wo sie in jäh ausholender Kurve nach rechts zurückschlägt, ändert sich auch ihr Verlaufscharakter. In ihrer Tendenz, die obere Bildhälfte umfassend zu okkupieren, neigt sie dazu, Simultangestalt anzunehmen und sich zur Figur zu schließen. Darin wird sie von einer dünneren Linie unterstützt, die sich schon oben von ihr abspaltet, nach rechts führt, dann einen scharfen Knick nach unten vollzieht und sich schließlich glockenförmig gabelt. Mithin scheint sich auch in der rechten Bildseite eine unheilvolle Linienumgrenzung anzubahnen. Der plötzliche Abbruch der Peitschenlinie und deren dennoch vorhandene Schließungstendenz versetzt den Betrachter, der dem Gestaltdruck dieser Figuration visuell »nachhilft« – dem gestaltpsychologischen Prinzip: »jede visuelle Struktur neigt dazu, sich zu komplettieren« entsprechend –, in erhebliche Spannung.[714]

Die Peitschenlinie war in Kandinskys Pariser Figurenzeichnung nicht vorgesehen. Erst in der St. Petersburger Ölskizze macht der Künstler von ihr Gebrauch, ohne ihr indes jene sukzessive Schwellung angedeihen zu lassen, die für die Endfassung so charakteristisch ist. Dieses ständige Anwachsen verleiht ihr einen beträchtlichen Zugewinn an dynamischer Kraft. Es ist ihr auch ein raumgreifendes Moment zu attestieren, durchaus in dem Sinn, wie es Dämmer beschreibt: »Obwohl von rein graphischer Struktur wirkt dieser bilddominante Linienschwung, als wäre er

713 Vgl. Arnheim (Anm. 195), S. 85
714 Ebda., S. 14
715 Dämmer (Anm. 394), S. 245

rundplastisch und käme aus einer fernen Tiefe hervor.«[715] Auch die Tatsache, daß der Linienschwung alle in seinem Bereich situierten Linien- und Farbzeichen überlagert, führt exakt zu jenem räumlichen Sachverhalt, den Kandinsky vermutlich als Abwendung von der materiellen hin zur ideellen Fläche beschrieben hätte. Die Schlangenlinie zeigt die Tendenz, fiktiv in den Betrachterraum vorzudringen, den Rezipienten selbst in das Bildgeschehen einzubeziehen.

Bestärkt durch Kandinskys wiederholte Analogie der Malerei zur Musik, drängt sich bei betrachterzeitlicher Fixierung der sich dahinschlängelnden Linie die Assoziation mit einem lang angehaltenen und zunehmend anschwellenden Ton auf – ein synästhetischer Effekt, den Brisch viel konkreter empfindet, wenn er in der Peitschenlinie einen »Linien-Gegenwert für den Klang der Posaune selbst« sieht.[716] Da sie ungewöhnlich klein wiedergegeben ist, erscheint es berechtigt, den gewundenen Linienfluß als eine Schallverkörperung zu betrachten. Nicht zuletzt diese musikalische Apperzeption führt zur Frage nach dem Bildzeit-Verhältnis dieses werkbeherrschenden Linienmotivs, in dem räumliche (sukzessives Anschwellen) wie flächige (Wellenstruktur) Qualitätsveränderungen (»von etwas her zu etwas hin«) ausgeprägte Temporalität verraten. Es gibt nur wenige Werkbeispiele, in denen Kandinskys Zeit-Aussagen so unmittelbar zum Tragen kommen wie in *Komposition V.* Wie in anderen bildnerischen Problemfällen sind auch im Zeit-Bereich Kandinskys Rezeptionsanweisungen soweit wie möglich zu berücksichtigen. Denken wir an seine didaktisch nachdrücklich geäußerte Überzeugung, derzufolge das »Verstehen« eines Kunstwerks die »Heranbildung des Zuschauers auf den Standpunkt des Künstlers« erforderlich macht.[717]

Bezüglich des »klingenden« Linienmotivs sei daran erinnert, daß Kandinsky die Länge und den Formverlauf einer Linie grundsätzlich mit dem Zeit-Begriff verbindet. Und genauer heißt es: »Andererseits ist das Nachgehen einer Geraden vom Nachgehen einer Gebogenen zeitlich verschieden ... und je bewegter die Gebogene ist, desto mehr dehnt sie sich zeitlich aus.« Die vom Erzengel ausgehende Linie zeigt anfangs eine geringfügige Wellenbewegung – streckenweise der Geraden angenähert, bewegt sie sich zielbewußt und zeitlich rasch voran, bis zu dem Moment, wo sie eine scharfe Kurve schlägt, sich nach rechts wendet und erheblich verdickt. Ihr radikaler Richtungswechsel und eine Gewichtszunahme mittels Linienverstärkung sind untrügliche Indikatoren für Zeitdehnung und schließlichen Stillstand. Da Kandinsky nicht selten auch das Problem des »visuellen Gewichts« (»inneres Gewicht« etc.) berührt, lohnt es sich,

716 Brisch (Anm. 65), S. 245
717 ÜGK, S. 26

auf diese Frage einzugehen. Daß der Erzengel seine Klanglinie fest am Zügel hält, läßt sich mit Arnheims gestaltpsychologischen Überlegungen zum »visuellen Gewicht« in Zusammenhang bringen. Vorausgesetzt, das Sehding (hier: die finale Verdickung der Linie) ist im Anziehungszentrum verankert, vergrößert sich sein Gewicht mit zunehmendem Abstand davon. Zum besseren Verständnis dieses Phänomens erläutert Arnheim dies mit einer anschaulichen Assoziation: »Man kann sich dazu vorstellen, daß der Gegenstand mit einem Gummiband an das Anziehungszentrum gebunden ist. Je mehr man ihn vom Zentrum entfernt, einen umso größeren Widerstand hat er zu überwinden, und diese Widerstandsfähigkeit wird ihm als Gewichtszunahme angerechnet.«[718] Dies hängt mit der Schwerkraft zusammen, und diese wird von Kandinsky in bezug auf das zurückgeholte »Gummiband« – entgegen dem von oben nach unten wirkenden Gesetz der Erdanziehung – in Querrichtung verlagert. Die Naturrichtigkeit wird mithin zur Kunstrichtigkeit umgepolt, die Gravitation außer Kraft gesetzt.

Als Behelf zur Zeitbestimmung dienen Kandinskys Überlegungen zu den Richtungskomponenten Links und Rechts, deren Wirkungen der Künstler in einer den Erkenntnissen der Gestaltpsychologie entgegengesetzten Weise empfindet. Indes bestätigt seine eigenwillige Einschätzung durchaus die Richtigkeit der zuvor geschilderten Zeitqualität. In ›Punkt und Linie zu Fläche‹ wird dieser Sachverhalt erläutert: »Das nach ›links‹ – Insfreiegehen – ist eine Bewegung ›in die Ferne‹ ... Die Formen, die ihre Spannungen nach links gerichtet haben, haben dadurch etwas ›Abenteuerliches‹, und die ›Bewegung‹ dieser Formen gewinnt immer mehr an Intensität und Geschwindigkeit. Das nach ›Rechts‹ – Insgebundengehen – ist eine Bewegung ›nach Hause‹ ... Je näher bei ›Rechts‹, desto matter und langsamer wird diese Bewegung ...«[719] Fast alle Aussagen Kandinskys zur Zeit-Problematik legen den Schluß nahe, daß dabei stets die subjektive Betrachterzeit gemeint ist – diese ist relativ, dem Wandel unterworfen und verkürzt sich bei fortgesetzter Bildbetrachtung, bis der Zustand simultaner Bildspeicherung erreicht ist. Danach wird klar, daß objektive Bildzeit, der das Zugleich der »Zeitgestalt« zugrunde liegt, etwas anderes als Betrachterzeit bedeutet. Es ist zu betonen: Stets stehen die beiden Zeitmodi, Simultan- und Sukzessiverfahrung, »Gewirktes und Wirkendes« (D. Frey) sowie ambiente und fokale Seheinstellung in einem Dualitätsverhältnis. Vermutlich hätte Kandinsky hinsichtlich *Komposition V* den Intentionen der gegenwärtigen Kunstforschung, im gestaltlich-ganzheitlichen Kontext die Bildzeit zu erfassen,

718 Arnheim (Anm. 195), S. 33
719 PLF, S. 137 f.

zugestimmt. Dies bestätigt sich in einer seiner wichtigsten Gestalt- und Zeitaussagen, wonach die Malerei im Unterschied zur Musik imstande sei, »in einem Augenblick den ganzen Inhalt des Werkes dem Zuschauer zu bringen«. Indessen ist es gerade die zwischen Malerei und Musik bestehende Affinität, die Kandinskys Zeitauffassung zugleich im Sinne der Betrachter/Erlebniszeit bestimmt. Die aus seinem Essay ›Konkrete Kunst‹ bereits zitierten Sätze bestätigen dies. Danach kann der Maler wie der Komponist im erlebniszeitlichen Ablauf »wenn er will, den Beschauer zwingen, ›hier‹ anzufangen, einen genauen Weg in seinem Bild zu verfolgen und es ›dort‹ zu verlassen ...« Allerdings ist zu bedenken, daß Kandinsky selten bestrebt ist, Weg-Zwänge auf den Betrachter auszuüben – kaum ein zweites Mal sosehr wie in *Komposition V*, wo er wie ein Musiker den Betrachter »bei der Hand« nimmt, ihn »Schritt für Schritt führt und ihn verläßt, wenn das ›Stück‹ zu Ende ist«. In *Komposition V* gibt es in der Tat einen Weg-Weiser: Den Auftakt bildet der Erzengel, an dessen riesiger Klanglinie der Betrachter entlanggeführt wird, mit der begleitenden Zielsetzung, alles, was sich in der Nachbarschaft dieser Leitlinie ereignet, der Reihe nach wahrzunehmen. Wo dann »das ›Stück‹ zu Ende ist«, bekundet schließlich die rechts unten aus dem Bild schreitende Gestalt. So gesehen scheint es nicht zu weit hergeholt, diese fiktiv mit dem »im Bilde lebenden« (siehe Wologda-Erlebnis!) Betrachter in Verbindung zu bringen.

Gleich zu Beginn spaltet die todbringend schwarze Linie das Motiv des zusammenbrechenden Kremls von der dunkelblaugrauen Bergkuppe. Die Burg, die in und um sich mit Rot, Rotbraun, Gelb und Orange ein buntfarbiges Sekundärzentrum schafft, wird aus den Angeln gerissen und, von der elastischen Linie erfaßt, an den oberen Bildrand katapultiert. Mit vehementer Geschwindigkeit jagt die Linie bis knapp vor die linke obere Bildecke, wo sie in jäher Wendung die Posaune des Verkündigungsengels Gabriel überschneidet. Auf ihrem Weg nach links überquert sie ein vorwiegend in dumpfen Brauntönen gehaltenes Areal, in dem blaue, gelbe und weiße Flecken wie Irrlichter aufflackern; nur selten, wie etwa am Kürzel des winzigen apokalyptischen Reiters vor Gelb, ist Gegenständliches erahnbar. Nach Überschneidung einer weiteren Posaune, die allerdings in der Ölskizze viel leichter auszunehmen ist, stößt der mittlerweile erheblich angeschwollene Klangbogen nach rechts. Dabei tangiert er ein links unten angesiedeltes Bildfeld, das aufgrund seiner mit viel Weiß angereicherten Graublaufärbung an ein aufschäumendes Gewässer erinnert. Es ist mit einer Maltechnik behandelt, die Kandinsky in einer seiner Selbstanalysen als »verschmierte Auflösungen« bezeichnet. Inmitten dieses kleinen Sees bemühen sich drei Ruderer, mit ihrem Boot einer hochschlagenden Flutwelle zu entrinnen. Sie sind mit den Triasfarben Rot, Blau und Gelb akzentuiert, einem präzis angeschlagenen Dreiklang, mit dem das Buntfarbenchaos des fernen Kremlbezirks merklich kontrastiert.

Mit dem plötzlichen Abbruch der Klanglinie knapp vor der Bildachse kommt unvermittelt Spannung auf. Unter dem Eindruck des Schließungsdrucks der Linie regt sich im Betrachter das Prägnanzstreben nach der »Guten Gestalt«, das aufgrund der Einfachheitspräferenz induktiv nach einer dem Oval angenäherten Schließungsmöglichkeit sucht. Obwohl die Energie der schwer gewordenen Klanglinie verbraucht ist, hält diese noch einen Sendboten bereit, der ihr als dünne Linie – links außen, wo Posaune und Wasserflut aneinandergeraten – entspringt und schnurgerade schräg nach rechts unten führt, wo sich die erwähnte rot/grüne Gestalt anschickt, das Bild zu verlassen.

Worin besteht nun die Ursache für das abrupte Ende des letztlich zur Klangsäule erstarrten Linienbands? Offensichtlich stellen sich dieser zwei bemerkenswerte, restgegenständlich-ikonographisch wirksame Hindernisse in den Weg. Zum einen ist es der für die Christianisierung Rußlands maßgebliche hl. Wladimir, der sich, vom Bildrand angeschnitten, über den Abgrund erhebt und mit seinem hochgereckten Arm die Klangsäule unterläuft, wie in der Absicht, ihr Einhalt zu gebieten. Was vorerst nicht glückt, gelingt dem rechts anschließenden Märtyrerheiligen Dionysius, der mit seinem federnd gebogenen Arm, vor allem aber dem darauf pendelnden abgeschlagenen Kopf die Klangsäule endgültig zum Stillstand bringt. Falls Dämmer mit ihrem Satz »Die Macht dieser einen Linie ist es, welche ansetzt, die hierarchische Ordnung zu sprengen« auch die Gefährdung einer gleichgewichtigen Bildordnung impliziert, dann ist es berechtigt, dem Heiligenpaar die Rolle eines widerstandsfähigen Korrektivs zuzubilligen.[720] Beachtenswert ist, daß die vertikale Bildachse exakt zwischen den beiden Heiligen verläuft, die die Symmetrie, der sich sonst fast alles widersetzt, ins Bild bringen. Die Heiligen erheben sich schwerelos nach oben. Angesichts ihrer symmetrischen Flankenposition an der imaginären Mittelachse, die laut Theissing der »Inbegriff des Zugleich« ist, verfügen sie über eine eigene Zeitform, die sich von jener im Klanglinienareal aufscheinenden diametral unterscheidet. Retention und Protention beinahe simultan verkörpernd, manifestiert sich in ihnen eine Ruhe, in der Gegenwart, Vergangenheit und Zukunft anwesend sind. Gombrich bezeichnet dies als den »fruchtbaren Moment«.[721]

Der Kopf des hl. Dionysius mit seinem zu Berg stehenden Haar und prägnant gesetzten Auge ist klar zu erkennen. In der Tat sichern seine

720 Dämmer (Anm. 394), S. 245
721 Theissing (Anm. 19), S. 112 und 158

dem Bildmittelpunkt angenäherte Position, die akzentuierende Bergkuppe und das ihn zum Teil interferierende Liniengeflecht zweier sich überkreuzender Keilformen ihm die Stellung eines Sekundärzentrums. Das von links kommende, weiß gehöhte Keilgebilde ist aufgrund seiner geschwungenen Konturen unschwer als Posaune zu identifizieren. Den dazugehörigen Engel aufzuspüren, ist schon schwieriger. Es bedarf auch hier eines Blicks auf die Pariser Figurenzeichnung, wo ein Engelskopf hinter einem ovalförmigen, mit »W« bezeichneten Element hervorlugt. Was in *Komposition V* davon übrigbleibt, ist lediglich ein weißes, wolkenähnliches und von einem schwarzen U-Haken konturiertes Gebilde – den Engelskopf hat Kandinsky hingegen verschleiert. Die Funktion der Posaune besteht darin, das fortzusetzen, wozu die Klangsäule nicht mehr imstande ist, und die Schallaktion des Erzengels Gabriel in instrumentaler Doppelbesetzung verstärkt fortzuführen. Zwar kann dies dem Dionysius-Kopf, dessen Position durch ein die Posaune in entgegengesetzter Richtung durchkreuzendes, gleichfalls posaunenähnliches Element gesichert erscheint, nichts anhaben, die Kraft des Instruments ist aber immer noch ausreichend, die dem zusammenbrechenden Kreml entflohene Menschenprozession (gut erkennbar an den brennenden Kerzen) über den Berghang hinabzustürzen. Errettung durch die Fürbitterrolle des Märtyrers zu neuem, geistigem Leben und Auslöschung des irdischen Daseins begegnen sich auf engstem Raum. Und »Raum« ist hier tatsächlich sehr wörtlich zu nehmen. War doch schon von der aus der »materiellen« Fläche zur »ideellen«, mithin virtuell in den Betrachterraum vorstoßenden Klanglinie die Rede, dergegenüber das sonstige Linienmuster am realen Malgrund fixiert bleibt. Dabei ist nicht zu übersehen, daß das vorwiegend autonome Liniensystem die Farbmassen beziehungsweise -strömungen überlagert; eine Ausnahme davon bildet die Bergkuppe, deren düsteres Kolorit stringent konturiert ist. Im übrigen verwahrt sich die Farbwelt jeglicher linearen Vereinnahmung; in ihrer Fließbewegung – erinnern wir uns an Kandinskys Terminus der »Überfließung« – akzeptiert sie keinerlei Grenzen.

Kandinskys Wunsch, »ein Bild durch alle Gegensätze zu tauchen« und damit Spannung zu erzeugen, erfüllt sich vollends. Allem voran steht der Kontrast von Linie und Farbe. Hinzu kommen Gegensätze, die Kandinsky in seiner Analyse von *Komposition IV* anführt: »der Masse zur Linie, des Präzisen zum Verschwommenen«; weiters der Kontrast von Fülle und Leere sowie eine kontroverse Auseinandersetzung mit unterschiedlichen Raum- und Flächenzonen bis hin zum »undefinierbaren Raum«. Daß sich die Farbe zur Verwirklichung verschiedenster Raumvorstellungen besonders eignet, hat Kandinsky, wie oben ausgeführt, mehrfach betont. Und auch hier ist die Kontrastbildung – etwa: dunkelhell, warm-kalt, leicht-schwer, gesättigt-getrübt, vordrängend-zurückweichend usw. – das bevorzugte Gestaltungsmittel.

Was in *Komposition V* unter anderem ins Auge sticht, ist die horizontale Zweiteilung der Bildfläche. Zeichnet sich die obere Hälfte durch eine extreme Verdichtung der Elemente (die linearen inbegriffen), ein dunkles Kolorit sowie eine zum Teil auch gesättigte und warm timbrierte Buntfarbigkeit aus, so stößt der Betrachter unten auf ein streckenweise leeres Areal und ein hell verfließendes Kolorit, das sich nach rechts zu, wo der Eckbereich durch homogenes Hellblau getönt ist, sukzessive abkühlt. Inhärent ist all dem das Phänomen des visuellen Gewichts, das einerseits die Raum-Frage zu klären hilft, andererseits Auskunft über das Verhältnis des Künstlers zur Gravitation gibt. Herrscht doch Konsens darüber, daß erst die Überwindung derselben vollends das Tor zur künstlerischen, mithin auch geistigen Freiheit öffnet. Dazu hat sich Kandinsky konkret geäußert: »Diese Verschiedenheit der inneren Flächen gab meinen Bildern eine Tiefe, die die frühere perspektivische Tiefe glänzend ersetzte. Die Gewichte zerstreute ich so, daß sie kein architektonisches Zentrum zeigten. Oft war das Schwere oben und das Leichte unten.«[722] Letzteres ist in *Komposition V* exemplarisch realisiert. In ein Höchstmaß an Spannung versetzt, findet der Betrachter, was er an Leichtigkeit oben erwartet, in der unteren Bildhälfte verwirklicht. Neben der leichtgewichtigen Leere bestätigen dies alle für Gewichtsabnahme zuständigen Farbeigenschaften wie hell, unbunt und kalt. Daß dies auch für die räumliche Einschätzung des Werks Konsequenzen hat, liegt auf der Hand. Demgemäß zeigt die visuell schwere Farbwelt im oberen Bildfeld die Tendenz, hinter die in den imaginären Betrachterraum vorschnellende Klanglinie zurückzutreten. In ihrer materiellen Kompaktheit ist sie weitgehend an den realen Malgrund fixiert. Im Vergleich dazu scheinen die in der unteren Zone hell ineinander fließenden Farben, die in ihrer unbegrenzten Transitorik den Eindruck eines »materiellen« Malgrunds erst gar nicht aufkommen lassen, wie in der Schwebe zurückgezogen. An Kandinskys Metapher der »Ziehharmonika« erinnernd, könnte man sagen: Sie sind im Begriff, sich »hinter« der »materiellen Grundfläche« zu verflüchtigen. Den daraus resultierenden Effekt beschreibt Kandinsky im Zusammenhang mit einer spezifischen Farbfaktur und -tönung, die »das Bild zu einem in der Luft schwebenden Wesen machen kann, was der malerischen Ausdehnung des Raumes gleichbedeutend ist«.

Daran knüpft sich die Frage nach der in der unteren Bildhälfte gegebenen Bildzeitqualität, die mit Kandinskys Intention zur »Dematerialisierung der Grundfläche« wie mit dessen Beobachtung eines »undefinier-

722 Dämmer (Anm. 394), S. 231

baren Raums« zusammenhängt. Ausgehend von einem dünn aufgetragenen Liniennetz, hinter dem die hellen Farben formungebunden vorbeifluten und sich zusehends in ihrer Substanz auflösen, und der rot/grünen Repoussoirfigur, scheint sich die Zeit von der aktuellen »Gegenwart« des apokalyptischen Geschehens in die Metazeitlichkeit zu transformieren. Nimmt man zudem das Blau der rechten unteren Bildecke in Augenschein, so scheint sich hier ein Ausblick in den Kosmos zu öffnen, woran sich Vorstellungen einer »außerzeitlichen Fülle der Ewigkeit« knüpfen.[723] Entgegen traditionell ikonologischer Erwartung ereignet sich das mit dem Jüngsten Gericht einhergehende Heilsgeschehen in der unteren Bildhälfte. Hier beziehen die Überwindung der Gravitation, das entmaterialisierende Kolorit, ein transzendierendes Raum- und Zeitverständnis und das Eingreifen der Heiligen in den dynamischen Prozeß des apokalyptischen Posaunenschalls Opposition zum materiellen und rationalen Zeitablauf Katastrophenszenariums im oberen Bildabschnitt.

Die Kritik an Kandinskys Werk, die über die Ausstellung ›Der Blaue Reiter‹ hinaus fortdauerte, war vernichtend. Nur ab und zu regten sich Stimmen, die für Kandinskys Abstraktionsschritte und Dynamisierung Verständnis zeigten. Allen voran Hugo Ball, der in einem Vortrag in der ›Galerie Dada‹ in Zürich 1916 über Kandinsky sagte: »Mit welch unerhörtem Takt, aber mit welcher Empfindlichkeit für Gewichte und Gleichgewichte, mit welchem Equilibrierungstalent Kandinsky arbeitet, das ist die Stärke seiner Begabung. Hier ist das Gleichgewicht, die Waage das Wesen der Welt geworden. Nicht gerichtet wird, gestraft und belohnt, sondern ausgeglichen … In erster Linie aber (besteht) grandiose Freiheit. Jede Form, die hinzudrängt, hat Platz, findet ihren Platz im Kosmos. Nichts wird unterdrückt. Alles darf blühen, schweben, dasein mit Jubel, Schrei und Trompete.«[724]

8. *Bild mit Kreis – Das erste abstrakte Ölbild*

In ihrer Kandinsky-Monographie widmet Jelena Hahl-Koch *Bild mit Kreis* (1911) – einem Werk, das erst 1989 wieder aufgetaucht ist – ein eigenes Kapitel, in dem sie alle bekannten Quellen und Fakten zusammenstellt und kenntnisreich kommentiert.[725] Welche Bedeutung Kandinsky dem Werk beimaß, geht aus zwei 1935 an seinen New Yorker Galeristen Jerome Neumann gerichteten Briefen hervor. Im ersten

723 Theissing (Anm. 19), S. 149
724 Zitiert bei Dämmer (Anm. 394), S. 239
725 Hahl-Koch (Anm. 10), S. 181 f.

121 *Bild mit Kreis*, 1911, Öl auf Leinwand (139 x 111 cm), Tbilissi, Kunstmuseum der Grusinischen Republik

berichtet er: »Als ich Moskau verließ (Dezember 1921), blieben einige meiner Bilder, teils große Formate, in der Obhut des Museums für Westeuropäische Kunst. Darunter ist mein allererstes Bild aus dem Jahre 1911 (dies ist das erste abstrakte Bild, das je in unserer Zeit gemalt worden ist). Leider besitze ich kein Photo davon. Damals war ich unzufrieden mit dem Bild und habe es deshalb nicht numeriert und auf der Rückseite nicht beschriftet, wie ich es sonst immer mache, und nicht einmal in meinen Hauskatalog aufgenommen. Es ist ein sehr großes Bild, fast quadratisch, mit sehr lebhaften Formen und einer großen, kreisartigen Form oben rechts.« Und insistierend setzt er in einem zweiten Schreiben nach: »Es ist tatsächlich das allererste abstrakte Bild der Welt, da damals noch kein einziger Maler abstrakt malte. Also ein ›historisches Bild‹.«[726] Ob es sich dabei »tatsächlich« um das »allererste abstrakte Bild der Welt« handelt, sei dahingestellt; immerhin gibt es in der Kunstforschung etliche Stimmen, die dies bestreiten. Wichtiger ist die Frage, welche Vorstellungen Kandinsky vom Begriff »Abstraktion« hatte und welchem Wandel er diesen im Laufe seines Lebens unterzogen hat.

Zunächst einige grundsätzliche Bemerkungen: Zumindest unter Kunsthistorikern sollte es Konsens darüber geben, daß der Begriff »abstrakt« höchst problematisch, vielleicht sogar untauglich ist. Versuche, diesen abzuschaffen oder wenigstens zu modifizieren, haben sich im Praxisgebrauch als erfolglos erwiesen, wiewohl er immer aufs neue kritisch in Frage gestellt wurde. Man hat sich mit ihm gewohnheitsmäßig abgefunden, was ja auch im vorliegenden Text (wo er korrekterweise eigentlich immer in Anführungsstriche zu setzen wäre) unentwegt geschieht. Zu Recht werden in einem lexikalischen Beitrag Bedenken erhoben: »Mit dem Stilbegriff ›abstrakte‹ Kunst werden weithin Werke der bildenden Kunst bezeichnet, deren Bildinhalt den Bereich der gegenständlichen Darstellung verlassen hat. Diese Benennung ist jedoch ungünstig gewählt, da es seit jeher Bilder gibt, die die Natur abstrahieren. Abstrahierung ist in jedem Kunstwerk enthalten, ob es dem Künstler bewußt ist, oder nicht. Zahlreiche Bemühungen um eine bessere Wortwahl führen nicht zu dem erwünschten Erfolg.«[727] Da es Abstraktionstendenzen tatsächlich immer schon in der Kunst gegeben hat, sollte man auf den Stilbegriff »abstrakte Kunst« eigentlich überhaupt verzichten und es mit der Bezeichnung »Abstraktion in der Kunst« bewenden lassen.

Kandinskys wandelbares Verständnis von »Abstraktion« überzeugend dargelegt zu haben, ist vor allem das Verdienst Thürlemanns.[728] Danach hat Kandinsky den Begriff im Jahre 1909 zum ersten Mal in einem russisch verfaßten Artikel in bezug auf die bildende Kunst verwendet. Gehäuft tritt dieser dann erst in ›Über das Geistige in der Kunst‹ auf, ständig begleitet von den Synonymen »innerlich«, »geistig«, »dematerialisiert«, »gegenstandslos«, »objektiv« und »nichtnaturell«; aber auch das »Kompositionelle«, »Reinkünstlerische« und »rein malerisch« fallen in diese Begriffskategorie – ebenso die tiefergehenden Termini »innere Notwendigkeit«, »innerer Klang« und »seelische Vibration«. Den Tenor dieser begrifflichen Variantenvielfalt faßt Thürlemann zusammen: »In den frühen Schriften Kandinskys besitzt der Ausdruck ›abstrakt‹ primär

726 Zitiert bei Hahl-Koch (Anm. 10), S. 181 und 184

727 F. Winzer, *Das rororo Sachlexikon der Bildenden Künste*, Reinbek b. Hamburg 1986. – Martin Damus, ›Ideologiekritische Anmerkungen zur abstrakten Kunst und ihrer Interpretation am Beispiel Kandinsky‹, in: *Das Kunstwerk zwischen Wissenschaft und Weltanschauung*, hrsg. von Martin Warnke, Gütersloh 1970, S. 48–74

728 Thürlemann (Anm. 211), S. 68 f.

einen dem Konzept ›geistig‹ eng verwandten, positiven Inhalt, der nicht mit der heute üblichen Vorstellung von ›abstrakt‹ als Bezeichnung für eine Kunst, die keine oder nur mehr stark veränderte figurative Elemente aufweist, gleichgesetzt werden darf.«[729] Demgemäß zeige sich deutlich, so der Verfasser weiter, »daß Kandinsky die Eroberung des Abstrakten nicht als bloße Negation des Gegenständlichen (entweder über dessen ›Verschleierung‹ oder quantitative Reduktion), sondern als Übergang zu etwas eigenständig Neuem verstanden hat« – einen Übergang, so sollte man mit Kandinsky ergänzen, der das »Fortschreiten der künstlerischen Mittel vom Materiellen zum Abstrakten« anzeigt.[730] Erst zwei Jahrzehnte nach Veröffentlichung von ›Über das Geistige in der Kunst‹ dürfte sich Kandinsky bewußt geworden sein, daß ihn schon seinerzeit die Verwendung des Abstraktionsbegriffs – dies bezeugen schon seine zahlreichen Synonymschöpfungen – nicht befriedigt hat. 1930 schreibt Kandinsky in einer französischen Zeitschrift (›Betrachtungen über die abstrakte Kunst‹): »Ich möchte kurz bemerken, daß die Etikette ›abstrakt‹ zum Irrtum verleitet und schädlich ist, wenn man sie buchstäblich nimmt;«[731] »buchstäblich« in dem Sinn, wonach »abstrakt«, wörtlich übersetzt, soviel wie ein »von etwas Abgezogenes« bedeutet.

1935 rafft sich Kandinsky im Artikel ›Abstrakte Malerei‹ erneut auf, Klarheit zu schaffen: »Der Ausdruck ›abstrakte Kunst‹ ist nicht beliebt, und das mit Recht, da er wenig sagend ist oder mindestens verwirrend wirkt. Deshalb versuchten die Pariser abstrakten Maler und Bildhauer einen neuen Ausdruck zu schaffen: sie sagen ›art non-figuratif‹ [englisch: ›Non Objective Painting‹; Anm. d. Verf.]. Gleichbedeutend mit dem deutschen Ausdruck ›gegenstandslose Kunst‹. Die Negationsteile dieser Worte (›non‹ und ›los‹) sind nicht geschickt: sie streichen den ›Gegenstand‹ und stellen nichts an seine Stelle. Schon seit längerer Zeit versuchte man (was auch ich noch vor dem Krieg tat) das ›abstrakt‹ durch ›absolut‹ zu ersetzen. Eigentlich kaum besser. Der beste Name wäre meiner Meinung nach ›reale Kunst‹, da diese Kunst neben die äußere Welt eine neue Kunstwelt stellt, geistiger Natur. Eine Welt, die ausschließlich durch Kunst entstehen kann. Eine reale Welt. Die alte Bezeichnung ›abstrakte Kunst‹ hat sich aber bereits eingebürgert.«[732] Doch damit noch nicht genug – 1938 erfolgt abermals eine Begriffskorrektur: »So stellt die abstrakte Kunst neben die ›reale‹ Welt eine neue, die äußerlich nichts mit der ›Realität‹ zu tun hat. Innerlich unterliegt sie den allgemei-

729 Ebda., S. 74
730 ÜGK, S. 46, Anm. 1
731 Kandinsky, ›Betrachtungen über die abstrakte Kunst‹, in: *Essays* (Anm. 702), S. 145
732 Kandinsky, ›Abstrakte Malerei‹, in: *Essays* (Anm. 712), S. 182

nen Gesetzen der ›kosmischen Welt‹. So wird neben die ›Naturwelt‹ eine neue ›Kunstwelt‹ gestellt – eine ebenso reale Welt, eine konkrete. Deshalb ziehe ich persönlich vor, die sogenannte ›abstrakte‹ Kunst ›Konkrete Kunst‹ zu nennen.«[733] Die Textpassage: »das ›abstrakt‹ durch ›absolut‹ zu ersetzen«, gibt Grund zur Annahme, daß Kandinsky Wilhelm Worringers wichtige Dissertation von 1907 ›Abstraktion und Einfühlung. Ein Beitrag zur Stilpsychologie‹ gekannt hat, was Thürlemann jedoch bezweifelt. Als Beweis dafür wird häufig auf eine Stelle aus einem von Marc an Kandinsky adressierten Brief verwiesen: »Ich lese eben Worringers ›Abstraktion und Einfühlung‹; ein feiner Kopf, den wir sehr brauchen könen. Ein fabelhaft geschultes Denken, straff und kühl; sehr kühl sogar.«[734] Da wäre es schon erstaunlich, hätte Kandinsky die Empfehlung seines besten Freundes, sich Worringers Schrift zu widmen, nicht befolgt. Um dies zu beweisen, bedarf es freilich einer kritischen Durchsicht von Worringers Arbeit. In der Tat lassen sich in dieser zahlreiche Gedanken finden, die gewiß Kandinskys Aufmerksamkeit erregt haben. Daraus eine signifikante Textstelle: »Es fragt sich also: wie verhielt sich der Abstraktionsdrang den Dingen der Außenwelt gegenüber? Wir betonten schon, daß es nicht der Nachahmungstrieb gewesen ist ..., der zur künstlerischen Wiedergabe eines Naturvorbildes zwang. Vielmehr sehen wir darin das Bestreben, das einzelne Objekt der Außenwelt ... aus seiner Verbindung und Abhängigkeit von den anderen Dingen zu erlösen, es dem Lauf des Geschehens zu entreißen, es absolut zu machen.«[735] Merkwürdigerweise vermag Hahl-Koch solchen Überlegungen nichts abzugewinnen. Ihre Behauptung, Kandinskys Thesen würden von jenen Worringers »ziemlich« abweichen, ist, so allgemein formuliert, nicht aufrechtzuerhalten.[736] Andererseits erwähnt sie zu Recht Conrad Fiedler, der schon lange vor Kandinsky die zentrale Idee der »inneren Notwendigkeit« vertreten hat und dessen von der Prämisse eines ausgeprägten Abstraktionsvermögens ausgehende Überlegungen zur Sehgesetzlichkeit (»Das Sehen ist ein Neuschaffen von Wirklichkeit«) Worringer und Kandinsky gleichermaßen beeindruckt haben müssen. Im übrigen ist es schwer vorstellbar, daß Fiedlers wichtiger Beitrag ›Über den Ursprung der künstlerischen Tätigkeit‹ (1887) Kandinskys Aufmerksamkeit entgangen sein soll.

733 Kandinsky, ›abstrakt oder konkret?‹, in: *Essays* (Anm. 712), S. 225

734 *Wassily Kandinsky – Franz Marc, Briefwechsel* ..., hrsg., eingeleitet und kommentiert von Klaus Lankheit, München – Zürich 1983, S. 136

735 Wilhelm Worringer, *Abstraktion und Einfühlung. Ein Beitrag zur Stilpsychologie*, München 1981^2, S. 55

736 Hahl-Koch (Anm. 10), S. 193

Wie schon des öfteren dargelegt, sollte die Wahrnehmung der »abstrakten« Dimension schon in Werken gegenständlichen Charakters einsetzen, wozu es einer spezifischen Perzeptionsbereitschaft mittels »sehenden Sehens« bedarf. Diese »Fähigkeit, die malerischen Formen rein, abstrakt zu erleben«, mußte sich auch Kandinsky, von vielen Skrupeln begleitet, erst schrittweise erwerben, was etliche, in ›Über das Geistige in der Kunst‹ wie in ›Rückblicke‹ festgehaltene Schlüsselerlebnisse bezeugen. Dies beginnt schon mit seiner Erfahrung im Umgang mit Monets Bildern im Jahre 1896, wo ihm das »Übersehen des Gegenstands« vorerst peinlich war. Und im Rahmen seiner eigenen künstlerischen Tätigkeit wird er sich später fragen: »Was sollte den Gegenstand ersetzen?« oder vorläufig feststellen: »Mit ausschließlich rein abstrakten Formen kann der Künstler heute nicht auskommen«. Trotzdem ahnt er stets, daß er »die absolute Malerei erzwingen werde«, vom Willen getragen, »leise und sicher die Formen gegenständlichen Ursprungs hinauszudrängen«. Einen ersten Gipfelpunkt dieses Entwicklungsprozesses markiert ein wichtiger Passus in ›Über das Geistige in der Kunst‹: »So tritt in der Kunst allmählich immer näher in den Vordergrund das Element des Abstrakten, welches noch gestern schüchtern und kaum sichtbar sich hinter die rein materialistischen Bestrebungen versteckte. Und dieses Wachsen und schließlich Überwiegen des Abstrakten ist natürlich. Es ist natürlich, da, je mehr die organische Form zurückgetrieben wird, desto mehr dieses Abstrakte von selbst in den Vordergrund tritt und an Klang gewinnt.«[737] Voraussetzung dafür sind, laut Thürlemann zwei Grundprinzipien: »1. ›Auflösung‹ und 2. ›Übersehen‹ des Gegenstandes«, Phänomene, die Kandinsky des öfteren erwähnt und zusammenfaßt: »Aus der unbewußt beabsichtigten Wirkung der Malerei auf den bemalten Gegenstand, der sich durch die Bemalung auflösen kann, bildete sich meine Fähigkeit, den Gegenstand auch im Bilde zu ›übersehen‹ weiter aus.«[738] Dazu Thürlemanns treffender Kommentar: »Was ihre logische Struktur betrifft, sind die beiden Phänomene auseinanderzuhalten: Die Auflösung konzipiert die ›Negation‹ des Gegenständlichen als einen graduierbaren Prozeß; im Übersehen hingegen erscheint nur die Endstufe des Negationsprozesses, welche das gleichzeitige Erfassen des Abstrakten als einer positiven Größe voraussetzt«. Das künstlerische Abstraktionsergebnis ist also »mehr« als ein graduierbarer, Restgegenständliches sukzessiv hinausdrängender Prozeß, eben eine »positive Größe«, die aus sich heraus ausdrucksfähig ist, folglich von dem in der Forschung häufig vertretenen »hermetisch-ikonographischen« Ansatz überhaupt nicht erfaßt

737 ÜGK, S. 73
738 Zitiert bei Thürlemann (Anm. 712), S. 75

werden kann. »Abstrakt« darf deshalb keinesfalls auf eine bloße Möglichkeit stilbegrifflicher Etikettierung herabsinken, vielmehr dokumentiert sich darin eine Ausdruckskraft ganz eigener Art, in deren Licht sich der Versuch einer rein figurativ-thematischen Lektüre als krasse Unzulänglichkeit erweist. In die gleiche Richtung zielt Thürlemanns implizite Kritik: »In Wirklichkeit jedoch bezeichnen die Ausdrücke, die sich bei Kandinsky um den Begriff ›abstrakt‹ gruppieren, ein äußerst komplexes, dem zeitlichen Wandel unterworfenes semantisches Phänomen.«[739]

Den Begriff ›Konkrete Kunst‹ hat Kandinsky, wie schon gesagt, erst 1938 von Theo van Doesburg übernommen. Damit war für ihn das Problem der klassischen Definition von »abstrakt«, wonach »Abstraktion« etwas bedeutet, das aus dem Gegenstand »herausgezogen« wird, endgültig bereinigt. Van Doesburgs 1930 formulierte Definition von »konkret« macht deutlich, daß es sich hier um jene »tiefere« Ausdrucksrealität handelt, zu deren Beschreibung sich der Abstraktionsbegriff als unzulänglich erweist: »Konkrete und nicht abstrakte Malerei, denn nichts ist konkreter, wirklicher, als eine Linie, eine Farbe, eine Oberfläche ... konkrete und nicht abstrakte Malerei, denn der Geist hat den Zustand der Reife erlangt, er braucht klare, intellektuelle Mittel, um sich auf konkrete Art zu manifestieren.«[740] Eine solche »konkrete« Kunst, die über ihre eigenen, von den Zwängen abbildhafter Ikonographie unabhängigen Ausdrucksmittel verfügt, ist eben in der Tat nichts weniger als »abstrakt«. Sie ist imstande eine Unzahl universaler, nichtsinnlicher Ideen, ja sogar, wie es Max Bill, der Einführungsverfasser des ›Über das Geistige in der Kunst‹, bemerkt, das Denken selbst darzustellen. Kandinsky hat diesen Sachverhalt – in seiner wie so oft metaphorischen Ausdrucksweise – in ein anschauliches Sprachbild gekleidet: »Heutzutage sagt ein Punkt im Bilde manchmal mehr als ein menschliches Gesicht. Eine Vertikale, die sich einer Horizontalen verbindet, erzeugt einen fast dramatischen Klang. Die Berührung des spitzen Winkels eines Dreiecks mit einem Kreis hat in der Tat nicht weniger Wirkung als die des Fingers Gottes mit dem Finger Adams bei Michelangelo.«[741]

So gesehen ist selbst Kandinskys so oft zitierter Satz »Die Form ist der materielle Ausdruck des abstrakten Inhalts« revisionsbedürftig, wonach man »abstrakt« durch »konkret« oder, was noch korrekter wäre, durch »nicht-abbildhaft« ersetzen müßte. Auch Overy, der von der Gestalttheorie geprägte Verfasser eines bemerkenswerten Kandinsky-Buchs, hat dieses Schlüsselproblem erkannt, wenn er schreibt: »Man

739 Ebda., S. 69
740 Zitiert nach: Dieter Honisch, *Tendenzen der zwanziger Jahre*, Berlin 1977³, S. 190
741 Kandinsky (Anm. 731), S. 151

kann sich den assoziativen Eigenschaften einer Form niemals entziehen, so allgemein oder abstrakt sie auch sein mag, je komplizierter die Form ist, desto zahlreicher sind die Deutungsmöglichkeiten ... doch keine Form kann ihre Eigenschaft als Zeichen oder Symbol völlig verleugnen.«[742] Dies über »Abstraktion« zu wissen, ist nützlich, trägt aber nur dann Früchte, wenn man unter Kunstbetrachtung die unmittelbar eingreifende, interaktive Teilnahme des Betrachters versteht. Da ist es vorteilhaft, zu wissen, daß sich das strukturelle Konzept des dynamischen Bildthemas überhaupt erst im Wahrnehmungsbild (= Phänogramm) des Betrachter realisiert. Es kommt auf dessen werkadäquate Seheinstellung an, derzufolge es, laut Arnheim, einen entscheidenden Unterschied macht, »ob wir in einem ›abstrakten‹ Gemälde eine Anordnung reiner Formen sehen, das heißt Sehobjekte, die sich mit ihrer Größe, ihrem Umriß, ihrer Farbe, ihrer Position usw. vollständig beschreiben lassen, oder ob wir statt dessen die organisierte Wirkung sichtbarer Ausdruckskräfte [= Phänogramm] sehen. Im letzten Fall verlieren sich die Formen im dynamischen Spiel der Kräfte; und nur dieses Kräftespiel vermittelt die eigentliche Bedeutung eines Werkes ... Reine (= »abstrakte«) Form zielt unmittelbarer auf das verborgene Uhrwerk der Natur hin.«[743] Letzteres erinnert daran, daß Kandinsky wiederholt auf die »Verbindung mit der Natur« hingewiesen hat: »Mit der Zeit wird man schlagend beweisen, daß die ›abstrakte‹ Kunst nicht die Verbindung mit der Natur ausschließt, sondern daß im Gegenteil diese Verbindung größer und intensiver ist als je in jüngster Zeit.«[744] Und einige Jahre später, 1935, ergänzt er diesen Gedanken in seinem Aufsatz ›Abstrakte Malerei‹ mit einem Werturteil zugunsten der »gegenstandslosen« Kunst. Danach erhalte der »abstrakte« Maler seine »›Anregung‹ nicht von einem x-beliebigen Stück Natur, sondern von der Natur im Ganzen, von ihren mannigfaltigsten Manifestationen, die sich in ihm summieren und zum Werk führen. Diese synthetische Basis sucht sich eine für sie am besten geeignete Ausdrucksform, das heißt die ›gegenstandslose‹. Die abstrakte Form ist breiter, freier und inhaltsreicher als die ›gegenständliche‹.«[745]

Was Overy über die Semantik »nicht-abbildhafter« Form kurz angesprochen hat, findet in Arnheims ›Kunst und Sehen‹ seine erhellende Komplettierung: »Eine solche ›abstrakte‹ Kunst ist nicht ›reine Form‹, denn wir haben ja gefunden, daß selbst die einfachste Linie sichtbare Bedeutung ausdrückt und deshalb symbolisch ist. Sie bildet auch keine

742 Overy (Anm. 125), S. 185
743 Arnheim (Anm. 88), S. 133 und 142
744 Kandinsky (Anm. 731), S. 151 f.
745 Kandinsky (Anm. 732), S. 190

verstandesmäßigen Abstraktionen, denn nichts ist konkreter als Farbe, Form und Bewegung. Sie beschränkt sich nicht auf das Innenleben des Menschen oder auf das Unbewußte, denn für die Kunst ist die Unterscheidung zwischen der äußeren und der inneren Welt und zwischen dem Bewußten und dem Unbewußten eine künstliche Trennung.«[746]

In *Bild mit Kreis* hat Kandinsky, unter maximaler Tilgung des Abbildhaften, ein dynamisches Thema katexochen realisiert. Die Ratlosigkeit des Betrachters verflüchtigt sich, sobald dieser sich Kreitlers gestalttheoretisch aufschlußreichen Satzes besinnt: »Die dynamische Weltschau und der frühe Hang alle Objekte als handelnde, aktive Dinge zu erfassen, werden in eine Dimension symbolischer Bedeutung zusammengefaßt.«[747] Im Mittelpunkt der bildnerischen Prämissen stehen der Raum, das Verhältnis von Linie zu Farbe und vor allem das visuelle Gewicht, wobei letzteres vermuten läßt, daß sich Kandinsky mit seinem Ausspruch »oft war das Schwere oben und das Leichte unten« direkt auf dieses Bild bezogen haben könnte. Schon ein kurzer orientierender Blick macht klar, daß sich das hochformatige Gemälde vertikal in zwei Teile gliedert. Während sich in der oberen Hälfte eine Konzentration linearer Werte und Formen findet, ist in der unteren davon fast nichts zu bemerken. Daraus ist nicht ohne weiteres zu folgern, daß das Ganze – in Anlehnung an Kandinskys Analysemodell von *Komposition IV* – auf dem Gegensatz von Fülle und Leere basiert. Denn immerhin ist das, was unten an elementar-konkreten Sehdingen fehlt, durch eine dicht ineinander verwobene Farbwelt ersetzt.[748]

Vorweg läßt sich anhand des Sehgrundmusters beobachten, daß Kandinsky alles unternommen hat, um den orthogonal-symmetrischen Raster des kartesianischen Netzes auszuschalten; nicht ein einziges Element fügt sich diesem Ordnungssystem ein. Dies beginnt schon mit dem exakt der rechten oberen Bildecke angepaßten Kreis, der trotz seiner Exzentrizität, die ihn als primären Spannungsträger auszeichnet, unangefochten als Hauptzentrum figuriert. Zwar ist der Kreis nur zum Teil von einer schwarzen Bogenlinie fest konturiert – rechts, an den Bildrand gerückt, ist er sogar geringfügig geöffnet –, doch ist dies für den Betrachter zureichend, ihn mittels induktivem Prägnanzstreben zu schließen. Auch die zwischen Weiß und kaltem Gelb changierende Farbe des Kreisinneren fügt sich dem Formeinschluß, der nur an einer winzigen Stelle eine Weiß-Überfließung zuläßt. Annähernd in der Kreismitte lagert, an die Form eines Auges erinnernd, ein blaues ovales Gebilde, das von einer

746 Arnheim (Anm. 88), S. 465
747 Kreitler und Kreitler (Anm. 185), S. 119
748 Hahl-Koch (Anm. 10), S. 184

mehrmals die Richtung wechselnden Linie unterlaufen wird. Da der Kreis geradezu idealtypisch dem Faktor der »Guten Gestalt« entspricht und seine allseits konzentrisch wirkenden Vektoren einen Ausgleich zwischen Zentrifugalität und Zentripetalität herstellen, eignet ihm ein Höchstmaß an visuellem Gewicht.

Kandinskys Kontrastprinzip (»ein Bild durch alle Gegensätze tauchen«) entsprechend, stellt sich dem Kreis ein Kontrahent entgegen. Es handelt sich um das links benachbarte Gebilde, das sich aus drei ineinander verschachtelten, jeweils einer ovalen Form angenäherten Linienschwüngen zusammensetzt. Dabei ist zu beachten, daß sich hier das buntgesprenkelte Kolorit – ganz anders als im Kreis – dem Linienkorsett widersetzt, ungebändigt unter dieses hinwegflutet. Als auffällig erweist sich der blau verschwommene Fleck im oberen Oval, der nachhaltiger als sein Pendant im Kreis die Assoziation mit einem Auge aufkommen läßt. Ferner ist dem Gebilde rechts ein großer schwarzer Fleck hinzugefügt, dessen physiognomischer Wirkung man sich ebensowenig zu entziehen vermag. Das sich dreifach aufsplitternde und drei Bewegungsphasen signalisierende Gebilde ist schräg nach rechts ausgerichtet und im Begriff, die imaginäre Bildachse zu überschreiten, in unverkennbarer Absicht, sein kreisförmiges Visavis zu attackieren. Mit seinen vielfachen Vektoren ist es zweifellos der Hauptinitiator des dynamischen Geschehens, signifikant genug, um als weiteres Zentrum zu fungieren – indes aufgrund mangelnder Prägnanz wohl nicht in der Lage, mit dem visuellen Gewicht des Kreises zu konkurrieren. Die Zielbewegung des Angreifers wird durch eine messerscharfe, von links außen schräg hochsteigende Gerade zusätzlich unterstrichen. Noch steiler verläuft ein schwarzes breites Band, das zum einen die linke obere Bildecke zum Dreieck komplettiert, zum anderen die Stoßrichtung der scharf gezogenen Geraden im Sinne einer ansteigenden Tendenz, die keinesfalls in einem umgekehrten Sehverlauf zu rezipieren ist, erheblich verstärkt. Die ausgegliederte Dreiecksfläche ist in Dunkelblau gehalten und an der Basis mit einem weißen, an das schwarze Band prallenden Streifen versehen. Darin versinkt ein karminrotes Kreissegment, das die Assoziation mit einer untergehenden, erkalteten Sonne evoziert. Desgleichen wird man dazu neigen, den Dreiecksbereich als nächtlichen Himmel über schrägem Horizont zu interpretieren. Anlaß zu dieser Deutung geben etliche Vergleichsbeispiele in Kandinskys Œuvre, wo, wie etwa in *Improvisation 20*, die Situation in ähnlich planetarisch übersteigerter Dimension an einen ausschnitthaft wiedergegebenen Erdball mit Himmelsausblick erinnert.

Unwillkürlich vermengt sich »wiedererkennendes Sehen« mit »sehendem Sehen«. Motiviert durch »weiterschaffende« Phantasie, mehr aber noch durch assoziationsfördernde Werkvergleiche, melden sich kognitive Erinnerungsspuren zu Wort, denenzufolge auch dem Ovalbündel physiognomische Merkmale anhaften. Da drängt sich die Idee auf, die in das Ovalkonglomerat einstechende Gerade als lanzenähnliche Waffe zu deuten. Zunächst verschwindet diese im kurvenden Liniengeflecht, um dann rechts vom schwarzen Fleck plötzlich wieder aufzutauchen. Dabei gibt es zwei von der »durchgehenden Linie« und der »guten Fortsetzung« bestimmte Sehversionen: Entweder vervollständigt man die Linie – vom Faktor der Einfachheit gesteuert – in unabgelenkt gerader Stoßrichtung, oder man folgt ihr auf dem Umweg über die Spiralenschleife des oberen Ovals; letzteres aktiviert den Eindruck einer federnd verstärkten Spannkraft. Jedenfalls durchstößt diese Aggressionslinie die schwarze Kreiskontur, worauf sie im Kreisinneren vom Geist-Symbol des blauen Oval-»Auges« fixiert wird, um dann, gänzlich ihrer Energie beraubt, nach einer Zackenbewegung vertikal abzustürzen.

Der Angriff des zweiten Zentrums scheint auch insofern gebannt, als dem Kreis ein gewaltiges, unterhalb von ihm nach links vorstoßendes Ovalelement zu Hilfe kommt. Mit diesem tritt ein drittes Zentrum ins Bild, wobei der Umstand, daß der Kreis auf dessen Rücken eine verläßliche Stütze findet, den Eindruck hervorruft, als gehörten die beiden Elemente zusammen. Auf dem »Faktor der Nähe« beruhend, scheinen die beiden Gebilde – trotz unterschiedlich dynamischen Verhaltens – in gemeinsamer Zentrumsfunktion junktimiert; sie bilden sozusagen ein Doppelzentrum. Die vom rechten Bildrand überschnittene und, einem Kolben gleich, die bildteilende Vertikale durchstoßende Ovalform verfügt – im Vergleich mit den beiden oberen Zentren – über einen dinghafteren Charakter, der zum einen aus der objektbildenden Simultangestalt der Kontur, zum anderen aus dem formgebundenen, zum Teil modellierend aufgetragenen Kolorit resultiert. Das ovale Gebilde ist weiters durch eine eigene Raumqualität gekennzeichnet, die auch angesichts des vielen Blau die Illusion einer hinter der materiellen Bildfläche befindlichen Sphäre erzeugt. In seinem unteren Abschnitt, wo sich Blau mit Weiß vermengt, ruft es den Eindruck eines Gewässers hervor, auf dem ein langgestreckter schwärzlicher Farbstreifen zu schwimmen scheint. Es bedarf keiner großen Phantasie, um die am linken Ende des ondulierend bewegten Streifengebildes auftretende Gabelung mit dem Kopf eines Seeungeheuers zu assoziieren, aus dessen Rachen eine rötliche Feuerzunge schlägt. Selbst ohne diese restgegenständliche Metapher wird klar, daß die vektorale Kraft der Ovalform sich anschickt, ein rotes, von links unten aufsteigendes Zackenband zu durchtrennen; die beiden links außen befindlichen Farbsegmente wiederholen im vergrößerten Maßstab die Rundung des Ovals – sie fungieren gleichsam als Vorboten beziehungsweise protentive Zeitindikatoren seiner Bewegungsrichtung.

Das rote emporsteigende Zackenband dringt in das Ovalkonglomerat des zweiten Zentrums, wo es zunächst von einem dumpfen Blaufleck überlagert wird – der im übrigen in seiner schrägen Ovalform exakt jener im Kreisinneren rechts entspricht –, um sich dann gekurvt bis an den Scheitelpunkt des oberen »Kopf«-Ovals fortzusetzen. Ein Deutungsversuch mag ergeben, daß es sich hier um den erdverbundenen Lebensnerv des im Kampf mit dem Geistigen (Kreis) vermutlich unterliegenden Aggressors handelt. Die bevorstehende Durchtrennung dieser aus dem Materiellen schöpfenden Energieschnur besiegelt wohl das Ende des Angriffs. Eine Stütze für die Plausibilität dieser Interpretation findet sich in Kandinskys ein Jahr später gefertigtem Werk *Bild mit schwarzem Bogen*, wo eine ähnliche, ebenso aus drei Zentren zusammengesetzte Konfiguration von mehreren Autoren in analoger Weise als Kampf des Geistes mit der Materie gedeutet wird.

Während das linke obere Zentrum, das sich jeglicher Formverfestigung widersetzt, ja unter zu großem Energiedruck auseinanderzubrechen droht, wie ein Luftballon an der unten verankerten Schnur festgemacht ist, entziehen sich die beiden rechten Zentrumsgebilde mangels Verankerung gänzlich der Erdanziehung – sie verhalten sich, laut Kandinskys Beschreibung, wie »in der Luft schwebende Wesen«; mit ihrem visuellen Gewicht schaffen sie sich ihr eigenes Gravitationsgesetzt. Und noch etwas Grundsätzliches über das Gewicht: Arnheim zufolge wird »im Hochformat der aktive Kampf mit dem Gewicht anschaulich«, was zudem bedeutet, daß »ein Grunderlebnis der menschlichen Freiheit in der Überwindung der Schwere besteht«.[749]

Faktum ist, daß im *Bild mit Kreis* die untere Bildhälfte, gemessen an der Fülle der Formen und Linien in der oberen Zone, verhältnismäßig »leer« wirkt – indes nur unter dem Aspekt der Formfüllung betrachtet. Was hier fehlt, wird durch den Reichtum einer überschäumenden Farbwelt hinlänglich ersetzt. Trotzdem ist evident, daß die obere Bildzone hinsichtlich des visuellen Gewichts eindeutig dominiert. Zwar ist die Überwindung der Schwerkraft nicht das alleinige Bildthema, jedenfalls aber eine wichtige Determinante in der Darstellung eines in Kosmische übertragenen Konflikts.

Betrachtet man zunächst den linken unteren Bildquadranten, so ist der Umstand, daß man hier die changierenden und mehrschichtig aufgetragenen Farben kaum auseinanderzuhalten vermag, als gravierender Spannungsfaktor zu deuten. Abgesehen vom dumpfgrünen Ovalfleck am unteren Bildrand, der wie ein Schatten des ähnlich geformten Ovalzentrums anmutet, ist allein eine Dominanz des warmen Kolorits (Kan-

749 Arnheim (Anm. 195), S. 21 und 149

dinsky hätte vermutlich von »süßen« Farben gesprochen) auszumachen. Ausgehend von der Tatsache, daß warme Farben »schwerer« wirken als kalte, kommt es in bezug auf das diagonal gegenüberliegende kalte Kolorit der Kreisfüllung zu einer bemerkenswerten Kontrastwirkung, die freilich nicht ausreicht, um unten das Gewichtsdefizit auszugleichen. Kandinskys Beschreibung bestimmter Farbwirkungen, wie »die Farbe zum Kochen bringen« oder »verschmierte Auflösungen«, ist hier beispielhaft zu verifizieren. Desgleichen ist eine Passage aus seiner Beschreibung von *Komposition VI* auf die gesamte untere Zone zu übertragen: »Den Farben nahm ich ihre Deutlichkeit im Klang, ich dämpfte auf der Oberfläche und ließ ihre Reinheit und ihre wahre Natur wie durch Mattglas herausleuchten.« Daraus ergibt sich ein Eindruck von Verschwommenheit, der sich laut Hahl-Koch mit dem Element Wasser assoziieren läßt.

Obgleich sich im rechten unteren Bildquadranten etliche Formelemente vom rötlich warmen, wiewohl kaum auslotbaren Farbgrund lösen, bleibt hier der Eindruck von verschwommener Mattglas-Filterung ungebrochen. Auffällig ist zunächst ein schwarzer ovaler Fleck, der zum einen mit den ovalen Formen in der oberen Zone korrespondiert, zum anderen in bezug auf das Bildganze einen gewichtigen Ausgleichsakzent setzt. Obwohl Kandinsky *Bild mit Kreis* ausdrücklich sein »allererstes abstraktes Bild« nennt, kann man sich bei längerer Betrachtung des Gemäldes kaum des Eindrucks erwehren, daß sich da und dort Restgegenständliches abzeichnet. Solche Beobachtungen sind riskant, zumal ja Kandinsky immer aufs neue die Bedeutung des »Versteckten« hervorhebt: »Nicht eine klar daliegende, oft in die Augen springende Konstruktion [braucht] die an Möglichkeiten reichste beziehungsweise die ausdrucksvollste zu sein, sondern die versteckte, die aus dem Bilde unbemerkt herauskommt und also weniger für das Auge als für die Seele bestimmt ist«. Und noch wichtiger sein analoger Hinweis auf die Farbe: »Die Farbenpracht im Bilde muß den Beschauer gewaltig anziehen, und zur selben Zeit muß sie den tiefliegenden Inhalt verbergen.«[750] Neben diesen auf unmittelbare Auslösung »innerer Klänge« und »seelischer Vibrationen« anspielenden Bemerkungen gibt es indes Äußerungen von Kandinsky, die dem Betrachter vielleicht sogar hinsichtlich der Aufdeckung von Verstecktem einen Interpretationsspielraum lassen. Dazu sein wichtiger Hinweis in einem Brief an Münter: »Je mehr Möglichkeiten der Interpretation durch die Phantasie, umso besser.« Und im Sinne der Gestalttheorie betont er, daß es der Betrachter sei, der am Werk »weiterschafft«.

750 ÜGK, S. 5 und 129

Dadurch zu freierer Deutung legitimiert, fällt es leichter, sich zur Beobachtung durchzuringen, daß es sich in der rechten unteren Ecke vermutlich um einen keilförmigen, unter anderem in Rot- und Rosatönen gehaltenen Berg handelt, an dessen linker Begrenzung sich offensichtlich ein menschliches Wesen befindet, erkennbar an seinem blauen Leib und rötlichen Kopf mit gelber Aura. So gesehen erscheint es berechtigt, die unterste Bildzone bis zum dunkelgrünen Oval als terrestrisches Areal anzusprechen. Selbst betroffen durch die vom Kreiszentrum umgeleitete und vertikal herabzuckende schwarze Blitzlinie, dient dieses gleichsam als Standort mit Blick auf das kosmische Ereignis. Vor allem in der unteren Bildhälfte, wo sich die Figur-Grund-Frage im Gegensatz zur oberen Zone erst gar nicht stellt, hat Kandinsky das verwirklicht, was ihm als »undefinierbarer«, sozusagen sich vor und hinter der materiellen Bildfläche herausbildender Raum vor Augen stand und worüber er, wie schon erwähnt, in ›Mein Werdegang‹ schreibt: »Die Farben, die ich später anwendete, lagen nie auf einer und derselben Fläche, ihr inneres Gewicht war verschiedener Art. So kam das Mitwirken verschiedener Sphären von selbst ins Bild.« [751]

Das Resümee: Getragen von einem Harmonieverständnis, das »hauptsächlich auf dem Prinzip des Gegensatzes, dieses zu allen Zeiten größten Prinzips der Kunst« beruht, schildert Kandinsky hier – ausgehend von einer freien Darstellung der vier Elemente – den aller Schwerkraft enthobenen Kampf planetoider Gebilde, gleichsam einen in kosmische Sphären versetzten Stellvertreterkrieg für die Prinzipien von Geist und Materie – und zwar erstmals ausschließlich mit »reinkünstlerischen« beziehungsweise anschauungsdynamischen Mitteln. Ein Werk von kosmischer Tragweite zu schaffen, dazu bedurfte es der Eliminierung des Gegenständlichen zugunsten der Bewältigung eines »konkreten«, eben dynamischen Themas – mit entsprechenden Konsequenzen für den Betrachter, der sich vom Wunsch nach einer figurativen Lektüre freizuhalten und das Kunstwerk interaktiv als Wahrnehmungsbild (= Phänogramm) zu rezipieren hat.

Die Produktion eines Kunstwerks wird von Kandinsky mit der Erschaffung des Kosmos gleichgesetzt: »Das Malen ist ein donnernder Zusammenstoß verschiedener Welten, die in und aus dem Kampfe miteinander die neue Welt zu schaffen bestimmt sind, die das Werk heißt. Jedes Werk entsteht technisch so, wie der Kosmos entstand – durch

751 Hahl-Koch (Anm. 10), S. 186. Hahl-Koch hat diesen ebenso polyvalenten wie spannungsfördernden Sphäreneffekt sehr treffend geschildert: »Das Bild vermittelt den Eindruck von Räumlichkeit, wobei einzelne Partien immateriell und in ihrer Tiefe unbestimmbar sind, andere deutlich nah beziehungsweise fern zu liegen scheinen, während sich die Nähe oder Ferne anderer Formen als Irrtum erweisen.«

Katastrophen ... Werkschöpfung ist Weltschöpfung.«[752] In frappanter Analogie dazu Arnheims gestalttheoretisch bestimmter Satz: »Jeder große Künstler schafft ein neues Universum, in dem vertraute Dinge anders aussehen als je zuvor.«[753]

Zum Anlaß des »allerersten abstrakten Bildes der Welt« stellt sich selbstverständlich auch die Frage nach der Bildzeit, wobei es überrascht, daß Theissing der abstrakten Malerei, die man, wie gesagt, besser als eine »nicht-abbildhafte« bezeichnen sollte, apodiktisch jegliche Bildzeit-Fähigkeit abspricht. Dies belegt allein sein generalisierender Satz: »Wo aber Vergegenständlichung fehlt, ist auch keine Vergegenwärtigung und damit keine Zeit. Es herrscht das Nichts als bewegungsloses Immerdar.« Und weiter heißt es: »Je mehr also die Malerei mit dem Geistigen identisch werden will, desto mehr nimmt sie die Züge des Nichts an: Die ungeschiedene Zeitenfülle wird zur ungeschiedenen Zeitenleere.«[754] Damit begeht Theissing jenen Fehler, dem bereits Kandinskys Zeitgenossen unterlagen: das primär zum geistigen Ausdruck befähigte »Nicht-Abbildhafte« mit dem »Nichts« zu identifizieren. Mittlerweile sollte indes klar geworden sein, daß »abstrakte« Kunst eben nichts weniger als »reine Form« ist, zumal, so nochmals Arnheim, selbst die einfachste Linie sichtbare Bedeutung ausdrückt und deshalb symbolisch ist, ferner vor allem mittels Abstraktion visualisierte dynamische Themen – metaphorisch verwendet – dazu imstande sind, »eine Unendlichkeit nicht-sinnlicher Erscheinungen zu charakterisieren«. Im übrigen gerät Theissing zu sich selbst in Widerspruch, insofern er doch zu Recht wiederholt betont, daß jeder Kulturäußerung eine Stellungnahme zur Zeit innewohnt, und eindringlich daran erinnert, »... daß an allem, was erscheint, die Zeit, der es unterliegt, sichtbar werden muß.«[755] Eben dies geschieht auch in Kandinskys *Bild mit Kreis.*

Keinesfalls also ist Gegenständlichkeit eine Bedingung für die Existenz von Bildzeit. Eine wichtige Voraussetzung dafür ist indes der Raum, wobei es nur einen graduellen Unterschied macht, ob es sich nun um einen rational bestimmbaren oder wie bei Kandinsky um einen »undefinierbaren« handelt. Als zweite Prämisse bildzeitlicher Präsenz ist das Phänomen der Bewegung oder, wie es Kandinsky zutreffender bezeichnet, der Spannung anzusehen. Daraus resultiert jene dynamische Qualitätsveränderung, anhand derer sich die Bildzeit beziehungsweise die auf ein Nicht-Mehr und Noch-Nicht bezugnehmende »Zeitperspek-

752 *Rückblicke,* S. 24
753 Arnheim (Anm. 88), S. 63
754 Theissing (Anm. 19), S. 145 f.
755 Ebda., S. 10

tive« (= die Spannweite des auf Vergangenheit, Gegenwart und Zukunft bezogenen Bewußtseins) bestimmen läßt. Und im Umkehrschluß gesehen ist dann die Bildzeit das Instrument, »Veränderungen zu beschreiben, und eben sie nehmen wir an den Dingen wahr.«[756] Wie schon des öfteren ausgeführt, ist dabei an die zwischen ganzheitlich gestaltlicher Simultaneität und auch erlebniszeitlich wirksamer Sukzession bestehende Ambivalenz der Betrachtungsweise zu erinnern. Anschaulicher formuliert, ist dafür laut Gottfried Boehm eine Sehweise erforderlich, »die Simultaneität und Sukzession in ihrem Wechselspiel erkennt. Wenn wir die Zeitlichkeit des Bildes wahrnehmen wollen, so müssen wir den Blick auf das Ganze im Blick auf das Einzelne festhalten und umgekehrt, im Blick auf das Einzelne den Horizont des Ganzen kopräsent halten.«[757] Diese Dualität von ganzheitlich Simultanem und partikulär Sukzessivem hat auch Kandinsky impliziert: »Kurz gesagt ist die Wirkung der inneren Notwendigkeit und also die Entwicklung der Kunst eine fortschreitende Äußerung des Ewig-Objektiven im Zeitlich-Subjektiven. Und also andererseits das Bekämpfen des Subjektiven durch das Objektive.«[758] Daraus folgernd unterscheiden wir zwischen einer die Bildganzheit betreffenden »objektiven« Zeitgestalt und einer sich auf bildnerische Einzelelemente beziehenden »subjektiven« Zeitform, demgemäß die Überzeitlichkeit der Darstellung und die Zeitlichkeit des Dargestellten in Ambivalenz zueinander stehen. Dazu ergänzend Theissings Analogie: »Die Zeiterfahrung haftet nicht primär am Gegenstand, sondern an der Zeitform, welche die Bildgestalt sichtbar macht.«[759]

Die Simultaneität bildzeitlicher Erfahrung erscheint Boehm als gesichertes Faktum, demzufolge letztlich »›dargestellte‹ Zeit und Zeit der ›Darstellung‹ nicht mehr zu scheiden sind. Die gesteigerte Momentaneität ... konvergiert mit dem umfassenden Verwandlungsprozeß, der das Bild simultan vor Augen stellt. Wir vollziehen sehend nicht nur nach, wir artikulieren, bringen vor«.[760] In der Praxis der Wahrnehmung erscheint es angezeigt, die Exklusivität von Boehms Aussage ein wenig zu relativieren: Obwohl der temporäre Ablauf der Bildaktion und die räumliche Gleichzeitigkeit ihrer Elemente grundsätzlich als ambivalent anzusehen sind und der Betrachter stets nach dem Zugleich des ganzheitlichen Seins strebt, überwiegt bei diesem letztlich doch immer das zeitabhängige Bewußtsein, innerhalb dessen die Einsicht vorherrscht,

756 Ebda., S. 38

757 Gottfried Boehm, ›Bild und Zeit‹, in: *Das Phänomen Zeit* in: *Kunst und Wissenschaft* (Hrsg. H. Paflik, VCH, Acta Humaniora), Weinheim 1987, S. 20

758 ÜGK, S, 82

759 Theissing (Anm. 19), S. 38

760 Boehm (Anm. 757), S. 23

daß der Übergang vom Seienden (Werden und Handeln) zum Sein nie mehr als intentional, sozusagen eine erstrebenswerte Utopie sein kann. Und exakt dieser Transfer vom Seienden (= Materiellen) zum Sein (= Geistigen) manifestiert sich im *Bild mit Kreis* als Zeitgestalt, die primär durch den Faktor der Asymmetrie bestimmt wird.

Prinzipiell setzt Asymmetrie Qualitätsveränderungen frei und ist folglich immer ein Zeichen von Zeitlichkeit. Und wenn sich Asymmetrie sogar zu einseitiger Exzentrizität steigert, wie sich dies im Kreismotiv rechts oben äußert, dann ist diese ein zusätzliches Mittel, den Zeitcharakter des Bildinhalts zu intensivieren.[761] Dem schöpferischen Chaos der vibrierenden Farbschwingungen in der unteren Bildhälfte entsprungen, scheinen sich alle Kräfte in ständiger Qualitätsveränderung, somit im raschen Wandel auf den exzentrisch plazierten Kreis hinzubewegen, um dort zur Ruhe, vielleicht zum Sein des Geistigen zu gelangen. Obwohl letzteres nur im rezeptiven Zugleich der Bildgestalt wurzeln kann, so ändert dies kaum etwas an der sukzessiven Wahrnehmung der einzelnen interaktiven Zeitformen, beginnend mit der Dominanz des Kreiszentrums. Dabei ist zunächst von der Symboltradition auszugehen, derzufolge der Kreis als ein religiöses Abbild der Vollkommenheit gilt, als eine gänzlich symmetrische Form, die von ihrer Umgebung hermetisch abgeschlossen ist. Der Kreis strahlt allseitig Kräfte aus und bindet diese zugleich zentripetal in seinem Mittelpunkt. Sein konzentrisches System konkurriert zudem immer auch mit der Orthogonalität des Bildrahmens. Als einfachste und »beste« unter den »Guten Gestalten« wirkt er fixierend, mithin ausgesprochen zeitarm. Dazu Theissings prinzipielles Resümee: »Denn einfache und umfassende Strukturmerkmale beziehen sich auf das Allgemeine, heben sich also aus der zeitlichen Bedingtheit, während vielfältige und komplizierte Strukturmerkmale sich auf das Individuelle beziehen und damit auch auf den Wandel der Zeit.«[762] Nur geringfügige Unregelmäßigkeiten, wie der am rechten Bildrand nicht ganz geschlossene Umriß und ein nicht völlig homogener Farbauftrag im Binnenbereich, hindern den Betrachter daran, die Zeiform des vorliegenden Kreises – in Anlehnung an Theissings Terminologie – vollends mit der Ruhe einer »außerzeitlichen Fülle der Ewigkeit« begrifflich zu umschreiben.[763]

Auch von der Zeitform her gesehen könnte der Gegensatz zwischen dem Kreis und dem zweiten Zentrum, dem spiralhaft aus drei Ovalen zusammengesetzten Gebilde, größer nicht sein. Für diesen, das Materi-

761 Theissing (Anm. 19), S. 127 und 134

762 Ebda., S. 59

763 Ebda., S. 149

elle vertretenden Kontrahenten gilt der Leitsatz: »Je mehr Qualitätsveränderungen … um so mehr wird im Bild Zeit als Ablauf sichtbar« in kaum mehr überbietbarer Weise. Seine raschlebige Zeitform resultiert aus seiner schrägen Lage, den sich verwirrenden und doch wieder auflösenden Linienkräften sowie den retentiv wie protentiv in gesamter Bildhöhe hochzuckenden Bewegungsspuren, wie sie sich als »von etwas her zu etwas hin« im aufsteigenden roten Zackenband und in der schwarzen, gleichsam als Waffe in den Kreis eindringenden Linie dokumentiert. Man könnte sagen: Der Zeitverlauf hebt links unten an, läßt das Nicht-Mehr der Retention hinter sich, kulminiert im Jetzt des linearen Energiebündels und verebbt – gebannt durch das Geistige Immerdar des Kreises – im Noch-Nicht, vermutlich sogar Nie-Mehr einer aus seinem Aktionsradius entrückten Zukunft.

Erheblich beruhigter gestaltet sich die Zeitform des großen Ovalelements, das, an den Kreis geheftet, mit diesem ein Doppelzentrum bildet, dazu ausersehen, als handelnder, sozusagen zeitender Stellvertreter des Ewigkeitssymbols zu fungieren. Der »Guten Gestalt« angenähert und auf der horizontalen Bildachse fixiert, kommt es im Vergleich mit der dynamischen Konstellation des zweiten Zentrums nur langsam voran. Indessen ist seine Angriffsrichtung ausreichend verdeutlicht, insofern es vom rechten Bildrand überschnitten wird, folglich sein nach links ausgreifender Bewegungszug geklärt ist. Trotz seines gemächlichen Tempos scheint demnach die Durchtrennung des roten Zackenbands und damit die Ausschaltung der Energiezufuhr des zweiten Zentrums unabwendbar. Zusammenfassend: Vor einem dem Kosmos angemessenen, unauslotbaren Raumgrund positionierte Formwesen symbolisieren eine Zeitperspektive, in der sich stürmische Temporalität, verhaltener Wandel und eine dauerhafte, zur Außerzeitlichkeit drängende Ruhe widerspiegeln.

122 *St. Georg I*, 1911,
Hinterglasbild (19 x 19,5 cm), München,
Städt. Galerie im Lenbachhaus

123 *St. Georg III*, 1911,
Öl auf Leinwand (97,5 x 107,5 cm),
München, Städt. Galerie im Lenbachhaus

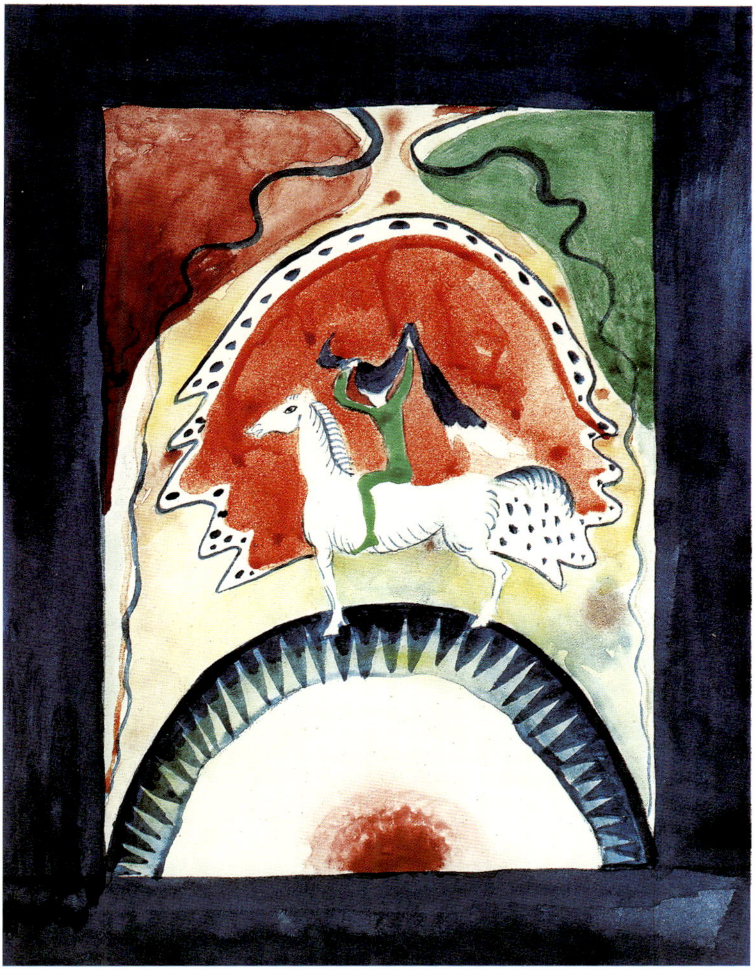

124 *Entwurf (1) für den Umschlag des Almanachs »Der Blaue Reiter«*, 1911, Aquarell und Bleistift auf Papier (27,5 x 21,8 cm), München, Städt. Galerie im Lenbachhaus

125 *Allerheiligen I*, 1911,
Hinterglasbild (34,5 x 40,5 cm), München,
Städt. Galerie im Lenbachhaus

126 *Allerheiligen II*, 1911,
Öl auf Leinwand (86 x 99 cm), München,
Städt. Galerie im Lenbachhaus

127 *Klang der Posaunen*
(Große Auferstehung), 1910/11, Aquarell, Tusche und Bleistift (32,5 x 32,5 cm), München, Städt. Galerie im Lenbachhaus

128 *Komposition mit Heiligen*, 1911, Aquarell, Tusche und Bleistift (31,5 x 48 cm), München, Städt. Galerie im Lenbachhaus

129 *Improvisation 26 (Rudern)*, 1912,
Öl auf Leinwand (97 x 107,5 cm),
München, Städt. Galerie im Lenbachhaus

130 *Aquarell Nr. 3 (Liebesgarten)*, 1911/12, Aquarell, Tusche und Bleistift (40,2 x 45,2 cm), München, Städt. Galerie im Lenbachhaus

131 *Sintflut I*, 1912,
Öl auf Leinwand (100 x 105 cm), Krefeld,
Kaiser-Wilhelm-Museum

132 *Bild mit schwarzem Bogen*, 1912,
Öl auf Leinwand (189 x 198 cm), Paris,
Musée National d'Art Moderne, Centre
Georges Pompidou

133 *Landschaft mit roten Flecken I*, 1913, Öl auf Leinwand (78 x 100 cm), Essen, Museum Folkwang

134 *Glasbild mit Sonne (Kleine Freuden)*,
1910, Hinterglasbild (30,6 x 40,3 cm),
München, Städt. Galerie im Lenbachhaus

135 *Entwurf 2 zu »Komposition VII«*,
1913, Öl auf Leinwand (100,2 x 140,2 cm),
München, Städt. Galerie im Lenbachhaus

136 *Entwurf 3 zu »Komposition VII«*, 1913, Öl auf Leinwand (90,2 x 125,2 cm), München, Städt. Galerie im Lenbachhaus

137 *Träumerische Improvisation*, 1913,
Öl auf Leinwand (130 x 130 cm),
München, Staatsgalerie moderner Kunst

1912 – Besinnung und theoretische Reflexion

VIII

Im Januar 1912 erscheint in München die Erstausgabe von ›Über das Geistige in der Kunst‹, der schon im April eine zweite und im Herbst eine dritte Auflage folgen. Am 12. Februar wird in der Galerie Hans Goltz in München die zweite Ausstellung der Redaktion ›Der Blaue Reiter: Schwarz-Weiß‹ eröffnet, und im Anschluß daran kommt es im Mai zur Herausgabe des Almanachs. Ferner schließt Kandinsky im Sommer die Arbeiten an seinen mit zahlreichen Holzschnitten versehenen Buch ›Klänge‹ ab. Im Oktober setzt die erste Einzelausstellung der Galerie ›Der Sturm‹ in Berlin den vorläufigen Höhepunkt in Kandinskys Ausstellungstätigkeit.[764] Diese Exposition wird auch in anderen deutschen Städten gezeigt und verschafft Kandinsky ein hohes Maß an Publizität, aber keineswegs die ihm gebührende Anerkennung. Unter den zahlreichen Kritikern ist vor allem Otto Fischer, beratendes Mitglied der NKVM, der im November ein Buch mit dem Titel ›Das Neue Bild‹ veröffentlicht. Obwohl er Kandinsky nicht erwähnt, hat es den Anschein, daß einige seiner Invektiven direkt auf den Künstler gemünzt sind. Die Vermutung wird zur Gewißheit, wenn man im Rahmen dieser Polemik fortwährend auf Kandinskys eigene Terminologie stößt, die – völlig mißverstanden – als argumentative Waffe gegen den Maler angewendet wird. »Das Bild ist nicht allein Ausdruck sondern auch Darstellung. Es drückt nicht die Seele direkt aus, sondern die Seele im Gegenstand. Ein Bild ohne Gegenstand ist sinnlos. Halb Gegenstand und halb Seele ist ein kalter Wahn. Dies sind Irrwege von leeren Schwärmern und Betrügern. Die Wirren mögen wohl vom Geistigen reden – der Geist macht nicht wirre sondern klar. Ein paar Flecken und Farben, ein paar Linien und Zacken sind noch nicht Kunst. Eine Verzerrung allein ist noch nicht Kunst. Ein ungestümes Gewirre ist noch nicht Kunst. Was Farben und Linien zur Kunst macht, ist ihre Notwendigkeit ...«[765] Diese kritische

764 Roethel und Benjamin (Anm. 21), S. 39

765 Otto Fischer, *Das Neue Bild. Veröffentlichung der Neuen Künstlervereinigung München*, München 1912, S. 15

Stimme, die Werke wie *Bild mit Kreis* im Visier hatte, ist um so bedenklicher, als sie vorgibt etwas von Seele, Geist und Notwendigkeit zu verstehen. Solche Fehleinschätzungen können Kandinsky nicht unberührt gelassen haben, stammen diese doch aus dem Umfeld der NKVM, Kandinskys alter künstlerischer Heimstätte. Für Kandinsky Grund genug, sich dieser Herausforderung zu stellen und 1913 kompromißlos mit einem neuerlichen Abstraktionsschub zu antworten.

Doch zurück an den Anfang von 1912, als man damit rechnen durfte, daß Kandinsky seinen in *Bild mit Kreis* eröffneten Abstraktionstrend nahtlos weiterverfolgen würde. Wider Erwarten hält er jedoch in seiner Entwicklung inne, um seine Position im Rückgriff auf mehr oder minder verschleierte Restgegenständlichkeit neu zu prüfen. Überblickt man sein bisheriges Œuvre, ist dies nicht verwunderlich, da sich retardierende Stilkorrekturen wiederholt feststellen ließen. Wie schon zuvor, wird jeder neue Entwicklungsschritt gründlich überlegt, selbst um den Preis zeitweiliger Schaffenspausen. Gemessen an der Fülle künstlerischer Aktivitäten in den Jahren 1911 und 1913 ist 1912 bei Kandinsky eine Stagnation nicht zu übersehen. Insgesamt malt der Künstler im Jahr der Veröffentlichung des Almanachs und der dreimaligen Herausgabe von ›Über das Geistige in der Kunst‹ nur 16 Ölbilder. Inwiefern hier die Flut gehässiger, von offenem Rassismus bis zu hilflosem Unverstand reichender Kritiken oder ein Warten auf positive Reaktionen des Publikums auf sein Traktat eine begleitende Rolle gespielt haben, sei dahingestellt. Aus einer Durchsicht seiner knapp bemessenen Werksequenz von 1912 geht hervor, daß sich lediglich zwei Gemälde, *Skizze für Sintflut II* und *Bild mit schwarzem Bogen*, dem in *Bild mit Kreis* erzielten Abstraktionsniveau nähern. Zudem versucht Kandinsky in *Dame in Moskau* sich ein letztes Mal mittels seiner »Großen Realistik« auszudrücken. Die übrigen Bilder verharren auf einer Ebene semiabstrakter Darstellungsweise. So auch die *Improvisation 26 (Rudern)*, die Kandinsky sowohl zur 28ème Exposition des ›Salon des Artistes Indépendants‹ in Paris einreicht als auch in seine Personalausstellung der Berliner Galerie ›Der Sturm‹ aufnimmt.

1. *Improvisation 26 (Rudern)*

Selbst dem mit den polyvalenten bildnerischen Mitteln Kandinskys vertrauten Betrachter fällt es nicht leicht, die restgegenständlichen Chiffren in *Improvisation 26* als Boot mit drei ausgelegten Riemen und drei Ruderern mit Steuermann zu identifizieren. Erst die Vergewisserung durch den Untertitel »Rudern« sowie die Kenntnis einer Aquarell-Studie, eines Hinterglasbilds, einer Bleistiftzeichnung und einer Holzschnittvignette schafft Klarheit. Und wenn selbst Eichner den roten Halbovalbogen nicht als runden Bootskörper zu deuten wußte, um wieviel erfolgloser müssen da die entsprechenden Dechiffrierbemühungen von Kandinskys Zeitgenossen gewesen sein.[766] Meines Wissens hat sich nur Armin Zweite eingehender mit dem Gemälde befaßt. Seine einleitende Deskription ist insofern bemerkenswert, als sie vorerst das Ikonographische ausklammert und statt dessen Kandinskys strukturelle Gestaltungsprinzipien in den Mittelpunkt des Interesses stellt. »So nehmen wir flächig ausgebreitete Farbzonen von wechselnder Intensität wahr, Flecken, pulsierende Geraden und scharf konzentrierte Bögen, dramatische Verdichtungen im oberen Drittel der Darstellung gegenüber beruhigten Partien im unteren Teil ... Zeichnerisch und malerisch behandelte Elemente treten in diesem Bild in Korrelation, gehen eine Symbiose ein und lösen sich teilweise voneinander ab.« Und fortfahrend stellt der Verfasser in Aussicht: »Ohne Zweifel könnten wir die Arbeit weiterhin in einer abstrakt bleibenden Terminologie beschreiben und beispielsweise Regionen der Konzentration von solchen der Lockerung unterscheiden, das Nebeneinander von Klarem und Verschleiertem beobachten oder sprunghafte Wechsel und allmähliche Stufungen von transparentem zu pastosem Farbauftrag konstatieren.«[767] Indes findet er mit diesen, einer kompetenten Orientierung angemessenen Bemerkungen sein Auslangen, um sich in der Folge überwiegend mit der vordergründig inhaltlichen Dimension des Bildes zu befassen, mit dem Ziel, »zu prüfen, inwieweit die versprengten Formen allusiven Charakter haben.« Dies ist zwar nützlich, vernachlässigt aber die künstlerisch wie semantisch weit wichtigere Frage nach dem dynamischen Thema. Statt dessen wird die bis in die Anfänge des kandinskyschen Œuvres zurückreichende Genese des Bootsmotivs untersucht und dessen symbolisch inhaltliche Dimension in Analogie zum Reitermotiv erörtert. Wie schon des öfteren dargelegt, bezieht sich Kandinskys ikonographische Tradition der Bootsfahrt auf den Gedanken der »Flucht aus einer Sphäre von Bedrohung«, auf die

Siehe Abbildung 129, Seite 456

766 Eichner (Anm. 141), S. 137
767 Zweite (Anm. 447), S. 145

Vorstellung eines »Aufbruchs ins Neue und Unbekannte«. Weiters kann das Boot als »Metapher für Befreiung« dienen und schließlich steht »Rudern für Ankunft und Abfahrt ... für den Kampf mit den Elementen und deren Überwindung«.[768] Universaler gedacht fungiert die Bootsfahrt als Befreiungsaktion von den materiellen Zwängen, als Streben nach neuen, geistigen Ufern, ähnlich wie es Kandinsky unter der Maxime der Einheit von Kunst und Leben im Schlußsatz seines ›Über das Geistige in der Kunst‹ zusammenfassend ausgedrückt hat: »... daß dieser Geist in der Malerei im organischen direkten Zusammenhang mit dem schon begonnenen Neubau des neuen geistigen Reiches steht, da dieser Geist die Seele ist der ›Epoche des großen Geistigen‹.«[769]

Sich solcher inhaltlicher Konnotationen zu besinnen, denen die Entschleierung von Gegenstandsderivaten zugrundeliegt, ist einem auf »wiedererkennendem Sehen« basierenden Bildverständnis zweifellos förderlich, was allerdings noch lange nicht heißt, daß man damit schon das Bild als ausdrucksfähiges, eben dynamisches Wesen erkannt hat. Daß Kandinsky wie immer etwas allgemein Bedeutsames am Einzelfall, oder, wie es Rebel in anderem Zusammenhang formuliert hat, »das im individuellen Exempel sich verallgemeinernde Weltganze«[770] darstellen wollte, dies hat schon Grohmann im Kontext mit *Improvisation 26* angedeutet. »Die Loslösung von der Gegenstandswelt und die Art der Übersetzung in eine freie Formensprache wird an diesem Beispiel besonders augenscheinlich; ohne die Formen zurückzuverfolgen, würde es schwer sein, eine Beziehung zu den ursprünglich gemeinten Dingen zu sehen. Meint sie Kandinsky überhaupt noch? Es scheint, als ob er jetzt nur die Bewußtseinsphänomene als wirklich gelten ließe, das Wirkliche ist noch nicht gänzlich ausgeklammert, jedoch ein Residuum geworden, und eines Tages wird das reine Wesen der Phänomene an seine Stelle treten (Parallele zu E. Husserls ›Ideen zu einer reinen Phänomenologie‹ 1913).«[771]

In Zweites Aufsatz gibt es, neben einer bereits erwähnten Orientierung, noch eine Textpassage, in der Kandinskys bildnerische Intentionalität erkannt und mit bestechender Prägnanz formuliert wird: »Einmal ist die rigorose Eliminierung aller narrativer Momente und ... die Auflösung eines verifizierbaren räumlichen Kontinuums auffällig. Außerdem bricht Kandinsky in seinem Bild von 1912 die Beziehung von Zeichnung und

768 Ebda., S. 149, 151 und 161

769 ÜGK, S. 143

770 Ernst Rebel, ›Darf Bildbeschreibung »Erlebnis« bieten? – Tendenzen und Diskussionen seit Burckhardt‹, in: *Sehen und Sagen. Das Öffnen der Augen beim Beschreiben der Kunst*, hrsg. von Ernst Rebel, Ostfildern 1996, S. 75

771 Grohmann (Anm. 14), S. 118 f.

Kolorit auf und behandelt beide als weitgehend unabhängig voneinander ... Linie und Farbe, Figur und Grund treten zwar auseinander, lassen sich aber trotzdem nicht voneinander lösen. Gerade die Dialektik von Verschmelzung und Trennung des Malerischen und des Linearen läßt sich an *Improvisation 26* besonders gut beobachten, wobei der Austausch räumlicher und flächiger Äquivalente hier eine zusätzliche Differenzierung schafft ... es stellt sich eine innerbildliche Spannung von ungewöhnlicher Intensität zwischen Verflüchtigung und Kristallisation ein ... In gleichem Maße nämlich wie sich die sinnliche Präsenz steigert, verliert die Darstellung an Anschaulichkeit, und genau hierin schien für die Zeitgenossen des Malers ein unauflösbares Paradox zu liegen.«[772]

Betrachtet man die Sehdinge von *Improvisation 26* unter dem Aspekt der größten Auffälligkeit, so fallen zunächst die sechs markant gezogenen schwarzen Geraden, die von links unten – annähernd parallel zur Bilddiagonalen – paarweise geordnet schräg nach oben vorstoßen, ins Gewicht. Sie überschneiden eine karminrote gebogene Linie, die wiederum einen blau-weiß-gelben Farbgrund überlagert, woraus mindestens drei Raumschichten resultieren. Die Gegensätze der überfließenden Farben leisten dann ein übriges, um Kandinskys Vorstellung einer ideellen Fläche beziehungsweise eines »indifferenten« Raumgefüges zu dokumentieren. Die gebogene Rotlinie umfaßt ungefähr zwei Drittel eines stehenden Ovals, dessen offener Abschnitt sich induktiv, ebenso aber aufgrund der linearen, konsonant gebogenen Figurenchiffren zum kompletten Oval schließen läßt; der Eindruck einer »Guten Gestalt« drängt sich auf. Insofern das fiktive Oval Kräfte anzieht (die sechs schwarzen Geraden), in sich sammelt (Blau und Gelb) und entsendet (Konvexivität), figuriert es als bildbeherrschendes Zentrum.

Erkenntnisfördernd ist ein vergleichender Blick auf den Pariser Aquarell-Entwurf (1911/12).[773] Hier wird zunächst evident, daß das Boot von drei Ruderern vorangetrieben und von einem rechts befindlichen Steuermann gelenkt wird. Letzterer ist mit Kopf und gebogener Rückenlinie, wörtlich vom Entwurf übernommen, auch im Ölbild präsent. Einem gespannten Bogen gleich, scheint dieser den Schwung des anschließenden Ruderers, der die Form eines schräg anlaufenden U-Hakens annimmt, aufzufangen. Schon schwieriger ist es, die beiden folgenden Figuren auseinanderzuhalten, die sich von jenen, im Entwurf deutlich hintereinander positionierten dahingehend unterscheiden, daß sie mit ihren einander überlagernden Konturen gleichsam zu einer Person ver-

772 Zweite (Anm. 447), S. 150

773 Vivian Endicott Barnett und Armin Zweite, *Kandinsky. Kleine Freuden, Aquarelle und Zeichnungen*, München 1992, S. 219 und Farbabb. 10

138 *Entwurf zu »Improvisation 26 (Rudern)«*, 1912, Aquarell und Tusche (25 x 32,1 cm), Paris, Musée National d'Art Moderne, Centre Georges Pompidou

schmelzen. Wichtiger sind indes die Differenzen der dynamischen Konzepte. Dies beginnt schon mit der unterschiedlichen Wahl des Formats. Während das querrechteckige Format des Aquarells die Bootsfahrt beschleunigt, sorgt jenes dem Quadrat angenäherte der Gemäldefassung im Ausgleich seiner Richtungskomponenten für ein vergleichsweise verhaltenes Tempo der Bewegung. Ist der Vektor des halbovalen, der Bilddiagonalen angepaßten Bootskörpers im Entwurf schräg nach rechts unten ausgerichtet und damit dem zeitlichen Ablauf der Aktion förderlich, so scheint der Bogenschwung des Boots in der Schlußfassung seine vektorale Kraft – dem Prinzip folgend, wonach visuelle Objekte sich in ihrer Hauptachse bewegen – nach unten zu entsenden. Letzteres schlägt sich in einer gesteigerten Wirkung der Erdanziehung nieder, mit der eine deutlich verminderte Bewegungsfähigkeit des Boots einhergeht. Um diesen Tempoverlust auszugleichen, bedarf es des Einsatzes der gewaltigen, sich von unten abstoßenden Ruderstangen, deren nach rechts oben zielende Vektoren von einem fragmentarischen Oval, das – vom Bildrahmen überschnitten – von unten aufsteigt, den blauen Farbgrund überlagert und mit seiner grünen Kuppe zugleich den Gegenbogen des Bootskiels unterläuft, unterstützt wird. Damit wird eine Energie freigesetzt, deren Vorboten – zwei ebenfalls grüne, die Bootsfahrer akzentuierende Ovalflecken – in diagonaler Richtung bereits den rechten oberen Bildquadranten erreicht haben. Von solchen Farbkonnotationen ist im

Aquarellentwurf wenig zu bemerken. Tatsächlich ist es vor allem die Farbe, die den Bewegungsrhythmus der Schlußfassung in Gang hält.

Neuerlich ist es Kandinskys »nachträgliches Definieren«, das einer Analyse nützlich ist. Denn auch in *Improvisation 26* begegnen wir seinen am Beispiel von *Komposition IV* aufgelisteten Gestaltungskategorien, wie den Gegensätzen der »Masse (= Farbe) zur Linie« und des »Präzisen zum Verschwommenen«, ferner den »Überfließungen der Farbe über die Konturen«. Dies alles signalisiert Veränderlichkeit und ist, wie sich noch zeigen wird, nachhaltig in den Dienst der Bildzeit gestellt. Zitieren wir noch vor einer Detailschilderung der Farbstrukturen Zweites einführende Bemerkungen zur Gesamtwirkung des Kolorits: »Koloristisch lebt das Bild aus dem dominanten Gegensatz von Blau und Gelb im Zentrum, dem Kontrast von roten und grünen Elementen und den Wechsel von schwarzen Linien und weißen Flecken.«[774] Von links nach rechts angelegt, begleiten Blau und Gelb zum einen die Fahrtrichtung, zum anderen füllen sie die U-Form des Bootskörpers, innerhalb derer ihr Zusammenprall das Kernstück des groß dimensionierten Zentrums markiert. Darüber hinaus unterspülen die beiden Farben gleichzeitig die rote Bootskontur. Retentiv nachziehend und protentiv vorauseilend betonen sie damit den transitorischen Charakter des Geschehens. Zusätzlich zum Kraftaufwand der Ruderstangen und der Dynamik der Diagonalkomponente sichern sie dem Gefährt, das – schwer durchhängend – die Wirkung der Gravitation zu spüren bekommt und obendrein sich aufgrund seiner »Guten Gestalt« als nur eingeschränkt bewegungsfähig erweist, ein zeitliches Fortkommen.

Der große blaue Fleck im linken Bilddrittel, der an Wasser wie Himmel erinnert, zeichnet sich durch Leichtigkeit und Tiefenräumlichkeit aus. Er symbolisiert die Sehnsucht der Bootsfahrer, den irdischen Bindungen zu entgehen und zum Geistigen zu gelangen. Dieses durch Blau versinnbildlichte Streben verstärkt sich noch, insofern das am oberen Ende des linken Ruders dunkelblau gefärbte Formgebilde mit krallenähnlichem Fortsatz offensichtlich als Arm eines Ruderers zu identifizieren ist. Zudem ist der Ruderer im Oberkörperbereich mit Zinnober akzentuiert, jener Farbe, die laut Kandinsky eine »in sich sichere Kraft« birgt; zu den beiden Grünflecken steht Zinnober in einem Komplementärverhältnis, das Stabilität verheißt. Dem Blau steht die materielle Farbe Gelb entgegen, das räumlich nach vorne dringt und mit seinem visuellen Schwergewicht das Boot nach unten zu drücken scheint. Vielleicht besteht sogar die Gefahr des Kenterns, da der rechte Bogenabschnitt des Bootskiels deutlich knapper ist als der linke. Diese Störung

774 Zweite (Anm. 447), S. 145

des Gleichgewichts verursacht Spannung, woran selbst die an sich »Gute Gestalt« des Halbovals nur wenig zu ändern vermag. Außerhalb des Bogens wandelt sich das Gelb in Orangegelb, um schließlich rechts außen auf ein merkwürdiges, fast embryoähnliches Gebilde zu stoßen. Dieses wie ein »in der Luft schwebendes Wesen« ist nur im Umriß karminrot getönt, in seinem unteren Binnenbereich sogar grunddurchlässig. Mit seinem armähnlichen Fortsatz scheint es sich dem Boot entgegenzustemmen, woraus hervorgeht, daß auf dem Weg zum Geistigen mancherlei Gefahren drohen, das obendrein schwerlastige und gleichgewichtsgestörte Boot vielleicht nie sein Ziel erreichen wird. Und wenn hier von der dynamischen Wirkung, der latenten Universalität sowie Semantik des transzendierenden Kolorits die Rede ist, so muß nochmals an Kandinskys wichtigen Satz aus ›Rückblicke‹ erinnert werden: »Die Farbenpracht im Bilde muß den Betrachter gewaltig anziehen und zur selben Zeit muß sie den tiefliegenden Inhalt verbergen.«[775]

Dem von weitgehend geschlossener Farbfaktur geprägten rechten unteren Bereich steht links oben ein Bildbezirk gegenüber, der durch locker und kleinteilig gestreute sowie grunddurchlässige Farb- und Linienzeichen bestimmt wird, wobei unter »Grund« ein extrem heller, unbunter Farbschleier zu verstehen ist. Dieser macht sich im oberen Bildviertel als intermittierender Himmelsabschnitt bemerkbar, unterläuft dann die horizontähnliche Wellenlinie, vor allem links oben, von wo er das große blaue Areal bis herab zu den Ruderstangen umfängt, um schließlich in der Mitte des unteren Bildrands wieder aufzutauchen. So wird wie in *Bild mit Kreis* ein motivlich konkreter Anlaß doch in ein »bodenloses« kosmisches Szenarium umgedeutet. – Wie im Aquarellentwurf lagert in der linken oberen Bildecke ein unheilverkündendes schwarzes Gebilde, dem ein karminrotes Kreissegment zu entwachsen scheint. Letzteres erinnert an ein sonnenartiges Gestirn, das sich anschickt, auf der in gesamter Bildbreite ausgespannten, leicht abschüssigen Horizontwellenlinie abwärts zu rollen. Dem planetarischen Zeichen,

775 Hahl-Koch (Anm. 10), S. 188. Hahl-Koch vergleicht *Improvisation 26* mit *Bild mit Kreis* und lastet in beiden Fällen einem der unteren Bildquadranten (in letzterem Gemälde dem linken, in ersterem dem rechten) Leerstellen an, worauf sie über beide Bilder das Verdikt der Unausgewogenheit fällt. Noch nachdrücklicher als in bezug auf *Bild mit Kreis* muß dieses Urteil hinsichtlich *Improvisation 26* zurückgewiesen werden. Da genügt es, an Kandinskys bildnerisches Credo beziehungsweise gestalttheoretisch anmutende Maxime zu erinnern, wonach »die Harmonisierung des Ganzen auf der Leinwand der Weg ist, welcher zum Kunstwerk führt«. Was hier im rechten unteren Quadranten fehlt, sind lediglich die graphischen Zeichen, ein Manko, das indes keineswegs mit Leere gleichzusetzen ist, zumal diese durch den Wärmepol völlig autonomer Farbmassen, insbesondere aber durch das kompakte und schwergewichtige Gelb zureichend ausgeglichen wird.

das farblich mit dem diagonal gegenüberliegenden Bootshindernis korrespondiert und damit nichts Gutes verheißt, fliegt ein schwarzes Wesen voran, das geradezu frappant an die stilisierte Form eines Vogels erinnert. Dieses scheint die Ruderer zu verfolgen, offensichtlich bestrebt, deren Fluchtversuch zu vereiteln.

Im Gegensatz zur rechten Bildhälfte steht die linke im Zeichen ausgeprägter Temporalität. Dies manifestiert sich zunächst in jenem kinetischen Programm, das primär auf der Schrägrichtung schwarz-linearer Zeichen beruht, vor allem aber in einer spezifischen Raumqualität, deren bildzeitliche Wirkung Kandinsky ausdrücklich betont hat: »Die Verwandlung der materiellen Grundfläche in einen undefinierbaren Raum gibt Gelegenheit zur Vergrößerung des Zeitmaßes.«[776] Hinzu kommen oben das herabrollende Gestirn, der Vogelflug sowie die über dem Haupt der vorgebeugten Ruderer lagernden schwarzen Bewegungsspuren. Vor allem aber ist es die Horizontlinie, der Kandinsky zur Vergegenwärtigung der Bildzeit geradezu eine Parameterfunktion verliehen hat. Idealtypisch zur Kennzeichnung eines »Von etwas her zu etwas hin« beziehungsweise eines Nicht-Mehr und Noch-Nicht verwendet, führt diese von links oben in einer schräg abwärts zielenden Geraden bis exakt an die Bildachse – bis dahin wirkt sie zeitverkürzend. In der Folge geht sie ohne spürbaren Neigungswinkel in eine sanfte, mit sukzessivem Energieverlust assoziierbare Wellenbewegung über – bildzeitlich gesprochen liegt mithin Zeitdehnung vor. Dies alles – die asymmetrische Kompositionsweise inbegriffen – wäre an sich ausreichend, um das Boot zum ersehnten geistigen Ziel zu bringen, gäbe es nicht im rechten unteren Bildquadranten die Abwehrgeste des zeitanhaltenden amorphen Wesens, vor allem aber die aggressive Gelbmasse, die im Gleichgewichtszentrum auf das sich in Weiß auflösende Blau stößt und mit ihrem erheblichen Gewicht das Boot zum Zeitstillstand zu bringen droht. Was daraus für die Bildganzheit resultiert, ist eine schwankende Ambivalenz von Wandel und Ruhe beziehungsweise Zeitverkürzung und Zeitdehnung, vielleicht sogar ein Zeitabbruch. Offen bleibt deshalb die Frage, ob die Bootsfahrt ein wunschgerechtes Ende finden wird beziehungsweise wie sich der Konflikt zwischen Materiellem und Geistigem entscheidet.

776 PLF, S. 167, Anm. 1

2. *Improvisation 27 (Garten der Liebe II)*

Zu den ersten Bildern von 1912 zählt auch die *Improvisation 27*, die den Untertitel *Garten der Liebe II* trägt und sich stilistisch von *Improvisation 26* diametral unterscheidet; überdies nimmt das Gemälde in Kandinskys Œuvre eine Sonderstellung ein. Um der Öffentlichkeit Einblick in die Vielfalt seiner Ausdrucksmöglichkeiten zu geben, hat es Kandinsky 1912 in Berlin, in Zürich (›Moderner Bund‹, Juli) und im folgenden Jahr sogar in New York (›International Exhibition of Modern Art‹, die Armory Show) ausgestellt, wo es, so Brisch, »auf das Verständnis und das Urteil des amerikanischen Publikums für die damals zeitgenössische Kunst einen wesentlichen Einfluß gehabt hat«.[777] Nur aus ikonographischem Blickwinkel läßt sich Brischs Auffassung bestätigen, wonach gewisse Motivelemente des *Liebesgartens* im Zusammenhang mit jenen Kompositionen stehen, in denen die Sintflut-Thematik behandelt wird. Zum Teil schon in *Komposition II* (1910) vorgeprägt, sind tatsächlich wesentliche Einzelheiten der *Improvisation 27* in die *Komposition VII* eingegangen, dann freilich in anderem stilistischen und kompositionellen Kontext und bis zur Unkenntlichkeit verschleiert.

Drei große, eine annähernde Bilddrittelung herbeiführende Farbformen, die – versatzstückartig eingesetzt – vor einem kompakten Weiß-Grund figurieren, wirken als primärer Blickfang. Ihnen sind drei gegenständliche Liebespaare zugeordnet, die mit ihrem abstrakten Umfeld seltsam kontrastieren. Analog zur Autonomie der Farbe, sind die linearen Werte als selbstdarstellende Verlaufsgestalten behandelt – sie fungieren primär als dynamische, die konturlosen Farbformen miteinander verbindende Transmissionsriemen. Daß dies nicht mit Abstraktion im Sinne eines von etwas »Abgezogenen« beziehungsweise einer Verschleierungsabsicht von Gegenstandsresiduen zusammenhängt, hat schon Brisch erkannt. »Es ist keine Abstraktion mehr, zu verstehen als eine Darstellung, in der das Abbildliche immer mehr ausgelöscht worden ist, sondern von vornherein ist das gewollt als Farb- und Formversammlung, in die einige Formeln und Symbole um der Klarheit und der stärkeren Wirkung willen eingefügt worden sind. In ihrem Formelcharakter gleichen auch alle die Gegenstände trotz ihres verschiedenen Charakters einander.«[778] Statt einer »verschleierten« liegt eine »bloßgelegte« Konfiguration vor, deren Eigenart auf einem neuartigen Form-Zeichen-Vokabular syntagmatischer Eigenvalenz beruht. Dies birgt eine bei Kandinsky ungewohnte Auffassung von Dynamik. Diese Dynamik erschließt sich näm-

777 Brisch (Anm. 65), S. 219
778 Ebda., S. 221 f.

139 *Improvisation 27 (Garten der Liebe II)*, 1912. Öl auf Leinwand (120 x 140 cm), New York, The Metropolitan Museum of Art

lich nicht im nahtlosen, form- und farbübergreifenden Dahinfließen der Kräfte wie in *Improvisation 26*, sondern wird in spannungsvermittelnden Relationssprüngen zwischen den streumusterähnlich plazierten Sehdingen erfahrbar.

Zu *Improvisation 27* existiert ein Aquarell-Entwurf, den Kandinsky in der zweiten Ausstellung »Der Blaue Reiter« gezeigt hat und der in einigen Details Ergänzendes zur inhaltlichen Klärung des Ölbilds beizutragen vermag.[779] Im Entwurf wie in der Endfassung bildet im rechten unteren Bildquadranten eine große krapprote Farbform die optische Hauptattraktion. Eine ondulierende Bewegung im Umriß, eine in der Schärfe unterschiedliche Abgrenzung vom Bildgrund sowie ein farblicher Qualitätswandel im Binnenbereich sichern dieser ein hohes Maß an Dynamik. In ihrem konvex auf den Bildmittelpunkt ausgerichteten Buckel sammelt sich das Rot zu größter Sättigung und Leuchtkraft. Nach rechts zu verliert die Farbform an Substanz. Völlig ausgebleicht und fast schon mit dem Weiß-Grund verschmolzen, drängt sie dort – in Kandinskys Terminologie ausgedrückt – zu transparenter »Auflösung«. In ihrem unteren Abschnitt umfängt die Farbform eine bläulich weiße Gestalt mit kraftlos herabhängendem Arm, auf der ein konvex anschwel-

Siehe Abbildung 130, Seite 457

779 Barnett (Anm. 329), Nr. 427

lendes schwarzes Element mit zugespitzten Enden lagert. Erst ein Blick auf den Aquarell-Entwurf schafft Klarheit, daß es sich um ein Liebespaar handelt. Unter dem Aspekt von Kandinskys Farbsemantik lastet Rot als Farbe »männlicher Reife« auf Schwarz, jener Farbe, die an das »Schweigen des Körpers nach dem Tode« gemahnt.[780] Kurz: Dieser sinnliche Liebe und Tod symbolisierende Farbakkord scheint dem Akt der Umarmung ein verhängnisvolles Ende zu bereiten.

Eine Konnotation mit dem Sündenfall ist insofern naheliegend, als sich über der todbringenden Umarmung, im Buckelbereich der roten Farbform, eine Wellenlinie dahinschlängelt, die, wie ein Blick auf das Aquarell bestätigt, unschwer als Schlange zu identifizieren ist. Diese scheint sich nach vollbrachter Verführung nach rechts oben davonzustehlen, wo sie von einem zaunähnlichen Liniengitter blockiert wird. Die Schlange nimmt von der bildteilenden Vertikalen ihren Ausgang, dort, wo eine schräg gestellte Ovalform das Gleichgewichtszentrum markiert. Allseitig vom Weiß-Grund umgeben, bezeichnenderweise von der roten Konvexivität »männlicher Reife« bedrängt, ist das gelbockrige Oval am rechten oberen Ende gekappt; von seinem farblich verdichteten Kern strahlen kleine, konzentrisch angeordnete Rotstriche aus. Diese Farb/Formmetapher ist deutlich genug, um sie mit Brisch als »weiblichen Schoß« zu lesen.[781] Als »Gute Gestalt« mit homogenem Farbduktus signalisiert sie einerseits eine in sich ruhende Konsistenz, andererseits setzt sie mit ihrem zentrifugalen Strahlenkranz nach allen Seiten hin Energien frei. Sie wirkt als Gravitationsfeld, auf das alle Bildelemente, aktiv oder passiv, Bezug nehmen. Ebenso polyvalent ist sie in ihrer Funktion als Bedeutungsträger, die bei den sie umgebenden Liebespaaren unterschiedliche Reaktionen wachruft. So erweist sie sich im Fall des unteren Paares, das in exzessiver Umarmung von der blutroten Masse erdrückt wird, als verderbenbringendes Organ, aus dem die Schlange des Bösen hervorkriecht.

Links vom Geschlechtssymbol befindet sich das nächste Paar, das sich körperlicher Leidenschaft hingibt und – führt man sich das diesbezüglich deutlichere Aquarell vor Augen – den Geschlechtsakt vollzieht. Grau-weiß getönt, wird das Paar von einer deformierten, mit dumpfem Ocker gefärbten Oval-Aura umhüllt, über die rechts ein schwarzer Schatten herabgleitet. Forciert durch die Ähnlichkeit mit dem Schwarz der rechts unten sich vampirartig an die Frauengestalt klammernden Figur, regt sich Todesahnung. Verstärkt wird dieser Relationssprung durch ein beide Zentren verbindendes Wellenband, das zunächst das in heftiger

780 ÜGK, S. 98 f.
781 Brisch (Anm. 65), S. 220

Umarmung verschmolzene Paar faßt, um dann in die Kontur der entseelten Frau überzugehen. Die rhythmisierte Wellenlinie dient nicht nur der Kommunikation weit voneinander entfernter Bildbezirke, vielmehr wirkt sie auch als Indikator einer gemächlich verlaufenden Zeit, die klar macht, wohin der Weg purer Fleischeslust führt. Kompositorisch bewirkt die Wellenlinie eine Ausgrenzung der linken unteren Bildecke, wo neuerlich ein schwarzes Gebilde plaziert ist. Letzteres ist zwar für die Gleichgewichtssicherung der Bildstruktur unabdingbar, es hat aber auch eine semantische Funktion, wobei einmal mehr ein Blick auf das Aquarell gegenständliche Evidenz ermöglicht. Offensichtlich handelt es sich um einen liegenden Hund, der mit seiner spitzen Schnauze geruhsam Bodenkontakt sucht. Dieses Tiermotiv ist nicht neu, es kommt bereits in *Improvisation 11* (1910) vor, wo es ebenso das bewußtseinslose Desinteresse des Kreatürlichen am Drama des menschlichen Lebens bekundet.

Fortwährend vom Faktor der Ähnlichkeit gelenkt, trifft der Blick des Betrachters links oben abermals auf ein schwarzes Gebilde, das sich, verhüllend und bedrohlich zugleich, auf ein heraneilendes Wesen legt, von dem nur Vorderbein und Bauch zu sehen sind. Im Anschluß daran, wie vom schwarzen Kopf des Fabelwesens vorangetrieben, begegnet man einer von Weiß durchfluteten Blaumasse, die sich mit einem Wasserfall assoziieren läßt. Das Aquarell verstärkt diesen Eindruck, erweckt sogar die Vorstellung eines Sintflutgeschehens, wie dies der blaue, von schwarzen und blauen Strichhieben übersäte Himmelsstreifen im Sinne eines Wolkenbruchs nahelegt. Dieser apokalyptischen Gefahr sieht sich das dritte Liebespaar ausgesetzt. Vom Oval des weiblichen Geschlechtsorgans hochgehoben, blickt es dem Ereignis – die stützende Zacke einer in warmen, aber keineswegs aggressiven Farben (Blaßrot und Mattgelb) gehaltenen kosmischen Eruption im Rücken – gelassen entgegen. Der erhobene Arm des türkis gefärbten Mannes, von dessen Partnerin nur der Kopf und ein wenig Rot zu sehen ist, genügt, um die herannahende Sintflut zu bannen. In ähnlicher Haltung hat sich dieses Paar bereits in *Komposition II* angekündigt, wo ihm rechts unten – die Apokalypse vor Augen – ein Platz im Paradiesgarten zugewiesen ist. Daran knüpfen sich Vorstellungen einer himmlischen Liebe, mit der die irdische der beiden anderen Paare, deren ekstatische Lust letztlich mit dem Untergang bezahlt wird, kontrastiert. Erneut steht also der Triumph des Geistigen über das Materielle im Mittelpunkt der künstlerisch-universalen Aussage, diesmal aber unter ungewohnten ikonographischen Voraussetzungen.

Um das zentrale Schöpfungsorgan – befähigt zum Positiven wie Negativen – kreisen, Planeten gleich, die drei Liebespaare. Sie symbolisieren physisches Werden und Vergehen sowie geistige Erlösung. Daß Kandinsky hier das Thema der Sexualität auf kosmische Dimensionen ausgeweitet hat, liegt auf der Hand. Mit Verweis auf die lebensphilosophische Grundhaltung der Intellektuellen in München, St. Petersburg und Moskau findet diese These auch bei Washton-Long ihre Bestätigung: »Sex was thought to be a way to communicate with cosmic forces. In Munich at that time, Wolfskehl and George elevated Eros as a symbol of salvation through their Dionysiac celebrations.« Daraufhin Kandinsky ohne Umschweife zum Anhänger der freien Liebe zu erklären, ist eine schwer nachvollziehbare Behauptung. Hinweise auf Kandinskys nur in der Theorie bestehende Ehe mit seiner Kusine oder seine ohne Trauschein auskommende Beziehung mit Gabriele Münter sind dafür wohl kaum ausreichend. Aufschlußreicher sind die Ausführungen der Autorin hinsichtlich der Kandinsky vertrauten russischen Dichter Rozanov, Kusmin und Merežkovskij, in deren Lyrik die Idee des Eros geradezu religionsartigen Charakter annimmt.[782]

Weiters ist auch Washton-Longs Vergleich von *Improvisation 27* mit der von Matisse 1905/06 gemalten *Lebensfreude* von Interesse, zumal Kandinsky dieses Schlüsselwerk der Malerei des 20. Jahrhunderts anläßlich seines Paris-Aufenthalts gewiß ausgiebig studiert hat. Indessen geht die Autorin in ihrem Versuch, Kandinsky direkte Abhängigkeit anzulasten, viel zu weit. Was einigermaßen akzeptiert werden kann, ist ihre Beobachtung einer Analogie im menschlich Figuralen sowie eine die Komposition im Prinzip bestimmende Zirkularbewegung; im übrigen unterscheiden sich die beiden Bilder grundlegend. Während Matisse mit hell erblühendem Kolorit eine ausgesprochen lebensfreundliche pastorale Idylle malt, die sich nirgends vom Boden der Gegenständlichkeit entfernt und sogar noch Spuren eines natürlichen Raumgefühls erkennen läßt, ist von all dem in Kandinskys Werk wenig zu bemerken. Statt dessen meidet der Maler das Abbildhafte und läßt seine vorwiegend zeichensprachlichen Elemente vor einem primär weißen Grund schweben, der kaum Tiefenraum evoziert, vielmehr lediglich zwischen Oben und Unten differenziert. Setzt Matisse alles daran, sein Szenario in einen einheitlichen, dekorativen Linien- und Farbfluß einzubinden, so bemüht sich Kandinsky, mittels Autonomie von Farbe und Linie und einer versatzstückartig anmutenden Farb/Formverteilung dekorative Kunstgriffe zu unterlassen. Daß ihm nichts weniger als die Darstellung einer Idylle vorschwebte, wurde schon ausführlich erläutert. Sein Anliegen war es, die Darstellung der wichtigsten Lebensäußerung des Menschen im Strudel der Disparität wie im Zugriff des Kosmischen aufgehen zu lassen, dabei wie stets auch bestrebt, die Hoffnung auf geistige Freiheit offenzuhalten.

782 Washton-Long (Anm. 384), S. 104 f.

Trotz dieser gravierenden, auch weltanschaulich bedingten Unterschiede zögert Kandinsky nicht, Matisse als einen »der größten neuesten Franzosen« zu bezeichnen. Seine Vorliebe für den Künstler bringt er in ›Über das Geistige in der Kunst‹ nachhaltig zum Ausdruck. In die bewundernde Rezension mengen sich aber auch kritische Untertöne, die die Differenz der beiden Gemälde authentizieren. Einige aus ›Über das Geistige‹ zitierte Passagen erhellen diesen Sachverhalt: »Durch rein persönliche Eigenschaften geleitet, als Franzose speziell und vorzüglich koloristisch begabt, legt Matisse Schwerpunkt und Übergewicht auf die Farbe. Ebenso wie Debussy kann er sich lange nicht immer von der gewohnten Schönheit befreien: der Impressionismus rollt ihm im Blut. So trifft man bei Matisse unter Bildern, die von großer innerer Lebendigkeit sind, von dem Zwange der inneren Notwendigkeit hervorgerufen, auch andere Bilder, die, hauptsächlich durch äußere Anregung, äußere Reize entstanden (wie oft denkt man da an Manet!), hauptsächlich oder ausschließlich nur das äußere Leben besitzen. Hier wird die spezifisch französische verfeinerte, gourmante, rein melodisch klingende Schönheit der Malerei auf eine über Wolken stehende kühle Höhe gezogen. Nie unterliegt ›diesem‹ Schönen der andere große Pariser, der Spanier Pablo ›Picasso‹.«[783] Was kann einem Künstler besseres widerfahren, als von Kandinsky die Begriffe »innere Lebendigkeit« und »innere Notwendigkeit« attestiert zu bekommen?

3. *Sintflut I*

Im März 1912 malt Kandinsky *Sintflut I*, ein annähernd quadratisches Gemälde, das sich in jeder Hinsicht von *Improvisation 27* unterscheidet; fast möchte man daran zweifeln, daß die Bilder von demselben Künstler stammen. Das Prinzip der versatzstückartigen Verteilung der Kompositionselemente wird verworfen. An seine Stelle tritt wieder eine Integration der Sehdinge, die in einen kontinuierlichen Bewegungsstrom eingebunden sind. Unterschiedlich zu *Improvisation 27* ist auch das Verhältnis von Linie und Farbe, die nunmehr weit weniger autonom eingesetzt werden, was sich darin zeigt, daß die Linie fast immer als Formkontur dient und die Farbe nur selten die jeweilige Form überfließt. Die Frage nach der Relation von Figur und Grund ist sekundär, so sehr sind die Sehdinge miteinander verzahnt. Fühlt sich der Betrachter im *Garten der Liebe* aufgrund solitärer Plazierung der Zentren und verminderter Dynamik sowie der Betonung des Narrativen (ikonographisches Thema) zur Rezeptions-

Siehe Abbildung 131, Seite 458

783 ÜGK, S. 51

weise einer figurativen Lektüre veranlaßt, so kommt er in *Sintflut I* nicht umhin, sich schon vorweg dem Problem des dynamischen Themas zuzuwenden. Daran ändert auch nichts, daß es sich »nur« um ein semiabstraktes Bild mit gar nicht so wenig Restgegenständlichkeit handelt und mithin »Bloßgelegtes« und »Verschleiertes« einander die Waage halten. Den Gesamteindruck des Bildes betreffend, herrscht Buntheit vor, wiewohl sich die einzelnen Farben nirgends – wiederum ganz anders als in *Improvisation 27* – zu größeren kompakten Einheiten zusammenschließen. Und was Lassaigne in bezug auf *Komposition V* festgestellt hat, gilt hier in vielleicht noch höherem Maße: »Der Aufbau hat keinen festen Grund und wirkt wie schwebend im Raum. Die Bildelemente vervielfachen sich und wuchern in oft kaum erkennbaren Formen.«[784] Handelt es sich nun um einen in Unordnung geratenen Bildaufbau? Keineswegs. Nur ist es eine sehr komplexe Ordnung, welche die Wahrnehmung vor die schwierige Aufgabe stellt, die zahllosen Details in ihrer Ganzheit, der alles verbindenden und allem übergeordneten Gestalt, zu erkennen.

Ein Versuch, das Bild nach Zentren abzusuchen, erweist sich als wenig ertragreich, wiewohl man das weiße, schwarz konturierte Band, das diagonal nach rechts oben schnellt, als besonders auffälliges wie dynamisch dominantes Objekt wahrnimmt. Der Betrachter ist genötigt, das »wiedererkennende Sehen« zunächst zu vernachlässigen, um sich unvermittelt den dynamisch-strukturellen Gegebenheiten zuzuwenden. Daß Kandinsky mit Verschleierungsmaßnahmen dazu beigetragen hat, die Neugier des an der Aufdeckung von Restgegenständlichkeit interessierten Betrachters anzustacheln, ist eine absichtlich herbeigeführte Begleiterscheinung.

Dem Rezipienten den Gestaltcharakter sowie das damit verbundene dynamische Konzept eines Bildwerks ausreichend klar vor Augen zu führen, war Kandinsky zweifellos immer ein vordringliches Anliegen. So auch in *Sintflut I*, wo man trotz fehlender Einzelzentren bald auf das beherrschende Kompositionsschema stößt. Zunächst abstrakt-geometrisch gesehen, beruht dieses auf der Form einer vorwiegend sphärischen, in das Bildquadrat eingeschriebenen Raute, die vermutlich nicht jeder Betrachter gleich auf Anhieb als bildbeherrschendes, eben ungewöhnlich großes Zentrum zu erkennen vermag. Dieses kompositionelle Leitgebilde setzt sich in der oberen Hälfte aus bunt gesprenkelten Farben zusammen, während sein unterer Abschnitt auf dem Kontrast von Weiß und – den hohen gelben Zapfen ausgenommen – düsteren Farben basiert. Weiters ist es oben abgerundet und unten zugespitzt, was auf einen abwärts gerichteten Vektor schließen läßt. Indessen macht sich

784 Lassaigne (Anm. 121), S. 66

dort, wo die Rautenspitze auf den unteren Bildrand stößt, umgehend eine Gegenkraft bemerkbar, die als schlanker gelber Bolzen nach oben schießt, dann vom weißen Peitschenband aufgenommen und nach rechts oben weitergeleitet wird.

Bei dem Rautenumriß handelt es sich um einen rochenähnlichen Fisch. Dafür sprechen die Rautenform selbst, die an die schwingenartig ausgebreiteten Flossen eines Rochen erinnert, sowie die fischkopfähnliche Keilspitze unten, innerhalb derer ein kleiner weißer Ovalring mit schwarzer Füllung an ein Auge denken läßt. Neben dieser nicht leicht dechiffrierbaren Rautenform gibt es an den Rändern und außerhalb etliche Zeichen, die mit erheblich geringerem Phantasieaufwand als Gegenstandsderivate zu enträtseln sind. So findet sich an deren linken unteren Begrenzung ein braun-weißes brettähnliches Gebilde, an dem sich eine liegende Gestalt festzuklammern sucht, um sich vor den Gefahren der Sintflut zu retten; im übrigen ist das kahnähnliche Brett am unteren Ende mit dem Fischkopf verbunden. Demnach kann man den unglücklichen Passagier als Jonas identifizieren, der im nächsten Moment vom Wal verschlungen wird. Diesen Vorgang, dem die präfigurative Idee der Auferstehung inhärent ist, scheint Kandinsky insofern weiterzuerzählen, als er dem gelben Bolzen rechts eine braun-weißliche, S-förmige Figur hinzufügt, die den Eindruck erweckt, als sei sie, dem alttestamentarischen Bericht gemäß, vom Wal ausgespien worden. Die aufstrebende dynamische Kraft der S-Figur setzt sich im elastischen Bogen eines weißen Sehdings fort, das direkt auf ein rettendes Boot rechts oben hinzielt. Daraus läßt sich schließen: Der scheinbar untergehenden Gestalt gelingt letztlich die Auferstehung, wiewohl erst über den Umweg des transformierenden Fischbauchs.

Oberhalb der Jonas-Gestalt breitet ein weibliches Wesen wie schwebend ihre Arme aus, eingespannt in eine auratische Linienhülle, die sie nach oben zu entführen scheint. Am Zenit der Rautenkuppe befinden sich zwei weiße Zeichen, die, Schwänen ähnlich, davonzufliegen scheinen. Rechts außen ist der braunrote Bug des bereits erwähnten Bootes zu erkennen, dem eine weißrosa Figur in Orantenhaltung entschwebt – offensichtlich eine gerettete Seele, die im Bewegungssog des weißen Bandes in die rechte obere Bildecke auffährt. Danach lassen sich drei Stadien der Errettung feststellen. Dies beginnt unten mit dem erdfarbig dargestellten Jonas, der noch am Irdischen klebt, und setzt sich fort in der weiblichen Figur, die sich im Schutz einer großteils orangefarbenen Aura befindet. Und dem Sintflutgeschehen enthoben, sieht die entstofflichte Gestalt rechts oben bereits ihrer Auferstehung entgegen. Diesen drei Rettungsphasen dient das weiße Band als bildzeitlicher Indikator. Als dünne Schnur beginnt es unten, schwillt dann allmählich an, schwenkt in eine leichte Kurve, um schließlich geradlinig in beschleunigtem Tempo hochzuschnellen. Ebenso schräg ausgerichtet ist die aurenumwobene Frau, die mit ihrer richtungsadäquaten Seitenansicht, der Veränderlichkeit ihrer Inkarnatsfarbe und dem Aussetzen der rechten Körperkontur einer idealtypischen Zeitform entspricht. Darüber hinaus gibt es zahlreiche andere Zeitformen, die sich mitunter widersprüchlich verhalten oder sich sogar gegenseitig aufheben, was einem diffundierenden Zeitcharakter sehr nahe kommt. Beispielhaft dafür ist der zwischen der abwärts schwimmenden Fisch-Raute und den zahlreichen, in Gegenrichtung zielenden Bewegungsspuren beziehungsweise Einzelzeitformen bestehende Kontrast. Zusammen mit der Tatsache, daß der annähernd quadratische Bildrahmen grundsätzlich zeitresistent ist und die zentrale Rautenform ihre Kräfte nach allen vier Seiten entsendet, ist die Bestimmung der zusammenfassenden Zeitgestalt erschwert, wenn nicht sogar unmöglich. Es hat den Anschein, als sei es Kandinskys Bestreben, den Betrachter zu einer überwiegend simultanen Rezeptionsweise zu bewegen. Damit tritt jener seltene Fall ein, der Arnheims Grundthese von der Notwendigkeit gleichzeitiger Strukturerfassung eines Bildgeschehens zu bestätigen scheint, derzufolge es, so betont Arnheim, »im Gehirn für jede Spur einen Ort, aber kein Datum« gäbe.[785] Ausgehend von einem statisch verallgemeinernden, mithin problematischen Bildverständnis, hat dies Paul Claudel noch eindringlicher ausgedrückt, wonach in einem Gemälde »alles gleichzeitig geschieht, alles gemeinsam voranspurtet, alles zur selben Zeit wirkt …, ohne daß irgendetwas beginnt oder endet«.[786] Diesem Dilemma kann man jedoch entgehen, wenn man die Zeitgestalt, abgehoben von der kausal irdischen Zeitrechnung, in der Außerzeitlichkeit angesiedelt sieht, womit sich die Bildzeitproblematik letztlich doch wieder aufdrängt.

Das dem Bildquadrat kompositionsbestimmend eingeschriebene Rautenschema führt naturgemäß zur Abspaltung von vier dreieckigen Eckkompartimenten, wobei die rechte untere visuell vorrangig ins Gewicht fällt. Von einer weißen Aura umgeben, tritt hier eine weibliche Halbfigur in gelber Färbung und mit einem blauen flügelähnlichen Fortsatz versehen in Erscheinung; vor ihrer Brust schwebt ein wie vom Himmel herabgeholtes rotes Gestirn. Ihrem Gelb begegnet man auch am benachbarten Bolzen, der ihre Geisteskraft in physische, aufwärtsstrebende Energie umzusetzen scheint, der man gleichfarbig rechts oben in einer abgerundeten Form ansichtig wird. Möglicherweise versinnbildlicht die Frauengestalt ein engelhaftes Wesen, das dem Sintflutereignis

785 Arnheim (Anm. 88), S. 374
786 Zitiert nach Kreitler und Kreitler (Anm. 185), S. 45

beiwohnt oder es sogar ankündigt. Im gegenüberliegenden Bildbezirk, an der Ecke der Raute, sprengt ein weißes Pferd mit einem von einer blauen Aura akzentuierten Reiter empor, der mit einer Trompete anscheinend den Verkündigungsauftrag erfüllt. Diese Deutungsthese ist naheliegend, insofern man beiden Protagonisten, und zwar in gleicher Bildplazierung und Funktion, im Aquarell *Die Verkündigung des Blauen Reiters* (1911/12) wiederbegegnet.[787]

Wie so oft in Kandinskys Œuvre schneidet links oben ein in düsteren Farben gehaltener Horizont – parallel zur Schräge des weißen Bandes – die Bildecke ab, in deren verbleibendem Dreieck noch ein weißes Gebirge mit rotem Himmelsausschnitt Platz findet. Die Bildelemente, die sich den irdischen Regeln der Orthogonalität widersetzen und die auf die Spitze gestellte Raute, die extreme Labilität signalisiert, transponierten das Ganze in eine von der äußeren Wirklichkeit abgehobene Dimension.

4. *Sintflut II*

Im Sommer 1912 befaßt sich Kandinsky abermals mit dem Sintflut-Thema. Es entsteht *Sintflut II*, der ein Aquarell-Entwurf und eine Ölskizze vorangehen. Da die Schlußfassung verschollen ist, befassen wir uns mit letzterer. Nach einem Vergleich mit *Sintflut I* gelangt man zur Einsicht, daß Kandinsky die vorerst relativ materielle, von enträtselbarer Restgegenständigkeit angereicherte Endzeit-Vision hier vollends auf eine rein spirituelle Ebene transponiert hat. Der Abstraktionsschub ist so tiefgreifend, daß auf den ersten Blick überhaupt kein Gegenstandsbezug zu bemerken ist. Es dominiert der Eindruck eines von Erdenschwere losgelösten Geschehens. Die einzelnen Elemente scheinen als gegenstandsfreie Wesen ziellos auf einer »ideellen Fläche« vor »indifferentem« Raum zu schweben. Angesichts des aquarellhaften, in extrem hellen Farben verfließenden Grundes regen sich Assoziationen mit den Elementen Wasser und Luft, innerhalb derer Vorstellungen an die Sintflut und Ahnungen von einer sich im Geistigen verflüchtigenden Auferstehung eine Symbiose eingehen. Bei näherer Betrachtung verrät die Verteilung der Sehdinge ein kompositionelles Muster »innerer Notwendigkeit«, wobei das Kolorit – basierend auf der primären Farbtrias sowie dem Kontrast von Weiß und Schwarz – den Führungsanspruch erhebt. Die Linien sind überwiegend verlaufsgestaltlich behandelt und, farbig sowie extrem dünn gezogen, als schlierenhaft verschwommene Vektoren auf transito-

787 Barnett (Anm. 329), Abb. S. 380 und Nr. 435a

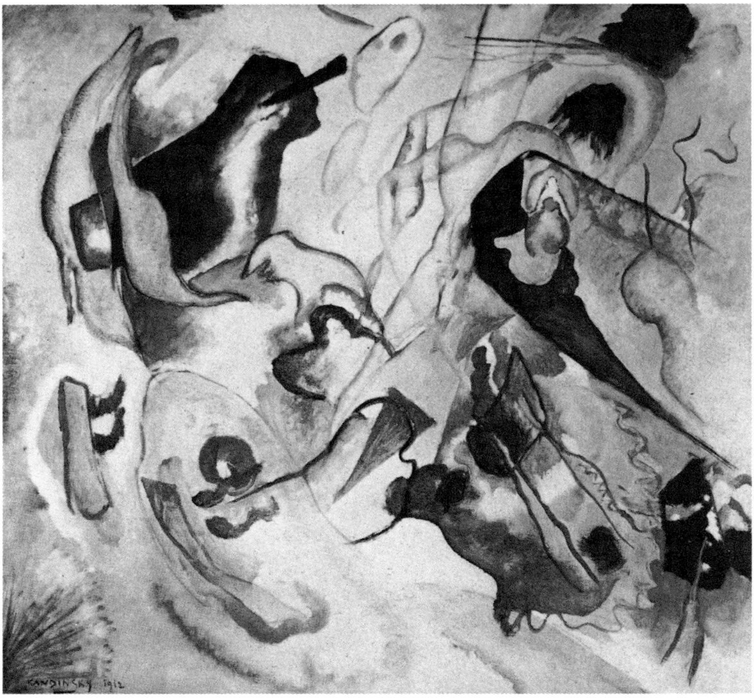

140 *Skizze für »Sintflut II«*, 1912, Öl auf Leinwand (95 x 197,5 cm), New York, Harold Diamond

rischem Grund integriert; nur selten dienen sie als konturierend simultangestaltliche Dingbezeichnung.

Nach und nach meint man Kandinskys Verschleierungsbemühungen auf die Spur zu kommen. Leicht erkennbar sind zwei Boote, von denen das eine, schwarz gefärbt, rechts unten kentert und vor einem ephemeren Himmelsausblick in den Abgrund stürzt, während das andere (links anschließend), von einer gelb-roten Aura umhüllt, mit deformierten Rudern davonzukommen trachtet. Im Unterschied zu *Sintflut I* ist Gelb hier eindeutig negativ besetzt. Dies zeigt sich schon an der großen gelben Woge, die von unten nach links oben schwappt und anscheinend zwei weitere Boote mit ihren Insassen fortschwemmt. Was sich in der Folge an Gegenstandsassoziationen aufdrängt, beruht nur auf Vermutung, deren Artikulation Kandinsky allerdings ausdrücklich legitimiert hat. Nur wenige Objekte scheinen sich in ihrer Kompaktheit dem Auflösungsprozeß der Farbwelt zu widersetzen. So das große blau-schwarze, im Aquarell-Entwurf noch weit markanter hervortretende Element im linken oberen Quadranten, das, wie das gegenüberliegende Boot auf Rot lagernd, von einigen gelben amöbenhaften Wesen umzingelt wird und dem ein schwarzer spitzer Keil ins »Auge« dringt; tatsächlich glaubt man zu entdecken, daß das Element an dieser Stelle eine Gesichtssilhouette zeigt. Jedenfalls verkörpert diese Form ein dominantes Zentrum mit gesättigten Farben und erheblichem visuellen Gewicht, das aufgrund seiner exponierten Plazierung der natürlichen Gravitation widerspricht und damit beispielhaft eine der wichtigsten Möglichkeiten künstlerischer Freiheit dokumentiert. Wie Kandinsky in einem seiner Leitsätze ausdrücklich betont, hat er von dieser auch häufig Gebrauch gemacht: »Oft war das Schwere oben und das Leichte unten.« Zudem verursacht und erfährt das hermetisch begrenzte Gebilde etliche Interferenzen, die ihm einen raumplastischen Stellenwert verleihen; darin unterscheidet es sich von allen übrigen Sehdingen, die auf einer »ideellen Fläche« als grunddurchlässige Wesen mehr oder minder in Auflösung begriffen sind. Semantisch läßt sich daraus folgern, daß es sich, trotz blauer Vorderseite und weißlicher Transparenz im Kernbereich, vergeblich müht, zum Geistigen zu gelangen, zumal es nach hinten zu sichtlich schwärzlicher und von einem dynamisch geschwungenen, gelblichen Wesen buchstäblich festgenagelt wird.

Vom Bildmittelpunkt ausgehend, entfaltet sich der spirituelle Transformationsprozeß nach rechts oben, versinnbildlicht durch transparente Schemen, die unentwegt ihre Erscheinungsqualität zu verändern scheinen und die man folglich nicht zu fassen bekommt. Selbst die äußerst zarten und hell verblassenden Farblinien haben nichts weniger im Sinn als sich in den Dienst dingbezeichnender Konturen zu stellen; indes sind sie als dynamisch aufwärtsschwebende Leitlinien äußerst funktionstüchtig. Schräg ausgerichtet und bereits der rechten oberen Bildecke angenähert, vereinigen sie sich schließlich in buckelartigen Bögen, auf denen, hintereinander gestaffelt, zwei dunkelbraune haarschopfähnliche Elemente aufsitzen. Trotz anscheinend perfekter Verschlüsselung wird dem Betrachter allmählich klar, daß es sich hier möglicherweise um zwei in Rückenansicht aufwärts schreitende Gestalten handelt, deren nur noch durch ein dünnes Liniengespinst angedeutete Körper bereits in ein Stadium fortgeschrittener Entstofflichung treten. Theosophisch hellseherische Wahrnehmungsqualitäten werden evoziert, denen Rudolf Steiners ›Die Stufen der höheren Erkenntnis‹ und die Hierarchie der »höheren Leiber« sowie Besants und Leadbeaters auratisch durchsichtige ›Gedankenformen‹ zugrundeliegen. Steiners schon einmal zitierter Satz »Die Wahrnehmungen lösen sich los von allen äußeren Dingen und schweben frei im Raume oder fliegen darinnen herum« hat hier durch Kandinsky gewiß seine künstlerisch ausgereifteste Entwicklungsstufe erreicht. Wie sich der Maler im Jahr zuvor mit theosophischen Ideen auseinandergesetzt hat, zeigt vor allem *Improvisation 19*, jenes Gemälde, in dem Linie und Farbe in ambivalenter Weise einander begegnen. Ein relativ starres Linienkonzept, hinter dem die Farben vorbeifluten, vermittelt

Vorstellungen, die den »Gedankenformen« sowie Leadbeaters Ausführungen in ›Der sichtbare und der unsichtbare Mensch‹ (1908) in sehr direkter Art entsprechen; nicht zuletzt die ziemlich unbeweglichen, der Orthogonalität angenäherten Linienhülsen verleihen *Improvisation 19* einen Charakter, der das Materielle noch nicht ganz abgeschüttelt hat. In *Sintflut II* hingegen pflegt Kandinsky einen viel freieren Umgang mit dem theosophischen Gedankengut. An die Stelle schematischer »Gedankenformen« tritt jene Vorherrschaft des dynamischen Themas, anhand derer mittels aquarellhaft verschwimmenden Kolorits und inkonsistenter Farblinien der Vergeistigungsprozeß selbst dargestellt, mithin universaler ausgedrückt wird; raffiniert verschlüsselte Gegenstandsresiduen haben nur noch sekundären Wert. Kandinskys »Sprechen vom Geheimen durch Geheimes« wird dadurch unmittelbar veranschaulicht.

Indessen wäre es für Kandinskys Maxime »ein Bild durch alle Gegensätze tauchen« gänzlich untypisch, gäbe es nicht sogar noch auf der letzten Wegstrecke zur Erkenntnis des »Großen Geistigen« beziehungsweise zur Auferstehung noch beachtliche Störfaktoren. Dies wird auch in *Sintflut II* veranschaulicht, wo ein von rechts ins Bild vorstoßendes, von einem Gelb-Schleier begleitetes dunkelbraunes Zangengebilde das rot konturierte Herz der unteren der beiden Seelengestalten zu fassen bekommt.

Das Jahr 1912 ist gekennzeichnet durch Kandinskys Suche nach immer neuen bildnerischen Lösungen, schwankend zwischen weitgehender Abstraktion und gegenständlichen Zugeständnissen, ferner unentschieden in der Frage: Linie oder Farbe. Nichts belegt dies anschaulicher als der zwischen *Sintflut II* und *Improvisation 28 (zweite Version)* bestehende Gegensatz. Ist in ersterem die absolute Vorrangstellung des Kolorits unbestritten, so steht letztere unter dem Primat eines autonomen Linienkonzepts, dem die Farbe lediglich als akzentuierendes Hilfsmittel hinzugefügt ist.

5. Kandinskys Beziehung zur Theosophie. Dame in Moskau und Schwarzer Fleck I

In *Dame in Moskau* wendet sich Kandinsky ein letztes Mal der »Großen Realistik« zu. Darüber hinaus signalisiert das Gemälde, von dem auch sehr ähnliche Fassungen in Aquarell- und Hinterglastechnik existieren, unter all seinen Werken die unmittelbarste Nähe zur theosophischen Auren-Theorie. Daß der Maler auch hier, trotz Betonung des Gegenständlichen, nichts weniger als dem Abbildhaften Tribut zollt, beweist unter anderem der zwischen der frontal dargestellten Dame und dem in

141 *Dame in Moskau*, 1912, Öl auf Leinwand (108,8 x 108,8 cm), München, Städt. Galerie im Lenbachhaus

Draufsicht wiedergegebenen platzähnlichen Straßenzug bestehende Kontrast, der sich räumlicher Kontinuität widersetzt und das Ganze auf eine seltsam unwirkliche, eben sinnbildhafte Ebene transponiert. Obwohl der Platz von schräg fluchtenden, sukzessiv kleiner werdenden Häusern gesäumt wird, vermag sich eine perspektivische Tiefenwirkung nur eingeschränkt zu entfalten. Die Ursache dafür beruht auf der Tatsache, daß in unmittelbarem Anschluß an das letzte Haus der linken Zeile eine verschwindend kleine Kuppelkirche sichtbar wird, die das visuelle Größenkonstanzverhalten des Betrachters unversehens außer Kraft setzt. Weiters hat die zwischen der jungen Frau und den vorderen Gebäuden existierende Größendifferenz, mit der auch ein übergangsloser Raumsprung einhergeht, zur Folge, daß jene eine überdimensionale Größe erreicht. Entgegen maßstabgerechter Naturrichtigkeit scheint sich der Dame alles Umgebende als Gedankenbild mitzuteilen.

Vom unteren Bildrand überschnitten und dadurch vom urbanen Umfeld noch deutlicher distanziert, tritt die Moskowiterin, fast schon abgehoben vom Bildraum, in direkten Kontakt mit dem Betrachter. Von der Taille abwärts steckt sie in extrem dunklen Farbmassen. Während sie in der linken Hand eine Rose hält, greift sie mit der rechten nach einem weißen Hündchen, das auf einem runden Tisch ruht. Das irrationale Raumkonzept dokumentiert sich hier geradezu beispielhaft, insofern das winzige lilafarbene Männchen zu ihrer Rechten weniger als Straßenpassant wahrzunehmen ist, vielmehr am Tischrand entlangzuspazieren scheint. Die Mädchengestalt wird von einer mandorlaähnlichen Aura umgeben, die rechts bläulich gefärbt und links in hellem Gelbgrün gehalten ist. Ringbom hat diese Aura irrtümlich als »hellgrauen Schatten« gesehen und in Leadbeaters Terminologie als »Gesundheitsaura« angesprochen.[788] Rudolf Steiner bringt dem Farbzweiklang (Blau/Grün) in ›Lucifer-Gnosis‹, wie schon einmal erwähnt, mit »hingebungsvollen Naturen« in Zusammenhang: »Blau und je idealistischer desto blauer – Mensch mit gutem Gemüt, also passiv – schönes Blau (auch religiöse). Wenn aber außerdem intelligent, so wechseln grüne und blaue Strömungen«.[789] Dieses Zitat hat Beweiskraft, da es sich in Kandinskys mit weiteren Steiner-Annotationen gefüllten Notizblock eingetragen findet. Und selbst noch 1914, in einem in Köln gehaltenen Vortrag, bekundet der Künstler in einer Aussage über die menschliche Seele eine gewisse Verwandtschaft mit der sich sprachlich ähnlich ausdrückenden Theosophie: »Der Kern der Seele ist göttlichen Ursprungs und geistig. Im Menschen ist er vom Fleisch bewachsen, vom Seelenfleisch, das vielen und verschiedenen Einflüssen unterliegt, von ihnen gefärbt wird.«[790] Solche Einflüsse machen sich auch in *Dame in Moskau* bemerkbar, dargestellt anhand eines riesigen schwarzen Brockens, der, einem erkalteten Kometen ähnlich, rechts oben schwebt und eigentlich die optische Hauptattraktion bildet. Trotz seiner unförmigen Gestalt steht außer Zweifel, daß seine vektorale Stoßkraft – dies verrät ein buckelartiger Auswuchs – primär nach links oben ausgerichtet ist. Dort schiebt er sich vor den rötlichen Sonnenball, der von einem getrübten Hof umhüllt ist, womit die Schutzaura der Dame Gefahr läuft, ihren wärmenden Lebensquell einzubüßen. Von Kandinskys Einschätzung der schwarzen Farbe – sie sei »wie ein totes Nichts nach dem Erlöschen der Sonne« – war schon des öfteren die Rede. Nach theosophischer Auffassung ist Schwarz die Farbe für Bosheit und Haß, was vielleicht mit ein Grund ist, weshalb ein Teil der Mädchen-Aura mit Grün gefärbt ist, das, so erfahren wir aus Leadbeaters und Besants Farbtafel zu ›Gedankenformen‹, für Furcht steht.[791] Weiters

788 Ringbom in: *Kandinsky und München* (Anm. 32), S. 95
789 Ebda., S. 105
790 Zitiert nach Eichner (Anm. 141), S. 125

besteht Anlaß, die schwarzen Droschkenpassagiere, die sich dem Hals der Dame bedrohlich nähern, als Abkömmlinge des schwarzen Torsos zu interpretieren. Mag sein, daß dieser an den Rumpf eines Mannes erinnert, dann könnte man mit Grohmann von einer »psychoanalytischen oder parapsychologischen Angelegenheit« sprechen.[792]

Indessen ist die Dame keineswegs schutzlos, da sich ihr rechts ein spiralig wirbelnder, rosafarbener und mit Weiß angereicherter Kreis hinzugesellt, der mit seiner Zentrifugalkraft ein eigenes Zentrum beansprucht und überhaupt die dynamische Hauptfunktion im Bild innehat. Unten, in die dunklen Erdfarben eingebettet, in die gleichwohl seine reinigende Kraft mit düster glimmenden Rottönen einzusickern beginnt, ist sein Kräftepotential vorerst primär nach oben gerichtet, wo es das Gelb der Straße zum Teil bereits weggefegt hat und sich bereit macht, den schwarzen Torso anzugreifen. Abgesehen davon, daß der Kreis Ewigkeitssymbol ist, bezieht auch sein rosa Farbwert eine vermutlich konfliktentscheidende Gegenposition zum Schwarz des Torso. Nimmt man neuerlich die Farbtabelle der ›Gedankenformen‹ zu Hilfe, so stößt man auch hier auf den entsprechenden Rosa-Ton, dem als Symbol-Erklärung die Beschriftung »selbstlose Liebe« beigegeben ist. Was vorliegt, ist also eine Manifestation von Liebe und Zuneigung, als reinigende Kraft dazu ausersehen, dem Niedergang des Geistigen die Stirn zu bieten bzw., wie Ringbom es konkreter formuliert, »dem negativen Einfluß des Schwarz ganz offensichtlich entgegenzuwirken.«[793]

Auch Beat Wyss hat sich mit Kandinskys Beziehung zur Theosophie auseinandergesetzt und dessen *Dame in Moskau* ausschließlich theosophisch interpretiert. »Gegenständlich betrachtet, kann die schwarze Gedankenform am Himmel als Wolke gesehen werden, die die Sonne zu verdecken droht, nach esoterischer Lesart veranschaulicht sie den ewigen Kampf von Licht und Finsternis, Ormuzd und Ahriman, wie die beiden göttlichen Kräfte im zoroastrischen Mythos genannt werden. Rudolf Steiner bezog sich auf das Gegensatzpaar und überblendete ihm eine exoterische Bedeutung. Der Kampf zwischen Ormuzd und Ahriman entspricht, ästhetisch gesehen, Goethes Farbenlehre, der zufolge Farbe aus dem ewigen Ringen zwischen Sonne und Nacht, den ›Leiden und Taten des Lichts‹ entsteht.«[794]

War nun Kandinsky ein Anhänger der Theosophie? Darüber gibt es in der Forschung unterschiedliche Meinungen. Fest steht, daß Kandinsky

791 Kury (Anm. 69), S. 27. – Wyss (Anm. 278), S. 163
792 Grohmann (Anm. 14), S. 108
793 Ringbom (Kandinsky und München, Anm. 32), S. 95
794 Wyss (Anm. 278), S. 163

vom Motiv der Aura in verschiedenen Spielarten Gebrauch gemacht und sich zur Theosophie in ›Über das Geistige in der Kunst‹ ausführlich geäußert hat. Vorträge von Steiner hat er vermutlich schon in München, spätestens aber in Berlin gehört; vielleicht gab es mit dem berühmten Theosophen gelegentlich persönliche Kontakte. Immerhin genoß Kandinsky dessen Wertschätzung, da dieser, nachdem Maria Strakosch-Giesler – eine Schülerin Kandinskys – ihm einmal einen Holzschnitt des Künstlers gezeigt hatte, erstaunt gefragt haben soll: »Der kann was, der weiß was, ist er hellsehend?«[795] Wichtiger sind indes Kandinskys Aussagen in ›Über das Geistige‹, wo hervorgeht, daß sich Zustimmung und Skepsis offenbar die Waage halten. »Und jedenfalls, wenn auch die Neigung der Theosophen zur Schaffung einer Theorie und die etwas voreilige Freude, bald Antwort auf die Stelle des ewigen immensen Fragezeichens stellen zu können, leicht den Beobachter etwas skeptisch stimmen kann, so bleibt doch die große, doch ›geistige‹ Bewegung da, welche in der geistigen Atmosphäre ein starkes Agens ist ..., doch erscheint damit eine Hand, die zeigt und Hilfe bietet.«[796] Daß Kandinsky nie Mitglied der anthroposophischen Gesellschaft, Steiners Nachfolgebewegung der Theosophie-Vereinigung, war, ist gesichert. Ob indes Nina Kandinskys Kommentar, demzufolge ihr Gemahl der Theosophie sogar ablehnend gegenübergestanden sei, authentisch beziehungsweise Ergebnis einer verschwommenen Retrospektive ist, sei dahingestellt. Zumindest für die Zeit vor dem Ersten Weltkrieg wird man diesbezüglich doch Einwände erheben müssen. Trotzdem ist die entsprechende Passage in ihrer Biographie über Kandinsky von Interesse: »Es ist Unsinn zu behaupten, Kandinsky sei Anthroposoph gewesen. Er zeigte sich der Anthroposophie gegenüber aufgeschlossen, aber er hat sie sich nicht als Weltanschauung zu eigen gemacht. Er ärgerte sich, wenn ihn jemand als Anthroposophen bezeichnete. In seiner Münchner Malklasse befand sich eine Schülerin, die der anthroposophischen Gesellschaft angehörte, und Rudolf Steiner bat Kandinsky einmal, seiner Gesellschaft beizutreten. Kandinsky aber lehnte ab.«[797]

Ringbom zufolge steht *Schwarzer Fleck I* im engen Zusammenhang mit *Dame in Moskau.*[798] Zum einen erinnert er daran, daß *Schwarzer Fleck I* in Kandinskys Hauskatalog unmittelbar nach *Dame in Moskau* genannt wird, zum anderen verweist er auf die angeblich zwischen dem schwarzen Brocken über der Moskowiterin und dem schwarzen Fleck

795 Zitiert nach Kury (Anm. 69), S. 12
796 ÜGK, S. 43
797 Nina Kandinsky, *Kandinsky und ich*, München 1976, S. 237
798 Ringbom in: *Kandinsky und München* (Anm. 32), S. 96

142 *Schwarzer Fleck I*, 1912, Öl auf Leinwand (100 x 130 cm), St. Petersburg, Staatliches Russisches Museum

bestehende Motiv-Parallele. Damit wird ein Analogiebezug hergestellt, der insofern problematisch ist, als hier eine sphärisch-organische Form und dort ein kantig-geometrisches Gebilde vorliegt und, was noch wichtiger ist, der schwarze Fleck in einem ikonologisch völlig unterschiedlichen Kontext eingebunden ist. Daran ändert sich auch nichts, wenn ergänzend auf das jeweilige Auftreten des Kutschenmotivs hingewiesen wird. Denn einmal handelt es sich um eine miniaturistisch wiedergegebene elegante Droschke, dann um einen plumpen Karren mit vorgespannter Troika.

Im Gegensatz zum vierschrötigen Brocken in *Dame in Moskau* hat der schwarze Fleck die geschmeidige Form eines nach unten deformierten Ovals, zudem nimmt er eine deutlich zentralere Stellung ein. Ferner ist die Randzone seines Binnenbereichs durch einen Kranz konzentrisch aufgetragener weißer Striche gekennzeichnet, woraus eine frappante Formanalogie zum zentrierten Gebilde in *Improvisation 27 (Garten der Liebe)* mit ähnlicher Anspielung auf den weiblichen Schoß resultiert. Die Analogie erstreckt sich auch auf das ikonologische Konzept, zumal sich rechts vom schwarzen Fleck – in prinzipieller Übereinstimmung mit dem

Garten der Liebe, nur viel verschleierter wiedergegeben – insgesamt drei Liebespaare ausmachen lassen. Die jeweilige Wirkung des Geschlechtssymbols ist freilich eine sehr unterschiedliche. Während es in *Improvisation 27*, gelb-rot gefärbt, als vergleichsweise »Gute Gestalt« auch das Gleichgewichtszentrum markiert und einen teils günstigen, teils nachteiligen Einfluß auf die Liebenden ausübt, ist es in *Schwarzer Fleck I* mit seinem todverheißenden Schwarz rein negativ besetzt. Darüber hinaus wirkt es in seiner nierenfömigen Erscheinung weit dynamischer und als Inkarnation der Finsternis gegenüber dem gelb-weißen Licht-Ring in der rechten oberen Bildecke, der dem Liebespaar als auratische Schutzhülle dient, erheblich kontrastiver. Die Hauptstoßrichtung des Flecks zielt nach rechts oben, wo dieser auf eine ebenso schwarze, schräg nach rechts herabgleitende Wellenlinie prallt. Dabei ist evident, daß diese – verstärkt durch die energetische Funktion von drei kurzen Linienbündeln – zwei Liebespaaren als Schutzwall dient. Da die Wellenlinie als autonome Verlaufsgestalt – in Kandinskys Terminologie ausgedrückt – von einem »hell-süßen« Farbgrund (Rosa, Gelb und Weiß) unterlaufen wird, ergäbe es keinen Sinn, sie mit einer Horizontlinie zu assoziieren. Vielmehr scheint diese, wie auch alle übrigen Bildelemente, vor einem bodenlosen, »undefinierbaren« kosmischen Raum zu schweben; auch so gesehen könnte der Unterschied gegenüber dem topographisch klar definierten Ambiente von *Dame in Moskau* größer nicht sein.

Wesentliche Anteile des Linienkonzepts formieren sich zu einem dreieckähnlichen Gebilde, das – allerdings nur links streng geradlinig begrenzt – den schwarzen Fleck hermetisch abriegelt. Besonders verwirrend ist die lineare Grenzziehung an der Dreiecksbasis, deren Gerade vom linken Ende eines aufwärts kriechenden Wellenbandes, auf dem wiederum eine dessen Schwung bremsende Zackenlinie lagert, überschnitten wird. Aus diesem verdichteten Liniensystem erhebt sich ein leicht gewelltes schwarzes Band, dessen Rücken von zahlreichen kleinen Strichakzenten gesäumt wird und das sich rechts außen – dort die herabrollende Wellenlinie durchstoßend – kopfähnlich aufbäumt. Ein neuerlicher Blick auf *Improvisation 27* rechtfertigt eine Assoziation mit Sündenfall und Paradiesschlange, zumal dann, wenn diese in inhaltlichem Kontext mit dem weiblichen Geschlechtssymbol und den gefährdeten Liebespaaren gesehen wird.

Als zweites Zentrum rundet sich im linken unteren Bildquadranten ein großer dunkelblauer Bogen, der, beidseitig von flammenähnlichen Zacken flankiert, eine doppelte Dreieckskonfiguration umschließt, die mit ihrer vorwiegend gelb-ockrigen Farbfüllung in diagonaler Richtung mit der gelben Schutzaura des rechts oben befindlichen Liebespaars korrespondiert. Wie dessen gelber Kreis hat auch der dunkelblaue Bogen eine auratische Schutzfunktion. Überdies ist ihm eine gerichtete Spannung inhärent, deren Kräftepotential ausreicht, auch auf den schwarzen Fleck Druck auszuüben. Dieser reagiert darauf, insofern er sich in seinem unteren Abschnitt verformt und dort, sich zurückziehend, die Stringenz seiner Ovalform einbüßt; damit kommt jenes Spannungsmoment auf, das sich in der Wahrnehmung als eine Abweichung von der »Guten Gestalt« manifestiert.

Mit dem bergähnlichen Doppeldreieck-Motiv links unten wird die *Garten der Liebe*-Thematik um eine Inhaltsfacette ergänzt. Ähnlich wie im Umschlagentwurf zu ›Über das Geistige in der Kunst‹ handelt es sich um ein parzelliertes beziehungsweise, der Schilderung Kandinskys folgend, um »ein großes spitzes Dreieck in ungleiche Teile geteilt«, anhand dessen »das geistige Leben schematisch richtig dargestellt ist. Das ganze Dreieck bewegt sich langsam, kaum sichtbar nach vor- und aufwärts ... An der Spitze der obersten Spitze steht manchmal allein nur ein Mensch ... und die, die ihm am nächsten stehen, verstehen ihn nicht«.[799] Und weiter heißt es in ›Über das Geistige‹ mit deutlichem Bezug zu *Schwarzer Fleck I*: »Diese schematische Darstellung erschöpft freilich das ganze Bild des geistigen Lebens nicht. Unter anderem zeigt sie eine Schattenseite nicht, einen großen toten ›schwarzen Fleck‹. Es geschieht eben zu oft, daß das erwähnte geistige Brot zur Nahrung manchen wird, die schon in einer höheren Abteilung leben. Für solche Esser wird dieses Brot zu Gift ...; in großer Dosis genossen, bringt dieses Gift zu einem Sturz, welcher in immer tiefere und tiefere Abteilungen die Seele wirft ... grauer und grauer wird es um solche erschrockene Seelen, und ihre Träger ... ziehen oft diesem allmählichen Verdunkeln um sie den plötzlichen, gewaltsamen Sturz ins Schwarze vor.« Sollte Washton-Longs Versuch, einzelne, dem Dreieckbereich inhärente Formgebilde als Särge zu deuten, auf Zustimmung stoßen, dann läge hier tatsächlich auch eine Anspielung auf »erschrockene Seelen« vor.[800] Indes gibt es in Kandinskys Harmonieauffassung und Weltanschauung stets zwei Seiten, wonach neben Verzweiflung und dem »Sturz ins Schwarze« immer auch die Hoffnung auf Erlösung durch das Geistige existiert. »Aber trotz aller Verblendung, trotz diesem Chaos und dem wilden Jagen bewegt sich in Wirklichkeit langsam, aber sicher, mit unüberwindlicher Kraft das geistige Dreieck vor – und aufwärts.«[801] Und genau dieses aufwärtsstrebende, geistige Dreieck beansprucht neben dem schwarzen Fleck die semantische Vorrangstellung im Gemälde. Dazu gibt es aus dem Nachlaß Nina

799 ÜGK, S. 29 f.
800 Washton-Long (Anm. 384), S. 133
801 ÜGK, S. 33

143 *Entwurf zu »Schwarzer Fleck I«*, 1912, Bleistift (16 x 24,2 cm), Paris, Musée National d'Art Moderne, Centre Georges Pompidou

Kandinskys eine diagrammartige Entwurfszeichnung, die als dynamische Folgeerscheinung des Dreiecks zwei in diagonaler Richtung sich kreuzende Linienzüge – mit punktierter Betonung der Kreuzungsstelle – zeigt; überraschenderweise wird in dieser komprimierten Darstellung auf den schwarzen Fleck gänzlich verzichtet, nicht aber auf das Linienmotiv der Schlange.[802]

Deutlicher als im Diagramm sind im Gemälde die in gesamter Bildhöhe schräg auffahrenden linearen Bewegungsspuren zum Doppeldreieck in Bezug gesetzt. Sie nehmen von den linken Seiten der Dreiecke ihren Ausgang, passieren einen noch innerhalb des Aurenbogens plazierten Kreml, dessen gerade Türme die Unversehrtheit der »geistigen Stadt« symbolisieren, und unterlaufen die blaue Aurenkuppe. Nach ihrem Kreuzungspunkt enfalten sie sich divergierend, einem halbkreisförmigen Element, das unschwer als Boot mit zwei Insassen zu identifizieren ist, Halt bietend. Sicherheitsposten ähnlich, flankieren vier markante Rotflecken das Boot, das vom schwarzen Fleck und einer von oben sich nähernden düsteren Braunmasse bedrängt wird. Von den dynamischen Linienfortsätzen der beiden »geistigen« Dreiecke hochgehoben, scheint es durch die schmale Passage den materiellen Bedrängnissen zu entkommen und hat wie das Liebespaar rechts das Ziel geistiger Erneuerung vor Augen.

Getreu dem Entwurfsdiagramm wird neben dem Boot auch das Heck des Wagens in die Bewegungsspuren der Dreiecke eingespannt. Da das

802 Thürlemann (Anm. 211), S. 203

Gefährt, vom blauen Aurenhügel abhebend, offensichtlich in die falsche Richtung strebt, hat es die Linienfixierung auch dringend nötig. Trotz einigen Abstands scheint der schwarze Fleck immer noch imstande, den glücklichen Ausgang der Fahrt zu gefährden. Dazu dient ihm ein schwarzer Vorposten, der sich als amorphes Gebilde, umgeben von vier blauen Flecken, auf das Fuhrwerk senkt. Scheint das Fortkommen des Bootes gesichert, so stellt sich den elastisch hochwirbelnden Linienzügen der chiffrierten Troika ein dichtes Geflecht verschiedenfarbiger Flecken und spiralig sich überlagernder Linien in den Weg. In der Tat hat es den Anschein, als verhindere die Halterung der Dreiecksvektoren den in verkehrte Richtung zielenden Fluchtversuch der Troika.

Wie in *Improvisation 27 (Garten der Liebe)* sind auch in *Schwarzer Fleck I* Figur und Grund leicht auseinanderzuhalten. In beiden Fällen kontrastieren kompakte Farbformelemente und schwarze Linienzüge mit einem hellen Farbgrund, der, wie bei Kandinsky üblich, einen »undefinierbaren« Raumsprung vollzieht. Nachhaltiger als in jenen Bildern, wo Figur und Grund miteinander verschmelzen, drängt sich die Frage nach den Bildzeitstrukturen auf, für deren Bestimmung Räumlichkeit – definierbare oder undefinierbare – eine zusätzliche Determinante darstellt. Denn, wie Norbert Elias betont: »Jede Veränderung im ›Raum‹ ist eine Veränderung in der ›Zeit‹, jede Veränderung in der ›Zeit‹ ist eine Veränderung im ›Raum‹.«[803] Allerdings ist hinzuzufügen, daß Form/Farbe und Linie auch bei eingeschränktem Raumbezug – je nach dynamischer Konstellation – zu zeitlicher Aussage befähigt sind.

Während sich in *Improvisation 27* alle Elemente auf das beherrschende Oval des Geschlechtssymbols konzentrisch ausrichten und damit von vorneherein eine dynamisch ausgewogenere Gesamtstruktur schaffen, manifestiert sich in *Schwarzer Fleck I* hinsichtlich Exzentrizität und zahlreicher Interferenzen eine ungleich heterogenere, ja im höchsten Grad widersprüchliche Dynamik. Dies schlägt sich naturgemäß auch in einer völlig unterschiedlichen Zeitaussage nieder. Handelt es sich im *Garten der Liebe* – angesichts von Symmetrie, Konzentrizität, gleichmäßiger Verteilung der Gewichte und zum Teil motivischer Isolation – um ein zeitgestaltlich einheitliches, beruhigtes Kontinuum, in dem sich das Auf und Ab des menschlichen Schicksals spiegelt, so setzt sich in *Schwarzer Fleck I* die ganzheitliche Zeitgestalt aus mehreren disjunktiven Zeitformen zusammen. Nur zwei davon seien genannt: zunächst das simultangestaltlich sich zum Dreieck schließende Liniensystem, das den schwarzen Fleck hermetisch abriegelt, ihm somit zeitlichen Stillstand

803 Norbert Elias, *Über die Zeit. Arbeiten zur Wissenssoziologie II*, hrsg.: Michael Schröter, Frankfurt a.M. 1985², S. 72 f.

beschert. Dann die den Dreiecken links unten entspringenden Linienfortsätze, die, einander kreuzend und vom blauen Aurenbogen unterstützt, in vehementer Zeitverkürzung ungehemmt emporschießen. Im Gegensatz zum zeitlich festgefahrenen schwarzen Fleck signalisieren sie eine Zielgerichtetheit, in der sich alle drei Phasen der Zeitperspektive geradezu exemplarisch entfalten. Als extrem zugespitzte Keile gesehen, verkörpern sie nach unten und oben weisende Gabelungen, deren retentiver wie protentiver Charakter unverkennbar ist; zudem markieren sie an ihrer Kreuzungsstelle das Punctum temporis des Jetzt. Kurzum: In dieser dynamischen Linienkonfiguration manifestiert sich jene »hohe Schicksalswelt des erfüllten Augenblicks,« in der Vergangenheit, Gegenwart und Zukunft zur Symbiose drängen – leistungsfähig genug, um das Boot über die Gefahrenschwelle hinweg zum Geistigen zu bringen, das Fuhrwerk von der falschen Spur abzuhalten und schließlich über den in zeitlicher Trägheit und materieller Schwere erstarrenden schwarzen Fleck zu triumphieren.

6. *Bild mit schwarzem Bogen*

Siehe Abbildung 132, Seite 459

Im Herbst 1912 malt Kandinsky *Bild mit schwarzem Bogen*, ein annähernd quadratisches Gemälde, das er unmittelbar nach Fertigstellung in der Berliner Kollektivausstellung (›Der Sturm‹) präsentiert. Wiederum, wie in *Schwarzer Fleck I*, spielt Schwarz eine wichtige Rolle, diesmal aber in der verlaufsgestaltlichen Form eines Bogens oder, genauer beschrieben, eines zum Winkel geknickten und allmählich in eine Linie übergehenden Bogens. Die Komposition ist weit weniger komplex angelegt als jene in *Schwarzer Fleck I.* Drei Zentren lassen sich ausmachen: links unten ein organisch unregelmäßiges Gebilde in Blau, rechts gegenüber ein rotes Keilelement. Über beiden schwebt eine rotviolette Form, die ebenso wie der Bogen als »Kompositionsriegel« (Arnheim) die unten auseinanderklaffenden Bildhälften verbindet. »Was geschieht hier in der Sprache der Farbe und der Form?« fragt Roethel und erklärt nachsetzend: »Krieg, nicht Frieden. Eine sperrige rote Form in Gestalt eines Seeteufels – gefährlich, angriffsbereit und drohend – scheint sich einer mehr amorphen, rumpfartigen Gestalt in Blau bemächtigen zu wollen. Gegenüber der über ihnen schwebenden Form erhalten die zwei kämpfenden Formen eine gewisse Ähnlichkeit und erscheinen so als Angehörige desselben Clans, die eine Vendetta austragen.«[804] Dieser kolportagehafte Bericht erkennt zwar die Konfliktlage, jedoch läuft er

804 Roethel (Anm. 25), S. 88

Gefahr, die Auseinandersetzung als sozusagen private Angelegenheit zu apostrophieren, anstatt sie auf universaler Ebene – etwa im Sinne eines Kampfes zwischen Geist und Materie – anzusiedeln. Dementsprechend knapp äußert sich Roethel zum »Reinkünstlerischen« des Bildwerks: »Jedoch besitzt das Bild trotz aller Rätsel für das geschulte Auge ein offenbar genau berechnetes Gleichgewicht, das aus einer Reihe verschiedenartiger und höchst komplizierter Elemente besteht.« Jeglichen Hinweis auf die Struktur des dynamischen Themas unterlassend, gelangt der Autor fast zwangläufig zur Schlußfolgerung, daß es hier weder einen Sieger noch Besiegten gibt, vielmehr der schwarze Bogen »in seiner provozierenden Einfachheit herrisch der urtümlichen Gigantomachie ein Ende setzt«, folglich, könnte man ergänzen, dieser als eigentlicher Sieger dasteht.[805] Diese Erklärung greift freilich viel zu kurz; verkannt wird vor allem, daß Gleichgewicht keineswegs mit Ruhigstellung oder Unentschiedenheit der visuellen Kräfte konform gehen muß. Was im Gleichgewicht steht, ist lediglich die ganzheitliche Gestalt des Kunstwerks, weshalb es sich empfiehlt, statt dessen von jener Ausgewogenheit zu sprechen, in der sich letztlich das Gleichgewicht der miteinander ringenden Kräfte niederschlägt. Danach manifestiert sich Ausgewogenheit im seinsmäßigen bildnerischen Endergebnis, innerhalb dessen die im Seienden beziehungsweise Bildzeitlichen befangenen Kräfte ihre Konflikte austragen – und diese können, wie sich noch zeigen wird, durchaus im Ungleichgewicht ablaufen.

»Auch Unausgewogenheit läßt sich nur durch Ausgewogenheit darstellen«, so Arnheims ergänzender, schon einmal zitierter Leitsatz. Dies hat auch Langner erkannt, der, ohne zu zögern, einem der beiden Kontrahenten den Sieg attestiert – allerdings dem falschen, wie gleich hinzuzufügen ist. Denn für ihn ist unbestritten, daß das aktive Rot des Keils über das passive Blau, mithin das Materielle über das Geistige triumphieren wird. Diese Fehleinschätzung hat mehrere Ursachen. Zunächst beruht sie auf einem Sehfehler, demzufolge der schwarze Winkel – ausgehend von seiner dünnen, im roten Keil steckenden Spitze und endend in seiner breiten Balkenform über dem Blaugebilde – in einer von rechts nach links verlaufenden Bewegungsrichtung unterwegs sei. In Wirklichkeit ist es, wahrnehmungsgesetzlich beweisbar, genau umgekehrt: Eine anfangs dicke, dann kontinuierlich dünner werdende Linie entfaltet gerichtete Spannung stets in Richtung ihrer Verjüngung, um schließlich am lanzenähnlich zugespitzten Ende den Kulminationspunkt ihrer Stoßkraft zu erreichen. Indessen bestätigt sich die Korrektheit der linksrechts verlaufenden Bewegungsrichtung, die aus einem Angreifer unver-

805 Ebda.

sehens einen Angegriffenen macht, auch ohne diesen sehgesetzlichen Hinweis, zumal Kandinsky selbst dafür gesorgt hat, hier visuellen Irrtümern entgegenzuwirken. Vermutlich auch aus diesem Grund hat er zwischen dem rotvioletten Brocken und dem roten Aggressor ein Linienmuster eingefügt, das sich freilich erst bei eingehender Betrachtung als Reitermotiv entschlüsselt. Daraufhin wird evident, daß es sich hier um eine Anspielung auf den Drachentöter St. Georg handelt, dem der gewinkelte Bogen als richtungskonforme Waffe dient. Diesen für die Wahrnehmung des dynamischen Themas eigentlich nicht notwendigen Rest an gegenständlicher Referenzialität hat Kandinsky indessen dermaßen verschleiert, daß weder Roethel noch Langner dazu imstande waren, in diesem ein Reitermotiv auszumachen. Dieses Übersehen, gepaart mit der falschen Bewegungsrichtung des Bogens, erweist sich in Langners Analyse als folgenschwer. Nur aus seiner Sicht folgerichtig, wird die schwebende rotviolette Form zum Kampfgefährten des roten Angreifers, wobei er nichts unversucht läßt, jene als Bedrohungspotential für das blaue Gebilde zu interpretieren. Demnach würde die »violette Scheibe [daß es sich hier weder um Violett noch um eine Scheibe handelt, darüber wird noch zu referieren sein; Anm. d. Verf.] dazu gebracht, die zunächst mit ihr assoziierte Neutralität aufzugeben. Sie wird vom Bewegungszug des schwarzen Bogens ergriffen und gekippt. Ihren oberen Umriß mit dem Bogenwinkel parallel schaltend und so die gemeinsame Sache signalisierend, die sie mit ihm macht, neigt sie sich nach links über die blaue Form, ihr Gewicht der Kraft des Angriffs hinzufügend, den der Bogen vorträgt ... Enger der roten als der blauen Form verwandt erscheint die violette auch im stumpf gespannten Gepräge ihres Umrisses. So kann sie schließlich sogar als überhöhender Zusatz zur roten gesehen werden: wie ein Kopf über Schultern. Durch sie scheint sich die Entscheidung anzubahnen, durch sie wird die Übermacht der angreifenden Partei erdrückend«.[806] Die rotviolette Form ist jedoch keineswegs als gleichsam verlängerter Arm der roten aufzufassen, vielmehr ruht sie auf den Schultern des Reiters, der sich – um es vorläufig noch in der Metaphorik figurativer Lektüre auszudrücken – dazu bereit macht, diese auf den Kontrahenten abzuwerfen. Was sich somit zwischen den beiden Farbformelementen ereignet, ist kein synchronisierter Bewegungsablauf mit gleichem Ziel, sondern – ganz im Gegenteil – ein unmittelbar bevorstehender Zusammenprall.

Im Anschluß an Langners Aufsatz hat sich auch Schreier in einer ausführlichen Studie mit *Bild mit schwarzem Bogen* auseinandergesetzt. Auch sein Deutungsversuch ist von Interesse, zumal dieser von Langners

806 Langner (Anm. 97), S. 109

erheblich abweicht. Dabei ist vorauszuschicken, daß Schreier die Existenz des verschleierten Reitermotivs erkannt hat, folglich – in Übereinstimmung mit unserer Anschauungsweise, aber von der Logik des Restgegenständlichen ausgehend – die Bewegung des Bogens wie des rotvioletten Gebildes nach rechts unten, in Opposition zum roten Keil, ausgerichtet sieht. Ähnlich wie Roethel gelangt auch er zur Auffassung, daß Rot und Blau »trotz ihrer antithetischen Bestimmung in einen spannungsvollen Ausgleich geführt, in eine Balance gebracht« sind. Diese Beobachtung resultiert hauptsächlich aus einer Verkennung der dynamischen Leistungsfähigkeit der beiden über Rot und Blau schwebenden, lediglich in ihrer Vermittlungsfunktion beschriebenen Elemente (Rotviolettform und Winkelbogen), wiewohl beide im Dienst des »geistigen« Blau stehen und diesem deutlich mehr als nur das Überstehen einer vom materiellen Widersacher ausgehenden Gefahr garantieren. Im Gegensatz zu Langner, der zutreffend die Labilität des gipfelnden Zentrums hervorhebt, sieht Schreier in diesem eine eher statische Form, die vor allem wegen ihres vermeintlichen Violetts – der Mischfarbe von Rot und Blau – den widerstreitenden Kräften als Ausgleich dient, somit das Austragen des Konflikts womöglich überhaupt verhindert. Zu wichtig sei Kandinsky »die Ganzheit des Werks« mit seiner »soliden, zentrumsbetonten Dreierkonstellation«. Dazu eine weitere Stelle aus Schreiers Text: »Wie wir … festgestellt hatten, kann man wohl mit gutem Recht von einer Äquivalenz der blauen und der roten Form, von einem Gleichgewicht auch ihrer ›inneren Werte‹ sprechen, zumal Kandinsky diesen Kräfteausgleich gestalterisch noch unterstreicht. Eindrucksvoll geschieht dies zuallererst durch die scheibenförmig-flache, violette Form oberhalb der beiden Antipoden … Sowohl bezogen auf die Farbigkeit als auch auf ihre Form, stellt sie eine Art Synthese für die konträren Kräfte unter ihr dar … Kandinskys Kunst ist in der Tat eine der ›Gegensätze und Widersprüche‹, nur werden diese durch die ordnende Instanz der Komposition kontrolliert und ›in Szene gesetzt‹«.[807] Was hier mit Äquivalenz, Gleichgewicht, Synthese und ordnender Instanz umschrieben wird, ist besser mit Ausgewogenheit benennbar – und diese gilt prinzipiell für jedes Kunstwerk, selbst dann noch, wenn die einzelnen Kompositionselemente so komplex und dynamisch widersprüchlich wie etwa in *Schwarzer Fleck I* angelegt sind.

Die simultan-ganzheitliche Gestalt auf ihre Ausgewogenheit hin zu prüfen, ist wichtig, ebenso erforderlich ist aber, zu untersuchen, was und wie eigentlich »in Szene gesetzt« wird. Dies berührt die der Bildgestalt subsumierten Einzelelemente beziehungsweise deren Relationsfähigkeit,

807 Schreier (Anm. 38), S. 95 und 99

Bildzeitlichkeit und auf Anschauungsdynamik basierenden Ausdruckskraft. Diesen auf Dualität beruhenden Sachverhalt hat Arnheim so beschrieben: »Bei jeder Komposition handelt es sich um die Verteilung der visuellen Gewichte, die um das Gleichgewichtszentrum ausgewogen werden müssen. Das Erzielen von Gleichgewicht ist aber doch nur eine sekundäre Funktion des Komponierens. Zwar ist Gleichgewicht unentbehrlich, weil es den Ort jeder Einzelform im Ganzen bestimmt, doch wäre eine solche rein visuelle Ordnung zwecklos, wenn die dadurch ausgewogene Formkonstellation nicht ein ›Thema‹ vermittelte. Das Thema ist das Formmuster, wodurch angezeigt wird, worum es bei dem Kunstwerk geht. Es macht aus der bloßen Zusammenstellung von Formen eine semantische Aussage über das menschliche Daseinserlebnis.« [808] Schreier scheint mit den gestalttheoretischen Methoden wenig vertraut zu sein. Dazu Grundsätzliches: Kandinskys komplexes und unter Hochspannung stehendes Streben nach Harmonie beziehungsweise Synthese mündet niemals in semantische Unentschiedenheit; wie in *Bild mit schwarzem Bogen* unterstreicht er im Konfliktfall fast immer den Siegeswillen der geistigen Partei. Wie schon angedeutet, bezieht sich Kandinskys Vorstellung von Gleichgewicht stets auf den ausgewogenen Einsatz der bildnerischen Mittel in bezug auf die kompositionelle Ganzheit und ist keinesfalls mit paritätisch intendierter Aussage zu verwechseln. Davon scheint auch Langner auszugehen – verhängnisvoll für seine Bilddeutung ist nur, daß er in der falschen Partei den Sieger des Treffens sieht. Inwiefern nun Langners und Schreiers Deutungsversionen korrekturbedürftig sind, sei in folgendem Analyseversuch ausgeführt.

Der rote, an seiner Spitze abgestumpfte Keil erhebt sich aus der rechten unteren Bildecke, in seiner Bewegungsrichtung parallel zur Schräge des rechten Bogenteils. In seinen beiden unteren Dritteln – links nur durch eine dünne Linie abgegrenzt – erweist er sich als entmaterialisiertes Wesen, durchlässig für den hellen Farbnebel des Bildgrunds; gespenstische Erscheinungen treiben sich darin umher. Unverankert über einem leeren Abgrund schwebend, gewinnt der stumpfe Keil erst im oberen Drittel seine zinnoberrot glühende Leucht- und Stoßkraft. Über die Wirkungsweise des Zinnober schreibt Kandinsky: Es »zieht an und reizt, wie die Flamme ... es ist wie eine gleichmäßig glühende Leidenschaft, die nicht leicht zu übertönen ist, die sich aber durch Blau löschen läßt, wie glühendes Eisen durch Wasser«, weiters sei es »hauptsächlich materiellen und sehr aktiven Charakters (isoliert genommen) und nicht zur Vertiefung geeignet.« [809] Damit sind alle Vorzüge und Nachteile dieses Farb-

808 Arnheim (Anm. 195)
809 ÜGK, S. 60, 100 und 101.

tons genannt; wichtig ist vor allem der Hinweis auf die Gefahr, der Zinnober in Nachbarschaft mit Blau ausgesetzt ist. Rechnet man noch die nur beschränkte Formkonsistenz des emporschnellenden Aggressors hinzu, dann drängt sich bald die Vermutung auf, daß dessen energetischem Rotaufwand die Antriebsreserven fehlen, um eine dauerhafte Angriffsaktion durchzustehen. Ihm gegenüber wappnet sich die unregelmäßige, amorph-organische Form des blauen, nur vom unteren Bildrand ein wenig angeschnittenen Geistwesens, bereit, mit seinen zahlreichen Schwellungen und Ausbuchtungen die zu erwartende Attacke – mehrfach vorstoßend wie elastisch zurückweichend – zu parieren.

Im Gegensatz zur roten Form, die sich in ihrem unteren Abschnitt als farblich substanzlos erweist, ist der Repräsentant des Geistigen größtenteils in Blau gehüllt. Nur in seinem inneren Kernbereich öffnet er sich, wird transparent für einen zwischen Grüngelb und Hellblau changierenden Durchlaß, der jedoch keinesfalls mit dem sonstigen Farbnebel-Grund identisch ist, vielmehr Vorstellungen von einer weit hinter der materiellen Fläche der Leinwand befindlichen Raumzone wachruft, laut Kandinsky in jenen »undefinierbaren« Raum führt, der sich von der materiellen Fläche emanzipiert hat. Hier nimmt eine neue Welt Gestalt an, ein Spalt des Kosmos tut sich auf, in dem Planetenbahnen ihre Strichspuren markieren und Kometen Feuerschweife nach sich ziehen. Darüber hinaus läßt sich die Dominanz der Blauform über die Rotform noch durch die sehgesetzliche Tatsache rechtfertigen, daß sich der Betrachter – steht er vor der Wahl, dem rechten oder linken Sehding den Vorrang einzuräumen – in der Regel mit letzterem identifiziert. Dies hängt mit der Asymmetrie der Gehirnhälften zusammen, derzufolge Elemente, die in der linken Bildseite plaziert sind, von der rechten Gehirnhälfte, dem Sitz der Sinneswahrnehmung, verarbeitet werden; Dinge im linken Bildfeld sehen folglich besonders wichtig aus.[810]

Der heilige Georg – Pferd und Reiter sind durch knappe Linienchiffren zureichend gekennzeichnet – eilt der bedrohten blauen Form zu Hilfe. Der schwarze Bogen, von dessen dynamischer Qualität bereits die Rede war, dient ihm als Waffe, mit deren Spitze er auf das Drachensymbol, den roten Keil, einsticht. Als zusätzliche Waffe dient ihm der gewaltige Brocken, den er auf seinen Schultern trägt und mit Hilfe des schwarzen Winkelbogens in die passende Angriffsrichtung justiert. Im übrigen ist dieser weder eine Scheibe noch violett gefärbt. Er ist oben kantig geometrisch ausgebildet und schräg nach unten zu unregelmäßig und leicht konisch geformt. Ferner klafft in seiner oberen Hälfte eine große, helle ocker-graue Lücke; ein flügelähnliches Gebilde scheint ihn

810 Arnheim (Anm. 195), S. 46

nach rechts voranzutreiben. Für Roethel und Schreier ist er die zentrale Schaltstelle, der Garant schlechthin für jenes vermittelnde Gleichgewicht, das es zum Ausfechten des Konflikts zwischen Rot und Blau angeblich erst gar nicht kommen läßt. Schreier zufolge ist Violett als exakte Mischung von Blau und Rot ein untrügliches Zeichen für Ausgleich. In Wirklichkeit handelt es sich aber um Rotviolett – und dies hat eine ganz andere Wirkung als mittleres Violett. Laut Arnheims Farbenlehre übernimmt hier Rötlich die Funktion eines Leittons, der, insofern er die dynamische Richtung bestimmt, die Tendenz in sich trägt, seine ihm anverwandte Dominante Rot anzusteuern. Oder, anders gesagt: Nicht die Hauptfarbe bestimmt die Wirkung, sondern die Farbe, in deren Richtung sie abweicht.[811] Dies führt unvermeidlich zum Zusammenprall des Rotviolett mit der zinnoberroten Keilform. Unkorrekt ist folglich jene Leseweise Langners, die eine entgegengesetzte Laufrichtung des Brockens mit dem Zielort der blauen Form annimmt. Ebenso fragwürdig ist Schreiers Balance-These, zumal der Vektor des rotvioletten Sehdings eindeutig nach rechts unten ausgerichtet ist. Zudem sei Symmetrie, heißt es weiter, eine unverzichtbare Voraussetzung für einen gleichgewichtigen Balanceakt – aber nichts weniger als Symmetrie liegt vor. Gemessen an der imaginären bildteilenden Vertikalen, befindet sich die rotviolette Form zum Großteil noch in der linken Bildhälfte und ebensowenig symmetrisch ist der Winkelbogen geformt und plaziert. Während sein linkes dickes Ende von der blauen Form, die an dieser Stelle elastisch zurückweicht, gehörig Abstand hält, bohrt sich sein spitzes Ende in den Leib des roten Angreifers.

Was noch nicht angesprochen wurde, sind die beiden, das rotviolette Schwergewicht flankierenden Trabanten. Links befindet sich eine krapprote Scheibe, die an ein vom Himmel herabgeholtes feuriges Gestirn erinnert und mit der zinnoberroten Form korrespondiert. Als dessen weit vorgerückter Brückenkopf schickt sie sich an, den geistigen Bezirk zu attackieren. Indessen wird sie durch die Barriere des schützend zwischengeschalteten Bogenendes daran wirksam gehindert. Nunmehr klärt sich auch die Frage, weshalb Kandinsky die Lanze des hl. Georg zum Winkelbogen verformt hat. In der Tat hat dieser die Doppelfunktion von Verteidigung und Angriff zu erfüllen. Der rechte Trabant hingegen scheint sich vom rotvioletten Brocken losgerissen und in diesem die erwähnte Lücke hinterlassen zu haben. Vorne zugespitzt, eilt er, einem Geschoß gleich, nach rechts, wie um den Berittenen zu noch größerer Eile anzutreiben. Mit der Kraft seiner Beschleunigung schafft er es sogar, ein Stück des grundierenden Farbnebels zu öffnen. Ein Spalt hellblauen

811 Arnheim (Anm. 88), S. 325 und 367

Firmaments wird sichtbar, Hoffnung vermittelnd, daß sich nach dem Sieg über das Materielle der gesamte »blinde« Mattglasschleier lichten und sich damit eine neue Welt des Geistigen auftun wird.

Abgehoben von der realen Welt, vollzieht sich der Kampf um eine neue Wirklichkeit in luftiger Höhe, in der die Naturgesetze außer Kraft gesetzt sind – so auch die Macht der Erdanziehung, gegen die mit einer Umkehr der Gewichtsverhältnisse opponiert wird. Wie so oft ist hier »das Leichte unten und das Schwere oben«, exemplarisch dargestellt an der roten Form, die nach unten zu fast gänzlich ihre Substanz verliert und folglich leichter wird, während die rotviolette angesichts ihrer ausgeprägten Farbdunkelheit, relativen Kompaktheit und annähernd »Guten Gestalt« sowie aufgrund des Sehgesetzes (wonach Gewicht im oberen Teil des Wahrnehmungsraums mehr zählt) über das bilddominante Gewicht verfügt; nur der Wille des Reiters beziehungsweise die Fixierung durch den Winkelbogen hindert das Rotviolett am ungezügelten Davonfliegen. Was hier vorgeht, ist gleichsam ein »Krieg der Sterne«, der dem Konflikt zwischen Materiellem und Geistigem eine universale Bedeutung verleiht, genau so, wie es Kandinsky in seinen ›Rückblicken‹ schildert: »Das Malen ist ein donnernder Zusammenprall verschiedener Welten ... jedes Werk entsteht so, wie der Kosmos entstand – durch Katastrophen.«

Auch in *Bild mit schwarzem Bogen* trägt die Frage nach der Bildzeit wesentlich zur Klärung der semantischen Sachlage bei. Zur Bestimmung der ganzheitlichen Zeitgestalt liefert der annähernd quadratische Bildrahmen zweifellos eine sehr wichtige Determinate. Denn, so Arnheim: »Das Quadrat billigt weder der eine noch der anderen Richtung die Vorherrschaft zu und versetzt dadurch das Geschehen ... in einen Ruhezustand. Die Zeit steht still.«[812] Zieht man zusätzlich Kriterien wie die relativ gleichmäßige Verteilung und strikte Vereinzelung der drei Zentren sowie den verhältnismäßig homogenen hellen Farbgrund, der einen unvermittelten Raumsprung verursacht, in Betracht, so gerät das Ganze, simultan rezipiert, an den Rand der Zeitlichkeit – man könnte sagen: Der irdische Uhrzeiger kommt zum Stillstand. Vermutlich hatte Schreier diesen, bereits der vierten Dimension angehörenden Sachverhalt vor Augen, als er seine unentschiedene Balance-These vertrat. Übersehen wird dabei allerdings die grundsätzliche Dualität zwischen Simultaneität und Sukzession. Des weiteren der Umstand, daß Kandinsky hinsichtlich des zwischen beruhigter Zeitgestalt und bewegten Zeitformen bestehenden Widerspruchs und mittels des im Gegensatz zum dramatischen Geschehen befindlichen, Stillstand verheißenden quadratischen Bildrah-

812 Arnheim (Anm. 195), S. 146

mens den Betrachter in Spannung versetzt. Ist einerseits das Prinzip des »Alles auf einmal«-Sehens zur Aufdeckung ganzheitlicher Form/Farbe-Relationen unbedingt zu berücksichtigen, so ist andererseits die Beachtung der zur Erläuterung dynamischer und eben nur in sukzessivem Prozeß erfahrbarer Ausdruckswerte erforderlichen Bildzeit-Problematik genauso notwendig. Denn gerade letztere macht es erst möglich, das Drama eines inszenierten Geschehens beziehungsweise die daran geknüpfte Botschaft überhaupt zu verstehen. Demgemäß ist es erforderlich, sich auch den einzelnen Zeitformen zu widmen, selbst dann, wenn sie sich außerhalb der irdischen Zeitrechnung befinden.

Zunächst sind die Zeitformen der unteren Bildhälfte merklich kontrastiv angelegt. Während die blau-kontraktive Form mit ihren wenig zielbewußten, nach allen Seiten ausgreifenden Kräften zur Zeitdehnung (zieht man auch ihren zentripetalen Durchbruch zum Kosmos in Betracht) zur Dauer tendiert, so ist die rot-expansive Form in ihrer eindeutigen Stoßrichtung auf vehemente Zeitverkürzung berechnet. In der oberen Bildhälfte hingegen geht all das in Szene, was wir als Zeitperspektive bezeichnen, innerhalb derer sich der Prozeß des »Von etwas her zu etwas hin« – mit Ausnahme der krapproten, in entgegengesetze Richtung strebenden Scheibe – als unumkehrbar erweist. Dies beginnt am dicken Ende des schwarzen Bogens, kulminiert im Verzögerungsmoment seiner Knickstelle, die den eher trägen Rotviolett-Körper richtig in Schwung bringt, um sich schließlich im rechten Bogenabschnitt als zunehmend dünner und schärfer werdende Linie im rasanten Tempo auf den roten Angreifer zu stürzen. Vergangenheit, Gegenwart und Zukunft sind aufgrund kontinuierlichen Zusammenschlusses der Motive in eins gesetzt. Daß damit die Aktion des heiligen Georg keinesfalls abgeschlossen ist und der Befreiungsschlag zugunsten des geistigen Blau gleichsam im Vorübergehen erledigt wird, beweist das schon beinahe am rechten Bildrand angelangte Linienmuster, das den vorderen Teil des Pferdes chiffriert. Auch der vom rotvioletten Körper losgerissene Komet hat bereits das konkrete Konfliktgeschehen passiert, was ebenso beweist, daß der nach neuen materiellen Kontrahenten Ausschau haltende Kampf um das Geistige fortdauert, ja vielleicht nie zu Ende geht.

1913 – Am Ziel der »konkreten« Malerei

IX

Die Beschimpfungs- und Haßorgien, wie sie Kandinsky 1912 seitens der offiziellen Kritik über sich ergehen lassen mußte, setzen sich auch 1913 fort, und sogar noch heftiger, wie einem Verriß im ›Hamburger Fremdenblatt‹ (15. Februar) zu entnehmen ist. Ursache dafür ist eine vom ›Sturm‹-Herausgeber Herwarth Walden in Hamburg initiierte Ausstellung, die Kandinsky Etikettierungen wie »unglückseliger Monomane«, »greuliches Farbengesudel und Liniengestammel«, »überlebensgroße Arroganz« und »unsympathische Frechheit« eintragen, kulminierend in folgender Polemik: »Schließlich aber siegt das Bedauern mit der irren, also unverantwortlichen Malerseele, die, wie ein paar frühere Bilder erweisen, vor der Verdüsterung schöne und edle malerische Formen schaffen konnte: Gleichzeitig empfindet man die Genugtuung, daß diese Sorte von Kunst endlich an den Punkt gelangt ist, wo sie sich glatt als den Ismus offenbart, bei dem sie notwendig landen und stranden mußte, als den Idiotismus.«[813] Was eigentlich bedenklicher war: gegen Jahresende beginnen sich auch manche Künstler der Avantgarde von Kandinsky abzuwenden, so etwa August Macke, der in einem Brief an Franz Marc bemerkt: »Mein malerischer Zustand ist der, daß Kandinsky für mich sanft entschlafen ist ... Eine Tischplatte ist mystischer wie alle seine Bilder. Sie klingen gar nicht mehr für mich.«[814] Wäre Kandinsky etwas von dieser Mitteilung zu Ohren gekommen, dann hätte ihn dies wohl tief getroffen. Immerhin hatte er noch im Almanach allein dem Künstler – im Gegensatz zum Berufskritiker –, Delacroix zitierend, Kritikfähigkeit attestiert. »Die meisten Schriften über Kunst sind von Leuten verfaßt, die keine Künstler sind: daher alle die falschen Begriffe und Urteile.«[815] Überhaupt sei die »Kunstkritik der schlimmste Feind der Kunst«, schreibt er in ›Über die Formfrage‹, mit der zusätzlichen Bemerkung: »Der ideale Kunstkritiker wäre also nicht der Kritiker, welcher die ›Fehler‹, ›Verirrungen‹, ›Unkenntnisse‹, ›Entlehnungen‹ usw. usw. zu entdecken suchen

---

813 Vgl. *Der Sturm*, 3. Jg., Nr. 150/151, März 1913

814 *August Macke, Franz Marc. Briefwechsel*, hrsg. von Wolfgang Macke, Köln 1964, S. 174

815 *Der Blaue Reiter* (Anm. 27), S. 51

würde, sondern der, welcher zu fühlen suchen würde, wie diese oder jene Form innerlich wirkt, und dann sein Gesamterlebnis dem Publikum ausdrucksvoll mitteilen würde. Hier würde natürlich der Kritiker eine Dichterseele brauchen, da der Dichter objektiv fühlen muß, um subjektiv sein Gefühl zu verkörpern. D.h. der Kritiker würde eine schöpferische Kraft besitzen müssen. In Wirklichkeit sind aber die Kritiker sehr oft mißlungene Künstler, die aus Mangel eigener schöpferischer Kraft scheitern und deshalb sich berufen fühlen, die fremde schöpferische Kraft zu lenken.«[816]

Nun, auch keineswegs »mißlungene« Künstler wie Marc und Klee werden nach Kandinskys Rückkehr nach Moskau nicht mehr bereit sein, dem Entwicklungsweg ihres Kollegen bedingungslos wie ehedem zuzustimmen. So bekundet Marc in einem Brief an Klee ein durchaus ambivalentes Verhältnis zu Kandinsky, wobei bewundernde Anerkennung und herbe Kritik sich die Waage halten: »In Kandinsky ist viel Unreines, das heißt eitles, allzu persönlich Uninteressantes, auch persönlich Erklügeltes, aber ebensoviel Herrliches, Allgemeingültiges, Endlich gesagtes, daß das Gute seine großen Schwächen überwiegt.« Darauf antwortet Klee, Marc beipflichtend: »Ich bin Dir ... sehr dankbar für die Äußerung Deiner konservativen Einstellung Kandinsky gegenüber. Denn die ›Anwendung‹ ist mir die Hauptsache: die Werke. Eine falsch angewendete Theorie ist Gehirnkram.«[817] Letzteres zielt offensichtlich auf Kandinskys ›Über das Geistige in der Kunst‹ und dessen danach im Almanach erschienenen Aufsatz ›Über die Formfrage‹. Damit stand Kandinsky vor einem doppelten Dilemma: Wurde einerseits sein künstlerisches Œuvre von der Kritik völlig verkannt, so war andererseits bei den Künstlern bezüglich seiner Theorie Ratlosigkeit vorherrschend. Den Gegenbeweis dafür, daß nur ein praktizierender Künstler zu adäquater Kritik berufen sei, liefert der Münchner Kunstschriftsteller Wilhelm Hausenstein, der allein sich als befähigt erweist, Kandinskys Schaffen ebenso wie dessen Theorie-Standpunkt sachkundig zu beurteilen: »Und schließlich ist auch wieder verkehrt, zu meinen, Kandinskys Malerei sei vollkommen ungegenständlich. Sie ist ohne physisches Motiv. Aber sie ist nicht ohne geistiges Motiv. Kandinsky ist ungewöhnlich musikalisch und ein Freund der Musik und der Persönlichkeit Schönbergs. Was er malt, das ist am Ende nicht rein abstrakt, sondern es ist darin viel Übersetzung irrationaler seelischer Empfindungszustände und Assoziationen in farbige Äquivalente, die eine bestimmte Höhe haben. Ein Ausdruck voll von Verhältnissen und von Ordnung.«[818] Mit »am Ende nicht rein abstrakt« trifft Hausen-

816 Ebda., S. 165 f.
817 Marcs und Klees Briefstellen zitiert bei Zweite (Anm. 447), S. 141

stein den entscheidenden Punkt. Die terminologischen Konsequenzen daraus zieht Kandinsky erst Jahre später, wenn er den Begriff »abstrakt« zunächst durch »absolut« und dann durch »konkret« ersetzt. Und etwa vier Jahrzehnte nach Hausensteins Aussage gelangt Arnheim zu folgender, bereits erwähnter Formulierung: »Eine solche ›abstrakte‹ Kunst ist nicht ›reine Form‹ ... [da] selbst die einfachste Linie sichtbare Bedeutung ausdrückt und deshalb symbolisch ist. Sie bietet auch keine verstandesmäßigen Abstraktionen, denn nichts ist konkreter als Farbe, Form und Bewegung.«

Da Kandinsky mit seinen bisherigen Theorie-Versuchen der erwünschte Erfolg bezüglich einer effizienten Rezeption seines Schaffens versagt bleibt, rafft er sich ein weiteres Mal auf, seine Kunstproduktion didaktisch zu kommentieren. Dies geschieht im Juni 1913 mit der Veröffentlichung seiner autobiographischen ›Rückblicke‹ sowie dreier Bildinterpretationen, beides erschienen im Album ›Kandinsky 1901-1913‹ in Herwarth Waldens ›Sturm‹-Verlag. Anders als zuvor hebt er in seinen Selbstinterpretationen *(Komposition IV* und *VI* sowie *Bild mit weißem Rand)* den Praxisbezug hervor, von dem er sich eine »letzte mögliche Verständnishilfe« für den Betrachter seiner Werke erhofft, getreu seinem in ›Über das Geistige‹ vermerkten Grundsatz, wonach »›Verstehen‹ [eines Kunstwerkes] Heranbildung des Zuschauers auf den Standpunkt des Künstlers ist«.[819] Charakteristisch für sein »nachträgliches Definieren« ist, daß er dabei vor allem den auf innerer Notwendigkeit basierenden bildnerischen Prozeß schildert und damit Anleitungen zum richtigen Sehen gibt, wohingegen er auf Angaben restgegenständlicher Derivate oder Deutungshilfen verzichtet – wohl vom Wunsch getragen, dem Kunstwerk seine Offenheit zu sichern beziehungsweise dem »mitarbeitenden« Rezipienten seine inneren Klangvorstellungen, seelischen Vibrationen und Interpretationen zu ermöglichen. Damit erfüllt sich jene Prophetie, die Kandinsky kurz vor seinen Selbstinterpretationen im Schlußsatz von ›Über das Geistige‹ mit der Bemerkung zum Ausdruck gebracht hatte, »daß der Maler bald stolz sein wird, seine Werke ›konstruktiv‹ erklären zu können (im Gegensatz zu den reinen Impressionisten, die darauf stolz waren, daß sie nichts erklären konnten) ...«[820] Im Anschluß daran und im Zusammenhang mit seiner pädagogischen Tätigkeit am Bauhaus wird Kandinsky sogar die Etablierung einer »neuen Kunstwissenschaft« fordern, über deren Aufgaben in Verbindung mit der Notwendigkeit neuer Analysemethoden er sich in ›Punkt und

818 *Der Sturm* (Anm. 814), S. 278 f.
819 Thürlemann (Anm. 211), S. 60 f.
820 ÜGK, S. 142

Linie zu Fläche‹ sehr detailliert äußert: »Speziell die Malerei ... ist zu einer Stufe emporgestiegen, die nach einer genauen, rein wissenschaftlichen Prüfung ihrer malerischen Mittel zu ihrem malerischen Zweck unumgänglich verlangt ... Natürlich kann auch die neue Kunstwissenschaft nur dann entstehen, wenn die Zeichen zu Symbolen werden und das offene Auge und das offene Ohr den Weg vom Schweigen zum Sprechen ermöglichen.« Diesbezüglich seien »die Methoden der Kunstanalyse ... bis jetzt immer noch sehr willkürlich und nicht selten viel zu persönlicher Natur« gewesen.[821]

Schon vor der Veröffentlichung seiner Selbstinterpretationen muß Kandinsky aber klar gewesen sein, daß deren propädeutischer Leistungsfähigkeit Grenzen gesetzt sind. Darüber schreibt er 1912 in ›Der Sturm‹: »So ist es klar, daß die Erklärung selbst ›als solche‹ das Kunstwerk nicht näherbringen kann. Das Kunstwerk ist der durch die Form redende, sich offenbarende und weiter befruchtende Geist. Man kann also die Form erklären, klar machen, welche Form und aus welchen Gründen sie in einem Werk angewendet wurde. Was den Geist zu hören noch lange nicht fähig macht.«[822] Was vermag nun die Selbstinterpretation und die daran knüpfende Analysetätigkeit des Betrachters überhaupt zu leisten? Vieles – läßt sich beruhigend hinzufügen. So zum Beispiel ermöglicht sie die Ortung des relationalen Gefüges der einzelnen Form/Farbe- und Liniengebilde sowie die Aufdeckung deren dynamischen, Spannung erzeugenden Verhaltens. Dies alles kann beschrieben, mithin auch verstanden werden. Problematischer wird die Sachlage dann, wenn es – wie die Gestalttheorie fordert – um die Erkenntnis der ganzheitlichen Bildgestalt geht. Hier stellen sich dem Betrachter Barrieren in den Weg, sobald er versucht, der simultan präsenten Bildganzheit sprachlich adäquat gerecht zu werden. Hier »den Geist zu hören« beziehungsweise, um auf Goethe anzuspielen, zu erfahren, was die Bildwelt im »Innersten zusammenhält«, ist rationaler Rezeptionsweise nur zum Teil zugänglich. Ähnlich wie im künstlerischen Schaffensprozeß treten Gefühl und Intuition hinzu, deren sprachliche Darstellung nur bedingt möglich ist. Was noch lange nicht dazu nötigt, darauf, wie die Ikonik, mit Sprachlosigkeit zu reagieren. Dieses ambivalente Verhältnis zwischen Verstand und Gefühl hat auch Kandinsky fortwährend beschäftigt. »Weder die Vernunft noch die Logik können Kunstfragen austreiben, aber ständige Korrekturen von Seiten des ›Irrationalen‹ sind unerläßlich. Das ›Gefühl‹ ist es, welches das ›Hirn‹ korrigiert.«[823] Und weiter: »Meine verschiedenen Versu-

821 PLF, S. 15, 23 und 81

822 Kandinsky, ›Über Kunstverstehen‹, in: *Der Sturm* 3 (Okt. 1912), 129, S. 158

823 Kandinsky, ›Der Wert eines Werkes der konkreten Kunst‹, in: *Essays* (Anm. 712), S. 233

che, von Anfang bis zu Ende auf eine ausschließliche vernunftgemäße Art zu verfahren, haben niemals zu einer wahren Lösung geführt ... Die normalen Werke der abstrakten Malerei entspringen der gemeinsamen Quelle aller Künste: Der Intuition. Die Vernunft ... arbeitet mit, ob es sich nun um Werke handelt, die die Natur nachahmen oder nicht, aber immer als sekundärer Faktor.«[824] Allem Anschein nach hat Kandinsky die Vernunft im »Zeitlich-Subjektiven« und die Intuition im »Ewig-Objektiven« angesiedelt, wenn er in ›Über das Geistige‹ bezüglich der inneren Notwendigkeit schreibt: »Kurz gesagt, ist die Wirkung der inneren Notwendigkeit und also die Entwicklung der Kunst eine fortschreitende Äußerung des Ewig-Objektiven im Zeitlich-Subjektiven und also andererseits das Bekämpfen des Subjektiven durch das Objektive.«[825] Hätte Kandinsky von Klees »Gehirnkram«-Vorwurf gewußt, demzufolge, wie implizit behauptet, Kandinsky seine Werke in ein vorgefaßtes Theorie-Korsett gepreßt habe, so wäre er solcher Fehleinschätzung vermutlich folgendermaßen begegnet: »In der Kunst geht nie die Theorie voraus, und zieht die Praxis nie nach sich, sondern umgekehrt. Hier ist alles und ganz besonders im Anfang Gefühlsache.«[826] Letztlich aber stellt Kandinsky außer Zweifel, daß Logik und Intuition im künstlerischen Schaffen zwei gleichwertige Eckpfeiler bedeuten – nur setzt er noch ein Drittes hinzu: »Beide Faktoren sind aber ohne Kontrolle des Geistes an und für sich fruchtlos und tot.«[827] Letzteres läuft exakt darauf hinaus, was wir im universalen Ausdrucksanspruch des Künstlers beziehungsweise in dessen Ausformung des dynamischen Themas verankert sehen.

1. *Improvisation 30 (Kanonen)*

In das Jahr 1913 fällt Kandinskys fruchtbarste Schaffensperiode der Vorkriegszeit. Obwohl der Künstler das Instrumentarium abstrakter Ausdrucksmöglichkeiten, wie dies etliche Bilder von 1911 und 1912 belegen, bereits beherrscht, fertigt er zu Jahresbeginn – seinen Weg zur »absoluten« Malerei kurzfristig unterbrechend – einige Werke mit bisweilen überraschend prononcierten Gegenständlichkeitsakzenten. Dies beginnt mit der *Improvisation 30 (Kanonen)*, in der das künftige Kriegsgeschehen visionär thematisiert wird. Ähnlich realistisch wie schon zuvor in *Improvisation 11* (1910) setzt er in die rechte untere Bildecke zwei Kanonen, die

824 Kandinsky, ›Betrachtungen über die abstrakte Kunst‹, in: *Essays* (Anm. 712), S. 147 f.
825 ÜGK, S. 82
826 Ebda., S. 84
827 Kandinsky, *Mein Werdegang* (Anm. 6), S. 51 f.; Zitat: S. 53

144 *Improvisation 30 (Kanonen)*, 1913, Öl auf Leinwand (110 x 110 cm), Chicago, The Art Institute of Chicago

quer über die Bildfläche hinweg feuern. Dieses Kriegsgerät in gegenständlich so ausgeprägter Form darzustellen, mag mit Kandinskys Willen zusammenhängen, ein möglichst breites Publikum mit einer sehr persönlichen Botschaft zu konfrontieren. Denn in diesem Zusammenhang ist zu beachten, daß Kandinsky das Gemälde in der Londoner Royal Albert Hall (›Allied Artists' Association‹) im Juli 1913 zum ersten Mal ausgestellt hat, in einem Land also, das zu den Gegnern Deutschlands im Ersten Weltkrieg zählen wird. Damit gewinnt die Botschaft an internationaler Tragweite, sie mag auch als Friedensappell gemeint sein, woran sich m.E. auch dann nichts ändert, wenn der Künstler in einem Brief an den Chicagoer Sammler Arthur J. Eddy den programmatischen Charakter des Werks bestreitet. Demnach sei der Untertitel ›Kanonen‹ nur zum »eigenen Gebrauch« gewählt, und keinesfalls sei damit der »Inhalt« des Bildes umschrieben.[828] Dies mag wohl zutreffen, insofern es sich hier ja tatsächlich nicht um ein herkömmliches Kriegsbild mit beispielsweise konkreter Schlachtordnung usw., vielmehr um die Verbildlichung jener

828 Arthur Jerome Eddy, *Cubists and Post-Impressionism*, Chicago 1914, S. 125

Schrecken und innerer Erschütterungen handelt, die durch Krieg im Menschen hervorgerufen werden, in diesem folglich seelische Vibrationen auslösen.

Wenngleich in *Improvisation 30* ausgeprägte Gegenständlichkeit vorliegt, ist dem Werk selbstverständlich auch ein auf dem »Ewig-Objektiven« basierendes dynamisches Thema inhärent, dessen Klärung einen zweifellos größeren Aufwand als die Auseinandersetzung mit dem ikonographischen Thema verursacht. Eben dieses vordringliche Rezeptionsanliegen vertritt Kandinsky, wenn er in seinem erwähnten Brief an den Chicagoer Sammler den intuitiven Aspekt seines Schaffensprozesses hervorhebt: »Die Bezeichnung ›Kanonen‹, die ich für den Hausgebrauch wählte, soll nicht den Inhalt des Bildes umschreiben. Der Inhalt ist das, was der Betrachter unter der Wirkung der Farben und Formen erlebt. Die blaue Fläche in der Mitte ist das Zentrum (wirkt dem Motiv der Kanonen entgegen), der graue Fleck darunter ist das zweite fast gleichwertige Zentrum. Die vier Ecken, die Endpunkte einer Kreuzform, sind schwerer als die Zentren und untereinander verschieden. Das Bild ist also leichter in der Mitte, schwerer in den Ecken. Dadurch wird die Konstruktion verhüllt. Die gegenständlichen Andeutungen klingen lediglich mit. Daß Formen von Kanonen vorkommen, die unbewußt entstanden sind, kann daran liegen, daß in der Zeit der Entstehung viel von Krieg geredet wurde. Aber ich wollte trotzdem kein Kriegsbild malen, dessen hätte es ganz anderer Mittel bedurft. Dies als Analysis des Bildes, das ich im Zustand einer starken inneren Spannung gemalt habe. Zuweilen habe ich mir laut Befehl gegeben: die Ecken müssen schwerer werden. In solchen Fällen muß man mit dem Gefühl alle Fakten bedenken, das Gewicht z.B. Gerade wo das Gefühl sicher genug ist, eine Komposition richtig zu Ende zu malen, sind Schematismus und Bewußtheit nicht von Schaden, sie sind ein großer Gewinn.«[829] Wie üblich beschränken sich Kandinskys Interpretationen auf rein bildnerische beziehungsweise kompositionelle Aspekte, semantische Überlegungen bleiben dem Betrachter vorbehalten. Am liebsten wäre es Kandinsky, würde der Rezipient von der Entschlüsselung des Narrativen überhaupt absehen und sich unvermittelt den inneren Klangvorstellungen hingeben.

Unter den gegebenen Umständen einer auf Gegenstandsderivaten und zum Teil sogar realistischer Motivik basierenden Darstellungsweise erscheint es unvermeidbar, sich mittels »wiedererkennenden Sehens« zuvor figurativer Lektüre zu widmen. Im Rahmen einer solchen Orientierung wird deutlich, daß die Kanonensalven – erkennbar an drei sphärischen, interferierenden Liniengebilden – auf das schräg kippende Linien-

829 Grohmann (Anm. 14), S. 128

geflecht eines links außen befindlichen Kremls mit roter Kuppel gerichtet sind. Wie in *Bild mit Bogenschützen* (1909) und *Improvisation 19* (1911) kehrt eine links unten plazierte Menschenprozession – buntfarbig dargestellt und mit roten Punkten (vermutlich flammenden Fackeln) versehen – der dem Untergang geweihten Kreml-Stadt den Rücken. Bis dahin sind restgegenständliche Merkmale und Bezüge problemlos zu entziffern. Schon weit schwieriger ist eine Dechiffrierung der im rechten oberen Bildquadranten parallel gezogenen und sich oben zu Rechtecken schließenden schwarzen Linien, die wie vor einem gebirgsähnlichen Landschaftsambiente schräg in einen zum Teil roten Himmel emporwachsen. Möglicherweise handelt es sich um eine Gruppe steiler Felsmonolithe, deren höchster von einem Turmpaar bekrönt wird. Spätestens in dieser Beschreibungsphase wird evident, daß das universale, dynamische Thema noch nicht berührt ist.

Die von der bräunlichen Umfassungslinie der mittleren Kanonensalve eingeschlossene und mit gesättigtem Ultramarin gefüllte Fläche nimmt eine zentrale Stellung ein. Mit dem Kontrast zwischen dem »leichten« Blau und der in den Bildecken lastenden Schwere werde die »Konstruktion verhüllt«, betont Kandinsky in seiner Interpretation. Da sich der Künstler selten genug darüber äußert, was er unter Verschleierung versteht und wie er diese konkret zustandebringt, sei versucht, dieses Phänomen am Beispiel des blauen Zentrums zu untersuchen. Der Verschlüsselungseffekt beruht darauf, daß die oval verzerrten Umrißlinien des Mündungsfeuers der Kanonen – wider Erwarten – blaue Füllungen zeigen. Da sich Blau als Farbe des Geistes visuell leicht und konzentrisch verhält und den Betrachter räumlich nach sich zieht, zeigen die Linieneinschlüsse der Kanonensalven eine energetisch deutlich herabgesetzte Wirkung. Diese beschränkt sich auf die bräunlichen, vor den Blaumassen schwebenden Linienzüge, die sich als gleichsam leere Formhülsen eher verlaufsgestaltlich als formbezeichnend gebärden. Das Blau, das, sich in Sättigungsgrad und Helligkeit wandelnd, mehr als ein Bilddrittel beansprucht und bis an den unteren Bildrand herabgeführt wird, scheint das kriegerische Geschehen zu konterkarieren, ja ad absurdum zu führen. Neben seiner konzentrischen Wirkung, die ein haltloses Auseinanderstürzen der oberen Bildelemente verhindert, läßt das Blau auch assoziativ-kognitive Vorstellungen aufkommen. Unwillkürlich denkt man dabei an einen Wassergraben, welcher der Flüchtlingsprozession gegenüber den vom anderen Ufer feuernden Kanonen als Schutzbarriere dient.

Indessen nennt Kandinsky in seiner Selbstanalyse noch ein zweites Zentrum: den unter dem Blau-Zentrum situierten grauen Fleck, auf dem ein weißlicher, zackig ausgefranster Kranz lagert. Damit ergibt sich ein

Effekt, den Kandinsky in seinen anderen Selbstinterpretationen (*Komposition VI* und *Bild mit weißem Rand*) mit »die Farbe zum Schäumen bringen« und »energischem inneren Kochen« umschrieben hat. Analog zu *Improvisation 11*, wo ein Boot mit gelbem Segel zwischen Gewehr- und Kanonensalven seinen Fluchtweg sucht, denkt man an den Einschlag einer Kanonenkugel, der das Wasser zum »Schäumen« bringt. Vielleicht verbirgt sich unter der Explosion ein Schiff, dessen Fahrt zum Geistigen ein Geschoßtreffer vereitelt hat. Ausgehend von Kandinskys Leitsatz »Ein Bild durch alle Gegensätze tauchen«, symbolisiert sich hier im engen Kontakt zweier Zentren der Widerspruch von Vernichtung und Erlösung. Darin wird jene Ambivalenz manifest, die letztlich den gesamten Bildaufbau mit seinen zahlreichen Form-, Farb-, Raum- und Liniengegensätzen durchdringt.

Dem kontinuierlich fließenden Blau steht in paralleler Schräge das materielle Gelb gegenüber, das von den beiden Kanonen seinen Ausgang nimmt und – von Rot-, Blau-, Weiß- und Schwarzflecken unterbrochen – vor roten und blauen Berggipfeln oben in der Mitte seinen Kulminationspunkt erreicht. Den zweiten wichtigen Farbgegensatz finden wir in der linken oberen Bildecke, wo wolkiges Weiß und nächtliche Schwärze aneinandergeraten; zum gegenüberliegenden Rot, dem Symbol für das Element Feuer, steht Schwarz/Weiß in einem extremen Bunt-Unbunt-Verhältnis. Gemäß Kandinskys Analysekategorien, wie er sie im Anschluß an ›Rückblicke‹ am Beispiel von *Komposition IV – Nachträgliches Definieren* entwickelt hat, ist in *Improvisation 30* ein »Überwiegen des Farbenklanges über den Formklang« festzustellen. Daraus resultieren jene Koloritwirkungen, die Kandinsky in zwei Schlüsselsätzen zusammenfaßt. Zum einen sei »die Farbe ein Mittel, einen direkten Einfluß auf die Seele auszuüben«, zum anderen müsse »die Farbenpracht im Bilde den Beschauer gewaltig anziehen und zur selben Zeit den tiefliegenden Inhalt verbergen«.

Im Vergleich zur Dominanz der Farbwelt sind die Ausdrucksmöglichkeiten der Linien geringer bemessen. Fast immer bewahrt die Farbe ihren Autonomieanspruch, indem sie die Linienkonturen unterläuft und sich somit deren formbildender Tendenz widersetzt. Mithin kommt es zu Linienmustern, die »bloßliegen« und sich, sofern sie sich überhaupt zur Simultangestalt fügen, letztlich als leere Formhülsen erweisen. Links außen befindet sich, wie schon angedeutet, ein ziemlich verworrenes Liniengefüge, das lediglich auf assoziativer Ebene – hinsichtlich der ausziehenden Prozession und des kuppelähnlichen Rotflecks – als Kreml zu identifizieren ist. Der anschaulichen Terminologie aus Kandinskys Analysemodell von *Komposition IV* folgend, könnte man die miteinander verzahnten Linien als »Linienknoten« apostrophieren. Diesem antworten im rechten oberen Quadranten langgezogene und parallel geordnete Linien, deren gipfelndes Turmpaar von einer gelben Aura mit blau/weißem Hof umhüllt wird. Mit den schräg kippenden Linienknoten und Parallellinien wird offensichtlich die durch Kriegseinwirkung gefährdete Menschheit symbolisiert. Eine Betrachtungsweise, die Linie und Farbe gleichermaßen berücksichtigt, führt indes zu einem differenzierteren Deutungsergebnis. Denn erst aus dem ganzheitlich-gestaltlichen Beziehungsgefüge wird erkennbar, daß die linearen Zentrifugalkräfte durch die kontraktive Sogwirkung des blauen Zentrums gezügelt werden.

Legt man einem sich verstärkt dem dynamischen Thema widmenden Analyseversuch das imaginäre Sehgrundmuster als optische Kontrollinstanz zugrunde, so wird evident, welche Spannung zwischen dem quadratischen, somit richtungslosen Bildrahmen und dem gegen alle orthogonalen Strukturmöglichkeiten opponierenden Bildaufbau herrscht. Die Komposition ist hauptsächlich an den Diagonalen des Sehgrundmusters orientiert, wobei auffällt, daß die an diesen Diagonalen entlanggeführten dynamischen Strukturen eine jeweils andere Wirkung haben, selbstverständlich auch unterschiedliche Deutungsergebnisse nach sich ziehen. Zweifellos beansprucht die von rechts unten nach links oben weisende Diagonale, die von Kandinsky in ›Punkt und Linie zu Fläche‹ als die »disharmonische«, mit »dramatischer Spannung« gesättigte bezeichnet wird, gegenüber der anderen die dynamische Vorrangstellung.[830] Dafür sorgt allein schon das in diese Richtung zielende Geschützfeuer, dessen Rauchkonturen nach dem linken Kreml-Motiv greifen, wohingegen die rechts oben befindlichen Parallellinien, die wahrscheinlich ebenso als bauliche Motive zu deuten sind (man beachte nur die drei in Rot eingetragenen fensterähnlichen Schlitze) von dieser kriegerischen Aktion unbehelligt bleiben. Ferner korrespondiert das Schwarz der Kanonen mit dem links oben verdüsterten Himmelsausschnitt, was der Diagonalen zusätzliche Stringenz verleiht. Gäbe es nicht das ausgleichende Zentrum des geistigen Blau, könnte man in dieser Diagonale den Bewegungszug der Vernichtung orten. Es bei dieser Deutung bewenden zu lassen, widerspräche freilich dem kandinskyschen Grundgesetz der Gegensätzlichkeit. Und in der Tat erzielen die auf der Gegendiagonalen verlaufenden Aktionen und Strukturen einen semantisch durchaus positiven Effekt. Wenn Kandinsky die von links unten nach rechts oben geführte Diagonale als die »harmonische«, mit »lyrischer Spannung« versehene bezeichnet, dann scheint sich dies hier werkadäquat zu bestätigen. Dies beginnt schon links unten, wo die Flüchtlingsschar gute Chancen hat, dem Stahlgewitter zu entgehen. Vom Blau-Zentrum unterbrochen, setzt

830 PLF, S. 144

sich dann der diagonale Bewegungszug in den hochschießenden Parallellinien fort. Und dort, im rechten oberen Bildquadranten, der mit ausgewogener Farbtrias auch das Buntfarbzentrum in sich birgt, beginnt sich der rote Feuerhimmel mittels der »hell-kalt-süßen« Farbe Weißrosa aufzulichten. Weit höher als der linke Kreml plaziert, signalisiert das Turmpaar Aussicht auf Rettung. Zuletzt aber, erzählt man das Bildgeschehen weiter, wird das Blau des Bildzentrums, das sich als Farbäquivalent für Geschützfeuer keinesfalls eignet, vielmehr als Ausblick in eine andere Welt dient, auch die vom Untergang bedrohte Menschheit in sich aufnehmen.

2. *Improvisation 31 (Seeschlacht)*

In *Improvisation 31 (Seeschlacht)* befaßt sich Kandinsky abermals mit der Kriegsthematik, allerdings aus einem für den Betrachter völlig unerwarteten Blickwinkel. Während in *Improvisation 30* der affirmative Einsatz von Kanonen sowie ein extrem kontrastives Koloritsystem unvermittelt in das dramatische Geschehen einführen, behindert nunmehr eine ausgesprochen freundliche, »hell-süße« Farbgebung nahezu aquarellistischen Charakters einen direkten Deutungszugang; erst auf dem Umweg restgegenständlicher Lektüre bemerkt der Betrachter, daß es sich um eine »Seeschlacht« handelt. Laut Grohmann ist die Szenerie »im Grunde heiter, gar nicht bedrohlich, mit leuchtendem Orange, Rosa und verschiedenem Blau. Wenn man will, kann man bewegtes Meer, Masten und Segel erkennen, Reminiszenzen klingen also mit, aber bestimmen nicht die Struktur, die auffallend locker ist ... Vielleicht steht auch hinter dieser Arbeit ein persönliches Erlebnis, die Schlacht von Tsushima; sein [Kandinskys] liebster Stiefbruder fiel 1905 im Russisch-Japanischen Krieg«.[831] Den von Grohmann eruierten Gegenstandsderivaten lassen sich noch die beiden oben plazierten schrägen Türme mit zwei vorgelagerten Figürchen hinzufügen, womit zur Bestimmung ausdrucksfähiger Ganzheitsstrukturen freilich noch wenig gewonnen ist.

Zunächst ist die zentrale Stellung der beiden schräg gestaffelten Segelschiffe – das eine im linken unteren, das andere im rechten oberen Quadranten – hervorzuheben. Während das rechte Schiff mit einem großen Blauakzent versehen ist und seinen Kurs, wie Bug und schwellendes Hauptsegel verraten, nach links unten nimmt, fährt das linke, purpurrot gefärbte in Gegenrichtung. In beiden Fällen besteht die Takelage aus schwarzen dünnen Linien und Strichumrissen, die teils von dünnflüs-

831 Ebda., S. 130

145 *Improvisation 31 (Seeschlacht)*, 1913, Öl auf Leinwand (140 x 120 cm), Washington D.C., National Gallery of Art

sigen Blau- und Türkisflecken unterlaufen werden, teils den weißlichen Malgrund durchscheinen lassen. Ferner ist zu vermuten, daß einige der kurzen Schwarzstriche an den Booten Kanonenrohre darstellen, erkennbar etwa am linken unteren Boot, dessen schräg herausragendem Balken ein bewegtes Liniengekräusel entwächst, das man mit einem Mündungsfeuer identifizieren könnte. Folgerichtig sind die an den Flanken der Schiffe plazierten Zackengebilde als unter Geschoßeinschlägen aufspritzende Wasserfontänen zu deuten. Trotz solcher Assoziationen kann von einer drastischen Schilderung eines Seegefechts keine Rede sein. Dem widersprechen allein schon die formauflösenden Tendenzen sowie die lockere Streuung der Motive, unter deren dünnem Lineament überwiegend hellblasse, mithin leichtgewichtige Farbschlieren formunabhängig vorbeidriften. Die beiden Kriegsschiffe sind an den Rändern eines ovalen, am unteren Umriß leicht gewellten Farbsubstrats positioniert, das – jeglicher Vorstellung von Wasser widersprechend – von Gelb bis Orangerot changiert, überdies in seinem unteren Bereich den hellen Malgrund durchschimmern läßt. Zieht man den 2. Aquarellentwurf zu *Improvisation 31* in Betracht, so zeigt sich, daß Kandinsky ursprünglich eine rein rote Wiedergabe der ovalen Wasserfläche geplant hat. Noch deutlicher als in der Schlußfassung macht sich hier ein farblicher Verfremdungseffekt bemerkbar, der assoziativ an ein Meer von Blut erinnert.[832] Ebenso verfremdend wirkt der Umstand, daß die links vom oberen Schiff plazierten Türme nicht wie üblich auf einem Berg stehen, sondern in der Luft zu schweben scheinen. Davor treffen zwei Figuren – eine davon mit Blau hervorgehoben – offensichtlich Verteidigungsmaßnahmen, wobei der vorgelagerte Rotfleck vermutlich das Mündungsfeuer einer Kanone markiert.

Mit all diesen Gegenstandsderivaten und streumusterartig verteilten Farbflecken, die eine freundlich-heitere Grundstimmung hervorrufen und in einem ausgewogenen Kalt-Warm-Verhältnis zueinander stehen, kontrastiert ein in der rechten unteren Bildecke positioniertes schwarzes Gebilde, das allein unter allen Bildelementen einen bedrohlichen Akzent setzt. Es wirkt besonders auffällig, weil es abseits von den Schiffszentren liegt. Aus seiner isolierten Stellung, die ihm ein ausgeprägtes visuelles Gewicht verleiht, erschließt sich der gesamte Bildaufbau. Mittels Verschleierung gelingt es Kandinsky einmal mehr, den Betrachter in Spannung zu versetzen. Was dieser zunächst wahrnimmt, ist ein unregelmäßiges schwarzes Gebilde, das von einem Bündel geschwungener Linien »unterstrichen« wird und sich als dynamisches, von Bewegungsspuren vorangetriebenes Wesen gebärdet. Ein Blick auf den ersten Aquarellentwurf macht klar, daß es sich um ein Boot handelt, in dem eine kopflose, durch Rumpf und Arme gekennzeichnete Gestalt steht.[833] Allem Anschein nach hat Kandinsky hier ein mythologisches Zitat ins Spiel gebracht, demzufolge der Fährmann Charon die Schatten der Toten beziehungsweise der in der Seeschlacht Gefallenen über den Fluß Styx in den Hades bringt.

Beobachtungen und inhaltliche Schlußfolgerungen dieser Art sind mittels »wiedererkennenden Sehens« problemlos zu bewerkstelligen, hinsichtlich der Frage nach den Beziehungen der künstlerischen Ausdrucksmittel oder gar in bezug auf das dynamische Thema besagen sie jedoch wenig. Neuerlich eignen sich Kandinskys theoretische Reflexionen als hilfreicher Ausgangspunkt für eigene weiterführende Überlegungen. Da genügt es an den gestalttheoretischen Satz aus ›Punkt und Linie

832 Barnett (Anm. 329), Farbabb. 481
833 Barnett (Anm. 676), S. 292, Nr. 326

zu Fläche‹ zu erinnern: »Die Elemente der Malerei sind reale Resultate der Bewegung u.a. in der Form: Erstens der Spannung und zweitens der Richtung.«[834] Fügt man diesem Zitat Kandinskys »damals liebste Elemente ... das Versteckte, die Zeit und das Unheimliche« hinzu, dann erweist sich zur Klärung all dieser Phänomene das »sehende Sehen« als methodisch zwingende Voraussetzung.

Vom ersten Spannungseffekt, dem für eine kriegerische Aktion überraschend freundlichen Kolorit, war bereits die Rede. Hinzu kommt, daß alle Motive sowie Farb- und Linienzeichen schräg angeordnet sind. Sie gleichen sich der von links unten nach rechts oben ausgerichteten Kompositionsdiagonalen an, wobei ins Gewicht fällt, daß Kandinsky diese Diagonale, die er als harmonische und mit lyrischer Spannung gesättigte bezeichnet, wider Erwarten zur Darstellung eines dramatischen Seegefechts ins Spiel bringt. Ganz anders dagegen die Situation in *Improvisation 30 (Kanonen)*, wo Kandinsky – mit kompaktem und nur geringfügig grunddurchlässigem Kolorit – das Diagonalkreuz innerhalb quadratischen Rahmens als Kompositionsschema bevorzugt. In *Improvisation 31* hingegen bildet die radikal einseitige Schrägführung der Bildelemente den primären Spannungseffekt und zugleich den wichtigsten Aspekt des dynamischen Themas. Dazu einige prinzipielle Aussagen Arnheims: »Laufen die Hauptrichtungen einer Aktion schräg zum Bezugssystem [Koordinatennetz des Sehgrundmustes, Anm. d. Verf.] ..., so steigt das Spannungsniveau ... Schräg gerichtete Dinge bekommen ihre starke Dynamik dadurch, daß sie von den Hauptkoordinaten abweichen.«[835] Auf der Theorie der Homöostase basierend und betonend, daß Schrägheit zugleich Räumlichkeit impliziert, führt Arnheim im weiteren aus: »In der genetischen Entwicklung der Sehwahrnehmung stellen Schrägsichten ein höheres Kompliziertheitsniveau dar als orthogonale Ansichten ... So gesehen deutet die Schräglage auf die Autonomie der Außenwelt, an deren Bezugssystem sich der Beschauer anpassen muß. Jedenfalls aber handelt es sich hier, im Gegensatz zu dem reibungslosen Zugang zum orthogonalen Raum, um ein Symbol der Entfremdung. Der Künstler sagt uns, daß der Zutritt zur Welt problematisch ist.«[836] Indessen gelangt die durch Schrägheit evozierte Spannung erst dann zu voller Wirkung, wenn »der Betrachter die normale Stellung des Objektes, von der die wahrgenommene Stellung abweicht, kennt«.[837] Und ebendies ist hier der Fall, wo der Betrachter Zeuge einer Seeschlacht wird, die, ent-

834 PLF, S. 58
835 Arnheim (Anm. 195), S. 101 und 114
836 Ebda., S. 198
837 Arnheim (Anm. 88), S. 427

gegen allen Vorstellungen äußerer Wirklichkeit, anstatt in einem orthogonalen Bezugssystem auf einer schiefen Ebene abläuft. Daraufhin kommt beim Betrachter jener psychologische Effekt zum Tragen, demzufolge »die Wahrnehmung das Eindringen äußerer Kräfte in den Organismus spiegelt, die das Gleichgewicht des Nervensystems stören«.[838] Die dynamisch-prozessuale Wirkung der nach rechts kippenden schiefen Ebene hängt auch mit dem Umstand zusammen, daß die beiden rechten Bildecken – mit dem schwarzen Motiv unten und dem gesättigten Rot oben – gegenüber den beiden linken ein erheblich schwereres visuelles Gewicht aufweisen, basierend auf dem Wahrnehmungsgesetz, wonach »jeder Bildgegenstand auf der rechten Seite des Bildes schwerer aussieht«.[839] Ausgehend vom Hochformat, in dem der aktive Kampf mit dem Gewicht anschaulich wird, kommt hinzu, daß schräge Strukturen visuell leichter sind als senkrecht ausgerichtete, was hier letztlich zu einer totalen Aufhebung der Schwerkraft führt. Desgleichen manifestiert sich in der entstofflichenden Formauflösung, wie sie sich in den permanent grunddurchlässigen Farb/Form-Strukturen und den formresistenten Graphismen niederschlägt, der Sieg der forminhaltlichen Kunstwirklichkeit über die sachinhaltliche Naturwirklichkeit.

Flankiert von den schrägen Begrenzungslinien der gelben und roten Farbflächen in den oberen Bildecken, sorgt eine den weißlichen Farbnebel-Grund umreißende und nach rechts oben weisende Keilform für eine richtungbestimmende Definition der schiefen Ebene; durch ihre merkliche Schrägabweichung von der Bildachse verursacht sie ein weiteres Spannungsmoment. Solche Spannungen werden durch ein ausgewogenes Verhältnis der Primärfarbtrias ausgeglichen. Während sich die eine Trias in der oberen Bildhälfte – Gelb in der linken, Rot in der rechten Bildecke, dazwischen das Blau des oberen Schiffs – in annähernder Äquidistanz über die Bildbreite verteilt, erscheint die andere, farbprobengleich, dicht gedrängt an der linken unteren Bildgrenze. Innerhalb dieser primären Farbmarkierungen vollzieht sich auf dem zwischen Orange und Gelb changierenden Ovalsubstrat der Konflikt der beiden Schiffe, wobei dieser Sekundärfarbkombination eine dynamische Funktionsfähigkeit im Sinne von Anziehung und Abstoßung inhärent ist. Die These, wonach Primärfarben als Ruhepole fungieren und Sekundärfarben dynamisch reagieren, beruht auf Arnheims Farbenlehre, wo es unter anderem heißt: »Die Sekundärfarben und andere Mischungen der Primärfarben beziehen ihre Eigenart daher, daß sie als Mischlinge wahrgenommen werden. Sie haben eine vibrierende Zweipoligkeit und streben entweder zum stärke-

838 Ebda., S. 440
839 Ebda., S. 35

ren der zwei Pole hin oder versuchen, durch ein andauerndes dynamisches Wechselspiel das Gleichgewicht zwischen ihren beiden Ausgangspolen aufrecht zu erhalten.«[840] Untersucht man das Bildganze unter dem Aspekt der Ähnlichkeit, so ist zu bemerken, daß dem orangegelben Substrat zwei gleichartige, an Vorposten erinnernde Farbflecken rechts oben entsprechen, wodurch die schräg aufwärts zielende Stoßrichtung des Ganzen unterstrichen wird. Ferner besteht zwischen dem Purpurrot des unteren Schiffs und der Scharlachrotform in der rechten oberen Bildecke eine Korrespondenz, die dem aufwärtsstrebenden Schiff gegenüber dem oberen, in Gegenrichtung segelnden eine siegversprechende Vorrangstellung einzuräumen scheint.

So unterschiedlich sich die Ausdeutung der Kriegsthematik in *Improvisation 30 (Kanonen)* und *Improvisation 31 (Seeschlacht)* darstellt, so gegensätzlich ist in den beiden Gemälden die Bildzeit-Frage zu beantworten. Zunächst aus flächenprojektiver Sicht: In *Improvisation 30* zeigt sich die Zeitdehnung mit Tendenz zur Außerzeitlichkeit durch die relative Symmetrie und Zentriertheit des Diagonalkreuzes, die Farb/Form-Massenbetonung, eine vor allem im Blauzentrum gesättigte Farbgebung und eine nur zum geringen Teil grunddurchlässige Farb-/Formstruktur. In *Improvisation 31* entsteht angesichts asymmetrischer, betont einseitiger Schrägkomposition, locker verstreuter und aquarellistisch changierend aufgetragener Farbfleckenstruktur sowie häufiger Qualitätsveränderung des Kolorits der Eindruck von Zeitverkürzung. Letzteres klingt nach Eindeutigkeit – jedoch weit gefehlt! Abgesehen davon, daß der bevorstehende Zusammenstoß der Schiffe vorläufigen Zeitstillstand verheißt, erzeugt das patchworkartig in den großen Kompositionskeil eingelassene Form/Farb-Muster zusammen mit dem sich kontinuierlich öffnenden Farbnebel-Grund jenes Phänomen, das Kandinsky als Aufhebung der »materiellen Fläche« mit räumlich und zeitlich »undefinierbarem« Zugewinn bezeichnet hat. In ›Punkt und Linie zu Fläche‹ wird dies genauer beschrieben: »Es ist klar, daß die Verwandlung der materiellen Fläche und, damit verbunden, der allgemeine Charakter der mit ihr zusammengestellten Elemente, in mancher Beziehung sehr wichtige Folgen haben müssen. Darunter ist einer der wichtigsten die Veränderung in der Zeitempfindung: der Raum ist mit Tiefe, also auch mit den in die Tiefe gehenden Elementen identisch. Nicht umsonst habe ich den durch die Dematerialisierung entstehenden Raum als ›undefinierbar‹ bezeichnet ... Also: Die Verwandlung der materiellen Grundfläche in einen undefinierbaren Raum gibt Gelegenheit zur Vergrößerung des Zeitmaßes.«[841] Daraus wird schlüssig, daß der »hinter« der »Seeschlacht«

840 Ebda., S. 350

wie der materiellen Grundfläche flutende »undefinierbare« Raum kosmischen Charakters und folglich zeitgebunden ist. Getreu Kandinskys Harmonievorstellung der Gegensätzlichkeit, tritt ein transzendierendes Zeitgefühl zutage, das sich vom vehementen Zeitablauf des imaginär vor der materiellen Grundfläche angesiedelten Geschehens diametral unterscheidet. Eine Ambivalenz der Bildzeit-Konzeption ist hier vorherrschend, die sich in *Improvisation 30 (Kanonen)*, wo lediglich das Blauzentrum einen Ausblick in die zeitenthobene geistige Welt öffnet, nur sehr eingeschränkt bemerkbar macht.

3. Landschaft mit roten Flecken I – Kandinskys letztes Landschaftsbild

Siehe Abbildung 133, Seite 460

Im Januar 1913 malt Kandinsky sein letztes Landschaftsbild (*Landschaft mit roten Flecken I*) mit gerade noch identifizierbarer Topographie. In Kandinskys Hauskatalog II wird das Gemälde als *Landschaft mit der Kirche* geführt, noch aufschlußreicher aber ist eine Eintragung im Hauskatalog III, wo sich der Vermerk »nach Studie mit Kirche 1910« findet.[842] Daraus ist zu schließen, daß Kandinsky hier auf das schon mehr als zwei Jahre zuvor von ihm gemalte Bild *Studie zu Murnau mit Kirche II* Bezug genommen und eidetisch transformiert hat. Rückblickend wendet sich der Künstler neuerlich der altvertrauten Vedute von Murnau zu, ausgehend von der Frage, welcher Kunstmittel es bedarf, um ein schon mehrfach behandeltes Bildsujet bildnerisch zu aktualisieren. Getragen von der in ›Über das Geistige‹ festgehaltenen Erkenntnis, es sei »leichter, die Natur zu malen, als mit ihr zu kämpfen«, ist sich Kandinsky bewußt, daß eine abbildhaft-realistische Schilderung der Ansicht von Murnau für ihn mittlerweile obsolet geworden ist. Obwohl der Blickwinkel ebenso wie die kompositionelle Verteilung von Kirche, Ortschaft, Vegetation und Gebirgszug, die allesamt trotz Verschleierung wahrzunehmen sind, gegenüber der einstigen Studie präsent bleiben, ist Kandinskys Bestreben doch unverkennbar, dem Sujet neue Ausdrucksmittel abzugewinnen.

Zum Problem von Kandinskys Restgegenständlichkeit hat sich auch Brisch wiederholt geäußert, zur Warnung all jenen, die in Kandinskys Abstraktionsprozeß nicht mehr als eine sukzessive Hinausdrängung von Gegenständlichkeit zu entdecken vermögen. Die hermeneutische Hauptaufgabe bestünde folglich darin, Kandinskys Verschleierungsbestrebungen auf die Schliche zu kommen. Dazu Brischs erhellende, am

841 PLF, S. 167

842 Roethel und Benjamin (Anm. 21), S. 452, Nr. 459

Beispiel von *Landschaft mit roten Flecken I* orientierte Bemerkung: »Könnte man diese gegenständlichen Elemente ›Gegenstandsrelikte‹ nennen, so wäre zutreffender wohl von ›Kennzeichen‹ zu reden. Relikt könnte bedeuten, daß in diesen Elementen Reste zu sehen seien, die auszulöschen auf dem Weg zum gegenstandslosen Bild noch nicht gelungen sei, deren Herkunft aus der Außenwelt noch nicht völlig geleugnet werden könnte. Dagegen sollte man die Funktion dieser Kennzeichen darin sehen, daß sie Lesbarkeit und Erkennbarkeit des gegenstandslosen Gefüges des Bildes ermöglichen; sie sind nicht noch im Bild, sondern schon wieder.« [843] Die möglichen Folgen einer diesen Sachverhalt falsch einschätzenden Betrachtungsweise kritisiert Thürlemann, wie schon einmal erwähnt, am Beispiel von Washton-Longs »hermetisch-ikonographischem« Ansatz. Das Konzept der Autorin diene »als methodisches Korrelat für ihre Auffassung von der Kunst Kandinskys als einer ›hermetischen Sprache‹, die sich aus zwei Ebenen zusammensetzt: die bedeutungslose Ebene ›abstrakter‹ Formen und die entscheidende, erst mittels kunsthistorischer Forschung zugängliche Ebene der ›versteckten Figuren‹, die dem Werk angeblich allein seinen Sinn verleiht«. [844] Noch schärfer verfährt Fineberg mit der Autorin: »Weshalb soll Kandinsky Gegenstände ›verkleidet‹ haben, wenn er sie doch weitgehend beibehielt, damit der Betrachter etwas Verständliches vorfände? Ihre Identifizierung der ›verkleideten‹ Gegenstände mit versteckter Ikonographie ist ein Mißverständnis von Kandinskys Motiven, und ihr Vorgehen führt sie zu einer zu wörtlichen ›Entzifferung‹ seiner Bilder.« [845]

Wie in der *Studie zu Murnau mit Kirche II* nehmen Kirchenschiff, Turm und Nachbargebäude am Hügel im rechten oberen Bildquadranten eine zentrale Stellung ein, aber unter bildnerisch gänzlich veränderten Voraussetzungen. Im Gegensatz zu einem kompakt ausgemalten Gebäudeensemble begegnen wir völlig transparent gestalteten Bauelementen wie dem ehemals roten Nachbarhaus der Kirche, das sich in der Neufassung – auf seine Umrisse reduziert – in ein kräftig konturiertes, trapezoides Tor gewandelt hat, das den Gräbern des Kirchhofs Eingang in eine andere Welt zu verheißen scheint. Auch den ursprünglich schon schrägen Turm unterzieht Kandinsky einer Transformation, indem er ihn durchsichtig macht, vom oberen Bildrand überschneiden läßt und ihm damit den Symbolwert eines von der Bildwelt abgehobenen Ewigkeitsfanals verleiht. Dahinter mutiert der Murnauer Hausberg in ein luftiges Wesen, dessen rote, blaue und gelbe Farbflecken die Konturen der Gebäude ent-

843 Brisch (Anm. 65), S. 192
844 Thürlemann (Anm. 211), S. 87
845 Zitiert nach Hahl-Koch (Anm. 10), S. 386

materialisierend unterlaufen. Derlei dynamische Verflüchtigungstendenzen machen sich schon am unteren Bildrand bemerkbar, wo bunte Flecken – dominierend die Primärtrias Rot, Gelb und Blau – aufwärtsstreben und, abgesetzt von der Rahmenbasis, die Illusion von Bodenlosigkeit hervorrufen. Nur ein vergleichender Blick auf die Studie verrät, daß es sich bei den lose in Häkchenkonturen eingestreuten Buntfarbakzenten um Andeutungen von Vegetation handelt. In der Studie hingegen sind es klar definierte runde Baumkronen, deren überwiegend olivgrünes Kolorit dem Bereich der dingbezeichnenden Lokalfarbigkeit angehört. In Kandinskys neuer Bildauffassung wandeln sich die Farben in autonome, sich selbst bezeichnende Wesen, dazu geeignet, einen direkten Zugang zur Seele zu erschließen und innere Klangvorstellungen auszulösen. Im unteren Bildfeld dominiert – durch Blau, Braun und Ocker etwas gedämpft – der Zweiklang Rot/Gelb, ein Akkord, der, synästhetisch empfunden, laut Kandinskys Farbwirkungsskala Vorstellungen von Fanfarenklängen und Posaunenschall aufkommen läßt.[846] Dieser »starke, gerade Klang« bringt vor allem das Rot in Bewegung, das sich, in zahlreichen Flecken über das Bild verteilt, als Hauptakteur des dynamischen Themas in Szene setzt – daher auch der Bildtitel! Dabei wird das Rot keineswegs beliebig über die Bildfläche verstreut. Es hebt unten signalhaft an und findet sich, in jeweils drei Flecken gruppiert, im Kirchenbereich und, leicht schräg nach oben versetzt, in den Bergzacken am Horizont wieder. Das Kirchenzentrum zusätzlich akzentuierend, wirkt es als dynamischer Wegweiser und ist aufgrund seines Größengefälles zugleich imstande, trotz Opposition zu gleichbleibender Farbsättigung, Vorstellungen von Räumlichkeit zu evozieren. Was Kandinsky einst in Wologda erfahren hat: »im Bilde sich zu bewegen ... im Bilde zu leben«, wird hier künstlerische Wirklichkeit. Geleitet vom Wahrnehmungsgefälle der markierenden Rotflecken, die gleichermaßen den Eindruck von Temporalität vermitteln, ist der Betrachter wahrhaftig »im Bild«. Gegensätzlich dazu die Raumsituation in der *Studie* von 1910, wo der Betrachter auf Distanz gehalten wird, sich ihm sozusagen von außen das Landschaftsambiente erschließt.

In *Landschaft mit roten Flecken I* sorgen die vom Bildrand abgesetzten und konzentrisch ausgerichteten Farbflecken, unterstützt von der Leichtigkeit des hellen, die Landschaftsstrukturen in der rechten Bildhälfte verwischenden Kolorits, für eine Aufhebung des Gravitationsgesetzes. Dem widerspricht im linken Bilddrittel die Schwere zweier dunkel gefärbter Bergmassen, die auf den gegenständlich völlig aufgelösten Häusern von Murnau lasten. Dieser Bewegungszug wird durch den

846 Ebda., S. 259

großen Segmentbogen des Regenbogens forciert, der, rechts hell beginnend, nach links zunehmend dunkler, mithin schwerer wird. Mittels Qualitätsveränderung auch zutiefst bildzeitlich geprägt, bringt der Bogen zum einen ein Rotationsmoment ins Spiel, zum anderen hält er das kompositionelle Ganze zusammen, letztlich dem farblichen Auflösungsprozeß der Landschafts- und Architekturelemente Einhalt gebietend.

4. *Bild mit weißer Form*

In *Bild mit weißer Form*, einem weitgehend abstrakten Gemälde, kehrt Kandinsky wieder zu seinem künstlerisch aktuellen Entwicklungsstand zurück. Die weiße Form – wichtig genug, um als Bildtitel zu dienen – befindet sich im linken oberen Bildquadranten und entspringt in schräger Richtung einem schlanken, gelb bezeichneten Gebilde. Washton-Longs Beobachtung zufolge handelt es sich hier um eine Formverbindung, die an eine »geisterhafte Gestalt« von »seltsam anthropomorpher Qualität« erinnert. Diese These gewinnt an Bedeutung, wenn man zusätzlich die entsprechende Ölskizze, in der die »curious ghost-like shape« eine zentrale Rolle spielt, beachtet. Dieser ominösen Gestalt (»suggest a body with right arm upraised and clothed in a long, flowing robe«) begegnet man im Buch des russischen Spiritisten Alexander Aksakow (›Animismus und Spiritismus‹) als fotografisch festgehaltene Geisterscheinung in verblüffend ähnlicher Weise wieder. Aufgrund von Kandinskys bekanntem Interesse an übersinnlichen Phänomenen und der Tatsache, daß Aksakows Buch in der Bibliothek des Künstlers stand, mag Washton-Longs Herkunftsthese des spiritistischen Motivs als erwiesen gelten.[847] Dies bezeugt zwar einmal mehr Kandinskys vielschichtige Geisteshaltung, für die Deutung der abstrakten Bildstruktur beziehungsweise des dynamischen Themas ist diese Erkenntnis aber von untergeordneter Bedeutung. Einen ikonographisch ergänzenden Ertrag liefert ein vergleichender Blick auf die Ölskizze, aus der hervorgeht, daß es sich bei dem gegenständlich unkenntlichen Liniengespinst in der Schlußfassung rechts oben um das altbekannte Motiv einer gipfelnden Kremlanlage handelt.

Zunächst sei auf Grohmann verwiesen, dessen mittlerweile schon vierzig Jahre zurückliegende, leider meist viel zu knapp skizzierte Analyseversuche häufig interessante und nicht selten unter gestalttheoretischem Ganzheitsaspekt herbeigeführte Kernaussagen – so auch im Falle

847 Washton-Long (Anm. 384), S. 125

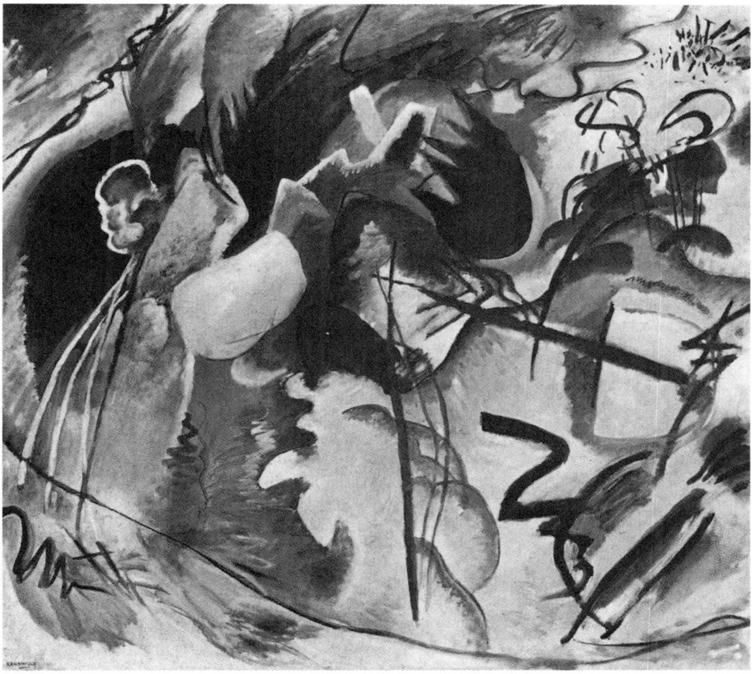

146 *Bild mit weißer Form,* 1913, Öl auf Leinwand (120,3 x 139,6 cm), New York, The Salomon R. Guggenheim Museum

von *Bild mit weißer Form* – in sich bergen. »Die Hauptform links ... wirkt fast wie ein Grabstein, die kurvigen Linien könnten Bodenlinien sein. Die fliegenden, runden Formen, die an der einen Seite gezackt sind, treten hier erstmalig auf und erinnern an Amöben. Die rechte Hälfte ist die graphische, die linke die farbige. Ultramarin ist neben Weiß die Hauptfarbe des Bildes, Rot ertönt nur einmal, aber als starker Kontrast. Das Gewicht ist nach der einen weißen Form verschoben, die aus ihrer schweren ultramarinblauen Umgebung heraustritt als die räumlich am weitesten vorgeschobene Stelle der Bildebene.«[848] Zudem ist Weiß in genügender Menge vorhanden, um den Farbformen und Linien als »Grund« mit »undefinierbarer« Raumwirkung zu dienen. Nur Grohmanns Beobachtung eines dominierenden Blaus erweist sich als korrekturbedürftig. Denn weitaus effizienter ist Gelb, das, über die gesamte Fläche verstreut, die innere Klangwirkung des Bildes im Sinne eines in Forte vorgetragenen Vivace wesentlich mitbestimmt. Richtig ist indes der Hinweis des Autors auf den in der Nähe der weißen Form befindlichen Schwerpunkt des visuellen Gewichts, von dem eine systematische Bildanalyse auszugehen hat.

848 Grohmann (Anm. 14), S. 134

Mit dem blau/weißen, geschoßähnlichen Element, das von der weißen Form und einem schwarzen, teils runden, teils gezackten Wesen flankiert wird, hat Kandinsky das Hauptzentrum, auf das sich alle wichtigen visuellen Kräfte beziehen, festgelegt; dieses Zentrum liegt exakt auf der bildteilenden Achse. Die nach links oben weisende Zielrichtung des konischen Gebildes wird dadurch intensiviert, daß in dessen Innerem zwei lange gerade Linien zusammentreffen, folglich einen Keil bilden, der die schräge Stoßkraft der blau/weißen Geschoßform erheblich verstärkt. Ferner lagert das Zentrum in der oberen Bildhälfte, wo es, gemeinsam mit seinen angrenzenden Form- und Farbverdichtungen sowie Überschneidungen, mit der relativen Formleere, Helligkeit und Leichtigkeit der unteren Bildzone kontrastiert. Einmal mehr dokumentiert sich darin Kandinskys Absicht, das Schwere oben und das Leichte unten anzusiedeln und damit die Überwindung der Schwerkraft herbeizuführen. Diese Intention, eine eigene »innere« Bildwelt zu erschaffen, wird insofern manifest, als eine von rechts unten in großem Bogen ansteigende und sich dann – nur kurz vom linken Bildrand unterbrochen – links oben fortsetzende Linie das eigentliche Bildgeschehen als innerbildliche Rahmung vom realen Rahmen absetzt. Solche Tendenzen zu bildimmanenter Verselbständigung werden sich in einigen Gemälden der Folgezeit, wie beispielsweise in *Bild mit weißem Rand* und *Improvisation mit rotblauem Ring*, nachhaltig verstärken.

Akzeptiert man Washton-Longs These der okkulten Geistgestalt, erscheint es legitim, deren restfigurativem Lektüre-Ansatz eine weitere Facette hinzuzufügen. Dann könnte man das die Geistgestalt umgebende, von spiraligen Farbspuren durchfurchte Hellblau als Gewässer interpretieren, was umgehend Assoziationen mit Kandinskys künftiger Hauptthematik, eschatologischen Szenen im allgemeinen und dem Sintflut-Geschehen im besonderen, wachruft. Blau tritt noch an zwei weiteren Stellen in Erscheinung: zunächst an der erwähnten Geschoßform, dann – auf vier Flecken verteilt – im Kremlbereich rechts oben. Damit wird eine Bewegungsrichtung angegeben, die der Schrägführung der weißen Form entspricht, wobei letztere – als erhobener Arm der Geistgestalt gesehen – an eine flehende oder beschwörende Geste denken läßt. Das ersehnte Ziel wird auch durch Rot markiert, das als energetischer Signalton an der weißen Form anhebt und sich in einer breiten Wellenlinie bis zum Kreml-Berggipfel emporschlängelt. Hinzu kommt Gelb, das am Rumpf der Geistgestalt den Auftakt bildet und sich dann im rotkonturierten Hügelterrain fortsetzt. All diese Schrägführungen werden von jener kompositionellen Gegendiagonalen durchkreuzt, deren dynamische Zielrichtung sich in den Vektoren des Linienkeils und der blau/weißen Geschoßform verkörpert. In diesem Kräftespiel zweier gegenläufiger Richtungskomponenten formiert sich das Kernstück des dynamischen Themas, in dem sich der mit Hindernissen verstellte geistige Weg der okkulten Gestalt manifestiert. Dem schwergewichtigen und spannungsgeladenen Zentrum ist noch eine schwarze, quallenähnliche Form hinzugefügt, die angriffslustig ihre scharfen Zacken nach links oben richtet. Diesem schwarzen Todessymbol steht die positiv besetzte weiße Form gegenüber, wobei sich herausstellt, daß die zwischengeschaltete Geschoßform nicht allein als Hindernis, sondern auch als Schutzschild der Geistgestalt aufzufassen ist – deshalb auch ihre blau/weiße Färbung.

Resümierend läßt sich feststellen, daß der Kampf der Kräfte ausschließlich in der oberen Bildhälfte in Szene geht. Unten hingegen herrscht vor dominierendem Weiß-Grund Formleere und Ruhe vor. Nur im rechten unteren Bildquadranten, dem graphischen Zentrum, vollzieht sich eine Interaktion gerader, gebogener und gezackter Linien. Nimmt man dort die beiden schrägen, parallel ausgerichteten Geraden, an denen sich das der weißen Form vorgelagerte Rot wiederholt, in Augenschein, so ist es nicht zu gewagt, in diesen eine gekürzte Replik der beiden Liegenden aus *Komposition IV* zu entdecken. Einer Schutzvorrichtung gleich wölbt sich um sie ein Segmentbogen, an dem eine peitschende Zackenlinie zerschellt. Durch die ins Zentrum vorstoßenden Keilarme vom dramatischen Bildgeschehen hermetisch abgeriegelt, handelt es sich hier um einen Hort des Friedens, der sich – charakterisiert durch Klarheit, farbliche Sparsamkeit und Transparenz – von der turbulenten Buntfarbigkeit, Form/Farb-Verdichtung und disjunktiven Dynamik der schräg gegenüberliegenden Bildzone extrem abhebt. Damit statuiert Kandinsky ein Musterbeispiel seiner auf dem Prinzip der Gegensätzlichkeit beruhenden Harmonievorstellung, deren Ziel, die Integrität des Bildganzen, er auch hier nicht aus den Augen verliert; Ergebnis ist jene Ausgewogenheit, in der sich das Gleichgewicht der miteinander ringenden Kräfte spiegelt, ein Gleichgewicht, das wie so oft in Kandinskys Œuvre, keineswegs Symmetrie voraussetzt, ja diese fast immer strikt vermeidet.

5. *Komposition VI*

147 *Komposition VI*, 1913, Öl auf Leinwand (195 x 300 cm), St. Petersburg, Eremitage

Unter Kandinskys drei, im ›Sturm-Album‹ Ende 1913 veröffentlichten Selbstinterpretationen nimmt jene von *Komposition VI* den breitesten Raum ein.[849] In beiden Hauskatalogen wird der 5. März 1913 als Entstehungszeitpunkt angeführt, für ein derart monumentales Gemälde (195 x 300 cm) eine erstaunlich präzise Datierung, die nur dann verständlich wird, wenn man Kandinskys entsprechenden Hinweis in seiner Interpretation zu Rate zieht: »Kaum hatte ich die bestellte Leinwand, so ging ich schon an die Zeichnung. Es ging schnell und beinahe alles wurde sofort gut. In zwei bis drei Tagen war das Bild im allgemeinen da. Der große Kampf, die große Bezwingung der Leinwand war geschehen.« Dies klingt nach einem genialen Wurf – jedoch weit gefehlt! Das rasante Arbeitstempo bezieht sich nur auf die Schlußfassung der Komposition, für den geistigen Reifungsprozeß des Werks hat Kandinsky mehr Zeit denn je aufgewendet. »Dieses Bild habe ich anderthalb Jahre in mir getragen und oft mußte ich denken, daß ich es nicht fertig bringe. Der Ausgangspunkt war die Sintflut. Der Ausgangspunkt war ein Glasbild, das ich mehr zu meinem Vergnügen gemacht habe. Hier sind verschiedene

849 *Rückblicke*, S. 39 f.

148 *Sintflut (zu »Komposition VI«)*, 1911, Hinterglasbild, verschollen, Archivfoto

gegenständliche Formen gegeben, die teilweise lustig sind (es machte mir Spaß, die ernsten Formen mit lustigen äußeren Ausdrücken zu vermengen): Akte, Arche, Tiere, Palmen, Blitze, Regen, usw. Als das Glasbild fertig wurde, entstand in mir der Wunsch, dieses Thema für eine Komposition zu bearbeiten, und es war mir damals ziemlich klar, wie ich es machen soll. Sehr bald aber verschwand dieses Gefühl und ich verlor mich in körperlichen Formen ... Statt Klarheit gewann ich Unklarheit. Auf einigen Skizzen löste ich die körperlichen Formen auf, auf anderen versuchte ich den Eindruck rein abstrakt zu erreichen. Es ging aber doch nicht. Und das kam nur daher, weil ich dem Ausdruck der Sintflut selbst unterlag, statt dem Ausdrucke des *Wortes* ›Sintflut‹ zu gehorchen. Nicht der innere Klang, sondern der äußere Eindruck beherrschte mich.«

Dem klanglichen Ausdruck des Wortes mehr Bedeutung beizumessen als dem damit bezeichneten Geschehen, darin offenbart sich eine Affinität mit Maeterlinck, den Kandinsky in ›Über das Geistige in der Kunst‹ als einen seiner wichtigen künstlerischen Vorfahren hervorhebt. »Das Hauptmittel von Maeterlinck ist die Anwendung des Wortes. ›Das Wort ist ein innerer Klang‹. Dieser innere Klang entspricht teilweise (vielleicht hauptsächlich) dem Gegenstand, welchem das Wort zum Namen dient. Wenn aber der Gegenstand nicht selbst gesehen wird, sondern nur sein Name gehört wird, so entsteht im Kopfe des Hörers die abstrakte Vorstellung, der dematerialisierte Gegenstand, welcher im ›Herzen‹ eine Vibration sofort hervorruft. So ist der ›grüne, gelbe, rote Baum‹ auf der Wiese nur ein materieller Fall, eine zufällige materialisierte Form des Baumes, welchen wir in uns fühlen, wenn wir das Wort Baum hören. Geschickte Anwendung (nach dichterischem ›Gefühl‹) eines Wortes, eine ›innerlich‹ nötige Wiederholung desselben zweimal, dreimal, mehrere Male nacheinander kann nicht nur zum Wachsen des inneren Klanges führen, sondern noch andere nicht geahnte geistige Eigenschaften des Wortes zutage bringen.«[850] Mit dieser Hommage à Maeterlinck folgt Kandinsky seinem pädagogischen Drang, den Leser bzw. Betrachter in der »Kunst« des gegenstandsunabhängigen Hörens und Sehens zu unterweisen. Wie schwierig das ist, schildert er in seiner Interpretation: »Mein Glasbild war damals in Ausstellungen. Als es aber zurückkam und ich es wieder gesehen hatte, bekam ich sofort den inneren Schock, welchen ich nach der Herstellung des Glasbildes erlebt hatte. Ich war aber schon mißtrauisch und glaubte nicht, daß ich jetzt das große Bild machen können würde. Trotzdem guckte ich von Zeit zu Zeit auf das Glasbild, das bei mir im Atelier hing. Jedesmal erschütterten mich wieder erst die Farben, dann das Kompositionelle daran und die zeichnerische Form selbst ohne Bezug auf den Gegenstand.«

Geht man davon aus, daß Kandinsky seine Selbstinterpretation nicht als Selbstzweck, sondern als didaktisches Hilfsmittel für eine adäquate Rezeption seiner Werke verstanden wissen wollte, so ist es für den analysierenden Betrachter vorteilhaft, den Anweisungen des Künstlers folgend, gelegentlich einen Blick auf das schon 1911 entstandene, heute nur noch als Schwarz-Weiß-Fotografie zugängliche Glasbild zu werfen. Indessen wird der Betrachter vermutlich nicht gewillt sein, dem implizierten Wunsch Kandinskys, vom Gegenständlichen abzusehen, in dieser geforderten Radikalität zu folgen, zumal eine Analyse ja stets die genetische Ganzheit des Schaffensprozesses in seinen wichtigsten Vorstufen zu berücksichtigen hat. Für Kandinskys langfristiges Ringen um eine Schlußfassung war es ein Gebot der Stunde, sich ausschließlich auf die Farbe, das Kompositionelle und die zeichnerischen wie malerischen Formen zu konzentrieren. Von allen Zweifeln befreit, bemerkt er: »Endlich kam der Tag und eine mir bekannte ruhige innere Spannung machte mich vollkommen sicher. Ich machte sofort beinahe ohne Korrekturen den definitiven letzten Entwurf, der mich im ganzen sehr befriedigte … Es ging schnell, und beinahe alles wurde sofort gut.«[851] Daß damit die Auseinandersetzung mit den Details bzw. der Kampf um die Ausgewo-

850 ÜGK, S. 45
851 Dieser Entwurf aus der Sammlung Koehler wurde im Zweiten Weltkrieg vernichtet.

genheit des gestaltlichen Ganzen erst bevorstand, geht aus Kandinskys weiteren Ausführungen deutlich hervor: »Dann kam also das unendlich feine, angenehme und doch sehr anstrengende Abwiegen der einzelnen Teile gegeneinander ... Oft ist es so, daß man die linke untere Ecke dadurch verbessert, daß man an der oberen rechten etwas ändert. Wenn die linke Waagschale zu tief geht, so muß man auf die rechte etwas mehr Gewicht legen – dann geht die linke von selbst hinauf. Das anstrengende Suchen nach dieser rechten Schale im Bilde, das Finden des ›genauen‹ noch fehlenden Gewichtes, das Erzittern der linken Schale durch die Berührung der rechten, die minimalsten Änderungen in Zeichnung und Farbe an einer Stelle, die das ganze Bild vibrieren lassen, dieses unendlich Lebendige ... ist der dritte schöne und quälende Moment in der Malerei. Gerade die minimalen Gewichte, ... die unbeschreibliche Genauigkeit im Wirken eines verborgenen Gesetzes ... ist ebenso verlockend, wie das erste gewaltige Auf-die-Leinwand-werfen der großen Massen. Jedem dieser Momente entspricht eine eigene Spannung ...«

Wie in anderen Selbstanalysen unterläßt Kandinsky auch hier jeglichen konkreten Interpretationshinweis. Statt dessen bezieht er sich auf allgemeine bildnerische Gesichtspunkte, in denen sich eine merkliche Nähe zu gestaltpsychologischen Aspekten manifestiert. Demgemäß ist vom »Abwiegen der einzelnen Teile gegeneinander« und zum Ganzen die Rede, dem vergleichbar, was Metzger als Relationswahrnehmung bezeichnet hat, ferner vom ausgewogenen Verhältnis zwischen den »minimalen Gewichten« und den »großen Massen«. Zudem wird vom »unendlich Lebendigen« gesprochen, jener Dynamik, in der sich vielfältige Spannungsmomente niederschlagen. Nicht zuletzt von solchen gestalttheoretischen Maximen wird eine weiterführende Analyse auszugehen haben, zumal sich Kandinsky im zweiten Teil seiner Selbstinterpretation jeglichen Hinweises auf dynamische Faktoren enthält. Erst in diesem Abschnitt gelangt Kandinsky zu konkretem Werkbezug, wobei sich seine kurzen Analysenotizen – weit weniger prägnant formuliert als sein »nachträgliches Definieren« von *Komposition IV* – vorwiegend auf die Perzeption von Zentren und Gegensätzen beschränken; sehr sparsam verfährt er, wie schon gesagt, mit Deutungshilfen. Da die meisten Autoren, die sich mit *Komposition VI* beschäftigen, über Kandinskys Aussagen nur unerheblich hinausgehen, es mit einer Interpretation seiner Selbstinterpretation bewenden lassen, vor allem aber keinen Zugang zum dynamischen Konzept des Werks finden, hält sich ihr hermeneutischer Ertrag naturgemäß sehr in Grenzen. So auch bei Dämmer, die auf der Suche nach Restgegenständlichem alle Skizzen, Entwürfe, Diagramme und thematisch vergleichbaren Werke Kandinskys mit *Komposition VI* in Verbindung bringt. Entwaffnend erklärt sie dann, »daß jedes der Motive an dem Ort und in der Form, die Kandinsky ihm im Glasbild gibt, in *Komposition VI* zu finden ist!«[852] Da hier jedoch alles verschleiert ist, erinnert ihre Motivfahndung an ein Vexierspiel ohne jeglichen semantisch-dynamischen Gewinn. Nach ausgiebigem Zitieren von Kandinskys Analysehinweisen meint die Autorin schließlich, daß dem »vom Standpunkt des Betrachters aus ... nur wenig hinzuzufügen« sei. Nicht viel anders verfährt Brisch, und Roethel beschränkt sich sogar auf einen kommentarlosen Reprint des Kandinsky-Textes.[853] Auch Thürlemann verzichtet auf einen Deutungsversuch, indem er sich auf seinen semiotischen Ansatz zurückzieht mit der Feststellung, *Komposition VI* beinhalte eine »Hierarchie physiognomischer Sinneffekte«. Sein Resümee bestätigt nur die hermeneutisch begrenzten Möglichkeiten der Semiotik: »Die Tatsache, daß der physiognomische Interpretationsmodus noch nicht durch ein objektives Regelsystem abgestützt ist, hat es uns im Falle von ›Komposition VI‹ nicht erlaubt, Kandinskys Ansatz über seine eigenen Ausführungen hinaus weiterzuentwickeln.«[854]

Obwohl der zweite Teil von Kandinskys Selbstinterpretation nur einige bildnerische Aspekte des Gemäldes berührt – wichtig etwa die Bestimmung dreier Zentren sowie Hinweise auf Raum und Kolorit – und die Dynamik-Phänomene, wie schon erwähnt, gänzlich ausklammert, hat dennoch jeder weiterführende Analyseversuch von hier seinen Ausgang zu nehmen. Der Anfang des Textes lautet: »In diesem Bilde sieht man zwei Zentren:

1. links das zarte, rosige, etwas zerschwommene Zentrum mit schwachen unsicheren Linien in der Mitte,
2. rechts (etwas höher als das linke) das grobe, rot-blaue, etwas mißklingend, mit scharfen, etwas bösen, starken, sehr präzisen Linien.«[855]

Für den Rezipienten ist die Beachtung von Kandinskys Satz am Ende seiner Selbstinterpretation: »Nichts wäre falscher, als dieses Bild zur Darstellung eines Vorganges zu stempeln« von besonderer Bedeutung; der Satz impliziert eine Warnung, sich nicht im Bemühen um Gegenstandsidentifikation zu verlieren. Was Kandinsky hier mit »Vorgang« meint, hat Brisch zutreffend verdeutlicht: »Das bedeutet, daß ein gegenstandsloses Bild mit dem Thema der Sintflut nicht den biblischen Vorgang zu schildern versucht, sondern einen bestimmten, unverwechselbaren Seelenzustand, für den der biblische Bericht die ausdrucksstärkste Quelle ist. Es kommt hinzu, daß für den Ausdruck des Erlebnisses der Seele im

852 Dämmer (Anm. 394), S. 251
853 Brisch (Anm. 65), S. 246 f. – Roethel (Anm. 25), S. 98
854 Thürlemann (Anm. 211), S. 135
855 Die wichtigsten Passagen des restlichen Texts werden zum jeweils aktuellen Anlaß in die folgende Analyse eingefügt.

Schrecken eines kosmischen Untergangs der biblische Bericht als allgemein bekannt vorausgesetzt werden darf, da er ein verbindlicher Inhalt im Bewußtsein der Menschen ist ...«[856] Diese Klarstellung ist notwendig, zumal der Begriff »Vorgang« mit dynamischem Geschehenscharakter verwechselt werden könnte. Davon ausgehend, daß sich in *Komposition VI* auf assoziativer Ebene tatsächlich etliche Gegenstandsderivate ausmachen lassen und Kandinsky ausdrücklich auf das in allen Details gegenständliche Hinterglasbild *Die Sintflut* rekurriert, ist sein Wunsch, von der »Darstellung eines Vorgangs« abzusehen, als idealtypische Forderung zu betrachten. Diese zu erfüllen, hätte zum einen seitens des Betrachters die Tilgung gegenstandsspezifischer Gedächtnisspuren als Voraussetzung, zum anderen ginge damit ein nicht unerhebliches Deutungspotential verloren; so gedacht ist ein Vergleich des Hinterglasbildes mit der Endfassung unerläßlich.

Was in *Komposition VI* links als dominantes Lichtzentrum (»das zarte, rosige, etwas zerschwommene Zentrum mit schwachen unsicheren Linien in der Mitte«) innerhalb einer sphärischen, mit rötlichen und weißlichen Farben angereicherten rautenähnlichen Form in Erscheinung tritt, begegnet im Hinterglasbild als schräg aufwärts schwebende nackte Frauengestalt, deren ausgebreitete Arme die Spannweite einer Lichtaura ausmessen. Die Präfiguration dieser Gestalt findet sich in *Sintflut I* (1912), wo eine ebenfalls nackte Frau in analoger Haltung von einer ähnlichen Aura umhüllt wird.[857] In der *Komposition VI* verflüchtigt sich diese nur noch als weißlicher Schemen wahrnehmbare Gestalt in einem luziden Transformationsprozeß. Als entstofflichtes Wesen erinnert sie an die Seele einer Auferstehenden, zu deren Häupten ein gegenständlich ausreichend gekennzeichneter Engel emporschwebt; im Hinterglasbild ist von diesem indes nichts zu bemerken. Bei einer die Details vernachlässigenden, primär auf Strukturelles zielenden Betrachtungsweise ist dem von rechts oben schräg einfallenden, siebenfachen Linienbündel, das analog zur Situation im Hinterglasbild als Sintflut-Regenguß zu interpretieren ist, hinsichtlich der dynamischen Thematik besondere Bedeutung beizumessen. Die mehrfarbige Liniengarbe ist direkt auf das Lichtzentrum ausgerichtet, stellt somit ein Bedrohungspotential dar, dem sich jedoch ein weit in die rechte obere Bildhälfte vordringendes, vorwiegend rötliches Keilgebilde (bestehend aus einer Geraden oben und einem sichelförmigen Bogen unten) entgegenstellt. Diesen Widerstand verstärkt ein in Äquidistanz zwischen der Keilspitze und der lichtauratischen Rautenspitze plaziertes Rotelement. Darunter, vom Sichelbogen begrenzt,

856 Brisch (Anm. 65), S. 251
857 Dabrowski (Anm. 419), S. 39.

befindet sich ein helles, von Weiß, Hellblau und Rosa durchflutetes Areal, das Kandinsky als drittes Zentrum bezeichnet, »welches erst später als Zentrum erkannt werden kann und doch im letzten Grunde das Hauptzentrum ist. Hier schäumt die rosa und weiße Farbe so, daß sie weder auf der Fläche der Leinwand zu liegen scheint, noch auf irgendeiner idealen Fläche. Sie ist vielmehr in der Luft schwebend und sieht wie von Dampf umgeben aus. Solche Abwesenheit der Fläche und die Unbestimmtheit der Entfernung kann man z. B. im russischen Dampfbad beobachten. Der in dem Dampf stehende Mensch ist weder nah, noch weit; er ist ›irgendwo‹. Dieses ›Irgendwo‹ des Hauptzentrums bestimmt den inneren Klang des ganzen Bildes.« Mit diesem »Irgendwo« hell aufschäumenden Kolorits charakterisiert Kandinsky jene »undefinierbare« Raumsituation, deren einheitsstiftender Tiefensog letztlich beide Zentren zu einer transzendierenden Lichtemanation zusammenschließt. Dieses Doppelzentrum wird von überwiegend schwärzlichen, durchwegs abstrakten Formen begrenzt, deren hermetische Zangenbewegung unter dem Expansionsdruck der schäumenden Lichtfarben auseinanderzubrechen scheint. Das extreme Dunkel dieser gleichsam innerbildlichen Rahmung, die Vorstellungen von materieller Verdichtung evoziert, wird vom Betrachter als nahsichtig, mithin als der vordersten Raumebene zugehörig empfunden. Dem steht das entstofflichende Licht einer geistigen Macht entgegen, deren Sieg über die Finsternis der äußeren Wirklichkeit nicht mehr fern ist. Formal betrachtet handelt es sich um ein zwischen Fläche und Raum bestehendes Spannungsverhältnis, das Dabrowski beschreibt: »There is a conscious interplay between the two- and three-dimensional element, between surface and space that surrounds the viewer.«[858] Merkwürdigerweise hat Kandinsky dieses Gegensatzphänomen in seiner Selbstinterpretation nur am Rande erwähnt. »Die ganz tiefen braunen Formen (besonders links oben) bringen eine abgestumpfte und sehr abstrakt klingende Note, die an das Element des Hoffnungslosen erinnert.« Indessen hat Kandinsky ein Diagramm (*Hauptlinien der Komposition VI*) gezeichnet, das mit vier Linien das in das dunkle Grenzareal eingebettete Doppelzentrum in Form eines schrägen, sphärischen Rechtecks sehr genau absteckt; hinzu kommt eine fünfte, von einem kleinen Strichbündel begleitete Linie, die den auf den Lichtkern stoßenden Regenguß markiert.

Nur links unten öffnet sich der Dunkelgürtel. Ein halbmondähnliches Boot versucht hier den hochstechenden Zacken der Sintflut-Wogen zu entkommen. Allem Anschein nach ist es bestrebt, den engen Durchlaß zu nutzen, um auf das erlösende Lichtzentrum Kurs zu nehmen. Als Hin-

858 Ebda., S. 38

dernis stellt sich ihm eine hochschwappende Welle mit schlangenähnlichem Kopf in den Weg. Ob diese den Fluchtversuch zu vereiteln vermag, ist insofern fraglich, als sie nur von dünnen Linienumrissen gesäumt und ihr Binnenbereich bereits von der expandierenden Lichtströmung unterlaufen, mithin entstofflicht wird. Bemerkenswert ist, daß Kandinsky sowohl im Hinterglasbild als auch in einem seiner letzten Entwürfe, *Improvisation Sintflut* (auch *Große Studie für Composition VI* genannt), von einer Bootsdarstellung abgesehen hat. Ferner überrascht, wie nachhaltig sich die von Gegenstandsderivaten fast völlig freie *Improvisation Sintflut* von der Endfassung unterscheidet. Ohne auf diesen »Entwurf« analytisch näher einzugehen, ist wenigstens festzuhalten, daß das Gemälde die enormen Raum-, Licht/Finsternis- und Linie/Form-Spannungen vermissen läßt. Statt dessen »schwimmen« große Farbformen in einfacher Reliefschichtung auf einem durchgehenden Dunkel-Grund, der – weit stärker als in *Komposition VI* – Bunt- und Leuchtkraft der Farben steigert; darüber hinaus sind die Formen klar voneinander getrennt – so auch die beiden Zentren. Kandinskys Selbstinterpretation folgend, fühlt man sich hier an das »erste gewaltige Auf-die-Leinwand-werfen der großen Massen« erinnert, das der »unbeschreiblichen Genauigkeit im Wirken eines verborgenen Gesetzes« in der Schlußfassung vorangeht.

Unverändert hält Kandinsky in *Komposition VI* an den im Hinterglasbild wie in der Improvisation vorgegebenen Sintflut-Wogen fest. Diese beginnen links unten und schwingen in heftiger Wellenbewegung, schräg aufsteigend, bis an den rechten Bildrand, wo sie von einer blaukonturierten Bergkuppe überhöht werden. Abgesehen von vier konfliktbetont ineinander verzahnten Formen in der rechten unteren Bildecke bleibt das Areal der Flut von graphischen Zeichen fast unberührt. Vorherrschend ist ein zwischen Weiß, Blau, Grün, Türkis, Ocker und einem Hauch von Rosa changierendes Kolorit, das als Kältepol mit den schräg gegenüber situierten, eher warmen Rotakzenten des Doppelzentrums kontrastiert. Nicht leicht nachvollziehbar ist hier Kandinskys Bemerkung über »verschiedene blaue Flecken, die innerlich warm wirken. Das warme Wirken der an sich kalten Farbe steigert also das dramatische Element …«

Wie schon in *Komposition II* hat Kandinsky auch in *Komposition VI* dem rechten Bilddrittel Selbständigkeit verliehen, wobei hier der schwarze Grenzsaum des die Bildachse überquerenden Doppelzentrums die vertikale Trennmarkierung angibt. In seiner Selbstanalyse von *Bild mit weißem Rand* betont Kandinsky diesen autonomen Sachverhalt noch nachhaltiger, und zwar ausdrücklich in bezug auf ›Komposition VI‹, wo man aus einem Bilde zwei machen könnte, die selbständig leben, aber zusammengewachsen sind«. Auch dieser rechte Bildbezirk ist äußerst gegensätzlich konzipiert. Während im unteren Quadranten die Farbe

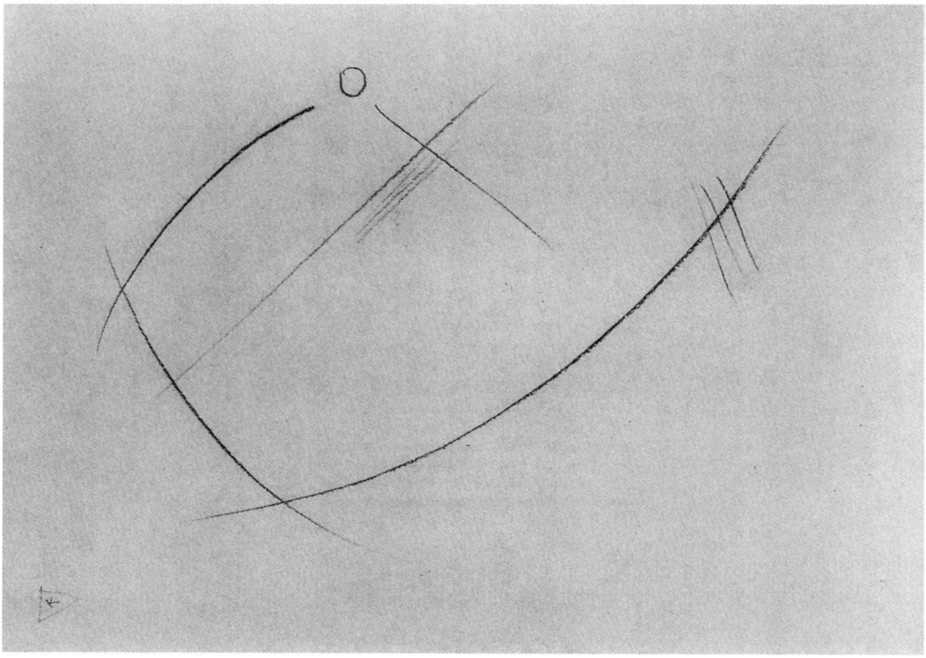

149 *Hauptlinien der »Komposition VI«*, 1913, Kohle, Paris, Musée National d'Art Moderne, Centre Georges Pompidou

dominiert, ist im oberen ein dicht verzahntes Liniennetz mit deutlichem Gewichtsüberhang vorherrschend, was Kandinsky dazu veranlaßt, hier ein weiteres Zentrum zu orten: »rechts (etwas höher als das linke) das grobe, rot-blaue [Zentrum], etwas mißklingend, mit scharfen, etwas bösen, starken, sehr präzisen Linien.« Die Tatsache, daß alle Zentren, somit auch die visuellen Hauptgewichte, in der oberen Bildhälfte angesiedelt sind, verleiht der Szenerie – unterstützt von der Farb/Raum-Komponente im Doppelzentrum – einen »in der Luft schwebenden« Eindruck. Offensichtlich beziehen sich die »präzisen Linien« auf das schräg ausgerichtete, streng parallel gezogene Linienbündel, das, bereits im Hinterglasbild vorgeprägt, analog dazu als herabprasselnder Sintflut-Regenschauer zu deuten ist. Links davon befindet sich ein zerhacktes, verfilztes und von Rot-Blau-Flecken unterwandertes Linienmuster, das Kandinsky mit »mißklingend, scharf und böse« beschreibt. Jedenfalls handelt es sich um ein graphisches Zentrum, dem in diagonaler Verlängerung links unten im Bootsbereich ein weiteres, wiewohl in der Wirkung gemildertes antwortet. Dies alles hat mit überlegter, auf Ausgewogenheit zielender Gewichtsverteilung zu tun – in Kandinskys Formulierung: »Dann kam also das unendlich feine, angenehme und doch sehr anstrengende Abwiegen der einzelnen Teile gegeneinander … Oft ist es so, daß man die linke untere Ecke dadurch verbessert, daß man an der

150 *Improvisation Sintflut*, 1913, Öl auf Leinwand (95 x 150 cm), München, Städt. Galerie im Lenbachhaus

oberen rechten etwas ändert. Wenn die linke Waagschale zu tief geht, so muß man auf die rechte etwas mehr Gewicht legen – dann geht die linke von selbst hinauf.« Zieht man zusätzlich die auf der Gegendiagonale angeordneten Farbe/Licht-Kontraste in Betracht, so ergibt dies im Ganzen ein chiastisches Kompositionsmuster, jenem in *Komposition IV* vergleichbar.

Auch für die Klärung des semantischen Sachverhalts im rechten Bilddrittel finden sich in Kandinskys Selbstanalyse wichtige Hinweise. »Die sämtlichen kleineren Formen verlangten in diesem Bilde etwas, was sehr einfach und sehr breit (›largo‹) wirkt. Ich habe zu diesem Zweck die langen feierlichen Striche verwendet, die ich schon in der *Komposition* 4 gebracht habe. Es war sehr schön, dieses schon angewendete Mittel hier auf eine so andere Weise wirken zu sehen. Diese Striche sind mit den oberen quer und präzis zu ihnen gehenden dicken Strichen verbunden, mit denen sie direkt zusammenprallen.« In der Tat entsprechen die »langen feierlichen Striche«, denen rechts zwei rote kopfähnliche Punkte mit auratischen Nimben folgen, den beiden Liegenden bzw. Liebenden aus *Komposition IV*. Als Körperkonturen nehmen sie vom schwarzen Gürtel des Doppelzentrums ihren Ausgang, steigen dann – parallel zur Bewegungsrichtung des Doppelzentrums – schräg nach rechts empor, die gesamte Breite des rechten Bilddrittels umfassend. Da die Linien des liegenden Paars die blaue Kontur der Bergkuppe überschneiden, scheint dieses eine schwebende Haltung einzunehmen, die oben dem Ansturm des »bösen und scharfen« Liniendickichts ausgesetzt ist. Anders als etwa in *Komposition II* ist das Paar in monumentaler, alle übrigen Bildelemente weit übertreffender Größe wiedergegeben (man beachte das vergleichsweise miniaturistisch dargestellte Bootsmotiv!) Rechnet man den Umstand hinzu, daß die Körper nur aus Konturen bestehen, sich somit als grunddurchlässige Hülsen gebärden, verstärkt sich der Eindruck eines vor der materiellen Malfläche situierten Schwebezustands. Andererseits ist das Paar gegenständlich gekennzeichnet, um mit dem im linken Zentrum in weite Ferne sich verflüchtigenden weißen Schemen (der zum Seelenwesen verwandelten nackten Frauengestalt aus dem Hinterglasbild) im Spannungsfeld von Nah- und Fernsichtigkeit zu kontrastieren. In seiner räumlichen und proportionalen Abgehobenheit scheint sich das Paar einer träumerischen Vision hinzugeben, innerhalb derer es die eschatologische Realität sozusagen hautnah erfährt, sich ihm aber zugleich – symbolisiert durch den Sieg des Lichts über die Finsternis – die Materie überwindende Erlösung durch die Auferstehung mitteilt.

Auch in *Komposition VI* leistet die Frage nach der Bildzeit einen wichtigen Beitrag zur Bilddeutung. Überblickt man zunächst das Bildganze, so fallen vor allem dessen Asymmetrie und radikale Abwendung vom Ordnungsprinzip der Orthogonalität ins Gewicht. Alles widersetzt sich dem auf Einfachheitsstreben beruhenden Sehgrundmuster des Betrachters. Hinzu kommt, daß die wichtigsten Kräfte schräg nach rechts oben ausgerichtet sind, womit im Sinne der Betrachter/Erlebniszeit eine stringente Links-Rechts-Sehbewegung einhergeht, die den Eindruck einer sich rasch wandelnden Zeitgestalt wachruft. Indessen erzwingt Kandinskys Harmonieverständnis des Widersprüchlichen auch eine selektive, im Nacheinander verlaufende Analysepraxis, zumal viele seiner Werke über mehrere, untereinander sehr gegensätzliche Bildbezirke verfügen, die sich letztlich immer zu einem geschlossenen Ganzen zusammenschließen, aber häufig in sich unterschiedliche Zeitstrukturen zeigen. So in *Komposition VI*, wo die beiden linken Bilddrittel gegenüber dem rechten – analog zu den räumlichen Gegebenheiten – eine merkliche Bildzeit-Differenz aufweisen. Im Bereich des linken Doppelzentrums sorgt eine Lichtexplosion, unter deren gewaltigem Druck der schwärzlich ausgebrannnte Materiegürtel vollends zu bersten droht, für ein hohes Maß an Temporalität. Einem Raumtrichter gleich öffnet sich eine Zeitperspektive, die vom Nicht-Mehr des verkohlten Randglacis ihren Ausgang nimmt und über mehrere Farbaufhellungsstufen im Noch-Nicht der weißtransformierten, ihrer Auferstehung entgegensehenden Lichtfigur mündet. Darüber hinaus bewirkt die Lichtemanation eine unentwegte Qualitätsveränderung der zwischen Kalt und Warm schwankenden Rot- und Blauwerte. Ein im Weiß changierend aufschäumendes Farbengemisch, das unaufhaltsam in den Sog des Licht-»Fluchtpunkts« gerät, zieht zusätzlich einen rasch verstreichenden Bildzeit-Prozeß nach sich. Ähnliches ereignet sich auch aus flächenprojektiver Sicht. Daß Zeit ein wesenhaft Kinetisches ist, wird durch die gerichteten Kräfte der Lichtexpansion, wie sie an dem keilförmig geknickten, sich dem einbrechenden Sintflutregen entgegenstemmenden Sichelbogen exemplarisch zutage treten, eindrucksvoll demonstriert. Die Semantik dieser vehementen Zeitverkürzung mag verraten, daß der endgültige Sieg des Lichts über die Finsternis unmittelbar bevorsteht. Protentiv bahnen sich Vorstellungen von einer neuen geistigen Welt an, in der die Gesetze der irdischen Zeit außer Kraft getreten sind.

Im rechten Bilddrittel hingegen herrschen andere Bildzeitbedingungen. Zwar signalisieren die Schräglage des Paars und der gewellte Bergrücken ein gewisses Maß an gerichteter Spannung mit entsprechender Zeitqualität. Diese Tendenz wird aber in zweierlei Hinsicht durchkreuzt: Zum einen herrscht ein Mangel an Räumlichkeit, zum anderen werden die Konturen der Liegenden wie der Bergkuppe von den schräg einfallenden Regenlinien konterkariert und damit zum Stillstand gezwungen; das darüber kleinteilig verstreute Liniengetümmel läßt keine erkennbare Bewegungsrichtung aufkommen. Kurzum: Ein sich gegenseitig aufhebendes Kräftepotential erzeugt eine erzwungene Ruhe, wie sie einer von Temporalität abgehobenen Vision eigentümlich ist. In Worten Theissings ausgedrückt: es herrscht eine »Unzeitlichkeit der Zeitenleere«.[859] Im übrigen scheint sich die Richtigkeit dieser Bildzeit-These in Kandinskys Aussage zu bestätigen, derzufolge die in das Linienchaos des oberen rechten Bildquadranten eingestreuten »Rosaflecken … die große Unruhe in große Ruhe kleiden«. Trotz heftigster Konfliktsituation unterwirft sich letztlich alles dem Prinzip der Ausgewogenheit, dem Gleichgewichtspostulat der miteinander ringenden Kräfte. Mit Worten Kandinskys ausgedrückt: »So sind alle und auch die widersprechenden Elemente in volles inneres Gleichgewicht gebracht, so daß kein Element Oberhand bekommt, das Entstehungsmotiv des Bildes (Sintflut) aufgelöst und in ein inneres rein malerisches, selbständiges und objektives Wesen verwandelt wird.«

859 Theissing (Anm. 19), S. 150

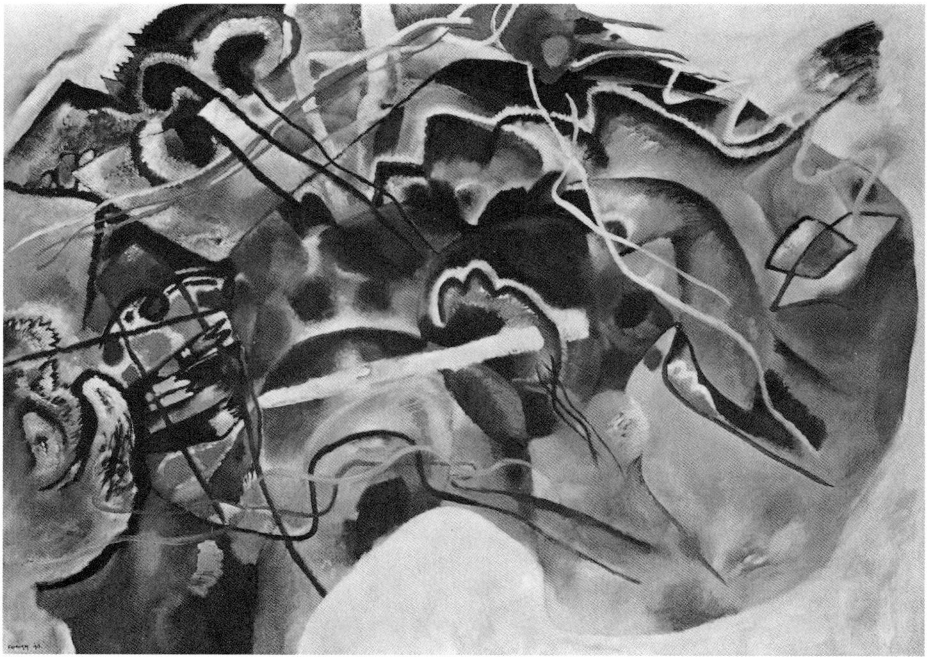

6. *Bild mit weißem Rand (Moskau)*

151 *Bild mit weißem Rand (Moskau)*, 1913, Öl auf Leinwand (140 x 200,3 cm), New York, The Solomon R. Guggenheim Museum

Auch Kandinskys Selbstinterpretation des Gemäldes *Bild mit weißem Rand (Moskau)* ist Gegenstand von Thürlemanns semiotischen Untersuchungen. Ausgehend von der Frage nach »Räumlichkeit und Zeitlichkeit« im Bild, nimmt der Autor einleitend die Gelegenheit war, die entsprechende Methode der Wahrnehmungspsychologie zu diskutieren. Zunächst verweist er auf G. E. Lessing, demzufolge ein Bildwerk – im Gegensatz zur Linearität eines sprachlichen Texts – »als ein räumliches Ganzes dem Betrachter mit einem Schlage gegeben sei«.[860] Diesen kunstphilosophischen Topos, heißt es weiter, habe die wahrnehmungspsychologische Forschung in jüngerer Zeit in Frage gestellt. Das Gegenteil ist zutreffend! Denn dieser ist es geradezu ein Hauptanliegen, die gestaltliche Ganzheit eines Werks zu erkunden, was sie selbstverständlich nicht daran hindert, den Prozeß der Bildwahrnehmung (= Betrachterzeit) als einen zeitlichen Vorgang zu betrachten. Wenn schon von Nachteilen der Wahrnehmungspsychologie die Rede sein kann, dann höchstens dahingehend, daß diese die Bildzeit-Problematik vernachläs-

860 Thürlemann (Anm. 211), S. 135 f.

sigt. So sieht Arnheim in der Frage nach der Bildzeit hinsichtlich der Wahrung der Gestaltganzheit einen unnötigen Irritationsfaktor. Mittlerweile ist freilich geklärt, daß zwischen Räumlichkeit und Zeitlichkeit (im Sinne Kants beides a priori-Gegebenheiten) bzw. Simultaneität und Sukzession eine Dualität besteht. Dies scheint auch für Thürlemann erwiesen, wenn er betont: »Von hier aus erscheint auch die Streitfrage als lösbar, ob das Bild als ein räumliches Ganzes im Überblick gegeben sei oder erst mittels sukzessiver linearer Abtastung ›aufgebaut‹ werden muß. Beide Sehweisen [die ambientale und fokale, Anm. d. Verf.] müssen abwechslungsweise eingenommen werden …«[861] Hier wird übersehen, daß jedes Werk über eine spezifische Zeitperspektive, eben die Bildzeit verfügt, die ihre eigene Gesetzmäßigkeit hat und unabhängig davon existiert, ob der Betrachter das Bild rasch oder langsam »abtastet«. Dies schließt zwar nicht aus, daß sich Bildzeit und Betrachterzeit mitunter gegenseitig beeinflussen, methodologisch gesehen aber hält man diese beiden Zeitphänomene auseinander. Die Betrachterzeit ist relativ, sie hängt davon ab, wie oft der Rezipient das Bild bereits in Augenschein genommen hat; mit zunehmender Betrachtungsfrequenz nähert sich sein Wahrnehmungszeitaufwand dem Nullpunkt. Objektiver als die Betrachterzeit erweist sich die Erlebniszeit, die Thürlemann vermutlich meint, wenn er konstatiert, »daß eine jeweilige Bildstruktur den ihr adäquaten Lektüreparcours bis zu einem gewissen Maße vorbestimmt«. Dies deckt sich mit Kandinskys Theorie, derzufolge der Maler imstande ist, »wenn er will, den Beschauer zu zwingen, ›hier‹ anzufangen, einen genauen Weg in seinem Bild zu verfolgen und es ›dort‹ zu verlassen«.[862] Für die mannigfachen Zeit-Weisen von *Bild mit weißem Rand* ist dies, wie sich noch zeigen wird, gewiß ein wichtiger Aspekt.

Laut Thürlemann besteht die Schwäche der Wahrnehmungspsychologie darin, »daß sich diese im allgemeinen darauf beschränkt, ›quantitative‹ Resultate vorzulegen«. Dies ist ein Trugschluß, dem offensichtlich eine Verwechslung mit der Informationstheorie zugrunde liegt. Die Wahrnehmungspsychologie ist, im Gegenteil, an Quantifizierungen, zumindest im Rahmen der Kunstbetrachtung, nicht interessiert. Ihr geht es um die Aufdeckung struktureller Beziehungen bzw. um die Erfahrung jener Dynamik, wie sie sich als Interaktion und Interdependenz zwischen Kunstwerk und Betrachter entfaltet. Kreitler hat diesen Sachverhalt in zwei Leitsätzen auf den Punkt gebracht. Danach gilt als Grundsatz der Wahrnehmungs- bzw. Gestaltpsychologie: »Jede Form ist ein Produkt visueller Kräfte und existiert in einem Kraftfeld«. Weiters: »Die dynami-

861 Ebda., S. 147
862 Kandinsky, ›Konkrete Kunst‹, in: *Essays* (Anm. 712), S. 218

sche Weltschau und der Hang alle Objekte als handelnde, aktive Dinge zu erfassen, werden in eine Dimension symbolischer Bedeutung zusammengefaßt.«[863] Da Kandinskys Selbstanalyse von *Bild mit weißem Rand* solche Aspekte vermissen läßt – wiewohl der Künstler sich in seinen zahlreichen Definitionen des Begriffs »Komposition« implizit als Verfechter der Gestalttheorie erweist – , sieht auch Thürlemann in seiner Analyse von Kandinskys Text keinen Anlaß, sich mit Dynamik-Phänomenen auseinanderzusetzen.

Wie in *Komposition IV und VI* gehen folgende Überlegungen zu *Bild mit weißem Rand* von Kandinskys Selbstinterpretation aus.[864] Kandinsky beginnt mit einem Hinweis auf die langwierige Genese des Werks: »Für dieses Bild habe ich viel Entwürfe, Skizzen und Zeichnungen gemacht. Den ersten Entwurf machte ich sehr bald nach meiner Rückkehr aus Moskau im Dezember 1912: es war das Resultat der letzten, wie gewöhnlich sehr starken Erlebnisse in Moskau, richtiger gesagt – ›von Moskau selbst‹. Der erste Entwurf war sehr knapp und gedrängt. Schon im zweiten habe ich die ›Auflösung‹ der Farben- und Formenereignisse in der rechten unteren Ecke gebracht.« Irreführend ist das Wort »schon«, das auf eine knappe Zeitdifferenz zwischen dem ersten und zweiten Entwurf schließen läßt. Es verstrich fast ein halbes Jahr, ehe Kandinsky seinen zweiten Entwurf (in beiden Fällen handelt es sich um Ölbilder) fertigte, was sich bestätigt: »Und also erst nach beinahe fünf Monaten saß ich vor dem zweiten größeren Entwurf in der Dämmerung und sah plötzlich vollkommen klar, was noch fehlte – das war der weiße Rand ... Mit diesem weißen Rand ging es sehr langsam. Alle Entwürfe nutzten mir wenig, d. h. einzelne Formen wurden schließlich klar in mir, – ich konnte mich aber noch immer nicht entschließen, das Bild zu malen. Es quälte mich. Ich nahm nach Wochen immer wieder die Entwürfe vor die Augen und immer fühlte ich wieder, daß ich unreif bin. Nur mit den Jahren habe ich gelernt, in solchen Fällen Geduld zu zeigen und nicht zu versuchen, die Aufgabe übers Knie zu brechen.« Da die Schlußfassung in den Hauskatalogen mit »Mai 1913« datiert ist, muß Kandinsky demnach seine Idee des weißen Randes schlagartig realisiert haben. Bedauerlicherweise ist es hier nicht möglich, auf die zahlreichen malerischen und zeichnerischen Studien, die es einwandfrei gestatten, das Werk der Kategorie »Komposition« zuzurechnen, näher einzugehen. Im übrigen haben Rudenstine und Thürlemann bereits versucht, anhand des erhaltenen bildnerischen Materials eine Rekonstruktion dieser Werkgenese vorzunehmen.[865]

863 Kreitler und Kreitler (Anm. 185), S. 104 und 119

864 Rückblicke, S. 43 f.

865 Angelica Zander Rudenstine, *The Guggenheim Museum Collection: Paintings 1880 – 1945*, Vol. I, New York 1976, S. 256 f. – Thürlemann (Anm. 211), S. 186 f.

Wie schon zuvor in *Komposition IV und VI* widmet Kandinsky in seinem Analyse-Text der Bestimmung von Zentren seine ganze Aufmerksamkeit. »Wie ich sehr oft mache, zwei Zentren ... Das eine Zentrum links: Kombination stehender Formen, die auf das zweite Zentrum zugehen, mit reinen, sehr klingenden Farbenschlägen; das Rot etwas zerfließend, das Blau in sich gehend (stark betonte konzentrische Bewegung). Die Mittel also auch sehr einfach und vollkommen unverschleiert und klar.« Im Anschluß an dieses Zentrum – noch weiter links und vom Bildrand angeschnitten – befindet sich ein hornartiges Gebilde, das Kandinsky nur farblich beschreibt: »Links unten ist Kampf in Weiß und Schwarz, der durch Neapelgelb von der dramatischen Klarheit der oberen linken Ecke abgetrennt ist. Wie die schwarzen undeutlichen Flecken sich im Weiß wälzen, nenne ich ›das innere Kochen in unklarer Form‹.« Dieser Hornform entwachsen dunkle fühler- und krebsscherenähnliche Elemente, die vom erwähnten Buntfarbzentrum (ein wenig Gelb fügt sich hier mit Rot und Blau zur Trias) hermetisch eingeschlossen werden. Wie Kandinsky betont: »vollkommen unverschleiert und klar«, so klar, daß man darin unschwer die Anspielung auf ein drachenähnliches Ungeheuer sehen kann. An sich ist die Richtung seiner Scheren nach rechts zum zweiten Zentrum orientiert. Doch kommen deren Kräfte kaum zur Entfaltung, da sie zum einen durch querlaufende braune Linien an das Farbzentrum gebunden sind, zum anderen dessen Kleinteiligkeit und hoher Sättigungsgrad eine in sich ruhende Qualität signalisieren. Gerichtete Spannung zeigt lediglich ein dem Farbkonglomerat »stehender Formen« aufgesetzter Keil, dessen Spitze schräg nach links oben, also in die »falsche« Richtung weist. Im Ganzen ist das erste Zentrum von Kontraktion bestimmt, trotz auffälliger Farbakzentuierung unfähig, dem Angriff des zweiten Zentrums etwas entgegenzusetzen. Diese nach außen passive Attitüde hat Kandinsky adäquat mit »stark betont konzentrischer Bewegung« und »inneres Kochen in unklarer Form« beschrieben.

Im weiteren Kandinskys Schilderung des Gegenzentrums: »Das zweite Zentrum rechts: gebogene, dicke Strichform (die mich sehr viel Mühe gekostet hat). Sie hat nach außen und nach innen heiße (ziemlich weiße) Zacken, was ihrer etwas melancholischen Gebogenheit den Beiklang eines energischen ›inneren Kochens‹ gibt. Das alles versinkt (sozusagen und übertrieben gesagt) in dumpfen blauen Tönen, die nur hier und da zu einem lauten Klang gelangen und alle zusammen der oberen Form eine etwas eiförmige Umgebung geben. Es ist wie ein kleineres Reich für sich, das aber nicht auf das Ganze fremd aufgeklebt ist, sondern wie eine Blume darauf wächst. Diese etwas eiförmige Form habe ich an ihren Grenzen so behandelt, daß sie klar daliegt, aber keinesfalls zu auffallend oder aufdringlich wirkt; ich habe ihre Grenzen z.B. oben klarer angegeben, unten zerschmiert. Wenn man diese Grenzen mit dem Auge verfolgt, so erlebt man viele innere Wellen.« Wie sonst vermischt Kandinsky auch hier auf verschiedenen Ebenen angesiedelte Begriffsarten, wie etwa »synästhetische« (z. B.: »heiß«, »lauter Klang«) oder »wertneutral-deskriptive« (wie etwa »gebogene, dicke Strichform«, »eiförmige Umgebung« und »zerschmiert«), was Kandinsky seitens der semiotischen Forschung mitunter das Verdikt mangelnder Kohärenz eingebracht hat. Aber nicht zuletzt diese »unwissenschaftliche« Begriffsvermengung bewirkt, daß sich Kandinskys Beschreibungsart als besonders anschaulich und von zahlreichen semantischen Streiflichtern durchsetzt erweist. Das Aufzeigen dynamischer Strukturen und Hinweise auf restgegenständliche Bedeutungsträger treten dagegen, wie immer in Kandinskys Selbstanalysen, in den Hintergrund.

Gegenstandsderivate und inhaltliche Zusammenhänge aufzudecken, ist Washton-Longs bevorzugtes Anliegen, und dagegen ist nichts einzuwenden, gäbe es nicht ihren einseitig hermetisch-ikonographischen Ansatz, dem künstlerische, geschweige dynamisch-strukturelle Probleme völlig fremd sind. Ihr aus Vergleichen mit Kandinskys zahlreichen Vorstudien gewonnener ikonographischer Befund läßt sich indes gut nachvollziehen. Demnach handelt es sich hier um den mit apokalyptischen Implikationen angereicherten Drachenkampf des hl. Georg, dem zweifellos eine Holzskulptur der russischen Volkskunst (von Kandinsky im Almanach reproduziert) Pate gestanden hat; die horizontal ausgelegte Lanze des Heiligen wie der spiralförmige Schwanz des mit einer Vielzahl von Köpfen versehenen Drachen belegen das.[866] Vom hl. Georg ist freilich weder in den beiden Ölbild-Entwürfen noch in der Endfassung etwas zu bemerken. Lediglich der als Lanze identifizierbare weiße Balken erinnert an die Präsenz des christlichen Streiters. Um nichts von seiner Verschleierung preiszugeben und um nicht in den Verdacht zu geraten, das Bildgeschehen »zur Darstellung eines [bestimmten ikonographischen Vorgangs] zu stempeln«, erwähnt Kandinsky in seinem Text die struktuell-dynamisch so wichtige Lanze nicht. Diese steckt in der Halterung der »gebogenen dicken Strichform«, die exakt den geometrischen Bildmittelpunkt markiert. Die Lanze attackiert, leicht schräg abwärts geführt, die gegenüberliegenden Drachenscheren.

Die »gebogene dicke Strichform« ist das Kernstück des rechten Zentrums, »ein kleineres Reich für sich«, wie Kandinsky betont. Dabei handelt es sich um eine dem Oval angenäherte Form, die am Scheitel mit zwei kleinen Höckern und unten mit drei schwanzähnlichen Linien versehen ist. Man kann in letzteren Bewegungsspuren sehen, welche die

866 Washton-Long (Anm. 384), S. 126 f. – *Der Blaue Reiter* (Anm. 27), Abb. auf S. 42

152 *Entwurf zu »Bild mit weißem Rand«*, 1913, Bleistift (27,5 x 37,8 cm), München, Städt. Galerie im Lenbachhaus

schräg nach links oben zielende Bewegungstendenz des blumenartigen Gebildes, wie Kandinsky den ovalen Nukleus apostrophiert, unterstützen. Dieses Herzstück hat Kandinsky »viel Mühe gekostet«, ehe er aus einer langen, auf einem Zeichenblatt festgehaltenen Reihe von Alternativformen die richtige auszuwählen vermochte. Nur eine unterscheidet sich von den anderen, insofern sie bereits Andeutungen der weißen Kontur – »nach außen und nach innen heiße (ziemlich weiße) Zacken« – erkennen läßt, mit der Begleiterscheinung eines »energischen ›inneren Kochens‹«. Wenn Kandinsky dem Nukleus obendrein eine »melancholische« Qualität attestiert, dann mag dies mit dem introvertierten, das Geistige repräsentierenden Blau seiner »etwas eiförmigen Umgebung« zusammenhängen. Diese den Nukleus zunächst mit »dumpfem« Blau einschließende Umgebung expandiert in markanten Bögen nach rechts, wo sie eine vorwiegend hellblaue Färbung annimmt, die knapp unter dem Zentrum nochmals in Erscheinung tritt. Nur rechts unten wird die »eiförmige Form« von eindringenden Gelbocker-Massen unterbrochen. Spannung kommt hier auf, insofern das Prägnanzstreben des Betrachters dafür sorgt, die offene Schleuse im Sinne des Gestaltdrucks der »Guten Gestalt« induktiv zu schließen. Kandinsky hat diesen strukturell so wichtigen Bildbezirk als bedeutsam genug eingestuft, um ihm einige Sätze zu widmen: »Diese etwas eiförmige Form habe ich an ihren Grenzen so behandelt, daß sie klar daliegt, aber keinesfalls zu auffallend oder aufdringlich wirkt; ich habe ihre Grenzen z. B. oben klarer angegeben, unten zerschmiert. Wenn man diese Grenzen mit dem Auge verfolgt, so erlebt man viele innere Wellen.« Diese als Bögen wiedergegebenen »inneren Wellen« sind auch realiter vorhanden. Sie treten mehrfach in Erscheinung, unter anderem auch dort, wo der »weiße Rand« an die buntfarbige Großform stößt. Unter dem Gesetz der Ähnlichkeit faßt sie der Betrachter visuell alle zusammen, um sie in Summe als unaufhaltsame, ein weites Bildareal beherrschende Zentrifugalkraft zu erleben. Besonders relevant ist dabei jenes Wellenelement, das, unten von der herandrängenden Bucht des weißen Randbereichs begrenzt, von der Lanze segmenthaft angeschnitten wird und sich als Brückenbogen zwischen dem Kernstück des rechten Zentrums und den Drachenfängen spannt; charakteristischerweise ist die Farbfüllung dieses Bogenelements vom ausgleichenden Komplementärakkord Grünlich/Rosa gekennzeichnet. Zudem wird die Energie der zentrifugalen Bögen durch konsonanten Formengleichklang und ein vorwiegend kühles Kolorit gemildert. Der Angriff auf das Drachenzentrum ist hauptsächlich der weißen Lanze vorbehalten. Der Heilige selbst bleibt unsichtbar, er wirkt als rein geistiges, sich in wellenartig torsierenden Spiralen ausbreitendes Phänomen. Mit all dem kontrastiert das linke Zentrum, wie schon erwähnt, sowohl in bezug auf das »innere Kochen in unklarer Form« (das »Wälzen« des Schwarz in Weiß) als auch hinsichtlich der glühend roten Signaltöne, die zwischen den Drachenwaffen von einem eckig parzellierenden Liniensystem zerniert werden. Im Verhältnis zum angreifenden rechten Zentrum herrscht hier jenes »Prinzip der Dissonanz«, von dem Kandinsky in einem Brief von 1912 an Arnold Schönberg berichtet: »Ich will jedoch zeigen, daß die Komposition auch – und vielleicht noch besser – durch das Prinzip der Dissonanz erreicht werden kann.« [867]

Doch zurück zu Kandinskys Analysetext: »Die beiden Zentren sind voneinander getrennt und miteinander verbunden durch viele mehr oder weniger deutliche Formen, die teilweise einfache Flecken und grün sind. Dieses viele Grün habe ich ganz unbewußt gebracht und, wie ich jetzt merke – planmäßig: ich hatte nicht den Wunsch, in diesem doch stark bewegten Bild eine große Unruhe zu bringen. Vielmehr wollte ich, wie ich nachträglich bemerkte, durch Unruhe Ruhe zum Ausdruck bringen. Es kam sogar zuviel Grün und besonders Pariser Blau (dumpf klingende Kälte) ins Bild, so daß ich später nicht ohne Anstrengung und Mühe den Überfluß dieser Farben aufwog und entfernte.« Welch düsteren Klang ein Überfluß dieser beiden Farben zu erzeugen vermag, beweist der kurz vor der Endfassung des Gemäldes gefertigte Ölbild-*Entwurf II*. Letztlich bleibt genügend Grün übrig, um, Kandinskys Harmoniegesetz der

867 Sandro Bocola, *Die Kunst der Moderne. Zur Struktur und Dynamik ihrer Entwicklung. Von Goya bis Beuys*, München–New York 1994, S. 226

Gegensätzlichkeit entsprechend, die unruhigen Wellenbewegungen durch Ruhe zu besänftigen; charakteristischerweise hat gerade die zentrenverbindende Bogenwelle viel Grün aufzuweisen. In ›Über das Geistige in der Kunst‹ beschreibt Kandinsky dessen Wirkung: »Grün ist die ruhigste Farbe die es gibt: sie bewegt sich nach nirgends hin und hat keinen Beiklang der Freude, Trauer, Leidenschaft, sie verlangt nichts, ruft nirgends hin ... Die Passivität ist die charaktervollste Eigenschaft des absoluten Grün.«[868] Trotzdem gibt es genügend Unruhe, wie dies die zahlreich verstreuten bunten, höchst bewegt in allen Richtungen dahineilenden Linien beweisen. Vor allem ist es die oberhalb des rechten Zentrums plazierte rote Zackenlinie, die, in Gegenrichtung zum Lanzenstich, erhebliche Dynamik erzeugt. Um auch sie zum »inneren Kochen« zu bringen, hat ihr Kandinsky eine weiße Kontur hinzugefügt. Rechts oben verläßt sie die Großform, um mit heftigem Peitschenschlag in den weißen Randbereich einzudringen.

Die neben der weißen Lanze am stärksten wirksame, gerichtete Kraft tritt ohne Zweifel am schräg nach links oben zielenden Troika-Motiv in Erscheinung. Vergleichbar mit den kleinen Linienschwänzchen des in die gleiche Richtung strebenden Nukleus, besteht das Troika-Motiv aus drei langen schlängelnden Linien mit oben umkippenden dunkelbraunen Knäufen, eine Konfiguration, die sich in Kandinskys Werk vor allem zwischen Ende 1911 und Mai 1913 in großer Zahl nachweisen läßt. Auch zum Troika-Motiv hat sich Kandinsky in seiner Selbstanalyse geäußert: »Links oben blieb das Trojka-Motiv, das ich schon sehr lange in mir hatte und das ich in verschiedenen Zeichnungen verwendet hatte. Diese linke Ecke mußte besonders einfach sein, d. h. der Eindruck davon mußte direkt und von der Form unbehindert gegeben werden. Ganz in der Ecke sind weiße Zacken, die ein Gefühl ausdrücken, das ich in Worten nicht geben kann. Vielleicht erregt es ein Gefühl von Hindernis, das die Trojka aber schließlich nicht abhalten kann. Auf diese Weise beschrieben, bekommen diese zusammengestellten Formen einen hölzernen Ausdruck, der mich ekelt. Z. B. eine grüne Farbe läßt oft (oder manchmal) in der Seele den Nebenklang des Sommers mitklingen (unbewußt) ... Wie wäre es aber eklig, wenn dieser Mitklang so stark und deutlich wäre, daß man an die ›Freuden‹ des Sommers denken würde ...« Nebenbei gesagt erscheint Kandinsky seine bildliche Version des Troika-Motivs erklärungsbedürftig, so daß er dieses in einer Anmerkung separat kommentiert: »= Dreigespann. So nenne ich die drei mit verschiedenen Abweichungen nebeneinander laufenden Linien, die oben gebogen sind. Auf diese Form kam ich durch die Rückenlinien der drei Pferde im russischen

868 ÜGK, S. 94

Dreigespann.« Hier stellt sich primär die Frage, welche Art von Betrachter-Rezeption es wohl wäre, die bei Kandinsky eine Reaktion von »Ekel« hervorrufen würde. Mit Sicherheit jene von Washton-Long, die Kandinskys lineare Konfiguration als »Vereinfachung« einer »Troika«-Darstellung mit entsprechenden literarisch-ikonographischen Implikationen, mithin doch als reale Wiedergabe einer Troika auffaßt. Dies wird auch von Thürlemann zu Recht kritisiert, der davor warnt, »das ›Troika‹-Motiv als Abstraktion von einer in früheren Werken realisierten figurativen Darstellung des Objektes ›Troika‹ abzuleiten«.[869] Sagen wir es mit Kandinsky: Es ist ratsamer, ähnlich wie im Falle von »Sintflut«, auch bei »Troika« nicht an einen konkreten Vorgang oder Gegenstand zu denken, vielmehr auf den Klang des jeweiligen »Wortes« zu hören. Thürlemann unterscheidet hinsichtlich des Troika-Motivs, und dies gilt ebenso für die Motive »Drache« usw., zwischen zwei Rezeptionsaspekten: »In diachronischer Betrachtungsweise erscheint das Motiv ... als eine ›genetisch identische Form‹, d. h. als eine Konfiguration, die eine frühere visuelle Manifestation in wesentlichen Zügen wiederholt ... Bei achronischer Betrachtung ist das Motiv als eine abstrakte Größe aufgefaßt, die durch eine Anzahl rekurrenter formaler Elemente bestimmt ist ... Auch in Kandinskys Text hat die achronische Betrachtungsweise Vorrang; die genetische Ableitung wird nur als zusätzliche Information gegeben.«[870] Anschaulicher hat Grohmann das Bedeutungspotential des Troika-Motivs geschildert: »Von der Troika bleiben drei gebogene Linien übrig, die ... noch Troika bedeuten, dann einfach drei Linien sind, die im Zusammen- oder Gegenklang mit anderen Formen, entsprechend der Streckung oder Biegung oder Einrollung, eine neue Bedeutung erhalten, die der Bewegung oder der gehemmten Bewegung, des Fortreißens oder des Zusammenpralls, der selbstverständlichen Leichtigkeit oder der Überwindung der Schwere.«[871] Und im weiteren faßt Grohmann zusammen: »Das *Bild mit weißem Rand* ist ein triumphales Werk, eine Art Apotheose Moskaus; Architekturen fehlen, die Troika aber ist zum Symbol der Dynamik geworden.«[872] Daß Kandinsky in seinen Selbstanalysen – abgesehen davon, daß er auch sonst vieles ungesagt läßt – Dynamik-Phänomene überhaupt nicht berührt, wurde schon konstatiert. Davon hat die Forschung kaum Notiz genommen. Lediglich Sandro Bocola ist eine Ausnahme. Er bringt seine Kritik auf den Punkt: »Kandinskys mythische Interpretation ... vermittelt keine Einsicht in die Dynamik und Struktur des schöpferischen Prozesses.«[873]

869 Thürlemann,(Anm. 211), S. 183
870 Ebda., S. 181 f.
871 Grohmann (Anm. 14), S. 146
872 Ebda., S. 132

Unter Kandinskys Werken bis 1914 gibt es kein zweites Beispiel, in dem wie in *Bild mit weißem Rand* eine innerbildliche Rahmung durch »leere« Randbezirke dermaßen formbildend und dynamisch wirkt. Die Bezeichnung »weißer Rand« ist verwirrend, zumal »Rand« im eigentlichen Wortsinn den Grenzsaum der buntfarbigen Großform meint. Ebenso wenig ist eine »echte« Begrenzungslinie vorhanden, sie ergibt sich erst aus dem Zusammenstoß der weißen Peripheriefelder mit der Großform, was freilich nicht daran hindert, das Ergebnis dieser Kollision als Linie zu deuten. Diese hebt unten an, umkreist die Großform bis zum oberen Bildrand, wo sie verschwindet, um kurz in der linken oberen Ecke wieder aufzutauchen. Der vom »weißen Rand« somit fast unbehelligte linke Bildrand zeitigt gegenüber der Großform, die man sich als nach links beliebig fortsetzbar vorstellen könnte, keinerlei kompositionell abschließende bzw. verfestigende Grenzwirkung. Von dort nimmt die Komposition ihren Ausgang, um dann, der Form eines gewaltigen Tierkopfs ähnlich, mit erheblichem dynamischen Aufwand die Bildfläche zu erobern. Die diesem Prozeß inhärente Spannung rührt daher, daß das dem Betrachter innewohnende Prägnanz- bzw. Einfachheitsstreben dazu neigt, den Expansionsvorgang als noch nicht abgeschlossen zu empfinden oder, anders formuliert: Es besteht die Erwartungshaltung, daß die aktivere Großform den »leeren« Randbereich überfluten und damit letztlich die gesamte Bildfläche füllen wird. Dies geht spannungsgeladen vor sich, da die spezifische Form der Peripherie Widerstand leistet. Soweit eine auf Temporales und Dynamisches orientierte Betrachtungsweise, deren Links-Rechts-Gerichtetheit zwar in Widerspruch zur Zielrichtung der Georgslanze steht, aber, wie sich noch zeigen wird, in ihrer Korrektheit von Kandinskys persönlicher Lesart bestätigt wird. Aus atemporalem, auf Bildganzheit Bedacht nehmenden Blickwinkel sieht die Sache anders aus, was an der Notwendigkeit des ambivalenten Zusammenwirkens beider Sehweisen nichts ändert. Im zweiten Fall mag sich dem Betrachter der Eindruck aufdrängen, als blicke er aus kosmischen Höhen auf eine von Wolken oder Meer umgebene Landzunge, auf der mikrokosmisch der Kampf zwischen Geist und Materie in Szene geht. Die Welt wird aus der Vogelperspektive wahrgenommen, gepaart mit veränderten Raumvorstellungen. Nimmt man z. B. die zentrale Eiform mit ihren anschließenden, in zahlreichen Helligkeitsabstufungen und Interferenzen geschichteten Bogenwellen in Augenschein, so zöge dies bei »normaler« Frontalbetrachtung eine spezifisch tiefenräumliche Bilderschließung nach sich. Von oben her gesehen ändert sich die Sachlage. Statt Raumtiefe, könnte man sagen, hat ein kosmischer Kartograph mittels kreisen-

873 Bocola (Anm. 867), S. 219

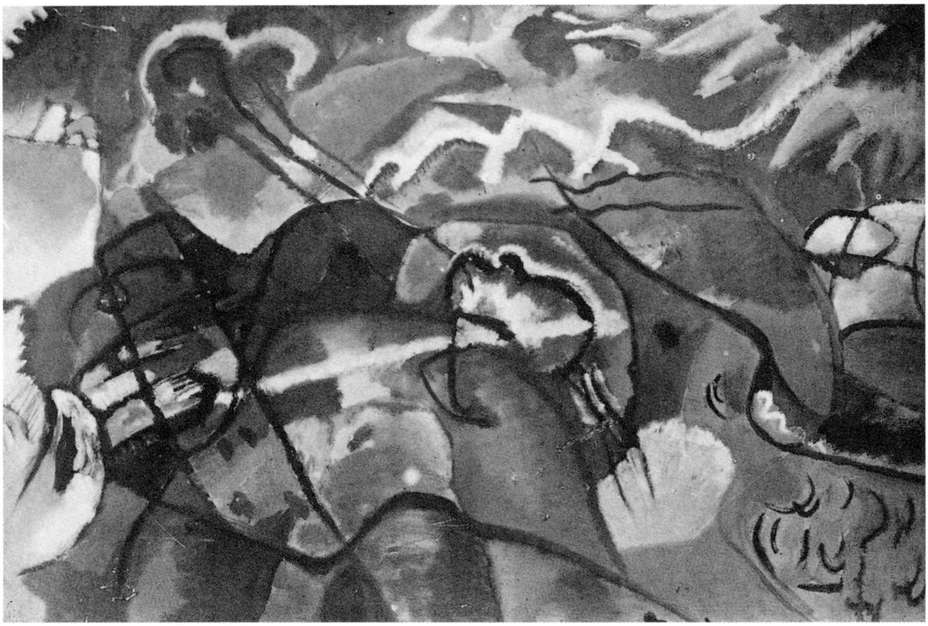

153 *Entwurf II zu »Bild mit weißem Rand (Moskau)«*, 1913, Öl auf Karton (70 x 104 cm), St. Petersburg, Staatliches Russisches Museum

der Schichtenlinien »Höhenraum« dargestellt. Dieser planimetrischen Projektion entsprechen auch das Drachen- wie das Troikamotiv. Nur die rote, an einen Gebirgszug erinnernde Zackenlinie scheint sich diesem lotrechten Blickwinkel zu entziehen. Im übrigen geht der Draufsicht-Effekt sofort verloren, wenn man den weißen Rand abdeckt oder, besser noch, dieses Experiment gleich am Ölbild-*Entwurf II*, wo der weiße Randbezirk fehlt, vollzieht. Vielleicht bestand die Hauptursache für den Einsatz des weißen Randbereichs darin, daß Kandinsky mittels Doppelwirkung projektiver Form dem Bild ein zusätzliches Spannungsmoment verleihen wollte.

In der Tat scheint sich diese These in Kandinskys Selbstinterpretation zu bestätigen, wo der Schilderung des weißen Randes zweierlei Projektionsmodi zugrunde liegen: der eine ist der Frontal-, der andere der Draufsicht verpflichtet. Dazu Kandinskys abschließende Analyse: »Diesen weißen Rand habe ich ebenso kapriziös gebracht, wie er mir von selbst vorkam: links unten Abgrund, daraus steigende weiße Welle, die plötzlich fällt, dann die rechte Seite des Bildes in faul sich schlängelnder Form umfließt, oben rechts einen See bildet (wo das schwarze Kochen entsteht) und zur linken oberen Ecke verschwindet, um als weiße Zacken zum letzten Mal und definitiv auf dem Bild zu erscheinen. Da dieser weiße Rand die Lösung des Bildes war, so habe ich nach ihm das ganze Bild genannt.«

Übrigens hat sich auch Overy, und zwar ebenfalls unter dem Aspekt der Wahrnehmungspsychologie, mit der Relevanz des weißen Randes auseinandergesetzt.[874] Sein Ergebnis sei in kurzen Zügen referiert. Als Lösungsansatz dienen ihm James J. Gibsons Forschungen zum Problem der Unterscheidung der Phänomene »Seh-Feld« und »Seh-Welt«. Hier gilt grundsätzlich: »Das Seh-Feld hat Grenzen, wohingegen die Seh-Welt unbegrenzt ist.« Auf ein Werk der Malerei übertragen heißt dies, daß eine Bildfläche mehr dem Seh-Feld als der Seh-Welt ähnelt. Daß die Grenzen des Seh-Felds nicht rechtwinklig sind, dem hat Kandinsky in manchem seiner Werke durch Verzicht auf strukturelle Elemente in Randzonen entsprochen, am eindrucksvollsten wohl im *Bild mit weißem Rand.* Hier scheint Kandinsky indes, so Overy, einem zusätzlichen Charakteristikum des Seh-Felds bildlichen Ausdruck verliehen zu haben. Dies erläutert Overy neuerlich mit einem Gibson-Zitat: »Die gewöhnliche visuelle Wahrnehmung wird nicht ovalförmig begrenzt und hat auch kein klares Zentrum und keine unscharfe Randzone. Dies sind vielmehr die Merkmale jener ungewöhnlichen Art des visuellen Erlebens, des Seh-Felds, das wir erhalten, wenn wir einen Punkt fixieren, das Erlebnis genau zur Kenntnis nehmen und uns auf die Sehempfindung konzentrieren.«[875] Es überrascht schon sehr, daß man Gibsons Definition des Seh-Felds in Kandinskys *Bild mit weißem Rand* in künstlerischer Transformation wiederbegegnet. Tatsächlich besteht hier bezüglich des dominanten Blauzentrums und des streckenweise eine Ovalform bildenden weißen Randbezirks zu Gibsons »ovalförmiger Begrenzung, klarem Zentrum und unscharfer Randzone« eine verblüffende Analogie. Darüber hinaus bietet die Konzentration auf das Sehfeld die Möglichkeit, Abstraktion oder, besser, dynamische Strukturen mittels »sehenden Sehens« unmittelbarer zu erfassen. Dazu Overy: »Tatsächlich ist das Seh-Feld eine äußerst verfeinerte Art des Sehens, die von der Fähigkeit abhängt, Wahrnehmungen zu überprüfen – uns selber beim Sehen zu beobachten«[876], oder, wie es Conrad Fiedler formuliert hat: »das Sehen um seiner Selbstwillen zu betreiben.«

Kandinsky beginnt seine Beschreibung des weißen Rands aus frontaler Sicht: »links unten Abgrund, daraus steigende weiße Welle«. Diese »weiße Welle« ist aus doppeltem Blickwinkel wahrnehmbar: Einerseits dringt sie, kartographisch gesehen, als Bucht in die Landmasse, andererseits erfüllt sie mit ihrer Konvexivität eine höchst dynamische Funktion. Analog zu ihrer Bogenform kommt es im Bildinneren zu aufwärts

874 Overy (Anm. 125), S. 119 f.

875 James J. Gibson, *Pictures, Perspective and Perception, in: The Visual Arts Today,* hrsg. von György Kepes, Wesleyan University Press 1960, S. 27 und 155

876 Overy (Anm. 125), S. 36

gerichteten Verwerfungen, die sich in zweifachen Wellenbewegungen (rosa- und grüngefärbt) zwischen die beiden Zentren schieben, wodurch sich dem Angriff des »hl. Georg« auf den »Drachen« ein erhebliches Hindernis in den Weg stellt. Dann wechselt Kandinskys Deskriptionsweise zur Draufsicht, insofern der weiße Rand »die rechte Seite des Bildes in faul sich schlängelnder Form umfließt«; mit »faul« wird auch ein Wandel der dynamischen Wirkung umschrieben. Nunmehr übernimmt die Landmasse bzw. die an dieser Stelle situierte gelbbraune »Wüste«, wie sie sich schon in *Entwurf II* angekündigt hatte, die dynamische Funktion, indem sie den konkaven Randbereich in die rechte untere Bildecke zurückdrängt. Rechts oben gewinnt der weiße Rand wieder an Stoßkraft. Als kochender See beschrieben, entsendet er eine weiße Wellenline, die über den Ufersaum der terrestrischen Großform schlägt. Darüber hinaus scheint sich hier angesichts Kandinskys Beschreibungsmetaphorik (»See«!) die These einer aus der Vogelperspektive gesehenen, von Wassermassen umgebenen Landzunge zu verifizieren. Ferner ist zu bemerken, daß Kandinsky die Bewegungsrichtung des weißen Rands im entgegengesetzten Sinn des Uhrzeigers darlegt, womit die Links-Rechts-Stoßrichtung der Georgslanze konterkariert wird.

In Analogie zur »Doppelwertigkeit der projektiven Form«[877] gibt es auch sehr unterschiedliche Zeitphänomene. Zunächst jenes, das sich in Kandinskys verlaufsgestaltlicher Schilderung des weißen Rands als Erlebnis-Zeit manifestiert, belegbar anhand Kandinskys Definition: der Maler »kann, wenn er will, den Beschauer zwingen, ›hier‹ anzufangen ...«. Wechselt der Betrachter seine Seheinstellung mit Blick auf das Ganze, so ändert sich auch die Funktionalität des weißen Rands – seine verlaufsgestaltlich-temporale Wirkung verwandelt sich in eine atemporale, dingbezeichnende Simultangestalt.

Auch die »terrestrische« Großform öffnet zwei verschiedene Zugänge zur Zeitproblematik. Erfaßt der Blick simultan die Gesamtbildstruktur, so wird die Zeitlichkeit der auf dem Grund des weißen Umfelds figurierenden Großform, die in ihrer Bewegungsrichtung auf den rechts offenstehenden Freiraum orientiert ist, als linearer, unaufhaltsam nach rechts voranschreitender Prozeß erfahren. Beim Wechsel von einer simultanambientalen auf eine sukzessiv-fokale Seheinstellung werden wiederum ganz andere Zeiterlebnisse wachgerufen. Erwähnt seien nur die beiden Zentren, denen man das Troika-Motiv als gleichsam drittes hinzufügen könnte. Dabei stellt sich heraus, daß sich diese drei Zentren in ihrer Zeitform merklich voneinander unterscheiden. So komplex das rechte eiförmige Zentrum, dessen Einfluß so weit wie seine ihm angeschlossenen

877 Pächt (Anm. 535), S. 21

formverwandten Bogenelemente reicht, strukturiert ist, so kompliziert erweist sich seine Zeitform. Wie schon erwähnt, ist sein Kernstück exakt auf den Bildmittelpunkt fixiert, und dort herrscht bekanntlich immer Beständigkeit. Von da aus setzt aber eine aus mehreren Bogenelementen zusammengesetzte Wellenbewegung ein, die, unterstützt durch fortwährende Qualitätsveränderung der blauen und grünen Farbtöne, einen zwar langsamen, aber unaufhaltsamen Zeitablauf signalisiert; lediglich der gerade weiße Balken der Lanze verrät vehemente Temporalität. Es gibt also eine in drei Phasen ablaufende Zeitperspektive, die aktives Zielbewußtsein und die »Fülle des Noch und Schon« im Sinne »wahrer Dauer« (Bergson) in einem umfaßt; in Theissings Formulierung: es herrscht »ungeschiedene Zeitenfülle«.[878] Ganz anders die Situation im linken, an den Bildrand gefesselten Zentrum, dessen energetische Entfaltungsmöglichkeiten – so etwa die Vektoren der Drachenscheren – von einem Netz dicker und dünner Linien abgeriegelt werden. Ebenso versperrt sind die leuchtenden Zinnoberflecken, geeignet zwar als Drohgebärde, aber mit ihrem hohen Sättigungsgrad unfähig – im Gegensatz zu den getrübten oder gemischten Farben (Arnheim) –, sich dem dynamischen Gewoge der von rechts herannahenden Farben wirksam entgegenzustellen. Dies alles steht für Zeitstillstand, ja Zeitenleere, den Angriff des blauen geistigen Zentrums passiv erwartend.

Die nachhaltigste Zeitverkürzung vollzieht sich im diagonal nach links oben hochschnellenden Troika-Motiv, dessen drei Linienschwänze vom Kernstück des Hauptzentrums ausgehen. Das symbolisiert ein Streben nach einer geistigen Welt, dem sich allerdings querlaufende Linien und die von Kandinsky im Analysetext besonders erwähnten »weißen Zacken«, die sich in der von »dramatischer Klarheit« geprägten Bildecke befinden, in den Weg stellen. Wie Kandinsky betont, erregen diese »ein Gefühl von Hindernis, das die Trojka aber schließlich nicht abhalten kann«. Daß die von rechts unten nach links oben weisende Diagonale einen beschwerlichen Kurs versinnbildlicht, hat der Künstler später in ›Punkt und Linie zu Fläche‹ hervorgehoben, indem er dieser Disharmonie und dramatische Spannung zuschreibt. Indessen öffnet dieser mit Hindernissen gepflasterte Weg die Möglichkeit des »Insfreiegehen«, er »ist eine Bewegung ›in die Ferne‹«. Hierin, so schreibt Kandinsky – und dies kann als semantischer Beitrag zu *Bild mit weißem Rand* verstanden werden – »entfernt sich der Mensch aus seiner gewohnten Umgebung, er befreit sich von den auf ihm lastenden Gewohnheiten, die seine Bewegungen durch eine fast steinerne Atmosphäre hemmen, und er atmet immer mehr und mehr Luft ... Die Formen, die ihre Spannungen nach

878 Theissing (Anm. 19), S. 139 und 145

links gerichtet haben, haben dadurch etwas ›Abenteuerliches‹, und die ›Bewegung‹ dieser Formen gewinnt immer mehr an Intensität und Geschwindigkeit«.[879] Und wenn Kandinsky von »immer mehr und mehr Luft« spricht, so ist damit wohl die Atmosphäre des Geistigen gemeint.

7. Kleine Freuden – Ein Rückblick

Bald nach *Komposition VI* und *Bild mit weißem Rand* schuf Kandinsky im Juni 1913 *Kleine Freuden*, ein Gemälde, dem, ähnlich wie im Falle von *Komposition VI*, ein schon Jahre zuvor gefertigtes Hinterglasbild (1910) zugrunde liegt. Prinzipiell unterscheidet es sich von *Komposition VI* darin, daß es gegenüber dem gegenständlichen Hinterglasbild einen nur geringfügigen Abstraktionsschub erkennen läßt; selbst ohne Kenntnis des Hinterglasbilds sind die meisten dort geprägten Motive auch im Ölbild mühelos auszumachen. Inmitten der gewaltigen Abstraktionswelle des Jahres 1913 nimmt dieses mithin eine Sonderstellung ein. Wie schon wiederholt in früheren Werken manifestiert sich auch in *Kleine Freuden* ein stilistischer Rückgriff, ein Innehalten auf jenem unaufhaltsamen Weg zur konkreten Kunst, der immer Kandinskys kontrollierenden Rückblick auf bereits überwunden geglaubte Entwicklungsstufen bedarf. Welch besondere Bedeutung der Künstler dem thematisch zweifellos im Eschatologischen angesiedelten Gemälde beigemessen hat, geht – neben den zahlreichen Entwürfen und Skizzen[880] – auch daraus hervor, daß er das Sujet des Hinterglasbilds nicht erst Jahre später, sondern schon 1911, in *Improvisation 21a* (wiederum eng an der Vorlage orientiert), erneut aufgreift. Daß er dem Werk *Kleine Freuden* vermutlich den Rang eines persönlichen Identifikationsbildes zugebilligt hat, dokumentiert ein Foto, das ihn vor dem Gemälde posierend zeigt. In die gleiche Richtung weist der Umstand, daß er sich dem Thema 1924 am Bauhaus abermals zuwenden wird, freilich nunmehr unter den neuen Voraussetzungen einer geometrisierenden Stillage. Da er hier die ursprünglichen Grundstrukturen ebenso wie das Motiv weitgehend beibehielt, gab er dem nostalgisch geprägten Bildwerk den bezeichnenden Titel *Rückblick*.

Siehe Abbildung 134, Seite 461

Was in *Kleine Freuden* zunächst befremdet, ist der scheinbare Widerspruch zwischen positiv besetztem Bildtitel und apokalyptischem Inhalt, wie er einerseits von Washton-Long im Sinne einer Dialektik von »Vernichtung und Erneuerung«, andererseits von Zweite als »Manifestation der Endzeitkatastrophe und der Heilserwartung« interpretiert wurde.[881]

879 ÜGK, S. 137 f.

880 Rudenstine (Anm. 865), S. 264 f., Nr. 92

154 *Kleine Freuden*, 1913, Öl auf Leinwand (109,8 x 119,7 cm), New York, The Solomon R. Guggenheim Museum

In seltsamem Gegensatz zu einer eschatologischen Vision steht auch ein ausgesprochen heiteres, vorwiegend warmes, von zahlreichen Buntakzenten durchsetztes und insgesamt ausgewogenes Kolorit – ganz anders indes die themenadäquate Düsternis in *Komposition V* oder die dramatische, zwischen Licht und Finsternis kontrastierende Farbgebung in *Komposition VI*.

Zur Schilderung des rein ikonographischen Sachverhalts, den Washton-Long in gewohnter Akribie darlegt, genügen einige Hinweise. In der Bildmitte erhebt sich ein massiger Gebirgsstock mit gipfelndem Kreml. Darüber, gleichsam schwebend, ein weiterer Bergrücken, der ebenfalls von einem Kreml-Motiv überhöht wird. Auf einem blauen, schiffsähnlichen Substrat plaziert, scheint der zweite, in labiler Lage positionierte Kreml in den Sog eines zirkulierenden schwarzen Wolkenbandes zu geraten, das die rechte obere Bildecke beherrscht und mit der gegenüberliegenden roten Sonne kontrastiert. Um das zentrale Bergmassiv toben wild aufgeworfene Sintflut-Wogen, wobei die beiden von rechts unten schräg hochschnellenden, langgestreckten Formen an den alles verschlingenden Rachen eines Fabelwesens erinnern. Rechts außen

881 Washton-Long (Anm. 384), S. 129 f. – Zweite (Anm. 447), S. 163

kämpft sich ein rotes, mit drei schwarzen Rudern versehenes Boot, das senkrecht aufgebäumt zu kentern droht, durch die schäumenden Wellen. Um sich schließlich zu vergewissern, daß links unten zwei schräg liegenden Gestalten der Untergang droht und im linken oberen Quadranten drei Reiter dem Inferno zu entkommen trachten, bedarf es eines ergänzenden Blicks auf das Hinterglasbild.

Auch über *Kleine Freuden* hat sich Kandinsky in einem eigenen Essay geäußert, allerdings in einer zum Teil enigmatischen und im Vergleich mit seinen in ›Rückblicke‹ veröffentlichten Selbstinterpretationen weniger umfassenden Weise. Wie dort bringt auch hier das Textstudium einen semantisch sehr begrenzten Ertrag. Dennoch lohnt es sich, mit Hilfe dieser Quelle der Frage nachzugehen, wie die zwischen Inhalt und formaler Erscheinung bestehende Gegensätzlichkeit zu verstehen oder wie Kandinskys ungewöhnliche Absage an das Isomorphie-Gesetz (»strukturelle Übereinstimmung zwischen der Bedeutung und der sichtbaren Gestalt«) zu interpretieren ist.[882] Dazu einige Passagen aus dem Essay: »Gemalt nach meinem *Glasbild mit Sonne* ... Ich habe erst eine Zeichnung gemacht, um das Verschobene in der großen Komposition zu entfernen und diese Komposition kühl und von großem Gleichgewicht der Teile für das Bild zu machen ... Jetzt weiß ich, daß das der beste Boden war, um in diesem Falle den *Kleinen Freuden* den richtigen Spielplatz zu schaffen ... Das ganze Bild erinnert mich an in's Wasser fallende Tropfen, die hell und verschieden klingen ... Mein Ziel war ja – sich gehen zu lassen und eine Menge kleiner Freuden auf die Leinwand zu schütten ... Aber überall bleibt das alles im Bereich der kleinen Freuden und bekam keinen schmerzlichen Beiklang.« Diese Zitate enthalten manches künstlerisch Wissenswerte. So erfährt man etwas über das »Verschobene in der großen Komposition« oder das »große Gleichgewicht der Teile« – für einen eigenen Analyseversuch wertvolle Hinweise. Fragt sich nur, wie es sich mit den kleinen Freuden verhält. Auf den ersten Blick hin handelt es sich um die Freuden des Reitens, Ruderns und Liebens (gemeint ist das liegende Paar), Vergnügungen, die aber, von dem Gang des apokalyptischen Ereignisses eingeholt, bereits der Vergangenheit angehören. Erst die Zukunft verheißt die »großen« Freuden des »großen Geistigen«. An der Schwelle zur Endzeit garantieren Jüngstes Gericht und Auferstehung im »großen Gleichgewicht« die Befreiung von den Fesseln der irdischen Welt. In der Tat hat Kandinsky alles versucht, die apokalyptische Katastrophe – formal-künstlerisch wie literarisch – zu verharmlosen, ihr jedenfalls den »schmerzlichen Beiklang« zu nehmen. In seiner charakteristischen Metaphorik hat er dies im Essay ausdrücklich

882 Arnheim (Anm. 88), S. 65

betont: »So sitzt manchmal nachdenklich und ernst ein junger gelber Mops. Es ist schon eine entfernte Erinnerung an einen gefährlichen Bulldogg da – wer wird aber Angst vor dem kleinen Mops haben!«[883]

Solche beruhigenden Worte bezeugen, welchen Wandel Kandinskys theologisches Weltbild im Rahmen einer etwa vierjährigen Auseinandersetzung mit dem eschatologischen Themenkreis erfahren hat. Was jahrelang – beginnend mit *Improvisation* 7 (1910) und sich in den *Kompositionen* fortsetzend – im Zeichen von furchterregender und mit höchst dynamischer Verve vorgetragener Endzeitkatastrophenschilderung stand, mündet in jene tröstliche Aussage, in der Hoffnung, Zuversicht und Erneuerung über Zerstörung und Todesangst dominieren. Dies hat geradezu Vermächtnischarakter und sollte – anders als die beiden letzten verschlüsselten, fast völlig abstrakten *Kompositionen* – in einer mit relativ deutlicher Restgegenständlichkeit angereicherten, somit jedermann verständlichen Kunst-Sprache dargelegt werden. Letzteres hat Kandinsky in seinem Essay unmißverständlich hervorgehoben: »Ich wollte hier keine geheime Sprache sprechen und legte deshalb das Kompositionelle vollkommen deutlich und in naiver Form klar. Dieses Bild ist also im Gegensatz zu allen meinen Bildern komponiert, und der Blinde wird hier das Konstruktive erkennen.«[884] Daß sich das Konstruktive gleichsam blindlings erschließt, ist gewiß eine Übertreibung. Ferner ist das Bild, wie auch Roethel bemerkt, »im Aufbau und in seinen Elementen keineswegs so einfach, wie Kandinsky sich selber glauben macht«. Und wenn Kandinsky hier einmal mehr auf das »Kompositionelle« und »Konstruktive« verweist, dann impliziert dies die Aufforderung, auch der schwierigeren Frage nach dem dynamischen Thema gerecht zu werden; denn nur letzteres ermöglicht jene Einsichten, die – weit über das hinausgehend, was eine konkret literarisch-ikonographisch fixierte Lektüre zu bieten hat – zur Erkenntnis des Universalen führen können. In bezug auf den hermetisch-ikonographischen Ansatz wäre eine Auseinandersetzung mit dem Hinterglasbild ausreichend. Dem Ölbild *Kleine Freuden* sind aber weitaus mehr Ausdrucksfacetten inhärent. Diese adäquat zu rezipieren, ist freilich nur in interaktiver Konfrontation mit den dynamischen Strukturen des Bildwerks möglich.

In seinem Essay hat sich Kandinsky auch zu einigen kompositionellen Aspekten des Bildes geäußert, jedoch weit weniger ausführlich als in seinen erwähnten Selbstanalysen. Angesichts der ungewöhnlichen Einfachheit des Bildaufbaus bestand dafür auch gar kein Grund. Vom »großen Gleichgewicht der Teile« und von der Notwendigkeit, »das Ver-

883 Roethel (Anm. 25), S. 102
884 Vgl. Becks-Malorny (Anm. 33), S. 109

schobene in der großen Komposition zu entfernen« war bereits die Rede. Mit dem »Verschobenen« meint Kandinsky vermutlich die Distanzierung vom rechteckigen Querformat des Hinterglasbilds zugunsten einer dem Quadrat angenäherten Rahmenform des Ölgemäldes. Daß er dabei die Bildhöhe gegenüber der Bildbreite leicht reduzierte, bezeugt seine instinktive Kenntnis des Anisotropie-Gesetzes, demzufolge Quadrate zu hoch aussehen; damit sie quadratisch wirken, muß man sie etwas niedriger bemessen. Für die Konzeption des »großen Gleichgewichts« bietet das Quadrat jedenfalls die besten Voraussetzungen, weder der einen noch der anderen Richtung die Vorherrschaft einzuräumen. Zudem fördert das Quadrat, bildzeitlich gesehen, Tendenzen zu Ruhe und Dauer. Ganz anders hingegen die Situation in Kandinskys *Kompositionen*, die allesamt dem rechteckigen Querformat verpflichtet sind. Sie besitzen die wirksamsten Prämissen zur Darstellung von Spannung und Temporalität, auch erschweren sie die bildnerische Überwindung des Gravitationsgesetzes. Darüber hinaus forcieren sie den regen Wechselverkehr zwischen Hin und Her beziehungsweise Rechts und Links.[885]

Wie in seinen anderen Selbstinterpretationen stellt sich für Kandinsky auch im Essay-Text zunächst die Frage nach dem Zentrum. Dieses, so bemerkt er, setzt sich aus zwei Teilen zusammen: zum einen aus einem »Durcheinander der Linien und Farben«, zum anderen aus einer »Großen Fläche«. Im Unterschied zu allen mehrzentrigen *Kompositionen* hat *Kleine Freuden* mit der großen Bergfläche tatsächlich nur ein Zentrum aufzuweisen. Dieses erhebt einen unanfechtbaren Hegemonieanspruch, zumal es mit dem geometrischen Bildmittelpunkt kohäriert und mit dem Gleichgewichtszentrum identisch ist. Ausgestattet mit der »Macht der Mitte«, innerhalb derer laut Arnheim Beständigkeit herrscht, kann ihm selbst der destabilisierende Umstand seiner Rechts-Neigung nur wenig anhaben. Die Gefahr des Umstürzens scheint auch herabgesetzt, sofern man die beiden von rechts unten schräg vorstoßenden Großformen nicht nur als Bedrohungspotential deutet. Vom inhaltlichen Aspekt abgesehen, scheinen diese, rein visuell aufgefaßt, auch die Funktion stützender Stabilisatoren zu erfüllen. Eine ähnliche Ambiguität zwischen Form und Inhalt herrscht auch in der rechten oberen Bildecke, wo die Hauptstoßrichtung des schwarzen konvexen Wolkenbands auf die rechte Bergkuppe ausgerichtet ist, dieses somit auch an dieser Stelle fixiert wird. Dies hat selbstverständlich auch einen semantischen Stellenwert: Was zunächst mittels »wiedererkennenden Sehens« als gefahrvoll erscheint, wird auf der Basis des »sehenden Sehens« umgehend als Sicherung des gefährdeten Gleichgewichts wahrgenommen. Darin äußert sich ein

885 Arnheim (Anm. 195), S. 144 f.

ambivalenter Sachverhalt, welcher der ikonographisch-hermetischen Methode naturgemäß verborgen bleiben muß, folglich nur aus dem Blickwinkel des dynamischen Themas verstanden werden kann.

Trotz kontrastiver Effekte herrscht jenes »große Gleichgewicht«, das sich einerseits auf dem symmetrischen Bildaufbau begründet, andererseits darin manifest wird, daß die meisten Kräfte zentripetal auf den Bildmittelpunkt orientiert sind. Von besonderer Bedeutung sind die vier Bildeckbereiche mit ihren ikonographischen wie formalen Akzentuierungen, die chiastisch korrespondieren. Homöostatisch gesehen bietet Kandinsky mit diesem kompositionellen Diagonalkreuz dem jedem Betrachter inhärenten Sehgrundmuster (= primär das orthogonale Achsenkreuz) eine zusätzliche Stütze. Folgerichtig widmet er den vier Bildecken in seiner knappen Selbstanalyse besondere Beachtung. Diese seien »verschieden stark und offenliegend« und im einzelnen folgendermaßen zu charakterisieren:

»1. links oben – verschüttete Formen
2. links unten – zusammengestellte große Flächen und Linien
3. rechts oben – große Massen modelliert
4. rechts unten – große Massen flach.«

Charakterisierungen, wie sie hier auf die Endabschnitte des diagonalen Achsenkreuzes Bezug nehmen, ließen sich auch im Bereich des orthogonalen Achsenkreuzes fortsetzen. Dynamisch relevant ist vor allem der untere Teil der vertikalen Achse, der von einer spiralförmigen Linie in steiler Schräge überquert wird. Kandinsky hat die dynamische Wirkung dieses Linientypus, den er als »gebogen-freiwellenartig« benennt, in ›Punkt und Linie zu Fläche‹ genau beschrieben. Er spricht von einem »besonders temperamentvollen Kampf« der Kräfte und einem »positiven Druck, der in eine sehr große Höhe treibt«.[886] Und exakt diesem Dynamik-Befund begegnen wir an dieser Stelle, wo die »gebogen-freiwellenartige« Linie, einer Sprungfeder gleich, den Berg hochzustemmen scheint. Dies schlägt als eine der ›Kleinen Freuden‹ zu Buche, zumal die apokalyptische Thematik ja ein Versinken des Bergs in der Sintflut erwarten ließe. Statt dessen scheint der Kreml-Berg, einem Schiff ähnlich, auf den allseitig ihn umgebenden Meereswogen sicheren Kurs zu halten. Es stellt sich die Frage nach dem visuellen Gewicht. Die Antwort darauf entspricht Kandinskys angestrebtem »großen Gleichgewicht«, insofern der Berg visuell zwar der Erdanziehung enthoben ist, zugleich aber kraft seiner zentralen Fixierung am weiteren Aufwärtssteigen gehindert wird – er befindet sich im permanentem Schwebezustand.

886 PLF, S. 93

Rechts außen, knapp unter der horizontalen Bildachse, befindet sich das im Kentern begriffene rote Boot, das sich vor dem Zugriff klein strukturierter Wellen zu retten sucht – bedroht auch vom schwer herabhängenden schwarzen Wolkensack. Offensichtlich handelt es sich um jenen Bildbezirk, den Kandinsky im Auge hatte, als er sich in seinem Essay daran erinnerte, welches Vergnügen ihm »die minuziöse Ausführung mit dem dünnen Pinsel« und die »feinen und sehr feinen Linien« bereitet haben. Überhaupt hat die Linie in *Kleine Freuden* einen hohen Stellenwert. Sie tritt in allen Erscheinungsmöglichkeiten zutage, sei es dick oder dünn, verlaufs- oder simultangestaltlich oder in gerader, gebogener sowie gewellter Form. In Summe steht sie mit dem Kolorit, das sich ebenso in sämtlichen Spielarten bzw. Kontrasten – gesättigt/getrübt, hell/dunkel, kalt/warm – bemerkbar macht, in einem ausgewogenen Verhältnis. Im übrigen ist signifikant, daß sich die Farbe fast nirgends in größeren Flächen homogen entfaltet. Vorherrschend ist ein hell getrübter changierender Farbgrund, auf dem zahlreiche gesättigte Werte fleckenartig zu schwimmen scheinen, ein Phänomen, von dem Kandinsky im Essay, wie schon zitiert, in metaphorischer Anschaulichkeit und synästhetisch berichtet: »Das ganze Bild erinnert mich an in's Wasser fallende Tropfen, die hell und verschieden klingen.«

Nur in der linken oberen Bildecke, die Kandinsky mit »verschüttete Formen« umschreibt, verliert die Linie an Einfluß – tatsächlich könnte man sagen: sie wird von der Farbe »verschüttet«. Den Hauptakzent setzt hier das Sonnenmotiv, das sich von silbrig Weiß im Hinterglasbild in Rot verwandelt hat. Das Gestirn ist von zarten Farb/Form-Elementen und einem hellen Farbschleier umgeben, der – ungestört von dunklen Linien, denen zumeist ein Haften auf der materiellen Malfläche eignet – die größte Tiefe im Bild suggeriert; damit kontrastieren die in den rechten Bildecken situierten Motive (schwarzer Wolkenstreifen und geöffneter Drachenschlund), die den Eindruck merklicher Nahsichtigkeit vermitteln. Dies deckt sich mit Kandinskys Charakterisierung des Links-Oben im Bild, das dazu prädestiniert sei, ein »Insfreiegehen – eine Bewegung ›in die Ferne‹« zu ermöglichen. Als Ort der geistigen Freiheit, wohin sich »der Mensch aus seiner gewohnten Umgebung entfernt ... und immer mehr und mehr Luft atmet«, ist die Sonne auch Ziel der flüchtenden Reiter. Ihr rotes Licht entsendet sie – buchstäblich tropfenhaft – überall dorthin, wo es etwas zu erretten gilt. So hinterfangen drei rote Flecken das feinmaschige Liniengespinst des Kremls, dessen linker, schon gefährlich schiefer Turm von einer an dessen Helm lehnenden Rot-Scheibe vor dem drohenden Absturz bewahrt wird; perlende Rot-Tropfen zerfließen auch auf dem Ocker-Grund der Bergfläche. Schließlich senkt sich das schützende Rot auf das scheinbar dem Untergang geweihten Boot, und

155 *Komposition VII*, 1913, Öl auf Leinwand (200 x 300 cm), Moskau, Staatliche Tretjakow-Galerie

selbst das links unten mit den Fluten ringende Menschenpaar erfährt noch etwas von diesem Farblichtsegen. Jedenfalls ist evident, daß mit diesen Sonnenreflexen – die sich dem Kosmischen nähernde Ruhe des »großen Gleichgewichts« inbegriffen – das eschatologische Ereignis viel von seinem Schrecken verliert. Und vielleicht sind es nicht zuletzt die punktuell verstreuten, mitunter in Rosa verfließenden Rot-Elemente, die Kandinsky mit *Kleine Freuden* geheimnisvoll umschrieben hat.

8. Komposition VII – Am Ziel

Kandinsky hat *Komposition VII* als sein Hauptwerk vor dem Ersten Weltkrieg bezeichnet; für Roethel ist es sogar Kandinskys »Meisterwerk« katexochen. Mit seinem hohen Abstraktionsgrad, seiner formalen wie thematischen Vielschichtigkeit und übersteigerten Dynamik steht es in künstlerischer Antithese zu *Kleine Freuden*. So durfte sich Kandinsky für *Kleine Freuden* wegen des klaren Sachinhalts und übersichtlicher Formverteilung zu Recht erhoffen, daß sich das im »großen Gleichgewicht« befindliche »Kompositionelle« und »Konstruktive« sogar noch dem »Blinden« erschließen werde. Im Falle von *Komposition VII* wäre dies eine aussichtslose Wunschvorstellung. Ausgerechnet in seinem monumentalsten Gemälde (2 x 3 m) der Münchner Periode hat der Künstler alles daran gesetzt, in bislang ungewohnter Weise einen Großteil der Bildfläche in möglichst kleinteilige Formen und Farben so aufzusplittern, als hätte eine gewaltige Explosion einen wüsten Scherbenhaufen hinterlassen. Indessen wurden gerade damit jene Moleküle geschaffen, auf deren Basis Neuschöpfung bzw. die Wiederherstellung eines Ganzen – auf höherem geistigen Niveau – erfolgen konnte. Lassaigne hat dies ähnlich formuliert: »Wenn Kandinsky das Bedürfnis empfand, den Augenschein der Dinge zu zerstören, so nur, weil er deren ›Ganzheit‹ besser ausdrücken wollte.«[887] »Die Harmonisierung des Ganzen auf der Leinwand ist der Weg, der zum Kunstwerk führt«, so heißt es schon in der Einleitung von ›Über das Geistige in der Kunst‹.[888] Zum Verständnis des harmonisierten Ganzen, dem sich eine Vielzahl kontrastiver Kräfte und zur Auflösung drängender Spannungen entgegenstellt, bedarf es der visuellen wie seelischen Teilnahme des Betrachters, seiner Bereitschaft zum »Weiterschaffen« am Kunstwerk.

Komposition VII entstand in wenigen Tagen, vom 25. bis 28. November 1913. Münter hat diesen kurzen Schaffensprozeß in vier Entstehungsphasen, und zwar in vier aufeinander folgenden Tagen, fotografisch dokumentiert. Dieses enorme Arbeitstempo im finalen Stadium einer Bildwerdung, selbst im Falle eines Großformats, ist bei Kandinsky nichts Ungewöhnliches. Dies gilt nachweislich auch für das fast gleichgroße Bild *Komposition VI*, das »in zwei bis drei Tagen im allgemeinen da war«, wiewohl der Künstler es »anderthalb Jahre« in sich »getragen« hatte. Ob auch *Komposition VII* ein ähnlich langes Vorbereitungsstadium beansprucht hat, ist unbekannt; Kandinsky hat sich jedenfalls nicht dazu geäußert, wann sich bei ihm die erste Bildidee herauskristallisiert hat. Daß mit einer längeren Zeitspanne als mit »fünf, sechs Wochen«, wie Barnett vermutet, gerechnet werden muß, ist sicher. Dafür spricht zum einen, daß *Komposition VII*, wenigstens in einer ideellen Anfangsphase, wie *Komposition VI* von einem zeitlich entfernten Hinterglasbild (*Jüngster Tag*, 1912) inspiriert wurde; eine der frühesten, großformatigen und noch von zahlreichen Gegenstandsderivaten durchsetzte Ölstudie bestätigt dies.[889] Zum anderen der Umstand, daß Kandinsky für *Komposition VII* mindestens 35 Studien, mehr als für jedes andere Werk, angefertigt hat. Zu diesem beachtlichen Studien-Konvolut zählen Tuschzeichnungen, Diagramm-Zeichnungen, Aquarelle und Ölbilder – letztere schon großformatig angelegt. Unter den Ölbildern ragen jene drei hervor, die der Maler auf deren Rückseiten sowie in den Hauskatalogen mit *Entwurf 1,* 2 und *3* bezeichnet hat; deren Sonderrolle besteht darin, daß sie neben ihrer vorbereitenden Funktion über ein hohes Maß an künstlerischer Selbständigkeit verfügen. Weiters gibt es eine in verschiedenen Techniken gefertigte Werkgruppe, in der sich Kandinsky ausschnitthaft

887 Lassaigne (Anm. 121), S. 73
888 ÜGK, S. 25
889 Dabrowski (Anm. 419), S. 99, Abb. 77

156 *Vier Fotos der Entstehung von »Komposition VII«*, 1913, aufgenommen von Gabriele Münter, München, Gabriele Münter- und Johannes Eichner-Stiftung

mit dem künftigen Bildzentrum beschäftigt. Diagramme schließlich enthalten zeichnerische Angaben über geplante Dynamik-Strukturen sowie schriftliche Vermerke über Farb- und Massenverteilung.

Auch kunsthistorisch interessant ist jenes Aquarell, das Kandinsky – vermutlich erst nachträglich – mit 1910 datiert und als sein »erstes abstraktes Aquarell« bezeichnet hat. Mittlerweile hat die Forschung längst erkannt, daß das Aquarell einerseits Kandinskys Stillage von 1910 keinesfalls entspricht, andererseits eindeutig als Entwurf für *Komposition VII* zu identifizieren, folglich auf 1913 zu datieren ist.[890] Meines Wissens hält heute nur noch M. C. Lacoste an Kandinskys Frühdatierung fest. Sein Argument, die stilistische und motivliche Nähe zu *Aquarell mit rotem Fleck*, ist zwar richtig, insofern aber überholt, als die Forschung auch dessen Entstehung auf 1913 korrigiert hat. Barnett sieht *Aquarell mit rotem Fleck* zutreffend als eine zwischen *Entwurf* 2 und 3 der *Komposition VII* angesiedelte Studie.[891]

890 Hideho Nishida, ›Genèse de la première aquarelle abstraite de Kandinsky‹, in: *Art History 1* (1978), S. 1 – 20

891 Michel Conil Lacoste, *Kandinsky*, Vaduz 1991, S. 46 f. – Barnett (Anm. 676), S. 326, Nr. 364

157 *Ohne Titel (»Erstes abstraktes Aquarell«). Studie für Komposition VII*, 1913, Bleistift, Aquarell und Tusche (49,6 x 64,8 cm), Paris, Musée National d'Art Moderne, Centre Georges Pompidou

Dämmer hat sich in ihrer Dissertation mit Kandinskys zahlreichen Studien ausführlich auseinandergesetzt, war allerdings mehr an der Klärung von Restgegenständlichkeit und vordergründiger Thematik als an der Erörterung strukturell-dynamischer Gegebenheiten interessiert. Neuerdings haben sich auch Dabrowski und Barnett, mit Entwicklungsgeschichte und Genese der Studien beschäftigt. Im Gegensatz zu Dämmer gelangen die beiden Autorinnen zum Schluß, daß sich weder die Studien noch die Entwürfe in eine logische Entwicklungsfolge einordnen lassen.[892] Letzteres ist nur zum Teil korrekt. Zumindest für die drei Ölbild-Entwürfe kann Dämmer Kausalität im Entwicklungsgang nachweisen. Ihre Behauptung, daß sich das gesamte Studien-Konvolut, zumindest in ikonographischer Hinsicht, in einer linearen Entwicklungsfolge zusammenfassen läßt, ist jedoch nicht haltbar. Für das Verständnis der Schlußfassung von *Komposition VII*, in der Restgegenständliches meist völlig ausgemerzt ist, bringt ihr resümierender Satz wenig Erhellendes: »Kandinsky, in der Kenntnis einer derartigen Abbildbarkeit einer

892 Dämmer (Anm. 394), S. 285 – 321. – Barnett (Anm. 329), S. 445. – Dabrowski (Anm. 408), S. 40 f.

158 *Aquarell mit rotem Fleck*, 1913, Aquarell (48,3 x 63,3 cm), Frankfurt a. M., Kunstsammlung der Deutschen Bank

Abfolge, überhöht die bloße Kenntnis inhaltlich, indem er die Werke zu *Komposition VII* so gestaltet, daß sie erst tief sinnhaltig werden, wenn man sie als Abfolge begreift, die sich zu einer Ganzheit gestaltet.«[893] Im übrigen haben sich andere Autoren wie vor allem Ringbom und Washton-Long mit inhaltlichen Fragen auseinandergesetzt. Übereinstimmend kam man zum Ergebnis, daß es sich bei *Komposition VII* um eine thematische Kombination von Auferstehung, Jüngstem Gericht, Sintflut und Garten der Liebe handelt.[894] Diese auf Gegenstandsderivaten im Studien-Material und im Rückblick auf Kandinskys sonstiges Œuvre gewonnenen Erkenntnisse sind zwar nützlich, besagen aber wenig über den künstlerisch-universalen Stellenwert der Finalkomposition.

Der Tatsache, daß einer nur auf Gegenstandsrelikten basierenden ikonographischen und an Einzelformen sich klammernden Betrachtungsweise in bezug auf die geistige Wesenserkenntnis der künstlerischen Form Grenzen gesetzt sind, war sich Dämmer bewußt, wenn sie »zur Bedeutung von Komposition VII« aus Hegels ›Ästhetik‹ zitiert:

893 Dämmer (Anm. 394), S. 321
894 Washton-Long (Anm. 394), S. 118 f. – Ringbom (Anm. 550), S. 162 f.

»Denn die Wissenschaft kann zwar von dem Sinnlichen in seiner Einzelheit ausgehen und eine Vorstellung besitzen, wie dies Einzelne in seiner einzelnen Farbe, Gestalt, Größe usw. vorhanden ist. Doch hat dies vereinzelt Sinnliche als solches dann keine weitere Beziehung auf den Geist, insofern die Intelligenz auf das Allgemeine, das Gesetz, den Gedanken und den Begriff des Gegenstandes losgeht und ihn deshalb nicht nur seiner unmittelbaren Einzelheit nach verläßt, sondern ihn innerlich verwandelt, aus einem sinnlich Konkreten ein Abstraktum, ein Gedachtes und somit etwas wesentlich anderes macht, als dasselbe Objekt in seiner sinnlichen Erscheinung war.«[895] Dies berührt nicht nur die Methodik der deduktiven Gestalttheorie, Hegels Satz deckt sich auch mit Kandinskys Definition von *Komposition*, wie etwa mit folgender aus 1914: »Ich vertiefte mich immer mehr in den mannigfaltigen Wert der abstrakten Elemente … Dadurch bekamen die abstrakten Formen Übergewicht und drängten leise und sicher die Formen des gegenständlichen Ursprungs hinaus.«[896]

Überblicken wir den Forschungsstand zu *Komposition VII*, so ist zu konstatieren, daß an keiner Stelle der Versuch einer über bescheidene Ansätze hinausgehenden Analyse der Gemälde-Endfassung unternommen wurde, ganz zu schweigen davon, dieser strukturell bzw. hinsichtlich ihres dynamischen Themas gerecht zu werden. Zwar haben auch kompetente Forscher wie Grohmann, Riedl und Roethel erkannt, daß dem Wesen des Kunstwerks mit ikonographischen Sammelergebnissen nicht beizukommen ist. Ihnen ist bewußt, daß jeder deskriptiv geordnete, sprachliche Darstellungsversuch angesichts der gewaltigen Form/Farbe-Explosion in *Komposition VII* zum Scheitern verurteilt ist. Trotz dieser Kapitulation sind ihre knappen Stellungnahmen von Interesse, zumal hier ikonographische Assoziationen nur am Rande und Formeinzelheiten überhaupt nicht berührt werden. Statt dessen wird das Formganze mittels diskursiver, auf die Erfahrung dynamischer wie kontrastiver Momente hinzielender Ausdrucksweise erfaßt, mithin das dynamische Thema gestreift. Dazu Riedls Sätze, der die *Komposition VII* als ein »schwer in Worte zu fassendes Ereignis« beschreibt: »Man kann Begriffe wie mannigfaltig, spannungsvoll, gegensatzreich, lebhaft, verwirrend oder turbulent benützen, kann ungezügeltes Temperament und kontrollierenden Formwillen entdecken … Das Zerstreute und Widersätzliche, das Verwickelte und das Ruhelose finden letztlich doch Bergung in einer Bildordnung … Was auf den ersten Blick ungestüm und

895 Georg Wilhelm Friedrich Hegel, *Vorlesungen über die Ästhetik I/II*, Stuttgart 1971, S. 84

896 Zitiert bei Becks-Malorny (Anm. 33), S. 113

regellos anmutet, enthüllt genauerer Beobachtung sein latentes Prinzip, das scheinbar Spontane erweist sich als das, was Werner Hofmann als ›inszenierte Vorläufigkeit‹ bezeichnet hat.«[897] Vor allem der Hinweis auf die »inszenierte Vorläufigkeit« ist relevant, bestätigt sich doch die These eines dem Betrachter zum Weitervollzug offenstehenden Spielraums.

Ähnlich äußert sich Roethel, den »*Komposition VII* wie ein gigantisches Rätsel, in dem Geheimes durch Geheimes mitgeteilt wird«, anmutet.[898] Aufschlußreich ist Grohmanns erlebnishafter Kommentar, weil der Verfasser schon in den 50er Jahren der Versuchung widerstanden hatte, das Gemälde nach einzelnen, aus den Studien und anderen Werken Kandinskys gewonnenen Gegenstandsresiduen abzusuchen. Sein erhellender Bericht: »Assoziationen führen zu keiner greifbareren Deutung als die Einfühlung in die dramatische Handlung, deren Akteure die Kräfte und Spannungen sind. Es handelt sich um eine der vielen möglichen Welten, in denen blinder Zufall ebenso wenig waltet wie hier auf der Erde. Das Schicksal aber kommt ins Bild allein durch den Maler, der sich der verschiedenen Formelemente und -verbindungen bedient, um auszusagen, wie er Welt erlebt ... Schon einmal hat Kandinsky an den Krieg gedacht, ist das Bild Vorahnung seines Ausbruchs ein Jahr später? Ist man erst auf diesem Weg, stellen sich auch wieder Assoziationen ein, nicht mit Gegenständen und Erinnerungen, sondern mit Begriffen wie Alarm und Stille, Flucht und Stillstand, Scharf und Stumpf. Unter diesen Aspekten erhält das Bild seinen Sinn, aber es ist nicht eindeutiger als der einer Symphonie, die wir ›Eroika‹ nennen.«[899] Auf eine weiterführende Analyse der von ihm genannten »Kräfte und Spannungen«, der Hauptakteure der »dramatischen Handlung«, verzichtet Grohmann leider. Wie es sich eine Autorin besonders leicht machen kann, hat Hahl-Koch bewiesen, indem sie die Analysearbeit ohne Umschweife einfach ihrem Leser überläßt. Kurios ist die entsprechende Textpassage: »Nach Kandinskys eigenen Bildinterpretationen sowie all den zusätzlichen Diskussionen um Herleitungen von ›Gegenstandsresten‹ und Motiven ist jetzt Gelegenheit, selbst zu schauen und zu entdecken.«[900]

Obwohl sich Kandinsky zum künstlerischen Konzept von *Komposition VII* nie schriftlich geäußert hat, ist es nützlich, sich anläßlich eines Analyseversuchs bei Kandinskys Selbstinterpretationen anderer Werke methodologisch Rat zu holen. Welch hohe Ansprüche Kandinsky an das Rezeptionsvermögen des Betrachters stellt, soll hier nochmals in Erinne-

---

897 Riedl (Anm. 103), S. 66 f. – Hofmann (Anm. 133), S. 62
898 Roethel (Anm. 25), S. 106
899 Grohmann (Anm. 14), S. 138
900 Hahl-Koch (Anm. 10), S. 210

159 *Jüngster Tag*, 1912, Hinterglasbild (34 x 45 cm), Paris, Musée National d'Art Moderne, Centre Georges Pompidou

rung gerufen werden. In ›Punkt und Linie zu Fläche‹ stellt sich ihm »das Ideal jeder Forschung« folgendermaßen dar:

»1. Pedantische Untersuchung jeder einzelnen Erscheinung – isoliert,
2. gegenseitige Wirkung der Erscheinungen aufeinander – Zusammenstellungen,
3. allgemeine Schlüsse, die aus den beiden vorhergegangenen Teilen zu ziehen sind.«

Vor allem aber fordert er: »Die Untersuchung sollte peinlich genau, pedantisch vor sich gehen ... Nur auf diesem Wege einer mikroskopischen Analyse wird die Kunstwissenschaft zur umfassenden Synthese führen.«[901] Empirie ist jedoch nur die Hälfte von Kandinskys ambivalenter Geisteswelt. Bekanntlich wird er nicht müde zu betonen, daß es das »Gefühl sei, das den Verstand korrigiert«. Und was für den Künstler gilt, zählt auch für den »weiterschaffenden« Betrachter, der ebenso neben ordnendem Verstand über eine aufnahmebereite seelische Einstellung verfügen muß. Kandinskys entsprechender Kommentar in ›Über das

901 PLF, S. 18 f.

160 *Studie zu »Kompostion VII«*, 1913, Öl und Tempera auf Leinwand (78,5 x 100,5 cm), München, Städt. Galerie im Lenbachhaus

Geistige in der Kunst‹: »Nicht eine klar daliegende, oft in die Augen springende (›geometrische‹) Konstruktion [braucht] die an Möglichkeiten reichste bzw. die ausdrucksvollste zu sein, sondern die versteckte, die aus dem Bilde unbemerkt herauskommt und also weniger für das Auge als für die Seele bestimmt ist.«[902] Fehlt noch der wichtigste, der dynamische Aspekt. Die in dieser Hinsicht stringenteste Formulierung Kandinskys lautet: »So ist die Komposition nichts weiter als eine exakt-gesetzmäßige Organisierung der in Form von Spannungen in den Elementen eingeschlossenen lebendigen Kräfte.«[903] Gemeinsam mit Kandinskys Analysekonzepten ist dieser Satz das Kernstück dessen, was die Gestaltpsychologie als methodologisches Hilfsmittel der hermeneutisch analysierenden Kunstwissenschaft zu bieten hat.

Wie schon angedeutet, bringt Washton-Long *Komposition VII* ikonographisch mit den Themenbereichen Jüngstes Gericht, Sintflut und Garten der Liebe in Zusammenhang. Ausgangspunkt ist das Hinterglasbild *Jüngster Tag* (1912), das in motivisch gekürzter Form auf das Ölbild

902 ÜGK, S. 129
903 PLF, S. 100

Allerheiligen II (1911) rekurriert. Zahlreiche Motive, wie die gelbe Gerichtsposaune und der Elias-Wagen mit Dreigespann rechts oben, der tote Mönch rechts unten, das Segelboot mit dem Jonas-Wal und die hl. Dorothea (oder Walburga?) und in der Mitte oben der Berg mit dem zusammenstürzenden Kreml, finden sich im Glasbild wieder. Tatsächlich begegnet man all diesen Motiven in der vermutlich frühesten *Ölstudie zu Komposition VII*, die auch farblich dem Vorbild angenähert ist, in einer zum Teil stark abstrahierten, aber noch keineswegs gänzlich verschleierten Form.[904] Nur zwei Aquarell-Studien zeigen einen ikonographisch wie kompositionell ähnlichen Sachverhalt. Obwohl alle übrigen Studien, vor allem die drei Entwürfe, keinerlei Reflexe dieses Motivapparats erkennen lassen, bemüht sich Washton-Long unverdrossen, auch dort noch retardierende Motivparallelen herauszuholen. Daß indessen auch der objektive Betrachter mitunter versteckte Gegenstandsreste und merkwürdige Dinge wahrzunehmen glaubt, getreu dem Lessingschen Satz: »Dasjenige aber allein ist fruchtbar, was der Einbildungskraft freies Spiel läßt«, ist gewiß kein Nachteil, hätte doch Kandinsky gegen ein phantasiebetontes »Weiter«-Sehen des Betrachters nichts einzuwenden gehabt. Dies ändert freilich nichts daran, daß das krampfhafte Aufspüren von Gegenstandsresiduen in einem hochgradig abstrakten Bildwerk universaler Erkenntnis eher im Weg steht. Aber auch ohne meist vergebliche Motivfahndung wird vermutlich jeder für Kandinskys Formensprache sensibilisierte Betrachter den thematischen Kontext von Sintflut und apokalyptischem Geschehen assoziieren. Dafür hat Kandinsky nachhaltig gesorgt, indem er zum einen mittels zerschmetternder Formenexplosion den Bezug zu eschatologischen Ereignissen herstellt, zum anderen in die linke untere Bildecke das einzig nicht-abstrakte Motiv, ein von Wellen umgebenes Boot mit drei Rudern, setzt, das *Sintflut* signalisiert.

Versucht man *Komposition VII* simultan, als Ganzes, zu überblicken, so kristallisiert sich trotz minuziöser Formzergliederung eine ungefähr drei Viertel der Bildfläche füllende Großform heraus, die – abgesehen von der seitenverkehrten Disposition – an jene im *Bild mit weißem Rand* erinnert. Diese erhebt sich aus der rechten unteren Ecke als »leeres« braunes Areal, an das links – analog zu *Bild mit weißem Rand* – ein extrem hellfarbiges Bogenfeld schließt, welches nach links bis zu einem rötlich gesäumten Winkel absinkt. Der Weg läßt sich mittels einer roten, schräg nach links oben führenden Linie weiterverfolgen, bis zu jener Stelle, wo ein gebogenes buntes Linienbündel mit seinen kleinen querge-

904 Kandinsky führt diese *Ölstudie zu Komposition VII* in seinem Hauskatalog unter der Nummer 183, wobei fraglich ist, ob diese Numerierung zuverlässig ist. – Washton-Long (Anm. 384), S. 119, Anm. 70

lagerten Strichen, die an einen Stacheldraht erinnern, die Großform abrundet. Dann geht es weiter schräg nach rechts bis zum oberen Bildrand, unter dem sich die Großform ad infinitum fortzusetzen scheint. Im Ganzen gesehen läßt sich für dieses präformierende Kompositionsgebilde eine von rechts unten in großem Bogen bis zum Bootsmotiv links unten ausgreifender Bewegungszug wahrnehmen. Die restliche »Negativ«-Form wäre dann als »Grund«, vielleicht als zwischen Sintflutwogen und Himmel schwankendes Areal anzusehen. Damit weist Kandinsky darauf hin, daß in der kompositionellen Grunddisposition des Bildganzen – dem Urteil eines Betrachters, der auf den ersten Blick hin nichts anderes als unentwirrbares Formenchaos wahrzunehmen glaubt, entgegenwirkend – Ordnung waltet.

Für eine Erörterung des in der Zeichen-Bedeutung-Problematik kulminierenden dynamischen Konzepts von *Komposition VII* ist, neben der Beachtung Kandinskys eigener Analyse-Ansätze (vor allem zu *Komposition IV*), auch die Einbeziehung von Münters vier Werkphasen-Fotos vorteilhaft. Das erste Foto zeigt, daß Kandinsky zunächst den umfangreichen, links vom Bildmittelpunkt befindlichen Bezirk mit dem Pinsel skizziert hat, um in derselben Schaffensphase das am rechten Bildrand plazierte Formendickicht in extrem dunklen Farben auszumalen. Damit sind zwei wichtige Bildzentren festgelegt, ein Beweis, daß Kandinsky nicht nur in seinen Selbstinterpretationen, sondern auch im Produktionsprozeß von Zentren ausgeht. Ferner ist auch das Ruderboot links unten bereits im ersten Foto vorhanden, wo es als einziges gegenständliches Motiv und aufgrund seiner isolierten Stellung ein Nebenzentrum bildet. Da das Boot weder in den Studien noch in den Entwürfen diese Position innehat, muß Kandinsky im letzten Moment einen Beweggrund gefunden haben, es an dieser Stelle unterzubringen. Möglicherweise war ihm das wahrnehmungspsychologische Gesetz bekannt, demzufolge der Betrachter sich subjektiv mit der linken Bildseite bzw. -ecke identifiziert; und was immer dort erscheint, nimmt für ihn größte Bedeutung an.[905] Kandinsky könnte beabsichtigt haben, dem Betrachter, dessen visuelle und semantische Überforderung ihm angesichts eines derart abstrakten und in seinem formalen Verdichtungsgrad schwer entwirrbaren Gemäldes klar sein mußte, mit dem Ruderboot wenigstens *eine* umgehend wirkende Assoziationshilfe anzubieten.

Das links vom Bildmittelpunkt situierte Zentrum besteht aus zwei Hauptmotiven. Auffällig ist jenes, das sich aus drei konzentrischen, dem Oval angenäherten und mehrfach eckig verformten Ringen zusammensetzt. Deren Erscheinungsbild wird durch schwarze, zum Teil dunkeloliv-

905 Arnheim (Anm. 88), S. 36

161 *Entwurf 1 zu »Komposition VII«*, 1913, Öl auf Leinwand (78 x 100 cm), Bern, Sammlung Felix Klee

grün gesäumte Linien bestimmt, von denen die rechte haarig ausfranst. Ein schwarz konturiertes Rechteck und zwei ebenso schwarze pfeilartige Linien scheinen dieses komplexe Gebilde, das inmitten zersprengter Dinge an das Auge eines Taifuns erinnert, zu durchbohren. Links davon befindet sich das zweite Hauptmotiv, eine vertikal hochsteigende schwarze Wellenlinie, die unten mit einem zarten Liniengitter an das Ringmotiv geknüpft ist und oben im größeren, von einer dunkelblauen Masse beschwerten Bogen zu einer die Ringform umfassenden Bewegung ansetzt. Ob sie als Bedrohung oder schalenförmiger Schutz aufzufassen ist, bleibt ungewiß. Im Anschluß daran links gibt es weitere Graphismen, nennenswert vor allem zwei auf die Spitze gestellte Dreiecke, die unschwer als Boote zu identifizieren sind. Wie wichtig Kandinsky dieses Areal genommen hat, zeigt schon, daß er es – in fast schon mit der Finalfassung übereinstimmender Weise – gesondert in zwei Aquarellen und einer großformatigen Ölskizze festgehalten hat. Aufschlußreich ist auch ein Vergleich mit *Aquarell mit rotem Fleck* und den drei Ölbild-Entwürfen, vor allem mit *Entwurf 2* und *3*, in denen das zentrale Motiv, im Umfang erheblich reduziert, aus einer Weiß/Rot/Blau-Kokarde besteht,

Siehe Abbildungen 135 und 136, Seite 462, 463

ferner von schwarzen Graphismen zugunsten von Weiß und Buntfarbigkeit gänzlich freigehalten ist. In der Finalfassung hingegen ist das bunte Kolorit nach rechts hinausgedrängt. Vorherrschend ist ein lineares Skelett, dessen konzentrische Ringe Vorstellungen von einem ausgebrannten Krater wachrufen. Wie in *Improvisation 27 (Garten der Liebe II)* ist dieses signifikante Motiv als Symbol des weiblichen Schoßes zu deuten.[906] Auch die übrige Forschung hat den Kontext mit der ›Liebesgarten‹-Thematik längst erkannt, allerdings ohne Bezug auf die Geschlechtssymbolik. Begründet wird dies mit dem Motiv des liegenden Paars, wie es zum Beispiel auch in *Komposition IV und VI* aufscheint. Dieser Querverweis ist insofern begründet, als die Liegenden in einigen Studien sowie im *Entwurf 1*, und zwar immer in der linken unteren Ecke, tatsächlich anzutreffen sind, wohingegen sie in der Finalfassung fehlen; das Ruderboot hat hier ihren Platz eingenommen.

Einige Studien und vor allem die *Entwürfe 1* und 2 sowie *Aquarell mit rotem Fleck* sind aus anderem Grund von Interesse: Ein links oben in das Bild ragendes Element, das von Dämmer als Arm mit drohender Faust interpretiert wird, erweist sich als phallisches Symbol. Obwohl dieses in der Schlußfassung durch das Troika-Motiv (laut Washton-Long der Elias-Wagen) ersetzt und nur im Rückblick auf den gehaltlichen Entwicklungsprozeß präsent ist, spielt es dennoch eine wichtige Rolle, welche die Deutung des zentralen Motivs als Geschlechtsmerkmal bestätigt. Stößt diese These auf Akzeptanz, dann fällt eine weitergefaßte Interpretation des Zentrums nicht schwer. Was ursprünglich zum Gebären bestimmt war, erweist sich als erloschener, auf schwarze Linien reduzierter und von Pfeilen durchbohrter Schoß, aus dem die lebendige Buntheit der Farben, seelisch transformierten Wesen gleich, nach rechts entwichen ist. Dies macht ein blattähnlich ovales, in Rot und Gelb aufleuchtendes Gebilde, dessen unteres Ende noch im Geschlechtssymbol steckt, besonders anschaulich. Im Anschluß daran, weiter nach rechts fortstrebend, zwei blaue Flecken und andere »hell-kalt-süße« Farben. Ein eigener, sich ungefähr mit dem Bildmittelpunkt deckender Farbbezirk bildet sich hier heraus, der mit dem schwarz-linear bestimmten Zentrum kontrastiert und sich in einem räumlichen Spannungsverhältnis befindet.

Wie das zweite Foto verrät, verbindet Kandinsky im nächsten Schaffensschritt das erste mit dem rechts außen situierten zweiten Zentrum. Diese Junktimierung, von der in keinem der Entwürfe etwas zu bemerken ist, erfolgt mittels eines großflächigen, sich nach rechts verbreiternden Bogenelements, in dessen Mitte ein merkwürdiges Motiv – vielleicht als kariatydenhafter Engel mit blauem, hochgeklapptem Flügel deutbar –

906 Brisch (Anm. 65), S. 253

plaziert ist. Wie die »reine« weiße Fläche mit rotglühendem, kopfähnlichem Endstück auf das extrem dunkle, eng an den Bildrand gedrängte Formengeflecht trifft, signalisiert den heftigsten Hell-Dunkel-Kontrast im Bild und, semantisch gesehen, den Sieg des Lichts über die Finsternis. Unten wird der Bogen von einem hellblauen Fleck begrenzt, der, wie ein Loch im Bild, die Assoziation zuläßt, daß sich hinter der Bildfläche andere Sphären befinden. Es braucht nicht viel Phantasie, um am Ausgangspunkt des weißen Strahls das aufgerissene Maul eines Fabelwesens wahrzunehmen, das mit seiner rot-gelben Zunge und einem Rotpunkt als Auge Heiterkeit ins Bild bringt. Zu dieser Kontrastmöglichkeit hat sich der Künstler auch in seiner Selbstinterpretation der eschatologisch bestimmten *Komposition VI* geäußert, wo er in bezug auf deren »Ausgangspunkt«, das Hinterglasbild *Sintflut*, bemerkt, es mache ihm »Spaß, die ernsten Formen mit lustigen äußeren Ausdrücken zu vermengen«. Der hintere Teil des oktopusartigen Fabeltiers besteht aus einer Ovalform, die in einigen Entwurfskizzen (Zeichnungen wie Aquarellen) und auch noch im Ölbild *Entwurf 1* als Boot mit Steuermann figuriert. Davon ist in der Finalfassung nur wenig Erkennbares übriggeblieben, gerade noch die beiden herabhängenden, als Ruder deutbaren Striche. Trotzdem schließen wir uns Washton-Longs Beobachtung eines Bootes an, obschon sich dieses letztlich in ein zoomorphes Wesen verwandelt hat. Während dessen bootsförmiges Hinterteil noch in den hellen Dunstschleier des bogenförmigen Randbereichs eintaucht, hat seine Kopfpartie bereits die innerbildliche Großform-Grenze überschritten, um die von unten stammende Helligkeit in Form von leuchtendem Weiß auf das rechte Zentrum hin auszuspeien. Diesem überwiegend blauen, also positiv besetzten Wesen entspringt indes noch ein zweiter Bogen, der als grünliches Band, im Gegenschwung zum oberen weißen, zunächst in den Braun-Bereich der Bildecke absinkt und dann bis zur Mitte des rechten Bildrands hochsteigt. Zusammen mit dem weißen Bogenelement ergibt dies eine Zangenbewegung, die den verfilzten Bezirk der Finsternis umklammert hält. Überdies umschreiben die beiden Bögen eine dem Oval angenäherte Form, die gemeinsam mit der kompakt deckenden Braunfläche dem rechten unteren Bildquadranten eine stringente Kompositionsqualität verleiht; damit kontrastiert das linke Hauptzentrum, dessen Formen wie zufällig verstreut umherliegen. Die Gruppierung der Motive ist dort so aufgelockert, daß sich ein hellfarbiger Grund – es dominieren Blau-, Gelb- und Weißtöne – überall durchzusetzen vermag.

Schon in dieser Analysephase wird deutlich, daß sich *Komposition VII* in ihrer Finalfassung von den drei großen Ölbild-Entwürfen einerseits durch ihren erhöhten Helligkeitsgrad, andererseits durch eine weit größere Anzahl von Kontrastbildungen unterscheidet. So ist etwa den beiden Münchner Entwürfen (zwei und drei) eine regelmäßige Farb/Form-Verteilung patchworkartigen Charakters mit reduziert dynamischer Wirkung eigentümlich; vom Einsatz schwarzer Linien, die den Kontrast »malerisch-graphisch« bewirken, hat Kandinsky hier Abstand genommen.

In Münters drittem Foto ist der linke Bildrand mitsamt dem linken oberen Eckbereich bereits vollendet, während sich ein in die rechte obere Bildecke zielender Keil erst im Rohzustand darstellt. Auch der Mittelabschnitt am oberen Rand ist schon weit fortgeschritten. In ihm verkörpert sich das dritte Zentrum, ein im Bogen ansteigendes Element, das die Tendenz zeigt, die Bildgrenze zu durchstoßen, und mit dem fast leeren Bogenfeld am unteren Bildrand kontrastiert. Darin entspricht es Kandinskys Devise: das Leichte unten und das Schwere oben. Dieses obere Zentrum ist ein ausschließlich farbig bestimmtes. Besonders ausgeprägt sind Rotwerte, deren Leuchtkraft von begleitenden Schwarz-Flecken gesteigert wird und die von stechenden Gelb-Linien durchkreuzt sind. Rechts anschließend, einem Warnsignal gleich, eine weiß/blau/rot aufleuchtende Kokarde, der man oberhalb des Zentrums rechts außen in getrübten Farben, einer erkaltet abgestorbenen Form gleich, wiederbegegnet. Um Kandinskys Kontrast-Terminologie aus seiner Selbstanalyse zu *Komposition IV* neuerlich aufzugreifen, verhält sich dieses Zentrum zum schräg darunter befindlichen Geschlechtssymbol des Hauptzentrums wie ein »Farbenknoten« zum »Linienknoten«. Interpretativ läßt sich dieses Kontrastpaar mit dem Gegensatz von feurig Lebendigem und verkohlt Abgestorbenem fassen, eine Deutungsthese, die sich, Washton-Long zufolge, auch mit Hinweisen auf Restgegenständliches verifizieren läßt. Tatsächlich ist es nicht schwer, die am oberen Bildrand, links vom roten Segmentbogen plazierte Figur als Engel mit gelbem Flügel, rotviolettem Körper, blauem Gesicht, orangerotem Arm und gelber Trompete zu identifizieren. Dies führt gedanklich zurück zum Hinterglasbild *Der jüngste Tag*, wo sich der Engel mit der Posaune jedoch in der rechten oberen Bildecke befindet. Im Anschluß daran – betreffend die große, von der Finalfassung noch beträchtlich abweichende Münchener Ölstudie und zwei damit zusammenhängende Aquarell-Skizzen – hat Kandinsky diese Position des Instruments vorerst exakt beibehalten, ja sogar noch im *Entwurf 1*, in dem der von rechts oben einfallende gelbe Strahl durchaus eine Assoziation mit der Posaune zuläßt. Dem Positionswechsel von Engeln und Trompeten in das obere Zentrum der Schlußfassung – eine Verschiebung in die Mitte des oberen Bildrands, die übrigens schon im *Entwurf 3* erkennbar ist – muß eine gewichtige Invention zugrunde liegen. Washton-Long vermutet das Vorbild eines Holzschnitts aus der Luther-Bibel von 1534, wo sieben Engel in ähnlicher Plazierung mit ihren

Posaunen den apokalyptischen Feuerregen verkünden.[907] Mehrere, im Almanach reproduzierte Holzschnitte belegen Kandinskys Interesse an der deutschen spätmittelalterlichen Graphik.

Mit dem relativ satten Kolorit des oberen Zentrums kontrastieren die darunter, ungefähr in Bildmitte befindlichen »hell-kalt-süß« getrübten Farben, die als seelische Emanationen den leblosen Krater des Geschlechtssymbols verlassen haben und nach rechts oben, zwischen oberem und rechtem Zentrum, unterwegs sind. Mit dieser Zielrichtung – Kandinsky spricht von der »harmonischen« Diagonalen – deckt sich auch die dynamische Hauptkomponente im Bild. Evoziert wird dieser Bewegungsstrom vor allem durch den in die rechte obere Bildecke stechenden Keil, der mit blauen und weißen Linien begrenzt ist und zusätzlich zwei kleinere Keilformen in sich birgt, wobei seine Dynamik noch durch die gleiche Stoßrichtung des darunter befindlichen weißen Bogenelements unterstützt wird. Ziel all dessen ist der Ort der Erlösung, den der in Blau/Türkis gehaltene Himmelsausblick in der Bildecke symbolisiert.

Diesen Eckbezirk hat Kandinsky, wie das vierte Zustandsfoto beweist, mitsamt der Detailformulierung des Keils erst im letzten Schaffensschritt ausgeführt, ebenso die große terrestrische Braun-Fläche in der rechten unteren Bildecke. Letztere wurde von Kandinsky in einer schematischen Skizze mit »gelber Schmutz« und »Abgrund« beschriftet, woraus zu schließen ist, daß sich hier in vertikaler Spannweite Erlösung und Untergang gegenüberstehen. Im übrigen läßt sich der so wichtige Keil mittels visueller Induktion auf ein beinahe die gesamte Bildbreite diagonal durchmessendes Kompositionsdreieck ausweiten. Zumindest dessen rechten unteren Winkel links unten hat Kandinsky durch den schon erwähnten Karminakzent klar markiert. Von diesem ausgehend, verdeutlicht eine schräg nach links oben führende, dünne Rotlinie die Dreiecksbasis, während sich die andere, nur ein kurzes Stück nach rechts oben weisende – mit visuellem Bezug zur Keilspitze – auf induktiv komplettierendem Weg, auch durch die überbrückende Bogenlinie des großen weißen Elements unterstützt, als rechter Schenkel des Dreiecks ausmachen läßt. Auch wenn sich das obere Zentrum dem Schließungsdruck des linken (= oberen) Dreieckschenkels widersetzt, ist mit diesem Kompositionsmittel wenigstens doch soviel erreicht, daß der explosionsartigen Formzersplitterung – vor allem im Bereich des linken Hauptzentrums – gewisse Grenzen gesetzt sind. Darüber hinaus markiert der ungefähr der Bilddiagonalen entlanggeführte rechte Dreiecksschenkel die Trennlinie zwischen der im oberen Feld vorherrschenden

907 Washton-Long (Anm. 384), S. 120

horror vacui-Überladenheit und der im unteren Bereich wesentlich gelockerteren Formverteilung. Darin manifestiert sich Kandinskys auch im großen Kompositionszusammenhang wirksame Gestaltungsprinzip des Gegensätzlichen. Mit einer dem scheinbaren Formenchaos angemessenen Vielfalt von Kompositionsmaßnahmen wird das Gleichgewicht der miteinander ringenden Kräfte auf der Ebene eines ganzheitlichen Ordnungssystems letztlich sichergestellt, obschon weit mühsamer als in allen anderen Werken Kandinskys zu rezipieren.

Mit der Wahrnehmung des Kompositionsdreiecks geht eine verstärkte Dynamisierung des Bildganzen einher, wovon in den drei Entwürfen, denen eine weit geringere kompositionelle Konsistenz eignet und deren Farbformen equilibristisch zwischen Expansion und Kontraktion schwanken, nur eingeschränkt die Rede sein kann. Man sollte ergänzen, daß sich in *Entwurf 3* das dynamische Keilmotiv bereits bemerkbar macht. In der Finalfassung hingegen sind alle offenen Fragen hinsichtlich vektoraler Kräfte bzw. Bewegungsrichtungen – die Problematik der Bildzeit inbegriffen – restlos geklärt.

Obwohl schon eingangs für die von Sintflutwogen und atmosphärischen Hell-Bereichen umgebene Großform eine von rechts nach links gerichtete Spannung, die vom Betrachter gleichsam mit-gesehen wird, reklamiert wurde, ist in deren Binnenraum eine Links-Rechts-Bewegung vorherrschend; diese Ambivalenz zweier in entgegengesetzten Richtungen wirkender Kräfte erzeugt in hohem Maße Spannung. Im Dienst der Links-Rechts-Dynamik stehen auch weniger ins Auge stechende Motive – wie etwa das am oberen Rand von links außen ins Bild eindringende ockrige Bündel von Wellenlinien, dem ein fischähnliches Zeichen mit blauem Punkt nach rechts voraneilt, das gemeinsam mit seinem Wellenschweif Druck auf das obere Zentrum ausübt. Die dynamische Hauptkomponente manifestiert sich jedoch im diagonal von links unten nach rechts oben weisenden Zug, von dem sich nur eine nach rechts unten in den braunen Abgrund sinkende Bewegungstendenz abzuspalten scheint. Nebenbei gesagt wird der diagonale Vektor von manchen Forschern, wie etwa von Dämmer, in umgekehrter Richtung, also abwärts gelesen.[908] Dahinter steht die Präferenz einer figurativen Lektüre, die sich nicht davon zu lösen vermag, im nur zur Hälfte blau konturierten Keil (Gelb kommt in diesem bezeichnenderweise überhaupt nicht vor) die vom Hinterglasbild *Der Jüngste Tag* stammende und auch noch in einigen Studien vorhandene gelbe Posaune wiederzuerkennen. Der Keil wird so zum Schalltrichter, woraufhin der nunmehr akustisch aufgefaßte Bewegungsstrom zwangsläufig in entgegengesetzter, somit falscher Richtung inter-

908 Dämmer (Anm. 394), S. 319

pretiert wird. Daß damit das dynamische Thema verkannt wird, liegt auf der Hand.

Komposition VII vereint, laut Barnett, »die komplexeste Vielfalt von Motiven und in ihnen angelegten Bedeutungen«.[909] Und dieser Bedeutungsebene, so sei ergänzt, entspricht eine ebenso exorbitante Formenvielfalt, deren kompositionelle Strukturierung alle Kontrast- und Spannungsmöglichkeiten auslotet. Diese zahllosen Widersprüche und Spannungen letztlich in ausgewogener Ganzheit zusammenzufassen, dazu bedarf es angestrengter visueller Mitarbeit des Betrachters, der zudem nur unter Beachtung des dynamischen Themas zur Erfahrung universaler Aussagen gelangen wird.

Komposition VII ist die Summe der von Kandinsky in seiner Münchner Periode gewonnenen künstlerischen Erkenntnisse. Mehr als für jedes andere seiner Werke gilt sein oft zitierter Satz: »Jedes Werk entsteht technisch so, wie der Kosmos entstand – durch Katastrophen, die aus dem chaotischen Gebrüll der Instrumente zum Schluß eine Symphonie bilden, die Sphärenmusik heißt. Werkschöpfung ist Weltschöpfung.« Im Lichte eines dermaßen hochgesteckten Ziels muß sich jeder Interpretationsversuch – die vorliegende, nur die wichtigsten Strukturen behandelnde Analyse inbegriffen – mit provisorischen Ergebnissen zufrieden geben. Die extreme »Offenheit« des Bildwerks bzw. dessen von Werner Hofmann behauptete »inszenierte Vorläufigkeit« scheinen diesen begrenzten Anspruch zu legitimieren.

9. *Zeichnerisch oder malerisch?*

Wie vorsichtig und kritisch – einmal das Abstraktionsexperiment wagend, dann wiederum restgegenständlich retardierend – Kandinsky den Übergang zu freien Formen vollzog, darauf hat Grohmann in seinem Buch wiederholt hingewiesen. »Hätte er [Kandinsky] sich im Schaffen nach der Theorie gerichtet, dann hätte er nach der Niederschrift des ›Geistigen in der Kunst‹, also von 1910 an, Bilder malen können, die unbedenklich den Gegenstand eliminieren. Es braucht aber vier Jahre dazu, um ihn ganz zu streichen ... Kandinsky wollte weder dekorative Bilder malen noch Seelenzustände oder Musik, er wollte das Bild und mußte sich deshalb bemühen, die intuitiv gewonnenen Formen festzuhalten, sie aber mit dem Leben zu erfüllen, das sein Leben ausmachte ...«.[910] Zu den letzten Werken von 1913 zählt die *Träumerische*

909 Barnett (Anm. 329), S. 448
910 Grohmann (Anm. 14), S. 145

Improvisation, in der Kandinsky Gegenstandsresiduen hinausgedrängt hat. Abgesehen von einigen Assoziationsimpulsen gibt es keinerlei Hinweise mehr auf Kandinskys große Themenbereiche wie Jüngstes Gericht, Sintflut usw. Figurative Lektüre und hermetisch-ikonographischer Ansatz haben als Analysehilfen endgültig ausgedient.

Siehe Abbildung 137, Seite 464

Auf den ersten Blick ergibt sich der Eindruck eines warmen, zwischen Hellbraun und Ocker schwankenden Malgrunds, dessen relative Helligkeit durch hauptsächlich in der rechten Bildhälfte situierte Weiß-Auflockerungen verstärkt wird. Auf diesem hellen Grund zirkulieren schwarze und rote Linien sowie Braun-Schlieren, die sich induktiv zu einem schrägen, dem quadratischen Rahmen eingeschriebenen Oval zusammenschließen lassen. Daraus resultiert ein innerbildlicher Rahmen, von dem sich die Bildecken als selbständige Bereiche absondern. Während die beiden rechten Eckbezirke nur geringfügige Farbmodulationen zeigen, werden die linken durch prägnante Motive akzentuiert. Links unten befinden sich vor grünlichem Grund zwei rote Elemente, die durch einen weißen, von kurzen Strichen gesäumten Streifen abgeriegelt werden und mit dem links oben plazierten grünen Oval komplementär kontrastieren. Diese Ovalform ist von drei kurzen schwarzen Bogenstrichen und einem augähnlichen Punkt gekennzeichnet; sein nach rechts zielender Bewegungstrend wird durch blau-foliierte, sich kreuzende Orangestreifen gehemmt. In Form und Musterung erinnert es an ein fischähnliches Wesen, das – einschließlich der gesamten Bildfläche, auf deren transitorischem Farbgrund die Formen und Linien zu »schwimmen« scheinen – zu Assoziationen mit einer phantastischen Tiefseefauna und -flora verleitet.

Zunächst sei auf das Quadrat des Rahmens hingewiesen, das aufgrund seiner Richtungslosigkeit a priori jegliche Zentrierung unterstützt. Da indes Breite und Höhe des Quadrats gleichlang sind, neigt der Betrachter dazu – unter dem Einfluß des Anisotropiegesetzes –, die Vertikale visuell zu überschätzen, woraus der Eindruck einer leicht angedeuteten Hochrechteckform resultiert. Zudem verstärkt das dem Quadrat vertikal eingeschriebene Kompositionsgerüst des Ovals den Höhenzug. Dieses Pendeln zwischen objektivem Sachverhalt und subjektiver Wahrnehmung erzeugt Spannung.

Das mit dem Bildmittelpunkt kongruente Zentrum beansprucht aus mehreren Gründen größte Aufmerksamkeit. Als halbovale Form erinnert es an ein zur Hälfte im Malgrund steckendes Ei, das, blau an den Rändern, der Mitte zu immer weißer wird. Mit diesem reflexlichtähnlichen Effekt gewinnt es an plastischer Qualität, worin es sich von allen übrigen Formen signifikant unterscheidet. Oben wird das eiförmige Element von einem schwarzen Wesen umklammert, das, mit rotem Seh-Schlitz und einem roten Klumpen am Buckel, an einen blutsaugenden Vampir erinnert. Wie hier Weiß und Schwarz als extremer Hell-Dunkel-Kontrast im Bild aneinander geraten, dies verstärkt zusätzlich die zentrale Stellung der zur Einheit verschmolzenen Doppelform. Ausgehend vom edelsteinartigen Glanz des hellblauen Zentrums, ist es naheliegend, sich zunächst den weiteren, über die Bildfläche verteilten blauen Farbformen zuzuwenden. Dem Gestaltgesetz der Gruppenbildung nach Ähnlichkeit entsprechend, faßt das Auge diese alle zusammen, wobei sich herausstellt, daß sich Blau hinsichtlich der dominanten Bewegungsrichtung als hauptverantwortlicher Farbwert erweist. Sämtliche Blauakzente befinden sich auf der von links unten nach rechts oben führenden Bilddiagonalen, in dieser Positionierung zugleich auch mit der Längsachse des leicht schräggestellten Kompositionsovals übereinstimmend. Den Anfang macht links unten ein dunkelblaues Dreieck mit konkav einsinkender Hypotenuse, die schalenförmig den diagonalen Bewegungszug abfängt. Rechts oben antworten drei blaue geschwungene Schotenformen, wobei offenbleibt, ob diese aufsteigen oder sinken. Daraus läßt sich folgern, daß sich die Bewegungsrichtung der Diagonalen ambivalent verhält. Dem nach oben gerichteten Zug widersetzt sich immerhin das visuelle Gewicht des schwarzen Vampirwesens, und auch der rechte Winkel des Blauelements unten weist schräg abwärts. Damit kommt das Zentrum sozusagen nicht vom Fleck – dergestalt fest verankert, entzieht es sich auch bildzeitlich interpretierbarer Veränderlichkeit.

»Die nächststarke Farbe im Bild ist das Rot, als Farbe das Gegenthema zum Blau«, wie Brisch bemerkt.[911] Genauer betrachtet ist Rot sogar noch stärker als Blau wirksam; als einen Faktor der Unruhe kann man ihm überall verstreut begegnen. Gleichwohl trifft man auch im Zentrum auf Rot, wo es als Quadrat mit abgerundeten Ecken auf dem schwarzen Vampirwesen sitzt, mit diesem den stärksten Bunt-Unbunt-Kontrast bildet und dadurch den lastenden Druck auf die halbierte Eiform verstärkt. Wie Blau markiert auch Rot in mehreren Elementen die Kompositionsdiagonale. Oben tritt es in zwei Schotenformen den drei gleichgeformten Blau-Elementen zur Seite, teils deren Bewegungszug ergänzend, teils sich von diesen nach links entfernend; auch im unteren Abschnitt der Diagonalen tritt es zweimal in Erscheinung: zum einen exakt in der Bildecke, zum anderen links unter dem Zentrum – hier als kreisförmiger, von einer braunen Aura umgebener Fleck, der eine leicht gebogene rote Linie nach sich zieht; daraus resultiert eine Bewegungsspur, die dem Fleck einen die Diagonale kreuzenden Kurs verleiht.

911 Brisch (Anm. 65), S. 261

Hier spätestens drängt sich die Frage nach den zahlreichen bunten, braunen und schwarzen Linien unterschiedlicher Länge und Stärke auf. Brisch zufolge »läßt sich die Bedeutung der selbständigen, meist schwarzen Linien über das ganze Bild für seine Bewegungszusammenhänge kaum übersehen«.[912] Und mehr noch: die Linien sind die Hauptinitiatoren dynamischer Entfaltung und darüber hinaus insofern wirksam, als sie die Bewegungstendenzen des kleinteiligen Formmusters einmal unterstützen, dann konterkarieren. So ist beispielsweise der unten in Gegenrichtung zur kompositionsbestimmenden Diagonalen verlaufenden roten Bewegungsspur ein schwer durchhängender Halbkreisbogen hinzugefügt, dem am oberen Bildrand zwei kleine Segmentbögen im Gegenschwung antworten. Ferner besteht hier eine Konsonanz mit der Umfassungsbewegung des großen, in seiner Kontur immer wieder aufbrechenden Kompositionsovals, wie sie in der schwarzen Bogenlinie rechts unten besonders effizient zutage tritt. Ihr Pendant findet diese vis à vis im großen roten Bogenstreifen, der die Rotationsenergie im Sinne des Uhrzeigers weiterleitet und mit seiner Zentrifugalkraft die linke obere Bildecke mit dem Grün-Motiv ausgrenzt. Dieser das Zentrum umkreisenden Tendenz wirkt dort indes eine dunkle, besonders lange und am unteren Ende mit kurzen, quergelagerten Strichen besetzte Linie entgegen, die allein der diagonalen Hauptrichtung des Bildes folgt. Ob die kleinen Gegenstrichlagen, laut Brisch, wirksam genug sind, um die Bewegung der langen Linie zu hemmen oder gar zu zerstören, sei dahingestellt. Zweifellos korrekt ist indes Brischs Beobachtung, daß die Farbformen »zwei oder auch mehreren Bewegungsrichtungen« angehören. Sie werden »vom Auge jedesmal anders gelesen und führen bei längerer Betrachtung immer wieder auf neue und noch nicht erfahrene Bewegungszusammenhänge. Dadurch bietet sich das Werk als etwas Bewegtes an, dessen Ordnung zunächst kaum erkennbar ist, indem der Blick von einem zum anderen getrieben wird und die ordnenden Zusammenhänge lange dem Bewußtsein entzogen bleiben.«[913]

Damit berührt Brisch das Problem der Betrachterzeit und stellt sich die Frage nach den bildzeitlichen Qualitäten. Kandinskys eigene Aussagen paraphrasierend, bemüht er den Vergleich mit der Musik. Danach »schien in der Kunst bisher die Darstellung der Seele, der Ausdruck der inneren Welt des Menschen der Musik vorbehalten zu sein ... Hier aber, in einem Bild wie die ›Träumerische Improvisation‹, hat auch die Malerei dieses Ziel erreicht: Ohne Spiegelung im Außen bildet sich das innere Leben der Seele ab ..., ohne mit irgendeiner anderen Aufgabe belastet zu

912 Ebda., S. 262
913 Ebda., S. 263

sein als der Darstellung dieses Vorganges. Notwendigerweise muß es ein Vorgang sein, denn als ein einziger Augenblick ist Seelisches nicht darstellbar, sondern nur als ein Geflecht mehrerer zeitlicher Momente, wiedergegeben in jener Gleichzeitigkeit, die Malerei im Gegensatz zur Musik darstellen kann ... in einer Summe zeitlicher Momente, die Musik in einem Hintereinander darstellt und die Malerei in einem Nebeneinander«.[914] Dies klingt wie ein Plädoyer zugunsten ganzheitlich-simultaner Gestalt und scheint die Bildzeit-Frage überflüssig zu machen. Dies ist aber keineswegs zutreffend, zumal das Bild zahlreiche Zeitspuren enthält. Allerdings ist es eine Zeit ohne Anfang und Ende oder, anders formuliert, eine Bildzeit, die trotz zahlreicher Qualitätsveränderungen nicht zum Ziel kommt: es herrscht Außerzeitlichkeit. Dafür gibt es Hinweise: einmal das richtungslose, quadratische Format mit nur einem, noch dazu mit der Bildmitte deckungsgleichen Zentrum, dann die dominante Diagonale, auf der die Kräfte auf- wie abwärts eilen, letztlich aber immer zum Zentrum zurückkehren, weiters die immerwährend zirkulierenden, sich induktiv zum Oval schließenden Linienzüge und schließlich ein ständig oszillierender, aber ziemlich gleichmäßig heller Malgrund, der – die Grenzen des Kompositionsovals unterlaufend – auch die Bildecken füllt und diese mithin in das Ganze integriert. Da demnach die Rand- und Eckbereiche – im Gegensatz etwa zu *Bild mit weißem Rand* oder *Komposition VII* – über den gleichen Malgrund wie der von ihnen eingefaßte Ovalbezirk verfügen, fehlt auch dort jede Spur eines räumlichen Intervalls. Kandinskys »undefinierbarer« Raum ist dermaßen nivelliert, daß eine im Irdischen waltende, konkrete Bildzeit obsolet wird.

Implizit auf *Träumerische Improvisation* bezugnehmend, äußert sich auch Grohmann zur Zeit-Problematik, und zwar in einer dem vorliegenden Zeit-Befund analogen Weise. Dabei geht er von J. Gebsers Theorie aus, die er zusammenfaßt: »Man spricht heute von dem ›aperspektivischen‹ Charakter der Kunst nach 1900, von einem Einbruch der Zeit in die Malerei, und daran ist unbedingt etwas Richtiges. In J. Gebsers ›Ursprung und Gegenwart‹ (Stuttgart 1949 und 1953) wird eine neue Konzeption unseres Weltbildes versucht, die überraschende Aspekte für die wissenschaftlichen und künstlerischen Disziplinen erschließt. Der nicht rationale Zeitbegriff, die ›Zeitfreiheit‹, ist dort als Initialthema für die Bewußtwerdung einer aperspektivischen Welt behandelt, in der die Ganzheit und die Integration gelten. Die (räumliche) Uhrenzeit und die dreidimensionale Perspektive haben darin keinen Platz mehr, an ihre Stelle tritt die Zeitfreiheit, die unter anderem biologische Dauer, Rhythmus, Relativität, psychologische Energie ist, die sich als Einheit von Ver-

914 Ebda., S. 264

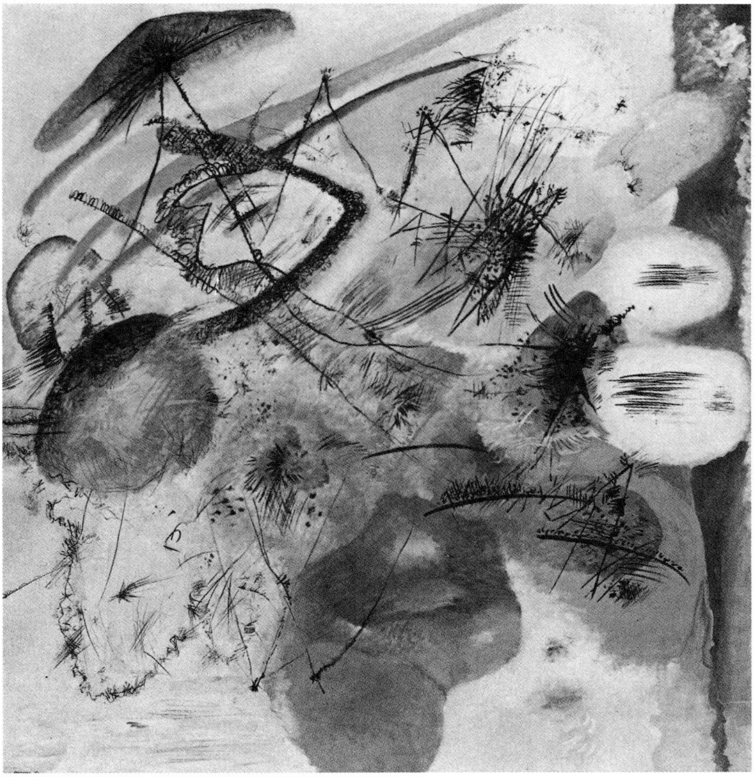

162 *Schwarze Striche I*, 1913, Öl auf Leinwand (129,4 x 131,1 cm), New York, The Solomon R. Guggenheim Museum

gangenheit, Gegenwart und Zukunft äußert, aber auch als das Schöpferische und physikalisch als vierte Dimension.«[915]

Mehr noch als in *Träumerische Improvisation* wird in *Schwarze Striche I* die Linie – und zwar in all ihren Spielarten, von langgezogenen über mikroskopische Graphismen bis zum Punkt reichend – auf dem Substrat eines blühenden Kolorits als selbständiges Ausdrucksmittel verwendet. Nichts beweist dies besser als ein Blick auf die in Tusche gefertigte Entwurfszeichnung, in der die Linie allein, ohne jeglichen Farbakzent, die Umsetzung eines dynamischen Themas zu leisten vermag.[916] Dies versetzt den Betrachter in Spannung, der angehalten ist, das Werkganze ins Visier zu nehmen, sich zugleich aber veranlaßt sieht, das Zeichnerische und Malerische auf seine autonome Wirkung zu überprüfen. Die schwarzen Striche sind wie mit Tusche den unregelmäßig runden Farbflecken aufgesetzt, »und diese roten, blauen, gelben, grünen und weißen Flecken schwimmen auf weiß-gelbem Grund wie exotische Blu-

915 Grohmann (Anm. 14), S. 150
916 Barnett (Anm. 329), Nr. 540

163 *Entwurf zu »Schwarze Striche I«*, 1913, Tusche (40 x 35,8 cm), München, Städt. Galerie im Lenbachhaus

men auf einem Wasserspiegel« (Grohmann). Es fehlt in der Tat nicht viel, und man fühlt sich an ein prunkendes Blumenarrangement erinnert. Um zu dieser Auffassung zu gelangen, genügt ein kleines Experiment: Man kippt das Bild um 90 Grad nach rechts. Dann wird der breite Randstreifen rechts unversehens zur Tischplatte, auf der eine weiße Vase mit bunt aufleuchtendem Blumenbouquet steht. Möglicherweise hätte Kandinsky gegen den assoziativen Aspekt eines Blumenstillebens auch gar nichts einzuwenden gehabt, aber gewiß nur unter jener Voraussetzung, die der Kunstkritiker John Russel in der ›New York Times‹ (2. November 1980) sehr treffend formuliert hat: »In jedem Stilleben, das diesen Namen verdient, sehen wir ein kleines Modell der menschlichen Gesellschaft. Die Gegenstände führen ein gemeinsames Leben, obwohl sie ganz unzusammengehörig sein können; und der Maler hat die Aufgabe, uns davon zu überzeugen, daß ihr Benehmen eine allgemeine Lehre für uns enthält.« Dies entspricht genau jenem Gesichtspunkt, unter dem Arnheim die künstlerische Gestalt als Bedeutungsträger definiert: »Der Künstler benützt seine Form- und Farbkategorien, um etwas allgemein Bedeutsames am Einzelfall darzustellen.«[917] So gedacht kann aus dem Bezugssystem von Farben, Linien und Formen eines stillebenähnlichen Bildwerks ein Ausdrucksmittel entstehen, in dem sich leid- und freudvolle Erfahrungen des Menschen, wie Harmonie, Konflikt, Konkurrenz, Individualität, Integrationsfähigkeit usw. widerspiegeln. Welche Gefahren sich an eine eindimensionale, nur gegenständlich assoziierende Betrachtungsweise knüpfen, davor hat auch Grohmann bezüglich *Schwarze Striche I* gewarnt: »Viele Betrachter sehen in die wolkigen Farbflecken Blumen hinein, und die Versuchung ist verständlich, der Naive sucht Assoziationen, und er findet sie meist am richtigen Ort. Er merkt sehr bald selbst, daß Blumen seine Einbildung sind, aber er kommt nicht los davon, da er alles auf seine rationale und dreidimensionale Vorstellungswelt basiert, nicht auf die integrale, durchsichtige, ganzheitliche.«[918] Diese impliziert selbstverständlich auch die Forderung, sich vom wiedererkennenden zugunsten des sehenden Sehens zu emanzipieren.

Neuerlich wählt Kandinsky das quadratische Format, aber anders als in *Träumerische Improvisation* entscheidet er sich für zwei Zentren – ein malerisches und ein zeichnerisches. Damit wird auch die Zentriertheit der *Träumerischen Improvisation* preisgegeben; man kann sagen: Das zielstrebige dynamische Thema gerät mit der Richtungslosigkeit des Rahmenquadrats in Konflikt. Als Farbzentrum dient ein blaues, annähernd fünfeckiges Element, das nur noch ein zinnoberroter, runder Fleck vom unteren Bildrand trennt. Im Grunde genommen lastet die gesamte Komposition auf diesem Rot-Element, das zwar exakt auf der vertikalen Bildachse plaziert ist, letztlich aber dem Ganzen einen wenig zuverlässigen Halt zu bieten scheint; es vermittelt den Eindruck, als wollte es aufgrund seiner leichten Schräglage nach links fortrollen. »Gefährdetes Gleichgewicht«, so könnte zumindest ein Aspekt des dynamischen Themas lauten. Schon vom schief aufsetzenden Blau-Zentrum an, auf dem drei mohnblumenartige Rot-Flecken nach rechts kippen, und dessen schräge Bewegungsrichtung von einem zweiten, kleineren Blau-Element weiter oben verstärkt wird, macht sich Labilität bemerkbar. Auch das folgende Formenarrangement neigt sich nach rechts, nur durch den roten Vertikalstreifen am rechten Bildrand vor dem Umstürzen bewahrt.

Der dominanten Schräglage der Kräfte entsprechend, befindet sich im rechten oberen Bildquadranten das zweite Zentrum, ein graphisches. Ein

917 Arnheim (Anm. 88), S. 2
918 Grohmann (Anm. 14), S. 158

dicht verfilztes Nest kleiner Strichlagen ruht hier auf einem orange/gelben Grund. Auf diesen Linienknoten werden noch weitere Graphismen hingeführt, so unter anderem die von links heraneilende, an spitze Berggipfel erinnernde Zackenlinie. Auch der im linken oberen Quadranten angesiedelte große violette Keil, auf dem ein dichtes Liniengekräusel lagert, zielt in dieselbe Richtung, den Neigungsdruck des Farbenbouquets erheblich steigernd. Wie letzten Endes das Gleichgewicht, das auch durch den Links-Rechts-Zug des oben schräg aufsteigenden blau/roten Linienpaars gefährdet ist, wiederhergestellt wird, sehen wir in der linken Bildhälfte, wo zwei relativ isolierte Grünelemente (Isolation verstärkt bekanntlich das Anschauungsgewicht) ein Gegengewicht zur verschränkten Farbformenvielfalt rechts bilden. Sie schlagen mit den dominierenden Rottönen einen stabilisierenden Komplementärakkord an. Während das ovale Grün-Motiv den imaginären Waagbalken – unterstützt von einem herabhängenden, gelb untermalten Liniengespinst – nach unten zu drücken trachtet, versucht das in der linken oberen Ecke plazierte Grün-Element mit dem Vektor seines stumpfen Winkels eine schräg nach links aufwärts weisende Gegenbewegung zu den nach rechts kippenden Farbmassen zu entfalten. Hochsteigende Linien, die sich im Inneren des flachen Keil-Motivs verdichten, unterstreichen den dynamischen Vorgang.

Die mit feinstem Pinsel aufgetragenen und am dynamischen Thema wesentlich beteiligten Lineamente sind, so Grohmann, »ordnende und richtunggebende Zeichen, die im einzelnen und im Chor der übrigen Graphismen sprechen, die Verteilung auf der Fläche bedeutet nicht Standort, sondern Gewicht«.[919] Allein der Umstand, daß selbst die rote Rundform, die als einziges von allen Motiven mit dem unteren Bildrand in Berührung kommt, über nur geringfügige Bodenhaftung verfügt, gibt Zeugnis von eliminierter Gravitation. Nur mit Mühe vermag das visuelle Gewicht des unteren Zentrums den Verflüchtigungsprozeß des Kompositionsarrangements in Grenzen zu halten; Ergebnis ist ein angespannter Schwebezustand des Ganzen. Auch Grohmann sieht darin ein Zeit-Problem, wenn er fragt: »Was wäre bei den *Schwarzen Strichen* räumliches und zeitliches Element? Man denkt an das ›Parabolische‹ in der neuen Musik, wie Krenek es nennt, das Bild ist ohne Anfang und Schluß, es gibt keinen Unterschied von Zeit und Raum, ›es sei denn, daß unser Bewußtsein sich an der Zeit entlang bewegt‹ (nach Gebser). Wir befinden uns im ›Zentralorgan aller zeitlich-räumlichen Bewegtheit der Schöpfung‹.«[920]

919 Ebda., S. 150
920 Ebda., S. 152

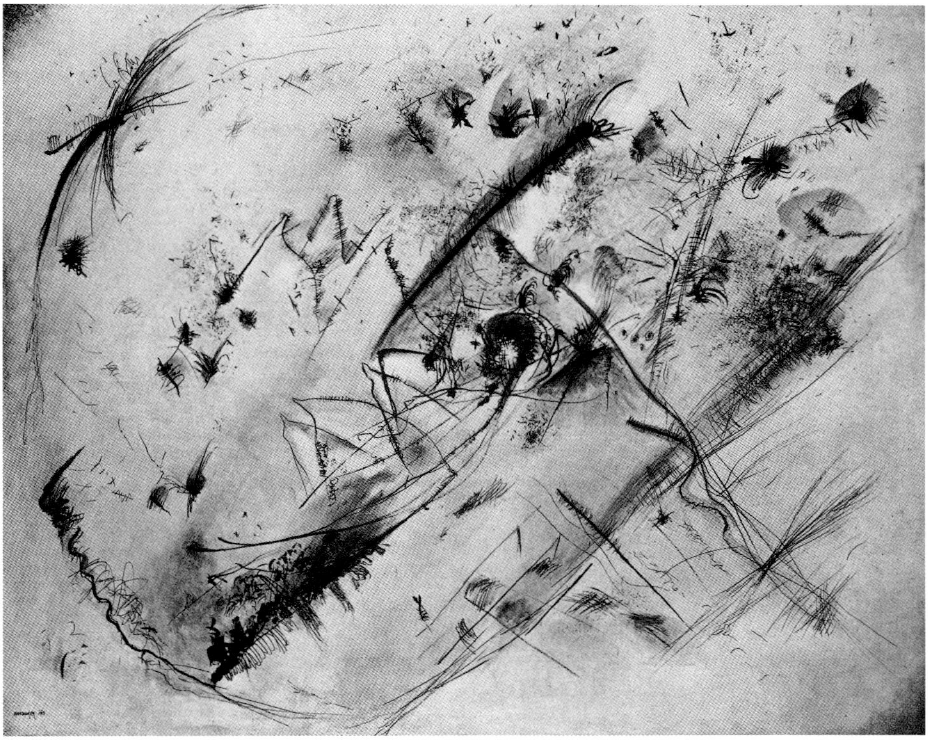

164 *Helles Bild*, 1913, Öl auf Leinwand (77,8 x 100,2 cm), New York, The Solomon R. Guggenheim Museum

Daß die wie auf einem bunten »Streublumenmuster« sich dynamisch ausbreitenden Graphismen an fernöstliche Tuschpinselmalerei erinnern, hat schon Grohmann mit dem ergänzenden Hinweis auf Kandinskys bekannte Beziehungen zur ostasiatischen Kunst bemerkt. Er meint: »Ein Bild wie ›Schwarze Striche‹ sieht chinesisch aus«. Seine Schlußfolgerungen daraus: »Es ist auffallend, daß die Ostasiaten bessere Voraussetzungen für das Verständnis Kandinskys mitbringen. Die ostasiatische Philosophie, besonders Zen, hat viele Berührungspunkte mit Kandinskys Welt. Bei uns dominieren die angeborenen Denkformen, bei den Ostasiaten die angeborenen Sinnesanschauungen ... Bei einem schwierigen Gespräch sagte Kandinsky einmal: ›Sie sind Europäer und denken logisch, das tue ich auch, aber ich denke auch in Bildern‹.«[921]

Zum Jahresausklang entsteht *Helles Bild*, ein Gemälde, in dem das Zeichnerische vollends über das Malerische dominiert. Die Bildfläche ist von einem extrem hellgelben Farbschleier bedeckt, der den äußerst sparsam verteilten Graphismen als Grund dient und dem Bild eine aquarelli-

921 Ebda., S. 158

stische Wirkung verleiht. Sie übertrifft jene der dazugehörigen Aquarellstudie, wo das naturbelassene Papier gleichzeitig Grund-Funktion übernimmt. Farbe wird nur in verschwindend kleinen Mengen und lediglich zur Akzentuierung der wie Sterne am Himmel verstreuten Strichbündel verwendet. Ein U-förmiger, schräg das gesamte Bild durchmessender Linienzug schafft eine innerbildliche Rahmung, in deren Mitte ein winziger roter Kreis mit einem Linienkringel im Kern das einzige Zentrum markiert, auf das zwei mit dünnstem Pinsel gezogene Zackenlinien hinführen. Zwei ebenfalls von Strichbündeln besetzte Diagonallinien, die wie meist von links unten nach rechts oben weisen, komplettieren die kärgliche Komposition. Man denkt, so schreibt Grohmann, »an eine Himmelslandschaft, so leicht ist alles und so konstellativ«.[922] Damit war aber das zeichnerische Ausdrucksmittel im Rahmen einer farblich bis zum äußersten reduzierten Ölmalerei erschöpft. Von einer Fortsetzung dieses Experimentierens mit oft verschwindend kleinen und haardünnen Strichstrukturen hat Kandinsky in der Folge Abstand genommen. Im Kandinsky-Katalog des New Yorker Guggenheim Museums steht dazu, daß Kandinsky *Helles Bild* zu den frühesten Beispielen seiner »non-objective art« gezählt hat.[923]

922 Ebda., S. 140

923 Vivian Endicott Barnett, *Kandinsky at the Guggenheim*, New York o. J., S. 115, Abb. 42

1914 – Ausklang X

Obwohl seitens der Presse massive Ablehnung zu erwarten war, nahm die ›Moderne Galerie Thannhauser‹ in München das Wagnis auf sich, im Januar 1914 Kandinskys Werke in einer Einzelausstellung zu zeigen. Wieder kritisieren die ›Münchener Neuesten Nachrichten‹ (6.1.1914) die »groteske Gegenstandslosigkeit und die bunten, an keine Form gebundenen Farben mit ihrem rätselvollen Gewirr von schwarzen Linien und Flecken«. Moderater gibt sich die ›Münchner Zeitung‹, indem sie Kandinskys frühere Bilder positiv bewertet und den Künstler als »sehr intelligent und begabt« bezeichnet, der sich allerdings »rettungslos in eine Theorie verrannt« habe. Noch schärfer lautet die Disqualifikation im ›Bayerischen Kurier‹ (23.1.1914): »Am ärmlichsten, am sinnlosesten, am bedauernswertesten ist seine [Kandinskys] Kunst in den ›Zeichnungen‹. Wie man nur so etwas dem Publikum zu zeigen wagt!« Und nachsetzend wird die Kritik sogar rassistisch, insofern die Hoffnung geäußert wird, daß es der europäischen Vernunft gelingen möge, »diesen Ansturm der asiatischen Zersetzung« zu parieren. Und vermutlich hatte die Zeitschrift ›Die Kunst‹ Bilder wie etwa *Schwarze Striche* im Auge – ein Bild, das sich aufgrund seines floralen Assoziationsangebots erstaunlich gefällig gibt –, als sie Kandinsky allenfalls den »Ruhm eines Tapetenbildners« prophezeite.[924]

Im Vergleich zu solchen Pressestimmen zeigt die zeitgenössische Kunstwissenschaft mehr Intelligenz und schnelleres Reaktionsvermögen. Ludwig Coellen geht in seiner 1912 erschienenen Schrift ›Die neue Malerei‹ auf Kandinsky ein, dessen Kunst er spiritualistischen Charakter bescheinigt und prinzipiell in die »romantische« Stiltradition einbindet. Mit seinem erhellenden Kommentar erweist sich Coellen als ein der künstlerischen Avantgarde aufgeschlossener Kunstwissenschafter: »Das Gesetz der Auflösung des Individualwertes zugunsten der geistigen Gesamtenergie, welche die geheime und geheimnisvolle Wurzel aller Einzelgegenständigkeit ist, wird jetzt mit einem Male das sicher herrschende Anschauungsmotiv dieser Jüngsten. Ein kämpferisches Bewußtsein erfüllt sie von der epochemachenden Umwälzung der malerischen Mittel, welche dieses Gesetz fordert, und mit der Heftigkeit romanti-

924 Alle Pressestimmen zitiert nach Zweite (Anm. 447), S. 141

scher Überspannung streben sie, ihr jenseits aller Tradition liegendes Gebiet zu erringen und zu behaupten. Und da geschieht es dann auch wieder, daß sie den Geist der gegenständlichen Materie entgegensetzen; ein ungebundener Ausdruck intensivster Geistigkeit soll das Kunstwerk werden, in voller immaterieller Reinheit. Kandinsky verficht diese neue Position literarisch, und er malt Impressionen, Improvisationen und Kompositionen, die eine bildgewordene Musik, eine räumliche Verwirklichung seelischer Lebendigkeit sein wollen … Es ist die romantische Herausstellung des Problems selber, die sich hier wieder vollzieht; und sie hat wieder, abgesehen von ihrer stilgeschichtlichen Bedeutung, das Ornamentale als ihr mögliches Ergebnis … Und so folgt denn auf den Naturalismus in einer Stilbildung stets die positive Gewinnung des Religiös-Metaphysischen …, vermöge eines mystisch-romantischen Strebens nach der Weltidee selber …«[925] Es ist anzunehmen, daß Kandinsky mit dieser Schrift Coellens über Wilhelm Worringer informiert war. Die hier formulierten Begriffe wie »geistige Gesamtenergie«, »geheime und geheimnisvolle Wurzel«, »immaterielle Reinheit« oder das »Mystisch-Romantische« mag er als Ausdruck einer spezifischen Geistesverwandtschaft empfunden haben; nur die Passage vom »Ornamentalen als mögliches Ergebnis« dürfte ihn befremdet haben, zumal er sich mit dem von ihm verabscheuten Reizwort »ornamental« in den Pressekritiken unentwegt konfrontiert sah.

1914, bis zu seiner Emigration in die Schweiz, malt Kandinsky ungefähr 20 Ölbilder, ein verhältnismäßig bescheidener Ertrag, der mit den politischen Spannungen und damit verbundenen Existenzsorgen zusammenhängen dürfte; indes ist Kandinskys künstlerische Innovationsfähigkeit unbeeinträchtigt. Den Anfang macht die *Improvisation mit kalten Formen*, in der die eschatologische Thematik durch neue Ausdrucksmittel angereichert ist. Den ersten Eindruck bestimmt ein fast die gesamte Breite des querrechteckigen Bildes durchmessendes Oval, das, obwohl nur zur Hälfte sichtbar, der Betrachter induktiv zu komplettieren vermag. Dieses Oval-Fragment – zu zwei Dritteln in kalten Karmin- und Braunwerten und zu einem Drittel in Dunkelblau gehalten – hebt sich farblich wie mit seinem scharf gezirkelten Umriß deutlich von einem hellen Farbgrund ab. Ein Raumsprung entsteht, so als hätte sich eine Weltraumstation – bereits weit vom Erdboden entfernt und in den oberen Bildecken von zwei schwarz erkalteten Gestirnen flankiert – auf ihre kosmische Reise begeben. Die riesige Scheibe bildet das Substrat für eine

925 Ludwig Coellen, *Die neue Malerei*, München 1912, S. 52 und 72 f. – Hermann Bauer, Kandinsky, die Psychologie und die Kunstwissenschaft, in: *Musis et Litteris, Festschrift für Bernhard Rupprecht*, München, S. 543.

165 *Improvisation mit kalten Formen*, 1914, Öl auf Leinwand (119 x 139 cm), Moskau, Staatliche Tretjakow-Galerie

transzendierende Formenwelt, die zur erlösenden »Epoche des großen Geistigen« unterwegs ist.

Auch im Inneren der Scheibe dominieren geometrische über organische Formen, beispielhaft in den links oben sich überlagernden Kreisen und dem großen gelben Halbkreis im Zentrum. Graphismen wie die beiden schwarzen leiterähnlichen Gebilde (vielleicht handelt es sich dabei um eine Anspielung auf das Motiv der Jakobsleiter) treten dagegen merklich in den Hintergrund. Für die Deutung relevant ist der gelbe durchhängende Bogen, der an jenen ebenso zentralen in *Improvisation 26 (Ruder)* erinnert und mit seinen beiden Passagieren ein zum Geistigen übersetzendes Boot symbolisiert. Während der linke gelbe Ruderer bis zur Unkenntlichkeit verschleiert ist, gibt sich der rechte – mit blauem Körper, dreieckigem roten Gesicht, weißer Kopfrundung, gelbem Arm und der über den Oval-Rand hinausreichenden Ruderstange – leicht zu erkennen. Es gibt weitere Gegenstandsresiduen, wie die Kremltürme links außen. Neben dem kosmischen Aspekt des

Ganzen steht die bildnerische Auseinandersetzung mit dem Anschauungsgewicht als dynamisches Hauptthema im Mittelpunkt. Ausgehend von Arnheims Satz, wonach »das Verhalten visueller Kräfte von Verankerungszentren abhängt« gelangt man im Hinblick auf das visuelle Gewicht des bildbeherrschenden Ovals zu folgendem Befund: Da sich dieses sowohl von der «realen» Erdoberfläche entfernt als auch von der Verankerung des unteren Bildrands losgelöst hat, wirkt es als schwebendes, von der Erdanziehung befreites und mit eigener Energie aufgeladenes Wesen analog zu einem der wichtigsten Grunderlebnisse menschlicher Freiheit: der Überwindung der Schwere.[926] Die Stillage des Gemäldes enthält eine dualistische Attitüde. Ist die Referenz auf Restgegenständliches als werkimmanenter Traditionsrückgriff aufzufassen, so kann man die geometrisierende Tendenz kompositioneller Hauptstrukturen cum grano salis als stilistische Vorausschau auf Kandinskys Bauhaus-Zeit verstehen.

Daß der einst von Riegl, Wölfflin und auch von Coellen wissenschaftlich nobilitierte Stilbegriff im Falle Kandinskys und dessen Beziehung zum künstlerischen Umfeld versagt, ist bekannt. Selbst in der Einschränkung als Personalstil ist seine wissenschaftliche Einsatzfähigkeit äußerst begrenzt, zumal in Kandinskys Œuvre kurzfristig homogene Stillagen durch nebeneinander laufende, unterschiedliche Entwicklungsstränge relativiert werden. Beispielhaft geht dies etwa aus einem Vergleich zwischen *Improvisation mit kalten Formen* und *Fuga* hervor. Während sich erstere durch ein großes, alles in seinen Bannkreis ziehendes Zentrum, geometrisierendes Kompositionskonzept sowie ein übersichtliches Koloritsystem auszeichnet, ist für letztere ein minuziöses Formennetz von organischem Charakter sowie eine bunte, rhythmisch-ornamentale Farbgebung charakteristisch. Grohmanns Interesse zielt auf den musikspezifischen Bildtitel. Stärker als in vergleichbaren Arbeiten manifestiert sich »die Tendenz des Steigens und Fliegens in der *Fuge*, die Kandinsky eine ›beherrschte Improvisation‹ nennt. Die drei Stimmen zu suchen, wäre wohl verfehlt, der Titel meint weniger die Mehrstimmigkeit als die strenge Verzahnung der Themen. Wie z.B. Rundes sich jenseits der Wellenlinie in Spitzem spiegelt, das wäre so etwas wie eine Beantwortung des Themas durch ein Gegenthema. Kandinsky hat sich auch bei dem strengen kontrapunktischen Satz in erster Linie durch sein Gefühl leiten lassen, der Titel des Bildes fiel ihm nachträglich ein, als er sich von der polyphonen Ordnung überzeugte. Wieder ist in der unteren Hälfte verhältnismäßige Ruhe, oberhalb der schwarzen Wellen Erregung, das Netz der sich kreuzenden weißen Linien wirkt wie ein ›Kochen‹, das

926 Arnheim (Anm. 195), S. 32 f.

166 *Fuga*, 1914, Öl auf Leinwand (129,5 x 129,5 cm), Basel, Fondation Beyeler

aus dem Zusammenprall der Kräfte entsteht ... In der *Fuge* ist jedes Gegenüber geschwunden, wir sind im Bild, das heißt wir bewegen uns, wie Kandinsky es sich geträumt hatte, im Bild.«[927]

Mit dem Hinweis auf die «Tendenz des Steigens und Fliegens» berührt Grohmann auch das dynamische Thema des Bildes, dem allerdings noch eine andere Bewegungstendenz, die des Fallens und Sinkens inhärent ist. Dahinter steht – prinzipiell ähnlich wie in *Improvisation mit kalten Formen* – das bildnerische Problem des Anschauungsgewichts. Noch nachdrücklicher als in der *Improvisation* ist in der *Fuga* die Befreiung des Geistes, symbolisiert durch die Überwindung der Schwerkraft, in den Mittelpunkt des dynamischen Themas gerückt. Der Bewegungs-

927 Grohmann (Anm. 14), S. 14 und 152.

strom beginnt in der rechten unteren Bildecke und setzt sich in diagonaler Richtung nach oben fort. Bis zur horizontalen Bildachse, dort etwa, wo sich drei schwarze Wellenlinien querstellen, wird der Eindruck des »Steigens« durch die Leichtigkeit heller Gelbwerte, wie sie auch den Grund des linken unteren Bildquadranten bestimmen, hervorgerufen. Auf diesem Gelbgrund scheinen locker gestreute und vermischte Blau-Elemente schwerelos aufwärts zu schwimmen. Ab der schwarzen Wellenlinien-Zäsur ändert sich das grundlegend. Mittels Formverdichtung und Farbabdunkelung kommt es zu einer enormen Steigerung des visuellen Gewichts, das ohne Verankerung im unteren Bildfeld über ein eigenes, nach oben ausgerichtetes Kräftepotential verfügt. Besonders augenfällig ist das Motiv des schwarzen Bergs mit seinen herabstürzenden Kremltürmen, dessen Bodenbezug mittels eines dichten Geflechts weiß kreuzender Linien optisch verschleiert ist. Auch der Weiß-Schwarz-Kontrast unterstreicht, daß es sich hier um ein wichtiges Zentrum handelt, dem im linken unteren Bildquadranten ein zweites antwortet. Aufgrund seiner isolierten Stellung verfügt dieses über ein beträchtliches Anschauungsgewicht, das jedoch, anders als alle übrigen nach oben gerichteten Spannungen, dem Gravitationsgesetz ausgesetzt ist. Es erinnert an ein oktopusähnliches, buntgefärbtes Wesen, das seine Tentakeln scherenförmig nach unten ausgelegt hat und, nur noch von einigen blauen und roten Bändern oben befestigt, kopfüber abzustürzen scheint.

Das dynamische Thema der *Fuga* bringt Erkenntnisse über die menschliche Existenz hervor, die man letztlich aus allen Werken Kandinskys gewinnen kann. Dabei sind drei Wesenszüge festzustellen: zunächst Kandinskys im Gegensätzlichen und Widersprüchlichen begründetes Harmonieprinzip, dann der Ausdruck eines universalen Weltbildes und schließlich die Fähigkeit, anhand ganzheitlicher und dynamischer Form/Farbe-Konstellationen die Ambivalenz der Befreiung zum Geistigen und der Gefahr des Rückfalls ins Materielle zu symbolisieren. So gesehen wird einmal mehr verständlich, daß Kandinsky später den Begriff »abstrakte Kunst« durch »konkrete Kunst« ersetzt wissen wollte.

Daß Kandinsky der intuitiven Philosophie Henri Bergsons nahestand, ist unbestritten. So wissen wir, daß sich Bergsons ›Einführung in die Metaphysik‹ in deutscher Übersetzung (Jena 1912) in Kandinskys Münchner Bibliothek befunden hat.[928] Bergson paraphrasierend, kommt Grohmann zu folgender Überlegung: »Kandinsky gehört zu den unbefangenen Seelen, die in einer gewissermaßen jungfräulichen Art zu sehen, zu hören oder zu denken vermögen. Ist die Unbefangenheit, die

928 Hahl-Koch (Anm. 10), S. 193

Loslösung vom Gewohnten vollständig, hängt die Seele durch keine Wahrnehmung mehr mit dem tätigen (überkommenen) Leben zusammen, dann wäre diese Seele die Seele eines Künstlers, wie die Welt noch keinen gesehen hat.«[929] Und Bergson (›Le rire‹, 1900) wörtlich: »Der Maler widmet sich den Farben und Formen, und da er die Farbe um der Farbe willen, die Form um der Form willen liebt, da er sie um ihrer selbst und nicht um seinetwillen schaut, so wird er das innere Leben der Dinge durch ihre Formen und Farben durchscheinen sehen. Er wird dies innere Leben allmählich unserer Wahrnehmung erschließen, die davon zunächst verwirrt werden wird. Wenigstens für einen Augenblick wird er unsere Vorstellungen von Formen und Farben von den Vorurteilen frei machen, die sich zwischen unsere Wahrnehmung und die Wirklichkeit geschoben haben. Und so wird er den höchsten Willen der Kunst realisieren, der hier in der Offenbarung der Natur besteht.«[930] Da Bergsons ›Le rire‹ 1914 in deutscher Übersetzung bei Diederich in Jena erschienen ist, kannte es Kandinsky sicherlich. Verstehen wir »Natur« als Universum und deren »Offenbarung« etwa im Sinne Arnheims, wonach »reine (= abstrakte) Form unmittelbarer auf das verborgene Uhrwerk der Natur hinzielt«, dann müssen Bergsons Sätze Kandinsky zutiefst beeindruckt haben.

Im Sommer 1914 schuf Kandinsky die letzten Murnauer Werke. Es handelt sich um einen Zyklus von vier Wandbildern, die Edwin R. Campbell, der Mitbegründer der Chevrolet-Motorenwerke, für den Eingangsraum seiner Wohnung in New York in Auftrag gegeben hatte. Als Vermittler fungierte der Rechtsanwalt und Schriftsteller Arthur Jerome Eddy, ein Förderer der Avantgarde, den Kandinsky schon im Jahr zuvor kennengelernt hatte. Wahrscheinlich bedurfte es einiger Überredungskunst, um einen Großindustriellen vom Sinn dieses Auftrags zu überzeugen. Gut möglich, daß Eddy dabei, so Roethel, Argumente benutzt hat, die er schon mehr als zehn Jahre zuvor in seinem 1903 herausgegebenen Buch über den berühmten Maler James Whistler formuliert hatte: »Ein Musiker kann eine Folge von Tönen oder einen Akkord anschlagen, und dem Ohr gefällt's, wenn aber ein Maler mit seinem Pinsel mehrmals über die Leinwand fährt, gefällt es uns nicht, obwohl die Zusammenstellung der Farben schöner und harmonischer ist, als wir je gesehen haben; für uns wäre es kein ›Bild‹, weil ihm der gewohnte ›Gegenstand‹ fehlt.«[931] Daß Eddy in seiner Vermittlerrolle Kandinsky den Zugang zum

929 Grohmann (Anm. 14), S. 146

930 Henri Bergson, *Le rire: essai sur la signification du comique*, Paris 1993[7]; in deutscher Übersetzung von J. Frankenberger und W. Fränzel, Jena 1914

931 Zitiert nach Roethel (Anm. 25), S. 114

aktuellen New Yorker Kunstmarkt ermöglichen wollte, geht aus einem von ihm im Juni 1914 an Gabriele Münter gerichteten Brief hervor: »Es hat mich gefreut, diesen Auftrag für Herrn Kandinsky entgegenzunehmen, der ihm einen Einstieg in New York verschaffen wird. Und da der Preis nicht hoch ist (2.000 Mark), wird es bestimmt ein Abenteuer für meinen Freund sein, solch extrem moderne Bilder an einem Ort aufzuhängen, wo jeder sie sehen muß. Ich denke, daß mein Freund genügend Mut besitzt, und ich bin mir ganz sicher, daß ihm das Ergebnis sehr gut gefallen wird ...«[932] Hier ließe sich einwenden, daß Kandinskys New Yorker Einstieg schon zuvor geglückt war, als die ›Association of American Painters and sculptors‹ Kandinskys *Improvisation 27 (Garten der Liebe II)* auf ihrer im Februar/März 1913 veranstalteten »International Exhibition of Modern Art (Armory show)« zeigte. Käufer des Gemäldes war der Fotograf und Galerist Alfred Stieglitz, der als der führende Kenner und Förderer moderner Kunst in New York galt. Damit war für Kandinsky das Tor zum amerikanischen Markt geöffnet, und auch weitere Geschäftsbeziehungen erwiesen sich als erfolgreich. Letzteres bezeugt ein Schreiben Kandinskys vom August 1913: »Beffie hat bei mir definitiv für 3.000 Mark gekauft. Ein Mr. Eddy aus Chicago war bei mir in München. Fanny [Haushälterin] hat ihm gezeigt. Er will für 1.000 Mark kleine Sachen sofort kaufen und überhaupt eine kleine Collektion meiner Sachen ›aus allen Zeiten‹ sich anlegen. Fein!«[933] »Kleine Collektion« ist bescheiden gesagt – immerhin hatte Eddy, laut Roethel, schon vor 1914 vermutlich mehr als 100 Werke des Künstlers in seinem Besitz.

Als erster hat sich K. Lindsay mit der für Campbell produzierten Wandbild-Serie wissenschaftlich beschäftigt.[934] Ausgehend vom jeweils unterschiedlichen Farbeindruck der Paneele, fand es der Autor für opportun, diese mit den vier Jahreszeiten zu betiteln. Kandinsky selbst hätte die Bilder wohl als *Improvisationen* bezeichnet. Der Zyklus, auf den wir nicht näher eingehen, zeigt eine von Gegenstandsderivaten völlig freie Bildwelt, in welcher der Gegensatz von Farbe und Linie, eine Vielfalt dynamischer Ausdrucksmittel sowie sämtliche Kontrastmöglichkeiten durchprobiert werden. Man könnte sagen, Kandinsky resümiert seine künstlerischen Erfahrungen seit dem Durchbruch zur Abstraktion im Jahr 1911.

Am Ende von Kandinskys Münchner Schaffensperiode angelangt, ist es naheliegend, dessen künstlerische Entwicklung bis 1914 zusammen-

932 Zitiert nach Roethel und Benjamin (Anm. 21), S. 493

933 Hahl-Koch (Anm. 10), S. 200

934 Kenneth C. Lindsay, ›Kandinsky in 1914 New York: Solving a riddle‹, in: *Art News* 55 (1956) 3, S. 32 f.

zufassen. Kandinskys Schaffen vor 1908 läßt kaum erahnen, daß sich in den darauffolgenden Jahren eine konsequente Entwicklung hin zur Eroberung der abstrakten oder, besser gesagt, konkreten Kunst vollziehen wird. Die damals erarbeiteten bildnerischen Lösungen überschreiten, so Riedl, »die Grenzen der durch die Ästhetik des Impressionismus und, vor allem, des Jugendstils definierten Möglichkeiten nicht spürbar ... das Anliegen poetisch-symbolischer Überformung bestimmter Stoffe beansprucht sein [Kandinskys] Interesse ebenso sehr wie das Bemühen um spontane Naturerfassung einerseits und dekorativ wirksame Transformation andererseits. Ein Revolutionär ist der Kandinsky der Jahre vor 1908 nicht.«[935] Die Jahre zwischen 1909 und 1914 zeigen einen sukzessiven Abbau von Gegenständlichkeit sowie eine vom Mimetischen freie, zunehmende Dynamisierung einer Bildwelt, die – gepaart mit dem Anspruch einer visuell-interaktiven Beteiligung des Betrachters – ohne Umweg über die figurative Lektüre eines hermetisch-ikonographischen Ansatzes zu universalen Aussagen befähigt. Riedl zufolge erheben Kandinskys abstrakte Bilder »nicht nur einen hohen Bedeutungsanspruch, sondern besitzen auch so etwas wie eine inhärente Gegenständlichkeit. Zwar sind die Formen und Farben ... von der vertrauten Wirklichkeit abgehoben, doch sind sie als solche sprachfähige ästhetische Objekte. Basis ihres Sprachvermögens ist die Eignung, Gefühle vom Künstler auf den Rezipienten zu übertragen«.[936]

Im übrigen hat sich Kandinsky über seinen zur Abstraktion führenden Entwicklungsgang geäußert, und zwar in seiner anläßlich einer Ausstellung in Köln 1914 verfaßten Schrift ›Mein Werdegang‹: »Mein Werdegang besteht aus drei Momenten:

1. Die Dilettantenzeit meiner Kindheit und Jugend mit unbestimmten, hauptsächlich qualvollen Regungen, mit mir unverständlicher Sehnsucht. Die Liebe zur Natur bestand hauptsächlich aus reiner Freude und Begeisterung für das farbige Element. Oft beherrschte mich ein stark klingender und duftig blauer Fleck im Schatten eines Busches so stark, daß ich eine ganze Landschaft malte, nur um diesen Fleck zu fixieren ... Gleichzeitig fühlte ich in mir unverständliche Regungen, einen Drang, ein ›Bild‹ zu malen. Und ich fühlte dumpf, daß das Bild etwas anderes sein kann als schöne Landschaft, interessante, malerische Szenen oder eine Darstellung des Menschen. Da ich Farben über alles liebte, so habe ich schon damals, wenn auch ganz undeutlich, an eine Farbenkomposition gedacht und das Gegenständliche dazu gesucht, das die Farben rechtfertigen könnte.

935 Riedl (Anm. 103), S. 28
936 Ebda., S. 75 f.

2. Die Studienzeit und zweite Periode des Suchens. Es schien mir bald, daß vergangene Zeiten, als etwas real nicht mehr Existierendes, mir freiere Vorwände verleihen könnten zur Anwendung der Farben, die ich in mir fühlte. So wählte ich erst das mir naheliegende deutsche Mittelalter ... Vieles machte ich auch aus sich ... frei nach Erinnerung und nach meiner Vorstellung. Weit nicht so frei war ich in der Behandlung der ›zeichnerischen Gesetze‹ ... Ich sah nicht gern dem Körperbau widersprechende Verlängerungen oder anatomische Verzeichnungen auf fremden Bildern [eine Kritik Kandinskys am Expressionismus; Anm. d. Verf.] und wußte genau, daß nicht dies für mich die Lösung der gegenständlichen Frage sein darf und wird. So löste sich von selbst allmählich immer mehr der Gegenstand in meinen Bildern auf. Dies ist auf beinahe allen Bildern von 1910 zu sehen.
3. Die Zeit der bewußten Anwendung des Malmaterials, der Erkenntnis der Überflüssigkeit der realen Form ›für mich‹ und des peinlich allmählichen Zunehmens der Fähigkeit, aus sich nicht nur den Inhalt zu schöpfen, sondern auch die dazugehörige Form – also die Zeit des Übergangs zur reinen Malerei, die auch absolute Malerei genannt wird, und des Erreichens der für mich notwendigen abstrakten Form.« [937]

Am 3. August 1914 verläßt Kandinsky München. Er hält sich für etwa drei Monate in der Schweiz, in Goldach am Bodensee, auf, wo er sich mit der »Systematisierung seiner theoretischen, oft noch unpräzisen Gedanken und der praktischen Erfahrungen« befaßt. Gemeint sind Vorarbeiten für sein erst 1926 erschienenes Buch ›Punkt und Linie zu Fläche‹, Gedankengänge, die sich in »organischer Fortsetzung« von ›Über das Geistige in der Kunst‹ entwickelt haben. Einem wissenschaftlich-methodologischen Credo gleich, bemerkt er: »Die mit Absicht engst gestellten Fragen der beginnenden Kunstwissenschaft überschreiten in konsequenter Entwicklung die Grenzen der Malerei und schließlich der Kunst im allgemeinen. Hier versuche ich nur einige Wegweiser aufzustellen – analytische Methode mit Berücksichtigung der synthetischen Werte.« [938]

Am Jahresende reist Kandinsky über den Balkan und Odessa nach Moskau. Obwohl ihm Amerika goldene Brücken gebaut hätte, zieht er es vor – trotz materiell und politisch unsicherer Zukunft –, in seine russische Heimat zu den Wurzeln seiner künstlerischen und menschlichen Existenz zurückzukehren.

Man sollte die Beantwortung der Frage, wer das erste nicht-gegenständliche Bild gemalt hat, Kandinsky überlassen, der diesbezüglich in

937 Kandinsky, *Mein Werdegang* (Anm. 6), S. 51 f.
938 PLF, S. 11

einem Brief vom Dezember 1935 an den New Yorker Galeristen Jerome Neumann für sich den Führungsanspruch reklamiert: »*Bild mit Kreis* (1911) ... ist tatsächlich das allererste abstrakte Bild der Welt, da damals noch kein einziger Maler abstrakt malte. Also ›ein historisches Bild‹.« Konsens besteht darüber, daß Kandinsky die Entwicklung der abstrakten Malerei bis weit in das 20. Jahrhundert hinein wesentlich bestimmt hat. Ob er qualitativ adäquate Nachfolge fand, ist eine andere Frage. Offen bleibt auch, ob der von Max Bill, einem Schüler Kandinskys aus der Bauhaus-Zeit, in der Einführung zu ›Punkt und Linie zu Fläche‹ 1959 formulierte Kommentar frei von Parteilichkeit ist. Erwähnt sei, so schreibt Bill, »daß der Einfluß Kandinskys auf die Malerei unserer Tage beträchtlich angewachsen ist. Jedoch kaum im Sinn seiner hier wiedergegebenen Theorien ... Die Vertreter dieser sogenannten ›informellen Malerei‹ vergessen ..., daß Kandinskys Befreiungstat ein Beginn war zu einer neuen, autonomen Strukturierung und Ordnung des bildnerischen Mittelpunkts. Die ›informelle Malerei‹ hat dem gegenüber nichts hinzugefügt zur Entwicklung der Malerei«.[939]

Im Katalog der Münchner Kandinsky-Retrospektive von 1976/1977 schrieb Thomas M. Messer über Kandinskys Entwicklung: »Mit dem Beginn des zweiten Jahrzehnts wird Kandinskys Stil noch unabhängiger und gewagter. Es bleibt bis heute der kühnste Vorstoß auf dem Weg zu einer gegenstandslosen Malerei und somit zu einer völligen Neuorientierung des Visuellen in unserer Zeit.«[940] Auch heute hat sich an der Einschätzung des Verhältnisses zwischen der zeitgenössischen Malerei und Kandinsky kaum etwas geändert.

939 Max Bill, *Einführung zu Kandinskys* »PLF«, S. 10
940 Thomas M. Messer in: *W. Kandinsky, 1866 – 1944*, Ausstellungskatalog (München, Haus der Kunst) 1976/77, S. 37

Literatur

ADORNO, THEODOR W., *Über einige Relationen zwischen Musik und Malerei*, in: Vorträge aus der Reihe Grenzen und Konvergenzen der Künste, Berlin 1967

ARNHEIM, RUDOLF, *Entropie und Kunst. Ein Versuch über Unordnung und Ordnung*, Köln 1996

ARNHEIM, RUDOLF, *Die Macht der Mitte. Eine Kompositionslehre für die bildenden Künste*, Köln 1983

ARNHEIM, RUDOLF, *Kunst und Sehen. Eine Psychologie des schöpferischen Auges*. Neufassung, Berlin – New York 1978

ARNHEIM, RUDOLF, *Zur Psychologie der Kunst*, Köln 1977

BADT, KURT, *Einfachheit in der Malerei*, in: Badt, Kunsttheoretische Versuche, Köln 1968

BARNETT, VIVIAN ENDICOTT UND ZWEITE, ARMIN, *Kandinsky. Kleine Freuden, Aquarelle und Zeichnungen*, München 1992

BARNETT, VIVIAN ENDICOTT, *Das bunte Leben. W. Kandinsky im Lenbachhaus*, hrsg. von Helmut Friedel, Ausstellungskatalog (Städt. Galerie im Lenbachhaus, München), Köln 1995

BARNETT, VIVIAN ENDICOTT, *Kandinsky at the Guggenheim*, New York o. J.

BARNETT, VIVIAN ENDICOTT, *Kandinsky. Werkverzeichnis der Aquarelle*, Bd. I, München 1992

BAUER, HERMANN, *Die Psychologie und die Kunstwissenschaft*, in: Musis et Litteris, Festschrift für B. Rupprecht, hrsg. von S. Glaser und A. M. Kluxen, München

BECKS-MALORNY, ULRIKE, *Wassily Kandinsky. 1866–1944. Aufbruch und Abstraktion*, Köln 1993

BERGSON, HENRI, *Denken und schöpferisches Werden (La Pensée et le Mouvant*, Paris 1934 und 1946), Meisenheim 1948

BERGSON, HENRI, *Le rire: essay sur la signification du comique*, Paris 1993[7]; (in deutscher Übersetzung von J. Franckenberger und W. Fränzel, Jena 1914)

Beschreibungskunst – Kunstbeschreibung. Ekphrasis von der Antike bis zur Gegenwart, hrsg. von Gottfried Boehm, München 1995

BOCOLA, SANDRO, *Die Kunst der Moderne. Zur Struktur und Dynamik ihrer Entwicklung. Von Goya bis Beuys*, München–New York 1994

BOEHM, GOTTFRIED., *Bildsinn und Sinnesenergie*, in: Neue Hefte für Philosophie, Heft 18/19, 1980

BOEHM, GOTTFRIED, *Bild und Zeit*, in: Das Phänomen Zeit, in: Kunst und Wissenschaft, hrsg. von H. Paflik, VCH, Acta Humaniora), Weinheim 1987

BOEHM, GOTTFRIED, *Zu einer Hermeneutik des Bildes, in: Seminar: Die Hermeneutik und die Wissenschaften*, hrsg. von Hans-Georg Gadamer und Gottfried Boehm, Frankfurt 1978

BRISCH, KLAUS, *Kandinsky. Untersuchung zur Entstehung der gegenstandslosen Malerei an seinem Werk von 1900–21*, ungedr. Diss., Bonn 1955

BUNGE, MATTHIAS, *Zwischen Intuition und Ratio: Pole des bildnerischen Denkens bei Kandinsky*, Stuttgart 1996

COELLEN, LUDWIG, *Die neue Malerei*, München 1912

CZAPEK, RUDOLPH, *Grundprobleme der Malerei: Ein Buch für Künstler und Lernende*, Leipzig 1908

DABROWSKI, MAGDALENA, *Kandinsky. Compositions*, Ausstellungskatalog (The Museum of Modern Art, New York), New York 1995

DÄMMER, ELISABETH, *Kandinskys erste sieben Kompositionen. Betrachtung, Analyse, Versuch einer Deutung*, ungedr. Diss., München 1986

DAMUS, MARTIN, *Ideologiekritische Anmerkungen zur abstrakten Kunst und ihrer Interpretation am Beispiel Kandinsky, in: Das Kunstwerk zwischen*

Wissenschaft und Weltanschauung, hrsg. von Martin Warnke, Gütersloh 1970

Der Blaue Reiter. Dokumente einer geistigen Bewegung, hrsg. von Andreas Hüneke, Leipzig 1991[3]

Der frühe Kandinsky 1900–1910, Ausstellungskatalog (Berlin, Brücke-Museum), hrsg. von Magdalena M. Moeller, München 1994

DITTMANN, LORENZ, *Farbgestaltung und Farbtheorie in der abendländischen Malerei*. Eine Einführung, Darmstadt 1987

DZIERSK, HANS-MARTIN, *Abstraktion und Zeitlosigkeit. Wassily Kandinsky und die Tradition der Malerei*, Ostfildern 1995

ECO, UMBERTO, *Das offene Kunstwerk*, Frankfurt a. M., 1977

EDDY, ARTHUR JEROME, *Cubists and Post-Impressionism*, Chicago 1914

EHRENFELS, CHRISTIAN VON, *Über Gestaltqualitäten*, in: Vierteljahresschrift für wissenschaftliche Philosophie, Bd. 14, 1890

EICHNER, JOHANNES, *Kandinsky und Gabriele Münter. Von Ursprüngen moderner Kunst*, München 1957

Elan Vital oder das Auge des Eros, Ausstellungskatalog (Haus der Kunst München), hrsg. von Hubertus Gaßner, Bern 1994

ELIADE, MIRCEA, *Die Religion und das Heilige. Elemente der Religionsgeschichte*, Darmstadt 1976

ELIAS, NORBERT, *Über die Zeit. Arbeiten zur Wissenssoziologie II*, hrsg. von Michael Schröter, Frankfurt a. M. 1985[2]

FÄTHKE, P. (Hrsg.); *Werefkin, Marianne, Leben und Werk*. Ausstellungskatalog, München 1988

FIEDLER, CONRAD, *Der Ursprung der künstlerischen Tätigkeit*, in: Schriften über Kunst, Köln 1977

FINEBERG, JONATHAN, *Kandinsky in Paris 1906–1907*, Diss., Harvard 1975, Ann Arbor, Mich. 1984

FISCHER, OTTO, *Das Neue Bild. Veröffentlichung der Neuen Künstlervereinigung München*, München 1912

FLOCH, JEAN-MARIE, *Kandinsky: sémiotique d'un discours plastique non figuratif*, in: Communications 34 (1981)

FREY, DAGOBERT, *Das Zeitproblem in der Bildkunst*, in: Bausteine zu einer Philosophie der Kunst, Darmstadt 1976

GEHLEN, ARNOLD, *Zeit-Bilder. Zur Soziologie der Ästhetik der modernen Malerei*, Frankfurt a. M. 1986[3]

GIBSON, JAMES J., *Pictures, Perspective and Perception*, in: The Visual Arts, hrsg. von György Kepes, 1960

GOLLEK, ROSEL, *Brennpunkt der Moderne. Der Blaue Reiter in München*, München 1992[2]

GOLLEK, ROSEL, *Wassily Kandinsky. Frühe Landschaften*, München – Zürich 1990[4]

GOMBRICH, ERNST H., *Bild und Auge. Neue Studien zur Psychologie der bildlichen Darstellung*, Stuttgart 1984

GROHMANN, WILL, *Wassily Kandinsky. Leben und Werk*, Köln 1958

HAASER, SOPHIE, *Aspekte der Kunsttheorie Wassily Kandinskys*, Diplomarbeit, Innsbruck 1986

HAHL-KOCH, JELENA (Hrsg.), *Arnold Schönberg/Wassily Kandinsky. Briefwechsel*, Salzburg 1981

HAHL-KOCH, JELENA, *Kandinsky*, Stuttgart 1993

HANFSTAENGEL, ERIKA, *Wassily Kandinsky, Zeichnungen und Aquarelle im Lenbachhaus München*, Katalog der Sammlung in der Städtischen Galerie, München 1981[2]

HEGEL, GEORG WILHELM FRIEDRICH, *Vorlesungen über die Ästhetik I/II*, Stuttgart 1971

HEIDEGGER, MARTIN, *Der Ursprung des Kunstwerks*, in: *Holzwege*, Frankfurt a. M. 1950

HELD, JUTTA, *Farbe und Licht in Goyas Malerei*, Berlin 1964

HESS, WALTER, *Das Problem der Farbe; in den Selbstzeugnissen der Maler von Cézanne bis Mondrian*, Mittenwald 1981

HESS, WALTER, *Die große Abstraktion und die große Realistik. Zwei von Kandinsky definierte Möglichkeiten moderner Bildstruktur*, in: Jahrbuch für Ästhetik und Allgemeine Kunstwissenschaft V, 1960

HOFMANN, WERNER, *Grundlagen der modernen Kunst. Eine Einführung in ihre symbolischen Formen*, Stuttgart 1978

HONISCH, DIETER, *Tendenzen der zwanziger Jahre*, Berlin 1977[3]

HUBER, HANS D., *System und Wirkung. Rauschenberg-Twombly-Baruchello. Fragen der Interpretation und Bewertung zeitgenössischer Kunst. Ein systemtheoretischer Ansatz*, München 1989

ILLETSCHKO, GEORGIA, *Kandinsky und Paris. Die Geschichte einer Beziehung*, München 1997

IMDAHL, MAX, *Bildautonomie und Wirklichkeit. Zur theoretischen Begründung moderner Malerei*, Mittenwald 1981

IMDAHL, MAX, *Giotto. Arenafresken. Ikonographie. Ikonologie. Ikonik*, München 1980

IMDAHL, MAX, *Ikonik. Bilder und ihre Anschauung*, in: *Was ist ein Bild?*, hrsg. von Gottfried Boehm, München 1994

JANTZEN, HANS, *Über Prinzipien in der Farbgebung in der Malerei*, in: *Über den gotischen Kirchenraum und andere Aufsätze von H. Jantzen*, Berlin 1951

Kandinsky, Album de l'exposition Ausstellungskatalog (Paris, Musée National d'Art Moderne, Centre George Pompidou), Paris 1984

KANDINSKY, NINA, *Kandinsky und ich*, München 1976

Kandinsky Wassily, Tekst Khudozhnika. Stupeni, Moskau 1918

KANDINSKY, WASSILY, *Die erste sowjetische Retrospektive. Gemälde, Zeichnungen und Graphik aus sowjetischen und westlichen Museen.* Ausstellungskatalog Gesamtredaktion: Sibylle Ebert-Schifferer, (Frankfurt a. M., Schirn Kunsthalle), Frankfurt a. M. 1989

Kandinsky, Wassily, Essays über Kunst und Künstler, hrsg. und kommentiert von Max Bill, Bern 1973[3]

Kandinsky, Wassily, Gesammelte Schriften, hrsg. von Hans Konrad Roethel und Jelena Hahl-Koch, Bd. I, Bern 1980

KANDINSKY, WASSILY, *Klänge*, München 1913

KANDINSKY, WASSILY, *Punkt und Linie zu Fläche. Beitrag zur Analyse der malerischen Elemente*, Bern 1964[5]

KANDINSKY, WASSILY, *Über das Geistige in der Kunst*, Bern 1965[8]

KANDINSKY, WASSILY, *Rückblicke*, Bern 1977

KLEE, PAUL, *Das Bildnerische Denken. Schriften zur Form- und Gestalttheorie*, hrsg. und bearb. von J. Spiller, Basel–Stuttgart 1956

KOBBERT, MAX J., *Kunstpsychologie. Kunstwerk, Künstler und Betrachter*, Darmstadt 1986

KOEHLER, WOLFGANG, *Gestaltpsychologie*, New York 1947

KOENIG – FACHSENFELD, OLGA FREIIN VON, *Wandlungen des Traumproblems von der Romantik bis zur Gegenwart*, Stuttgart 1935

KORN, RUDOLF, *Kandinsky und die Theorie der abstrakten Malerei*, Berlin 1960

KREITLER, HANS UND KREITLER, SHULAMITH, *Psychologie der Kunst*, Stuttgart–Berlin–Köln–Mainz 1980

KURY, ASTRID, *W. Kandinsky: »Über das Geistige in der Kunst«: Eine Analyse unter Einbeziehung von okkultistischem, symbolistischem und neuplatonischem Gedankengut*, Diplomarbeit, Graz 1993

LACOSTE, MICHEL CONIL, *Kandinsky*, Vaduz 1991

LAMM, ALBERT, *Ultra-Malerei. Dürer Bund. 99. Flugschrift zur Ausdruckskultur*, München 1912

LANGNER, JOHANNES, *Gegensätze und Widersprüche – das ist unsere Harmonie*, in: Kandinsky und München: *Begegnungen und Wandlungen 1896–1914*, hrsg. von Armin Zweite Ausstellungskatalog, (München, Städt. Galerie im Lenbachhaus), München 1982

LANGNER, JOHANNES, *»Improvisation*

13«. *Zur Funktion des Gegenstandes in Kandinskys Abstraktion*, in: Jahrbuch der Staatl. Kunstsammlungen in Baden-Württemberg, 14.Bd., 1977

LANKHEIT, KLAUS, *Der »Blaue Reiter«*. Dokumentarische Neuausgabe, München–Zürich 1987[6]

LANKHEIT, KLAUS, *Die Frühromantik und die Grundlagen der »gegenstandslosen« Malerei*, in: Neue Heidelberger Jahrbücher (1951)

LANKHEIT, KLAUS, *Franz Marc. Schriften*, Köln 1978

LASSAIGNE, JACQUES, *Kandinsky*, Genf 1964

LE TARGAT, FRANCOIS, *Kandinsky*, Recklinghausen 1987

LEADBEATER, C.W. UND BESANT, ANNIE, *Gedankenformen*, Freiburg i. Br. 1993[5]

LINDSAY, KENNETH C., *Kandinsky in 1914 New York: Solving a riddle*, in: Art News (1956)

LINDSAY, KENNETH C., *Besprechung von Grohmanns »Kandinsky«*, in: Art Bulletin, Dezember 1959

LINDSAY, KENNETH C., *The Genesis and Meaning of the Cover Design for the First Blauer Reiter Exhibition Catalogue*, in: The Art Bulletin, 35, New York 1953

LIPPS, THEODOR, *Ästhetische Einfühlung*, in: Zeitschrift für Psychologie und Physiologie der Sinnesorgane, 22 (1900)

LIPPS, THEODOR, *Grundlegung der Ästhetik*, Bd. 1, Hamburg–Leipzig 1903

LOERS, VEIT, *Das Kombinieren des Verschleierten und Bloßgelegten – Kandinsky und die Gedankenfotographie*, in: *Okkultismus und Avantgarde. Von Munch bis Mondrian 1900–1915*, Ausstellungskatalog (Schirn Kunsthalle, Frankfurt a. M.), 1995

MACKE, WOLFGANG (Hrsg.), *August Macke/Franz Marc.Briefwechsel*, hrsg. von W. Macke, Köln 1964

MATTHEWS, R.J., *Describing and Interpreting a work of Art*, in: Journal of Asthetics and Art Criticism, Vol. 36, No. 1, 1977

MESSER, THOMAS M. (Hrsg.), *Wassily Kandinsky, 1866–1944*, Ausstellungskatalog (Haus der Kunst, München), München 1976/77

METZGER, WOLFGANG, *Gesetze des Sehens*, Frankfurt a. M. 1975[3]

METZGER, WOLFGANG, *Psychologie*, Darmstadt 1968[4]

MONDRIAN, PIET, *Neue Gestaltung*, hrsg. von A. M. Wingler, Mainz–Berlin 1974

MOELLER, MAGDALENA M., *Der Blaue Reiter*, Köln 1989[2]

NISHIDA, HIDEHO, *Genèse de la première aquarelle abstraite de Kandinsky*, in: Art History 1 (1978)

OVERMEYER, GUDULA, *Studien zur Zeitgestalt in der Malerei des 20. Jahrhunderts. Robert Delaunay – Paul Klee*, Hildesheim–Zürich–New York 1982

OVERY, PAUL, *Kandinsky. Die Sprache des Auges*, Köln 1970

PÄCHT, OTTO, *Methodisches zur kunsthistorischen Praxis. Ausgewählte Schriften*, hrsg. von J. Oberhaidacher, A. Rosenauer und G. Schikola, München 1977

PAULI, GUSTAV, *Erinnerungen aus sieben Jahrzehnten*, Tübingen 1936

POCHAT, GÖTZ, *Bild-Zeit. Zeitgestalt und Erzählstruktur in der bildenden Kunst von den Anfängen bis zur frühen Neuzeit*, Wien–Köln–Weimar 1996

REBEL, ERNST, *Darf Bildbeschreibung »Erlebnis« bieten? – Tendenzen und Diskussionen seit Burckhardt*, in: *Sehen und Sagen. Das Öffnen der Augen beim Beschreiben der Kunst*, hrsg. von Ernst Rebel, Ostfildern 1996

RIEDL, PETER ANSELM, *Wassily Kandinsky. Mit Selbstzeugnissen und Bilddokumenten*, Reinbek b. Hamburg 1991[2]

RINGBOM, SIXTEN, *Die Steiner-Annotationen Kandinskys, in: Kandinsky und München: Begegnungen und Wandlungen 1896–1914*, hrsg. von Armin Zweite, Ausstellungskatalog (Städt. Galerie im Lenbachhaus, München), München 1982

RINGBOM, SIXTEN, *The sounding Cosmos* (Acta Academiae Aboensis, Ser. A, Vol. 38,2), Abo Akademie 1970
ROETHEL, HANS KONRAD, *Kandinsky*, München-Zürich 1982
ROETHEL, HANS KONRAD UND BENJAMIN, JEAN K., *Kandinsky. Werkverzeichnis der Ölgemälde*, Bd. I, 1900–1915, München 1982
ROETHEL, HANS KONRAD, *Kandinsky. Das graphische Werk*, Köln 1970
ROETHEL, HANS KONRAD, *Painting on Glass*, New York 1966
ROMBACH, H., *Strukturontologie. Eine Phänomenologie der Freiheit*, Freiburg 1971
RUDENSTINE, ANGELICA ZANDER, *The Guggenheim Museum Collection; Paintings 1880–1945*, Vol. I, New York 1976
SCHMALENBACH, WERNER, *Bilder des 20. Jahrhunderts. Die Kunstsammlung Nordrhein-Westfalen*, München 1986
SCHÖNE, WOLFGANG, *Über das Licht in der Malerei*, Berlin 1954
SCHREIER, CHRISTOPH, *Bild mit schwarzem Bogen. Eine Kunst-Monographie*, Frankfurt a. M.–Leipzig 1991
SMOLIK, NOEMI, *Über das Heilige in der Kunst. Kandinskys Traum von der Auferstehung einer anderen Kultur*, in: Frankfurter Allgemeine Zeitung, 29. März 1997
SMOLIK, NOEMI, *Von der Ikone zum gegenstandslosen Bild. Der Maler Wassily Kandinsky*, München 1992
STEINER, RUDOLF, I *Wie erlangt man Erkenntnisse der höheren Welten?* II *Metamorphosen des Seelenlebens*, Dornach 1974
STEINER, RUDOLF, *Die Stufen der höheren Erkenntnis*, Dornach 1959
STELZER, OTTO, *Die Vorgeschichte der abstrakten Kunst. Denkmodelle und Vor-Bilder*, München 1964
STRAUSS, ERNST, *Koloritgeschichtliche Untersuchungen zur Malerei seit Giotto*, München-Berlin 1972
TAUCHER, CLAUDIA, *Sprechen vom Geheimen durch Geheimes. Das Verhältnis von Literatur, Malerei und Kunsttheorie bei W. Kandinsky dargestellt an den Beispielen »Der gelbe Klang« und »Klänge«*, Diplomarbeit, Graz 1991
THEISSING, HEINRICH, *Die Zeit im Bild*, Darmstadt 1987
THÜRLEMANN, FELIX, *Kandinsky über Kandinsky. Der Künstler als Interpret eigener Werke*, Bern 1986.
VELDE, HENRY VAN DE, *Über die Linie*, Berlin 1910
VERGO, P., *Kandinsky and the »Blue Rider Ideen«*, in: Nya perspektiv pa Kandinsky, Malmö 1990
VERGO, PETER, *Expressionismus, Meisterwerke aus der Sammlung Thyssen-Bornemisza*, Lugano-Mailand 1989
VEZIN, ANNETTE UND LUE, *Kandinsky und der Blaue Reiter*, Paris 1991
VOGT, PAUL, *Der Blaue Reiter*, Köln 1977
VOGT, PAUL, *Expressionismus. Deutsche Malerei zwischen 1905 und 1920*, Köln 1978
WASHTON-LONG, ROSE-CAROL, *Kandinsky. The Development of an Abstract Style*, Oxford 1980
WEISS, PEG, *Kandinsky in Munich. The Formative Jugendstil Years*, Princeton 1985
WEISS, PEG, *Kandinsky und München: Begegnungen und Wandlungen*, in: *Kandinsky und München: Begegnungen und Wandlungen 1896–1914*, hrsg. von Armin Zweite, Ausstellungskatalog (München, Städt. Galerie im Lenbachhaus), München 1982
WERTHEIMER, MAX, *Experimentelle Studien über das Sehen von Bewegung*, in: Zeitschrift für Psychologie 1912, Bd. 61
WERTHEIMER, MAX, *Untersuchungen zur Lehre von der Gestalt*, in: Psychologische Forschungen 1, 1921 und 4, 1923
WINZER, F., *Das rororo Sachlexikon der Bildenden Künste*, Reinbeck b. Hamburg 1986
WORRINGER, WILHELM, *Abstraktion und Einfühlung. Ein Beitrag zur Stilpsychologie*, München 1981^2
WYSS, BEAT, *Der Wille zur Kunst. Zur*

ästhetischen Mentalität der Moderne, Köln 1996

ZAUNSCHIRM, THOMAS, *Zeit und Raum als Determinanten kunstwissenschaftlicher Methodologie*, Salzburg 1973

ZWEITE, ARMIN und HOBERG, ANNEGRET, *Der Blaue Reiter im Lenbachhaus München*, München 1991

ZWEITE, ARMIN, *Jawlensky in München*, in: *Alexej Jawlensky 1864–1941*, hrsg. von Armin Zweite, Ausstellungskatalog (Städt. Galerie im Lenbachhaus, München), München 1983

ZWEITE, ARMIN, *Kandinsky zwischen Tradition und Innovation*, in: *Kandinsky und München: Begegnungen und Wandlungen 1896–1914*, hrsg. von Armin Zweite. Ausstellungskatalog München, Städt. Galerie im Lenbachhaus, München 1982

Bildnachweis

Die Abbildungen stammen, soweit sie nicht den Archiven des Verlags und des Autors entnommen sind, aus folgenden Quellen:

Burkatovski, Alexander, Rheinböllen: S. 319

Centre Georges Pompidou Paris: S. 162, 180, 306, 459

Hamburger Kunsthalle, Foto: Elke Walford: S. 168

Krefelder Kunstmuseen: S. 458

Kunstsammlung Nordrhein-Westfalen Düsseldorf, Foto: Walter Klein: S. 320

Museum Folkwang Essen: S. 89

Staatl. Russisches Museum St. Petersburg: S. 308

Staatsgalerie moderner Kunst München: S. 464

Staatsgalerie Stuttgart: S. 213

Städt. Galerie im Lenbachhaus München: S. 161-167, 169, 170, 172-176, 185, 192, 201, 305, 307, 309-317, 341, 449, 451–456, 457, 459, 461-463

Von der Heydt-Museum Wuppertal: S. 171

Abbildungsverzeichnis

Nachwort

Die Idee zu diesem Buch ist aus einer mehrsemestrigen Vorlesung über die europäische Malerei im ersten Viertel des 20. Jahrhunderts hervorgegangen. Die methodologischen Grundlagen hinsichtlich kunstwissenschaftlicher Analysetätigkeit – insbesondere unter dem interdisziplinären Aspekt der Gestaltpsychologie – wurden in zahlreichen Lehrveranstaltungen entwickelt und im kontinuierlich stattfindenden Proseminar »Zum Nachweis der visuellen Begabung« propädeutisch erprobt. Ausgehend von der Überzeugung, daß der methodologische Ansatz der Kunstwissenschaft ein primär phänomenologischer ist, und geprägt von der Erfahrung, daß zwecks Klärung des Verhältnisses von Form und Inhalt (»Zeichen und Bedeutung«) – vor allem im Bereich nicht-abbildhafter (= abstrakter) Kunst – stets visueller Problematik Priorität zukommen sollte, möge das Buch den Studenten der Kunstgeschichte als anregender Leitfaden dienen.

Daß dieses Buch erscheinen konnte, ist in erster Linie dem Rektor der Universität Salzburg, Univ.-Prof. Dr. Adolf Haslinger, zu verdanken. Ohne seine nachhaltige Unterstützung wäre es nicht gelungen, die Beschaffung und reproduktionsrechtliche Abdeckung des Bildmaterials zu finanzieren.

Institut für Kunstgeschichte
der Universität Salzburg, im Januar 1999